O DRAMA DA DOUTRINA

Dados Internacionais de Catalogação na Publicação (CIP)
Angélica Ilacqua CRB-8/7057

Vanhoozer, Kevin J.

 O drama da doutrina: uma abordagem canônico-linguística da teologia cristã / Kevin J. Vanhoozer; tradução de Daniel de Oliveira. — São Paulo: Vida Nova, 2016.
 512 p.

Bibliografia

ISBN 978-85-275-0601-4

Título original: *The drama of doctrine: a canonical-linguistic approach to Christian theology*

 1. Teologia — Metodologia 2. Doutrina bíblica 3. Bíblia — Crítica canônica I. Título II. Oliveira, Daniel de

14-0926   CDD – 230.01

Índice para catálogo sistemático:
 1. Filosofia e teoria do cristianismo

O DRAMA DA DOUTRINA

UMA ABORDAGEM
CANÔNICO-LINGUÍSTICA
DA TEOLOGIA CRISTÃ

KEVIN J. VANHOOZER

TRADUÇÃO
DANIEL DE OLIVEIRA

©2005, de Kevin J. Vanhoozer
Título do original: *The drama of doctrine: a canonical-linguistic approach to Christian theology*, edição publicada pela WESTMINSTER JOHN KNOX PRESS (Louisville, Kentucky, EUA).

Todos os direitos em língua portuguesa reservados por
SOCIEDADE RELIGIOSA EDIÇÕES VIDA NOVA
Caixa Postal 21266, São Paulo, SP, 04602-970
vidanova.com.br | vidanova@vidanova.com.br

1.ª edição: 2016

Proibida a reprodução por quaisquer meios,
salvo em citações breves, com indicação da fonte.

Impresso no Brasil / *Printed in Brazil*

Todas as citações bíblicas sem indicação da versão foram extraídas da Almeida Século21.

GERÊNCIA EDITORIAL
Fabiano Silveira Medeiros

EDIÇÃO DE TEXTO
Robinson Malkomes

REVISÃO DA TRADUÇÃO
Robinson Malkomes

REVISÃO DE PROVAS
Fernando Mauro S. Pires

PREPARAÇÃO DE TEXTO
Virginia Neumann

COORDENAÇÃO DE PRODUÇÃO
Sérgio Siqueira Moura

DIAGRAMAÇÃO
Luciana Di Iorio

CAPA
Souto Crescimento de Marca

Porque me parece que Deus colocou a nós, os apóstolos, como últimos, como condenados à morte; pois nos tornamos um espetáculo para o mundo, tanto para anjos como para homens.

— 1Coríntios 4.9

O ancião Dumas enunciou um grande princípio quando disse que, para fazer um drama, um homem precisa de uma paixão... e quatro paredes.
— Willa Cather, *The novel démeublé*

Theologia non est habitus demonstrativus, sed exhibitivus.

A peça é a coisa.
— William Shakespeare, *Hamlet* (segundo ato, cena 2)

Sumário

Prefácio 11

Introdução: o caminho da verdade; a matéria da vida 17
O cenário: a teologia e a virada linguístico-cultural 19
A tese: a abordagem canônico-linguística 33
A visão: uma ortodoxia católico-evangélica 42
O enredo: uma breve sinopse 47

PRIMEIRA PARTE: O DRAMA 51

1 O evangelho como teodrama: voz e ator divinos 53
   Entradas, êxodos e a economia do evangelho 54
   Teodrama: a fala e a ação de Deus 60

2 A teologia no teodrama: voz e ator humanos 73
   Teologia teodramática: discurso e ação humanos 73
   A missão da teologia e as missões trinitárias 75

3 A natureza da doutrina: uma proposta dramática 92
   Conhecer a Deus verdadeiramente: o que Londres e a Broadway
   têm a dizer a Jerusalém 93
   As naturezas da doutrina: proposições, poemas e práticas 98
   A doutrina como direção teodramática 115

SEGUNDA PARTE: O ROTEIRO 129

4 Palavra e igreja: o cânon como documento da aliança 131
   A experiência da "estrada de Gaza": "segundo as Escrituras" ... 132
   Por que voltar-se para o cânon? Problemas e possibilidades ... 136

O cânon como aliança: como as Escrituras constituem a igreja..... 149
O cânon como critério: por que as Escrituras exercem controle 157

5   As Escrituras e a tradição: dois (ou mais) tipos de interpretação
    da encenação.. 167
    As Escrituras tornam-se tradição: eclesiologia como
    teologia primeira?... 170
    Encenação II: autoria e direção pela comunidade interpretativa.... 181
    A encenação trina e una: o discurso canônico divino.................. 193
    Encenação I: a comunidade interpretativa responde e encena 196

6   Jesus, o Espírito e a igreja: as Escrituras e a tradição da
    perspectiva teodramática 203
    Uma hermenêutica da recepção pneumática: a igreja como
    encenação do Espírito?... 205
    Commissio: o cânon e a autoridade profética de Jesus Cristo 209
    Discernindo a tradição "dinamizada pelo Espírito": a igreja
    como história dos efeitos canônicos.. 215
    O padrão da autoridade eclesial: a regra de fé canônica................ 219

7   A obra do Espírito nas práticas do cânon 227
    Práticas literárias: gêneros como tipos de ação social.................. 228
    Práticas canônicas e formas de vida na aliança 232
    Práticas canônicas, práticas de Jesus: Escrituras, leitura
    figurada e oração... 236
    O cânon como prática dinamizada pelo Espírito......................... 242
    A prática do *sola Scriptura* e o papel da tradição: o cânon
    como critério sapiencial 247

TERCEIRA PARTE: O DRAMATURGISTA 255

8   Teologia como dramaturgismo 259
    Apresentando o dramaturgista 260
    O teólogo como dramaturgista... 262
    Fidelidade como adequação dramática.. 272

9   A abordagem canônico-linguística (primeira parte): *scientia* 280
    Uma teologia pós-propositivista... 280
    Uma teologia pós-conservadora 293
    Uma teologia pós-fundacionalista 307

10 A abordagem canônico-linguística (segunda parte): *sapientia*............ 322
    Uma teologia prosaica 323
    Uma teologia fronética 339
    Uma teologia profética 370

QUARTA PARTE: A ENCENAÇÃO 375

11   Doutrina, papel, vocação: os atores se preparam 377
      Teatro de identidade: seleção de elenco, representação,
      ser você mesmo 378
      O "método": da personagem à formação espiritual 383
      Da doutrina à identidade: expiação e união com Cristo 394
      A vocação do discípulo: ser real 408

12   A doutrina e a igreja: a companhia teatral do evangelho 413
      A igreja como teatro: o espaço vazio 415
      Um teatro de palavra e sacramento: encenando o *Corpus Christi* ... 421
      Uma comunidade de "intérpretes de época": o teatro interativo
      como *communio* 427
      Encenando a expiação: um teatro de martírio 440
      Por uma teologia amadora: atuação em parábolas 455

Conclusão: credos, confissões e o pastor/diretor: doutrina e teologia
no teatro da ação congregacional 459
      Dirigindo a companhia: a teologia pastoral 460
      Teatro de obra-prima: a teologia dos credos 463
      Teatro regional: a teologia confessional 464
      Teatro local: a teologia congregacional 467

Bibliografia 473

Índice onomástico 489

Índice remissivo 495

Índice de passagens bíblicas 505

Prefácio

No coração do cristianismo encontra-se uma série de acontecimentos muito marcantes que, juntos, constituem o evangelho de Jesus Cristo. O evangelho — graciosa autocomunicação de Deus em Jesus Cristo — é inerentemente dramático. Então, em contrapartida, por que a doutrina cristã muitas vezes parece tão maçante? E não só maçante, mas fraca. Alan Wolfe, sociólogo da religião, argumenta em seu recente livro *The transformation of American religion* [A transformação da religião americana] que a doutrina já não desempenha nenhum papel expressivo na vida e no pensamento dos cristãos comuns. "O discurso sobre o inferno, sobre a condenação e até mesmo sobre o pecado foi substituído por uma linguagem tolerante de compreensão e empatia. Ficaram para trás os debates sobre doutrina e teologia; se a maioria dos crentes não consegue, nem com muito esforço, recordar em que Lutero é diferente de Calvino, não há necessidade das disputas e divisões nas quais ao longo dos séculos incorreram aqueles reformadores, bem como outros líderes religiosos".[1] Se há uma geração se falava do "estranho silêncio da Bíblia na igreja",[2] hoje a questão urgente é o que Wolfe chama de "o estranho desaparecimento da doutrina na igreja".[3]

Críticos, sem dúvida, contestarão a precisão da análise de Wolfe. No entanto, existe um grande volume de indícios resultantes de observações casuais que dão a entender que ele pode ter percebido algo importante. Para muitos em nossa era pós-moderna, "sentir é crer", e enunciar crenças sob a forma de doutrina é considerado desnecessário, impossível ou causa de discórdia. Membros das igrejas tradicionais acham cada vez mais difícil articular as doutrinas próprias de suas denominações,

---

[1] Alan Wolfe, *The transformation of American religion: how we actually live our faith* (New York: Free Press, 2003), p. 3.

[2] Cf. James D. Smart, *The strange silence of the Bible in the church* (Philadelphia: Westminster, 1970).

[3] Cf. Wolfe, *Transformation of American religion*, cap. 3, cuja primeira seção tem o título "The strange disappearance of doctrine from conservative Protestantism" [O estranho desaparecimento da doutrina do meio do protestantismo conservador], p. 67.

e membros de megaigrejas costumam pensar em si mesmos como pós-denominacionais.[4] No entanto, o argumento de Wolfe, por mais falho e incompleto que seja, pinta um quadro plausível e preocupante. "As igrejas evangélicas não têm doutrinas, pois querem atrair novos membros. As igrejas tradicionais carecem de doutrina, pois querem manter o declinante número de membros que ainda têm".[5]

O drama da doutrina defende não haver tarefa mais urgente na igreja do que demonstrar a compreensão da fé por meio de uma vida correta com os outros diante de Deus. Este livro defende ainda que a doutrina é um recurso indispensável para o entendimento e para a vida correta. Ela é um ingrediente vital para o bem-estar da igreja, uma ajuda essencial para seu testemunho público. O problema não está com a doutrina em si, mas com uma concepção de doutrina, ou talvez várias concepções, que nos tem mantido cativos.

Este livro apresenta novas metáforas para a teologia (dramaturgia), para as Escrituras (o roteiro), para a compreensão teológica (atuação), para a igreja (a companhia) e para o pastor (o diretor). Ele defende que a doutrina, longe de não ter relação com a vida, serve à igreja, orientando seus membros no projeto de uma vida sábia para a glória de Deus. Este livro procura convencer ministros e leigos igualmente a não desprezarem a doutrina como algo irrelevante e motivar os teólogos a não negligenciarem as necessidades da igreja. Seu objetivo é fazer o cordeiro pastoral deitar-se com o leão teológico. É refutar, de uma vez por todas, a dicotomia muito comum entre doutrina e vida real. A doutrina cristã nos orienta no caminho da verdade e da vida e, portanto, é nada menos do que uma receita para a realidade.

Escrever este livro foi um processo mais dramático do que eu havia previsto. Durante sua composição enfrentei algumas situações, tanto conceituais quanto pessoais, repletas de suspense, de cuja resolução dependia em grande parte a minha identidade como teólogo cristão. Eu pratico o que prego? (Não o suficiente.) Sou evangélico, ortodoxo, católico ou alguma combinação disso tudo? (Sim.) É possível manter a ênfase da Reforma na primazia das Escrituras em uma era pós-moderna que olha para a investigação de questões de significado, conhecimento e verdade principalmente sob a ótica de práticas e tradições humanas? (Leia a terceira parte.) A que igreja local devo me filiar? (Presbiteriana.) Menciono de passagem essas questões para benefício daqueles que ainda se interessam por autores. Outros leitores querem saber onde o autor se situa ideologicamente. Traçar minha localização no mapa da teologia contemporânea é de fato um dos principais encargos da presente obra. A busca da identidade pessoal e teológica assume uma forma narrativa; quando essa narrativa é vivida com outros, torna-se um drama.

Outra complicação da trama merece menção especial. Além das habituais pressões de tempo, senti a força do assunto em si, à medida que, de vez em quando, ele parecia assumir vida própria e resistir à minha vontade de autor. Muitas vezes ouvimos falar de como personagens às vezes escapam das garras de seus autores. Isso também acontece com certos argumentos. Comecei o livro bastante convencido de

---

[4] Veja Wolfe, *Transformation of American religion*, p. 74.
[5] Ibid., p. 87.

que a suficiência das Escrituras significava que a obediência é o que realmente importa se quisermos saber se os cristãos são bíblicos ou não. Será que vamos obedecer ao que ouvimos? Embora eu continue a pensar que a espiritualidade tem influência decisiva sobre a teologia de uma pessoa, comecei a repensar a questão da suficiência das Escrituras. O resultado foi que meu esboço original e a esperança de escrever um livro fino caíram por terra. O que deveria ter sido tratado em um capítulo — a relação entre as Escrituras e a tradição — virou quatro capítulos — na verdade, toda a segunda parte. Esse repensar também me levou a atribuir às noções de "tradição" e "improvisação" um papel mais positivo do que eu imaginava no início.

Estamos vivendo em uma era de mudanças dramáticas, até mesmo grandiosas (e.g., da época moderna para a pós-moderna, o fim da Guerra Fria, o pluralismo religioso). Podemos estar testemunhando mudanças igualmente profundas na teologia. O momento é propício para novas convergências e alianças, talvez até mesmo para cura, ao longo de uma faixa significativa daquilo que, não muito tempo atrás, foi chamado de "espectro fragmentado" da teologia cristã. O sistema bipolar "conservador *versus* liberal" já não parece adequado para descrever o que está ocorrendo. Cerca de vinte anos atrás, George Lindbeck publicou uma espécie de manifesto por uma teologia pós-liberal, linguístico-cultural e por uma teoria reguladora da doutrina. *O presente livro expõe uma teologia canônico-linguística pós-conservadora e uma teoria diretiva da doutrina, que crava a teologia com mais firmeza nas Escrituras, enquanto preserva a ênfase prática de Lindbeck.*

Embora a reforma da igreja não seja o alvo explícito da presente obra, ela constitui um horizonte de expectativa. O que este livro contém é uma descrição da doutrina que fornece um caminho a seguir, tanto para a teologia quanto para a igreja, pela superação da dicotomia mortal entre doutrina e vida. Quero dizer sobre a teologia o que Samuel Johnson disse sobre Londres. "Quem está cansado da doutrina está cansado da vida, pois a doutrina *é* a essência da vida." A doutrina cristã é necessária para o ser humano florescer. Só ela nos mostra quem somos, por que estamos aqui e o que devemos fazer. O estereótipo da doutrina como elemento seco e empoeirado representa uma decrépita distorção da realidade, esta, sim, valente e estimulante. A doutrina lida com energias e eventos tão reais e poderosos quanto qualquer coisa conhecida em química ou física, energias e eventos que podem virar o mundo que conhecemos de cabeça para baixo, energias e eventos em que estamos enxertados como participantes com papéis que envolvem ação e discurso.

Parte da energia que espero transmitir aqui pode ser obstruída pelo tamanho do livro. Eu tinha a intenção de escrever um manifesto breve e construtivo. O manifesto *está* aqui, mas é preciso achá-lo! Convido os leitores que estejam mais interessados em ler sobre minha teoria diretiva da doutrina, e não sobre minhas outras ideias, que se concentrem no último capítulo da primeira e da segunda partes. Os outros capítulos nessas partes incluem discussões mais detalhadas sobre o cenário contemporâneo da teologia, sob cuja luz procuro situar minhas propostas. A terceira e quarta partes, porém, devem ser lidas integralmente para que se possa captar toda a extensão da minha tese.

Agradeço a John Stackhouse por me convidar a fazer uma preleção sobre o método teológico que gerou o presente trabalho e a Carey Newman por seu convite para que eu transformasse essa palestra em livro. Sou grato ao grupo de discussão da Northside Theology — David Cunningham, Steve Long, Mark McIntosh, A. K. M. e Margaret Adams — pela interação com um resumo do livro durante uma fase crucial de sua gestação. Também me beneficiei do projeto Common Root — discussões contínuas entre teólogos da Trinity Evangelical Divinity School e do Mundelein Seminary da St. Mary's University — com as esclarecedoras discussões sobre a natureza do evangelho nas tradições evangélica e católica romana, respectivamente, e com os comentários de participantes da Ward Consultation sobre educação teológica de 2004. Meus agradecimentos também aos membros abnegados da Lay Academy, que assistiram à minha apresentação do conteúdo deste livro durante seis semanas na igreja First Presbyterian Church (Libertyville, estado de Illinois).

Dois de meus alunos de mestrado em Teologia, J. T. Paasch e Daniel McClain, digeriram com empolgação os três primeiros capítulos e os debateram comigo ao longo de várias reuniões regadas a muita cafeína. Meus agradecimentos também a três de meus alunos de doutorado: Lisa Sung e Adam Co, por seus comentários sobre várias partes do livro, e Michael Sleasman, pela ajuda na edição do texto e na eliminação de redundâncias, ministério pelo qual muitos leitores certamente serão gratos. Meu colega Doug Sweeney leu uma versão inicial da conclusão e apontou uma importante lacuna no argumento, que mais tarde preenchi, esperando que ele tenha ficado satisfeito. Devo um agradecimento especial a mais dois ex-alunos. Dan Treier garantiu a dramaticidade do processo de composição, chamando minha atenção para uma série de problemas de uma versão anterior. Suas ideias e críticas contínuas levaram-me a repassar o argumento mais do que eu faria em outras circunstâncias, tendo sido ele o pastor-crítico ideal que soube quando e onde condenar, quando e onde consolar, e em que medida. E Sam Wells ajudou-me a confiar em minhas intuições sobre improvisação, compartilhando o manuscrito de seu maravilhoso livro *Improvisation: the drama of Christian ethics* [Improvisação: o drama da ética cristã] antes de seus editores subirem oficialmente a cortina. É com prazer que agradeço às minhas duas filhas, Maria e Emma, por serem um público tão entusiasta e incentivador sempre que eu testava com elas várias palavras, figuras de linguagem e argumentos. Os agradecimentos vão também para minha esposa, Sylvie, por assistir a várias peças na região de Chicago, tudo em nome de uma diligente "pesquisa".

De modo mais geral, gostaria de agradecer a uma série de amigos e colegas que têm contribuído para o atual renascimento da teologia cristã, especialmente aqueles que participaram das várias conferências de dogmática que organizei quando lecionava na Universidade de Edimburgo. A disciplina encontra-se em um estado bem mais saudável em comparação com a situação de uma geração atrás, quando eu era aluno do bacharelado. Entre os muitos teólogos cujos trabalhos ajudaram-me a enxergar uma via que vai além do estéril impasse conservador/liberal, sem abandonar uma generosa ortodoxia, permita-me mencionar, junto aos já citados, Gary Badcock, Colin Gunton, já falecido, Bruce McCormack, Francis Watson e John Webster.

Dedico esta obra a Nicholas Lash, cuja perita supervisão de minha tese de doutorado em Cambridge me foi muito útil com meus próprios alunos de doutorado e cujo ensaio "Performing the Scriptures" [Encenando as Escrituras] calou fundo em minha mente desde que o ouvi pela primeira vez, apresentado em um seminário da "Sociedade D", durante o primeiro semestre do meu primeiro ano de doutorado, em outubro de 1982. Mal sabia eu na ocasião que estava trabalhando com aquele que mais tarde seria chamado "modelo da teologia pós-moderna na tradição anglo-americana".[6] Embora certamente ele não concordará com tudo neste livro, talvez consiga perceber como tudo poderia ter sido pior se não fosse por sua influência moderadora e terapêutica.

---

[6]Brad Kallenberg; Nancey Murphy, "Anglo-American postmodernity: a theology of communal practice", in: Kevin J. Vanhoozer, org., *The Cambridge companion to postmodern theology* (Cambridge: Cambridge University Press, 2003), p. 26.

Introdução
◆ *O caminho da verdade; a matéria da vida*

No início, um espaço vazio. A palavra rompe o silêncio, revela um universo; o mundo surge. Mais palavras; um espaço indefinido adquire uma configuração, torna-se lugar para formas que emergem do pó. O palco está montado. Ação!

Ser ou não ser não é a questão, nem nossa escolha. Somos "jogados na existência", diz Martin Heidegger.[1] Nós simplesmente nos encontramos em um mundo. Estamos aqui, no palco, com muitos outros. Sem ajuda, a razão não pode nos dizer por que estamos aqui nem o que devemos fazer. Para filósofos existencialistas como Heidegger, o desafio é alcançar autenticidade, que, segundo ele, significa cada pessoa estar sempre se preparando para atuar na cena da sua morte.

Hoje temos mais informações sobre a vida e mais técnicas para preservá-la como jamais tivemos, porém continuamos desconcertados quanto à questão do sentido da vida.[2] Conseguimos mapear a galáxia, mas ainda estamos tentando nos situar. Mapeamos o genoma humano, mas ainda estamos tentando determinar o que somos. Precisamos de orientação à medida que tentamos representar nosso papel, ouvir nosso "ponto" enquanto tentamos nos lembrar do texto de nossas próximas linhas. Sem dúvida, ser lançado — nascer — em determinado lugar e tempo (e classe) dá alguma pista inicial. Desde bebês somos socializados segundo nossas várias identidades — homem ou mulher, cristão, muçulmano ou *New Age*, americano ou asiático, moderno ou pós-moderno.

---

[1] Martin Heidegger, *Being and time*, tradução para o inglês de John Macquarrie e Edward Robinson (Oxford: Basil Blackwell, 1980), p. 321 [edição em português: *Ser e tempo*, tradução revisada de Marcia Sá Cavalcante Schuback (Bragança Paulista/Petrópolis: Ed. Universitária/São Francisco/Vozes, 2013)].

[2] Walker Percy observa que, mais do que nunca, temos infinitos meios de nos manter vivos, porém menos motivos para fazê-lo, em *Lost in the cosmos: the last self-help book* (New York: Farrar, Straus and Giroux, 1983).

As ciências naturais e sociais continuam a disputar os direitos de vangloriar-se sobre qual delas exerce maior influência sobre a condição humana: natureza ou educação; determinismo genético ou doutrinação social; hereditariedade ou história. Alguns dizem que nossos papéis estão inscritos em nossa biologia; outros atribuem nossa programação à sociedade. Quem está com a razão? E, independentemente da resposta, o que acontece com a liberdade, com a capacidade de autodeterminação? Onde, em nossa era tecnológica pós-moderna, está a Linha Maginot, que protege a dignidade e a pessoalidade humanas?

O próprio modo de formular essas questões revela a localização de seu autor no palco da história humana. Elas são todas sobre mim, sobre nós; elas são todas antropocêntricas. Em si, elas têm mais da cultura ocidental pós-moderna do que do evangelho, pois manifestam sintomas de neuroses típicas da modernidade. Paul Tillich lê a história da cultura como uma série de ataques de ansiedade. A civilização antiga sofreu da ansiedade da morte; a Idade Média e a Reforma, da ansiedade da culpa; a modernidade, da ansiedade da falta de sentido. Talvez, se tivesse vivido mais, ele poderia ter caracterizado a pós-modernidade como a ansiedade da falta de verdade.

A doutrina cristã, consequência ponderada da busca de entendimento bíblico empreendida pela fé, responde a cada uma dessas condições culturais e espirituais. Empregando o evangelho como o principal recurso (mas não exclusivo) para lidar com as questões mais persistentes da vida, a doutrina cristã nos ensina a enfrentar as várias crises da vida real. A doutrina, longe de ser um assunto de teoria abstrata, é na verdade a essência da vida real. A vida real está localizada no caminho de Jesus Cristo, e o propósito da doutrina é conduzir-nos com precisão por esse caminho.

O propósito da teologia não é apenas terapêutico, é claro. Rowan Williams está certo ao chamar a atenção também para três outras dimensões da teologia. A primeira é a celebração. A teologia começa na adoração a Deus. O dogma, poderíamos dizer, é a doxologia. A segunda é a comunicação. A teologia procura explicar o significado de Deus e de suas obras para os que estão dentro e para o que estão fora da igreja. A terceira é a crítica. A teologia luta por distinguir o testemunho verdadeiro do falso quanto a Deus e às suas obras.[3]

Portanto, as doutrinas são proveitosas para celebrar, comunicar e criticar — e enfrentar —, desde que utilizadas com competência. A presente obra apresenta um relato da competência teológica, que envolve mais do que habilidade acadêmica. No final das contas, *competência teológica é a capacidade de fazer juízos que revelam a mente de Cristo*. Cristãos individualmente e a igreja como um todo não têm tarefa mais importante do que adquirir essa competência teológica. Um dos principais meios de fazer isso é ocupando-se da doutrina, da sua derivação das Escrituras e de seu desenvolvimento na comunidade dos fiéis.

A doutrina ajuda a igreja a entender onde ela foi "jogada" e que papel ela deve desempenhar ali. A igreja vive agora entre os tempos (entre a primeira e a segunda

---

[3]Rowan Williams, *On Christian theology* (Oxford: Blackwell, 2000), xiii. Cf. a descrição semelhante da tarefa proposta por David Ford em quatro pontos: "Teologia lida com questões de significado, verdade, beleza e prática" (*Theology: a very short introduction* [Oxford: Oxford University Press, 1999], p. 17).

vinda de Jesus), entre os atos de um drama divino de redenção.[4] Cada ato da peça é iniciado por um ato de Deus. O primeiro ato é a Criação (Gn 1—3), cenário de tudo o que vem a seguir. O segundo ato (começando em Gênesis 2 e indo até o fim do Antigo Testamento) diz respeito à eleição, à rejeição e à restauração de Israel por Deus. O terceiro ato, fundamental e culminante, é Jesus. Palavra definitiva e ato definitivo de Deus. O quarto ato começa com o Cristo ressurreto, que envia seu Espírito para criar a igreja. O quinto e último ato é o *eschaton*, consumação de todas as coisas e do relacionamento de Deus com Israel e com a igreja. Atualmente, a igreja vive entre o evento definitivo de Jesus e o evento de encerramento do *eschaton*, pairando entre a memória e a esperança.

A sã doutrina — ensino autorizado — é vital para a vida da igreja e, por consequência, para a vida do mundo. Isso dificilmente é um truísmo, mas em muitos lugares pensa-se que a doutrina é o problema. Por um lado, ela é divisionista, um obstáculo ao amor e à unidade; por outro lado, muitas vezes parece insípida e irrelevante, livre de contato vital com as complicações e particularidades da vida cotidiana. Infelizmente, há mais do que um pouco de verdade em cada uma dessas acusações. No entanto, a culpa está menos na sã doutrina do que no seu manejo inadequado e em uma incompreensão de sua natureza e finalidade. Estamos presos a uma falsa ideia de doutrina. Começamos, então, armando o cenário. A sã doutrina está sofrendo de confusão quanto à sua natureza, de divergência quanto ao lócus de sua autoridade e, acima de tudo, de seu cativeiro a uma dicotomia debilitante entre teoria e prática.

O CENÁRIO: A TEOLOGIA E A VIRADA LINGUÍSTICO-CULTURAL

Cada nova geração cristã precisa lidar com a seguinte questão: O que a igreja tem para dizer e fazer que nenhuma outra instituição humana pode dizer e fazer?[5] Tanto a natureza quanto a sociedade abominam o vácuo, e há muitas ideologias e agendas esperando para correr e encher a mente e o coração dos descompromissados. Desprovida da sã doutrina, a igreja é levada por modismos culturais e intelectuais. Aliás, em grande parte, essa tem sido a história da igreja e da teologia no mundo moderno. A musculatura teológica tem ficado atrofiada como resultado de um excesso de correlações e acomodações a tendências filosóficas e culturais.[6]

O que a igreja tem a dizer e fazer com exclusividade não pode ser reduzido a filosofia ou política. A responsabilidade exclusiva da igreja é proclamar e praticar o evangelho, dando no discurso e na vida testemunho da realidade da presença e da

---

[4]Estou emprestando de Tom Wright essa figura da história de salvação como um drama, segundo adaptação de Samuel Wells. Cf. N. T. Wright, "How can the Bible be authoritative?" *Vox Evangelica* 21 (1991): 7-32; e Samuel Wells, *Improvisation: the drama of Christian ethics* (Grand Rapids: Brazos, 2004), p. 53-7.

[5]John H. Leith, *The Reformed imperative: what the church has to say that no one else can say* (Philadelphia: Westminster, 1988), p. 14.

[6]Cf. Michael Buckley, *At the origins of modern atheism* (New Haven: Yale University Press, 1987); Louis Dupré, *Passage to modernity* (New Haven: Yale University Press, 1993); John Milbank, *Theology and social theory* (Oxford: Blackwell, 1990).

ação de Deus em Jesus Cristo e no Espírito Santo. A responsabilidade exclusiva do teólogo é garantir que o discurso e a ação da igreja correspondam à palavra de Deus, regra de fé e prática do cristão. No entanto, vários teólogos de hoje não têm certeza se invocam a noção de autoridade e, se a invocam, não sabem onde situá-la: na história de Jesus Cristo, no texto bíblico ou na comunidade de fé.

"A fé em busca de entendimento": fontes e normas

A teologia cristã deve distinguir entre o verdadeiro e o falso conhecimento de Deus, pois falar indiscriminadamente sobre Deus não é uma opção para os que procuram adorar em espírito e em verdade. No entanto, apelar para Deus é um recurso poderoso demais para ser usado sem restrição. A história oferece numerosas ilustrações de indivíduos e sociedades (e igrejas!) invocando de forma precipitada o nome de Deus como justificativa para suas crenças e comportamentos, ou como justificativa para diversas formas de opressão, até mesmo a guerra. É exatamente porque o discurso sobre Deus é usado a torto e a direito que sempre devemos voltar à questão das fontes e normas da teologia.

A natureza da doutrina: preliminares

Doutrina, de acordo com um de seus principais historiadores, é mais fácil de descrever do que de definir.[7] Doutrina diz respeito ao que a fé em busca de entendimento alcança quando a busca é bem-sucedida. Para ser mais exato: *A doutrina cristã é a recompensa que a fé recebe no final da busca pelo sentido do testemunho apostólico acerca do que Deus estava realizando no evento de Jesus Cristo.*[8]

Para onde devem olhar as pessoas de fé a fim de obter melhor compreensão do que confessam? A pergunta de Zofar dirigida a Jó retorna para nos provocar: "Podes tu, procurando, descobrir a Deus?" (Jó 11.7, KJV). O gênio filosófico descobre apenas o que está no âmbito de sua própria razão, mas o apóstolo proclama uma mensagem e uma verdade que não são produto de sua invenção. "O que era desde o princípio, o que ouvimos, o que vimos com nossos olhos [...] isso vos anunciamos" (1Jo 1.1-3).[9] O desafio para aqueles que não testemunharam pessoalmente o Verbo ou Palavra de Deus é o desafio do acesso. Onde a revelação divina pode ser encontrada agora? Há pelo menos quatro candidatos.[10]

---

[7]Jaroslav Pelikan, *The Christian tradition* (Chicago: University of Chicago Press, 1971), vol. 1: *The emergence of the Catholic tradition*, p. 1.

[8]Ao falar do "evento" de Jesus Cristo, não pretendo distinguir, mas integrar o que é tradicionalmente denotado pelos títulos de sua "pessoa" e "obra". O "evento" de Jesus Cristo, portanto, refere-se à importância salvífica de sua identidade e história. Em consonância com isso, seria possível também falar da "estória" de Jesus Cristo.

[9]Cf. Søren Kierkegaard, "On the difference between a genius and an apostle", in: Walter Lowrie; Alexander Dranda, orgs., *The present age and two minor ethico-religious treatises* (Oxford: Oxford University Press, 1940).

[10]A questão da revelação geral está fora do escopo desta obra. O foco da minha pesquisa é teologia cristã, e isso significa atentar principalmente (mas não exclusivamente) para a palavra de Deus presente nas Escrituras e em Jesus Cristo.

1. As proposições bíblicas

Há uma tendência de longa data de equiparar a revelação divina às asserções ou declarações bíblicas, consideradas as instâncias principais da linguagem portadora da verdade. As doutrinas funcionam "como proposições informativas ou alegações da verdade sobre realidades objetivas".[11] Como os judeus em Bereia, muitos teólogos — normalmente evangélicos reunidos no extremo conservador do espectro — estudam com diligência as Escrituras para descobrir o que a Bíblia realmente ensina, "para ver se as coisas eram de fato assim" (At 17.11).

Todavia, é necessário fazer algumas perguntas incômodas sobre um método que parece reduzir as diversas formas de linguagem na Bíblia ao modo assertivo e propositivo. Em primeiro lugar, um "propositivismo" parece inadequado em face da variedade de textos bíblicos, em especial aqueles relacionados com qualidades estéticas e afetivas, e não apenas com o elemento cognitivo. Em segundo lugar, falar apenas em "informar" não faz jus à complexa relação entre Deus e as Escrituras. A Bíblia é mais do que um conjunto de informações divinas. Em terceiro lugar, o propositivismo bíblico parece pressupor uma forma de epistemologia essencialmente moderna, ou seja, o fundacionalismo.[12]

2. A pessoa de Cristo

Karl Barth propõe uma segunda e mais dinâmica concepção da maneira pela qual a autorrevelação de Deus se relaciona com o texto bíblico. Examinar as Escrituras é uma vez mais o conceito, não para garimpar proposições que, uma vez verdadeiras, são sempre verdadeiras, mas porque, nas palavras de Jesus, "são elas que dão testemunho de mim" (Jo 5.39). Para Barth, a Bíblia "se torna" a Palavra somente quando Deus condescende graciosamente em fazer-se conhecido ao capacitar os leitores a seguir as palavras humanas até sua adequada referência, Jesus Cristo, a Palavra viva de Deus. A Bíblia, portanto, "torna-se" o que já "é": um testemunho de Jesus Cristo e, portanto, uma *forma* da Palavra de Deus.

A posição propositiva destaca o uso que Deus fez das palavras bíblicas no passado (e.g., inspiração), mas Barth chama a atenção para o uso que Deus faz (ou não) das palavras bíblicas no presente (e.g., iluminação).[13] No caso de Barth, a pergunta a ser feita diz respeito à relação da mediação quase sacramental da presença real de Jesus pela Bíblia com o significado verbal do texto propriamente dito. Embora alguns de seus primeiros críticos tenham acusado Barth de enfatizar o evento subjetivo da revelação em detrimento do texto objetivo, certamente é importante ressaltar que Barth esperava que o Espírito usasse *exatamente essas palavras* para revelar Jesus Cristo.

---

[11] George Lindbeck, *The nature of doctrine: religion and theology in a postliberal age* (Philadelphia: Westminster, 1984), p. 16. Essa é a descrição que Lindbeck oferece dessa ideia que ele pessoalmente não endossa.

[12] No capítulo 9 retomarei a questão das proposições e do propositivismo.

[13] Cf. Bruce McCormack, "The being of Holy Scripture is in becoming: Karl Barth in conversation with American Evangelical criticism", in: Vincent Bacote; Laura Miguélez; Dennis L. Okholm, orgs., *Evangelicals and Scripture: tradition, authority, and hermeneutics* (Downers Grove: InterVarsity, 2004), p. 55-75.

Assim como os propositivistas não negariam o elemento pessoal na revelação, assim também Barth não negaria o papel das proposições.

3. A espiritualidade cristã

A experiência religiosa é um possível terceiro lócus da revelação divina. Essa opção é qualitativamente distinta das duas primeiras, pois concebe as palavras das Escrituras segundo o uso *humano* para expressar a experiência religiosa de um indivíduo ou de uma comunidade. A subjetividade humana torna-se o lócus de uma revelação tipicamente imediata e não verbal.

O representante clássico dessa posição é Friedrich Schleiermacher, pai da teologia moderna. "As doutrinas cristãs são descrições das afeições religiosas dos cristãos apresentadas em discurso".[14] O Novo Testamento, por exemplo, é a expressão da tentativa de seus autores de expressar o valor de Jesus Cristo por eles experimentado. No entanto, é altamente insatisfatório dar a impressão de que declarações teológicas adequadas devem sempre vir na forma de "Deus *para mim* é...". Todo conhecimento pode começar pela experiência, como dizia Kant, mas se ele também termina ali, não há como arbitrar entre visões conflitantes de Deus.[15] A experiência cristã é muito variada e pouco confiável para servir de critério máximo para nosso conhecimento de Deus.

4. As práticas da igreja

Recentemente, uma série de teólogos tem consagrado a eclesiologia como a "teologia primeira", tanto a fonte quanto a norma da busca da fé por entendimento. Aqueles que extraem da eclesiologia seus primeiros princípios teológicos têm feito o que podemos chamar de "virada linguístico-cultural". Essa volta aos hábitos da própria igreja de falar e atuar é uma mudança bem-vinda e há muito esperada. Durante grande parte da modernidade, a teologia foi escrava de princípios extraídos em grande parte da filosofia, resultando no que podemos chamar de uma espécie de cativeiro "ateniense" da igreja. Começar a fazer teologia a partir da língua e da cultura da própria igreja é fazer uma ruptura radical com a tendência moderna de iniciar com alguma metodologia neutra.[16]

---

[14]O título da seção 15 de Friedrich Schleiermacher, *The Christian faith*, organização de H. R. Mackintosh e J. S. Stewart (Edinburgh: T. &T. Clark, 1928), p. 76.

[15]Na primeira linha da segunda edição da famosa *Critique of pure reason*, de Immanuel Kant, lê-se: "Não pode haver dúvida de que todo o nosso conhecimento começa com a experiência" (tradução para o inglês de Norman Kemp Smith [London: Macmillan, 1933], p. 41) [edição em português: *Crítica da razão pura*, tradução de Valerio Rohden e Udo Baldur Moosburger (São Paulo: Nova Cultural, 2000).

[16]Os prolegômenos — "o que deve ser dito antes" que se possa fazer teologia — tornaram-se uma preocupação para os modernos, porque a razão iluminista exigia um processo de verificação das alegações de revelação e também porque os cristãos que concordavam que as Escrituras eram dignas de crédito discordavam sobre o seu significado. A esperança moderna, inspirada pelo progresso científico, era de que se pudesse chegar a um acordo universal se todos usassem os mesmos métodos confiáveis. Os prolegômenos teológicos na modernidade diziam respeito à busca de um lar para a revelação em alguma vizinhança da razão. O pressuposto desta obra é que os prolegômenos devem ser adequadamente teológicos ou, em outras palavras, o tema da teologia deve embasar seu método.

A partir dessa quarta perspectiva, o entendimento que a fé busca está implícito nas práticas centrais da igreja. John Milbank declara que a teologia consiste em "explicar a prática cristã".[17] A teologia dá expressão à "lógica" inerente à nova forma comunitária de vida — a cultura — que é a igreja cristã. *O que dá sentido e substância às doutrinas é a forma da vida e da linguagem da igreja.*

Essa opção brilha com a promessa pós-moderna. Os defensores dessa perspectiva não necessitam desejar a objetividade ou fingir que a têm; pelo contrário, a tarefa do teólogo é descrever como as coisas parecem a partir de certo ponto de vista eclesiástico. Essa perspectiva chegou até nós através de um processo dinâmico ao longo de séculos: *a tradição*. Nesse quadro, a Bíblia não é tanto um livro-texto de informações divinamente reveladas, mas uma narrativa de identidade que tanto adquire quanto manifesta sentido na comunidade interpretativa para a qual ela funciona como Escritura. Doutrinas são expressões das regras gramaticais implícitas que regem o discurso e o pensamento da comunidade sobre Deus.[18]

No entanto, questões relevantes permanecem. A mais importante é saber se tal abordagem está mais para sociologia do que para teologia. A doutrina trata de Deus, ou será que apenas descreve como os membros da comunidade cristã falam sobre Deus? Se as práticas da igreja servem como fonte e como norma para a teologia, como poderemos fazer distinção entre as práticas bem-formadas e as *deformadas*? Kathryn Tanner é precisa ao afirmar o problema: "A conversa pós-liberal de descrição da lógica interna das práticas de primeira ordem é um forte indicador de que a teologia de segunda ordem não faz nada mais do que expor uma lógica interna nessas próprias práticas".[19] É importante reconhecer que há algo na natureza do tema da teologia — Deus, o evangelho — que resiste à designação de mero "costume local".

Em cada um dos casos anteriores, a doutrina é uma formulação "de segunda ordem" de alguma coisa "de primeira ordem", quer se trate de proposições bíblicas, da pessoa de Jesus, da espiritualidade cristã ou de práticas da igreja. Portanto, a doutrina parece um parasita; ela vive no segundo andar, como se fosse na sobreloja. No entanto, como acabamos de ver, não estamos de acordo quando se trata de decidir em qual casa exatamente a teologia mora. Digno de menção é o fato de que cada uma dessas casas tem um aposento para a Bíblia.[20] Resumindo as quatro opções:

---

[17] John Milbank, "Postmodern critical augustinianism: a short summa in forty-two responses to unasked questions", in: Graham Ward, org., *The postmodern God: a theological reader* (Oxford: Blackwell, 1997), p. 267. Milbank defende o que chamarei de "teologia linguístico-cultural rígida". Chamarei de "teologia linguístico-cultural flexível" a abordagem intratextual descrita por George Lindbeck. O ponto em comum é o foco nas práticas da comunidade dos que creem; a principal diferença é que, para Lindbeck, as regras derivam da narrativa bíblica, ao passo que para Milbank elas parecem derivar mais diretamente da vida histórica da comunidade cristã. Cf. Milbank. *Theology and social theory*, p. 385-6.

[18] Essa é uma maneira de descrever a teoria "reguladora" da doutrina, de Lindbeck.

[19] Kathryn Tanner, *Theories of culture: a new agenda for theology* (Minneapolis: Fortress, 1997), p. 74. Tanner explora vários problemas inerentes à abordagem de Lindbeck, em especial seu pressuposto de que há apenas uma lógica subentendida nas práticas cristãs.

[20] Para usar os termos de David Kelsey, a Bíblia é "analítica" na teologia cristã. Veja *Proving doctrine: the uses of Scripture in modern theology* (Harrisburg: Trinity Press International, 1999), p. 89.

a Bíblia é coincidente com a revelação, ou um testemunho da revelação, ou uma expressão da experiência que alguém tem da revelação, ou produto e condensação da linguagem e da vida da igreja.

A norma da doutrina: *sola Scriptura* ou "os usos das Escrituras"?

A localização da autoridade teológica não é um problema novo. Em todas as gerações, a igreja teve de lidar com ele. Os suspeitos de sempre — razão, experiência, Bíblia, tradição — são sempre reunidos e postos a serviço da teologia. O que *é* novo é o declínio da influência do Iluminismo e da tendência da modernidade de decidir a legitimidade de todos os empreendimentos humanos, incluindo exegese e teologia, com base em critérios supostamente universais de racionalidade. Por mais de dois séculos, exegetas e teólogos foram forçados a fabricar tijolos de doutrina com o barro e a palha da razão e da experiência religiosa, as duas únicas fontes reconhecidas pelos guardiões do conhecimento. Graças às críticas de diversos pós-modernos, agora temos condições de perceber como o projeto da modernidade foi culturalmente relativo, historicamente situado e ideologicamente guiado. Nós também passamos a ver que grande parte dos estudos da Bíblia e da teologia foi de natureza *secular*. Exegetas leem a Bíblia "como qualquer outro livro" (Benjamin Jowett); enquanto isso, os teólogos estavam ocupados reformulando a teologia segundo essa ou aquela filosofia. Em suma, sistemas não teológicos ditavam a pauta para a teologia, e as consequências foram fatais. As Escrituras foram reduzidas a história humana; a tradição não passou da categoria de experiência humana.[21]

A localização da autoridade teológica foi tema de uma interessante troca de cartas entre Erik Peterson e Adolf von Harnack em 1928.[22] Harnack defendia que o princípio do *sola Scriptura* (somente as Escrituras) não podia mais ser mantido de

---

[21]Gerard Loughlin, "The basis and authority of doctrine", in: Colin Gunton, org., *The Cambridge companion to Christian doctrine* (Cambridge: Cambridge University Press, 1997), p. 42. Veja também o ensaio de Jowett, "On the interpretation of Scripture", in: *Essays and reviews* (London: George Routledge and Sons, 1860). Há ainda um grande número de liberais e neoliberais para quem certo tipo de experiência (e.g., a que leva à emancipação das mulheres, dos pobres, dos oprimidos) serve como o critério de legitimidade para o discurso sobre Deus e para a interpretação da Bíblia. O principal problema é que tais abordagens tendem a tornar normativo para a fé e a vida algo diferente do evangelho de Jesus Cristo. A escolha de tais normas parece um tanto arbitrária. A despeito dessas críticas, não se deve depreender que não haja papel para a experiência em meu entendimento da natureza da doutrina. Esse papel existe; no entanto, tudo depende de onde se coloca a experiência no cenário da "fé em busca de entendimento".

[22]Cf. Michael Hollerich, "Erik Peterson's correspondence with Adolf von Harnack: retrieving a neglected critique of church, theology, and secularization in Weimar Germany", *Pro Ecclesia* 2/3 (1993): 305-32. Reinhard Hütter inicia seu importante estudo sobre a natureza da teologia com uma discussão de dez páginas sobre a troca (*Suffering divine things: theology as church practice* [Grand Rapids: Eerdmans, 2000], p. 5-15). Veja também Carl Braaten, "The role of dogma in church and theology", in: Victor Pfitzner; Hilary Regans, orgs., *The task of theology today* (Edinburgh: T. & T. Clark, 1999), p. 28-34.

forma responsável.²³ Embora a ideia de que a Bíblia contém verdades reveladas por Deus resolva o problema do lócus da autoridade, Harnack considerava-a teologicamente ingênua e não a endossava. Em vez de lamentar a perda do princípio de autoridade da igreja, Harnack se deleitava com ela, argumentando que finalmente a igreja estava retornando à religião pura e à mensagem simples e não hierárquica do evangelho: amor fraternal.

Erik Peterson, por sua vez, não era tão otimista: "Sem autoridade dogmática não há como existir igreja".²⁴ Uma coisa é dizer, a exemplo de Martinho Lutero, "Esta é minha posição", mas não há sentido em assumir uma "posição" se não há um ponto de vista, uma opinião sobre as questões cruciais de natureza intelectual, social e ética que estão na pauta do dia. Desprovida da autoridade da doutrina, a igreja torna-se tão frágil e arbitrária quanto qualquer outra instituição humana.

Harnack via apenas uma alternativa pungente à sua preferência pelo cultivo do estilo de vida de Jesus baseado na ética: "Ou o protestantismo retrocede ao catolicismo [grego ou romano], ou toma por fundamento o biblicismo absoluto".²⁵ Na visão de Harnack, essas opções haviam sido excluídas pela modernidade, com seu profundo senso das origens das Escrituras e da tradição como realidades condicionadas pela história (e, portanto, relativizadas pela cultura).

O veredicto de Peterson sobre a teologia protestante de seus dias — de que ela era em grande parte ocupação de acadêmicos, sem vínculo com a vida da igreja — sem dúvida ainda parece verdadeiro. Aliás, Peterson parece absolutamente contemporâneo em sua insistência de que o protestantismo explore seu capital católico. Sua liturgia (pelo menos nas denominações mais tradicionais) assemelha-se à missa romana; suas crenças têm por base credos antigos; seus conceitos teológicos bebem da mesma herança aristotélico-tomista. No entanto, retirado da raiz que o alimentava, parecem restar ao protestantismo três maneiras de resolver conflitos teológicos: traduzir a fé para as verdades universais da razão (racionalismo); recorrer a uma qualidade de experiência religiosa (mística); demonstrar a verdade em obras de amor e de justiça (ativismo). O problema com todas essas alternativas é que elas não têm nada de exclusivamente cristão.

É importante mencionar que nem Harnack nem Peterson pensaram em se voltar para o princípio que os reformadores haviam identificado como normativo: *sola Scriptura*.²⁶ A autoridade bíblica nem sequer figura entre as opções de Peterson para o protestantismo, sobretudo porque ela parece inevitavelmente abrir a caixa de Pandora do sectarismo em que cada um (isto é, cada denominação ou igreja) "faz

---

²³Tudo depende do que realmente significa o princípio do *sola Scriptura*. Nesse caso, a etimologia explica apenas metade da história. A questão mais interessante é a forma como os reformadores *usaram* esse lema. Argumento no capítulo 7 que *sola Scriptura* é, na realidade, uma referência a determinado tipo de *prática*.

²⁴Erik Peterson, "Correspondence with Harnack and an epilogue", *Pro Ecclesia* 2/3 (1993): 334.

²⁵Citado em Hütter, *Suffering divine things*, p. 7.

²⁶Peterson comenta que até a versão barthiana do princípio das Escrituras é "impossível", uma vez que de novo leva necessariamente à "inspiração verbal estrita" (citado em Hütter, *Suffering divine things*, p. 6).

o que lhe parece certo". O que está em jogo, então, é o eclipse da igreja protestante como igreja "pública" viável.²⁷ O próprio Peterson abandonou o protestantismo e se converteu ao catolicismo romano.

Será mesmo que até os protestantes não têm escolha quando se trata da relação entre as Escrituras e a tradição, em face das fraquezas demais evidentes do biblicismo? O futuro do protestantismo depende da resposta que se dê ao desafio de Peterson. Nas palavras de Dietrich Bonhoeffer, a questão é "se a igreja, depois de separar-se da autoridade papal e da autoridade mundana, pode estabelecer para si uma autoridade fundamentada unicamente na Palavra e na confissão".²⁸

A questão discutida por Harnack e Peterson no auge da modernidade tornou-se ainda mais premente no final desse período. A chamada virada linguística na filosofia é bem conhecida.²⁹ Ela diz respeito à "contaminação" da experiência e da razão pela linguagem e à concomitante perda de critérios para legitimação do conhecimento e da verdade sem uso da linguagem. O resultado líquido da virada linguística foi a perda do prestígio de dois critérios epistemológicos privilegiados da modernidade — a razão e a experiência — e a restauração do prestígio da tradição entendida como as práticas habituais de uma comunidade.

The nature of doctrine [A natureza da doutrina], de George Lindbeck, foi publicado em 1984 e marcou a primeira ocorrência da virada "linguístico-cultural" na teologia. Embora a proposta pós-liberal de Lindbeck inicialmente pareça mover o pêndulo da autoridade de volta para o texto bíblico, uma análise mais detalhada mostrará que ele transfere a autoridade para a igreja, aquela "cultura" singular dentro e somente dentro da qual a Bíblia é usada para moldar a identidade cristã. Lindbeck aceita a ideia de Wittgenstein de que o significado linguístico depende do uso e de que o uso linguístico varia de acordo com as formas de vida ou práticas — as culturas — dos usuários. Daí a premissa fundamental de Lindbeck: a experiência e o raciocínio individuais do sujeito humano são sempre já moldados por uma tradição de uso da língua (e.g., cultura).³⁰ Portanto, a virada linguístico-cultural é pós-moderna em sua rejeição da premissa moderna de um sujeito cognoscente autônomo.

A questão subjacente agora é a mesma de 1928: Para onde vai o protestantismo? Os ventos culturais pós-modernos hoje predominantes sopram do *sola Scriptura* em direção à tradição. Agora que o mito moderno da razão universal (tamanho único para tudo) foi desconstruído, até mesmo os filósofos começaram a falar em "racionalidade

---

²⁷Esta, pelo menos, é a mensagem que Hütter deriva de sua leitura da correspondência trocada entre Harnack e Peterson; cf. *Suffering divine things*, p. 11-2.

²⁸Citado em Hütter, *Suffering divine things*, p. 13.

²⁹Cf. Richard Rorty, org., *The linguistic turn: recent essays in philosophical method* (Chicago: University of Chicago Press, 1967); e Richard Rorty, *Philosophy and the mirror of nature* (Princeton: Princeton University Press, 1981).

³⁰Lindbeck tem uma dívida de gratidão para com a filosofia da linguagem de Ludwig Wittgenstein e para com a antropologia cultural de Clifford Geertz, dívida que nos leva a perguntar se, e em que medida, os prolegômenos teológicos devem ser propriamente teológicos.

com base na tradição".³¹ Os pós-modernos descobriram uma alternativa aos extremos modernos da objetividade absoluta da razão universal e da subjetividade absoluta da preferência pessoal: uma *intersubjetividade relativamente absoluta*, ou, trocando em miúdos, *a autoridade da tradição comunitária*. Os critérios de legitimidade que ainda nos restam são elementos *internos* de uma tradição.

Um dos exemplos mais interessantes da ambiguidade da virada linguístico-cultural na teologia é a obra de Hans Frei. Em seu livro *Eclipse of biblical narrative* [O eclipse da narrativa bíblica], Frei demonstrou, talvez de forma mais eficaz do que qualquer outra pessoa, como os críticos bíblicos passaram a interpretar a Bíblia com as estruturas de significado e os critérios da verdade derivados da ciência, da história e da filosofia, em lugar dos derivados das Escrituras e da fé cristã.³² Ele insiste que a Bíblia não tem de ser reembalada ou traduzida para outra conceitualidade para ser compreendida. Os instintos do próprio Frei levam-no a deixar a narrativa bíblica significar e alegar a verdade em seus próprios termos.³³

Em sua obra posterior, no entanto, a tese de Frei de que a Bíblia diz o que diz recebeu uma correção linguístico-cultural. Frei aparentemente passou a acreditar que simplesmente afirmar "a Bíblia diz o que diz" já não era suficiente. A dificuldade está em saber como "ancorar" o sentido literal e garantir sua referência a Jesus Cristo como sujeito atributivo dos Evangelhos. É difícil saber se Frei acreditava que a falha — a insuficiência de "a Bíblia diz o que diz" — estava no texto ou no leitor. Em qualquer caso, ele propôs uma nova forma de entender a literalidade: "O sentido literal do texto é justamente o sentido que encontra o maior grau de concordância no uso do texto na comunidade religiosa. Se houver concordância no uso, entenda-se ser esse o sentido literal".³⁴ Não se poderia encontrar uma declaração hermenêutica e linguístico-cultural mais clara que essa. Todavia, afirmarei que essa declaração está errada, embora onde está o erro e seu nível de gravidade sejam questões em aberto.³⁵ O presente estudo tem por objetivo corrigir (sem reagir de forma exagerada) esse

---

³¹Cf., por exemplo, de Alasdair MacIntyre, *Whose Justice? Which Rationality?* (London: Duckworth, 1988) [edição em português: *Justiça de quem? Qual racionalidade?*, tradução de Marcelo Pimenta Marques (São Paulo: Loyola, 1991).

³²Hans Frei, *The eclipse of biblical narrative* (New Haven: Yale University Press, 1974).

³³O que exatamente "em seus próprios termos" significava para Frei é objeto de algum debate. Nicholas Wolterstorff desconfia de que Frei nunca esclareceu o assunto.

³⁴Hans Frei, *Types of Christian theology* (New Haven: Yale University Press, 1992), p. 15. No contexto, esta é a primeira de três "regras brutas" para determinar o sentido literal. Frei empresta a primeira de Charles Wood. A segunda regra é que o sentido literal "é a representação adequada da intenção de dizer o que estiver no texto" (p. 15). Frei associava essa regra ao discurso autoral. A terceira regra peculiarmente "hermenêutica" é que haja uma harmonia entre sentido textual e assunto textual. Essa regra não ajuda muito, visto que o conflito de interpretações muitas vezes se resume a diferenças quanto a que os intérpretes consideram o assunto do texto. Nesta obra examino o segundo sentido de Frei, que também é o que mais concorda com sua obra anterior.

³⁵O que tenho em mente aqui é se Frei optou pelo uso comunitário por razões extratextuais (i.e., o espírito wittgensteiniano da época) ou por razões propriamente teológicas (i.e., a doutrina do Espírito Santo). Adotarei a hipótese mais caridosa, ou seja, a virada linguístico-cultural foi pneumatologicamente motivada, pelo menos em parte.

passo em falso linguístico-cultural situando a autoridade não no uso das Escrituras por parte da comunidade, mas no que Nicholas Wolterstorff chama de discurso autoral divino.[36]

No atual cenário linguístico-cultural da teologia, o sentido e a autoridade da Bíblia também são vistos segundo o uso que a igreja faz das Escrituras. O clássico estudo de David Kelsey sobre os usos das Escrituras na teologia contemporânea descreve de forma admirável como vários teólogos empregam a Bíblia de maneiras diferentes para autenticar suas propostas teológicas.[37] Kelsey está seguramente correto em chamar a atenção para a diferença real e legítima entre professar e praticar a autoridade bíblica. Ele mostra uma percepção aguçada ao observar que *a forma como as pessoas usam a Bíblia* indica mais no que elas de fato acreditam sobre sua autoridade e não tanto o que professam. No entanto, Kelsey parece ignorar o perigo de misturar autoridade bíblica com seu uso eclesial. Alguns usos das Escrituras podem ser inadequados ou incorretos.[38]

Dado o atual clima de autoridade-das-comunidades-interpretativas, o *sola Scriptura* parece cada vez menos uma solução plausível para o problema da autoridade teológica e um candidato menos provável a "salvador" do protestantismo. A tradição, ao que parece, de fato supera as Escrituras. Todavia, esse juízo é arbitrário, pois a relação entre as Escrituras e a tradição é bem mais complicada do que qualquer representação unilateral possa sugerir. No entanto, a tendência na teologia protestante contemporânea, em especial quando o assunto é autoridade, é claramente na direção das *tradições de uso*.[39]

---

[36]Para outras informações sobre a ambivalência de Frei no que diz respeito ao sentido literal, veja William Placher, "Introduction", in: Hans Frei, *Theology and narrative: selected essays*, organização de George Hunsinger e William Placher (Oxford: Oxford University Press, 1993), esp. p. 17-8; e Kathryn Tanner, "Theology and the plain sense", in: Garrett Green, org., *Scriptural authority and narrative interpretation* (Philadelphia: Fortress, 1987), p. 59-75. Placher observa principalmente a importância da virada linguístico-cultural em Frei, citando um dos ensaios anteriores de Frei no qual ele comenta que "o sentido do texto permanece o mesmo, não importa quais possam ser as perspectivas de sucessivas gerações de intérpretes" (citado na p. 32). Sobre Nicholas Wolterstorff, veja seu livro *Divine discourse: philosophical reflections on the claim that God speaks* (Cambridge: Cambridge University Press, 1995).

[37]David Kelsey, *Proving doctrine: the uses of Scripture in recent theology* (Harrisburg: Trinity Press International, 1999). Kelsey explica a capacidade da Bíblia de ser eficaz em seu funcionamento apelando para o uso que o *Espírito Santo* faz do texto. Portanto, inspiração não é uma propriedade do texto, mas um uso que o Espírito Santo faz do texto a fim de moldar a identidade cristã (p. 211). Assim, Kelsey situa a doutrina das Escrituras sob o tema do *fazer* de Deus (e.g., santificar) e não sob o *dizer* de Deus (e.g., revelação), uma dicotomia que refutarei no devido tempo. Kelsey é um típico teólogo linguístico-cultural que apela para o uso que o Espírito faz do texto bíblico, em vez de apelar para seu significado verbal.

[38]Não quero minimizar a dificuldade para discernir "correto" de "incorreto". Ao mesmo tempo, acredito que a capacidade de reformar a igreja depende em grande medida de fazer exatamente tais juízos perspicazes, que nascem não de algum método exegético humanamente concebido, mas de uma devota mistura de atenção à Palavra e atenção ao Espírito.

[39]Veja de minha autoria "Scripture and tradition", in: Kevin J. Vanhoozer, org., *The Cambridge companion to postmodern theology* (Cambridge: Cambridge University Press, 2003), p. 149-69.

Além disso, nem todos os usos das Escrituras são estritamente doutrinários. Muitos reconhecem também o *poder* vivificante e sacramental das Escrituras. "A igreja deve passar a compreender Escrituras como uma palavra sacramental e poética, não como um conjunto de verdades propositivas, nem como expressão da experiência humana ou mera informação para a vida prática".[40] Um cenário ainda mais positivo seria aquele em que não tivéssemos de escolher entre a verdade da Bíblia e seu poder afetivo! Aliás, uma importante premissa da presente obra é que a imaginação é uma ferramenta cognitiva, e as Escrituras, quando se dirigem à nossa imaginação, falam à nossa mente, à vontade e às emoções. Embora alguns na igreja condenem o uso da Bíblia para geração de doutrinas, preferindo enfatizar a capacidade que as Escrituras têm de reformular "nossa maneira de ver o mundo e de compreender nossa vida",[41] é preferível entender a doutrina em si como ferramenta cognitiva e imaginativa indispensável para moldar a vida da igreja.

O caminho, a verdade e a vida: teoria *versus* prática

Um importante fator que contribuiu para a virada linguístico-cultural é a percepção de que as doutrinas, do modo como tradicionalmente as concebemos, são "teóricas" e, portanto, não têm relação com a prática concreta da igreja. O problema mais profundo, no entanto, é a cativante representação da dicotomia teoria/prática em si. A nova ênfase na prática da igreja, na esteira da virada linguístico-cultural, nos lembra justamente de que a teologia envolve um modo de vida, não apenas um sistema de crenças. A teologia cristã, em última análise, diz respeito a Jesus, "o caminho, a verdade e a vida" (Jo 14.6).

Um novo "fosso horrendo"

Teólogos de outras gerações tiveram de lidar com o "fosso horrendo" de G. E. Lessing entre as verdades acidentais da história e as verdades necessárias da razão. No final da modernidade, os teólogos enfrentam outra divisão igualmente repugnante. Nenhuma dicotomia é tão fatal para a noção de teologia doutrinária quanto a ideia de teoria e prática, uma linha divisória mortal que atravessa tanto a academia quanto a igreja. Em particular os seminários conhecem a tensão entre as chamadas disciplinas teóricas (e.g., teologia sistemática, estudos bíblicos, história da igreja), orientadas para o conhecimento, e as chamadas disciplinas práticas (e.g., teologia pastoral, aconselhamento pastoral, educação cristã), que procuram desenvolver habilidades ministeriais e profissionais.

A "teoria" é a queridinha tanto dos antigos quanto dos modernos. Na filosofia grega, *teoria* se refere às verdades eternas contempladas com os olhos da mente (gr. *theōreō*: "eu contemplo"). Para os pensadores modernos, a teoria é produto da

---

[40] John Burgess, *Why Scripture matters: reading the Bible in a time of church conflict* (Louisville: Westminster John Knox Press, 1998), xvi.
[41] Ibid., p. 39.

razão universal ou do método científico e tem um poder explanatório incomparável. Aos olhos de seus críticos, no entanto, a teoria é abstrata, especulativa e, geralmente, *impraticável*, no sentido de que seu interesse está no conhecimento, e não em aplicações práticas, e porque se baseia em algo diferente da experiência ou prática. Os pós-modernos rejeitam as afirmações universais da teoria; o olho da mente é obscurecido por elementos como língua, cultura, raça, gênero, classe e corporificação.

A teoria caiu da graça pós-moderna e isso pode ser uma vantagem para a teologia. Stanley Hauerwas afirma com razão que o cristianismo é distorcido quando tratado meramente como um sistema de crenças.[42] A visão linguístico-cultural é de que a teologia está ligada à vida da igreja. Doutrinas não surgem de teorias especulativas, mas das práticas fundamentais — batismo, eucaristia, oração, adoração — que constituem a vida e a identidade da igreja.

Construindo uma ponte sobre o fosso: o caminho da sabedoria

A distinção entre teoria e prática, juntamente com o contraste entre doutrina e vida a que essa distinção dá origem, é nociva para a fé cristã e para o projeto de fé em busca de entendimento. A presente obra visa afastar a teologia do conhecimento teórico, a fim de reorientá-la em direção à sabedoria. É essa imagem da teologia como sabedoria que, mais do que qualquer outra coisa, nos permite transpor o fosso horrendo entre teoria e prática.

O conhecimento teológico não é meramente teórico nem instrumental; ele está relacionado mais com *sapientia* do que com *scientia*. "A sapiência inclui informações corretas sobre Deus, mas enfatiza o vínculo com esse conhecimento. A sapiência é o conhecimento com vínculo emocional que liga o conhecedor ao conhecido".[43] A teologia envolve tanto a teoria (conhecimento) quanto a prática (vida) em virtude de sua função pastoral: ajudar as pessoas a deleitar-se em Deus e glorificá-lo.

Talvez a melhor maneira de superar a dicotomia entre teoria e prática seja deixar o tema da teologia cristã determinar a tarefa da teologia. *Jesus Cristo é a palavra e a sabedoria de Deus, o revelador e o redentor: o caminho, a verdade e a vida*. Dessa identificação surpreendente derivam vários pontos para a teologia. Primeiro, a teologia deve estar interessada no que cada um desses termos representa; ela tem de lidar com a verdade, com os caminhos para viver e com o sentido da vida. Em segundo lugar, deve sempre manter os três em mente. Concentrar-se na *verdade* em detrimento do *caminho* e da *vida* leva a uma preocupação com a teoria; todavia, uma preocupação com o *caminho* e com a *vida* pode levar ao pragmatismo. A doutrina cristã, da mesma forma, deve servir ao objetivo de promover *caminhos de vida verdadeiros*. A fé adquire entendimento quando permite que a história de Jesus Cristo controle o significado de "caminho", "verdade" e "vida". Por fim, a teologia deve fazer do caminho, da verdade e da vida de Jesus Cristo atestados nas Escrituras sua norma do começo ao fim.

---

[42] Cf. Stanley Hauerwas, *Sanctify them in the truth: holiness exemplified* (Nashville: Abingdon, 1998).
[43] Ellen Charry, *By the renewing of your minds: the pastoral function of Christian doctrine* (Oxford: Oxford University Press, 1997), p. 4.

O caminho

O primeiro nome dado ao cristianismo foi o "Caminho" (Atos 9.2).[44] Pertencer a um caminho é seguir por ele. Andar é uma figura bíblica comum do estilo de vida ou padrão de conduta de uma pessoa. Os cristãos devem andar no Espírito (Gl 5.16), em amor (Ef 5.2) e em sabedoria (Cl 4.5). A autodesignação de Jesus em João 14.6 faz uso de figuras do Antigo Testamento que deviam ser bem conhecidas por seus ouvintes, principalmente aquela do salmo 1, que coloca em contraste os dois caminhos ou modos de caminhar. Esse salmo de sabedoria contrapõe o caminho dos justos, que leva à vida, e o caminho dos ímpios, que leva à morte. Os livros de Reis e Crônicas dão muitos exemplos de reis que andaram no "[mau] caminho dos reis de Israel" (2Cr 21.6), juntamente com algumas exceções, que andaram em "todo o caminho de Davi" (2Rs 22.2).

Ser cristão é pertencer ao caminho de Jesus, dirigir-se ativamente e seguir no mesmo sentido de Jesus, em direção ao reino de Deus. As epístolas joaninas incentivam os cristãos a andar "na luz" (1Jo 1.7), assim "como ele [Jesus] andou" (2.6). Que caminho é esse? As epístolas de João definem o caminho cristão no sentido de seguir a verdade (2Jo 4) e seguir o amor (2Jo 6). O contexto é tão importante quanto a designação: perseguição. Os que pertencem ao "Caminho" podem esperar sofrimento por seu testemunho de vida da verdade.[45] O comentário de Agostinho cabe bem aqui: "O que é 'andar como Cristo andou'? Andar sobre o mar? Não, é andar no caminho da justiça. [...] Pregado à cruz, ele estava andando pelo caminho, o caminho da caridade".[46] Juntas, a vida, Paixão e morte de Jesus definem o "caminho" cristão.

A verdade

Confessar Jesus como a verdade é aceitar seu caminho como totalmente autêntico — verdadeiro no sentido de confiável. Ele é digno de confiança porque Jesus é a verdade de Deus. Ele conhece Deus Pai, corresponde a Deus Pai e revela Deus Pai. "Quem vê a mim, vê o Pai" (Jo 14.9). O caminho de Jesus é o caminho do Pai. "Ninguém chega ao Pai, a não ser por mim" (14.6). Tais afirmações estão por trás do que veio a ser conhecido como o escândalo da particularidade, a tese escandalosa de que o Deus que é grande demais para ser compreendido e terrível demais para ser visto está de alguma forma presente, oculto/revelado no frágil palestino: "O Filho é o resplendor da glória de Deus e a expressão exata do seu ser" (Hb 1.3, NVI). Por fim, o caminho é digno de confiança porque Jesus é a verdade da humanidade. Seguir o caminho de Jesus promove a prosperidade humana (*shalom*) e leva ao *summum bonum*: vida eterna e abundante.

---

[44]Outras ocorrências do termo como designação dos cristãos encontram-se em Atos 19.9,23; 22.4; 24.14,22. Volto à metáfora do caminho no cap. 9, no contexto da teologia como exercício de "mapeamento" do caminho.

[45]A igreja, direi no cap. 12, é um "teatro de martírio".

[46]Agostinho, "First Homily on 1 John", in: John Burnaby, org., *Augustine: later works*, Library of Christian Classics (Philadelphia: Westminster, 1955), p. 266.

A vida

Jesus é vida, e isso é mais do que uma questão de biologia. As Escrituras retratam a vida como algo que vai além da simples existência física. Vida é estar na presença graciosa e vivificante de Deus. A suprema bênção da aliança no antigo Israel era estar com Deus, representado pela nuvem que cobria o tabernáculo (Êx 40.34-38). No entanto, o pecado nos aliena de Deus e, assim, da fonte da vida. Ter "vida", no sentido teológico, é estar em um relacionamento de comunhão com Deus; ter vida é estar incluído na vida de Deus. Por certo, a doutrina não é algo alheio à vida nesse sentido. Na verdade, exatamente porque a doutrina está sempre relacionada à vida e somente a ela — comunhão vital com o Deus trino e uno — é que ela redunda em doxologia.

Da teoria ao teatro

À lista de quatro tarefas da teologia — celebrar, enfrentar, criticar, comunicar — podemos agora acrescentar a quinta: *continuar*. A teologia cristã procura *continuar* o caminho da verdade e da vida, sem admirá-lo de longe, mas seguindo-o e encarnando-o. Seguir esse caminho significa mais do que adotar certa ética. A comunhão dos discípulos com aquele que é o caminho é mais do que a conformidade externa a um código moral. No entanto, o compromisso interno não se resume somente a isso. "Seguir" o caminho, em última instância, também requer o uso da imaginação; pois o caminho de Jesus Cristo é mais uma história corporificada do que um argumento corporificado e, como veremos, é em grande parte graças à imaginação que os discípulos são capazes de relacionar a história de Jesus com a história de vida de cada um deles.

O caminho cristão não é algo que se pode apenas observar (*theōreō*) ou contemplar com os olhos da mente. A doutrina não procura simplesmente afirmar verdades teóricas, mas corporificar a verdade em modos de vida. Existe, no entanto, outro tipo de observação, mais ativo e envolvente, associado não à filosofia, mas ao teatro (*theaomai*). O caminho cristão é fundamentalmente *dramático* e envolve atos e discursos em nome da verdade e da vida de Jesus. Trata-se do modo de viver autêntico, e sua alegação da verdade não pode ser isolada do modo de vida com o qual está associado. Pois o modo como se vive *simboliza* as crenças sobre a verdade, o bem e o belo, tanto que se torna difícil "separar a pessoa da tese, do argumento ou da doutrina que ela expressa".[47] A finalidade da doutrina é garantir que aqueles que levam o nome de Cristo andem no caminho de Cristo. Assim, longe de ser irrelevante para a "vida", a doutrina dá forma à vida "em Cristo".

A metáfora do teatro envolve mais do que observação teórica, e isso acontece de duas maneiras. Primeira, a plateia é mais do que um grupo de observadores passivos (ou indiferentes). Espectadores normalmente têm mais do que um interesse teórico no drama que se desenrola no palco. Um dos principais propósitos do teatro, segundo Aristóteles, é realizar "catarse". Há, portanto, um grau de investimento emocional e imaginativo no tipo de contemplação que ocorre em um teatro, a qual vai além da

---

[47] Alasdair MacIntyre, *Three rival versions of moral enquiry: encyclopaedia, genealogy, and tradition* (Notre Dame: University of Notre Dame, 1990), p. 201.

especulação desinteressada de teóricos. Em segundo lugar, e mais importante, a teologia é mais do que um esporte de espectador. Antecipo aqui o argumento de capítulos posteriores: o principal objetivo da doutrina é equipar os cristãos para compreender e participar da ação dos principais agentes (a saber, Pai, Filho e Espírito). Assim, a observação teatral supera a dicotomia teoria/práxis quando insiste na participação da plateia.[48]

Pensar em doutrina de uma perspectiva de drama, e não de teoria, fornece um modelo maravilhosamente cativante e integrativo para a compreensão do que significa seguir — com toda mente, coração, alma e força — o caminho, a verdade e a vida corporificados e encenados em Jesus Cristo. Como tal, isso faz jus à virada linguístico-cultural e à concomitante ênfase na prática, ao mesmo tempo que abre novas e interessantes possibilidades para conceber a relação das Escrituras (o roteiro do evangelho) com a vida da igreja (a performance do evangelho).

A TESE: A ABORDAGEM CANÔNICO-LINGUÍSTICA

A virada linguístico-cultural característica da teologia pós-liberal e de outros tipos de teologia pós-moderna é um lembrete marcante de que a teologia existe para servir à vida da igreja. No entanto, a virada para a prática eclesial parece ter se dado à custa da autoridade bíblica. A abordagem *canônico*-linguística a ser apresentada no presente livro tem muito em comum com sua prima, a abordagem linguístico-cultural. Ambas concordam que significado e verdade estão fundamentalmente relacionados ao uso da linguagem; no entanto, a abordagem canônico-linguística sustenta que, em última instância, o uso normativo não é o uso da *cultura* eclesial, mas do *cânon* bíblico.

O compromisso da presente obra é recomendar a abordagem canônico-linguística aos teólogos, pois ela se volta para a prática, enfatiza a sabedoria e recupera com criatividade o princípio do *sola Scriptura*. Uma das suas teses fundamentais é que *sola Scriptura* não se refere a um princípio abstrato, mas a uma *prática teológica concreta*: uma prática de *atuação*, ou seja, a prática de discursos e atos que correspondem à palavra de Deus. A *norma* suprema para prática da igreja são as próprias Escrituras: não as Escrituras usadas pela igreja, mas as Escrituras usadas por Deus, mesmo, ou talvez principalmente, quando esse uso se *contrapõe* à igreja: "E a tarefa da teologia é exatamente esta: exemplificar a igreja enfrentando a resistência do evangelho".[49] A teologia canônico-linguística ocupa-se de ambos, tanto o drama *no* texto — o que Deus está fazendo no mundo por meio de Cristo — quanto o drama que continua na igreja na medida em que Deus usa as Escrituras para dirigir-se a seus leitores, edificá-los e confrontá-los. Consideremos com mais atenção essas dimensões dramáticas da doutrina.

O entendimento que a fé busca é dramático

Qualquer discussão sobre o futuro da teologia protestante deve levar em conta o ponto de vista de Karl Barth (contra Harnack, entre outros liberais) de que o tema

---

[48] Examino a ideia de teatro participativo no último capítulo.

[49] John Webster, "The church as witnessing community", *Scottish Bulletin of Evangelical Theology* 21 (2003): 22.

da teologia deve determinar seu método. Em teologia, "objetividade" é uma questão de atentar para seu tema, ou melhor, para seu objeto que fala e age: o Deus que se autorrevela.[50] No coração do cristianismo encontra-se uma série de palavras e atos divinos que culminam em Jesus Cristo: a divina e definitiva Palavra/Ato. O evangelho — autodoação de Deus em seu Filho por meio do Espírito — é inerentemente *dramático*, uma questão de sinais e discursos, ação e sofrimento. Ao mesmo tempo, é fácil ver por que a igreja se mostra ambivalente no que diz respeito ao teatro. A única referência inequívoca a "teatro" no Novo Testamento encontra-se em Atos 19, em que é apresentado um tumulto ocorrido em Éfeso contra a atividade missionária de Paulo. Amigos de Paulo "mandaram pedir-lhe que não se arriscasse a ir ao teatro" (At 19.31). As gerações seguintes de cristãos imitaram facilmente o exemplo de Paulo, evitando não só o teatro, mas também a imaginação dramática.

No entanto, o que a fé se esforça para entender é "o que vimos e ouvimos" (1Jo 1.3). A doutrina é uma resposta a algo *contemplado* — contemplado não teoricamente mas, por assim dizer, de forma teatral: uma atuação *vivida*. Pois a "palavra da vida" não é nada menos que a vida de Jesus, a Palavra — um drama *histórico*. "Sua história é a base não doutrinária sobre a qual repousa a doutrina".[51] O evangelho continua a ser visto (no batismo e na ceia do Senhor) e ouvido (na pregação); são esses os meios pelos quais Cristo se faz presente para seu povo. Portanto, em um sentido real *nós* temos visto e ouvido o evangelho, em sua dupla forma de Palavra e sacramento. O que a fé procura entender é inerentemente *dramático*.

Hans Urs von Balthasar utiliza a metáfora teatral com bons resultados em sua obra de vários volumes *Theo-drama*.[52] O termo *theo-drama* chama a atenção para a ação de Deus (e.g., a Criação, a redenção), na qual a igreja se acha envolvida. A presente obra, embora reconheça essa ênfase, não se concentra apenas na natureza dramática do *conteúdo* da doutrina cristã, porém, mais distinta e claramente, *na natureza dramática da própria doutrina cristã*. Tanto o processo quanto o produto da busca de entendimento empreendida pela fé são dramáticos.

A doutrina indica o caminho, a verdade e a vida de Jesus Cristo e dirige-nos para entrarmos em ação. Portanto, a doutrina se assemelha a "direções de palco para a atuação do evangelho por parte da igreja".[53] As doutrinas são principalmente

---

[50]Veja Karl Barth, *Church dogmatics*, vol. I/2 §23 e §24 sobre as tarefas formal e material da teologia dogmática. Veja também Christoph Schwöbel, "Theology", in: John Webster, org., *The Cambridge companion to Karl Barth* (Cambridge: Cambridge University Press, 2000), p. 17-36.

[51]Loughlin, "Basis and authority of doctrine", p. 53.

[52]Hans Urs von Balthasar, *Theo-drama: theological dramatic theory* (San Francisco: Ignatius, 1988-98), vols. 1-5.

[53]Loughlin, "Basis and authority of doctrine", p. 54. Tudo depende de onde procedem as direções. Se a doutrina for meramente descritiva do que cristãos geralmente dizem e fazem, como é o caso na abordagem linguístico-cultural, ela será incapaz de criticar e corrigir práticas cristãs inadequadas. A solução de Loughlin — apelar para o senhorio de Cristo sobre a doutrina exercido por meio do Espírito — tem o efeito líquido de tornar a vida coletiva da igreja (como lócus da obra do Espírito) o árbitro final do significado e da autoridade da doutrina: "Assim, a Bíblia não tem nenhum significado real para a igreja — não tem nenhuma autoridade sobre sua doutrina — fora desse diálogo que, no final, é a tradição da igreja em toda a sua diversidade, em todos os seus diálogos, tanto intraeclesiais quanto extraeclesiais" (p. 58). Volto a essa questão na parte 3.

direções dramáticas que moldam a vida e não tanto declarações proposicionais ou regras estáticas: "Doutrinas servem como lentes criativas através das quais se enxerga o mundo. Por meios delas, aprende-se como se relacionar com outras pessoas, como agir em comunidade, como entender verdade e falsidade e como compreender e se movimentar no diversificado terreno dos desafios da vida diária".[54] Doutrinas são "como roteiros, vagos mas definitivos, que as pessoas de fé encenam; doutrinas são o drama em que vivemos a vida".[55] Tudo isso é bastante motivador para discípulos que desejam superar a dicotomia teoria/prática a fim de continuar seguindo o caminho.

A interpretação bíblica é dramática

O drama da doutrina está arraigado na história de Israel e é narrado com um alto grau de sofisticação literária, como se fosse para estabelecer uma cosmovisão.[56] A narrativa bíblica é um discurso tridimensional que funciona com princípios históricos, literários e ideológicos. O passado lembrado é retratado por meio de um enredo que, por sua vez, retrata uma proposição: uma forma possível de ver o mundo e de nele viver.[57] O leitor, assim interpelado, torna-se um ator no drama contínuo da criação e redenção. "Como participante nesse processo histórico, o leitor é *interpelado* no texto".[58] Dentro da história, Deus age para revelar-se e salvar o seu povo; ali seguem-se várias provas de memória, gratidão e obediência. Fora da história, os leitores enfrentam o mesmo desafio: será que eles vão entender, lembrar e responder de acordo com "o que temos visto e ouvido" sobre Deus no texto e a partir do texto? Daí, o *processo* da fé que busca entendimento — ver, ouvir, envolver-se e refletir sobre "o que temos visto e ouvido" através da leitura — é em si mesmo uma questão de drama elevado.

Para o bem ou para o mal, as Escrituras fazem exigências "tirânicas" ao leitor: "Diferente das histórias de Homero, as histórias não cortejam nosso favor, não nos elogiam para nos agradar e cativar — elas procuram nos subjugar, e se nos recusamos a ser subjugados, somos rebeldes".[59] A noção de que as Escrituras fazem "exigências" provavelmente ofenderá alguns leitores, que vão ver nessa alegação uma agressão à sua liberdade, seja interpretativa, seja de outro tipo. No entanto, a exigência surge de

---

[54]Serene Jones, *Feminist theory and Christian theology: cartographies of grace* (Minneapolis: Fortress, 2000), p. 16.

[55]Ibid., p. 17.

[56]Esta é a tese de Meir Sternberg, *The poetics of biblical narrative: ideological literature and the drama of reading* (Bloomington: Indiana University Press, 1987).

[57]Sternberg sugere que a história faz a mediação entre ideologia e estética: por um lado, história é o lócus da ação e da providência divinas e, por outro, a história é moldada como narrativa (ibid., p. 45). N. T. Wright vê os mesmos três fatores — narrativa, história, teologia — em ação no Novo Testamento (cf. a sua obra *The New Testament and the people of God* [Minneapolis: Fortress, 1996], parte 1). Cf. a observação de Hans Frei, que a "leitura teológica é a leitura do *texto*, e não a leitura de uma *fonte*, que é como os historiadores o leem" (*Types of Christian theology*, p. 11).

[58]John Webster, *Word and church: essays in Christian dogmatics* (Edinburgh: T. & T. Clark, 2001), p. 77.

[59]Erich Auerbach, *Mimesis: the representation of reality in Western literature* (Princeton: Princeton University Press, 1968), p. 15 [edição em português: *Mimesis*, 6. ed. (São Paulo: Perspectiva, 2015)].

uma convicção quanto ao que é a realidade ("o que temos visto e ouvido") e de uma preocupação de alinhar os leitores a essa realidade. A exigência surge, como Barth percebeu com grande lucidez, da exigência de que a teologia corresponda a seu tema — a palavra de Deus — com fé e obediência.

Alguns críticos literários têm chamado a atenção para os vínculos entre leitura de textos, aquisição de conhecimento e formação de caráter.[60] O drama da leitura das Escrituras, em última instância, envolve o destino de texto e leitor igualmente: será que o texto conseguirá estabelecer sua cosmovisão? Será que o leitor será moldado de forma decisiva por esse processo? Há potencial para um conflito dramático não apenas dentro da história, mas até no processo de leitura no qual o leitor, às vezes espiritualmente, luta com o texto. É muito tentador ouvir a própria voz nas Escrituras. Por exemplo, a sugestão de que "dramas doutrinais sejam testados na vida real das mulheres"[61] corre o risco de tornar um tipo de experiência humana em critério do que é doutrinariamente aceitável e, portanto, uma autoridade de fato. À semelhança de outras "teologias defensivas" que tentam fazer teologia a partir da perspectiva da experiência de um grupo social, ou caracterizado pelo gênero ou pela raça, esse procedimento peca ao situar a identidade cristã em vários lugares, menos no lugar certo, a saber, "em Cristo".[62]

Em suma, falar do "drama da doutrina" é chamar a atenção para o que está envolvido e para o que está em jogo no ato de fazer teologia. O drama decorre, por um lado, do confronto entre a ideologia (leia-se teologia) do texto e a do leitor, e, por outro lado, do conflito de abordagens disciplinares, métodos e formas rivais da leitura do texto. Um dos objetivos da presente obra é dar forma a uma abordagem pós-crítica da interpretação bíblica que respeite tanto o princípio — ou antes, a prática — do *sola Scriptura* quanto a localização da comunidade interpretativa; abordagem que, no entanto, resulte em conhecimento para atuação e verdade doutrinária.

O teatro de operações exegéticas

O caminho a seguir é complicado pelo equivalente a quase um consenso entre os estudiosos da Bíblia de que não há lugar para a doutrina na hospedaria exegética. Philip Davies fala por muitos críticos bíblicos que resistem à leitura da Bíblia como "Escrituras": "Prefiro ver a leitura teológica como uma opção legítima *entre outras*, baseada não em uma alegação do caráter objetivo de seu conteúdo, mas na decisão da igreja [...] de adotar tal literatura como cânon".[63] Para Davies, o interesse interpretativo da igreja não encerra mais autoridade do que a de qualquer outra comunidade interpretativa. "Leitura correta" é uma noção baseada na comunidade e vinculada à tradição. Aqueles que não querem se envolver na interpretação teológica das

---

[60] Veja, por exemplo, Martha C. Nussbaum, *Love's knowledge: essays on philosophy and literature* (New York: Oxford University Press, 1990).

[61] Jones, *Feminist theory and Christian theology*, p. 18.

[62] Também é possível que as teologias de defesa se apropriem indevidamente da catolicidade da igreja ou a entendam mal. Volto à questão de doutrina e identidade cristãs no cap. 11.

[63] Philip Davies, *In search of "ancient Israel"*, JSOT Supplement 148, ed. rev. (Sheffield: Sheffield Academic Press, 1995), p. 19, n. 4.

Escrituras podem optar por outro empreendimento: desconstrução, estruturalismo, ou qualquer outra de uma variedade de abordagens críticas disponíveis no cardápio da crítica contemporânea. Contudo, se interpretar a Bíblia é só isso, se ler a Bíblia para encontrar Jesus Cristo é apenas uma opção (legítima?) entre outras, será que a igreja pode continuar a sustentar com seriedade que a pessoa de quem o texto bíblico dá testemunho é o caminho, a verdade e a vida?

Quando foi que os exegetas perderam o interesse em teologia? Quando interesses não teológicos substituíram os teológicos, é claro: "No mundo da modernidade, todo seguro de si, as pessoas procuram entender as Escrituras, em vez de esperar, com o auxílio delas, entender alguma coisa sobre si mesmas".[64] Estudiosos da Bíblia não devem se surpreender se, depois de expulsar o "espírito maligno" da teologia dogmática, sete outros, ainda mais perversos, correrem para assumir o seu lugar.

Somos duramente pressionados a dizer o que é mais horrendo: o fosso que separa a teoria da prática, ou o fosso que separa a exegese da teologia. Ambos não são naturais, são até mesmo perversos, pois a doutrina é em grande parte uma questão de exegese, de apresentar uma "análise da lógica do discurso bíblico".[65] A Bíblia, da mesma forma, é em grande parte uma questão de teologia. No entanto, a grande ironia dos estudos bíblicos modernos é que, na tarefa exegética, não se tem atribuído nenhuma função importante às ponderações doutrinárias, impedindo-se assim que os exegetas se ocupem do assunto principal dos textos bíblicos: a palavra de Deus. Críticos da Bíblia se contentam em usar os textos como evidência de uma história reconstruída do "que realmente aconteceu". No entanto, há "uma enorme diferença entre abordar a Bíblia como dados suspeitos e abordá-la como comunicação sobrenatural [...] a primeira abordagem é instrumental; a segunda, interpretativa".[66] Formas de exegese que tratam os textos bíblicos como dados e não como portadores do discurso divino são claramente *não dramáticas*.

À título de contraste, pense na "exegese" que Jesus faz de Deus Pai (Jo 1.18). Com certeza é possível estudar a vida de Jesus sob vários ângulos, mas se *este* ângulo ficar de fora — ele revela Deus Pai — perderemos sem dúvida a ideia central. Argumento semelhante poderia ser proposto com relação aos Evangelhos, que são "exegeses" teológicas de Jesus. Novamente, é possível ler os Evangelhos sob vários ângulos, e com uma variedade de objetivos, mas, se deixarmos de fora a interpretação teológica que eles fazem de Jesus Cristo, perderemos sem dúvida a ideia central. O suspense do drama da leitura reside nisto: será que os leitores encontrarão "o Caminho"?

O julgamento da interpretação

A interpretação bíblica não é dramática apenas de modo geral, mas assemelha-se especificamente a um drama de tribunal. Paul Ricoeur observa alguns paralelos

---

[64]Nicholas Lash, "When did theologians lose interest in theology?", in: *The beginning and the end of religion* (Cambridge: Cambridge University Press, 1996), p. 148.

[65]David Yeago, "The New Testament and the Nicene dogma: a contribution to the recovery of theological exegesis", in: Stephen Fowl, org., *The theological interpretation of Scripture: classic and contemporary readings* (Oxford: Blackwell, 1997), p. 87.

[66]Sternberg, *Poetics of biblical narrative*, p. 34.

interessantes entre o processo de interpretação textual e o processo de um julgamento.[67] Em um julgamento, o júri chega a um veredicto interpretando as provas, a maior parte das quais consiste em testemunho verbal ou por escrito. Todavia, colocar em discussão a interpretação de um texto é um processo parecido com um julgamento em que os advogados da outra parte procuram convencer o júri de que esta "leitura" da tese e de suas provas é mais admissível do que a outra. Portanto, nossa competência como leitores, como testemunhas que falam do "que temos visto e ouvido" — como jurados que procuram fazer justiça às provas —, é colocada em julgamento toda vez que interpretamos a Bíblia. Pois damos testemunho daquilo em que acreditamos — os textos, Deus, nós mesmos — em cada uma de nossas interpretações. Em última instância, o julgamento da interpretação diz respeito não ao texto, mas ao intérprete: será que os leitores responderão à palavra do Senhor de forma adequada?[68]

A teologia canônico-linguística é dramática

Se tanto o assunto das Escrituras (Deus em um ato de autocomunicação) quanto o processo hermenêutico são dramáticos, então o mesmo se pode dizer da teologia, a tarefa de vincular a interpretação das Escrituras à vida da igreja no mundo. *O drama da doutrina diz respeito ao processo pelo qual se lava o cascalho do conhecimento textual e se chega ao ouro da sabedoria cristã colocando-se em prática a interpretação das Escrituras.* À semelhança dos remédios, a verdade doutrinária será inútil se dela não nos apropriarmos. Mas como se toma posse de uma doutrina? O assentimento intelectual não é suficiente; a doutrina precisa conquistar não apenas a mente, mas as emoções e a imaginação também — o que a Bíblia chama de "coração". Precisamos nos apropriar da verdade doutrinária, abraçá-la e até mesmo incorporá-la. *O fim adequado do drama da doutrina é a sabedoria: o conhecimento vivido, uma encenação da verdade.*

A teologia canônico-linguística conjuga a ênfase pós-liberal na teologia como prática da igreja com o conceito de interpretação bíblica como encenação, a fim de expor uma concepção dramática de doutrina. A doutrina é a ponte entre o evangelho como teodrama e a teologia como encenação do evangelho. *A teologia canônico--linguística dá a direção bíblica para uma participação adequada no drama da redenção hoje.* Isso significa levar em conta o teodrama biblicamente roteirizado juntamente com sua recepção histórica, bem como o palco e o cenário (e.g., os contextos cultural, social e intelectual) em que novas cenas são representadas. Em última instância, o que está em jogo no drama da doutrina é seguir "o Caminho" à medida que o povo de Deus entra por novos territórios intelectual e culturalmente inexplorados.

---

[67]Sobre o desenvolvimento e a defesa da analogia por Paul Ricoeur, veja de sua autoria "The model of the text: meaningful action considered as a text", in: John B. Thomason, org., *Hermeneutics and the human sciences* (Cambridge: Cambridge University Press, 1981), p. 197-221, esp. p. 203-9.

[68]John Webster identifica a "situação hermenêutica" diferenciada do leitor cristão da perspectiva do discurso divino. De nenhum outro texto se exige que seja lido como a palavra de Deus. Veja Webster, *Word and church*, p. 47-86, esp. p. 58.

O roteiro canônico

No coração da abordagem canônico-linguística encontra-se a proposta de que passamos a conhecer a Deus ao levar em conta os usos da linguagem de Deus nas Escrituras. De particular interesse é o uso das Escrituras pelas próprias Escrituras, pois o berço da teologia cristã talvez seja mais corretamente situado nos atos hermenêuticos de Jesus e dos apóstolos. Foi essa prática interpretativa que lhes permitiu ler nas Escrituras de Israel a identificação de Jesus como o "Cristo". Portanto, a teologia canônico-linguística extrai suas principais coordenadas das próprias Escrituras, fazendo do que chamaremos de *práticas canônicas* a norma para o discurso e para o pensamento da igreja a respeito de Deus. Então, a ideia de *sola Scriptura* retorna, mas sem postular a Bíblia como um manual repleto de dados propositivos, mas considerando-a um roteiro que demanda encenação fiel, ainda que criativa. As Escrituras são a norma para o caminho, a verdade e a vida cristãos, mas somente quando não são encaradas simplesmente como um manual de verdades propositivas.[69]

A situação eclesial

A igreja, longe de ser colocada à margem pela teologia canônico-linguística, está na verdade no centro do drama. O povo de Deus tem o privilégio e a responsabilidade exclusivos de encenar as Escrituras e dar continuidade ao caminho. Na verdade, a igreja constitui um argumento socialmente corporificado e contínuo que afirma que Deus é bom para a humanidade. No entanto, é inevitável que a interpretação vivencial das Escrituras pela igreja contenha elementos tanto do evangelho quanto da cultura. Esse é um motivo por que não se deve fazer das práticas da igreja a norma para a teologia cristã. *Nem a tradição nem a prática podem ser a suprema norma para a teologia cristã, porque ambas estão sujeitas a erros.* Práticas se deformam, tradições se corrompem.[70]

Prestamos um desserviço à teologia quando negligenciamos o cânon ou a comunidade. Ambos têm o seu lugar, e o compromisso da presente obra é fazer uma descrição de suas posições e relações adequadas. Os leitores não devem se enganar com o epíteto *canônico-linguística* e inferir (erroneamente) que não tenho interesse na situação eclesial de hoje. Nada poderia estar mais longe da verdade. Aliás, este livro foi escrito justamente a partir de uma preocupação com a situação contemporânea da igreja. Pode-se reabilitar o *sola Scriptura* sem negligenciar a situação atual da igreja ou os outros *solas* (*sola gratia*, *sola fide* e *solus Christus*). Na verdade, o ponto principal do presente argumento é que a prática do *sola Scriptura* é a melhor maneira de servir à igreja e de preservar o senhorio de Cristo.

---

[69]Volto a uma discussão sobre o papel das proposições no cap. 10.

[70]Nicholas Healy argumenta que uma das tarefas mais importantes para a igreja de hoje é reconhecer o pecado eclesial, tanto os fracassos quanto as distorções da missão da igreja (Nicholas M. Healy, *Church, world and the Christian life: practical-prophetic ecclesiology* [Cambridge: Cambridge University Press, 2000], p. 9-13). Na segunda parte, considero não só as tradições mas a Tradição, junto com o argumento de que a última é igualmente supervisionada pelo Espírito assim como a própria Bíblia.

A substância canônica

No final das contas, o que está em jogo no cânon e na própria teologia cristã é um julgamento da verdade, ou seja, a capacidade dos seres humanos de reconhecer a Deus e tornar concreta a imagem dele na vida. Por isso, o tema do julgamento permanece como uma figura, tanto para o assunto quanto para o método da teologia canônico-linguística.

Sinopse da aliança

Quanto ao assunto, a questão do processo judicial faz parte de um conjunto de temas relacionados que, em última instância, podem ser remontados à relação de aliança de Deus com Israel. De sua parte, Deus faz uma promessa incondicional a Abraão: "E farei de ti uma grande nação, te abençoarei [...] e todas as famílias da terra serão abençoadas por meio de ti" (Gn 12.2,3). Por sua vez, os filhos de Abraão devem expressar seu compromisso com a aliança por meio de gratidão e obediência. O livro de Deuteronômio enuncia os privilégios e as responsabilidades de Israel na aliança. Ambas as partes da aliança prometem fidelidade de acordo com seus papéis como Senhor e povo da aliança, respectivamente. Como povo da nova aliança, a igreja também tem privilégios e responsabilidades. O drama da doutrina dá continuidade à mesma sinopse da aliança em um novo código.

O litígio da aliança

Grande parte do Antigo Testamento narra a história de fidelidade e infidelidade de Israel à aliança. Por meio dos profetas, Deus apresenta queixas quase judiciais contra seu povo em resposta à sua desobediência: "... pois o Senhor tem uma acusação contra os habitantes da terra" (Os 4.1). Por outro lado, os seres humanos podem apresentar queixas ou acusações contra Deus, como em Jó 23.1-7, em que Jó questiona a justiça do divino juiz. No final das contas, o que está em jogo em todos esses julgamentos não é simplesmente a fidelidade do povo, mas a própria identidade de Deus.

Israel se pergunta se o Senhor será fiel e trará seu povo de volta do Exílio; Yahweh se pergunta se Israel será fiel e se confiará que ele vai trazer o povo de volta. É digno de nota que as Escrituras apresentam pela primeira vez o nome de Deus (Yahweh) no contexto de um recital de seus atos poderosos: "O Senhor te tirou do Egito" (Êx 13.9). A questão implícita é se Deus conseguirá fazer o que promete — se ele manterá sua palavra. Deus por fim apresenta uma acusação contra Israel e contra as nações; estas deixam de reconhecê-lo como Deus e, em sua posição de servo, Israel fracassa em seu papel de ser luz para as nações. O tema do julgamento recebe destaque especial na disputa entre Elias e os profetas de Baal no monte Carmelo (1Reis 18), onde, em última instância, o que está em jogo é a identidade de Yahweh como agente da bênção da aliança (e.g., a chuva). A identidade de Deus está mais uma vez em jogo em Isaías 41—45, em que a questão é se Deus é o agente último por trás das vitórias do rei Ciro.

O julgamento da verdade

O que está em julgamento ao longo de todas as Escrituras é nada mais nada menos do que a verdade: a verdade sobre a identidade e sobre a agência de Deus, sobre o sentido da história, sobre os deuses e sobre as religiões das nações, sobre a fidelidade de Israel. A palavra de Deus é a palavra da verdade não só porque é verdadeira, mas por causa de seu poder de confirmar a verdade e expor o que é falso. Assim, no final das contas, o que está sendo julgado não é a verdade de Deus, mas nossa resposta a ela. Isso fica ainda mais explícito quando consideramos o julgamento de Jesus no Quarto Evangelho.

O Quarto Evangelho prefacia seu relato da crucificação com uma narrativa de um julgamento em três fases. Jesus é julgado perante o sumo sacerdote (Jo 18.12-23), diante de Caifás e do Sinédrio (18.24-27) e, finalmente, diante do governador romano Pilatos (18.28—19.16). Como ressaltam os comentaristas, a identidade de Jesus está em julgamento *ao longo de todo* o Quarto Evangelho.[71] Tudo o que Jesus diz e faz é uma forma de "testemunho" a respeito de sua verdadeira identidade. Ele vincula sua identidade à identidade do próprio Deus ao atribuir seus milagres ao poder do Pai. "... essas mesmas obras que realizo, dão testemunho de que o Pai me enviou. E o Pai que me enviou, ele mesmo tem dado testemunho de mim" (5.36,37). Essas cenas fascinantes enfocam indiretamente a questão da identidade de Deus ao enfocar a identidade de Jesus: ele revela o Pai ou não?

O Quarto Evangelho está estruturado de tal modo que, no final, o leitor também é levado para o julgamento que sempre esteve subentendido. À semelhança de Pilatos, o leitor também deve proferir um veredicto: "O Quarto Evangelho não é um simples relato de um julgamento; ele é em si mesmo uma testemunha no julgamento".[72] Em seu efeito retórico, a narrativa força-nos, como leitores, a responder à pergunta que Jesus dirigiu a seus discípulos: "... quem dizeis que eu sou?". *Tanto o evangelho quanto a teologia nos colocam de frente com a necessidade de julgar a identidade de Deus e a identidade de Jesus Cristo.* "[Q]uem dizeis que eu sou?" Ao responder a essa pergunta, não somente proferimos nosso veredicto sobre a identidade de Cristo; nós identificamos a nós mesmos.

O julgamento da doutrina

Assim, a grande prioridade no drama da doutrina é identificar corretamente os principais protagonistas e determinar o que eles fizeram. O processo de Yahweh contra Israel consiste em uma única porém séria acusação, a saber, infidelidade. Essa infidelidade decorre de juízos teológicos incorretos, pois a distinção entre a religião verdadeira e a falsa depende de uma identificação correta de Deus. Uma das principais funções da doutrina é "ajudar a proteger a referência correta disciplinando nossa

---

[71]Cf. Andrew T. Lincoln, *Truth on trial: the lawsuit motif in the fourth Gospel* (Peabody: Hendrickson, 2000). Lincoln observa que o tema do julgamento é um bom ponto de encontro para os modos literário, histórico e teológico de pesquisa no texto bíblico.

[72]Ibid., p. 170.

multiforme tendência à idolatria. Idolatria é entender errado a referência: tomar por Deus aquilo que não é Deus".[73]

No entanto, a doutrina significa mais do que se referir a Deus. Aliás, a verdade doutrinária diz mais respeito a juízos teológicos e não tanto a teoremas ou axiomas — incluindo decisões sobre o que devemos dizer e fazer, aqui e agora, a fim de corresponder à Palavra de Deus.[74] A doutrina ajuda o povo de Deus a participar de modo adequado do drama da redenção e, assim, a ser testemunha fiel e verdadeira da sabedoria do Deus encarnado. *A abordagem canônico-linguística da teologia tem como objetivo a formação de testemunhas competentes e verdadeiras que, em diversas situações, encarnam a sabedoria de Cristo adquirida a partir de práticas canônicas* incorporadas e de seus desdobramentos eclesiais. Em um mundo cada vez mais complexo, a igreja precisa de membros que sejam capazes de recorrer à sabedoria cruciforme para tomar as decisões certas sobre a maneira de dar continuidade ao caminho de Jesus Cristo. Contemplada sob essa perspectiva, a igreja é mais a *bigorna* da teologia cristã do que seu berço: é o lugar onde a compreensão que a comunidade tem da fé é vivenciada, provada e reformada.

A VISÃO: UMA ORTODOXIA CATÓLICO-EVANGÉLICA

Este livro foi escrito para os que desejam fazer parte da conversa que está na ordem do dia sobre a natureza e o propósito da doutrina cristã e sobre o futuro da teologia depois da modernidade. É escrito para os teólogos (incluindo pastores e leigos) que ainda não perderam o interesse em teologia. É escrito acima de tudo para os que procuram reabilitar a doutrina cristã para o bem da igreja e de sua missão no mundo. Por fim, este livro é escrito para os que desejam não só proclamar as boas-novas do evangelho, mas viver em sua luz.

Uma teologia evangélica

A teologia cristã faz parte daquelas profundas convicções com as quais, no final das contas, nos comprometemos em decorrência de nossas mais importantes crenças canônicas e práticas católicas. Ela é o projeto de falar e agir com os outros em coerência com o evangelho. Falar ao mesmo tempo de evangelho (*euangelion*) e de teologia é, sem dúvida, o mesmo que levantar a questão do "evangelicalismo". É óbvio que os chamados Evangélicos não são os únicos cristãos interessados no evangelho.[75] No entanto, a maneira como se referem a si mesmos sinaliza sua ambição: serem pessoas

---

[73]Lash, *Beginning and end of religion*, p. 134.

[74]Volto à noção de "juízo" na parte 3 sob a rubrica de *fronesis*. Aqui basta-nos dizer que juízos teológicos corretos são resultado de deliberação e discernimento piedosos — do temor do Senhor! — e não de algum cálculo moral ou teórico.

[75]Uso a palavra *Evangélico*, com inicial maiúscula, em um sentido histórico-social para me referir aos protestantes, em grande parte, mas não exclusivamente, na Grã-Bretanha e América do Norte, que remontam sua herança cristã aos movimentos de avivamento dos séculos 18 e 19. Emprego o termo *evangélico*, com inicial minúscula, no sentido técnico e mais restrito de "pertencente ou concernente ao evangelho".

do evangelho. É um nome ousado, que muitas vezes se justifica só com razoável dificuldade. O que começou como um movimento de reforma na ortodoxia confessional tornou-se um "movimento" por si mesmo, completo com instituições que, muitas vezes, simplesmente imitam a cultura secular em volta.[76] Sem que tenham se dado conta disso, muitos Evangélicos já fizeram a virada linguístico-cultural, embora as culturas das quais se apropriaram não fossem inteiramente santas. Práticas inspiradas mais em culturas de gestão, de terapia, de consumo e entretenimento caracterizam cada vez mais as igrejas Evangélicas, tanto que elas correm o perigo de tornar-se a autoridade *de facto*, se não *de jure*, para o estilo de vida Evangélico. O próprio Jesus continua popular, com certeza; seu estilo cruciforme, nem tanto.

A presente obra evita usar o termo *evangélico* em referência a algum segmento sociocultural da igreja cristã. A intenção é recuperar o sentido bíblico-teológico do termo em oposição a uma designação demográfica em particular. A esperança é que possamos, assim, resgatar (no duplo sentido de *retomar* e *salvar*) o epíteto *evangélico* para a teologia. Nesse momento, devemos empregar esse qualificativo com algumas reservas, dolorosamente cientes de que, muitas vezes, ele está mais para uma ambição do que para uma conquista. Ou melhor, se ele representa uma conquista, ela é de Deus, e não do cristianismo norte-americano. A crença "evangélica" fundamental é que Deus falou e agiu em Jesus Cristo e que Deus fala e age nas Escrituras canônicas, que dão testemunho dele. No princípio, *Deus* — não a filosofia, a religião, a natureza, a ética, a inteligência, nem mesmo a igreja. Uma teologia evangélica começa no princípio, com o discurso e a ação de Deus.

A teologia canônico-linguística representa um caminho que vai além do debilitante impasse entre os modos propositivista e não propositivista de entender a revelação, as Escrituras e a teologia. Os Evangélicos são rápidos em condenar a influência do modernismo na teologia liberal, mas não em perceber a trave da epistemologia moderna em seu próprio olho. A presente obra expressa como deve ser uma teologia evangélica com um princípio pós-propositivista das Escrituras e um ouvido atento à condição pós-moderna. A teologia pode aprender com a pós-modernidade sem se misturar ou capitular a ela, e a lição mais importante será como prosseguir em direção à meta da sabedoria prática, em vez do mero conhecimento teórico.[77] Entre as características dessa teologia encontram-se um foco cristocêntrico, uma estrutura canônica e um sabor católico. O objetivo de uma teologia assim é o entendimento para a encenação e fidelidade criativa. A teologia evangélica é uma questão de "fé alegre em busca de um entendimento criativo" da palavra e dos atos de Deus.

---

[76] Cf. Robert H. Gundry, *Jesus the Word according to John the sectarian: a paleofundamentalist manifesto for contemporary Evangelicalism, especially its elites, in North America* (Grand Rapids: Eerdmans, 2001).

[77] Veja ainda de minha autoria "Pilgrim's digress: Christian thinking on and about the post/modern way", in: Myron Penner, org., *Christianity and the postmodern turn* (Grand Rapids: Brazos, 2005).

Uma ortodoxia católico-evangélica

Estar voltado para o evangelho é estar voltado para os textos bíblicos, tanto para o Antigo Testamento quanto para o Novo, os quais fornecem o contexto que viabiliza a compreensão e a formulação reconhecida como verdadeira. Entretanto, é ingenuidade pensar que só eu ou minha comunidade conhecemos tudo o que a Bíblia diz. A hermenêutica do século 20 nos ensina que nossas leituras e interpretações de textos nunca são neutras — como se pudéssemos simplesmente sair de nosso lugar, nosso tempo, nossa cultura, nossa situação social — nem exaustivas, como se pudéssemos fugir de nossa finitude. Segue-se que as Escrituras são sempre lidas a partir de alguma tradição interpretativa.

Nenhum período, cultura ou denominação tem o monopólio do rótulo "evangélico" no sentido de "correspondente (em todos os tempos) ao evangelho". Seria mais lamentável se a igreja em todos os lugares e em todas as épocas tivesse de se conformar com, digamos, o Evangelicalismo norte-americano da década de 1970. O Evangelicalismo norte-americano de qualquer década do século 20 fornece apenas alguns vislumbres limitados da fé cristã encarnada em certo lugar e período. Nenhum receptor do evangelho faz plena justiça à sua riqueza de significado e verdade. Colocando em termos hermenêuticos, nenhum comentário dos Evangelhos pode tomar o lugar do evangelho. Um único comentário, por mais que seja fiel ao texto, ainda é parcial. Ser *canônico* não é suficiente; a teologia deve também ser *católica*.

"Catolicidade" significa a igreja no sentido do povo de Deus como um todo, disperso no espaço, através das culturas e ao longo do tempo. "Cremos em uma só [...] igreja *católica*". A unidade evangélica da igreja é compatível com a diversidade católica. Assim, dizer que a teologia deve ser católica é afirmar a necessidade de envolver a igreja *inteira* no projeto da teologia. Nenhuma denominação isolada "possui" catolicidade: a catolicidade não é domínio exclusivo da igreja romana da mesma forma que o evangelho não é domínio exclusivo dos evangélicos.[78] *Católico* e *evangélico* são qualificações que andam juntas. Para ser mais exato, "católico" qualifica "evangélico". Evangelho designa uma palavra determinada; catolicidade, o âmbito de sua recepção". *"Evangélico" é a ideia central, mas "católico" acrescenta um qualificador antirreducionista crucial, o qual proíbe que algum receptor isolado do evangelho se torne superior aos outros.*

Em sua resposta ao evangelho, a igreja em todos os tempos contém elementos mais fiéis ou menos fiéis, ou seja, a resposta pode ser mais distorcida ou menos distorcida. É exatamente por isso que nenhum receptor do texto — nem comentário, nem comunidade — é igual ao próprio evangelho. A diversidade pode ser positiva e enriquecedora, a menos que se endureça pela divergência, na qual, em vez de uma forma diferente de percorrer o caminho, o caminho percorrido é que passa a ser completamente diferente. Com esse pensamento, chegamos a uma grande encruzilhada teológica e a um problema importante para nosso estudo da doutrina. Se o evangelho é recebido pela igreja em diferentes épocas, em lugares distintos e em

---

[78]Segundo D. H. Williams, *Retrieving the tradition and renewing Evangelicalism: a primer for suspicious protestants* (Grand Rapids: Eerdmans, 1999), p. 222-3.

diversas condições linguísticas, conceituais e ideológicas, em que consiste a *identidade* do evangelho? Como podem os cristãos afirmar o mesmo evangelho e confessar o mesmo Jesus Cristo, em face das variações nos contextos sociais, históricos e culturais? Aqui também os caminhos conservador e liberal tomam rumos distintos. O primeiro trata a doutrina como invariável; o outro sente-se livre para revê-la. As doutrinas são elásticas ou inflexíveis?

Recordemos a questão central na correspondência entre Harnack e Peterson. Qual princípio — Escrituras (*sola Scriptura*) ou tradição (*ubi est ecclesia*) — melhor nos capacita a reconhecer formas válidas de cristianismo? Ao passo que existe uma única voz (papal) na Igreja Católica Romana que arbitra essas divergências, o protestantismo "não tem estabilidade e coerência *estruturais* que lhe permitam definir o que é normativo ou essencial" (quem poderia fazê-lo?).[79] Em virtude da virada linguístico-cultural, a tentação de situar critérios de legitimidade no consenso eclesial tornou-se quase esmagadora para muitos protestantes também.[80] Portanto, uma teologia católico-evangélica, se é que tal coisa existe, representaria um novo ponto de vista a partir do qual abordar a relação Escrituras/tradição de forma não reducionista. Pois, no final das contas, é exatamente a relação Escrituras/tradição que está em jogo quando se buscam critérios com os quais se faça distinção entre o evangelho e a atribulada história de sua recepção.

Há um vínculo entre essa teologia católico-evangélica e a "ortodoxia generosa".[81] Hans Frei observa que a proposta de Lindbeck sobre a natureza da doutrina não pode ser entendida sem o pano de fundo do diálogo ecumênico.[82] Lindbeck se propõe a explicar o fenômeno da reconciliação da doutrina (e.g., entre luteranos e católicos romanos sobre a justificação) sem mudança doutrinária. Retirado do pano de fundo da realidade ecumênica, diz Frei, podemos "*esquecer o livro* [de Lindbeck]".[83]

---

[79]Daniel Raul Alvarez, "On the impossibility of an Evangelical theology", *Theology Today* 55 (1998): 192.

[80]Kathryn Tanner contribui com a sugestão de que o consenso da igreja pode fornecer o critério formal para o sentido literal sem ser confundido com sua especificação material ("Theology and the plain sense", p. 65). Nos termos da presente discussão, o ponto de vista de Tanner seria: a catolicidade pode ser um critério para *reconhecer* o que é evangélico sem determinar seu conteúdo material.

[81]A figura de uma discussão em mesa-redonda proposta por Douglas Ottati é uma maneira de pensar sobre a ortodoxia generosa (*Hopeful realism: reclaiming the poetry of theology* [Cleveland: Pilgrim, 1999]); podemos abrir um parêntese e observar que George Caird usa a metáfora da discussão em mesa-redonda para se referir às várias vozes canônicas que dialogam nas Escrituras (*New Testament theology* [New York: Oxford University Press, 1994], p. 1-26). Ottati resiste às formulações polêmicas de doutrina por duas razões: (1) elas invariavelmente presumem um conhecimento que excede nossa capacidade; e (2) elas geralmente resultam em declarações reducionistas da fé cristã. Assim, Ottati ressalta a natureza poética dos "símbolos" da fé: cruz, ressurreição, encarnação. Palavras não captam a maravilha de Deus e de suas obras; a realidade excede a rima. Minha metáfora preferida para a teologia não é a da mesa-redonda, mas a do teatro de arena, em que não há apenas deliberação, mas ação e interação.

[82]Hans Frei, "Epilogue: George Lindbeck and *The nature of doctrine*", in: Bruce Marshall, org., *Theology and dialogue: essays in conversation with George Lindbeck* (Notre Dame: University of Notre Dame, 1990), p. 277-8.

[83]Ibid., p. 278.

Não quero esquecer o livro de Lindbeck. A problemática por mim escolhida — o relacionamento Escrituras/tradição — sem dúvida haverá de projetar sua sombra sobre todo o livro, assim como a problemática da doutrina da reconciliação/mudança caracterizar o livro de Lindbeck. Há, porém, alguns pontos que se sobrepõem: a teologia católico-evangélica é ecumênica no sentido de que visa promover um diálogo estimulante entre vozes cristãs através das culturas e ao longo dos séculos. Ainda assim, o diálogo não é dissonante, mas centrado no evangelho e delimitado pelo cânon, que é a especificação normativa do evangelho. No entanto, o objetivo da teologia *evangélica*, em oposição à ecumênica, não é a unidade (pelo menos não inicialmente), e sim a verdade e a edificação. Por incrível que pareça, *a doutrina é um dos principais meios que Deus usa para edificar sua igreja.*

A ortodoxia é mais bem descrita como "não reducionista" em vez de "generosa", e isso por vários motivos. Em primeiro lugar, precisamos acatar a advertência de Alister McGrath de que recentes descrições da natureza da doutrina, incluindo a de Lindbeck, foram distorcidas por uma tendência de reduzir os fenômenos "a seus fundamentos mais primários, eliminando-se todos os indícios de complexidade e ambiguidade".[84] Há uma tendência de dizer que a doutrina é "isto" ou "aquilo": *ou* uma declaração de como as coisas são, *ou* uma expressão de minha experiência, *ou* uma regra da comunidade aplicável ao discurso sobre Deus.[85] É justamente para evitar tal reducionismo que esta obra propõe uma noção diretiva de doutrina, que, como veremos, é uma metáfora expansiva e tem a capacidade de preservar as dimensões cognitiva, afetiva e pragmática da teologia.

A ortodoxia não é reducionista em um segundo sentido, pois evita privilegiar qualquer forma literária bíblica. A teologia narrativa é simplesmente a mais recente em uma longa linha de teologias que tendem a elevar um gênero literário à plataforma hermenêutica dominante. Há uma legião de exemplos. B. B. Warfield lê as Escrituras como se elas fossem integralmente literatura didática. Na outra extremidade do espectro teológico, Rudolf Bultmann lê as Escrituras como se elas fossem literatura de sabedoria: expressões não históricas (míticas) da autocompreensão humana. A teologia escatologicamente orientada de Wolfhart Pannenberg consagra a apocalíptica como o caminho para compreender o todo das Escrituras. Uma ortodoxia não reducionista, em contrapartida, procura fazer justiça à variedade de gêneros da literatura bíblica e responder a cada forma literária em consonância com seu tipo.

De modo semelhante, a abordagem canônico-linguística resiste à tendência de reduzir a um único modo o envolvimento de Deus com as Escrituras. Kelsey consegue ser convincente ao demonstrar que os teólogos tendem a "interpretar" a

---

[84] Alister McGrath, *The genesis of doctrine* (Grand Rapids: Eerdmans, 1997), p. 35 [edição em português: *A gênese da doutrina: fundamentos da crítica doutrinária*, tradução de A. G. Mendes (São Paulo: Vida Nova, 2015)]. Sobre o veredicto de McGrath de que o conceito de doutrina de Lindbeck é "fortemente reducionista", veja p. 34.

[85] Outra maneira de reduzir a doutrina seria transformar uma expressão conceitual, como, por exemplo, a formulação de Anselmo sobre a doutrina da expiação, em padrão para todos os tempos. Eu também resisto a essa forma de reducionismo, como ficará claro no cap. 11.

relação entre Deus e as Escrituras (e, portanto, a natureza da autoridade bíblica) de várias formas (e.g., *como* história, *como* mito, *como* moralidade, *como* ensino didático), todas igualmente reducionistas. Além disso, o próprio Kelsey é vítima desse reducionismo quando sugere que concebamos a relação de Deus com as Escrituras nas categorias de "Deus diz" ou "Deus faz". O modelo de drama abre a possibilidade de que se vejam as Escrituras na categoria mais elástica da *ação dialógica* de Deus, em que dizer é uma forma de fazer.

Uma ortodoxia não reducionista é expansiva, mas não ao ponto da dissolução. O perigo de incluir vozes demais é que a mensagem se torne incompreensível, abafada por uma dissonância profana. A ortodoxia deveria ser generosa, mas não a ponto de desistir de tudo. Como o próprio universo, a ortodoxia se equilibra em algum ponto entre uma expansão infinita e um "big crunch" — uma instância do reducionismo na maior escala possível, em que tudo que existe se contrai em um ponto infinitamente denso. No contraponto teológico do drama cosmológico, "evangélico", com sua insistência em "nenhum outro evangelho", corresponde à força centrípeta da ortodoxia, ao passo que "católico" representa a força ortodoxa centrífuga: a recepção do evangelho pela igreja ao longo dos séculos e em diferentes culturas. Assim como "evangélico" nos lembra de que o evangelho exige entendimento, "católico" nos lembra de que o evangelho não é monocultural. O evangelho *único* é mais bem entendido no diálogo com os *muitos* santos. O comentário de George Caird sobre o amor de Cristo mencionado em Efésios 3.18 cabe bem aqui: "Para *compreendê*-lo é necessária a mescla de experiências de *todos* os cristãos".[86]

Na teologia canônico-linguística, o cânon é a medida de *evangélica* e *católica* igualmente, visto que especifica tanto o centro quanto as fronteiras da fé cristã. O produto de tal teologia canônico-linguística e católico-evangélica não é um conjunto de proposições atemporais, nem uma expressão da experiência religiosa, nem regras gramaticais para o discurso e para o pensamento cristão, mas sim uma imaginação que corresponde ao evangelho e lhe dá continuidade, fazendo bons juízos teológicos sobre o que dizer e fazer à luz da realidade de Jesus Cristo. Ao praticar o cânon, aprendemos a melhor forma de dar testemunho do caminho, a melhor forma de cultivar a sabedoria para viver bem com os outros e a melhor forma de adorar em tudo o que dizemos e fazemos para a glória de Deus. O resultado esperado da teologia canônico-linguística é nada menos do que o elo que faltava entre a crença correta (ortodoxia) e a prática sábia (ortopraxia): *juízo correto* (*orthokrisis*).

O ENREDO: UMA BREVE SINOPSE

Os capítulos seguintes desenvolvem as noções paralelas de doutrina como direção do drama e a vida cristã como atuação ou representação. Aspectos desses temas já foram objetos de estudo. Balthasar estudou profundamente o "teodrama", e Paul Ricoeur criou uma teoria igualmente magistral da interpretação textual que faz pleno uso da

---

[86] George B. Caird, *Paul's letters from prison*, New Clarendon Bible (Oxford: Oxford University Press, 1976), p. 70 (grifo dele).

metáfora da atuação. No entanto, nenhum dos dois dá muita importância ao tema principal do outro. Portanto, este livro apresenta uma teoria da doutrina como *direção* que faz a ponte entre o evangelho como teodrama e a teologia como representação dramática das Escrituras.

Um importante enredo secundário que diz respeito à relação Escrituras/tradição perpassa todo o livro. "Tradição" refere-se ao argumento socialmente corporificado ao significado e à importância das narrativas de fundação da igreja reunidas em suas Escrituras. Tudo isso é conhecido. A recente proposta de Reinhard Hütter — de que a igreja é o lócus soteriológico das ações de Deus e de que as principais práticas da igreja são as obras do Espírito Santo — tem o mérito de acrescentar uma qualificação nitidamente teológica e trinitária de tradição. O que é menos óbvio, contudo, é que as Escrituras são um argumento contínuo *canonicamente* corporificado ao sentido e à importância do que Deus estava fazendo em Jesus Cristo, que o cânon também é o foco soteriológico nas ações de Deus e que as Escrituras são igualmente obra do Espírito Santo. Para evitar contrapor o Espírito ao Espírito, a teologia canônico--linguística recria a relação Escrituras/tradição da perspectiva de roteiro e atuação.

Primeira parte: o drama

A primeira parte apresenta a minha interpretação da essência da "coisa cristã" (para usar a expressão de David Kelsey). O evangelho é "teodramático" — uma série de entradas e saídas divinas, em especial aquilo que diz respeito ao que Deus fez em Jesus Cristo. O evangelho — tanto o evento Cristo quanto o cânon que o comunica — aparece assim como o momento culminante na economia trinitária do ato de autocomunicação de Deus (cap. 1). A teologia responde e corresponde à vontade e à palavra prévias de Deus; em consonância com isso, a própria teologia faz parte da ação teodramática. A missão da teologia significa discurso e ação humanos, mas o que, em última instância, dá importância a esses elementos é seu papel nas missões trinitárias (cap. 2). Essa percepção leva à primeira declaração da teoria *diretiva* da doutrina que se encontra no cerne desta obra. Se a teologia diz respeito ao discurso e à ação do Deus trino e uno e à resposta da igreja em palavras e atos, então é melhor ver a doutrina como orientação para a participação adequada da igreja no drama da redenção (cap. 3).

Segunda parte: o roteiro

A segunda parte trata de uma série de questões que dizem respeito ao relacionamento das Escrituras (o roteiro canônico) com a tradição (práticas e atuações da igreja), a fim de responder à pergunta: "Qual direção conta, e por quê?" Isso significa providenciar um relato teológico da ordem adequada na qual o cânon, a tradição, Jesus Cristo e o Espírito Santo se relacionam uns com os outros. O cânon é visto como um documento de aliança, a fonte e a norma, o contador de histórias e agente provocador da identidade e do testemunho coletivos da igreja. A Escritura é um critério *teodramático* que indica como continuar seguindo Jesus Cristo (cap. 4). A preocupação predominante é oferecer uma descrição teológica (ou seja, teodramática) das práticas da igreja, das práticas do cânon e da relação entre elas. Assim, eu procuro contrapor duas maneiras pelas quais as tradições interpretativas da igreja se relacionam com as Escrituras, fazendo distinção entre a interpretação de atuação ou *performance* linguístico-cultural e a interpretação canônico-linguística (cap. 5).

O objetivo geral da segunda parte é resgatar o princípio do *sola Scriptura*, sem, no entanto, deixar de reconhecer o papel do Espírito Santo e do contexto cultural e histórico da igreja no desenvolvimento da doutrina (cap. 6). *Sola Scriptura* não é apenas um princípio, mas uma *prática*. Para ser mais específico, é a prática habilitada pelo Espírito de participar das "práticas canônicasque compõem as Escrituras. No final das contas, a teologia canônico-linguística é uma questão de ser aprendiz das diferentes práticas comunicadoras que compõem o roteiro da igreja. É através dessa aprendizagem que o Espírito conforma os membros da igreja à imagem de Deus em Cristo (cap. 7).

Terceira parte: o dramaturgista

A terceira parte apresenta os contornos da abordagem canônico-linguística da teologia. No que diz respeito ao modelo teatral aqui abrangente, o teólogo deve ser associado não ao diretor (essa função é reservada ao Espírito Santo e para os ministros que o Espírito capacita e equipa para serem assistentes), mas ao dramaturgista, pessoa responsável por aconselhar o diretor sobre a melhor forma de entender e encenar o roteiro (cap. 8).

Os dois capítulos seguintes (9, 10) desenvolvem a abordagem canônico-linguística mostrando como ela é pós-liberal em seu foco na prática comunitária, embora pós-conservadora na ênfase em seguir um roteiro canônico oficial. Essa abordagem teológica se baseia no princípio revitalizado das Escrituras e na definição da doutrina como direção. "A fé em busca de entendimento" valoriza o significado do roteiro e a competência para encená-lo em novos contextos. Assim, a teologia é tanto uma *scientia* exegética fiel ao texto canônico quanto uma *sapientia* prática adequada ao presente contexto cultural. O objetivo último da teologia é promover um entendimento criativo — conferir aos discípulos de Jesus Cristo a capacidade de improvisar o que dizer e fazer de maneira ao mesmo tempo fiel e adequada ao assunto e ao cenário em que estão inseridos. Apesar da diferença dos séculos, das culturas e das formulações conceituais, a igreja continua a encenar o mesmo texto em diferentes contextos, "improvisando" com um roteiro canônico.

Quarta parte: a encenação

Os dois capítulos finais deixam visível a função pastoral e diretiva da doutrina cristã, examinando o papel da doutrina na vida do crente como indivíduo e na comunidade dos que creem, respectivamente. Em cada caso, a doutrina da expiação serve como estudo de caso ampliado. A doutrina em geral e a doutrina da expiação em particular esclarecem nosso papel e confirmam nossa identidade "em Cristo" (cap. 11). O último capítulo apresenta a igreja como o "teatro do evangelho", local onde a reconciliação obtida pela cruz deve ser representada em cenas maiores e menores. A igreja é uma companhia de atores reunidos para atuar em cenas do reino de Deus em prol de um mundo de espectadores. Portanto, a direção da doutrina nos capacita, como indivíduos e como igreja, a tornar público o evangelho ao viver nossa vida como imitação criativa de Cristo.

Uma breve conclusão, dirigida especialmente aos pastores, fecha a discussão. O papel crucial do pastor é levar o povo de Deus a montar peças locais do reino de Deus. Como assistentes do Espírito-diretor, os pastores devem se valer dos recursos da teologia da igreja — recursos do credo, confessionais e congregacionais — à medida que procuram moldar a encenação da igreja em novos cenários culturais e intelectuais.

PRIMEIRA PARTE

O DRAMA

A primeira parte traz para o palco todos os elementos da teologia — Deus, Escrituras, doutrina, igreja — e os coordena por meio da metáfora principal do *teodrama*. A ideia central do argumento é que a matéria da teologia — o evangelho, a Palavra/Ato de salvação de Deus elaborada na pessoa e na obra de Jesus Cristo — deve moldar o método da teologia, e não o contrário. O modelo do *drama* dirige o foco para a centralidade da ação comunicadora humana e divina. Tanto o evangelho quanto o consequente labor teológico envolvem palavras e atos, embora o discurso e a ação divinos sejam anteriores e tenham precedência sobre a resposta humana.

O foco do teodrama dá nova perspectiva ao relacionamento das Escrituras com a teologia; em sua totalidade, a Palavra de Deus escrita faz parte da ação teodramática. O discurso humano na Bíblia está tão mesclado à ação comunicadora do Deus trino e uno, que participa do que podemos chamar de economia do evangelho, mediando tanto a revelação quanto a redenção. O objetivo das Escrituras e da teologia é atrair o povo de Deus à ação comunicadora para fins de comunhão. Essa concepção de evangelho, Escrituras e teologia prepara o caminho para uma nova proposta sobre a natureza da doutrina. O capítulo 3 apresenta a teoria diretiva da doutrina, defende sua superioridade sobre as alternativas "épica" e "lírica" e a distingue de sua (quase) igualmente dramática contraparte linguístico-cultural.

CAPÍTULO 1

O evangelho como teodrama
Voz e ator divinos

◆

> *É verdade que a vocação particular do teatro é explorar as consequências dessa intuição de que "dizer é fazer" e "fazer é dizer".*[1]

Um drama é um *fazer*, uma encenação.[2] O drama representa um curso de ação no contexto de um teatro, ou seja, lugar onde a plateia observa o que acontece. No teatro clássico, a ação imitava uma realidade exterior ao teatro; no drama medieval, o próprio mundo era o teatro principal da ação de Deus, encenada em um palco de três níveis que representavam o céu, a terra e o inferno. A fronteira ator/público não era clara; todos os seres humanos eram atores diante de Deus. O teatro contemporâneo já não concebe Deus como espectador, mas recuperou a ideia de que a plateia faz parte da ação.[3] O presente livro insiste que Deus e a humanidade são alternadamente ator e plateia. Melhor ainda, a vida é um teatro interativo divino-humano, e a teologia envolve tanto o que Deus disse e fez pelo mundo quanto o que devemos dizer e fazer como resposta de gratidão.

---

[1]Ross Chambers, "Le masque et le miroir: vers une théorie relationelle du théâtre", *Etudes Littéraires* 13 (1980): 402.

[2]Do verbo grego *drao* (fazer). Um drama é uma sequência de ação que um "roteiro" preserva por escrito e que uma "interpretação" reencena. Estou ciente de que teóricos do drama empregam esses termos com sentidos variados. Cf., por exemplo, Richard Schechner, "Drama, script, theatre and performance", in: *Essays on performance theory, 1970-1976* (New York: Drama Book Specialists, 1977), p. 36-61.

[3]Cf., por exemlo, Susan Bennett, *Theatre audiences: a theory of production and reception*, 2. ed. (London/New York: Routledge, 1997).

Tragédias lidam com catástrofes, mas a teologia diz respeito ao que J. R. R. Tolkien chama de *eucatástrofe*, um evento cataclísmico com efeito benéfico.[4] Temos boas notícias — *euangelion* — porque Deus fez algo extraordinariamente bom. "Deus estava em Cristo reconciliando consigo mesmo o mundo" (2Co 5.19). Este é o fazer divino que se encontra no coração do teodrama. Ver o evangelho como drama, então, não é impor uma estrutura externa aos textos bíblicos, mas tornar manifesto o conteúdo que lhes é inerente: "A própria teologia deve convidar a essa forma [dramática]; deve ser algo inerente a ela".[5] Quem é a plateia e qual pode ser o seu papel serão o objeto de estudo nos próximos capítulos. O objetivo do presente capítulo é especificar com precisão o que Deus fez no palco da história do mundo que merece o epíteto de *boas notícias*.

ENTRADAS, ÊXODOS E A ECONOMIA DO EVANGELHO

> A natureza teológica do [...] drama [encontra-se] no movimento e no contramovimento. Deus se moveu; ele desceu à terra. [...] O drama mais antigo, o drama que rege o mundo, é o drama do encontro de Deus com o homem.[6]

O método da teologia deve ser adequado a seu tema teodramático. Barth estava certo ao insistir que o "princípio" da teologia não deve ser diferente do conteúdo da própria revelação divina — o que Deus estava fazendo em Cristo. "Uma teologia evangélica é aquela evocada, regida e julgada pelo evangelho."[7] Ao mesmo tempo, não se pode separar o conteúdo do ato de revelação. A revelação não é apenas a comunicação de verdades sobre Deus, mas, acima de tudo, a autocomunicação de Deus em atos e palavras. A teologia nada saberia de Deus se ele não tivesse tomado a iniciativa de "tirar o véu" e subir a cortina do teodrama.[8] Tanto o conteúdo quanto o processo de revelação divina são, portanto, essencialmente dramáticos. Deus revela-se na história de Israel e na história de Jesus Cristo através de uma série de iniciativas de comunicação — algumas verbais, outras cheias de acontecimentos — todas elas, em última análise, redentoras. O "evento" de Jesus Cristo permanece como o auge de uma série de eventos de revelação e redenção, registrados no Antigo e no Novo Testamento, os quais *juntos*, recontam um único drama da redenção que é tanto pactual no foco quanto cósmico no escopo.

---

[4] J. R. R. Tolkien, "On fairy-stories", in: C. S. Lewis, org., *Essays presented to Charles Williams* (Grand Rapids: Eerdmans, 1966), p. 81.

[5] Hans Urs von Balthasar, *Theo-drama: theological dramatic theory* (San Francisco: Ignatius, 1988), vol. 1: *Prolegomena*, p. 125.

[6] Gerardus van der Leeuw, *Sacred and profane beauty: the holy in art* (New York: Holt, Rinehart & Winston, 1963), p. 111.

[7] John B. Webster, "The self-organizing power of the Gospel of Christ: episcopacy and community formation", *International Journal of Systematic Theology* 3 (2001): 69.

[8] O *rasgar* da cortina do Templo, que ocorreu no momento da morte de Jesus, pode simbolizar não apenas o novo acesso que pecadores têm a Deus, mas também que Deus se revela de forma mais plena no evento em que Jesus derrama completamente seu amor.

O termo "evangélico", então, designa a teologia que procura conhecer o "Deus do evangelho", o Deus que se revela na pré-história, na história e no futuro de Jesus Cristo e nas Escrituras, cujo centro é Cristo.⁹ Acima de tudo, a teologia evangélica leva a sério a Bíblia, Antigo e Novo Testamento, como versão oficial do drama da redenção e o contexto indispensável para a correta compreensão do que Deus fez em Cristo. Por essa razão, a igreja está certa ao admitir a Bíblia como suas Escrituras, especificação normativa de seu evangelho único e singular. A teologia evangélica acredita não haver outro evangelho (Gl 1.7), nenhum outro Deus além do Deus do evangelho e nenhuma outra realidade além da realidade indicada pelo evangelho.

A teologia feita em consonância com o *euangelion* destaca duas iniciativas divinas que, juntas, constituem as boas notícias de Deus a respeito de Deus: ele agindo (só há notícia se algo for feito) e falando (só há notícia se alguém relata o que foi feito). A teologia evangélica aceita essas iniciativas divinas como os dois dados com os quais a teologia começa: "O cristianismo evangélico refere-se àquela versão do cristianismo que coloca a prioridade da Palavra e do Ato de Deus acima da fé, da resposta ou das experiências dos homens. Isso significa concretamente a supremacia e a autoridade da Palavra de Deus (como sinônimo de toda a revelação de Deus, escrita e não escrita) acima de todas as filosofias ou religiões humanas".¹⁰ O que se segue não é tanto uma nova interpretação do evangelho, mas uma tentativa de formular o que, por falta de um termo melhor, poderia ser chamado de "evangelicalismo *puro e simples*".

O evangelho é "o maior drama jamais encenado [...] um drama terrível em que Deus é a vítima e o herói".¹¹ Drama é um composto de palavras e atos: às vezes, a linguagem da ação abafa as palavras; outras vezes, as palavras fazem a ação avançar. Contudo, em última análise, o que Deus estava fazendo em Jesus Cristo ganha sentido somente em consonância com o roteiro bíblico, que coloca a pessoa e a obra de Jesus no contexto do Antigo Testamento caracterizado por Criação e aliança. Há um palco cósmico e um enredo de aliança; há conflito; há um clímax; há solução. *A teologia evangélica não lida com fragmentos díspares de informações e ideias, mas com ações divinas — com o abrangente drama cósmico que revela as entradas e os êxodos de Deus.*¹²

As entradas

A primeira premissa da teologia evangélica é que Deus pode entrar e de fato entrou em relacionamento com o mundo. O Deus do evangelho é livre para ir e vir como lhe agrada. Essa não é uma premissa arbitrária, mas sim a conclusão inevitável da

---

⁹Com "pré-história" de Jesus Cristo estou me referindo a tudo o que Deus fez antes de Cristo na Criação e, particularmente, na história de Israel. Por isso, o Antigo Testamento também é um testemunho do Deus do evangelho digno de crédito. Com o termo "futuro" de Jesus Cristo tenho em mente a visão apocalíptica de sua volta no livro do Apocalipse.

¹⁰Bernard Ramm, *The Evangelical heritage: a study in historical theology* (Grand Rapids: Baker Book House, 1973), p. 13.

¹¹Dorothy Sayers, *Creed or chaos?* (New York: Harcourt, Brace, and Co., 1949), cap. 1.

¹²Mais adiante neste capítulo, defendo a superioridade da categoria "drama" sobre a categoria "narrativa".

narrativa bíblica, em que Deus é retratado como criador e, portanto, Senhor de todo o nexo espaço-temporal. As Escrituras retratam Deus entrando no curso dos acontecimentos humanos, muitas vezes fazendo diferença decisiva. Deus aparece como o guerreiro divino em momentos de necessidade e, em outras ocasiões, como portador de uma palavra.[13] No entanto, o fundamento último para a afirmação de que Deus é livre para entrar no mundo quando quer é a encarnação: a segunda pessoa da Trindade entrou na humanidade e se tornou um de nós.[14] O Quarto Evangelho apresenta Jesus como a palavra de Deus que se fez carne (Jo 1.1,14). Não é por acaso que essa Palavra é chamada Emanuel ("Deus conosco") e Jesus ("o Senhor salva"), pois essa entrada divina é a condição para a vitória definitiva de Deus em favor de seu povo da aliança.

Os êxodos

O evangelho, à semelhança de todos os dramas, envolve tanto entradas como saídas. Existe um "êxodo" no evangelho e um "evangelho" no livro de Êxodo. Em cada caso, o poderoso ato salvífico de Deus assume a forma de uma "saída". Êxodo e os Evangelhos têm o mesmo centro temático.[15] Todos eles narram as palavras e ações da pessoa que virá a ser mediadora da aliança e dedicam espaço considerável aos relatos da ratificação da aliança. Em Êxodo, a última metade do livro registra a instituição da aliança entre Israel e Yahweh; nos Evangelhos, as longas narrativas da Paixão funcionam da mesma forma.[16] Finalmente, cada mediador da aliança edifica uma "casa" para Deus (Moisés, o tabernáculo; Jesus, a igreja), e cada um nomeia um sucessor (Josué para Moisés, o Paráclito para Jesus).

O Êxodo — ato pelo qual Deus liberta Israel de seus opressores no Egito — é o grande acontecimento salvífico do Antigo Testamento. É um evento de drama elevado, o cumprimento há muito aguardado da antiga promessa de Deus a Abraão. Yahweh promete libertação e cumpre sua promessa. O Êxodo, assim, mais do que

---

[13] Segundo Terence E. Fretheim, *The suffering of God: an Old Testament perspective* (Philadelphia: Fortress, 1984), p. 80-1.

[14] Como exatamente conceber essa e outras entradas divinas deveria ser decidido principalmente com base no testemunho bíblico e não a partir das perspectivas da física, filosofia, psicologia e disciplinas afins. A teologia evangélica se esforça por deixar as alegações de verdade do evangelho controlarem todas as outras crenças. Não fazer isso é adaptar o evangelho a estruturas de significado, verdade e plausibilidade culturais, em vez de canônicas. Esse é a ideia principal da "tese da dependência epistêmica" expressa por Bruce D. Marshall, *Trinity and truth* (Cambridge: Cambridge University Press, 2000), p. 127.

[15] Segundo Meredith G. Kline, *The structure of biblical authority*, 2. ed. (Grand Rapids: Eerdmans, 1972), p. 175.

[16] Kline observa que as narrativas da paixão nos Evangelhos começam com um relato da transfiguração (Mt 17.1-13, Mc 9.2-13, Lc 9.28-36), em um paralelo óbvio, incluindo o resplandecer do rosto (Mt 17.2; Êx 34.29), com o encontro de Moisés com Deus no cume da montanha (Êx 19—34). O fato de Moisés aparecer com Jesus (Mt 17.3) ajuda até os leitores menos atentos a perceberem a associação. O Evangelho de Mateus, em particular, retrata a trajetória de Jesus como paralela à de Moisés. Finalmente, a ceia do Senhor assemelha-se à refeição de ratificação da aliança registrada em Êxodo 24.11.

qualquer outro, torna-se um ato que identifica o Deus de Israel: "Eu sou o SENHOR teu Deus, que te tirou da terra do Egito" (Êx 20.2). O Êxodo é um desenvolvimento teodramático central: "A imaginação histórica do autor de Êxodo transforma uma história comum no que Calvino chamou de *theatrum gloriae Dei*, um teatro da glória de Deus".[17] A libertação do Egito é "teatral", tanto na escala como nos detalhes, sobretudo na referência tipológica que vai além de si mesma e aponta para "a libertação ainda maior a ser realizada por Cristo".[18]

Em Lucas 9.31, Jesus fala de sua morte como uma "partida" (gr., *exodos*), que se daria em Jerusalém.[19] O fato de Jesus se referir à sua morte e ressurreição como um êxodo fortalece o paralelo entre Êxodo e os Evangelhos.[20] A menção de um "êxodo" associado à morte de Jesus no relato de sua transfiguração dificilmente é uma coincidência; ela representa "todo o trecho da narrativa da Paixão introduzido por esse episódio".[21] Esse novo êxodo, como o anterior, é um ato poderoso de Deus. O que a saída dramática de Jesus realiza? De acordo com 1Pedro 1.14-20, o sangue de Jesus "liberta" da escravidão do pecado: "A morte de Jesus foi prefigurada em seu batismo, no qual se renova o simbolismo da provação na água da passagem pelo mar Vermelho (cf. 1Co 10.1ss.), e por isso podemos dizer com base bíblica que Jesus, como Moisés, conduz seu povo através do mar da morte".[22]

A economia do evangelho e a Trindade econômica

"O Senhor ressuscitou" (Lc 24.34). Uma única palavra proclama alegremente o clímax do drama da redenção. "O Senhor ressuscitou" contém em forma embrionária a resolução da tensão dramática construída ao longo de séculos: Como Deus cumpriria suas promessas? Como Deus poderia manter a aliança com aqueles que não a respeitam? Como Deus abençoaria todas as nações através da semente de Abraão? "O Senhor ressuscitou." Há uma densidade nessa declaração que exige pensamento e "descrição densa". O sujeito explícito da declaração é Jesus Cristo, mas o sujeito implícito é Deus Pai, que o ressuscitou. O predicado explícito é a ressurreição, mas o predicado implícito é a crucificação de Jesus.[23]

---

[17]Francesca Murphy, *The comedy of revelation: paradise lost and regained in biblical narrative* (Edinburgh: T. & T. Clark, 2000), p. 79.

[18]Max Harris, *Theatre and incarnation* (London: Macmillan, 1990), p. 8.

[19]Cf. Michael Parsons, *The departure of Jesus in Luke-Acts*, JSNTSS Suppl. 21 (Sheffield: Sheffield Academic Press, 1987).

[20]Uma leitura figurada ou tipológica completa a ligação canônica essencial entre os dois episódios. Quanto ao ponto exato do paralelo entre o êxodo de Jesus e o de Israel as opiniões são variadas. Há três possibilidades principais: (1) Israel sai do Egito e Jesus sai de Jerusalém; (2) a travessia de Israel pelas águas do mar Vermelho e a passagem de Jesus pelas águas batismais da Paixão (Lc 12.50); e (3) Israel emerge das águas e Jesus ressuscita e sai do túmulo.

[21]Kline, *Structure*, p. 183.

[22]Ibid., p. 189.

[23]Robert W. Jenson diz algo semelhante ao declarar que "Jesus crucificado" constitui o sujeito do evangelho, ao passo que "ele ressuscitou" constitui seu predicado, in: *Systematic theology* (Oxford: Oxford University Press, 1997), vol. 1: *The triune God*, p. 194.

"O Senhor ressuscitou." A ressurreição é o evento singular que inaugura uma nova criação. No entanto, para compreendê-lo, não basta analisar o sujeito e o predicado; é preciso colocá-lo em seu contexto canônico. O ensinamento uniforme de Jesus nos Evangelhos, de Pedro em Atos e de Paulo em suas epístolas é que a morte e ressurreição de Jesus aconteceram "segundo as Escrituras" (Lc 24.44-46; At 2.22-32; 1Co 15.3,4). O contexto canônico apresenta a ressurreição como o "veredicto" de Deus Pai (segundo Barth): um veredicto que resolve o drama judicial do Quarto Evangelho estabelecendo a verdadeira identidade de Jesus como Filho de Deus e sinalizando a aceitação por parte de Deus da nova aliança escrita no sangue de Jesus.

"O Senhor ressuscitou." O evangelho é uma história com uma entrada, uma saída e um retorno divinos. A "saída" de Jesus inclui sua ascensão ao Pai, assim como sua ressurreição dentre os mortos. Na verdade, é a ascensão de Jesus que torna o evangelho uma comédia divina, de fato completando o ciclo de descida e subida, o "casamento do céu com a terra".[24] A ressurreição e a ascensão — a "volta" de Jesus dentre os mortos para a vida com Deus — tornam possível outra entrada, a saber, a do Espírito Santo. É exatamente disso que Jesus fala em seu discurso de despedida: "... é para o vosso benefício que eu vou [saio, morro]. Se eu não for, o Consolador não virá a vós" (Jo 16.7). Só a ressurreição e a ascensão de Jesus colocam-no em condições de enviar o Espírito Santo para completar a obra da redenção. Finalmente, receber o Espírito de Jesus é entrar em um novo tipo de terra prometida: a vida na presença de Deus".[25]

"O Senhor ressuscitou." A ressurreição é um evento singular, mas de forma alguma arbitrário. Nesse contexto, devemos mencionar outro termo grego: *oikonomia*. O vocábulo *oikonomia* ("economia", "plano ordenado") refere-se à "administração doméstica". O evangelho de Jesus Cristo foi resultado do plano de Deus, por muito tempo em formação, de colocar sua casa em ordem (cf. Ef 1.10; 3.9). Falar de uma "economia" do evangelho, então, é afirmar que o que Deus fez em Jesus Cristo não foi um acidente, mas o clímax de um antigo drama de aliança. A economia do evangelho refere-se à maneira ordenada pela qual Deus opera nossa salvação historicamente. Como tal, ela está relacionada à "Trindade econômica", para usar o termo técnico relativo à forma com que Deus se revela progressivamente na história mediante os atos do Pai, Filho e Espírito.[26]

---

[24]Sobre a importância da doutrina da ascensão de Jesus, cf. Douglas Farrow, *Ascension and ecclesia: on the significance of the doctrine of the ascension for ecclesiology and Christian cosmology* (Grand Rapids: Eerdmans, 1999).

[25]Note-se a estrutura paralela da *Summa theologiae* de Tomás de Aquino, que também se baseia em um "sair" e um "voltar".

[26]A "Trindade imanente" refere-se à vida que Deus tem em si mesmo, em separado de sua relação com o mundo. A forma como Deus aparece na história condiz e mantém coerência com o que Deus é eternamente; do contrário, Deus não seria verdadeiro consigo mesmo. Não deve nos causar surpresa que uma abordagem dramática se concentre na Trindade econômica, em virtude de sua atenção à autorrevelação de Deus no palco da história mundial. A abordagem canônico-linguística fará o mesmo, visto que as Escrituras são em si um elemento na economia divina, conforme eu argumento adiante.

A doutrina da Trindade, longe de ser uma peça de especulação abstrata, é na verdade a conclusão inevitável a que a igreja foi conduzida pela lógica do teodrama. Os pais da igreja logo perceberam que a integridade do evangelho ficaria fatalmente comprometida se o Filho ou o Espírito não fossem plenamente Deus. Se o Filho não fosse Deus, ele não poderia revelar o Pai nem expiar nossos pecados. Se o Espírito Santo não fosse Deus, ele não poderia nos unir nem ao Pai, nem ao Filho, nem nos unir uns aos outros. Assim, o evangelho não pode prescindir de um Deus trino e uno. O Deus do evangelho revela e redime exatamente como Pai, Filho e Espírito.

A doutrina da Trindade é tanto o fundamento quanto a meta da teologia cristã na medida em que procede do evangelho de Jesus Cristo e para ele permanece voltada. O assunto em torno do qual o Concílio de Niceia e o Concílio de Calcedônia finalmente concordaram não era nada menos do que a identidade de Deus: "*persona* podia denotar tanto o ator (o que coloca a máscara), quanto o papel [...] bem como a personagem sendo representada".[27] No entanto, o Deus único não está apenas encenando os papéis de Pai, Filho e Espírito Santo, mas está *realmente identificado com cada um deles*. A doutrina da Trindade é, assim, uma declaração resumida da identidade divina: "Sua finalidade é proteger a fé cristã básica de que em Cristo e no Espírito Santo temos o próprio Deus, e embora tenhamos de distinguir entre Deus em si mesmo, Deus conosco e Deus em nós, é sempre com o único Deus que temos de nos haver".[28] *A doutrina, poderíamos dizer, é as dramatis personae.*[29]

"A personagem é o enredo."[30] O que vale para a ficção vale ainda mais no caso do Deus da Bíblia. A identidade de Deus resulta de suas ações e relações características na história e dentro de sua vida trina e una. Por exemplo, na chamada Trindade imanente, a atividade específica do Pai é "eternamente gerar o Filho". O Filho é "aquele eternamente gerado". O Espírito é o amor que procede de Pai para Filho e vice-versa. O ser trino de Deus é, portanto, um ser/estar em comunhão. De forma semelhante, cada uma das três pessoas está envolvida na obra de Deus *ad extra:* o Pai inicia, o Filho executa e o Espírito aperfeiçoa. Portanto, o evangelho diz respeito à autocomunicação do Deus trino e uno com o propósito de ampliar o círculo de comunhão. O evangelho proclama uma nova possibilidade, a saber, tornar-se um "comungante" na vida de Deus.

Em suma, o evangelho, no final das contas, não pode ser compreendido sem a teologia trinitária. Somente a doutrina da Trindade explica de modo adequado como aqueles que não são Deus passaram a ter parte na comunhão do Pai e do Filho por

---

[27]Hans Urs von Balthasar, "On the concept of person", *Communio* 13/1 (1986): 20. Eis um exemplo em que a teologia realmente parece estar em dívida com a linguagem do teatro. No entanto, aconselha-se cautela. Os chamados modalistas na igreja primitiva erraram ao conceber Pai, Filho e Espírito como meras aparências através das quais o único Deus se revelou.

[28]George S. Hendry, *The Westminster Confession for today* (Richmond: John Knox, 1960), p. 45-6.

[29]Cf. um uso semelhante dessa ideia em Jenson, *Systematic theology*, vol. 1, cap. 5: "The persons of God's identity".

[30]Cf. o comentário de Henry James: "O que é a personagem senão a determinação de um incidente? O que é incidente senão a ilustração de uma personagem?" ("The art of fiction", in: John Auchard, org., *The portable Henry James* [New York: Penguin Books, 2004], p. 437.)

meio do Espírito. A Trindade é tanto a especificação cristã de Deus quanto uma declaração resumida do evangelho, em que a possibilidade de vida com Deus depende da pessoa e da obra do Filho e do Espírito. A doutrina da Trindade, portanto, serve tanto como identificação das *dramatis personae* como sinopse do próprio drama. "Ele ressuscitou mesmo!"

TEODRAMA: A FALA E A AÇÃO DE DEUS

Tertuliano, pai da igreja latina, define *pessoa* como "alguém que fala e age". Como vimos, falar e agir são os principais ingredientes do drama. O roteiro de uma peça é principalmente o diálogo, com eventuais orientações de palco; e o diálogo muitas vezes carrega a ação porque *dizer* é uma forma de *fazer*.[31] Ações, por outro lado, são muitas vezes simbólicas: *fazer* pode ser uma forma de *dizer*. A *substância* da teologia é dramática porque se trata do que Deus disse e fez em Jesus Cristo. A *forma* da teologia é dramática, pois diz respeito a uma palavra dirigida por Deus a leitores humanos e também diz respeito à resposta do povo. Embora o Deus trino e uno seja voz e ator principal, ao povo de Deus foram dados o privilégio e a responsabilidade não só de pensar os pensamentos de Deus em conformidade com ele, mas também de falar as palavras de Deus e atuar os atos de Deus segundo ele. *A tarefa da teologia é capacitar ouvintes e praticantes do evangelho a responder e corresponder à Palavra e Ato prévios de Deus e, assim, serem levados à ação.*

Palavra de Deus

A voz de Deus é diferente da voz de qualquer outro ator. Apenas sua fala prepara o palco: "Disse Deus: Haja luz. E houve luz" (Gn 1.3). A palavra de Deus também representa um papel ativo no drama posterior da aliança, fazendo diversas entradas, sobretudo para os profetas (Os 1.1; Jl 1.1). A palavra de Deus é "viva e eficaz" (Hb 4.12), mais um ator que uma voz, fazendo coisas como cura e libertação (Sl 107.20). No entanto, esses atos da palavra empalidecem em comparação com o que a Voz faz depois: "Aquele que é a Palavra tornou-se carne e viveu entre nós" (Jo 1.14, NVI). O Quarto Evangelho, em particular, se esforça para destacar as palavras de Jesus bem como seu papel como "Palavra".[32]

---

[31]Este é o *insight* fundamental da filosofia dos "atos de fala". Cf. J. L. Austin, *How to do things with words* (Oxford: Oxford University Press, 1962 [edição em português: *Quando dizer é fazer: palavras e ação* (Porto Alegre: Artes Médicas, 1992)]); John Searle, *Speech acts: an essay in the philosophy of language* (Cambridge: Cambridge University Press, 1969) [edição em português: *Os actos da fala: um ensaio de filosofia da linguagem* (Lisboa: Livraria Almedina, 1984)]. Há divergências sobre como aplicar categorias dos atos de fala a obras dramáticas, mas isso não afeta o presente argumento, pois não estou tratando as Escrituras como obra de ficção. Veja em Stanley Fish, *Is there a text in this class? The authority of interpretative communities* (Cambridge: Harvard University Press, 1980), cap. 9, uma análise dos atos de fala em *Coriolano*, de Shakespeare.

[32]Veja Robert Gundry, *Jesus the Word according to John the Sectarian* (Grand Rapids: Eerdmans, 2001).

"Palavra de Deus" pode ser analisado de várias formas legítimas, mas diferentes: (1) comunicação divina via linguagem humana (Mc 1.11); (2) a pessoa de Jesus Cristo (Jo 1.14-18); (3) a pregação do evangelho, em especial pelos apóstolos (At 4.31); (4) as palavras das Escrituras (2Tm 3.16). Às vezes, a discussão de como esses sentidos se inter-relacionam tem sido distorcida pela tendência de tornar a revelação divina a categoria dominante. No entanto, a fala de Deus faz mais do que revelar a Deus.[33]

Em parte como reação à tendência da metade do século 20 de negar as dimensões verbal e cognitiva da revelação, Carl F. H. Henry e outros argumentaram que a palavra de Deus deveria ser equiparada às proposições reveladas da Bíblia, verdades objetivas declaradas na forma conceitual e verbal.[34] Segundo essa visão, a tarefa da teologia é sistematizar os dados veiculados nas proposições bíblicas.[35] Barthianos, em contrapartida, alegaram que a Palavra é primeiro e antes de tudo Deus, sujeito ativo, em sua autorrevelação: "Deus não nos dá informações por meio da comunicação; ele se dá a nós em comunhão".[36] O próprio Barth, no entanto, comenta que a "personificação do conceito da Palavra de Deus, que não podemos evitar quando lembramos que Jesus Cristo é a Palavra de Deus, não significa sua desverbalização".[37]

No entanto, Barth tende a "desverbalizar" a palavra de Deus, assim como Henry tende a despersonalizá-la. Barth enfatiza a atividade da palavra por medo de que uma equiparação entre revelação e o sentido das palavras escritas comprometa a liberdade de Deus; Henry insiste que a palavra é inteligível por medo de que a não equiparação entre revelação e sentido verbal da Bíblia comprometa a verdade de Deus. O que está por trás de cada forma de reducionismo, no entanto, é uma concepção "não dramatizada" da palavra de Deus. *Portanto, o caminho a seguir encontra-se na concepção da palavra de Deus em termos dramáticos, como algo que Deus tanto diz quanto faz.*

A tarefa de uma doutrina das Escrituras é entender como a Bíblia pode ser chamada de "texto sagrado". Em primeiro lugar, trata-se de explicar a relação das palavras humanas com a palavra divina e, segundo, como se pode dizer de modo legítimo que essa relação é "de Deus". O conceito-chave típico em tais tentativas é "revelação", embora evangélicos e barthianos divirjam no uso que fazem dele; aqueles focalizam o produto ou conteúdo, e estes, o processo ou ato. Para superar esse impasse, uma doutrina das Escrituras deve ir além (mas jamais ficar aquém) do conceito de "revelação". As Escrituras são sagradas não simplesmente porque seu conteúdo é

---

[33] Nicholas Wolterstorff apresenta fortes argumentos contra a tendência de confundir discurso divino com o "ato de revelar" (*Divine discourse* [Cambridge: Cambridge University Press, 1995], cap. 2).

[34] Cf. Carl F. H. Henry. *God, revelation, and authority* (Waco: Word, 1976-83), 6 vols., esp. o vol. 3, tese 10.

[35] A proposta pós-propositiva a ser desenvolvida no cap. 9 não nega esse aspecto da revelação, mas o incorpora em uma descrição mais ampla das Escrituras como uma espécie de ação comunicadora de Deus.

[36] John Baillie, *The idea of revelation in recent thought* (New York: Columbia University Press, 1956), p. 47.

[37] Karl Barth, *Church dogmatics*, 2. ed., tradução para o inglês de Geoffrey Bromiley (Edinburgh: T. & T. Clark, 1975), vol I/1, p. 138.

revelado ou porque Deus de vez em quando usa seu conteúdo para se revelar. Antes, elas são sagradas porque fazem parte do plano mais amplo de Deus que visa a nos dar acesso a si mesmo por meio de Jesus Cristo. *Uma doutrina adequada das Escrituras deve situar o cânon na economia mais ampla do evangelho.*[38]

A economia do evangelho envolve tanto revelação quanto redenção: (1) Jesus "faz a exegese" do Pai; (2) o testemunho apostólico, preservado por escrito nas Escrituras, "faz a exegese" de Jesus; (3) pregadores e teólogos "fazem a exegese" das Escrituras, que dão testemunho de Cristo. O objetivo de toda essa exegese e, portanto, das próprias Escrituras, não é substituir Cristo, mas ser um meio adequado de oferecer "descrições densas" dele. *A Bíblia é o meio pelo qual a memória apostólica do que Deus estava fazendo em Cristo se torna específica e ganha substância.* Pois, como Calvino diz com razão, o único Cristo que temos é o Cristo das Escrituras. Por isso, em última análise, a base do papel indispensável das Escrituras na economia do evangelho é cristológica. A Bíblia — não só os Evangelhos, mas todas as Escrituras — é a versão (divinamente) autorizada do evangelho, a plataforma necessária à compreensão do que Deus estava fazendo em Jesus Cristo. As Escrituras são a voz de Deus que articula a Palavra de Deus: Jesus Cristo.

Ato de Deus

O evangelho é algo que se *diz* sobre alguma coisa que se *fez*. No entanto, assim como a palavra de Deus tem sido separada das Escrituras, ela também tem sido separada dos atos de Deus. Uma série de teólogos do século 20 defendeu que Deus revelou-se não com palavras, mas por meio de atos poderosos. O chamado Movimento da Teologia Bíblica afirmava que "Deus é [...] conhecido pelo que fez".[39] Assim, com base em uma dicotomia duvidosa entre falar e agir, eles deduziram que "a Bíblia não é a Palavra de Deus, mas o registro dos Atos de Deus, juntamente com a resposta humana a eles",[40] e assim trouxeram consequências avassaladoras para a relação da Bíblia com a teologia: "A Bíblia não nos apresenta doutrinas [...] e tentar forçá-la a isso é fazer mau uso dela".[41] Se a Bíblia é um mero testemunho humano da ação divina, ela nos fornece, na melhor das hipóteses, os dados narrativos rudimentares para a reflexão teológica. O objetivo da presente seção é propor uma forma diferente de relacionar as Escrituras com os atos poderosos de Deus.

O que exatamente Deus faz? Os teólogos não devem deixar que outros sistemas de referência — ciência, filosofia, estruturas lógicas, ideologias — ditem uma resposta a essa pergunta. Se o assunto da teologia cristã é o evangelho, então a medida do que Deus pode fazer deve ser determinada por quais iniciativas ele de fato tem tomado.

---

[38]Note-se que minha estratégia com relação à doutrina das Escrituras, como também com todas as doutrinas, é "situar" a doutrina em relação ao drama da redenção em curso. Veja uma tentativa de fazer isso com as Escrituras em Telford Work, *Living and active: Scripture in the economy of salvation* (Grand Rapids: Eerdmans, 2002).

[39]G. Ernest Wright, *God who acts* (London: SCM, 1952), p. 84 [edição em português: *O Deus que age* (São Paulo: ASTE, 1967)].

[40]Ibid., p. 107.

[41]Ibid.

Aprendemos sobre essas iniciativas não por especulação, mas ouvindo o testemunho de testemunhas. De acordo com essas testemunhas, Deus cria (Jo 1.3; Cl 1.16) e redime (2Co 5.19) por meio de Cristo. Mas isso não é tudo. Deus também *fala*: pela Palavra, através das palavras da Palavra, através das palavras de outras pessoas a quem a palavra de Deus alcançou (e.g., profetas, apóstolos). Esse é um ponto de grande importância: *falar* é uma das coisas que Deus faz. *Falar é um dos atos poderosos de Deus*.

Hebreus 1.1,2 diz que Deus falou "muitas vezes e de muitas maneiras" pelos profetas e finalmente "pelo Filho". Embora a Bíblia muitas vezes apresente Deus falando, a ideia de tratar o discurso divino da perspectiva da ação é relativamente nova.[42] A origem da ideia está presente já no Quarto Evangelho. Balthasar admira a tradução de Goethe para João 1.1 "Am Anfang war die Tat" (No princípio era o feito). Ao colocar a tradução de Goethe em uma relação de equilíbrio com João, Balthasar produz a ideia de *Tatwort* (palavra-feito). Onde Barth menciona os atos de fala (*Rede-Tat*), Balthasar pensa em palavras-feitos. Os dois enfoques podem ser combinados sob as rubricas mais gerais de discurso divino e ação comunicadora. As palavras de Deus fazem "muitas e várias" coisas: Deus faz perguntas (Gn 4.9), faz promessas (Gn 12.2) e profere mandamentos (Gn 22.2).

Falar é uma forma de ação, tema conhecido na Bíblia. O livro de Tiago propõe uma ética da fala, exatamente porque a língua é um instrumento muito poderoso (Tg 3.5-10). Deus, no entanto, é o paradigma do agente de comunicação. A palavra de Deus é algo que Deus *diz*, algo que Deus *faz* e (com referência à encarnação) algo que Deus *é*. Quanto às Escrituras, elas não são apenas a divulgação de informações a respeito de Deus (revelação), mas uma coleção de diversos tipos de atos comunicadores divinos (discurso divino). Quando Deus se faz conhecido, ele é tanto agente (Pai) quanto conteúdo (Filho) de seu discurso, bem como seu poder de recepção (Espírito). As Escrituras são retomadas em formas complexas na ação autocomunicadora do Deus trino e uno. Deus fala nas palavras humanas e através delas, não apenas para revelar, mas para prometer, exortar, ordenar, advertir, confortar, prever, lamentar e até apelar. As Escrituras são, portanto, um ingrediente vital para a economia da ação comunicadora divina.[43] Segue-se que a Bíblia é a palavra "de Deus" em dois sentidos: primeiro, o seu testemunho é sobre Deus; segundo, ela, no final das contas, é o testemunho que o próprio Deus dá de si mesmo.

Vamos concordar, então, que falar é um tipo de fazer e que se pode fazer muitas coisas diferentes através da fala. O conceito de um ato da palavra — um dizer que é também fazer — nos permite evitar o impasse entre revelação "propositiva" e revelação "pessoal", que tem complicado tanto a discussão nos dias atuais. Nem tudo o que os falantes fazem com as palavras (ou com as proposições) precisa assumir a forma de

---

[42]Cf., por exemplo, George Mavrodes, *Revelation in religious belief* (Philadelphia: Temple University Press, 1988); Wolterstorff, *Divine discourse*.

[43] Deus se faz conhecido de três formas: pela criação, por Cristo e pelo cânon. Observe que, embora o cânon venha por último na ordem do ser, ele vem em primeiro lugar na ordem do conhecer, pois sem o testemunho canônico não seríamos capazes de conhecer a Deus verdadeiramente, quer por meio da criação, quer por meio de Cristo.

afirmações. Promessas também têm conteúdo propositivo, mas o que se *faz* com esse conteúdo (e.g., "engrandecer o teu nome") é completamente distinto no caso de uma promessa em comparação com o que se faz com ele em uma afirmação. Os atos de fala são tanto propositivos (porque toda comunicação tem conteúdo) quanto pessoais (porque os falantes *fazem* coisas com conteúdo propositivo). *A linguagem não é só uma ferramenta para processamento de informações, mas um rico meio de ação comunicadora e de interação pessoal.* Deus pode usar a linguagem humana como meio para sua ação comunicadora, e isso não é mais estranho que o fato de ele empregar a humanidade de Jesus como meio de revelação e reconciliação.[44] Em suma: *a doutrina das Escrituras deve resistir à redução da Bíblia à revelação, assim como deve resistir à redução da revelação quer ao meramente propositivo, quer ao meramente pessoal.*[45]

Visualizar a palavra de Deus em termos de ação comunicadora tem ramificações importantes tanto para as Escrituras como princípio quanto para a teologia feita "segundo as Escrituras". A percepção básica é que a Bíblia não é simplesmente um depósito de revelação, mas um dos "atos poderosos" de Deus — para ser mais exato, um poderoso ato *comunicador*.[46] As Escrituras têm um papel — de falar e de agir — no drama da redenção exatamente como discurso divino. *As Escrituras não apenas transmitem o conteúdo do evangelho, mas são elas mesmas envolvidas na economia do evangelho como meio pelo qual Deus atrai outros para sua ação comunicadora.* Jesus é a Palavra definitiva de Deus, com certeza, mas as Escrituras projetam sua voz e estendem sua ação.

Teodrama

A recuperação da narrativa pelos teólogos na década de 1980 redirecionou corretamente a atenção para a forma com que as Escrituras descrevem a identidade de Deus (em contraposição à especulação filosófica sobre a natureza do ser perfeito) e moldam a identidade cristã (em contraposição ao conceito de Escrituras como expressão da experiência religiosa). Embora seja verdade que grande parte da Bíblia está escrita em forma de relato, as narrativas e os dramas representam os relatos de maneiras distintas. As narrativas exigem narradores e reproduzem relatos na primeira ou terceira pessoa. Os dramas, em contrapartida, *mostram* em vez de dizer. Além disso, no drama, as palavras fazem parte da ação. O drama, mais do que a narrativa, faz o importante lembrete de que não devemos traçar uma distinção clara demais

---

[44]Alguns podem objetar que seria melhor se Deus se dirigisse a nós diretamente, em vez de fazê-lo por meio de palavras de um antigo roteiro. O problema com essa linha de pensamento é criteriológico: com base em que se pode dizer: "Seria melhor..."? Repetindo, este é um caso de preferir o Deus que podemos imaginar ou inventar ao Deus que conhecemos no evangelho.

[45]Podemos flexibilizar o termo *revelação* e incluir promessas, perguntas, mandamentos e assim por diante, ou podemos preservar o elo entre revelação e transmissão de informações propositivas e então dizer que a fala divina envolve tipos de comunicação que não são reveladores. Qualquer uma das alternativas é aceitável, desde que fique claro o que se está fazendo. Mavrodes adota a primeira opção, Wolterstorff, a segunda. No presente trabalho, adoto a primeira estratégia (i.e., a estratégia "expansionista").

[46]Veja, de minha autoria, "God's mighty speech acts", in: *First theology: God, Scripture, and hermeneutics* (Downers Grove: InterVarsity, 2002), cap. 5.

entre "palavra" e "ato". Afinal, teatro é a "linguagem da ação", e a tarefa do dramatista é "ensinar através da ação".[47] Muitas vezes, os atos dramáticos não somente têm força simbólica, mas também o diálogo é a "ação falada". Por fim, diferentemente da narrativa, o texto bíblico, junto com o leitor de hoje, é envolvido também na ação.[48] Com isso em mente, vamos agora situar os atos da palavra e as palavras-feitos de Deus no contexto mais amplo do drama divino que os une.

Liberdade finita e infinita

A premissa fundamental de Balthasar em *Theodrama* [Teodrama] é que a melhor maneira de fazer justiça ao conteúdo das Escrituras é empregar categorias do drama em vez de categorias metafísicas. As relações entre Deus, o mundo e a igreja são mais bem concebidas como uma peça de teatro cujo impulso e momento, em última análise, derivam do amor de Deus. O modelo do drama ajuda Balthasar a evitar dois erros fundamentais na concepção da relação Deus/mundo: "duplo abismo de uma sistemática em que Deus, Ser absoluto, é apenas o Impassível diante de quem o mundo em movimento encena seu drama, e uma mitologia que absorve Deus no mundo e faz com que ele seja uma das partes em conflito dos processos do mundo".[49]

A hipótese dominante de Balthasar é que Deus, em sua infinita liberdade, criou os seres humanos com liberdade finita: "Deus não representa o drama do mundo completamente sozinho; ele abre espaço para que o homem participe da encenação".[50] O tema da teologia é Deus e a humanidade como parceiros na aliança — agentes em um relacionamento dramático. Um drama aborda a questão do sentido da existência humana, uma vez que representa o curso da liberdade do homem. Lembrando Tiago 2.23, Balthasar afirma que o teatro é um lugar "onde o homem pode olhar em um espelho, a fim de se lembrar de si mesmo e recordar-se de quem ele é".[51] Em última instância, todos os dramas humanos encontram cumprimento no drama encenado por Jesus Cristo.

A relação Deus/mundo é inerentemente dramática, pois é nada menos do que "a história de uma iniciativa da parte de Deus em relação a seu mundo, a história de

---

[47]Keir Elam, "Much ado about doing things with words (and other means): some problems in the pragmatics of theatre and drama", in: Michael Issacharoff; Robin F. Jones, orgs., *Performing texts* (Philadelphia: University of Pennsylvania Press, 1988), p. 41.

[48]Enquanto a abordagem linguístico-cultural de Lindbeck privilegia a narrativa, o modelo canônico-linguístico aqui apresentado trabalha com um paradigma teodramático abrangente. O drama tem a vantagem de combinar os elementos narrativos de sequência e configuração com elementos dos atos da fala que habilitam pessoas (incluindo leitores) a entrar em relação dialógica com o assunto. O teodrama tem certa semelhança com metanarrativa, com a importante diferença de que, ao contrário da maioria das metanarrativas, o teodrama é polifônico. Veja sobre a superioridade do drama em comparação com a narrativa para a ética cristã em Samuel Wells, *Improvisation: the drama of Christian ethics* (Grand Rapids: Brazos, 2004), p. 45-6.

[49]Balthasar, *Theo-drama*, 1:131.

[50]Hans Urs von Balthasar, *Theo-drama: theological dramatic theory* (San Francisco: Ignatius, 1990), vol. 2: *Dramatis personae: man in God*, p. 91.

[51]Balthasar, *Theo-drama*, 1:86.

uma luta entre Deus e a criatura no tocante ao significado e à salvação deste último".[52] A ação dramática é qualitativamente distinta de cadeias causais ou processos biológicos. Só o drama retrata a história do espírito, o exercício da liberdade. Aliás, no centro da ação bíblica está a relação, e o conflito, entre *duas* liberdades: humana e divina. O conflito surge apenas quando os seres humanos se recusam a representar seus papéis. A ação pecaminosa humana se vê envolvida em uma luta maior "entre o divino e o que é hostil ao divino, uma luta *pelo* mundo" e não apenas no mundo.[53]

O teodrama é a solução de Balthasar para o problema teológico clássico da relação entre a soberania divina e a liberdade humana. O problema com a condição humana não é metafísico, uma conotação de finitude, mas espiritual, uma conotação de estado decaído. Da mesma forma, a mensagem do evangelho não é metafísica nem moral, mas dramática: o próprio Deus fala e age, a fim de acabar com o conflito entre a liberdade humana e a divina. A boa notícia é que Deus faz alguma coisa para salvar os seres humanos de si mesmos. A mensagem do Novo Testamento produz uma espécie de variação dramática no conceito de Anselmo a respeito de Deus como aquele em relação a quem "nada melhor pode ser concebido":[54] o evangelho apresenta *uma bondade em comparação à qual nada maior pode ser dramatizado*. O evangelho retrata Deus em sua liberdade saindo de si mesmo em amor até por aqueles que rejeitam a oferta do reino feita por Jesus.

Para Balthasar, a descida de Jesus ao inferno é o clímax da ação, já que ela sinaliza que Jesus sofre até a condenação que nos era devida.[55] O drama histórico da salvação, portanto, reflete "um drama no próprio coração de Deus",[56] no qual Deus sofre a ausência de si mesmo, enquanto ainda permanece Deus. A boa notícia é que ele toma espontaneamente sobre si as consequências de nosso abuso da liberdade, a saber, nossa alienação voluntária de Deus e nossa "autocondenação no inferno".[57] Os laços de amor na Trindade, que unem Pai, Filho e Espírito, "são em última instância mais fortes que a situação de abandono em que Deus, em seus conselhos trinos e unos, assumiu de livre e espontânea vontade na Divindade".[58]

Uma comédia da aliança: do Exílio para a edificação

O principal ponto da exposição que Balthasar faz do teodrama está correto: o que reside no coração do evangelho não é uma ideia, um ideal ou uma experiência, mas

---

[52]Ibid., 1:125.

[53]Hans Urs von Balthasar, *Theo-drama: theological dramatic theory* (San Francisco: Ignatius, 1992), vol. 3: *Dramatis personae: persons in Christ*, p. 53.

[54]Anselmo, *Proslogion*, tradução para o inglês de Thomas Williams (Indianapolis: Hackett, 2001).

[55]Como Edward Oakes observa, a soteriologia de Balthasar combina a lógica anselmiana, que exigia restituir a Deus o que lhe era devido (e.g., uma morte), com o tema patrístico segundo o qual "o que não é assumido não é redimido" (*Pattern of redemption: the theology of Hans Urs von Balthasar* [New York: Continuum, 1994], cap. 9).

[56]Balthasar, *Theo-drama*, 3:119.

[57]Assim, Aidan Nichols, citado em Oakes, *Pattern of redemption*, p. 241.

[58]Oakes, *Pattern of redemption*, p. 247.

uma ação. Embora o que poderíamos chamar de *analogia dramatis* de fato abre possibilidades criativas para resolver o paradoxo da liberdade divina e humana, a presente obra interpreta o teodrama não tanto como um meio para resolver o problema das agências finita e infinita, mas como um meio para a compreensão de como Deus, por sua graça, concede bênçãos da aliança a partir de uma situação de infidelidade à aliança.[59]

A ação profética

A tarefa de interpretar a história de Israel em termos teodramáticos coube pela primeira vez aos profetas. Foram suas palavras de interpretação que explicaram as obras salvíficas de Deus.[60] Foram também os profetas que proclamaram a palavra de Deus em situações históricas específicas. Os profetas não eram nem filósofos nem moralistas, mas agentes discursivos e atores simbólicos preocupados com o que Deus estava fazendo na história e com a forma como as pessoas deviam responder. Às vezes, eles proclamavam; em outros momentos, encenavam minidramas da relação de Deus com Israel, peças dentro de peças tal como Shakespeare retrata em *Sonho de uma noite de verão*. Isaías, por exemplo, vestiu-se de escravo por três anos, a fim de avisar o Egito de seu cativeiro iminente (Is 20.2-4); Jeremias colocou sobre o pescoço um jugo para proclamar a necessidade de submissão de Judá à Babilônia (Jr 27). Ezequiel executou uma série de ações simbólicas, incluindo uma pantomima do cerco e invasão de Jerusalém (Ez 4—5). Fretheim observa que Ezequiel ingere a palavra de Deus para que se possa dizer que a palavra habita nele.[61] O profeta, assim, "gesticula com toda a sua existência".[62]

Talvez a mais comovente de todas as atuações proféticas seja a de Oseias, cujo nome significa "salvação". Muitos eventos na vida pessoal de Oseias fizeram parte de sua representação simbólica da relação de Deus com Israel. Oseias se casa com Gômer, uma prostituta que se mostra infiel para com ele, e com ela tem três filhos, a quem dá nomes que indicam uma alienação paulatina de Israel em relação a Deus, culminando com "Não meu povo" (*Lo-Ami*), nome espantoso que conota o rompimento da relação de aliança. Embora Gômer seja tão infiel quanto Israel, Deus ordena que Oseias a traga de volta, a discipline e restaure seu relacionamento com ela. A fala e a ação de Oseias funcionam "como uma metáfora de Deus".[63]

Tais representações proféticas são executadas de acordo com o ritmo de dois tempos de juízo e misericórdia. Por um lado, os profetas agem como advogados de acusação da aliança de Deus. Por outro, eles são emissários em nome da esperança

---

[59]A exposição de Balthasar pode estar investida demais da dialética hegeliana das liberdades. Cf. J. B. Quash. "'Between the brutally given, and the brutally, banally free': von Balthasar's theology of drama in dialogue with Hegel", *Modern Theology* 13 (1997): 293-318.

[60]Uma palavra de revelação fora do contexto da história da redenção é uma abstração; um feito redentor sem uma palavra que o interprete é difícil de entender.

[61]Fretheim, *Suffering of God*, p. 153.

[62]Balthasar, citado em Murphy, *Comedy of revelation*, p. 336.

[63]Fretheim, *Suffering of God*, p. 156.

de que Deus vai absolver e restaurar. A *ḥesed* de Deus — seu amor e fidelidade próprios da aliança — é poderosamente expressa no livro de Oseias, que no final situa o grande conflito teodramático bem no coração de Deus: "Como te abandonaria, ó Efraim? [...] O meu coração se comove, as minhas compaixões despertam todas de uma vez. Não executarei o furor da minha ira; não voltarei para destruir Efraim, porque eu sou Deus e não homem, o Santo no meio de ti" (Os 11.8,9). Vistos em conjunto, *esses dramas proféticos ensinam lições vitais sobre a aliança de Deus por meio de um padrão de ações simbólicas historicamente corporificado*.

A volta do Exílio

Se o Êxodo é o grande evento salvífico de saída do Antigo Testamento, o Exílio é seu contraponto. Ser exilado da presença Deus — seja do Éden, seja da Terra Prometida — é ser excluído da fonte da vida. O teodrama gira em torno de uma série de exílios e voltas. O de Israel é o exemplo histórico mais evidente, embora a própria criação, "gemendo" por causa de sua sujeição à decadência, esteja também no exílio (Rm 8.22). Uma teologia evangélica precisa manter em mente esse horizonte teodramático mais amplo, a fim de entender a ação central do evangelho de Jesus Cristo.

O padrão da ação de comunicação profética — executada ao ritmo de dois tempos de juízo e misericórdia, exílio e restauração — é encenado de forma definitiva na vida, ensino e obra de Jesus Cristo. A cruz é o clímax do drama judicial em que Deus julga a infidelidade da humanidade à aliança e manifesta sua própria fidelidade a ela, seu amor e sua justiça. Jesus é o ator principal que assume os papéis de Deus e do homem, vencedor e vencido: "Jesus *é* ambos: ele é o drama dos Evangelhos e surge para julgar e ser julgado".[64]

Jesus é o profeta perfeito cuja fala e ação encenam o drama do reino de Deus.[65] Jesus se dirigiu a judeus do primeiro século que, em muitos sentidos, se viam "no exílio": "O povo havia retornado no sentido geográfico, mas as grandes profecias de restauração ainda não haviam se concretizado".[66] O ensino próprio de Jesus (as parábolas) e suas ações características, tais como a cura dos doentes e o hábito de sentar-se à mesa com pecadores, comunicavam a realidade do reino de Deus. A Parábola do Filho Pródigo que Jesus conta poderia ser lida como um resumo da história de Israel: "Exílio e restauração: esse é o drama central que Israel acreditava estar representando".[67] Além disso, as parábolas atribuem aos ouvintes de Jesus um papel ou outro, dependendo de sua reação à história; quer como protagonistas, quer como opositores do reino de Deus. A parábola "não 'ensina', [...] ela *atua*. E cria um mundo novo".[68]

---

[64]Murphy, *Comedy of revelation*, p. 208.

[65]A abordagem que N. T. Wright faz do Jesus histórico é propícia para o presente estudo porque começa examinando as ações simbólicas e os atos de fala de Jesus antes de voltar-se para as "ideias". O tema dramático da "vitória" é particularmente oportuno. Veja *Jesus and the victory of God* (Minneapolis: Fortress, 1996), vol. 2: *Christian origins and the question of God*, p. 554.

[66]Ibid., 2:126.

[67]Ibid., 2:127.

[68]Ibid., 2:130.

As palavras e os feitos de Jesus funcionam como uma peça dentro de outra para mostrar que a tão desejada volta do exílio — perdão, restauração, *shalom* — estava ocorrendo em suas palavras e obras e através delas. *O ensino e a prática de Jesus constituem uma versão dramatizada do reino de Deus, um padrão de ação comunicadora que encena o reino de Deus da perspectiva do judaísmo palestino do primeiro século.*

As genealogias de Jesus registradas em Mateus e Lucas deixam claro que ele continua a mesma história da aliança que a palavra de Deus iniciou com Abraão e com Adão, respectivamente. Toda a tensão do drama está focada em como Deus cumprirá suas promessas da aliança em virtude da desobediência de Israel. Jesus interpreta suas ações da perspectiva de "todo o enredo contado diversas vezes pelo próprio Israel em uma variedade de formas".[69] Assim como a morte de Jesus é uma recapitulação do Êxodo, assim também ela está ligada à ideia da restauração de Israel e da renovação da aliança.[70] Aliás, os autores do Novo Testamento preveem uma segunda vinda de Jesus, a qual há de inaugurar não só o reino de Deus, mas uma nova criação. O teodrama não é nada menos que uma comédia da aliança de importância cósmica.

Edificando a casa de Deus

> Depois disso voltarei e reconstruirei a tenda de Davi, que está caída. (At 15.16; citando Am 9.11)

O sumário acima não pretende ser uma miniatura de teologia sistemática, mas uma sinopse das informações do drama do qual a teologia procura fazer um relato. A razão para situar o evangelho no contexto do teodrama mais amplo é lembrar-nos de que a doutrina, e a própria teologia, faz parte da ação. É claro que, para encaixar-se corretamente na ação, é preciso primeiro ter alguma noção do que está acontecendo. Curiosamente, além da série de saídas e voltas que compõem a história da salvação, há uma série de projetos de edificação: altares, o Templo, os muros de Jerusalém, a igreja.[71] Gênesis retrata o próprio universo como o templo de Deus em que ele coloca sua própria "imagem": a humanidade.[72] E a Bíblia termina com uma visão de um novo céu, uma nova terra, uma nova Jerusalém e um novo Templo (Ap 21). Que relação existe entre projetos de construção e a ação teodramática?

No antigo Oriente Próximo, os reis costumavam comemorar uma vitória construindo uma residência real. Não é por coincidência que a maior parte do livro de Êxodo é dedicado à construção de uma "casa" para Deus. Na verdade, existem dois

---

[69]Ibid.
[70]Wright, de modo um pouco controverso, afirma que "volta do exílio" tem o mesmo sentido de "perdão dos pecados". Veja sua discussão em *Jesus and the victory of God*, 2:268-70.
[71]Ao destacar a metáfora da "construção/edificação", não quero perder de vista o tema da aliança. A ideia da "casa" como lugar onde Deus e seu povo desfrutam da comunhão à mesa é usada apenas para tornar mais concreta a ideia da relação de aliança.
[72]Cf. Rikki Watts, "The new exodus/new creational restoration of the image of God: a biblical-theological perspective on salvation", in: John Stackhouse, org., *What does it mean to be saved?* (Grand Rapids: Baker, 2002), p. 15-41.

tipos de construção. Em primeiro lugar, o povo, em sentido figurado, é "construído" por meio da Lei, que estrutura a vida comunitária de Israel. Em segundo lugar, o povo é instruído a construir um tabernáculo, com um projeto de construção que recebe a mesma atenção aos detalhes dada ao primeiro. O livro de Êxodo se encerra unindo as duas casas, declarando que a glória do Senhor enchia o tabernáculo de dia "diante dos olhos de toda a casa de Israel" (Êx 40.38).

Mais tarde no teodrama, os temas da vitória real e da construção das casas são novamente ligados nas estórias de Davi e Salomão. Deus promete estabelecer para sempre a "casa" da dinastia de Davi: "Ele edificará uma casa ao meu nome, e para sempre estabelecerei o trono do seu reino" (2Sm 7.13). O Templo — casa que Salomão construiu — talvez seja a peça única mais importante do cenário no teodrama.[73] Era o lugar com o qual a presença de Deus esteve identificada de modo especial após o estabelecimento da monarquia e foi a morada de Deus com seu povo, sinal tangível da bênção da aliança. O Templo era também o lugar onde as pessoas podiam oferecer sacrifícios pelo pecado, preservando assim a integridade de seu relacionamento pactual com Deus. A ação no Templo — louvor, oração, sacrifício — simbolizava o relacionamento de Israel com Deus.

Em vista de sua centralidade, as palavras e ações de Jesus nos arredores do Templo são impressionantes. A alegação tácita de Jesus de que ele estava substituindo a fidelidade ao Templo pela fidelidade a si mesmo era particularmente ofensiva para as autoridades do Templo. O conflito entre Jesus e os líderes religiosos do seu tempo nunca foi tão acentuado como quando Jesus deu a entender que podia ser e fazer tudo o que o Templo era e fazia.[74] O Quarto Evangelho, em particular, apresenta Jesus como o substituto do Templo: Jesus não só é a palavra em quem Deus vem "tabernacular" entre nós (Jo 1.14); Jesus também é a luz do mundo (Jo 8.12) e a água viva (Jo 4.14), que cumprem as cerimônias do acender da tocha e do despejar da água associadas com o Templo, para não mencionar o sacrifício definitivo da Páscoa (Jo 1.29).

É provável que não seja coincidência que a cena mais dramática no ministério de Jesus tenha sido a purificação do Templo, a violenta expulsão dos cambistas. Há várias interpretações da motivação de Jesus. A maioria dos estudiosos concorda ter se tratado de uma ação simbólica ou profética, embora continue em debate se a ação foi uma "parábola de destruição". O que está claro é que, falando e agindo, Jesus apontou para a necessidade de algum tipo de reforma do Templo, ou até para a necessidade de uma reconstrução mais radical.[75]

A ação de Jesus no Templo representa o que também pode ser o clímax de sua vocação profética. Mais uma vez, os temas de processo e julgamento vêm à tona:

---

[73] A mesma sequência vitória-entronização-edificação da casa também aparece na visão apocalíptica de Apocalipse 21, em que a derrota do dragão é seguida pela visão do grande trono branco (Ap 20.11) e pela descida da nova Jerusalém com a ratificação da grande bênção da aliança: "O tabernáculo de Deus está entre os homens, pois habitará com eles. Eles serão o seu povo..." (Ap 21.3).

[74] Veja Bruce D. Chilton, *The temple of Jesus: his sacrificial program within a cultural history of sacrifice* (University Park: Pennsylvania State University Press, 1992).

[75] Veja uma discussão mais completa das possibilidades interpretativas em Wright, *Jesus and the victory of God*, 2:413-28.

quando Jesus chegou a Jerusalém, ele pronunciou, verbal e simbolicamente, juízo sobre o Templo (Mc 11.12-25); do mesmo modo, o Templo — ou pelo menos seus representantes oficiais — pronunciaram juízo sobre Jesus. O que foi mais censurável e blasfemo na ação comunicadora de Jesus aos olhos de seus adversários foi ele ter dado a entender que ele mesmo seria o substituto do Templo.[76] O que acaba por tornar o confronto de Jesus com as autoridades do Templo tão dramático é a questão subjacente em jogo: a identidade de Deus.[77] *Onde Deus de fato habita: no Templo ou em Jesus?*

Nenhuma das alegações de Jesus foi mais impressionante do que a de ter autoridade para perdoar pecados, um feito antes associado exclusivamente ao sistema sacrificial e ao Templo. No que dizia respeito ao seu público, perdoar pecados era um ato comunicador exclusivo de Deus. Daí a resposta dos escribas: "Por que esse homem fala dessa maneira? Ele está blasfemando! Quem pode perdoar pecados senão um só, que é Deus?" (Mc 2.7). No entanto, Jesus acreditava que "por Israel e pelo mundo, ele tinha de ser e fazer aquilo que, de acordo com as Escrituras, só o próprio YHWH poderia ser e fazer".[78] O que Bultmann chamou de enigma do Novo Testamento — como o proclamador tornou-se o proclamado — é aritmética básica da perspectiva do teodrama: Jesus não é apenas o proclamador do reino de Deus, mas sua encenação corporificada.

O Novo Testamento apresenta Jesus como mediador da aliança, maior que Moisés ou Davi. A entrada triunfal de Jesus em Jerusalém foi exatamente isto: "uma encenação simbólica da grande promessa central do reino, a saber, que YHWH iria finalmente voltar a Sião para julgar e salvar".[79] O êxodo peculiar de Jesus foi em si mesmo uma vitória. A vida, morte, ressurreição e ascensão de Jesus são a corporificação de todas as promessas de Deus, cósmicas e históricas; portanto, o cumprimento do propósito da criação e da aliança. Pois a morte de Jesus na cruz é a vitória de Deus não apenas sobre a rebelião de Israel contra a aliança, mas sobre os poderes cósmicos do pecado, sobre Satanás e sobre a morte: "... e, tendo despojado os poderes e as autoridades, fez deles um espetáculo público, triunfando sobre eles na cruz" (Cl 2.15, NVI).

Finalmente, assim como Jesus recapitula vitórias anteriores obtidas por outros mediadores da aliança, assim também ele ganha o privilégio de edificar a casa de Deus. Graças ao êxodo e à volta de Jesus ao Pai, o Cristo ressurreto pode enviar o Espírito: "Portanto, exaltado à direita de Deus e tendo recebido do Pai a promessa do Espírito Santo, derramou o que agora vedes e ouvis" (At 2.33). Exaltação e entronização são acompanhadas pela edificação de uma nova casa para Deus: a igreja. O clímax

---

[76] Curiosamente, Wright fala da "cena escatológica de tribunal" de Jesus, em que ele, com sua profecia de destruição, se opõe ao Templo. A destruição do Templo corroboraria a alegação de Jesus de ser o Messias (ibid., 2:511).

[77] Também é possível que a natureza do reino de Deus estivesse em jogo. Wright sugere que, para muitos nos dias de Jesus, o Templo havia se tornado "o talismã da violência nacionalista, a garantia de que YHWH agiria em favor de Israel e o defenderia contra seus inimigos" (ibid., 2:420). Jesus defende uma política do reino radicalmente distinta.

[78] Ibid., 2:653.

[79] Ibid., 2:631.

do teodrama cristão envolve todo o conjunto de eventos desde o julgamento e morte de Jesus até o Pentecostes. "No evento do Pentecostes, Cristo ergue o templo de sua igreja e o Espírito Santo enche a casa de Deus."[80] O discurso de Pedro em Atos 2 deixa claro que é Cristo o responsável pela vinda do Espírito que haveria de formar a nova comunidade da aliança: Deus não mais habita à vista do povo, mas *na* igreja, até mesmo *como a* igreja; Cristo é a pedra fundamental sobre a qual está seu povo, as pedras vivas, "edificados como casa espiritual" (1Pe 2.5).

Portanto, o Pentecostes — a formação da igreja — faz parte da obra de Cristo, da ação culminante do teodrama. O objetivo final da ação de Jesus, então, é a edificação: a constituição de um povo espiritual para ser a casa de Deus na terra. Assim como nosso corpo físico é "templo" do Espírito, também o corpo de Cristo é o lugar exclusivo de habitação do Espírito de Deus, uma nova *oikonomia* (unidade familiar) do Espírito. Faz parte da tarefa perene da igreja elaborar o que exatamente significa sermos "membros da família de Deus" (Ef 2.19).

Portanto, o drama da redenção é uma grande odisseia dupla, em que a humanidade, junto com o restante da criação, perde-se no caminho e encontra o caminho de casa somente porque Deus sai de casa a fim de trazer todos de volta.[81] As Escrituras retratam um drama de aliança que avança movido pelo amor de Deus. É um drama em que Jesus recapitula a história de Israel e encena o futuro de forma nova e inesperada.[82] O drama é estruturado por um padrão de "volta" (do exílio) e "reconstrução" (do Templo).[83] "Volta" e "reconstrução" não são apenas momentos passados da história de Israel, mas momentos — movimentos, missões — no drama da redenção em curso. A doutrina preserva essa força dinâmica, atraindo-nos para a ação do que Deus está fazendo em Jesus Cristo. A igreja, como templo restaurado de Deus e primícias da nova criação, está envolvida na ação teodramática. "Agora" é nossa cena. Como vamos representá-la?

---

[80]Kline, *Structure of biblical authority*, p. 194.

[81]Dentro dessa linha de pensamento, é interessante observar que, abaixo da superfície, desenvolve-se um drama até em obras teológicas tão sistemáticas como as *Summae* de Tomás de Aquino. Ele estrutura tanto a *Summa Theologiae* quanto a *Summa contra Gentiles* em cima de um tema de *exitus et reditus* (saída e volta), o qual começa com o movimento da criação que sai, ou se afasta, de Deus e termina com sua volta para Deus. Veja Thomas S. Hibbs, *Dialectic and narrative in Aquinas: an interpretation of the Summa contra Gentiles* (Notre Dame: Notre Dame University, 1995). A *Divina comédia*, de Dante, segue trajetória semelhante.

[82]Na terceira parte, veremos que a recapitulação é o motor da improvisação.

[83]Na teologia sistemática, esses momentos culminantes são conhecidos como "justificação" e "santificação", respectivamente.

CAPÍTULO 2

A teologia no teodrama
Voz e ator humanos

A premissa que norteia esses dois primeiros capítulos é que o método da teologia deve ser adequado a seu assunto: a fala e ação de Deus. A fé cristã não é um sistema de ideias ou valores morais, mas um teodrama em cinco atos em que a fala e a ação de Deus desempenham as partes decisivas. Muitas das cenas de clímax — Paixão, Páscoa, Pentecostes — já ocorreram. No entanto, o assunto da teologia está em curso, pois a igreja continua a representar as cenas finais do quarto ato. O objetivo do presente capítulo é lidar com as implicações desse fato para a teologia. A implicação mais importante é prontamente declarada: junto com outros cristãos, o teólogo também desempenha um papel de fala e ação.[1] Mas o que o teólogo diz e faz tem uma relação especial com o teodrama: *a tarefa da teologia é garantir que nos enquadremos na ação de um modo que estejamos seguindo Jesus Cristo e não nos opondo a ele.*

TEOLOGIA TEODRAMÁTICA: DISCURSO E AÇÃO HUMANOS

O principal papel do teólogo é dar testemunho, em palavras e atos, do significado e da importância da ação comunicadora de Deus em Jesus Cristo, a fim de permitir que outros a compreendam e dela também participem.

Teologia como discurso sobre Deus

A celebrada descrição barthiana do trabalho do teólogo consegue captar bem o escopo do desafio: "Como ministros, devemos falar de Deus. No entanto, somos humanos e, por isso, não temos condições de falar de Deus".[2] Como o filho prometido a Abraão, o

---

[1] Mais uma vez, embora ambos, dramas e narrativas, contem histórias, o modelo do drama é mais adequado para o assunto e para o método da teologia, visto que envolve falar e agir, e não simplesmente narrar.

[2] Karl Barth, *The Word of God and the word of man* (Gloucester: Peter Smith, 1978), p. 186.

discurso humano sobre Deus não pode ser concebido só com esforço humano. Como, então, podemos determinar se o nosso discurso corresponde ou não ao discurso prévio de Deus?[3] *Entra a doutrina, à direita do palco...*

Introduzir a questão da doutrina é levantar a questão do conteúdo da pregação cristã. Se a doutrina for fraca e ambígua, o mesmo se poderá dizer da pregação e do discurso sobre Deus em geral. Em 1923, falando à Assembleia Geral da União das Igrejas Reformadas na Alemanha, Barth argumentou que a crise na doutrina era sintomática de uma crise mais profunda na igreja: "A questão da doutrina correta nos inserir no vácuo dentro de nossas igrejas e do cristianismo".[4] Sabemos a que horrores aquela crise na doutrina levou. O trágico, porém, é que pouca coisa mudou nesse sentido ao longo dos oitenta e poucos anos que se seguiram. A doutrina permanece à margem da vida da igreja, o irmão mais fraco dos programas e produtos que prometem "sucesso" numérico, financeiro ou psicológico.

Ainda assim, teólogos ou não, muitos continuam a falar sobre Deus. Alguns afirmam até falar em nome de Deus. Nada é mais simples do que carimbar "a Bíblia diz" ou "o Espírito me leva a dizer" em nossa pauta ideológica ou política favorita. No entanto, ainda que a mera possibilidade de que afirmações falsas sobre Deus possam ser (e estejam sendo) feitas, deva nos fazer parar para pensar, isso não deve nos impedir de fazer nossas próprias afirmações teológicas, pois "ai de mim, se não anunciar o evangelho!" (1Co 9.16). O desafio para aqueles que falam de Deus e em nome de Deus é identificar o lócus da autoridade teológica. O compromisso deste livro é responder à seguinte pergunta urgente: Qual ação comunicadora a igreja deveria reconhecer como oficial, e por quê?[5]

Teologia como ação diante de Deus

Para corresponder à revelação e à essência do evangelho, o teólogo não deve apenas falar, mas também agir. Na verdade, as palavras e obras da igreja vão para o centro do palco no quarto ato e tornam-se um componente importante da ação teodramática, porque Deus agora lida com o mundo, em grande parte, através da igreja. Deus concedeu aos cristãos a dignidade de serem agentes comunicadores, privilégio e responsabilidade que incluem a proclamação, mas também vão além disso. Pois, embora possamos fazer coisas importantes com as palavras, as ações falam ainda mais alto.

---

[3]Essa questão criteriológica está no centro da tarefa da teologia e no centro da tese deste livro. Os próximos capítulos especificarão os critérios; neste momento, eu gostaria apenas de enfatizar que a doutrina deriva do teodrama.

[4]"The doctrinal task of the Reformed churches", in: Barth, *The Word of God and the word of man*, p. 221.

[5]Chamem-na pergunta pós-moderna da hermenêutica: qual interpretação da Bíblia (ou de qualquer outro livro) vale e por quê? Para uma resposta a essa pergunta, veja de minha autoria *Is there a meaning in this text? The Bible, the reader, and the morality of literary knowledge* (Grand Rapids: Zondervan, 1998) [edição em português: *Há um significado neste texto?*, tradução de Álvaro Hattnher (São Paulo: Vida, 2005)].

Aqui podemos recordar o lembrete de John Leith de que a igreja tem algo a dizer e fazer que nenhum outro grupo de pessoas pode dizer ou fazer. Não há tempo para sentir medo do palco: *agora* é o momento do discurso e da ação cristã. Mas *o que* a igreja deve dizer e fazer? É muito fácil seguir os bem-conhecidos roteiros seculares, falar só de banalidades, dançar conforme a música. Pelo menos no Ocidente, a igreja vive hoje em um cenário pós-cristão, e é tentador — muito tentador! — jogar para a torcida cultural. Isso dá origem a uma nova dimensão para o drama da doutrina: Será que vamos falar e agir de acordo com as Escrituras e contribuir para o desenvolvimento do enredo teodramático, ou vamos seguir outros enredos culturalmente mais na moda?

Não é suficiente professar Cristo e continuar praticando a cultura secular. A assimilação intelectual é uma condição necessária mas não suficiente para a compreensão do evangelho: "Até mesmo os demônios creem" (Tg 2.19, NVI). O que está em jogo na fé em busca de entendimento "não é principalmente assistir [...] mas sim atuar e ser capaz de atuar".[6] O mundo é um teatro de ação, e não simplesmente de contemplação; um teatro de operações em que está sendo travada uma guerra cósmica em várias frentes culturais. *Portanto, o drama da doutrina diz respeito à luta pela melhor maneira de encenar o discipulado.*

A tarefa da teologia é equipar os discípulos para falarem e agirem de formas que correspondam ao evangelho em contextos específicos. Não é qualquer palavra ou ação que serve. Nem todas as palavras e atos são apropriados para o assunto; nem todas as palavras e atos alcançam a "adequação" teodramática. O drama da teologia evangélica diz respeito a saber interpretar — isto é, *encenar* — o evangelho em situações concretas. O papel da doutrina no drama é capacitar a igreja a edificar a casa da sabedoria: um padrão de expressão e de ação, que se encaixa tanto com a criação quanto com a redenção para a glória de Deus.[7] Existe um drama na ação de observar se o que a igreja constrói vai desmoronar quando as ondas começarem a bater, ou se vai ficar em pé apesar da oposição.

A MISSÃO DA TEOLOGIA E AS MISSÕES TRINITÁRIAS

A missão da teologia é capacitar o povo de Deus a participar da missão e do ministério do evangelho. O evangelho é uma declaração de missão em dois sentidos. Primeiro, é uma declaração de uma *missão*, no sentido do termo latino *missio* (envio). A "descida" ou entrada de Cristo em nosso mundo foi uma viagem missionária em que o Pai enviou seu Filho (Jo 17.8,18). Em segundo lugar, o evangelho é uma *declaração* dessa missão. Ambas, Escrituras e teologia, fazem parte da missão do Filho e do Espírito, visto que elas se expressam no evangelho e por meio dele. O papel das Escrituras na economia do evangelho, conforme já sugerido, é de especificação normativa do evangelho. A palavra que Deus "envia" pelas Escrituras para a igreja também tem uma

---

[6]Hans Urs von Balthasar, *Theo-drama: theological dramatic theory* (San Francisco: Ignatius, 1990), vol. 2: *Dramatis personae: man in God*, p. 13.

[7]Discuto na terceira parte o processo de fazer juízos sábios.

missão: dar testemunho de Cristo e edificar o povo de Deus. No poder do Espírito, as Escrituras podem cumprir o propósito para o qual foram enviadas (Is 55.11).

O evangelho cumpre o propósito para o qual foi enviado graças ao que Ireneu chama de as duas "mãos" de Deus: Palavra e Espírito. Então, a fim de entender plenamente a relação entre Escrituras e teologia (e discernir corretamente o lócus da palavra de Deus digna de crédito), temos de situar as Escrituras e a teologia em relação às missões divinas. Daí a seguinte tese: *A missão das Escrituras está vinculada às missões trinitárias do Filho e do Espírito*. Segue-se que a localização dogmática do princípio das Escrituras tem relação principalmente com a Trindade econômica. Como esse capítulo vai deixar claro, essa descrição teodramática do princípio das Escrituras tem consequências importantes não só para o relacionamento da teologia com a Bíblia, mas para a própria maneira pela qual a teologia concebe sua tarefa. Considerar que as Escrituras têm uma missão na economia do evangelho levará a uma reformulação do princípio das Escrituras da perspectiva da ação comunicadora trina e una de Deus.

Prescrição contra "ortodoxia"

Com que deveria começar a teologia cristã que tem como objetivo apresentar o evangelho: com Deus, o Jesus histórico, a Bíblia ou com alguma outra coisa? Levantar essa questão é introduzir a noção dos "primeiros princípios", que permite começar e continuar uma linha de investigação de forma disciplinada e metódica.[8]

Há uma longa tradição que diz que a teologia deve começar com o *sensus divinitatis*, o sentimento universal de que existe um ser infinitamente perfeito de quem dependemos de forma absoluta. No entanto, as ideias de perfeição mudam ao longo do tempo, e é discutível se o conceito culturalmente condicionado que se tem do ser mais perfeito é o mesmo conceito do Deus de Abraão, Isaque e Jacó. Além disso, como Calvino já sabia, nosso *sensus divinitatis* é, ele próprio, afetado pelo pecado. O que dizemos sobre Deus com base em nossa intuição geral da divindade pode revelar mais sobre nós do que sobre o Deus vivo. Há um elemento de verdade na máxima de Ludwig Feuerbach de que a antropologia é o "segredo" da teologia.[9] Considerando-nos teólogos, podemos inconscientemente (mas facilmente) nos tornar idólatras. O *sensus divinitatis* é um critério muito duvidoso para avaliar o que falamos e fazemos em nome de Deus.

A segunda abordagem comum é começar com o *sensus literalis*, o sentido literal da Bíblia. Essa estratégia é inicialmente mais convidativa para os teólogos que, como eu, desejam afirmar a autoridade bíblica. No entanto, não está muito claro como se deve definir "literalidade", e na medida em que há discordância sobre o significado

---

[8] Veja de minha autoria "First theology: meditations in a postmodern toolshed", in: *First theology: God, Scripture, and hermeneutics* (Downers Grove: InterVarsity, 2002), cap. 1.

[9] Ludwig Feuerbach, *The essence of Christianity*, tradução para o inglês de George Eliot (New York: Harper & Row, 1957) [edição em português: *A essência do cristianismo*, tradução de José da Silva Brandão (Petrópolis: Vozes, 2005)].

do sentido literal, há discordância sobre o lócus da autoridade.[10] Além disso, como rapidamente lembrado pelos críticos das ideologias e pelos radicais pós-modernos, opiniões sobre o que a Bíblia "literalmente" significa são muitas vezes relativas às comunidades interpretativas. Como podemos saber se estamos de fato olhando para o texto e não para esta ou aquela *interpretação do leitor* do texto? Assim como o *sensus divinitatis* pressupõe como Deus é, o recurso do *sensus literalis* pressupõe que sabemos o que significa ser bíblico.

A igreja não precisou esperar a pós-modernidade para descobrir a principal dificuldade que acompanha a segunda estratégia para fazer teologia. Todos os primeiros hereges também afirmavam ser "bíblicos". Aliás, Tertuliano escreveu sua obra *Prescrição contra os hereges* exatamente para abordar a dificuldade de determinar qual comunidade interpretativa, de forma legítima, pode apelar para a Bíblia em apoio à sua doutrina.[11] A *praescriptio* de Tertuliano estipulava que somente os membros de uma igreja "apostólica" tinham o direito de ler as Escrituras.[12] Como os gnósticos não podiam provar sua apostolicidade da maneira que Tertuliano exigia — ou seja, remontando a algum apóstolo a linha ininterrupta de bispos em cada igreja local —, não havia necessidade de ouvi-los.

Tertuliano suscitava assim uma questão mais importante que a do sentido literal das Escrituras, a saber, a questão das qualificações do intérprete. Em sua opinião, somente os membros de igrejas "apostólicas" têm condições de ler, interpretar e apelar para a Bíblia em apoio de suas doutrinas: não há interpretação correta fora de certa comunidade. Seria fácil extrapolar um princípio geral a partir do argumento de Tertuliano sobre a autoridade das comunidades interpretativas e a centralidade do *sensus fidelium*. O que conta é a forma como os fiéis interpretam a Bíblia, mas "fiel" é definido da perspectiva de uma história de sucessão apostólica e consenso. Os pós-modernos não teriam nenhuma dificuldade para entender o "sentido dos fiéis" como convenções que regem determinada comunidade interpretativa.[13]

É preciso não se deixar enganar pela semelhança superficial entre o apelo de Tertuliano à autoridade interpretativa da igreja e a tendência contemporânea de elevar a autoridade das comunidades interpretativas em geral. Tertuliano não estava defendendo um princípio hermenêutico geral, mas respondendo a um problema histórico específico, ou seja, a interpretação gnóstica do evangelho. Tertuliano difere dos pós-modernos, pois insiste em que a autoridade de uma comunidade interpretativa é mais legítima do que a de outras. A leitura da igreja é mais legítima do que a dos gnósticos só porque a igreja *sabe* algo que os gnósticos não sabem:

---

[10]Veja James Barr, "Literality", *Faith and Philosophy* 6 (1989): 412-28; Williams, Rowan, "The literal sense of Scripture", *Modern Theology* 7 (1990): 121-34; Vanhoozer, *Is there a meaning in this text?*, p. 305-12.

[11]Há um argumento semelhante em Ireneu, *Contra heresias*.

[12]*Praescriptio* tem um sentido técnico em Direito, que denota o protesto apresentado por um réu para impedir que o processo instaurado pelo autor seja ouvido.

[13]Veja, por exemplo, Stanley Fish, *Is there a text in this class? The authority of interpretative communities* (Cambridge: Harvard University Press, 1980).

como ler as Escrituras segundo a Regra de Fé.[14] É importante, por isso, distinguir entre *sensus fidelium* geral, que equivale simplesmente ao consenso da comunidade, e *sensus fidelium* específico, associado à Regra de Fé. Recomendar o *sensus fidelium* como primeiro princípio *geral* é efetivamente transformar o consenso eclesiológico em um primeiro princípio, regido por regras ou não.

A igreja pode ter de apresentar uma "prescrição" contra a própria ortodoxia, se e quando a "opinião correta" torna-se apenas uma questão de *sensus fidelium* geral. Não basta simplesmente pertencer a uma comunidade em que há um consenso substancial.[15] A "opinião correta" não é necessariamente a "opinião atualmente aceita". Mesmo quando há verdadeiro consenso, a igreja não é o árbitro final da crença correta. Esta, assim como a adoração correta, deve ser em espírito e verdade, e a verdade não é decidida pelo voto popular.[16] Como um comentarista ironiza, Tertuliano "não leva muito em conta o erro humano na transmissão local, nem a rápida propagação do erro, conforme o quarto século mostrou ser possível. O tempo não tem facilitado a aplicação de seus princípios".[17]

A ortodoxia no sentido de opinião atualmente aceita — o *sensus fidelium* generalizado — não merece o título de "teologia primeira".[18] O ponto de partida adequado para a teologia cristã é *Deus em ação comunicadora*. O que isso significa na prática é que os cristãos não devem pensar sobre Deus sem as Escrituras nem sobre as Escrituras sem Deus. Não basta começar simplesmente com o *sensus literalis* (ler a Bíblia como qualquer outro livro), nem com um *sensus divinitatis* nem com um *sensus fidelium*. Não, o primeiro princípio de que necessitamos é um *sensus scripturalis*: o senso de que a Bíblia é "de Deus" e, portanto, autoridade para a

---

[14]A Regra de Fé é um resumo do consenso das igrejas apostólicas ou ortodoxas. Todavia, como ele não é provado pela exegese, parece haver um pouco de circularidade entre as definições de "apostólica", "ortodoxa" e "Regra de Fé". Na segunda parte, examino mais a fundo o papel da Regra de Fé.

[15]Contra Kelsey, o qual argumenta que o que determina o papel das Escrituras na teologia não é um *sensus divinitatis* abstrato, nem o *sensus literalis*, mas sim o *sensus fidelium*: a consciência que o povo de Deus tem da presença divina em seu meio (David H. Kelsey, *Proving doctrine* [Harrisburg: Trinity Press International, 1999], p. 160).

[16]Esses comentários não devem ser interpretados como um ataque a padrões congregacionais de governo da igreja. Muitas igrejas congregacionais reconhecem a autoridade suprema das Escrituras. Deliberações comunitárias não são o fundamento da autoridade nesses casos, mas antes o método de reconhecimento da autoridade supraeclesial das Escrituras. Há de fato um papel para uma ortodoxia genuinamente "católica" na teologia. Por si só, no entanto, o termo *comunidade* é indeterminado; não fica claro se o que está em vista é uma comunidade local, histórica ou mundial. No contexto da pós-modernidade, "comunidade" muitas vezes refere-se a um grupo (geralmente local e específico) que baseia sua identidade em certas narrativas fundamentais *e* em uma tradição interpretativa particular pela qual se relaciona com esses textos.

[17]S. L. Greenslade, "Introduction", in: *Early latin theology*, The Library of Christian Classics (Philadelphia: Westminster, 1956), p. 27.

[18]Como fica evidente a partir de minhas observações introdutórias, tenho uma visão elevada da ortodoxia e me considero um teólogo ortodoxo. O que está em disputa nesta seção (e em outras adiante) é a natureza e os critérios da ortodoxia.

igreja.[19] Os teólogos devem prestar menos atenção à forma como esta ou aquela comunidade cristã usa a Bíblia (o *sensus fidelium*) e mais atenção à Bíblia como *ato comunicador do Deus trino e uno*.

Atos da palavra trinos e unos: afirmando o princípio das Escrituras

O primeiro princípio da teologia é Deus em ação comunicadora. As Escrituras retratam Deus como agente discursivo, como palavra e como o sopro/hálito que leva a palavra para os outros. Além disso, o chamado princípio das Escrituras afirma que a própria Bíblia é, em última análise, uma espécie de discurso divino. Os primeiros cristãos compartilhavam da convicção, formulada pelo apóstolo Paulo, de que as Escrituras hebraicas (nosso Antigo Testamento) são "os oráculos [*ta logia*] de Deus" (Rm 3.2), mesmo quando o locutor ou escritor não é o próprio Deus. As próprias cartas de Paulo são classificadas com "as demais Escrituras [*graphē*]" (2Pe 3.16). Uma teologia que se orienta pelo tema do evangelho recupera o princípio das Escrituras não por fazer declarações abstratas sobre a natureza da Bíblia, mas por explicar o papel que ela desempenha no teodrama.

Tudo começou com uma promessa

Uma teologia evangélica não precisa escolher entre o Deus que fala e o Deus que age. Nem precisa escolher entre uma teologia com uma revelação exclusivamente propositiva e outra que concebe a revelação em termos unicamente personalistas. Como vimos, tanto Barth como Balthasar sugerem formas de superar essa distinção — *Rede-Tat*, *Tat-Wort* —, embora façam uma análise apenas superficial dessas interessantes noções. No entanto, a grande descoberta da filosofia da linguagem do século 20 é justamente o *ato da fala*. Depois de um século ou mais de análises detalhadas de sentido, predicação e referência, filósofos anglo-americanos descobriram a "ilocução", ou seja, a noção de que *fazemos* algo quando falamos.[20] Falar não é simplesmente pronunciar palavras, mas fazer perguntas, dar ordens, fazer declarações, expressar sentimentos, pedir ajuda e assim por diante. Às vezes, simplesmente dizer algo tem consequências concretas: "Eu vos declaro marido e

---

[19] Por que Jesus Cristo não pode ser o princípio primeiro da teologia? Solidarizo-me com a insistência de Barth de que o nosso ponto de partida deve ser Deus na autorrevelação, a saber, Jesus Cristo. Embora eu nunca viesse a colocar em dúvida a condição de Jesus como Palavra de Deus, vejo sim um problema em matéria de acesso; não temos uma versão oficial de Jesus Cristo exceto aquela registrada nas Escrituras. O ponto principal de Barth se mantém — o princípio primeiro da teologia cristã deve ser a autorrevelação de Deus —, embora eu argumente a seguir que as Escrituras, em última análise, também sejam obra do Deus trino e uno em ação comunicadora, uma vitrine canônica para Cristo.

[20] Veja a obra seminal de J. L. Austin, *How to do things with words* (Oxford: Oxford University Press, 1962) [edição em português: *Quando dizer é fazer: palavras e ação* (Porto Alegre: Artes Médicas, 1992).

mulher".²¹ Os filósofos finalmente aprenderam o que dramaturgos já sabem há séculos, isto é, "Parler, c'est agir" (Falar é agir).²²

O teodrama, como todos os dramas, "viaja em um trem de ilocuções".²³ Essa percepção contém potencial até agora inexplorado para uma redefinição do princípio das Escrituras. A teologia deve lidar com a Bíblia como discurso de encenação e não só de informação. A promessa, por exemplo, tem conteúdo propositivo, mas não é isso que a torna uma promessa. Um enunciado torna-se uma promessa somente quando um agente usa palavras para comprometer-se com um curso de ação futura. Prometer é um ato em si mesmo; prometer é comprometer-se com um futuro curso de ação que algum ouvinte acha desejável. Prometer é uma forma de *fazer* algo ao *dizer* alguma coisa. Prometer é usar palavras de tal maneira que se dá ocasião a um tipo específico de relacionamento interpessoal.²⁴

O teodrama bíblico deve sua forma à promessa divina que gera a ação: "E farei de ti uma grande nação, te abençoarei e engrandecerei o teu nome [...] e todas as famílias da terra serão abençoadas por meio de ti" (Gn 12.2,3). Mais do que qualquer outro fator, a promessa de Deus a Abraão, junto com suas outras promessas a Moisés e Davi, gera a história de Israel. Essas promessas põem a história de Israel em movimento, estruturam a vida da nação e moldam seu futuro. Como outros exemplos de ação comunicadora, prometer é algo intersubjetivo, relacional. Ao assumir esse compromisso, Deus se dispõe a prestar contas a seu destinatário. A esse respeito, é interessante que J. L. Austin, pai da filosofia dos atos de fala, tenha listado "fazer uma aliança" como uma das coisas que fazemos com palavras: "Nossa palavra é nosso compromisso".²⁵

Duas teses seguem-se da análise acima. Primeira, as promessas divinas, juntamente com outros atos comunicadores de Deus, são *prevenientes*: elas são o que "vem antes" da resposta humana.²⁶ A promessa de Deus estabelece a aliança dele com Israel. Isso confirma o princípio evangélico de que a fala e a ação de Deus são anteriores ao discurso e à ação da teologia. Segunda, a Bíblia é Escritura — a Palavra de Deus digna de crédito — exatamente porque é uma palavra sobre a qual Deus assume os direitos e as responsabilidades de autoria. O roteiro da igreja é em última análise uma questão de discurso divino.

---

²¹Não basta apenas pronunciar as palavras, é preciso também ocupar o cargo certo para promover certas coisas. Por exemplo, a fim de declarar que um casal está casado, é preciso ser ministro, juiz ou capitão de navio.

²²Abbé d'Aubignac, *La pratique du théâtre* (Paris, 1657).

²³Richard Ohmann, "Literature as act", in: Seymour Chatman, org., *Approaches to poetics* (New York: Columbia University Press, 1973), citado em Michael Issacharoff; Robin F. Jones, orgs., *Performing texts* (Philadelphia: University of Pennsylvania Press, 1988), p. 42.

²⁴Curiosamente, o paradigma analisado por John Searle em seu *Speech acts* (Cambridge: Cambridge University Press, 1969) [edição em português: *Os actos de fala: um ensaio de filosofia da linguagem* (Lisboa: Livraria Almedina, 1984)] é o da promessa.

²⁵J. L. Austin, *How to do things with words*, 2. ed. (Cambridge: Harvard University Press, 1975), p. 10.

²⁶Cf. Ronald Thiemann, *Revelation and theology: the gospel as narrated promise* (Notre Dame: Notre Dame University, 1985).

A economia da ação comunicadora

Deus se relaciona com Israel, com a igreja e com o mundo tanto como dramaturgo quanto como ator. O Deus trino e uno é a principal voz e o grande ator do teodrama, aquele que, por meio da Palavra e do Espírito, se relaciona com quem está no palco. A tarefa impossível de falar de Deus começa com os divinos atos da palavra: com a Palavra viva (encarnação) e com a palavra escrita (inspiração). Podemos interpretar Deus, as Escrituras e a teologia conjuntamente em termos teodramáticos da seguinte maneira: o Deus trino e uno é a agência comunicadora paradigmática; as Escrituras são um ato comunicador divino-humano; a teologia orientada para o princípio das Escrituras é um meio de participar da ação teodramática.

A autoridade suprema em teologia é o Deus trino e uno na ação comunicadora. Tudo o que Deus faz é ação conjunta do Pai, do Filho e do Espírito. Pense na Criação: o Pai é seu princípio gerador, o Filho é sua forma de estruturação, o Espírito é o dinamismo que a dirige para seu *télos* e a leva à conclusão. Esse exemplo também mostra que nem tudo o que Deus faz tem de ser idêntico ao ser do próprio Deus. As *obras* de Deus compartilham das perfeições de seu ser, mas elas não são Deus. O mesmo se aplica às palavras de Deus.[27]

Atos de fala trinitários

De acordo com Barth, a Palavra de Deus é o próprio Deus em sua revelação: "*Deus revela a si mesmo. Ele se revela por meio de si mesmo. Ele revela a si mesmo* [...]. Deus, o Revelador, é idêntico a seu ato de revelação e idêntico a seu efeito".[28] Pode-se dizer algo semelhante sobre a ação comunicadora de Deus: o Pai inicia a comunicação; o Filho é o conteúdo da comunicação; o Espírito é a eficácia da comunicação.[29] O Deus trino e uno é o paradigma do agente comunicador: só Deus pode se comunicar e sempre realizar seu propósito (Is 55.11). As Escrituras são resultado da obra de comunicação de Deus e, portanto, participam das perfeições associadas a essa obra sem ser "da mesma substância" (*homoousios*) de Deus. As Escrituras desfrutam da autoridade própria do ato comunicador de Deus: a elas se devem obediência e confiança, mas não adoração.

A cruz talvez seja o mais extraordinário dos atos comunicadores de Deus. A Palavra que se fez carne, pendurada em uma cruz, é o sim e o não de Deus. A cruz é tanto promessa de vida eterna para os que nela creem quanto sentença de morte eterna para os que a rejeitam (2Co 2.15,16). Porque Deus está dizendo/fazendo várias coisas na cruz, ela é um conjunto de ilocuções relacionadas: (1) como ilocução assertiva, a

---

[27]Claro, a Palavra de Deus — o *logos* feito carne (Jo 1.14) — é idêntico ao ser do próprio Deus; o Filho partilha da mesma substância do Pai. Em conformidade com isso, convencionei usar "Palavra" em referência ao Filho e "palavra" ou "palavras" em referência às Escrituras.

[28]Karl Barth, *Church dogmatics*, 2. ed., tradução para o inglês de Geoffrey Bromiley (Edinburgh: T. & T. Clark, 1975), vol. I/1, p. 296.

[29]No que podemos chamar de "a analogia dos atos de fala", o Pai ("que falou [*est locutus*] pelos profetas") locuciona; o Filho é a ilocução, a promessa de Deus; o Espírito é a "perlocução", o efeito obtido *através* (*per*) do ato de fala.

cruz é uma declaração de que Deus fez provisão quanto ao pecado; (2) como ilocução promissiva, a cruz promete: "se crer, você será salvo"; (3) como ilocução expressiva, a cruz demonstra o amor de Deus pelo mundo; (4) como ilocução diretiva, é uma ordem ao discípulo para que "morra" com Cristo para o mundo; (5) como ilocução declarativa, a cruz é uma absolvição que faz o que declara, ou seja, perdoar pecados.[30]

O que Deus comunica na cruz não são apenas informações sobre salvação — simples proposições — mas a promessa, garantia e requisitos da salvação. Podemos ir mais longe. O que Deus, em última análise, comunica em sua Palavra crucificada é a própria realidade da salvação: a participação na vida divina. E, no entanto, esse efeito pretendido — a comunhão com Deus por meio da união com Cristo — não é uma consequência automática da declaração de Deus. Nem todos os atos comunicadores são recebidos por aquilo que são. Assim, a Palavra realiza algo na cruz (faz expiação pelo pecado; declara perdão); esse é o aspecto ilocucionário. No entanto, ele não comunica realmente a salvação enquanto não for recebido e apropriado por um ouvinte. O papel do Espírito é ministrar Cristo, tornar *efetivo* o que Deus está dizendo e fazendo na cruz. Portanto, a comunicação da salvação — a verdadeira concessão do perdão e da vida com Cristo — é um trabalho conjunto de Pai, Filho e Espírito.

Voltando a falar de Barth, ele divide sua discussão sobre a revelação em duas partes: a primeira — a "realidade objetiva da revelação" — concentra-se em Jesus, a Palavra; a segunda — a "realidade subjetiva da revelação" — trata do Espírito Santo. As categorias dos atos de fala ajudam a esclarecer o que para muitos é difícil distinguir. Por um lado, "comunicação" refere-se à ilocução: ao que se *faz* quando alguma coisa é dita. Por outro lado, "comunicação" refere-se à recepção da mensagem: ao *efeito* produzido sobre o ouvinte pelo ato da palavra. Uma coisa é contar uma história (ilocução), outra é convencer por meio dela (perlocução). Então, a noção de uma comunicação divina é ambígua, podendo significar "ato" ou "efeito". Para Barth, a revelação sempre inclui os dois componentes. No entanto, dada a distinção entre ilocuções e perlocuções, não há nenhuma razão pela qual não se possa falar *simplesmente* de discurso divino para se referir ao que Deus está fazendo ao falar (ilocuções), quer isso seja recebido e compreendido (perlocuções), quer não.[31]

A ação comunicadora divina é um evento trinitário, mas (*contra* Barth) isso não significa que Deus comunica apenas a si mesmo. Em suma, nas Escrituras, Deus não está simplesmente "revelando". Os atos comunicadores de Deus incluem palavras-feitos como a cruz e atos de fala como o cânon. E com relação a este último, o

---

[30]Essas cinco categorias representam a taxonomia completa dos atos de fala de acordo com John Searle e, portanto, representativas de todas as coisas que podemos fazer com palavras; veja "A taxonomy of speech acts", in: John Searle, *Expression and meaning: studies in the theory of speech acts* (Cambridge: Cambridge University Press, 1979)[edição em português: *Expressão e significado: estudos da teoria dos atos da fala*, tradução Ana Cecilia G. A. de Camargo, Ana Luiza Marcondes Garcia (São Paulo: Martins Fontes, 1995)].

[31]Usando a terminologia tradicional, pode-se afirmar a inspiração da Bíblia enfatizando-se a obra "objetiva" do Espírito ao guiar os autores humanos. Assim, iluminação denotaria a obra do Espírito ao causar os efeitos perlocucionários pretendidos.

discurso divino inclui promessas, mandamentos, advertências, leis e assim por diante. Essa é uma ideia crucial para repensar o princípio das Escrituras de uma forma que preserva a ideia básica de Barth, mas ao mesmo tempo vai além dela.

As Escrituras como ação comunicadora trina e una

Se a descrição da ação comunicadora divina apresentada aqui tem algum mérito, então nos cabe não separar o princípio das Escrituras de sua economia trinitária. O lócus da autoridade divina é "o Espírito Santo falando nas Escrituras".[32] Inspiração não significa apenas que as palavras (locuções) são de Deus, mas que os atos da palavra (ilocuções), no final das contas, são de Deus. Portanto, dizer que a Bíblia é inspirada é reconhecer sua autoria divina, a agência comunicadora do Deus trino e uno.[33] Quando o Espírito fala nas Escrituras hoje, ele não está falando *outra* palavra, mas ministrando as palavras escritas: "E [o Espírito] não falará de si mesmo, mas dirá o que tiver ouvido" (Jo 16.13). Não é produzindo novas ilocuções que o Espírito age, mas *ministrando* as ilocuções que já se encontram no texto, tornando-as eficazes.[34]

Nosso princípio das Escrituras revisado de uma ótica teodramática vê a Bíblia não apenas como um depósito de verdades reveladas, mas como resultado da multiforme ação comunicadora de Deus. O Deus trino e uno é (parafraseando Barth) o comunicador, a comunicação e a "comunicabilidade" das Escrituras: o agente, o conteúdo essencial e o efeito dinâmico dos diversos atos de fala que, juntos, compõem a Bíblia. Assim, as Escrituras servem como autoridade para a teologia, porque ela é encerrada na economia trina e una da ação comunicadora: locução, ilocução e perlocução. *A suprema autoridade para a teologia cristã é o Deus trino e uno falando nas Escrituras.*

Não há dúvida de que os atos de fala são a principal moeda das relações pessoais. Quando falamos de Deus com a base das Escrituras, não estamos meramente processando informações a respeito dele; estamos incluindo o próprio Deus na ação comunicadora. E por trás de todas as coisas específicas que Deus diz e faz nas Escrituras há um objetivo primordial: comunicar as condições e a realidade da nova aliança. As Escrituras chamam a igreja a ser parceira de Deus na aliança; elas comunicam uma participação na vida trina e una.

Os leitores e intérpretes da Bíblia não são simplesmente observadores passivos, mas destinatários. O ato de ler a Bíblia atrai o leitor para dentro da ação teodramática e solicita uma resposta. A ação comunicadora é essencialmente um relacionamento interpessoal; junto com as dimensões ilocucionária e perlocucionária dos atos de fala está a dimensão *interlocucionária*. Daremos ao interlocutor — seja

---

[32]Confissão de Fé de Westminster 1.10.

[33]Aqui cabe uma advertência hermenêutica. Estou partindo do princípio de que "o que as Escrituras dizem" pode ser plenamente determinado apenas à luz de seu contexto canônico. Não se pode, portanto, tirar versículos de seu contexto canônico e alegar: "Deus diz...".

[34]Para um estudo mais aprofundado sobre a relação entre ilocução e perlocução, veja, de minha autoria, "From speech acts to Scripture acts: the covenant of discourse and the discourse of the covenant", in: *First theology*, cap. 6.

um agente, seja um destinatário da ação comunicadora — o nome de *comunicante*. Embora o discurso em geral crie uma situação quase de aliança, visto que falantes e ouvintes assumem determinadas obrigações no processo de comunicação, essa situação se concretiza plenamente quando o discurso é *visivelmente* de aliança. Por isso, o objetivo principal da revisão deste capítulo é fazer a seguinte afirmação no que diz respeito ao princípio das Escrituras: *a Bíblia é um ato comunicador divino que existe em consideração às relações de aliança*. Reformular o princípio das Escrituras dessa maneira influencia o modo como a teologia vê sua tarefa: *a teologia relaciona-se com as Escrituras como o meio para encontrarmos a Deus na ação comunicadora e para nos tornar comunicantes com Jesus Cristo.*

Neste ponto, devemos ponderar a objeção barthiana. Será que essa proposta de identificação das Escrituras com as ilocuções de Deus não rebaixa Cristo como Palavra de Deus? Acho que não. Pois o que Deus está fazendo nas Escrituras — particularmente quando nos ocupamos do contexto canônico — é oferecer uma descrição teologicamente densa de Jesus Cristo. *É justamente respondendo às várias ilocuções nas Escrituras — crendo em suas afirmações, confiando em suas promessas, obedecendo a seus mandamentos, cantando seus cânticos — que passamos a nos relacionar com Cristo "densamente", ou seja, pactualmente.* Aliás, na economia trina e una da ação comunicadora, não podemos ter o efeito perlocucionário pretendido — a união com Cristo e, assim, a salvação — sem o ministério do Espírito nos atos ilocucionários das Escrituras ou na pregação que os viabiliza.

Um último ponto. É tentador reduzir o ato comunicador somente a seu conteúdo propositivo. No entanto, essa identificação do discurso divino com o conteúdo propositivo é muito precipitada e reducionista, pois omite outros dois aspectos importantes da ação comunicadora, a saber, o ilocucionário (o que é feito) e o perlocucionário (o que é efetuado). Repetindo: a autoridade da Bíblia está no que Deus diz e faz *em* e *com* suas palavras. Igualar a palavra de Deus ao conteúdo que ela transmite é trabalhar com um princípio das Escrituras abreviado que reduz a revelação ao resíduo propositivo de suas locuções. Tal princípio das Escrituras abreviado, ao desprezar as dimensões ilocucionária e perlocucionária, é ao mesmo tempo cristológica e pneumatologicamente deficiente. Ele não consegue ver que as Escrituras estão oferecendo um testemunho de Cristo e, portanto, estão mediando Jesus; ademais, esse princípio das Escrituras abreviado não faz justiça ao papel do Espírito Santo, que garante que esse testemunho seja eficaz.[35]

---

[35]Aqui me aproximo bastante da concepção reformada clássica que faz distinção entre a palavra externa das Escrituras e o testemunho interno do Espírito Santo. Veja Bernard Ramm, *The witness of the Spirit: an essay on the contemporary relevance of the internal witness of the Holy Spirit* (Grand Rapids: Eerdmans, 1959). À semelhança de Tertuliano, Ramm está bem ciente de como sectários e hereges não hesitam em apelar para as Escrituras. No entanto, ao contrário de Tertuliano, que, como vimos, apela para o princípio da sucessão apostólica, Ramm apela para o testemunho interno dado pelo Espírito acerca da salvação operada por Cristo. O herege se esquece de que o Espírito ministra Cristo: "O sectário não consegue manter a pessoa e obra de Jesus Cristo no centro" (*The pattern of religious authority* [Grand Rapids: Eerdmans, 1957], p. 37).

Teodrama como missão

Agora é hora de reunir os vários elementos envolvidos no fazer teologia — evangelho, teodrama, o Deus trino e uno, o princípio das Escrituras — e deixar clara a ligação entre eles. O elo acaba sendo a *missão*. O teodrama é essencialmente missional, a encenação de várias aproximações de Deus para o mundo; pois suas iniciativas comunicadoras são acima de tudo movimentos *missionários*. As Escrituras são apenas uma dessas iniciativas de comunicação: *o evangelho é uma declaração de missão — uma declaração das "missões" divinas do Filho e do Espírito*.[36] Essas missões prévias definem a missão da teologia.

As duas mãos de Deus

"Missão" é a melhor descrição do que Deus faz para estabelecer e manter sua aliança com Abraão. A *missio* é o modo de Deus cumprir sua *promissio*. As "missões" do Filho e do Espírito representam a tentativa de Deus de alcançar os filhos de Abraão em verdade e amor.[37] O Filho é a "missão" de Deus para o mundo, conforme se pode ver nas palavras do próprio Jesus: "Assim como tu me enviaste ao mundo..." (Jo 17.18). A missão de Jesus, pelo menos em parte, era transmitir a seus discípulos as palavras que o Pai lhe havia entregue (17.8). Como vimos, essa missão toma a forma de um julgamento: "Foi para isso que nasci e vim ao mundo, a fim de dar testemunho da verdade" (18.37).

A missão impulsiona a ação teodramática para a frente: "A missão de Cristo é usar sua vida para revelar o Pai. Ele é uma palavra que expressa o pensamento do Escritor, um Ator que coloca em ação a ideia do Dramaturgo e, portanto, uma ideia que nos mostra toda a mente do Escritor".[38] O Espírito, por sua vez, é enviado ao mundo a fim de dar testemunho do Filho (15.26) e unir outros a ele, dando-lhes participação na vida do Filho (7.38,39). Lucas-Atos apresenta a missão do Espírito levando o evangelho aos extremos limites da sociedade e até os confins da terra. A missão exclusiva do Espírito é ministrar a palavra, um ministério igualmente de revelação e reconciliação. O Espírito, assim, concretiza o plano do Pai e a obra do Filho: "A missão do Espírito é ser o amor que une e, através da união, transforma tudo o que ele une".[39]

Assim, a ideia de "envio" encontra-se bem no centro do pensamento cristão sobre o Deus trino e uno. É também o conteúdo do evangelho, pois é justamente

---

[36] Veja John M. Hitchen, "Evangelism and mission — What is the gospel?" *Scottish Bulletin of Evangelical Theology* 19 (2001): 4-30.

[37] Teólogos patrísticos perceberam corretamente que, se o Deus que se revela na história devesse corresponder a quem Deus é na eternidade, então as "missões" de Deus ao mundo deveriam corresponder às "processões" eternas dentro do ser de Deus. Assim, do fato de que o Filho é enviado ao mundo e historicamente gerado, eles derivaram a verdade de que o ser do Filho, em relação ao Pai, é "eternamente gerado". Da mesma forma, a partir do fato de que a missão de Deus ao mundo envolve ação comunicadora, podemos concluir que o ser eterno de Deus é um ser em ação comunicadora e relacionamento, ou seja, um ser em comunhão eterna.

[38] Francesca Murphy, *The comedy of revelation* (Edinburgh: T. & T. Clark, 2000), p. 338.

[39] Brian Gaybba, *The Spirit of love* (London: Geoffrey Chapman, 1987), p. 141.

por essa missão de duas mãos que Deus cumpre seu propósito salvador e edifica sua casa: "*Missio Dei* enuncia a boa notícia de que Deus é um Deus-para-as-pessoas".[40] A essência de todo o teodrama é missional. As entradas e saídas analisadas anteriormente são, de fato, "envios". O propósito de Deus a tudo rege; todo mundo está em uma missão ou outra. A principal missão do Filho é comunicar-se — seu Espírito, sua vida ressurreta — a outros e, assim, ampliar o círculo de comunhão trina e una para incluir a criação. *O evangelho comunica essa missão e em si mesmo é uma missão de comunicação*. A comunicação é principalmente uma partilha, um "tornar comum" ideias, desejos, poder e até a própria vida. O Pai envia o Filho a fim de compartilhar a sua verdade com os outros; o Pai envia o Espírito a fim de compartilhar com os outros o amor que ele tem pelo Filho. *Então, o objetivo das duas missões é comunhão e comunidade: uma participação na verdade e no amor — na própria vida — de Deus*. O plano abrangente — a *oikonomia* revelada em Cristo — é "fazer convergir em Cristo todas as coisas" (Ef 1.10).

A missão de duas mãos das Escrituras

Nossa revisão teodramática do princípio das Escrituras enfatiza o papel que as próprias Escrituras desempenham no drama da redenção. Em primeiro lugar, elas são uma *declaração* da missão. Ela descreve o que Deus está fazendo em Jesus Cristo. No entanto, as Escrituras não só relatam a ação, mas fazem parte dela. Como palavra definitiva sobre a nova aliança em Cristo, a Bíblia torna-se um ponto central do drama, visto que contribui para a realização dos propósitos de Deus para o mundo. Portanto, as Escrituras são uma coleção de declarações — e promessas, mandamentos, advertências e assim por diante — tudo nas respectivas missões.

O modelo emissor/receptor é bem conhecido em estudos da comunicação. De acordo com esse modelo, uma fonte (locutor ou autor) codifica uma mensagem com um signo linguístico (fala ou texto), que serve como canal de transmissão da mensagem (pelo espaço, ao longo do tempo) a um destino (ouvinte, leitor), que recebe a mensagem ao decodificar o sinal. De uma perspectiva teodramática, no entanto, o envio do Filho diz mais respeito à encenação do que à codificação. Pois a missão do Filho não é simplesmente transmitir informações (apesar de revelar o Pai ser um aspecto de sua obra), mas transmitir a promessa, a presença e o poder pessoais de Deus. Da mesma forma, as palavras da Bíblia não são apenas portadoras de informação, mas *meios de transformação*. Os gnósticos (e outros, desde então) erraram exatamente neste ponto, ao pensar que a salvação era uma questão apenas de conhecimento. Se fosse assim, a informação por si só poderia nos salvar. Mas as coisas não são assim. Por isso, o modelo de emissor/receptor oferece apenas um retrato abreviado do que acontece no ato comunicador; ele não explica as dimensões ilocucionária e perlocucionária da palavra de Deus.

Há, no entanto, algum sentido na comparação. As Escrituras, a exemplo do Filho, são enviadas em uma missão. Podemos até mesmo postular uma *analogia missio*

---

[40]David J. Bosch, *Transforming mission: paradigm shifts in theology of mission*, American Society of Missiology Series, n. 16 (Maryknoll: Orbis, 1991), p. 10.

(uma "analogia da missão") entre a encarnação do Filho e a escrituração dos textos bíblicos. A base da analogia é tríplice: (1) ambas são tipos de ação comunicadora trina e una — corporificada no caso de Jesus, verbalizada no caso das Escrituras; (2) ambas objetivam atrair comunicantes para a comunidade da nova aliança; (3) ambas são acompanhadas pelo Espírito e dele precisam a fim de completar as respectivas missões. A obra do Espírito é ser a presença capacitadora de Jesus Cristo, bem como a eficácia da palavra de Deus escrita. A missão do Espírito é agilizar a ação comunicadora e dirigi-la a seu destino apropriado: compreensão, resposta e comunhão. As Escrituras são "sagradas" não porque a Bíblia possua propriedades mágicas, mas por causa de seu agente comunicador supremo e de seu objetivo máximo de comunicação: levar-nos a Jesus Cristo e nos santificar na verdade.

Essa versão teodramática do princípio das Escrituras não deve ser confundida com a tendência mais antiga de tratar a Bíblia como um manual de informações reveladas, a sistematização do que leva a um conjunto de verdades doutrinais. As Escrituras são a norma da doutrina cristã, mas não apenas como fonte de dados inertes — mesmo que inerrantes. Em vez disso, a missão das Escrituras é servir como um roteiro que, quando seguido, nos conduz pelo caminho da verdade e da vida. "Tornar-se cristão é ser absorvido no drama do plano de Deus para a criação".[41]

A Bíblia é, portanto, o lócus da ação comunicadora contínua de Deus na igreja e no mundo. No final das contas, a missão das Escrituras é ministrar Cristo e edificar o corpo de Cristo. Isso é o que Deus está fazendo com suas palavras escritas: de diversas formas e por diversas vezes comunicando seu Filho ao mundo, dando descrições densas (canônicas) do que ele está dizendo e fazendo em Jesus Cristo para reconciliar o mundo consigo mesmo, edificando uma casa para si.

Teologia como missão

Para resumir: a *promissio* divina gera a *missio* divina do Filho e do Espírito. As Escrituras são igualmente "missionais", visto que estão envolvidas na ação comunicadora trina e una de Deus. Precisamos agora ampliar o campo da missão. Precisamos identificar a *commissio* especial dada aos ministros e membros do corpo de Cristo, a igreja. Cristo comissiona ministros por causa da *transmissio* do evangelho em palavra e ato. *A missão da igreja e, portanto, da teologia, é participar da missão conjunta da Palavra e do Espírito e a ela dar seguimento.*

Comissio

A igreja não envia a si mesma; pelo contrário, ela é designada, *comissionada*. Sua missão deriva de sua comissão anterior, da Grande Comissão que faz a conclusão do Evangelho de Mateus: "Portanto, ide, fazei discípulos de todas as nações" (Mt 28.19). Jesus diz a seus discípulos: "Assim como o Pai me enviou, também eu vos envio" (Jo 20.21). A "analogia da missão" estende-se, assim, àqueles que levam o

---

[41]Ellen Charry, *By the renewing of your minds* (Oxford: Oxford University Press, 1997), p. 36.

nome de Jesus. Este envia o Espírito como um dom para a igreja com o propósito específico de prepará-la para sua missão. Assim, à igreja foram dados o privilégio e a responsabilidade de participar da missão de Deus para o mundo: "A fé cristã [...] é inerentemente missionária".[42]

A *analogia missio* é mais que uma semelhança arbitrária ou superficial; é uma questão de a igreja *participar* real e ativamente das missões do Filho e do Espírito. Isso é o que significa a igreja ter um papel com ação e fala no teodrama. Sem dúvida, trata-se de um papel coadjuvante, mas não por isso menos vital. Missão é "a igreja toda levando o evangelho todo ao mundo todo".[43] Envolver-se na missão segundo o padrão da missão de Cristo não tem nada que ver com triunfalismo, mas tudo que ver com paixão: "a grande labuta na missão [...] gastar a própria vida por mais vida".[44]

O apóstolo Paulo se destaca como modelo de missionário cristão. Todo seu ministério exemplifica aquele esforço desgastante que a participação na missão de Cristo acaba exigindo. Isso fica muito nítido em suas epístolas da prisão. Em Colossenses 1.24,25, por exemplo, Paulo faz referência à sua participação nos sofrimentos de Cristo.[45] Ele está bem consciente de que foi comissionado por Cristo (Gl 1.15,16). Além disso, Paulo tem consciência da participação de Cristo em seu ministério (Rm 15.18) e reconhece o poder do Espírito na pregação da palavra (Rm 15.18,19).[46] Aqui também há uma *analogia missio*: o Espírito, o apóstolo Paulo e a igreja são todos ministros da palavra com a missão de transmitir o evangelho a outras pessoas. Cada uma dessas missões é um elemento análogo à missão do Filho: "A reconciliação do mundo com Deus, iniciada na cruz, está sendo continuada na igreja, e, particularmente, no estabelecimento da paz entre judeus e gentios".[47] A missão da igreja é participar, junto com o apóstolo Paulo e com a ajuda do Espírito, do ministério da reconciliação de Cristo.

A missão da igreja é tomar parte na missão trina e una. Podemos ir mais longe: a igreja é exatamente a forma atual da *missio Dei*. Pois a vida da igreja consiste em participar do mesmo amor que o Pai tem pelo Filho e demonstrá-lo, e da mesma obediência que o Filho presta ao Pai e também demonstrá-la. Novamente, o objetivo dessas respectivas missões — do Filho e do Espírito, das Escrituras, da igreja — é

---

[42]Bosch, *Transforming mission*, p. 8.

[43]Essa frase foi o tema do "Manifesto de Manila", de 1989, da Aliança Evangélica Mundial.

[44]Kwame Bediako, "World evangelization, institutional Evangelicalism and the future of the Christian world mission", in: Vinay Samuel; Albrecht Hauser, orgs., *Proclaiming Christ in Christ's way: studies in integral evangelism* (Oxford: Penguin Books, 1989), p. 56.

[45]Concordo com Caird que Paulo vê seus sofrimentos não como a conclusão da obra de expiação de Cristo, mas como o preço a pagar pela participação na missão do Filho, a qual, no fim das contas, como obra de amor, é também uma missão de serviço de sofrimento. Veja George B. Caird, *Paul's letters from prison*, New Clarendon Bible (Oxford: Oxford University Press, 1976), p. 183.

[46]Segundo C. G. Kruse, "Ministry", in: Gerald F. Hawthorne; Ralph C. Martin; Daniel G. Reid, orgs., *Dictionary of Paul and his letters* (Downers Grove: InterVarsity, 1993) [edição em português: *Dicionário de Paulo e suas cartas*, tradução de Barbara Theoto Lambert (São Paulo: Vida Nova/Paulus/Loyola, 2008)], p. 605-6.

[47]Caird, *Paul's letters from prison*, p. 183.

o compartilhar da vida trina e una: comunhão com Deus e uns com os outros. Em suma: o princípio operante da *analogia missio* é ação comunicadora; seu objetivo norteador é a criação de uma comunidade de verdade e amor.

Transmissio

Uma forma de a igreja participar da missão divina de duas mãos para o mundo é a evangelização. Evangelização é o processo de comunicar a essência do evangelho por meio de atos da palavra e palavras-feitos. A teologia contribui para a missio da igreja justamente preservando a integridade de sua transmissio do evangelho. A tarefa da teologia é proteger o evangelho, certificar-se de que o que é transmitido pelas palavras e obras da igreja são as boas notícias do que Deus fez em Cristo, e não alguma outra mensagem. A medida mais exata do entendimento da fé é a qualidade de nossa participação no teodrama, onde quer que estejamos.

Para semear o evangelho em novos campos, a teologia precisa entender não só as Escrituras, mas também o mundo no qual e para o qual a igreja dá testemunho. A teologia tem a incumbência de ajudar a igreja a adotar uma linguagem que comunique o evangelho e uma vida que possa corporificá-lo nos novos contextos.[48] Como vimos, comunicar o evangelho não é meramente uma questão de conteúdo propositivo (e.g., a verdade); mas também diz respeito à transmissão do caminho do Filho e da vida do Espírito. Disso advêm os dois modelos principais de concepção da tarefa da teologia.

Transmissão como tradução

Uma maneira de conceber a teologia recorre ao modelo de tradução, em que a ênfase está na preservação do conteúdo propositivo em diferentes línguas, culturas e formulações conceituais. Dessa perspectiva, a teologia é uma forma de hermenêutica textual. Como tal, ela tem de enfrentar diretamente o chamado dilema da interpretação bíblica: "Como podemos 'dizer algo novo' se parte de nosso projeto pode ser também, usando outras palavras, 'dizer a mesma coisa antiga'?".[49]

Uma teologia evangélica procura claramente corresponder às Escrituras como especificação normativa do evangelho. No entanto, a revisão teodramática do princípio das Escrituras nos lembra de que o que precisa ser traduzido não são apenas as informações, mas *uma variedade de atos comunicadores*. O envolvimento da teologia com as Escrituras não pode se dar ao luxo de permanecer em um nível puramente intelectual. Compreender as Escrituras envolve muito mais que sistematizar dados bíblicos e processar informações doutrinárias. Assim, na medida em que tradução serve como metáfora da teologia, precisa ficar entendido que o que passa de uma língua para outra não são simplesmente as informações, mas *padrões de ação comunicadora*. Uma boa tradução participa da ação comunicadora do original e lhe dá continuidade.

---

[48]Veja J. Andrew Kirk, *The mission of theology and theology as mission* (Valley Forge: Trinity Press International, 1997).

[49]Anthony Thiselton, in: Anthony Thiselton; Roger Lundin; Clarence Walhout, *The promise of hermeneutics* (Grand Rapids: Eerdmans, 1999), p. 135.

Transmissão como tradição

O segundo modelo para concepção da tarefa de transmissão da teologia apela à *tradição*. A tradição diz respeito ao ato de um grupo "passar adiante" ou "legar" (*traditio*) a outro. Essa é uma noção eminentemente bíblica. O apóstolo Paulo ordena a Timóteo que confie a outros o que aprendeu com o próprio apóstolo, e que essas pessoas sejam capazes de ensinar ainda a outras (2Tm 2.2). A tradição — esse passar adiante, que continua com a igreja e em grande parte a constitui — tem claramente um papel importante no drama da doutrina. No entanto, a *transmissio* do evangelho é secundária em relação à *missio* divina que impele o evangelho para a frente e à *promissio* que está em seu âmago. Ambas, tradução e tradição, uma enfatizando palavras e a outra, práticas, fazem parte da *analogia communicatio* (analogia da comunicação) da igreja, a saber, seu testemunho da ação comunicadora trina e una da qual as Escrituras são instrumento e padrão.

O teólogo deve manter uma vigilância especial sobre a *analogia communicatio*. Como veremos, a analogia não é garantida só por repetição mecânica da mesma forma de palavras. Não, a analogia entre a ação comunicadora divina e a ação comunicadora da igreja é uma analogia de feitos-palavras e palavras-feitos. Somente quando a fala e a ação da igreja são análogas à ação comunicadora divina ela participa da missão divina ao mundo. *A tarefa especial da teologia é preservar a integridade da ação comunicadora da igreja.*[50]

A igreja participa das ações comunicadoras de Jesus e lhes dá continuidade através da pregação da palavra e da administração dos sacramentos. O ministério da Palavra se estende além da pregação, mas a pregação capta o que é mais importante. Pregar é dirigir-se às pessoas em nome de Deus, um discurso "dirigido aos homens com a alegação e a expectativa definitivas de que ele tem a Palavra de Deus para lhes declarar".[51] Exatamente por isso é que a pregação deve ser uma exposição das Escrituras, a forma objetiva ou escrita da palavra de Deus. Sem dúvida, a autoridade suprema sobre a proclamação da igreja é Deus na ação comunicadora trina e una, e aqueles que proclamam a palavra não são capazes de coagir o Espírito a acompanhá-la de forma que atinja seu objetivo sem falhar. No entanto, somos responsáveis por preservar o máximo que pudermos da ação comunicadora nas Escrituras.

O ministério da Palavra envolve muito mais do que ideias. Graças a uma série de profetas pós-modernos, estamos mais cientes do que nunca do poder da linguagem para moldar o pensamento e a experiência humana. A linguagem cria um "mundo," isto é, um quadro cultural em que vivemos, nos movemos e processamos nossa experiência. *Pregação, ensino e evangelização são os meios pelos quais o evangelho se torna a estrutura todo-abrangente que nos permite pensar e experimentar a verdade, a bondade e a beleza à luz da história de Jesus Cristo.* O ministério da Palavra é mais do que comunicar algumas verdades; é a transmissão de todo um modo de pensar e sentir. Assim, a

---

[50] Um dos principais objetivos da terceira parte será especificar os critérios de "mesmidade" pelos quais medimos a fidelidade às Escrituras em nossa pregação e ensino.

[51] Barth, *Church dogmatics*, vol. I/1, p. 51.

pregação e o ensino devem ser "evangelísticos" no sentido de permitir que as pessoas se fixem no evangelho como a principal plataforma para tudo o que dizem e fazem.

A *analogia communicatio* nem sempre precisa ser verbal: "Na medida em que a liturgia como um todo desenvolve a narrativa que identifica Jesus, toda a liturgia é 'evangelho'".[52] Os sacramentos são *verba visibilia* (palavras visíveis), uma ótima expressão que sinaliza corretamente a continuidade entre palavras e atos, um dos temas principais deste capítulo. Os sacramentos do batismo e da ceia do Senhor representam as principais cenas do teodrama. Eles também são ações comunicadoras, não tanto atos de fala, e sim atos que falam, mas atos que comunicam algo do mesmo jeito. Este não é o lugar para uma discussão detalhada sobre o que os sacramentos comunicam. Agora o foco está dirigido para a forma como eles participam do teodrama. Os sacramentos, à semelhança da palavra falada, têm conteúdo propositivo (e.g., todos se referem à morte de Jesus), mas eles também exigem ser interpretados (corporificados, encenados) uma vez após outra.

Nada nos atrai mais ao padrão da ação comunicadora de Jesus do que o rito do batismo. O batismo marca nossa entrada na igreja, nossa regeneração e purificação do pecado (At 22.16). Acima de tudo, o batismo é a encenação de nossa solidariedade em relação à morte e ressurreição do próprio Jesus; no batismo, participamos sendo sepultados com Jesus (unidos na morte) e sendo levantados com ele (unidos na vida).[53]

Da mesma forma, participar do corpo e do sangue de Jesus nos atrai para dentro do teodrama. A Última Ceia é um ato comunicador complexo, cuja semelhança com a Páscoa mistura a história de Israel (olhando para trás, para o Êxodo, e para a frente, para o retorno do Exílio) com a história de Jesus (o cordeiro cuja morte resgataria não só Israel, mas todo o mundo). A ceia também aponta para o futuro banquete messiânico no céu — uma ação comunicadora realmente complexa! Tanto o batismo quanto a ceia do Senhor são "dramas duplos propositais",[54] cuja finalidade não é apenas transmitir informações, mas nos levar para dentro da ação. Aliás, o batismo e a ceia do Senhor são meios de graça justamente porque são capazes de nos atrair para o padrão da ação comunicadora do próprio Jesus.

O ministério da Palavra e dos sacramentos: cada um contribui à sua maneira com a *transmissio* do evangelho e, assim, com a missão da igreja. O mesmo devem fazer a doutrina e a teologia. Com esse pensamento, chegamos ao limiar da concepção dramática da natureza da doutrina. O objetivo deste capítulo foi retratar as Escrituras e a teologia da perspectiva de sua missão comum de participar das missões do Filho e do Espírito. No próximo capítulo, veremos que a doutrina, na sua melhor forma, leva-nos ainda mais para dentro da ação. Assim, o "drama da doutrina" nos apresenta a seguinte questão: Seguiremos a sã doutrina mais a fundo no teodrama ou os mitos habilmente inventados que nos afastam dele?

---

[52] Bruce D. Marshall, *Trinity and truth* (Cambridge: Cambridge University Press, 2000), p. 31.
[53] Veja Rm 6.1-10.
[54] Essa frase vem de N. T. Wright (*Jesus and the victory of God* [Minneapolis: Fortress, 1996], 2:554) e naquele contexto refere-se apenas à ceia do Senhor, embora eu ache que o argumento possa ser estendido ao batismo.

CAPÍTULO 3

A natureza da doutrina

Uma proposta dramática

O drama trabalha com *relacionamentos pessoais corporificados*, não com proposições abstratas. Ao passo que o poeta está preocupado com um projeto de palavras, o dramatista lida com projetos de vida.[1] O meio do drama é a *atuação*: pessoas fazendo coisas com suas palavras e com o corpo. O teodrama cristão, de forma semelhante, consiste em Deus fazer coisas: com palavras, com a Palavra e com o corpo da Palavra.

O capítulo anterior sugeriu que o trabalho do teólogo, como o das próprias Escrituras, se vê absorvido nas missões do Filho e do Espírito quando serve para nos atrair para o drama da redenção. Este capítulo expõe o que se segue a uma compreensão da natureza da doutrina a partir da tentativa de repensar o evangelho, o princípio das Escrituras e a tarefa da teologia em termos teodramáticos.[2] Ele afirma que a *doutrina dirige a igreja para participar corretamente do drama da redenção*, e o pressuposto é *que a participação correta é possível apenas se houver uma compreensão adequada do que de fato é o drama.*[3] O capítulo estipula ainda que, pelo fato de a igreja

[1]Para uma apresentação mais completa desses contrastes, consulte J. L. Styan, *The elements of drama* (Cambridge: Cambridge University Press), cap. 3.

[2]A primeira parte se concentra no evangelho como teodrama, mas apenas começa a aplicar a analogia do drama às Escrituras e à teologia. A segunda parte faz uma exposição mais completa de minha reformulação teodramática do princípio das Escrituras, e a terceira e quarta partes fazem o mesmo respectivamente por nossa compreensão de teologia e igreja.

[3]Richard Heyduck faz uma proposta semelhante em *The recovery of doctrine in the contemporary church: an essay in philosophical ecclesiology* (Waco: Baylor University Press, 2002), também em relação a uma crítica da teoria linguístico-cultural de Lindbeck. Três comentários sobre as diferenças entre nossas duas abordagens talvez sejam apropriados: (1) embora Heyduck use a categoria "drama", ele não dialoga com Balthasar nem quaisquer outras obras sobre teoria e crítica do drama; (2) Heyduck não lida com as Escrituras como roteiro da igreja, como faço aqui; (3) para Heyduck, "narrativa" é indiscutivelmente uma categoria mais importante que "drama", já que a doutrina "é essencialmente a expressão do entendimento de nossa vida na narrativa cristã" (p. 192). Também é importante ressaltar que Heyduck não parece conhecer minha obra anterior (Kevin J. Vanhoozer,

estar no meio do drama — o que já rotulamos como quarto ato — precisamos compreender corretamente tanto as Escrituras quanto a situação contemporânea para participar do teodrama. Assim, a doutrina dirige tanto no sentido indicativo quanto imperativo. Nosso entendimento do que fazer e dizer hoje baseia-se na compreensão do que já foi feito e dito nas Escrituras. O resultado líquido dessa teoria diretiva da doutrina é a integração dos interesses da teologia e da ética sem uma sucumbir à outra. Devemos esperar pelo menos um estilo de teologia que visa à sabedoria em vez do mero conhecimento, assim como o faz a abordagem canônico-linguística.

Dado o assunto teodramático da teologia — a missão trina e una ao mundo — não deve ser nenhuma surpresa que os primeiros esforços doutrinários oficiais tenham visado ao esclarecimento de quais são as principais *dramatis personae*. Esses primeiros esforços de esclarecimento resultaram em importantes declarações de fé. Portanto, qualquer proposta relativa à natureza da doutrina deve ser capaz de explicar as declarações doutrinárias reais formuladas nos primeiros concílios ecumênicos, tais como o Concílio de Niceia e o Concílio de Calcedônia. Assim, a primeira seção trata dessas declarações confessionais da perspectiva da noção dominante do teodrama. Qualquer descrição da natureza da doutrina também deve explicar sua relação com a Bíblia. É claro que a interpretação que se faz do envolvimento de Deus com a Bíblia também haverá de influenciar as decisões sobre a relação entre a Bíblia e a teologia. A principal afirmação a ser feita na segunda parte é que, em comparação com as alternativas propositiva, narrativa e expressivista, a concepção dramática da doutrina desenvolvida aqui tem mais capacidade de fazer justiça ao papel das Escrituras na economia trina e una.

O capítulo continua com o que é sem dúvida o núcleo do presente livro: uma nova proposta sobre a natureza da doutrina. *A doutrina parte de um roteiro digno de crédito e dirige os indivíduos e a igreja em uma participação adequada no drama da redenção.* Cada parte dessa tese exige cuidadosa descompactação e está sujeita a um desenvolvimento considerável. A ideia principal da exposição será demonstrar a natureza não reducionista da definição "diretiva" proposta: o drama da doutrina envolve tanto proposições quanto práticas, cada uma das quais tem direito ao epíteto "verdadeira".

CONHECER A DEUS VERDADEIRAMENTE: O QUE LONDRES E A BROADWAY TÊM A DIZER A JERUSALÉM

O que Londres e a Broadway, centros de dezenas de teatros e lugares sagrados para o público teatrófilo, têm em comum com Jerusalém, centro de mais de uma religião mundial e símbolo da fé? Os cristãos podem ser perdoados se, a respeito de Londres e da Broadway, eles disserem: "Conhecemos Atenas; mas vós, quem sois?" Nem Londres nem a Broadway são a cidade de Deus. Elas representam muito mais o drama e o palco. Assim, invocar Londres e a Broadway no mesmo fôlego com Jerusalém

---

"The voice and the actor", in: John G. Stackhouse, org., *Evangelical futures: a conversation on theological method* [Grand Rapids: Baker, 2000], p. 61-106, esp. p. 93) em que apresentei pela primeira vez a teoria diretiva da doutrina, apesar de publicada em 2000.

confirma que o tipo de entendimento que a teologia procura é *dramático* — o tipo que participa da ação.

Conhecendo a Deus e o teatro participativo

Embora a metáfora do teatro possa parecer privilegiar a observação passiva (ou o ouvir, que também é passivo) como modo de conhecer, estudos recentes em teoria do drama têm enfatizado um papel mais ativo para a plateia.[4] Portanto, o teatro é uma metáfora sutil, e até intrigante, de como podemos conhecer as coisas não simplesmente por observação e contemplação, mas vivendo-as e delas participando.[5] O teatro é uma figura adequada não só para uma contemplação passiva, mas para uma imaginação que vive ativamente em mundos que costumam não ser os nossos. Compreender textos escritos é em grande parte uma questão de viver ou habitar nos "mundos" que esses textos projetam. A compreensão textual muitas vezes não chega ao nível dessa "habitação". Michael Polanyi observa que a participação no ritual religioso, particularmente a adoração, é "o mais alto grau de habitação concebível".[6] O objetivo de viver ou habitar no mundo projetado pelos textos pode ser alcançado também pela teologia doutrinária.[7] Assim, com a expressão "drama da doutrina" queremos dizer que a igreja tanto é plateia quanto participa da ação. Conhecer a Deus é se alistar no teatro *participativo*.[8]

Três benefícios decorrem de imediato do processo de pensar sobre a doutrina e de conhecer a Deus de forma "teatral". Primeiro, o teodrama revigora nossa imaginação anêmica, enfraquecida pelas banalidades que nos são servidas pela cultura contemporânea. Mais de dois séculos de ciência moderna tornaram extremamente difícil ver o mundo como palco da ação divina. Pensadores ocidentais iluministas veem a realidade da perspectiva do drama da causalidade científica e do drama da biologia evolutiva, através dos "óculos da razão", por assim dizer, não através dos "óculos da fé", para usar a expressão de Calvino (*viz.*, as Escrituras). No entanto, esses modos de ver o mundo não merecem realmente o epíteto de "dramáticos", pois os óculos da razão não melhoram nossa visão, mas a *reduzem*, diluindo nosso senso de liberdade humana, matéria que, em última instância, compõe os dramas, e erradicando a liberdade divina, matéria da qual é composto o teodrama. A razão instrumental — modo de pensar a realidade preferido pela modernidade — resulta na atrofia da imaginação cultural e, finalmente, na perda de contato com a realidade última.

---

[4]Veja, por exemplo, Susan Bennet, *Theatre audiences: a theory of production and reception*, 2. ed. (London/New York: Routledge, 1997). Veja também, Edwin Wilson, *The theatre experience*, 3. ed. (New York: McGraw-Hill, 1985), p. 13-23.

[5]Curiosamente, as etimologias de *teatro* e *teoria* são semelhantes, e cada uma está relacionada a um termo grego que enfatiza "ver" ou "contemplar". Volto ao tema da vivência na segunda parte, em associação com o entendimento de gêneros literários como práticas sociais.

[6]Michael Polanyi, *Personal knowledge* (Chicago: University of Chicago Press, 1959), p. 198.

[7]Susan Wood faz praticamente a mesma coisa em relação à liturgia. Veja de sua autoria "The liturgy: participatory knowledge of God in the liturgy", in: James J. Buckley; David S. Yeago, orgs., *Knowing the triune God: the work of the Spirit in the practices of the church* (Grand Rapids: Eerdmans, 2001), p. 93-116.

[8]Volto ao tema da igreja como teatro participativo e interativo na quarta parte.

No entanto, a melhor literatura de fantasia não nos afasta do real, mas permite que o real venha habitá-la: "A peça é a coisa." Dorothy Sayers lamenta a quantidade de "pensamentos descuidados e sentimentos sem valor" que tem tomado o lugar do drama divino e chama a igreja a "encená-lo em um palco aberto para chocar o mundo, levando-o a algum tipo de reação intensa".[9] Não existe canteiro mais fértil para o imaginário social do que o teodrama do evangelho cristão. A teologia precisa de mais imaginação, não menos.[10]

Em segundo lugar, a metáfora teatral incentiva-nos a pensar em nossa vida diária como repleta de tensão e urgência. Algo de grande importância está em jogo nas nossas decisões do dia a dia. Seguir a direção do evangelho é participar de outro tipo de economia bem diferente daqueles que normalmente estruturam nossa vida comum. Essa é a força do prefixo *eu-* em *eucatástrofe* e *eucaristia*. Trata-se de um *eu-* escatológico e, assim, indica um bem de outra ordem. É um bem não só a ser proclamado, mas praticado; não só falado, mas feito. Saber como agir em situações novas e complexas de uma forma que corresponda ao evangelho exige sabedoria. Como veremos no devido tempo, também exige a capacidade de improvisar.[11]

Em terceiro lugar, a metáfora da direção teatral enriquece nossa avaliação do que está envolvido na autoridade bíblica (e em fazer teologia), fornecendo-nos um modelo complexo, porém concreto, para conceber a relação entre texto e interpretação: *atuação*. No contexto do teatro, interpretar um roteiro é *atuar*, e atuar é *interpretar*. A famosa competição entre Cícero e o ator Quinto Rócio sobre qual dos dois poderia retratar melhor certa emoção — um com palavras, o outro com gestos — se resolve no palco, unindo as duas coisas: "O gesto é a corporificação plástica da voz".[12] Uma atuação dramática realiza assim o que C. S. Lewis atribui ao mito, ou seja, a capacidade de integrar dois modos de conhecimento: o ver (teoria abstrata) e o sentir (experiência concreta). A metáfora da atuação também abre possibilidades criativas para repensar a relação entre as Escrituras e a tradição, possibilidades que serão desenvolvidas na segunda parte.

Conhecendo o Deus trino e uno no drama da redenção

Conhecer a Deus é uma forma de teatro participativo, e a doutrina é o que ajuda os atores. Conhecer a Deus significa participar não apenas de qualquer drama, mas do drama *certo* — aquele cujo clímax é Jesus Cristo —, e por isso a igreja passou da

---

[9]Dorothy Sayers, *Creed or chaos?* (New York: Harcourt, Brace and Co., 1949), p. 24.

[10]Não é preciso remontar à era medieval para documentar este ponto. Mais perto de nós, pode-se destacar a notável luta dos "Inklings" — um grupo de escritores ligados a C. S. Lewis — contra os estragos da razão instrumental em meados do século 20. Uma parte importante de minha argumentação nos capítulos seguintes será o fato de que existem modos adequados de raciocínio imaginativo bem como instrumental.

[11]A título de antecipação, a improvisação não tem relação alguma com ser "inteligente" ou "original", mas com aprender a agir "habitualmente de forma adequada às circunstâncias" (Samuel Wells, *Improvisation: the drama of Christian ethics* [Grand Rapids: Brazos, 2004], p. 65). No cap. 10 falo do papel da improvisação em teologia.

[12]Styan, *Elements of drama*, p. 105.

proclamação do evangelho à formulação das doutrinas da Trindade e da encarnação. Como vimos, o teodrama consiste nas missões do Filho e do Espírito. Então, a melhor maneira de garantir que não se está seguindo "outro evangelho" é identificar os principais atores do evangelho, isto é, as *dramatis personae* divinas. A doutrina da Trindade, por exemplo, resume a essência do testemunho apostólico central: "*não é possível voltar-se para o Deus de Israel sem ao mesmo tempo voltar-se para Jesus*".[13]

Conhecer Cristo também é uma questão de teatro participativo: conhecê-lo é conhecer "o poder da sua ressurreição" e "a participação nos seus sofrimentos" (Fp. 3.10). O Filho revela o Pai, restaura a imagem de Deus (e.g., a justiça) e reconstitui a nossa comunhão com Deus ao enviar seu Espírito a um "templo" atualizado. Conhecer a Deus como Salvador, então, é conhecer o Deus *trino e uno*. De fato, o drama *é as dramatis personae*: Pai, Filho e Espírito.[14] Não é que os atores humanos não desempenhem nenhum papel no drama; é que a ordenação, reconciliação e perfeição da criação são obra do Deus trino e uno, e a salvação, uma questão de participar da economia trina e una.

Se no final das contas a salvação é uma questão de comunhão na vida divina, então a corrente que liga os pecadores a Deus é tão forte quanto seu elo mais fraco. A coerência do teodrama depende de o Filho e o Espírito serem verdadeira e plenamente Deus. Cada uma das pessoas divinas da Trindade econômica está implicada de forma essencial na *promissio* fundamental e no seu cumprimento em Cristo. O Pai dá/envia o Filho para dar/enviar o Espírito, que por sua vez dá/equipa/envia mais ministros do evangelho, de modo que através da igreja o mundo inteiro possa retornar para Deus. A chave é a união com Cristo. Aqueles que desfrutam da união com Cristo através do dom do Espírito de Cristo desfrutam de união com Deus, o Pai, através do dom da vida e morte de Cristo. A integridade do teodrama depende, assim, da identidade divina de cada uma das principais *dramatis personae* — Pai, Filho e Espírito: "A afirmação de que *esse* Deus se identificou de forma tão radical com Jesus pode concordar com a confissão de Israel acerca da singularidade e da incomparabilidade de Deus *se e somente se* o relacionamento entre eles for *eterno*".[15] Longe de ser um desenvolvimento arbitrário, então, a doutrina da Trindade é uma inferência necessária da boa notícia de que a salvação se encontra na união com Cristo: "Cristo em nós" pressupõe "Deus em Cristo".

"Nenhum outro drama": *dramatis personae* heterodoxas

O que em última análise está por trás dos vigorosos protestos e anátemas da igreja contra a heresia é a percepção de que a integridade do evangelho depende da correta identificação das *dramatis personae* divinas. Pode-se distorcer o teodrama, quer por erro na identificação das *dramatis personae*, quer por falta de entendimento da

---

[13]David S. Yeago, "The New Testament and the Nicene Dogma", in: Stephen Fowl, org., *The theological interpretation of Scripture: classic and contemporary readings* (Oxford: Blackwell, 1997), p. 90.

[14]Cf. David Yeago: "O Espírito dá testemunho de Jesus como o *Filho* do Deus de Israel e do Deus de Israel como o *Pai* de Jesus e, ao fazê-lo, é indiretamente revelado como *o Espírito do Pai e do Filho*" ("The Bible", in: Buckley; Yeago, orgs., *Knowing the triune God*, p. 60).

[15]Yeago, "New Testament and Nicene Dogma", p. 92.

ação básica. Como exemplo deste último, vejamos a preocupação ao longo de várias epístolas paulinas com aqueles que tendem a apressar o fim do drama, dizendo que a ressurreição dos santos já aconteceu (2Tm 2.18), ou que vivem na ociosidade, pressupondo que a vinda de Cristo é iminente (2Ts 3.6-15). O termo técnico que descreve a ação de "apressar o fim" do teodrama é "escatologia ultrarrealizada"; tais erros tornam as pessoas incapazes de participar do teodrama como deveriam.

No entanto, a maioria dos erros na igreja antiga gira em torno dos *personagens* e não do enredo do teodrama, embora haja um sentido real de que, com Deus, personagem *é* enredo.[16] Concepções heréticas do teodrama tendem a começar com erros relativos à economia trina e una; a doutrina da Trindade responde tanto à questão de quem é Deus quanto à questão do que ele fez para salvar o mundo em Jesus Cristo. Já no Novo Testamento, há indícios de que alguns estavam questionando a identidade das *dramatis personae*. Na literatura joanina, por exemplo, existe uma polêmica contínua contra aqueles que negam que Cristo veio em "carne".[17] Negar a encarnação é negar uma das premissas do teodrama: "Deus conosco".

Não identificar as *dramatis personae* como o Deus trino e uno é, em última análise, destruir o teodrama. As consequências da recusa de Marcião de identificar o Deus de Israel como o Deus de Jesus Cristo, para dar apenas um exemplo gritante, são várias e graves. De acordo com Marcião, o Antigo Testamento e os Evangelhos estão em uma relação de contradição; a salvação que Cristo traz não tem vínculo com o plano de Deus para os filhos de Abraão; ele salva *da* criação, não restaura *a* criação. É difícil imaginar um entendimento mais equivocado do evangelho e de Deus. Deixando de identificar corretamente o Deus de Israel como Pai de Jesus Cristo, Marcião estava de fato dividindo um só teodrama em dois, cada um com seu "ator principal".[18]

Embora nenhum credo específico tenha surgido como resultado da má interpretação do teodrama por Marcião (alguns dizem que a resposta da igreja foi o próprio cânon), foi preciso um concílio ecumênico para lidar com o erro atribuído a Ário em torno da identidade do Filho.[19] Os arianos estavam dispostos a conceder grande honra ao Filho, mas um monoteísmo equivocado os impediu de reconhecer o Filho como Deus. Este não é o lugar para repetir os vários argumentos exegéticos. O ponto crucial é que, recusando-se a identificar o Filho como plenamente Deus, os arianos tornaram impossível afirmar que Jesus é "Deus conosco" ou "Deus por nós", e isso representou um desafio direto à mensagem do evangelho. O Filho precisa ser Deus para que, depois de ter assumido a humanidade, "a humanidade

---

[16]Isso ocorre porque as pessoas da Divindade são identificadas em grande parte por suas relações missionais e eternas (o Pai é quem envia e gera o Filho, o Filho é o que é enviado e gerado etc.).

[17]Veja, por exemplo, 1João 4.2,3; 2João 7.

[18]A confusão de Marcião sobre a identidade de Deus também gerou confusão sobre a identidade de Jesus Cristo, bem como sobre quais livros compõem as Escrituras cristãs. Veja Bradley Nassif, "Marcion", in: Trevor Hart, org., *The dictionary of historical theology* (Grand Rapids: Eerdmans, 2000), p. 350-2.

[19]Até que ponto Ário era de fato "ariano" é uma questão academicamente disputada; veja Rowan Williams, *Arius: heresy and tradition* (London: Darton, Longman and Todd, 1987).

pudesse ser feita divina".[20] O primeiro concílio ecumênico da igreja, em Niceia (325 d.C.), foi convocado com a finalidade de resolver a questão da identidade divina do Filho.

Os erros marcionita e ariano ilustram o perigo inerente a todas as heresias, a saber, *interpretar as dramatis personae divinas de modo tão equivocado que invalide a boa notícia do evangelho, a saber, que a vida com Deus é possível em Cristo por meio do Espírito*. O erro na identificação das pessoas divinas conduz a uma concepção errada da ação divina, que por sua vez bloqueia nossa capacidade de participar dessa ação. Heresias são perigosas porque são incapazes de proclamar o evangelho — "Deus em Cristo; Cristo em nós" — de forma coerente e não nos atraem para a ação salvífica do Deus trino e uno. Heresias nos mantêm longe do caminho, da verdade e da vida. Portanto, a igreja antiga estava certa em considerar a heresia nociva à saúde espiritual. Esses exemplos cautelares mostram que os dogmas da igreja antiga consistiam em grande parte na identificação das *dramatis personae* divinas. Os credos antigos, assim, dão suporte inicial ao presente projeto de descrever a doutrina da perspectiva teodramática.

AS NATUREZAS DA DOUTRINA: PROPOSIÇÕES, POEMAS E PRÁTICAS

Aqueles que veem a Bíblia como um livro de proposições factuais também tendem a ver as doutrinas como declarações de fato. Em contrapartida, os que veem a Bíblia como expressão da experiência religiosa tendem a ver as doutrinas como expressões centrais da experiência religiosa. Para que a doutrina seja "dramática", ela deve evitar as tentações tanto do objetivismo quanto do subjetivismo. Examinaremos essas duas formas de fazer teologia sob as categorias "classicismo épico" e "romantismo lírico", tipos que correspondem ao que Lindbeck chama de abordagens "propositivo-cognitiva" e "expressivista-experiencial", respectivamente.[21] Um número cada vez maior de teólogos contemporâneos, pós-modernos ou não, não têm se sentido à vontade em reduzir a linguagem da Bíblia e da teologia a proposições de afirmação de fatos ou a símbolos de expressão de sentimentos.

Novas descrições de como linguagem e literatura funcionam têm levado a uma renovada valorização do papel da narrativa e da retórica na formulação da doutrina. Tanto a teologia narrativa quanto a teologia retórica enfatizam a *intersubjetividade* e têm certas afinidades com a abordagem linguístico-cultural de Lindbeck. Vamos, portanto, examinar esses dois modelos antes de apresentar nossa alternativa diretiva. O objetivo deste levantamento das maneiras pelas quais a doutrina é considerada bíblica na teologia contemporânea não é declarar "vencedores" ou "perdedores", mas sim reunir o melhor desses modelos em uma abordagem mais integrativa. A classificação tríplice de Lindbeck sugere que os vários tipos de teologia correspondem basicamente à cabeça, coração ou mão (e.g., o cognitivo, o afetivo, o prático). No entanto,

---

[20]Atanásio, *De incarnatione* 54.
[21]George Lindbeck, *The nature of doctrine* (Philadelphia: Westminster, 1984), p. 16.

a convicção deste livro é que a doutrina ministra à pessoa toda, e não apenas a uma faculdade ou parte do corpo.²²

Antes de considerar essas diferentes abordagens da teologia, talvez seja apropriado apresentar uma palavra final sobre o uso que Balthasar faz da categoria "drama". Apesar de Balthasar empregar metáforas teatrais em suas discussões sobre a pessoa de Jesus Cristo e sobre soteriologia, *em nenhum lugar ele faz uma exposição da natureza da doutrina sob uma perspectiva do drama*.²³ Esse é o objetivo do presente livro. Contudo, a obra de Balthasar é um ponto de partida adequado para nossa discussão, não só porque ele reconhece corretamente a natureza dramática do conteúdo da teologia, mas também porque lida com a questão de como passar da linguagem representativa da Bíblia, que retrata Deus como um agente comunicador, para a linguagem mais conceitual dos teólogos.

Para seus propósitos, Balthasar se apropria da dialética de Hegel entre os estilos épico, lírico e dramático, que é o ponto alto em *Estética*, de autoria de Hegel, a fim de melhor apreciar a natureza distintiva do teodrama. De modo semelhante, a concepção "dramática" da natureza da doutrina a ser apresentada aqui é mais bem compreendida quando colocada em contraste com os estilos "épico" e "lírico". No presente contexto, "épico", "lírico" e "dramático" designam formas de apresentar e conceber o conteúdo material do evangelho. Como tais, "épico," "lírico" e "dramático" correspondem mais ou menos às categorias que Lindbeck chama de teologia propositivo-cognitiva, expressivista-experiencial e linguístico-cultural, respectivamente.

A doutrina épica

A filosofia da religião (ninguém se atreve a chamá-la de "teologia") de Hegel é o epítome da tentativa de tornar "representações" (*Vorstellung*) — a história de Jesus narrada nos Evangelhos — em conceitos (*Begriff*). Para Hegel, a tarefa da razão está incompleta enquanto o filósofo não traduz a realidade e suas diversas representações em um esquema conceitual coerente e abrangente. Hegel representa, assim, uma versão extrema — até mesmo patológica — da ambição sistematizadora do teólogo. Nas mãos de Hegel, os óculos históricos da fé são engolidos pelas especulações conceituais da razão. Sem dúvida, Hegel reconhece a alegação de verdade implícita na religião e no texto bíblico, mas esse reconhecimento cobra um alto preço: "a absorção total do 'figurado' no 'conceitual'".²⁴ O problema com a alegação de Hegel de ter alcançado conhecimento absoluto do verdadeiro significado do evento Cristo é a suposição de que ele alcançou, por meio da razão, um ponto de vista universal e

---

²²Veja George Hunsinger, *Disruptive grace: studies in the theology of Karl Barth* (Grand Rapids: Eerdmans, 2000), p. 11 e cap. 9.

²³Na verdade, J. B. Quash sugere que a abordagem do próprio Balthasar pode ser mais "épica" do que "dramática" em vista de sua tendência, como também de Hegel, de "equacionar as diferenças" e ver as coisas, em última análise, sob a ótica de resoluções ("'Between the brutally given, and the brutally, banally free'", *Modern Theology* 13 [1997]: 293-318).

²⁴Ricoeur, "Biblical hermeneutics", *Semeia* 4 (1975), p. 141.

absoluto. Mas conhecedores humanos não ficam de fora ou acima da ação, pois eles estão sempre completamente envolvidos com ela.

Estilo épico: o monólogo absoluto

A filosofia de Hegel tem um quê épico, pois ela descortina a história de um ponto de vista absoluto com uma solenidade estilística que dá aos eventos narrados uma aura de inevitabilidade. A épica fornece um relato detalhado de como as coisas são contadas da perspectiva de uma única "voz". A metafísica, tentativa de descrever a natureza da realidade última, talvez seja o exemplo mais claro de pensamento épico. É justamente a perspectiva épica que várias críticas pós-modernas têm questionado.[25]

Transposta para a teologia, a épica assume a forma de um sistema monológico que descortina sua história de uma perspectiva absoluta. Teologias sistemáticas assemelham-se à épica por parecerem escritas por narradores oniscientes e impessoais que não se situam em lugar específico algum. Muitas teologias, em seu zelo pela verdade universal, passam por cima da particularidade e diversidade das vozes bíblicas (e dos gêneros literários) que tendem a não se encaixar bem em um sistema escolhido. Isso é especialmente tentador para teólogos sistemáticos que, como Hegel, querem reformular representações bíblicas como conceitos teológicos. Pode-se praticamente traçar a história da teologia moderna da ótica da concorrência entre várias descrições "épicas", entre vários "-ismos" ou sistemas conceituais (e.g., o existencialismo, o teísmo do processo, o feminismo, o panenteísmo, o liberalismo) para designar a Deus.[26] É em grande parte graças à teologia da libertação e à teologia pós-moderna que passamos a valorizar o fato de que as teologias não são tão neutras, nem tão distantes da ação, como às vezes parecem. As coisas parecem diferentes do ponto de vista dos pobres.

O que torna épica a doutrina cristã não é seu apelo às Escrituras como tais, mas sua tentativa de fazer uma interpretação absoluta do testemunho bíblico — uma interpretação que, ainda que às ocultas, baseia-se necessariamente nas formas de pensamento e na perspectiva do intérprete. A voz épica na teologia, pressupondo a aplicabilidade universal do seu enfoque, encoraja a repetição acrítica. A épica provoca mais admiração do que ação. Ela não reconhece que novas situações podem exigir novas formulações. Há um custo pastoral também. A épica não tem muitas condições de evocar uma sensação de urgência em relação ao presente nem de despertar uma paixão pelo possível. Ela prefere recitar o passado. Mesmo uma épica inerrante é teologicamente inerte, a menos que seja encenada. E esse é o principal ponto fraco da teologia feita no estilo épico: não há lugar para o escatológico, para o já mas ainda não, para a contínua participação do leitor nos acontecimentos da narrativa. O principal

---

[25] A famosa descrição de Lyotard da condição pós-moderna como uma "incredulidade em relação a metanarrativas" inclui, penso eu, uma "incredulidade quanto à épica". Veja Jean-François Lyotard, *The postmodern condition: a report on knowledge* (Minneapolis: University of Minnesota Press, 1984).

[26] Assim David Tracy, *On naming the present: God, hermeneutics, and the church* (Maryknoll: Orbis, 1994), p. 41.

problema com a teologia épica, então, é que ela foge ao drama completamente e assume "uma perspectiva externa e de espectador em relação à peça concluída".[27]

Por que se dizem coisas horríveis sobre a teologia propositivo-cognitiva?

A semelhança estilística entre a épica e boa parcela da teologia moderna transcende a divisão conservador/liberal. Com as respectivas formas e os respectivos vocabulários, tanto Charles Hodge quanto Rudolf Bultmann produziram teologias igualmente épicas que se propõem a transmitir o ensinamento essencial da Bíblia para todos os tempos.[28] Os pontos fracos da teologia épica são visíveis na crítica de Lindbeck ao que ele chama de teologia "propositivo-cognitiva". Essa teologia é "cognitiva" em sua ênfase no vir a conhecer a verdade das realidades objetivas e "propositiva" em sua ênfase na linguagem como principal meio informativo portador da verdade. Os defensores dessa abordagem da teologia veem tanto a natureza da Bíblia quanto da doutrina como verbo-conceitual, embora só a Bíblia seja identificada como informação divinamente concedida.

O tratamento que Lindbeck dá à abordagem propositivo-cognitiva em *The nature of doctrine* [A natureza da doutrina] é notável por sua brevidade; o número de parágrafos dedicados ao exame desse modelo é menor que o número de séculos em que ele foi predominante. Aprendemos, no entanto, que as descrições propositivas da doutrina enfrentam três problemas: elas tornam difícil entender como doutrinas antigas podem se desenvolver; elas não convencem ao explicar como doutrinas antigas podem ser reinterpretadas para se adequar às novas circunstâncias; elas são claramente inúteis como facilitadoras do diálogo ecumênico.[29] O problema subjacente é a suposição de que as doutrinas são alegações de verdades extralinguísticas, e tal suposição torna difícil imaginar "a possibilidade de formulações da mesma doutrina nitidamente distintas".[30]

Até alguns teólogos Evangélicos, discípulos de Hodge, começaram a desconstruir a teologia propositiva remontando sua genealogia, em última análise, à filosofia secular do Iluminismo.[31] A essência da crítica consiste na alegação de que a teologia

---

[27]Nicholas M. Healy, *Church, world, and Christian life* (Cambridge: Cambridge University Press, 2000), p. 54.

[28]Vou restringir meus comentários ao tipo de teologia épica propositivo-cognitiva representada por Hodge. Bultmann é um tipo "misto". Por um lado, sua *Teologia do Novo Testamento* traduz sistematicamente representações bíblicas em categorias da filosofia existencialista. Nesse sentido, sua iniciativa é épica. Por outro lado, seu "sistema" aproveita o que é essencialmente uma interpretação não cognitiva da Bíblia e da fé cristã. Esse é o "lirismo" de Bultmann.

[29]Lindbeck, *Nature of doctrine*, p. 78.

[30]Ibid., p. 80. Lindbeck reconhece que seu próprio ponto de vista tem uma dimensão propositiva, embora a informação transmitida pela doutrina não seja metafísica nem histórica, mas *gramatical*: as doutrinas dizem como os cristãos devem falar sobre Deus, não como Deus é ou o que ele tem feito.

[31]Veja, por exemplo, Henry H. Knight III, *A future for truth: Evangelical theology in a postmodern world* (Nashville: Abingdon, 1997), esp. cap. 5. Incluídos entre os críticos evangélicos do propositivismo mencionado por Knight, estão Clark Pinnock, Donald Bloesch, William Abraham e Stanley Grenz.

propositiva, afirmando ser bíblica, é na verdade modernista em sua epistemologia, visto que aceita a redução do conhecimento à informação feita pela modernidade, e o mito moderno de que a racionalidade é universal.[32] Voltaremos ao papel das proposições na teologia no momento oportuno.[33] Aqui basta assinalar que a tendência de igualar proposições a enunciados leva a uma imagem reducionista da linguagem para a qual o único aspecto importante na comunicação são as informações transmitidas.[34] É como se toda a ação fosse drenada do ato comunicador. O pior aspecto da teologia propositiva é que ela é culpada de *desdramatizar* as Escrituras.

Um sintoma dessa desdramatização é a tendência propositiva de desconsiderar a linguagem figurada e a literatura. A exemplo de Hegel, os propositivistas tendem a reafirmar símbolos e metáforas da perspectiva de enunciados unívocos. O comentário de Hegel sobre a filosofia poderia muito bem servir como lema também para os teólogos propositivistas: "Cognição nada mais é que o desenvolvimento do conceito".[35] A suspeita de que "o poeta nada afirma" é, sem dúvida, comum entre os filósofos modernos. No início de sua carreira, Ludwig Wittgenstein defendia uma "teoria pictórica" do significado segundo a qual as palavras espelhavam coisas, e os enunciados espelhavam fatos. Mais tarde, ele reconheceu que a linguagem não apenas remete a estados de coisas ou os retrata e que, mesmo quando a linguagem de fato remete ao mundo, nem sempre o faz de maneira uniforme (pense, por exemplo, na diferença entre uma descrição científica e uma descrição poética de uma rosa vermelha). A teologia propositiva inevitavelmente sucumbe a uma ambição "épica" quando visa a produzir um sistema de verdades universais. A esse respeito é possível, com alguma justiça, dizer sobre obras como *Systematic theology* [Teologia sistemática], de Charles Hodge, o que Ricoeur disse sobre a filosofia de Hegel: "a maior tentativa e a maior tentação".[36] O que é *tentador* na teologia propositiva é a ideia de que se pode ser "proficiente" em teologia conhecendo o sistema de verdades comunicadas através da linguagem e da literatura da Bíblia. O que é tentador é o pensamento de que se pode embalar a Bíblia em um sistema conceitual mais organizado que o original. O que é tentador é a sugestão de que basta *conhecer* as informações assim embaladas. É justamente essa sensação de distanciamento, mais ainda do que a grandiosidade da visão sistematizadora, que faz a teologia propositiva parecer épica. Em última análise, porém, não se trata de uma visão grandiosa, mas sim estreita, pois isola as verdades

---

[32]Nem todas essas críticas são corretas. Evangélicos como Carl F. H. Henry baseiam sua confiança na razão não no que dizem filósofos iluministas, mas na compreensão da *imago Dei* e da obra santificadora do Espírito, que se contrapõem aos efeitos noéticos do pecado.

[33]Veja a discussão da teologia "pós-propositiva" na terceira parte.

[34]Carl F. H. Henry define proposição como "uma declaração verbal verdadeira ou falsa" (*God, revelation, and authority* [Waco: Word, 1979], 3:456). Então, parece que disso decorre que todo ato da fala ou é uma afirmação ou carece de um componente propositivo. Mas este certamente não é o caso.

[35]G. W. F. Hegel, *Lectures on the philosophy of religion*, organização de Peter Hodgson (London: University of California Press, 1988), p. 101.

[36]Paul Ricoeur, *The conflict of interpretations: essays in hermeneutics* (Evanston: Northwestern University Press, 1974), p. 312.

das Escrituras, e o teólogo, da mais ampla economia da salvação da qual as Escrituras e seus intérpretes fazem parte. A teologia propositivo-cognitiva corre o risco de desviar a doutrina de sua função própria de atrair-nos para o drama transformando-o em um conhecimento rígido e formalista que ou será ignorado ou, em outro cenário plausível, será usado como instrumento "xibolético" de poder.

Salvando a proposição

A descrição da doutrina como drama defendida na presente obra não busca nem enterrar nem elogiar a proposição, mas resgatá-la. *O objetivo é reabilitar a abordagem propositivo-cognitiva da teologia, expandindo o que queremos dizer com "cognitivo" e dramatizando o que entendemos por "proposição".*

O programa de reabilitação começa expondo a inadequação da frágil descrição de Lindbeck. Em primeiro lugar, sua descrição da doutrina na visão propositivo-cognitiva é bastante simplista. Ele diz que as doutrinas segundo esse ponto de vista são descrições objetivas e eternamente verdadeiras de Deus e de suas obras. Tais doutrinas são unívocas, há uma correspondência direta entre a formulação verbal e a realidade a que elas se referem. No entanto, muitos teólogos que acreditam que as doutrinas verdadeiramente referem-se a realidades têm consciência de que suas formulações, por mais adequadas que sejam, também são incompletas.[37] Disso não decorre necessariamente que as doutrinas, uma vez formuladas, sempre devem ser expressas com as mesmas palavras. Insinuar que devam é confundir frases com proposições.[38] Há diferença entre uma formulação "estática" e uma verdade "estável". A mesma verdade pode ser expressa (de modo incompleto) em uma variedade de formulações relativamente adequadas.[39] A descrição de Lindbeck tende a reduzir o cognitivo ao literal, ao que pode ser compreendido de forma clara e distinta. No entanto, nem toda cognição funciona assim. Muito do que a mente capta não é tão exato como números ou tão direto como nossas percepções ou tão simples como definições. Lindbeck negligencia a natureza propriamente cognitiva da linguagem não literal.[40] Metáforas, por exemplo, não são suscetíveis a paráfrases literais, não porque não sejam cognitivas, mas porque têm um *excedente* de cognição. Metáforas têm um significado relativamente determinado sem ser exaustivamente especificável.[41] A ideia que aqui se destaca é que figuras de linguagem e formas imaginativas de literatura são instrumentos cognitivos que permitem *um tipo de pensamento diferente* do histórico ou científico, mas um pensamento que nem por isso deixa de ser genuíno. De fato, a

---

[37] Segundo Alister E. McGrath, *The genesis of doctrine: a study in the foundation of doctrinal criticism* (Grand Rapids: Eerdmans, 1997), p. 17 [edição em português: *A gênese da doutrina: fundamentos da crítica doutrinária*, tradução de A. G. Mendes (São Paulo: Vida Nova, 2015)].

[38] Segundo Colin Gunton, *A brief theology of revelation* (Edinburgh: T. & T. Clark, 1995), p. 8.

[39] Eu analiso o contraste entre o "estático" e o "estável" na terceira parte, por meio de um contraste entre dois tipos de mesmidade ou identidade: *idem* e *ipse*.

[40] Segundo McGrath, *Genesis of doctrine*, p. 18.

[41] Veja um relato mais extenso dessa concepção de metáfora em Janet Soskice, *Metaphor and religious language* (Oxford: Clarendon, 1985).

abordagem canônico-linguística da teologia a ser desenvolvida nos próximos capítulos poderia muito bem ser chamada abordagem "comunicador-cognitiva" ou "poético--cognitiva", pois, como veremos, o cânon bíblico contém várias estratégias poéticas e comunicadoras, todas elas cognitivas.

A necessidade de um conteúdo propositivo decorre da própria natureza do evangelho: "o que ouvimos, o que vimos". O querigma apostólico tem conteúdo determinado. Dizer que as doutrinas devem ter conteúdo propositivo-cognitivo é simplesmente dizer que o testemunho apostólico refletido pelas doutrinas não é cognitiva e propositivamente vazio. A fé vem pelo ouvir não qualquer coisa, mas algo específico. O comentário de Anselmo sobre Romanos 10.17 cabe bem aqui: "A fé vem do que a mente apreende ou entende por meio da audição, não no sentido de que o entendimento da mente basta para produzir fé na pessoa, mas no sentido de que não é possível haver fé sem algum entendimento".[42]

Ainda assim, a crítica que Lindbeck faz da abordagem propositivo-cognitiva é útil por ser dirigida à sua ambição *épica*. A abordagem propositivo-cognitiva revista a ser desenvolvida aqui, de fato, emprega conceitos, mas não chega a lhes atribuir a qualidade de "épicos". Repetindo: no contexto da teologia, "épico" refere-se aos conceitos que formam sistemas absolutos ou "-ismos", esquemas conceituais, como o existencialismo, que muito facilmente fizeram cativo o pensamento teológico moderno. É claro que o propositivismo também é um "ismo". A teoria diretiva da doutrina faz uso de conceitos e proposições, mas evita o propositivismo.

Por que uma abordagem que recomenda o "drama" da doutrina teria interesse em conceitos e proposições? Afinal de contas, quem pode *faz*; quem não pode *pensa*. A única maneira de responder a essa objeção é definir nossos termos. O que é um conceito? Uma opinião comum trata conceitos como correlatos mentais de uma palavra e, assim, como uma espécie de ponte entre palavras e coisas. Daremos a isso o nome de teoria da "imagem mental" dos conceitos. Essa teoria pictórica pressupõe existirem três tipos de entidades que de alguma forma estão relacionadas: palavras, conceitos e coisas.[43]

Assim como a ação comunicadora explica melhor o que fazemos com a linguagem do que a teoria pictórica do significado, assim também um modelo de "ação conceitual" explica melhor o que fazemos com pensamentos. Conceitos são *atos do pensamento*. Para ser exato: *conceitos são hábitos mentais que ordenam a experiência humana segundo diferentes padrões*. O conceito de "Natal", por exemplo, engloba todas as coisas que uma pessoa associa com essa época festiva. O conceito de "Natal" não corresponde a um objeto no mundo, mas ao conjunto de associações que se formaram com base em nossa experiência daquele feriado. Para alguns, a encarnação de Jesus Cristo é o

---

[42]Anselmo, "On the harmony of the foreknowledge, the predestination, and the grace of God with free choice", cap. 6, in: Jasper Hopkins; Herbert Richardson, orgs., *Anselm of Canterbury: Trinity, incarnation, and redemption—theological treatises* (New York: Harper & Row, 1970), p. 181.

[43]Um problema difícil é saber se os conceitos realmente funcionam como pontes entre palavras e coisas: "Porque eu posso nunca estar ciente de uma casa do mundo real por meio de impressões sensoriais, exceto em meus pensamentos. Eu posso nunca sair de mim mesmo e examinar objetivamente uma casa real para com ela comparar meu conceito de casa" (Kathleen Callow, *Man and message: a guide to meaning-based text analysis* [Lanham: University Press of America, 1998], p. 52).

"núcleo" do conceito, a essência da celebração. Para outros, o conceito evoca algo mais secular: ações frenéticas de um mercado capitalista e a troca de bens de consumo. Será que disso resulta que o conceito de Natal é relativo? Não, pois a maioria das pessoas, pelo menos no hemisfério ocidental, tem uma base suficiente de experiências compartilhadas para entender como os outros lidam com o conceito.

Os atos do pensamento, à semelhança dos atos de fala (seus primos verbais), correspondem a certas formas de vida.[44] As associações mentais que um conceito evoca dependem dos hábitos do pensador em particular. Muçulmanos no Iraque, por exemplo, terão um conceito diferente de Natal em comparação com os batistas do sul do Alabama, nos Estados Unidos. Isso acontece porque os conceitos são construídos com base no mundo de nossas experiências e não em algum outro mundo fora do nosso. Conceitos têm contextos. Além disso, porque conceitos são construídos a partir de hábitos mentais que relacionam experiências e impressões de maneiras específicas, muitos deles terão uma grande quantidade de detalhes. O conceito "velocidade da luz" é exato; o conceito "minha infância" não é. Mesmo os conceitos cotidianos como "casa" não admitem uma única definição unívoca. "Casa" enquadra tudo, desde mansões, passando por casas populares até caixas de papelão, dependendo do que se associa habitualmente ao conceito.

Muitos ou até a maioria dos conceitos na Bíblia (e.g., pai, rei, salvação, pecado, imagem de Deus) são mais como "minha infância" ou "casa" do que "velocidade da luz". Eles têm fronteiras indefinidas; carecem de exatidão. Não são destituídos de sentido — longe disso! — mas também não são passíveis de definições inequívocas e unívocas. Embora alguns possam temer que tais conceitos nebulosos comuniquem menos, eles na verdade comunicam mais. A razão é que *conceitos não são imagens mentais de objetos desconexos, mas hábitos mentais que conectam entidades e experiências em relações significativas.* Um conceito é uma maneira habitual de experimentar e interpretar o mundo. Nós não pensamos sobre conceitos, mas *com* conceitos.[45]

Se conceitos são os átomos da comunicação, então proposições são as moléculas. A proposição é um agrupamento significativo de dois ou mais conceitos: "A proposição é a menor unidade em que os conceitos se relacionam".[46] É típico das proposições ter um sujeito ("a casa") e um predicado ("é verde"). Disso não decorre, porém, que toda proposição resulta em um enunciado ou declaração. É possível fazer muitas coisas com conceitos e proposições, assim como também com palavras. "A casa é verde?" tem conteúdo propositivo, mas não faz uma alegação de verdade. A proposição, então, é algo que um falante ou autor "propõe" para nossa consideração. *Uma proposição é um padrão de pensamento em que um falante ou autor entrelaça dois ou mais conceitos com algum propósito comunicador.* Cada ato da fala, mesmo a piada, tem conteúdo propositivo, mas nem todos os atos de fala efetua enunciados informativos.

---

[44]Aqui podemos falar, corrigindo Wittgenstein, de jogos do pensamento em vez de jogos da linguagem.
[45]Devo as ideias dos dois parágrafos anteriores à exposição de Kathleen Callow em *Man and message*, cap. 5.
[46]Callow, *Man and message*, p. 303.

O drama da doutrina preserva as melhores percepções da teologia propositivo-cognitiva. O evangelho *de fato* informa: "Ele ressuscitou". Sem esse núcleo propositivo, a igreja seria esvaziada de sua razão de ser, sobrando apenas os programas e refeições comunitárias. Negar um componente propositivo à teologia é na verdade "um ataque à noção de religião revelada".[47] Não se segue, no entanto, que a tarefa da teologia seja abstrair conteúdo propositivo dos usos concretos feitos por falantes e autores. A noção de que apenas afirmações são propositivas tem sido claramente inútil para os estudos de comunicação e teologia igualmente. Em suma: fora de seu papel como ingrediente na ação comunicadora, uma proposição não tem função comunicadora; ela foi *desdramatizada*.[48]

A doutrina lírica

Ao passo que a teologia épica não deixa espaço para que o teólogo participe hoje do assunto da teologia, a teologia lírica, típica dos séculos 19 e 20, vai para o extremo oposto, praticamente igualando o assunto da teologia à experiência religiosa do intérprete. Para Schleiermacher, por exemplo, a teologia é uma questão de exposição do conteúdo da consciência que se tem de Deus, e a doutrina é "uma exposição do sentimento religioso cristão apresentado no discurso". Nesse sentido, as doutrinas da criação, do pecado e da salvação são constituídas por exposições da consciência da absoluta dependência, da culpa e da graça, respectivamente.[49]

Lindbeck chama essa abordagem teológica de "expressivista-experiencial", e suas sérias críticas a ela representam um dos pontos altos de seu livro. De acordo com Lindbeck, as doutrinas na teologia lírica são "símbolos não informativos e não discursivos de sentimentos, posturas ou orientações existenciais".[50] Descrever a experiência com palavras não é tanto uma alegação de verdade, mas a satisfação da necessidade de autoexpressão. Hegel comenta que a lírica procura a "autoexpressão da vida subjetiva" e que "em vez de avançar para a ação, [a subjetividade] fica sozinha consigo mesma como introspecção".[51]

Na teologia lírica, a doutrina é a expressão criativa do teólogo que, a exemplo do poeta, procura tornar sua experiência comunicável. Sob essa perspectiva, as expressões líricas nas Escrituras são tão válidas ou dignas de crédito quanto as tentativas atuais de expressar a experiência religiosa. A questão premente de tais abordagens líricas da doutrina e da teologia é a seguinte: Será possível (e como) confiar de alguma

---

[47]Gunton, *Brief theology of revelation*, p. 7.
[48]Callow diz o mesmo estritamente como linguista. Em um contexto muito distante das discussões sobre teologia propositivo-cognitiva, ela observa que aqueles que tendem a separar proposições de suas funções comunicadoras também tendem a restringir proposições a simples afirmações (*Man and message*, p. 155).
[49]Veja Friedrich Schleiermacher, *The Christian faith*, in: H. R. Mackintosh; J. S. Stewart (Edinburgh: T. & T. Clark, 1928), p. 76-8.
[50]Lindbeck, *Nature of doctrine*, p. 16.
[51]G. W. F. Hegel, *Aesthetics: lectures on fine art* (Oxford: Oxford University Press, 1975), 2 vols., p. 1038.

forma que a Bíblia tem o poder de dar testemunho da realidade divina?[52] Temos de perguntar acerca dos teólogos líricos o que Scrooge perguntou sobre a aparição do fantasma de Marley: Como sabemos que as aparições pós-ressurreição de Jesus não foram igualmente geradas por um pedaço de carne (ou, no caso dos discípulos, peixe estragado)? Afinal, Bultmann defendia que os relatos da ressurreição eram simplesmente o jeito de os discípulos expressarem a fé no evento salvífico da cruz de Jesus. Tal resposta, no entanto, é pouco satisfatória, uma vez que não explica a questão da gênese da fé dos discípulos.

Se o relato da ressurreição de Jesus é "poético", obra da imaginação criativa apostólica, por que nos submetemos a ele? Por que não construir nossas próprias ficções criativas? Alguns teólogos pós-modernos prescrevem exatamente isso: "Cabe a nós reimaginar o cristianismo, reinventar a fé para nosso tempo".[53] Esses teólogos logo assemelham-se aos reis da mídia, mestres do faz de conta. Não devemos ser enganados por essas propostas, por mais que nos pareçam estar na moda. A teologia lírica, na medida em que seu labor teológico começa com a experiência religiosa própria, não reconhece a prévia palavra/ato do Deus trino e uno nem reage a ela. A teologia evangélica começa, porém, com a promessa divina, não com a experiência humana; com as missões divinas, não com um surto de criatividade humana.

A teologia lírica pode ser a manifestação contemporânea do que Lutero e Calvino conheceram e combateram como "entusiasmo", uma abordagem que toma como norma e referencial interpretativo algum aspecto da experiência humana ou uma invenção humana, menos as Escrituras.[54] Quando confrontados com passagens bíblicas que, por várias razões, são embaraçosas, muitos têm o hábito de apelar alternativamente para uma experiência do amor ou da justiça de Deus. O problema com a teologia lírica, mesmo nessa veia libertária, é que ela procura fazer a Bíblia corroborar a experiência humana, em vez de tentar conformar a experiência humana a uma palavra que a precede. Como veremos, tal reescrita criativa não tem relação alguma com a improvisação genuína, mas é apenas uma imitação barata da coisa legítima.

Não se pode ler teologia nem fora do cosmos (como na épica) nem fora da consciência (como na lírica). *Sola enthusia* não deve tornar-se o lema do teólogo cristão. Em última análise, sentimentos religiosos adequados dependem em parte de como é o mundo (e o evangelho). Pois a palavra de Deus não está localizada fundamentalmente em nossa experiência ou no mundo, mas na ação comunicadora que dá início à história da aliança e culmina em Jesus Cristo. Ao mesmo tempo, é

---

[52]Segundo Christopher Seitz, *Word without end: the Old Testament as abiding theological witness* (Grand Rapids: Eerdmans, 1998), p. 108.

[53]Don Cupitt, *The long-legged fly: a theology of language and desire* (London: SCM, 1987), p. 2.

[54]Segundo Yeago, "The Bible", p. 80 e n. 50. Elisabeth Schüssler Fiorenza declara, por exemplo, que "o único critério adequado para a teologia feminista são as próprias mulheres que lutam pela libertação, transcendência e individualidade em memória de sua herança. [...] Portanto, o lócus ou lugar da revelação divina [...] não é a Bíblia ou a tradição de uma igreja patriarcal, mas a *ekklesia* de mulheres" (citado em Anne Carr, "The new vision of feminist theology: method", in: Catherine LaCugna, org., *Freeing theology: the essentials in feminist perspective* [San Francisco: HarperSanFrancisco, 1993], p. 21).

importante não exagerar e colocar à margem a esfera dos afetos ou da imaginação. Kierkegaard representa um tônico saudável, tanto para o distanciamento impessoal da teologia épica quanto para o esteticismo da teologia lírica. Para Kierkegaard, a verdade não é algo para ser apenas afirmado ou apresentado como proposição, mas algo a ser apropriado pessoal e fervorosamente. A doutrina nos apresenta um desafio espiritual, um desafio a nos *tornarmos* cristãos e a *encenarmos* nossa fé: "Doutrinas são exposições que se propõem a ser concretizadas na existência humana".[55] O drama da doutrina engloba tanto proposições quanto paixões.

A doutrina como prática historiada

Enquanto a teologia épica e a teologia lírica veem as Escrituras respectivamente como informações objetivas e expressões subjetivas, os pós-liberais são mais inclinados a ver a Bíblia como uma forma de discurso, em grande parte narrativo, que regula o comportamento intersubjetivo e molda a identidade intersubjetiva.[56] Sob essa perspectiva, a doutrina é *uma regra para "prática historiada"*. Como tal, ela se aproxima mais da concepção dramática de doutrina defendida neste livro do que qualquer outro modelo único, embora, como veremos, ela acabe não preservando a autoridade bíblica.

Doutrina e narrativa: contar histórias

Uma "narrativa" é um relato falado ou escrito de eventos associados, geralmente apresentados na ordem em que ocorreram. Narrativas — histórias — não são apenas cronologias, mas *configurações* de personagens e eventos. A narrativa tem determinado tipo de unidade ou coerência graças a seu enredo; é o enredo que põe ordem naquilo que, de outra forma, seria uma diversidade confusa e arbitrária de ações e ocorrências.[57] Narrativas têm uma contribuição cognitiva toda própria; elas explicam o que Paul Ricoeur chama de "enredamento". Narrativas expõem pontos em forma de história que nem sempre podem ser parafraseados em declarações propositivas sem que algo se perca na tradução.[58]

Uma das vantagens de pensar da perspectiva da narrativa é que isso nos permite falar da unidade das Escrituras. Apesar da variedade de gêneros literários na

---

[55]McGrath, *Genesis of doctrine*, p. 79.

[56]Tal como acontece com muitos rótulos de movimentos complexos, "pós-liberal" é um pouco indefinido. George Hunsinger argumenta que a abordagem de Lindbeck é mais "neoliberal" do que "pós-liberal" em seu importante estudo "Postliberal theology", in: Kevin J. Vanhoozer, org., *The Cambridge companion to postmodern theology* (Cambridge: Cambridge University Press, 2003), p. 42-57. Note-se que Avery Dulles trata a teologia narrativa e a linguístico-cultural como um único tipo (Dulles, *Craft of theology: from symbol to system* [New York: Crossroad, 1992], p. 81-3.

[57]Veja, de minha autoria, *Biblical narrative in the philosophy of Paul Ricoeur* (Cambridge: Cambridge University Press, 1990), cap. 4: "Narrative: the 'substance' of things hoped for", p. 86-118.

[58]Veja uma defesa mais completa da narrativa em teologia, incluindo sua importância para a epistemologia, nos ensaios em Stanley Hauerwas; L. Gregory Jones, orgs., *Why narrative? Readings in narrative theology* (Grand Rapids: Eerdmans, 1989).

Bíblia — salmos, lei, parábolas, profecias e assim por diante —, a Bíblia conta uma história que abrange desde a Criação até a consumação. A segunda grande vantagem da narrativa é que ela é muito útil para expressão da identidade de uma pessoa. Quer humana, quer divina, a identidade de uma pessoa ganha nitidez não pela listagem de vários atributos ou traços de caráter, mas pela narração de coisas típicas praticadas pela pessoa: "Só a narração de toda a história comunica a verdade da pessoa".[59] Nenhuma outra história identifica corretamente Deus ou dá testemunho digno de crédito do que Deus estava fazendo em Cristo.

A força da exposição pós-liberal da doutrina deriva de seu uso da narrativa para a descrição da identidade de Jesus Cristo e, portanto, da "narrativa fundacional" para descrever a identidade da igreja.[60] Como vimos, o papel principal da doutrina é identificar as *dramatis personae* primárias, e a narrativa é particularmente adequada a isso. A igreja, também, ganha seu senso de identidade em grande parte por meio de seu compromisso com a história de Jesus, uma história ambientada na narrativa mais ampla do relacionamento de Deus com Israel. O cristão é aquele que conta a história bíblica "como a *sua* história, uma história em que ele se reconhece como participante".[61] A narrativa bíblica tem uma relação bem estreita com a doutrina cristã, mas tanto a doutrina quanto a narrativa fazem mais do que moldar a identidade. Qualquer exposição adequada da doutrina cristã deve levar em conta as quatro dimensões seguintes:[62]

1. A doutrina funciona como demarcador social.
2. A doutrina é gerada pela narrativa cristã e, então, a interpreta.
3. A doutrina interpreta a experiência.
4. A doutrina faz alegações de verdade.

À primeira vista, uma teologia que se ocupa principalmente da narrativa bíblica atende admiravelmente a cada um desses requisitos. Já tratamos do primeiro ponto em relação à formação da identidade da comunidade. Quanto ao segundo ponto, a doutrina "fornece a plataforma conceitual sobre a qual a narrativa bíblica é interpretada".[63] No entanto, *a verdadeira questão é de onde procede essa plataforma*

---

[59]Gerard Loughlin, "The basis and authority of doctrine", in: Colin Gunton, org., *The Cambridge companion to Christian doctrine* (Cambridge: Cambridge University Press, 1997), p. 53.

[60]Veja esp. Hans Frei, *The identity of Jesus Christ: the hermeneutical bases of dogmatic theology* (New Haven: Yale University Press, 1974).

[61]Nicholas Lash, "Ideology, metaphor, and analogy", in: Hauerwas; Jones, orgs., *Why narrative?*, p. 120.

[62]Segundo McGrath, *Genesis of doctrine*, cap. 3. Cf. a lista semelhante de William Abraham com as funções da doutrina: (1) expressar as convicções comunitárias que fornecem identidade comunitária para a igreja e a diferenciam de outras comunidades; (2) explicar essa identidade para pessoas de fora; (3) fornecer "mapas" que esclarecem onde estamos; (4) identificar o conteúdo do evangelho para proclamação (*Waking from doctrinal amnesia* [Nashville: Abingdon, 1996], p. 38).

[63]McGrath, *Genesis of doctrine*, p. 58-9.

conceitual. A plataforma teológica "deve ser discernida dentro da narrativa, em vez de lhe ser imposta".[64] Muito bem. A Bíblia, no entanto, contém mais que narrativa. Juntamente com relatos de atos poderosos de Deus encontram-se declarações mais generalizadas a respeito de Deus que podemos chamar de "confessionais".[65] Por exemplo, Êxodo 34.6,7 afirma, em vez de narrar, que Deus é "misericordioso e compassivo, tardio em irar-se e cheio de bondade e de fidelidade". As narrativas afirmam isso também, à sua própria maneira. A questão, porém, é que essas declarações generalizantes "fazem *alegações de verdade* sobre Deus e sobre a relação de Deus com o mundo. Essas declarações não podem ser reduzidas à forma de história".[66] Do mesmo modo, a mera repetição da história não é suficiente, em primeiro lugar, porque a repetição não expande nossa compreensão da história (e.g., por que Jesus teve de morrer?) e, em segundo lugar, porque a mera repetição não expande nossa compreensão de como a história tem ligação significativa com o mundo em que vivemos.

A narrativa cumpre facilmente o terceiro requisito, interpretar a experiência humana, fornecendo a história mais ampla através da qual "lemos" nossa vida. Quanto ao quarto ponto, no entanto, existem sérias dúvidas sobre a capacidade de a abordagem de Lindbeck fazer alegações de verdade sobre qualquer coisa "fora" do mundo intratextual das histórias das Escrituras.[67] O problema, como rapidamente apontam os críticos da teologia pós-liberal, é a natureza aparentemente autônoma do mundo do texto. Apenas descortinar o mundo das histórias da Bíblia ainda não é imergir em nosso mundo.[68]

Doutrina como retórica: uma função impactante

Lindbeck entende as doutrinas como regras gramaticais que regem o discurso da comunidade cristã sobre Deus. São regras para atuações *discursivas* corretas,

---

[64]Ibid., p. 59. Cf. o comentário de Hunsinger: "Conforme ressalta Hans Frei, para Barth, as doutrinas são simplesmente redescrições conceituais das narrativas" ("Introduction", em *Disruptive grace*, p. 9). Em outra parte, comparando Frei e Carl F. H. Henry, Hunsinger comenta: "Ao passo que Henry parece pensar que as narrativas, em última instância, ocupam-se das doutrinas, para Frei é justamente o contrário" ("What can evangelicals and postliberals learn from each other?", in: Dennis L. Ockholm; Timothy R. Phillips, orgs., *The nature of confession: evangelicals and postliberals in conversation* [Downers Grove: InterVarsity, 1996], p. 142).

[65]Segundo Terrence Fretheim, "The God who acts", *Theology Today* 54 (1997): 17.

[66]Ibid. Fretheim defende que tais declarações gerais fornecem "orientação intrabíblica" para interpretar as narrativas que recontam palavras e atos de Deus. Ao não atender a esses guias interpretativos intrabíblicos, ele acrescenta, alguns leitores contemporâneos da narrativa do Antigo Testamento, como Marcião antes deles, concluíram que certas histórias do Antigo Testamento apresentam Deus como mal, não confiável, falso, selvagem e mal-humorado. A questão é que uma simples abordagem narrativa acabará sempre opondo uma história a outra.

[67]Veja Alister McGrath, "An Evangelical evaluation of postliberalism", in: Ockholm; Phillips, orgs., *Nature of confession*, p. 35-9.

[68]Wells tem razão ao expressar preocupação com a tentação "gnóstica" de tratar a narrativa bíblica como "conhecimento secreto". "Conhecer" a narrativa intelectualmente não pode se tornar um substituto da participação ativa da igreja no teodrama (Wells, *Improvisation*, p. 45-6).

"proposições de segunda ordem, e não de primeira, [que] nada afirmam sobre a realidade extralinguística ou extra-humana".[69] De onde realmente saem essas regras gramaticais? Uma resposta possível é: "Da narrativa bíblica". À primeira vista, isso é o que Lindbeck parece dizer. Em um exame mais profundo, no entanto, fica claro que a fonte digna de crédito da doutrina cristã não é a história em si, *mas como a história é lida, ou melhor, como é "praticada" na comunidade cristã*. O modelo linguístico-cultural de Lindbeck revela certa instabilidade estrutural exatamente neste ponto, sem definir se o compromisso é com a história ou com a prática que supostamente a corporifica e encena. Uma série de outros nomes que fazem teologia "à moda de Lindbeck", no entanto, são inequívocos em sua insistência de que a fonte e o critério da doutrina não é o texto narrativo sozinho, mas a "prática historiada" do texto pela igreja.

Embora Lindbeck fale da narrativa bíblica a "absorver o mundo", ele também dá a entender que o texto, considerado fora do uso na igreja, é indeterminado, i.e., *sem sentido*. A história não pode *significar* por si só; ela ganha sentido somente quando corporificada às práticas concretas da igreja. Lindbeck faz uma distinção crucial entre a história e seu *uso*, distinção que deriva de uma aplicação equivocada da máxima de Wittgenstein de que "o sentido está no uso": "A *prática* dá sentido às palavras".[70] Com certeza, os dicionários definem termos apresentando um sumário de suas acepções ou usos mais comuns. Para entender uma palavra ou proposição, é preciso fazer mais do que decodificá-la; é preciso mergulhar na forma de vida na qual ela é normalmente usada.[71] No entanto, Lindbeck dá um passo decisivo que vai além da descrição de Wittgenstein, quando sugere que o sentido das *histórias* resulta do uso feito pela comunidade. Colocar em pé de igualdade o significado de uma narrativa e seu uso é fazer o sentido intratextual da história sucumbir à recepção por uma comunidade interpretativa. Lindbeck, em última análise, não consegue distinguir entre significado textual e hábitos de leitura.

A aplicação que Walter Brueggemann faz da abordagem linguístico-cultural de Lindbeck na teologia do Antigo Testamento é um bom exemplo dos problemas inerentes à identificação da autoridade do texto com as convenções de seu uso em uma comunidade interpretativa. Brueggemann vê a Bíblia como testemunho que Israel oferece de Yahweh — testemunho que pode ser exposto textual e intratextualmente. Todavia, ele também se ocupa das práticas — observação da lei, culto, sabedoria — que dão ao testemunho de Israel *corporificação concreta*.[72] O testemunho de Israel é retórico; seu objetivo não é corresponder ao que já está no mundo, mas influenciar o mundo de maneira significativa e, assim, criar um mundo "novo". Brueggemann,

---

[69] Lindbeck, *Nature of doctrine*, p. 80. Heyduck está preocupado com a tendência de Lindbeck de desestorização do evangelho. A gramática, por exemplo, é "uma categoria meio a-histórica, funcionando melhor como descrição de aspectos atuais" (*Recovery of doctrine*, p. 35).

[70] Ludwig Wittgenstein, *Culture and value*, organização de G. H. von Wright; Heikki Nyman, tradução para o inglês de Peter Winch (Chicago: University of Chicago Press, 1980), p. 85.

[71] O celebrado exemplo "Christus est dominus" de Lindbeck explora esse ponto.

[72] Walter Brueggemann, *Theology of the Old Testament: testimony, dispute, advocacy* (Minneapolis: Fortress, 1997) [edição em português: *Teologia do Antigo Testamento: testemunho, disputa e defesa*, tradução de Jonathan Luis Hack (São Paulo/Santo André: Paulus/Academia Cristã, 2014)], p. 568.

com um olho na situação pós-moderna, insiste neste ponto: "O discurso constitui a realidade, e quem Deus vem a ser em Israel depende da elocução dos israelitas ou, de forma derivada, da elocução do texto".[73]

Brueggemann e Lindbeck aparentemente partilham a convicção de que Deus é cognoscível para o crente apenas quando este participa das práticas retóricas da comunidade e assim aprende as regras gramaticais da linguagem teológica.[74] *O objetivo da abordagem linguístico-cultural de Lindbeck é iniciar e preservar as pessoas no conjunto das práticas linguísticas gramaticalmente corretas que estruturam a vida da igreja e moldam a identidade cristã.* Mas de quem são o testemunho e a retórica que valem: do texto ou da comunidade interpretativa? De onde vêm as regras doutrinárias do discurso correto?

Pela teoria reguladora de Lindbeck, a doutrina não dirige a comunidade, mas é dirigida por ela. A doutrina está em uma relação de segunda ordem não com as Escrituras, mas com o uso das Escrituras na igreja. O que parece importar mais na teologia linguístico-cultural é "socializar" pessoas em um conjunto de práticas comunitárias oficiais. Parece que nada ou quase nada impede que as regras gramaticais do discurso correto sobre Deus simplesmente reflitam as convenções culturais da igreja. A chamada abordagem pós-liberal de Lindbeck encontra-se aqui com um aliado surpreendente: o arquiliberal Friedrich Schleiermacher. Enquanto para Schleiermacher as doutrinas são sentimentos religiosos manifestados no discurso, para Lindbeck as doutrinas são expressões do significado e da lógica das práticas cristãs habituais. No entanto, observe-se que, em ambos os casos, a doutrina não é derivada nem controlada a partir da revelação divina, mas a partir da existência cristã — da subjetividade no caso de Schleiermacher e da intersubjetividade no modelo de Lindbeck. Talvez por isso um crítico observe que a abordagem linguística de Lindbeck pode "muito facilmente ser classificada como uma forma de expressivismo coletivo".[75] *A ênfase de Lindbeck em permitir que a narrativa bíblica faça sentido por si mesma é ofuscada por sua ênfase ainda maior na ideia de que só a prática da igreja dá sentido ao texto.*[76]

A igreja e sua prática retórica dinamizada pelo Espírito

O que está em jogo nessa discussão é o lócus da ação comunicadora do Deus trino e uno e, portanto, o lócus da autoridade religiosa. Do ponto de vista linguístico-cultural, o propósito retórico do testemunho narrativo não é fazer alegações de verdade, mas regulamentar a linguagem e a vida da igreja e, assim, moldar sua identidade. No entanto, o fluxo de informações e energia não é unidirecional apenas, do texto para a comunidade: "As narrativas cristãs do Deus trino e uno moldam as práticas concretas

---

[73]Ibid., p. 65.

[74]Brueggemann deixa claro que está tentando seguir a abordagem pós-liberal traçada por Lindbeck (*Teology of the Old Testament*, p. 86, 574), mas vai mais longe que Lindbeck em uma direção construtivista: "O ambiente de Yahweh está nessas práticas" (p. 576).

[75]Heyduck, *Recovery of doctrine*, p. 38.

[76]Uma interpretação mais generosa dessa ideia seria dizer que as práticas eclesiais são a "forma de vida" a que o "jogo da linguagem" das Escrituras corresponde. Simpatizo bastante com essa tese, embora o desafio seja relacionar essa forma de vida com a economia da ação comunicadora divina.

da igreja e por elas são moldadas".⁷⁷ Versões mais radicais dessa concepção retórico-pragmática defendem que a função da doutrina cristã é a construção de um mundo linguístico-cultural — chame-se a isso enfoque "social construtivista" da doutrina cristã.⁷⁸ A doutrina da Trindade, por essa visão, não é tanto uma questão do significado de certas proposições, mas "de examinar a forma como as pessoas são motivadas a agir quando creem (ou alegam crer) em certas coisas".⁷⁹ O papel da Bíblia também é retórico: motivar a comunidade dos que creem a agir de determinadas maneiras.

Para que a teologia seja mais do que etnologia — a descrição sociológica das práticas típicas da igreja —, devemos relacionar a doutrina especificamente às práticas que fazem parte da economia da ação comunicadora do Deus trino e uno. É justamente isso que um grupo de teólogos, todos ligados ao Center for Evangelical and Catholic Theology [Centro de Teologia Evangélica e Católica], propôs recentemente: "conhecer o Deus trino e uno é ato inseparável da participação em determinada comunidade e suas práticas".⁸⁰ Isso se deve ao fato de que o conhecimento de Deus "não pode ser alcançado ou compartilhado em isolamento da rede de práticas concretas na qual tem origem e vive".⁸¹ Conhecemos a Deus em práticas eclesiais específicas, e a tarefa da doutrina é *regulamentar* essas práticas. O significado da doutrina cristã, portanto, depende da vida concreta da comunidade cristã.

O que torna essa última proposta tão interessante não é só sua afinidade com certas ênfases pós-modernas (e.g., comunidade), mas sua alegação nitidamente teológica de que a forma de vida da igreja — a soma de suas práticas distintivas — é obra do Espírito Santo.⁸² Isso compensa o "déficit pneumatológico" que se percebe no argumento de Lindbeck.⁸³ Reinhard Hütter propõe uma virada com os elementos da cultura e do *pathos*, segundo a qual as práticas da igreja são vistas não como construções "poéticas" derivadas da criatividade humana, mas como obras do Espírito Santo. Práticas da igreja contêm elementos do *pathos*, no sentido de que os membros da

---

⁷⁷David Cunningham, "The Trinity", in: Vanhoozer, org., *Cambridge companion to postmodern theology*, p. 200. Lembro-me aqui do chamado realismo interno de Hilary Putnam, para o qual "a mente e o mundo em conjunto engendram a mente e o mundo" (*Reason, truth and history* [Cambridge: Cambridge University Press, 1981], xi).

⁷⁸Serene Jones observa que é possível estudar teólogos específicos, tais como Calvino, fazendo avaliações críticas dos mundos linguístico-culturais — os padrões de ação social, a política — movidas e engendradas pelas doutrinas deles (*Calvin and the rhetoric of piety* [Louisville: Westminster John Knox Press, 1995], p. 206). Mesmo que essas descrições sejam convincentes, no entanto, ainda é preciso enfrentar a questão da verdade, ou seja, em que medida essas doutrinas se referem ou se relacionam a algo *além* da prática da comunidade deles.

⁷⁹Cunningham, "The Trinity", p. 195.

⁸⁰Buckley; Yeago, orgs., *Knowing the triune God*, p. 1. O centro foi fundado por Carl Braaten e Robert Jenson e publica *Pro Ecclesia: a Journal of Catholic and Evangelical Theology*. Um dos grupos do centro, o chamado Projeto de Dogmática, já publicou um tipo de manifesto.

⁸¹Ibid., p. 9.

⁸²Voltaremos a essa questão quando considerarmos a relação das Escrituras com a tradição, na segunda parte.

⁸³Segundo Reinhard Hütter, *Suffering divine things: theology as church practice* (Grand Rapids: Eerdmans, 2000), p. 26.

igreja são menos agentes e mais pacientes que "suportam" ou "sofrem" (*pathos*) a obra do Espírito. Curiosamente, *pathos* é o termo que os retóricos usam para descrever os efeitos do discurso persuasivo. As práticas da igreja são os efeitos "retóricos" da obra do Espírito Santo. É justamente porque ela reconhece a importância de participar da missão do Espírito que devemos prestar atenção a essa variação pneumatológica sobre um tema linguístico-cultural.

A prática "falada" da igreja: a doutrina e os atos de fala divinos

A noção de igreja como "prática dinamizada pelo Espírito" de fato representa uma melhoria teológica do modelo linguístico-cultural de Lindbeck, pois responde à pergunta "Por que considerar normativa a prática *desta* comunidade?" apelando ao papel do Espírito Santo. No entanto, ainda não está claro se, ou como, a narrativa do evangelho dirige a prática eclesial. Declare-se o problema central: Como pode o texto bíblico exercer autoridade *sobre* a igreja se seu significado depende de seu uso *na* igreja e *pela* igreja? Ou melhor: A quem pertence o uso da linguagem bíblica considerado normativo para a doutrina cristã? Ao texto? À comunidade interpretativa? Ao Espírito? Lindbeck e Hütter privilegiam respectivamente as dimensões eclesial e pneumatológica. Embora não despreze de forma alguma essas contribuições, o modelo canônico-linguístico atribui primazia às Escrituras como uma espécie de discurso divino. Com Lindbeck, podemos dizer que as Escrituras fazem sentido em seus próprios termos;[84] com Hütter, devemos dizer que a base da autoridade doutrinária tem de ser a obra do Espírito. O caminho a seguir, creio eu, é ver as próprias Escrituras como "práticas dinamizadas pelo Espírito".[85]

Talvez a maneira mais fácil de contrapor uma concepção de doutrina como drama à sua equivalente narrativo-retórica é dizer que, na visão dramática, a fala principal é de *Deus*. É a retórica *divina* que constrói um mundo, mas apenas pelo Espírito que ministra as palavras do texto bíblico. Em suma, é o uso que *Deus* faz da linguagem que deve ser reconhecido como fonte e norma da doutrina cristã.

Ambos, Brueggemann e Lindbeck, mostram muita reserva em falar de Deus como uma realidade, isto é, como um ser pessoal que fica acima e distante das práticas historiadas que compõem a comunidade da fé. Brueggemann, por exemplo, afirma: "A realidade de Yahweh depende do argumento convincente apresentado com regularidade pelas testemunhas".[86] Sendo mais específico, são as práticas retóricas de Israel que "geram" e até "constituem" a realidade de Yahweh: "Yahweh não é qualquer ideia universal que flutua ao redor e acima de Israel. Yahweh é uma prática concreta na vida corporificada de Israel".[87] Brueggemann está ciente de que sua abordagem "Yahweh-sem-ser" parece comprometer o realismo teológico; não fica claro se Deus realmente "é" fora da prática retórica de Israel. Muitas vezes se levanta uma preocupação semelhante em relação à abordagem linguístico-cultural de Lindbeck.

---

[84]Como sugeri neste capítulo, Lindbeck prega a intratextualidade, mas na realidade não a pratica.
[85]Na segunda parte, dedico um capítulo a essa noção.
[86]Brueggemann, *Theology of the Old Testament*, p. 575.
[87]Ibid., p. 701.

Brueggemann está parcialmente certo: não podemos ficar "atrás" do discurso bíblico, quanto à história ou à ontologia, por exemplo, para "verificar" se o que o texto diz corresponde à maneira que Deus é fora do texto. Onde ele erra, e talvez Lindbeck também, é no tratamento do texto bíblico como simples testemunho humano. Felizmente, não precisamos escolher entre Deus como ideia abstrata e Deus como padrão de prática cultural. Uma concepção alternativa, elaborada a partir da análise teodramática anterior do evangelho, vê Deus como agente comunicador. A fala e a ação do Deus trino e uno geram as práticas de Israel (e da igreja), não o inverso. *Além disso, o próprio Deus é membro da comunidade linguística que inclui Israel e a igreja.*[88] Isso não equivale a dizer que Deus é um "objeto" em nosso mundo; Deus não é um ser que pode ser abarcado por espaço e tempo. Mas isso não significa que Deus não pode exercer agência discursiva. Quando Deus fala, ele está presente como aquele que transcende a ordem do mundo (ontologicamente distinto em relação a ela).[89]

A categoria da retórica é realmente útil, sobretudo no desenvolvimento da noção de Deus como agente comunicador. E a retórica de Deus vai além da simples revelação de proposições verdadeiras. Calvino observa corretamente que o objetivo do Grande Retórico não é só informar, mas convencer, obter uma resposta adequada às promessas, às advertências, aos mandamentos, e assim por diante, que juntos compõem a aliança com Israel e a nova aliança de Jesus Cristo. A doutrina será realmente "inútil", a menos que sirva ao propósito da espiritualidade e da prática cristã.[90]

A DOUTRINA COMO DIREÇÃO TEODRAMÁTICA

Se o conteúdo da teologia molda o método teológico, então o que se segue quanto à natureza da doutrina é uma definição tão dramática quanto o evangelho por ela servido e refletido. Em última análise, apenas uma concepção dramática da natureza da doutrina corresponde à natureza teodramática da Palavra que se fez carne e à natureza das Escrituras como ação comunicadora divina. Ao mesmo tempo, essa concepção dramática não é tanto uma rejeição quanto uma integração das propostas que acabamos de examinar, pela simples razão de que o que a doutrina comunica — seu "significado" — envolve a pessoa por completo: cognição, afeto e volição.

A superioridade da interpretação dramática

O drama combina a subjetividade interior da lírica com a objetividade externa da épica.[91] Para Hegel, o objetivo dessa integração dramática é o sujeito que age, que se torna "espírito" no mundo por meio de atos de liberdade. A pessoa de carne e osso é

---

[88]Devo esse pensamento a Brad Kallenberg, "Unstuck from Yale: theological method after Lindbeck", *Scottish Journal of Theology* 50 (1997): 191-218.

[89]Cf. Thomas Weinandy: "Creio que o principal, central e supremo mistério da revelação bíblica é que Deus é capaz de estar presente e ativo como o Totalmente Outro, e está presente e ativo só porque ele é o Totalmente Outro" (*Does God suffer?* [Notre Dame: University of Notre Dame, 2000], p. 53).

[90]Veja Jones, *Calvin and the rhetoric of piety*, p. 187-99. Deve-se notar, entretanto, que o próprio Calvino acredita que o decisivo não é o estilo, mas o conteúdo das Escrituras. Veja *Institutes* 1.8.1-2.

[91]Balthasar segue Hegel ao considerar o drama o ápice dos vários tipos poéticos que ele analisa em sua *Estética*.

a expressão material de uma ideia. Ou, da perspectiva da presente discussão: a agência comunicadora integra a subjetividade (sentimentos, pensamentos) dos agentes com a objetividade de suas ações externas. A vida do apóstolo Paulo, por exemplo, expressa a ideia de cristianismo. A forma geral da vida de Paulo faz parte de sua ação comunicadora tanto quanto o conteúdo de suas cartas. Seu próprio ministério é uma "carta de recomendação" em favor da economia trina e una do evangelho (2Co 3.2,3). Embora o apóstolo coloque acertadamente a ação de Deus no centro de seu testemunho, seus próprios atos se tornam parte de sua apresentação da mensagem do evangelho. A prática de Paulo — tudo o que ele diz e faz, sua própria *persona*, poderíamos dizer — transmite sua paixão pela proposição do evangelho.

A verdade dramática, da mesma forma, não é simplesmente declarada, mas mostrada, julgada e comprovada. A própria Bíblia sugere que a verdade é histórica na medida em que é revelada ao longo do tempo. Por exemplo, o próprio Deus é fiel porque ele mantém sua palavra. O drama preserva, assim, a dimensão cognitiva, de veracidade, embora sua exposição da verdade na linguagem das ações seja mais rica do que a linguagem meramente propositiva. O drama também preserva a ênfase narrativa na história ou ação unificada ao mesmo tempo que integra melhor os participantes na peça — atores e público —, como Mortimer Adler observa em seu famoso livro *How to read a book*: "Quando você lê uma peça, não está lendo uma obra *completa*. A peça completa (a obra que o autor pretendia que você apreendesse) é apreendida somente quando encenada em um palco. À semelhança da música, que deve ser ouvida, uma peça carece da dimensão física quando a lemos em um livro. O leitor deve suprir a falta dessa dimensão".[92] *O drama, portanto, oferece uma perspectiva integradora dentro da qual se relacionam proposições, experiência e narrativa.*

Cada um dos componentes acima merece estar presente em uma exposição da doutrina, mas tudo depende de sua ordenação correta e do padrão de autoridade no qual eles se encaixam. O que vem primeiro — aquilo a que a doutrina está principalmente subordinada — é a ação comunicadora trina e una. No princípio era a palavra — a *promissio*, um ato comunicador —, não proposições, experiências religiosas ou práticas comunitárias. Tendo em vista que as Escrituras foram integradas à economia da ação comunicadora trina e una, elas têm significado *antes* de serem usadas pela comunidade interpretativa ou incorporadas à vida da igreja. Ao mesmo tempo, as Escrituras são incompletas no sentido de que, como roteiro digno de crédito, demandam apropriação pela comunidade dos que creem — ou seja, precisam ser *encenadas*.

Em seu ensaio seminal "Performing the Scriptures" [Encenando as Escrituras], Nicholas Lash argumenta que, "para diferentes tipos de textos, diferentes tipos de atividade contam como forma fundamental de sua interpretação".[93] Pode-se pensar em peças de Shakespeare, nas sonatas de Beethoven, ou mesmo em instruções para a montagem de estantes. Cada um desses textos deverá servir de guia para atividades humanas específicas. Como vimos, o conteúdo da Bíblia consiste em grande parte

---

[92] Mortimer Adler, *How to read a Book*, ed. rev. (New York: Touchstone, 1972), p. 223 [edição em português: *A arte de ler*, tradução de José Laurenio de Melo (Rio de Janeiro: Agir, 1974)].

[93] Nicholas Lash, *Theology on the way to Emmaus* (London: SCM, 1986), p. 40.

de padrões de ação, humana e divina. Como parte dessa economia, as Escrituras têm como objetivo atrair as pessoas para a ação. De fato, a interpretação bíblica é incompleta, a menos que resulte em encenação.

Desde então, outros têm desenvolvido a metáfora de Lash acerca da encenação como guia para combater a tendência na interpretação do Novo Testamento de pensar que a tarefa do exegeta é a do historiador, ou seja, descobrir o que realmente aconteceu.[94] Mas a realidade para a qual o texto aponta não pode ser descoberta apenas pela escavação do passado, pois a realidade do evangelho é escatológica, e o "acesso a essa realidade vem por meio de um fiel 'seguimento', um seguir mediado pelo texto encenado na vida da igreja a serviço do mundo".[95] Pensar na interpretação e na doutrina bíblica em termos dramáticos é ir além da crítica histórica e literária "porque o horizonte de sentido *não se restringe ao passado nem ao texto como texto*".[96]

A resposta teológica apropriada ao evangelho teodramático deve ser igualmente dramática: um dizer/fazer que demonstra a compreensão que se tem do que Deus fez em Jesus Cristo. A fé não busca nada menos do que um entendimento *de encenação*. As Escrituras são o roteiro no qual e através do qual o Espírito guia o povo de Deus à verdade, i.e., às verdadeiras formas de viver. No entanto, para que a teologia se conserve verdadeiramente dramática, ela deve resistir à tentação de encenar a doutrina, seja em estilo épico, seja lírico. Nossas encenações vêm "de baixo", realizadas com o temor e tremor que invariavelmente acompanham quem tem de falar e agir de modo completamente integrado. Nossas encenações não são nem totalmente arbitrárias nem totalmente roteirizadas. O viver fiel exige mais do que uma repetição rígida das palavras. Como veremos na terceira parte, as encenações cristãs devem ser tanto criativas quanto fiéis.[97]

O lugar da doutrina no drama da redenção agora deve estar claro. *A doutrina é um guia para as encenações do evangelho roteirizadas mas dinamizadas pelo Espírito por parte da igreja.* Como guia para encenar as Escrituras em novas situações, também a doutrina se vê envolvida na ação. Sendo mais específico, a doutrina é envolvida no ministério da Palavra conduzido pelo Espírito por meio das palavras das Escrituras. O Espírito guia a igreja no caminho do teodrama em suas interpretações do roteiro

---

[94]Veja, por exemplo, Frances Young, *The art of performance: towards a theology of Holy Scripture* (London: Darton, Longman, and Todd, 1990). Diferentemente deste livro, no entanto, Young se concentra na interpretação musical.

[95]Stephen Barton, "New Testament interpretation as performance", *Scottish Journal of Theology* 52/2 (1999): 196.

[96]Ibid., p. 206.

[97]Na terceira parte, afirmarei que as encenações mais fiéis ao texto são também as mais "dinamizadas pelo Espírito" — aquelas que falam de forma mais criativa e convincente em situações novas para novos públicos. Wells teme que minha abordagem esteja restrita demais às palavras "com grande probabilidade de que o drama seja visto mais como meio de transmitir uma mensagem inerentemente verbal" (*Improvisation*, p. 61). Ele também acredita que a própria metáfora da encenação sugere que o roteiro oferece "todas as respostas" (p. 62) e milita contra um genuíno envolvimento com o mundo por ser um roteiro autossuficiente. Essas preocupações são dignas de consideração. Eu, sem dúvida, vejo a necessidade de falar sobre improviso, mas improviso a partir de um roteiro. Voltaremos a essas questões no momento adequado.

oficial. *O Espírito Santo é tanto o autor do roteiro quanto aquele que orienta a encenação contemporânea da igreja — suas variações de improviso — pelo roteiro.* O Espírito também se vale da doutrina para servir à igreja na medida em que ela ajuda a compreender o teodrama. *O drama da doutrina consiste na direção do Espírito para que a igreja participe corretamente da ação evangélica através da encenação de seu roteiro oficial.*

A definição: "direção para uma participação adequada no drama da redenção"

Doutrina é a direção para a participação adequada de indivíduos e comunidades no drama da redenção. Essa é a essência da proposta. Tal direção pressupõe um entendimento básico do drama da redenção em si. A doutrina é, portanto, o resultado de reflexão — fé em busca de entendimento — sobre o significado e a importância da ação no coração do teodrama. No entanto, "reflexão" não capta plenamente a dimensão de encenação da doutrina. A fé demonstra melhor sua compreensão do teodrama justamente por participar dele de forma correta — por meio das *obras*. O objetivo último da doutrina é, como Calvino sabia, pastoral: não simplesmente "retratar" ou conceituar o drama divino, mas *encená-lo*.

A direção doutrinal tem uma função propriamente catequética. Na igreja antiga, o catecismo estava associado desde o início à preparação dos convertidos para o batismo, sua iniciação no drama da redenção. Aprender o catecismo é ser instruído na substância da fé (*viz.*, reflexão) e na forma como o próprio catecúmeno deve participar dessa substância e com ela se envolver (*viz.*, prática). *À semelhança do catecismo, a finalidade da doutrina é capacitar a pessoa a ser uma participante competente — uma praticante ponderada.*

A definição de doutrina apresentada acima admite certas variações; duas merecem menção especial. Na primeira, "a doutrina é direção para a interpretação do reino de Deus". Essa variação expõe as dimensões coletivas e políticas da doutrina, ou seja, a busca da justiça. Na segunda, "a doutrina é direção para nos vestirmos de Cristo". Já vimos como o rito do batismo nos incorpora à morte e à ressurreição de Jesus. A doutrina é um auxílio para essas formas de participação que nos permitem nos apropriar de Cristo mais plenamente: com *mais* compreensão, *mais* convicção, *mais* paixão. Essa segunda variação traz à tona as ramificações pneumatológica e ética da definição, ou seja, o cultivo da santidade — *formas de vida autênticas*. Corporificar formas de vida autênticas — isto é, modos de vida que correspondem à verdade de Jesus Cristo — é, em última análise, uma questão de participação adequada na realidade, esta definida e interpretada de forma evangélica e canônica. "Doutrina como direção", então, inclui essas duas variações.

Também é importante observar que essa teoria diretiva da doutrina corresponde ao nosso repensar anterior do princípio das Escrituras da perspectiva da ação comunicadora. O objetivo daquela discussão, podemos lembrar, foi argumentar que a autoridade bíblica envolve mais do que conteúdo propositivo. A doutrina é direção para a *encenação* das Escrituras da igreja. Sem dúvida, o componente cognitivo é necessário. Podemos participar da forma correta no drama da redenção só se tivermos uma ideia clara da forma geral da ação. Por isso é inteiramente adequado afirmar que a dogmática "visa ao esclarecimento conceitual do evangelho cristão apresentado na Sagradas Escrituras e confessado na vida e nas práticas da igreja".[98]

Essa teoria diretiva da doutrina produz uma descrição não reducionista da teologia, que preserva um espaço igualmente para proposições e práticas. Falar de participação adequada coloca a ênfase no ato de ajudar os cristãos a pensar, agir e sentir de modos evangelicamente apropriados em situações específicas. Ver a doutrina como direção do drama é repensar a tarefa da teologia da perspectiva de uma *encenação da sabedoria cristã*. Ao mesmo tempo, essa ênfase no aspecto da encenação da teologia não abandona a proposição. As direções de palco sobre o que dizer ou fazer pressupõem como é o palco. Se a teologia é uma questão de entender como participar corretamente da ação dramática, então as doutrinas devem ser declarações tanto do *que é* (e.g., o que já foi feito, sobretudo por Deus) quanto do *que ainda precisa ser feito* (e.g., por Deus e por mim/nós).

Assim como os atos de fala, as ações têm um tipo de conteúdo propositivo. O conteúdo propositivo de "chutar", por exemplo, pode ser uma bola de futebol ou um aparelho de televisão quebrado. *A direção da doutrina muitas vezes assume a forma de um projeto propositivo: algo a ser crido por mim, feito por mim, esperado por mim, cantado por mim.* Demonstramos que conhecemos e entendemos a Deus, pelo menos em parte, por meio da ação correta. Deus, conforme Duns Scotus afirma, é o "cognoscível *factível*".[99]

Um breve exemplo pode ser indicado antes de nos aprofundarmos mais na definição dramática. Pense na fórmula *sola gratia* (somente a graça) da Reforma. Como os diversos tipos de teologia podem analisar a afirmação doutrinária "Somos salvos somente pela graça"? O propositivista entende isso como uma afirmação factual sobre o mecanismo da salvação. O expressivista a entende como expressão simbólica de uma experiência do poder de Deus. O teólogo linguístico-cultural a entende como uma regra: "No que tange à sua salvação, os cristãos devem sempre falar e agir de uma forma que expresse gratidão a Deus e não orgulho na realização pessoal".[100] O modelo do drama entende o *sola gratia* como um resumo do teodrama e como direção para viver, agir e sentir nosso papel nesse drama como pessoas salvas de forma imerecida.

Muito mais deve ser dito a título de exposição dessa definição. Em particular, será importante relacionar a definição à questão das Escrituras e da tradição (segunda parte) e ao método da teologia (terceira parte). À guisa de antecipação, no entanto, pode ser útil mostrar como a teoria diretiva considera as quatro funções da doutrina mencionadas anteriormente.[101] Primeira função, demarcação social: a doutrina preserva a identidade da igreja cristã levando seus membros a participar do drama missionário trino, cujo clímax é a morte e ressurreição de Jesus, e não outro drama qualquer. Segunda, interpretação da narrativa: a doutrina interpreta a narrativa

---

[98]John Webster, "The self-organizing power of the gospel of Christ: episcopacy and community formation", *International Journal of Systematic Theology* 3 (2001): 70.

[99]Citado em David H. Kelsey, *To understand God truly: what's theological about a theological school* (Louisville: Westminster John Knox Press, 1992), p. 45.

[100]A citação bem como o exemplo vêm de William C. Placher, "Postliberal theology", in: David F. Ford, org., *The modern theologians: an introduction to Christian theology in the twentieth century*, 2. ed. (Oxford: Blackwell, 1997), p. 347.

[101]Veja nota 62.

(e, como veremos, outros gêneros literários também) de duas maneiras: (1) ela esclarece o enredo ou a lógica básica da ação dialógica e (2) sugere maneiras pelas quais os cristãos podem encenar e assim dar continuidade à história em novos contextos. Terceira, interpretação da experiência: a doutrina "enquadra" toda a vida da pessoa, ao permitir que ela seja vista sob uma ótica teodramática. A doutrina nos dá o enredo básico para nossa vida e também certos lembretes que aos poucos colocam não só nossos pensamentos, mas também os sentimentos, em conformidade com a realidade (e.g., o mundo interpretado pelo evangelho). Quarta, alegação de verdade: à primeira vista, parece que a definição baseada no drama, com sua ênfase na participação ou atuação, não passa de uma concepção pragmática da verdade, pela qual a verdade é uma questão do que funciona. Embora o objetivo da doutrina seja pastoral — dirigir a igreja sobre o que significa aqui e agora ser um discípulo fiel de Jesus Cristo —, esse objetivo é baseado em uma norma: a história de Jesus Cristo, uma história com conteúdo propositivo determinado (e.g., "ele ressuscitou"). Desse modo, a concepção dramática da doutrina entende a verdade tanto pela ótica de "fazer" quanto de "corresponder": a verdade doutrinal é uma questão de correspondência teodramática, de falar e fazer as coisas que dão continuidade à ação de formas adequadas.

Direção

> Segue o padrão das sãs palavras que de
> mim ouviste (2Tm 1.13, RSV).

Seguir o padrão das sãs palavras de Paulo exige bom juízo, não mera repetição. Seguir uma direção para drama é diferente de seguir, por exemplo, instruções para a montagem de uma estante. Pode-se seguir um conjunto de instruções de forma mecânica, com pouca ou nenhuma contribuição criativa ou entusiasmo pessoal pelo projeto. A direção do drama evoca um quadro completamente diferente, a saber, o de um ator recebendo instrução sobre como desempenhar seu papel. *A doutrina dá direção para a fala e a ação fiel do discípulo (e da igreja), direção para corporificar o caminho, a verdade e a vida em novas situações.* O objetivo último não é simplesmente "retratar" o drama divino, mas agregar mais atores, guiá-los mais profundamente no drama e, assim fazendo, antecipar sua conclusão.

A direção que a doutrina fornece não é tanto uma questão de regras morais quanto de objetivos éticos que dizem respeito à forma que nossa liberdade deve assumir a fim de praticar o bem. A doutrina dá direção para o envolvimento pleno com a realidade de tal forma que, em virtude de seus contornos ordenados por Deus, leva à prosperidade humana. A doutrina promove, assim, um certo *ethos*, ou senso da forma geral que a vida deve assumir a fim de concretizar o verdadeiro, o bom e o belo. A neutralidade em relação ao teodrama é impossível. A vida segue em uma direção ou outra e assume uma ou outra forma. Como Pascal observou: "Nossa natureza consiste em movimento. Repouso absoluto é morte".[102] Na medida em que

---

[102] *Pensées*, n. 641, tradução para o inglês de A. J. Krailsheimer (London: Penguin, 1995) [edição em português: *Pensamentos*, tradução de Pietro Nassetti (São Paulo: M. Claret, 2004)].

estamos sempre seguindo uma ou outra direção, nossa própria vida é "doutrinada". Resta saber se a doutrina que informa a vida de uma pessoa é regida pelo evangelho cristão ou por alguma outra história, algum outro roteiro.

A doutrina cristã endireita o caminho. Em sua raiz, o termo "direção" significa um movimento para a "direita": no sentido de um relacionamento direito com Deus e com o próximo. Direção não deve ser confundida com o mero conselho pragmático. Não é simplesmente uma questão de sucesso (e.g., como fazer amigos e influenciar pessoas), mas de sintonia com o amor, a sabedoria e a justiça trinos e unos que caracterizam a realidade última. Assim como a vida de Jesus recapitula a de Adão, também os cristãos devem "recapitular" Cristo, ou seja, incorporar o padrão da ação comunicadora de Cristo. Mais uma vez, essa será uma interpretação dramática, uma repetição criativa. O desafio da teologia é formar nos cristãos a mente de Cristo ("mente" refere-se tanto à imaginação quanto às emoções, à vontade e ao intelecto).

A direção da doutrina preserva o "significado" do teodrama. O significado do drama é seu propósito comunicador, o que, na teoria dos atos de fala, é chamado de ponto ilocucionário, o "quê" do discurso. Os três significados relevantes — o informativo, o volitivo e o expressivo — correspondem aproximadamente a cabeça, mão e coração. Note-se que cada uma das três formas de teologia não dramática já examinadas tende a privilegiar só um significado: o informativo (propositivo-cognitiva), o expressivo (expressivista-experiencial), o volitivo (linguístico-cultural). A teoria diretiva da doutrina, pelo contrário, preserva os três.[103] O principal benefício de olhar para a doutrina sob a ótica da direção teatral é a possibilidade de integrar a ênfase cognitivista em proposições com a ênfase linguístico-cultural em regras para a prática cristã. A doutrina como direção envolve proposições e práticas, o indicativo paulino e também seu imperativo, tudo coordenado objetivando uma finalidade *pastoral* superior e adequada. As informações transmitidas pela doutrina cristã têm um viés dinâmico: orientar o cristão para o fim do teodrama, para que ele possa continuar a trilhar por esse caminho. *Dar direção é instruir os discípulos no caminho do teodrama.*

A própria doutrina desempenha um papel na economia trina e una do teodrama. Deus Pai, Criador do céu e da terra, é o dramaturgo e produtor da peça. O Filho é o ator principal: Deus se tornou plenamente humano e, portanto, histórico, no palco do mundo. O Espírito Santo é o diretor: "ele vos conduzirá [dirigirá] a toda a verdade" (Jo 16.13). No entanto, isso não é uma licença para o relativismo redentor, pois o Espírito nos dirige principalmente por meio das Escrituras: o roteiro oficial da igreja. De fato, o diretor talvez seja mais bem visto como aquele que viabiliza o nascimento da encenação de um texto, o mediador entre a palavra escrita e a palavra encenada com os outros e diante deles.[104] O primeiro mandamento do diretor, diz

---

[103] Em capítulos seguintes, sugiro que as doutrinas preservam e transmitem os juízos sapienciais encenados de várias formas pelos autores bíblicos.

[104] No epílogo, sugiro que o pastor é o diretor-assistente, cujo papel (como coadjuvante) é ajudar o Espírito em produções locais do reino de Deus. Quanto ao teólogo, afirmo na terceira parte que o paralelo mais próximo é o do "dramaturgista". No entanto, é preciso dizer que os melhores pastores são também atores-dramaturgistas.

Balthasar, é a obediência ao texto. *Assim, a principal tarefa do diretor é preservar o significado comunicador do drama do autor.* A analogia é perfeita, pois o Espírito não fala com autoridade própria, "mas dirá o que tiver ouvido" (Jo 16.13). A doutrina é um dos meios que o Espírito usa para dirigir a igreja a permanecer na palavra bíblica e seguir o roteiro em novas situações.[105]

A doutrina como direção dramática não se opõe ao papel do Espírito, que conduz às Escrituras; ela aconselha cooperação, não conflito. A teoria diretiva situa a doutrina entre o roteiro oficial da Bíblia, por um lado, e a direção do Espírito, por outro. Longe de ser fonte alternativa de autoridade da Palavra, o Espírito como diretor da atuação da igreja é a ponte dinâmica entre o roteiro e os atores atuais. A descrição das tarefas do diretor proposta por Balthasar é apropriada: "A atuação exige que ele chegue a uma visão unificada que abrange tanto o drama (com toda contribuição criativa do autor) quanto a arte dos atores (com suas habilidades criativas muito diferentes)".[106] Doutrina não é meramente uma proposição, nem uma expressão, ou uma regra gramatical, mas funciona como o "ponto", que lembra aos atores a fala: a direção espiritual para uma encenação adequada do roteiro e, portanto, um meio para dar continuidade ao padrão de ação comunicadora que está no cerne do evangelho como teodrama.

Participação

Os cristãos estudam as doutrinas a fim de participar mais profundamente, com fervor e sinceridade, do drama da redenção. A apreensão intelectual por si, sem a apropriação emocional, leva apenas à hipocrisia. Já abordamos anteriormente o tema da participação em relação com o conhecimento do Deus trino e uno; aqui precisamos apenas recordar os pontos principais.

O primeiro ponto a ser lembrado é que muitos de nossos conceitos são adquiridos não pela observação, mas pela participação: "Desenvolver uma visão de mundo não é esporte para espectadores".[107] Na verdade, não seria errado falar do "drama do conceito". Pois nossa capacidade de compreender o drama da redenção depende de nossa capacidade de viver o drama canônico. O segundo ponto é que falar de direção para uma participação correta nos lembra de que as doutrinas são formuladas não apenas para definir Deus como objeto de fé, mas para facilitar a correta relação do crente com Deus.

Terceiro, e mais importante, a doutrina, ao acelerar a fé para o entendimento, prepara-nos para a apropriação do teodrama, para nos tornarmos comunicantes e, assim, *contribuir* para a ação. Participar de forma correta significa nos unir às missões do Filho e do Espírito com todo o nosso ser: mente, mãos e coração. A única maneira de conhecer e experimentar o Deus trino e uno é participar dos relacionamentos

---

[105]Heyduck vê a doutrina como um ato da fala da igreja: "Quando a igreja 'doutrina', ela visa não só fazer declarações verdadeiras, mas declarações que promovem sua missão" (*Recovery of doctrine*, p. 61).

[106]Hans Urs von Balthasar, *Theo-drama* (San Francisco: Ignatius Press, 1988), vol. 1: *Prolegomena*, p. 298.

[107]Callow, *Man and message*, p. 55.

pessoais que caracterizam o ser de Deus como comunhão.[108] Quando oramos a Deus como Pai, por exemplo, "descobrimos que nossa oração se encaixa em um movimento semelhante ao da fala entre pai e filho".[109] Participar de Deus é alinhar-se com o padrão de ação comunicadora que forma o coração do teodrama.[110]

Em suma: a teoria diretiva da doutrina contribui de duas maneiras para o entendimento teodramático: (1) a doutrina procura dar testemunho fiel das Escrituras, esclarecendo o enredo e as *dramatis personae* das Escrituras; (2) a doutrina capacita os atuais leitores das Escrituras a serem testemunhas fiéis, participando do teodrama e dando continuidade a ele em contextos culturais sempre novos.

Adequação

A doutrina dá direção para uma participação *adequada* no drama da redenção. O mero ativismo — zelo sem conhecimento — não é desejável. Afinal, até os demônios "participam" — como adversários que bloqueiam o caminho para a vida e a verdade. Em contrapartida, a doutrina fornece direção aos crentes para que saibam participar como santos no drama da redenção. Mas esse ponto bastante óbvio não esgota o que precisa ser dito sobre adequação.

O verdadeiro, o bom e o belo são o que são apenas em virtude de seus respectivos "ajustes" ao teodrama divino.[111] Isso não quer dizer que verdade, bondade e beleza sejam sinônimos, mas *há mais de um tipo de resposta adequada para os atos que compõem o teodrama*: devemos concordar com a sua verdade, agir em nome de sua bondade e apreciar sua beleza. Embora as Escrituras tenham o objetivo de convencer o fiel a adotar práticas concretas, a justificativa subjacente para essas práticas é que elas se ajustam melhor em face da natureza (criada e recriada) das coisas. Portanto, não se trata de a linguagem moldar a realidade, mas de o discurso fiel convencer os ouvintes a viver de uma maneira e não de outra, justamente porque *algumas formas concordam com a realidade mais que outras*.

---

[108]Paul Fiddes argumenta que a dicotomia sujeito/objeto típica da cultura ocidental moderna precisa ser corrigida pela ênfase em nossa participação no que é real, ênfase que está ligada, ele acredita, a "levar relacionamentos a sério" — em especial nossa relação pessoal com o Deus trino e uno (*Participating in God: a pastoral doctrine of the Trinity* [Louisville: Westminster John Knox Press, 2000], p. 12).

[109]Ibid., p. 37.

[110]"Participação" na ortodoxia radical tem uma conotação mais neoplatônica do que narrativa. Para Milbank, a participação é mais ontológica do que histórica, mais um aspecto de ser do que de atuar (veja John Milbank; Graham Ward; Catherine Pickstock, orgs., *Radical orthodoxy* [London: Routledge, 1999], p. 3-4).

[111]Lindbeck diz algo semelhante sob a rubrica de "fidelidade como intratextualidade": "a religião representada nas Escrituras é o que define existência, verdade, bondade e beleza" (*Nature of doctrine*, p. 118). Este é também o contexto daquilo que, provavelmente, é a observação mais citada de Lindbeck: "O texto, por assim dizer, é o que absorve o mundo, ao invés de o mundo absorver o texto" (p. 118). Ao utilizar o conceito de "adequação", não estou contradizendo o que diz Lindbeck, mas apresentando a questão de forma um pouco diferente. O critério de adequação e, portanto, de fidelidade, não é o texto em si, mas a ação comunicadora divina na qual o texto está envolvido como testemunha e participante.

Há tanto um componente subjetivo quanto um objetivo na ideia de adequação. Passamos a conhecer a natureza e a forma da realidade por meio do testemunho bíblico do teodrama. Nesse sentido, a realidade (objetiva) é mediada de modo intratextual. No entanto, o objetivo de as Escrituras "mostrarem o que é" (usando o conceito de verdade de Agostinho) não é simplesmente informar, mas *reformar* nossa cosmovisão habitual caída e distorcida. Isso leva ao sentido subjetivo de "adequação": tendo em vista que o Espírito, pelo ministério da palavra bíblica, cultiva nossa sensibilidade quanto ao que é evangelicamente adequado, tornamo-nos cada vez mais "adequados" a nosso papel de testemunhas. Ao nos mostrarem o que é adequado, as Escrituras tornam-se o meio de nos tornarmos adequados.[112]

Adequação envolve mais do que sistema, a coerência das ideias. Teologia não é algum tipo superior de solucionador de quebra-cabeças que apenas encaixa várias peças até que surja um padrão intelectualmente satisfatório. Não, não é a um sistema nem a um quebra-cabeça que temos de nos ajustar, mas a um *drama* não criado por nós — um modelo de ação comunicadora que envolve palavras, pensamentos, atos e sentimentos. Adequação também não é uma simples questão de conformidade com as Escrituras. Nossos atos comunicadores também devem se ajustar às novas situações para que continuem a dar um testemunho do teodrama que faça sentido e seja convincente. Então, em última análise, é por razões intrínsecas à fé e à integridade do nosso testemunho cristão que os teólogos têm de lidar com a situação contemporânea. Aqueles que dão testemunho do evangelho devem assumir a perspectiva de um participante do drama e, procurando entender tanto o enredo do drama quanto a nova cena, receber direção da doutrina cristã ao decidir o que dizer e fazer em seguida. A doutrina fornece direção de uma forma que temos ainda de determinar plenamente para a continuação do teodrama em novas situações culturais.[113]

O conceito de adequação desempenha um papel importante em uma teoria diretiva da doutrina: ele é o principal critério para decidir que tipo de participação é evangelicamente apropriada. Uma coisa é declarar algo adequado; outra bem diferente é dizer o que é adequação e como ela é reconhecida. Adequação envolve mais do que coerência conceitual. O critério da doutrina correta não é de coerência apenas lógica, mas também *dramática*: interpretar o mesmo tipo de ação comunicadora — uma questão de ser constante em palavra, pensamento e ação.[114] Não se pode demonstrar coerência dramática por dedução ou prova apodíctica. Ela é discernida, não calculada; julgada, não provada. *As doutrinas nos ajudam a discernir, à luz do drama da redenção, a linguagem e a ação adequadas aos discípulos cristãos.*

---

[112]Na quarta parte, examino o papel da doutrina na formação da identidade cristã e na "adequação" dos discípulos.

[113]Historicamente, essa parece ter sido a principal causa da formulação das doutrinas pela igreja. É apropriado referir-se ao Filho como criatura? Reconhecer Maria como *theotokos*? Será que esses movimentos são *adequados* — atos de fala — no drama da redenção? O que levou a igreja a desenvolver as doutrinas foi a percepção da necessidade de orientação para uma boa atuação no papel de seguidor de Jesus Cristo.

[114]Na terceira parte, eu amplio consideravelmente a noção de "mesmidade".

Como direção para alcançar adequação teodramática, a doutrina é um recurso vital para a formação espiritual e para o exercício do discernimento cristão. Essa é a função pastoral preeminente da doutrina cristã, e ela se relaciona com a renovação de nossa mente: a doutrina molda nosso caráter, imaginação e hábitos de percepção para que possamos ver, julgar e agir como pessoas que entendem tanto o teodrama quanto o palco em que novas cenas estão sendo hoje representadas. O drama não se limita a retratar personagens, mas os forma e testa. Um crítico literário comparou o drama a um exercício de bom juízo: Qual é o bem nessa situação concreta? Será que os personagens farão o que é bom em suas situações concretas? Essas perguntas puxam o drama "para a forma externa do tribunal".[115] O julgamento da verdade não se limita ao Quarto Evangelho com seu drama sobre a identidade de Jesus; como vimos, nossa própria identidade também está em jogo. Atores/discípulos demonstram a medida de sua fidelidade e adequação — a extensão de sua correspondência à verdade — em cada julgamento que fazem.[116]

Admiráveis palavras novas? Doutrina e desenvolvimento

É hora de fazer um balanço da nossa posição. A primeira parte começou descrevendo o núcleo da teologia cristã como um teodrama em que a ação e as *dramatis personae* coincidem na ideia de ação comunicadora trina e una. Em seguida, começamos a repensar o princípio das Escrituras sob a ótica dessa economia trinitária e comunicadora e argumentamos que a própria Bíblia faz parte do padrão de ação comunicadora divina por meio do qual Deus concretiza seu propósito salvador e compartilha sua vida trina e una com os outros. Neste capítulo, examinamos três modos de fazer teologia, cada um dos quais privilegia um aspecto da fé — crer, sentir, fazer — em detrimento dos outros dois. Em seguida, apresentamos uma alternativa "diretiva" como forma mais satisfatória, porque mais integrativa, de descrição da natureza dramática da doutrina. Recordemos alguns dos pontos mais importantes:

1. A doutrina fornece uma sinopse do programa para identificação das *dramatis personae* e para compreensão do enredo teodramático básico.

---

[115]Emil Staiger, *Basic concepts of poetics* (University Park: Pennsylvania State University Press, 1991), p. 55.

[116]No contexto da igreja cristã, o termo *julgamento* tem uma história cheia de altos e baixos. Ao usar o termo, não estou querendo dizer que a tarefa do cristão seja "julgar" o mundo no sentido de condená-lo. Também não estou aceitando a implicação kantiana de que, em última análise, predicados e propriedades se vinculam a coisas na subjetividade humana. Antes, minha preocupação é argumentar que os cristãos devem formar a capacidade de distinguir o "adequado" do "inadequado" no que diz respeito à vida cristã e ao drama da redenção. Além disso, o foco principal do exercício de julgamento cristão é a vida e a linguagem da própria igreja. Curiosamente, Rowan Williams argumenta que a ideia de Lindbeck de que o mundo bíblico simplesmente incorpora o mundo é uma figura limitada demais do que de fato acontece no processo de emissão de julgamentos. Veja, de Williams, "The judgment of the world", in: *On Christian theology* (Oxford: Blackwell, 2000), p. 29-43.

2. A doutrina é a direção para que o cristão participe adequadamente no drama da redenção, permitindo, assim, a continuidade das missões do Filho e do Espírito em situações novas.
3. A doutrina é a direção para uma representação baseada no roteiro, porém "dinamizada pelo Espírito" e marcada por fidelidade à aliança.
4. A doutrina como direção nos diz o que já foi feito (por Deus), desse modo dando a entender o que resta a ser feito (por nós). Afirmações sobre o que devemos fazer (a direção propositiva, imperativa) baseiam-se em afirmações sobre o que Deus fez em Cristo (a declaração propositiva, indicativa).
5. A doutrina dá origem a um projeto tanto propositivo quanto pessoal — algo a ser crido por nós, feito por nós, sentido por nós. A doutrina dirige os discípulos que procuram orientar-se na igreja e no mundo em relação à verdade, à bondade e à beleza definidas por Jesus Cristo.

Uma coisa é definir a *natureza* da doutrina, outra bem diferente é formular doutrinas reais. Muitas vezes, não é simples nem inequívoco decidir o que exatamente constitui uma participação "adequada" no drama da redenção. Estabelecemos, porém, que adequação é mais uma questão de coerência dramática do que de lógica. Além disso, em certo sentido, o drama da redenção está em andamento. O clímax — crucificação, ressurreição, Pentecostes — pode estar no passado, mas não a consumação. A igreja vive entre os tempos. Raiou uma nova era — caracterizada pelo ministério do Espírito da nova aliança —, mas esse raiar ainda tem de dar lugar à plena luz do dia. Os cristãos de hoje encontram-se entre dois polos: somos plateia para o drama histórico e participantes de seu desenvolvimento contínuo.

No entanto, em um importante aspecto — o escatológico —, a situação da igreja no século 21 é a mesma da igreja do primeiro século: à semelhança da igreja primitiva, a de hoje vive entre os tempos, entre os adventos de Jesus Cristo. Graças às missões do Filho e do Espírito, este século mau encontra-se agora em uma relação de tensão dramática com a nova criação, pois esta invadiu aquele. O teodrama é escatológico. A igreja está envolvida em uma "guerra dos mundos" e em um conflito de "economias": de um lado, a cidade do homem, com sua economia de autoengrandecimento; por outro lado, a cidade de Deus, com sua economia de paz e amor. O objetivo da doutrina cristã é levar os cristãos a falar e agir de maneiras que correspondam ao *ethos* escatológico distinto que caracteriza o reino de Deus. Como diz o apóstolo Paulo, não lutamos contra carne e sangue "mas sim contra principados e poderios, contra os príncipes deste mundo de trevas, contra os exércitos espirituais da maldade nas regiões celestiais" (Ef 6.12). Esses poderes incluem ideologias que disputam o coração e a mente de indivíduos e nações.[117] A doutrina nos dirige na representação de cenas sobrenaturais nos mal iluminados palcos culturais deste mundo.

---

[117]De acordo com George Caird, principados e poderios dizem respeito "ao ambiente espiritual em que forças invisíveis disputam a fidelidade do homem" (*Paul's letters from prison* [Oxford: Oxford University Press, 1976], p. 66).

Aí é que está o problema. A situação escatológica da igreja hoje pode ser a mesma da época dos pais da igreja e dos reformadores, mas a situação *histórica* é muito diferente. A luta escatológica é para nós a mesma do apóstolo Paulo, mas agora ela se desenrola em uma variedade de cenários históricos, cada um com seu próprio cenário cultural e social e seu próprio elenco. A "adequação" deve levar em conta não só o drama escatológico realizado em Jesus Cristo, mas também a maneira pela qual esse drama agora se desenvolve através da história. Para participar do drama de forma correta, é necessário que nosso discurso e ação se ajustem às Escrituras e à nossa situação concreta.[118] Portanto, a direção oferecida pela doutrina deve ser passível de novas adaptações em novos ambientes histórico-culturais.

O fenômeno do desenvolvimento da doutrina apresenta novos desafios para a teoria diretiva. Por um lado, parece que as doutrinas têm de mudar para que não venhamos a apenas repetir os atos da palavra de tempos passados. Por outro lado, se a doutrina muda, quais critérios podemos usar para fazer distinção entre desenvolvimentos válidos e distorções heréticas? Nenhum desafio é mais difícil para a igreja do que ter de discernir o que a fidelidade ao evangelho exige de nós em novos contextos intelectuais e sociais. Uma questão afim diz respeito à norma transcultural da doutrina: a ação comunicadora de Deus. A ação comunicadora de Deus também se desenvolve? Deus falou nos tempos antigos pelos profetas, "nestes últimos dias, porém, ele nos falou pelo Filho" (Hb 1.2). Sem dúvida, a fala principal no drama da redenção é de Deus. A questão agora é o tempo da ação comunicadora de Deus: passado, presente ou futuro? Cada um desses tempos verbais tem seus próprios defensores teológicos.[119] Portanto, uma resposta teológica definitiva é de pouca utilidade. Não podemos atribuir um tempo aos atos comunicadores de Deus sem examinar melhor a forma, o conteúdo e o contexto desses atos.

Assim, a questão é se há um ponto de referência estável ou modelo pelo qual as formulações doutrinárias da igreja possam ser medidas. A segunda parte apresenta a alegação de que as Escrituras, como atestado divino do que Deus está fazendo em Jesus Cristo, é esse padrão estável. Mas qual é exatamente o grau de estabilidade do texto bíblico? Teóricos literários pós-modernos são mais inclinados a falar de instabilidade textual. E até dentro da tradição cristã, a Confissão de Fé de Westminster se refere ao "Espírito Santo falando nas Escrituras". Aqui, também, temos de perguntar pelo tempo desse falar. Deus pode dizer/fazer algo novo com palavras escritas há muito tempo? É tentador associar os três aspectos dos atos de fala com diferentes tempos verbais. As locuções são passado: o que foi dito ou escrito é agora uma questão de registro histórico. Todavia, o que Deus está fazendo nesses textos, com eles e através

---

[118] A doutrina pode se ajustar a uma situação sem deixar que esta determine seu conteúdo. Portanto, não tenho a intenção de defender algo como o método da correlação de Tillich, em que a questão da situação presente ou o interesse por ela determina ou prescreve a "resposta" bíblica.

[119] Aqueles que consideram a revelação como histórica ou propositiva tendem a ver a ação comunicadora de Deus como algo do passado. Bultmann, em contrapartida, vê a revelação apenas da perspectiva do presente, o "agora" existencial. Outros, como Pannenberg, acreditam que o ato de revelação de Deus é essencialmente futuro, embora esse evento futuro possa interferir no passado e no presente.

deles pode ser um processo em andamento. Deus continua a prometer, advertir, ordenar, e assim por diante, nas Escrituras até hoje. Quanto às perlocuções — o que Deus pretende realizar envolvendo-se na ação comunicadora —, elas estão obviamente no futuro, resultados "em frente do" texto que podem acontecer a cada nova leitura. Embora tal sugestão seja esquemática demais (e, assim, muito simplista), ela tem o mérito de chamar a atenção para a complexidade da questão do *momento* dos atos comunicadores de Deus.

Em suma, se a doutrina é a direção para uma participação adequada em um drama da redenção em andamento, quanto dessa direção vem do texto, quanto do Espírito e quanto da situação contemporânea? Será que a metáfora da encenação privilegia o roteiro ou os atores? O cânon bíblico ou a comunidade interpretativa? Será que a ideia de encenar o texto bíblico aborda a questão do momento oportuno dos atos comunicadores de Deus e, em caso afirmativo, como? É lidando com tais questões que o método canônico-linguístico realiza seu potencial e declara sua diferença em relação a seu equivalente linguístico-cultural. A principal distinção a ser feita é entre texto e atuação, distinção que ganha importância teológica quando esmiuçada da perspectiva da relação entre as Escrituras e a tradição.

SEGUNDA PARTE

O ROTEIRO

A teologia está relacionada às profundas convicções sobre o teodrama com as quais as grandes e importantes confissões e práticas da igreja, em última análise, a comprometem. A teologia é uma forma de "prática da crença" ou "crença prática", que diz respeito tanto à verdade quanto à ação. Nossas práticas são moldadas pela crença, e nossas crenças são definidoras da prática. Até este ponto, no entanto, a discussão tem sido bastante abstrata. Temos discutido a doutrina em geral, sem discutir de onde ela vem. *De quem é a direção que conta, e por quê?* O propósito da segunda parte é explicar por que as Escrituras canônicas devem ser a norma suprema da doutrina cristã e como elas funcionam nessa condição.

A história da igreja está repleta de exemplos de hereges que tentaram apoiar seus pontos de vista na Bíblia. Muitos arianos, por exemplo, insistiram que seu subordinacionismo estava baseado unicamente na Bíblia. Aos olhos de muitos, a fórmula "somente a Bíblia" é a melhor receita de todas para a fragmentação na igreja! Daí a preocupação, antiga e atual, com as cercas de segurança fornecidas pela tradição. A hermenêutica do século 20 parece confirmar este ponto: *exegese sem tradição — sem participação na história da recepção de um texto — é impossível.* Desse ponto de vista, não há realmente escolha entre Bíblia e tradição; antes, a única questão relevante é: tradição de quem?

No entanto, o roteiro da igreja não é um mero texto sem vida ou sem voz; pelo contrário, o roteiro fala. As Escrituras têm matéria e energia, pois é o veículo da

Palavra e do Espírito. No contexto do drama divino, o cânon é o meio externo pelo qual Cristo exerce sua autoridade sobre a igreja. Esse é um ponto polêmico, pois a maioria das apresentações contemporâneas situam a autoridade das Escrituras no contexto de seu uso pela comunidade. Estes capítulos defendem, ao contrário, que o que constitui a Bíblia como cânon e determina o significado canônico é antes de tudo o uso que Deus faz do texto. As Escrituras são a ação comunicadora divina, *uma prática canônica* divina, antes de se tornarem prática da igreja.

A segunda parte acumula argumentos em favor da *prática* do *sola Scriptura*. Isso é o mínimo necessário quando se procura preservar a integridade do teodrama da perspectiva doutrinária. Tudo depende, entretanto, de como se descreve essa prática. Por um lado, a igreja é o contexto adequado para o uso da Bíblia como Escrituras. A interpretação teológica da Bíblia é uma prática *eclesial*. Por outro lado, a tradição da igreja — prática social da interpretação bíblica corporificada — fica abaixo do cânon visto como prática *dominical* e *espiritual* de administração da aliança. Neste ponto é importante lembrar que o princípio das Escrituras envolve não apenas informações, mas ilocuções: a Bíblia é um instrumento da economia comunicadora do Deus trino e uno. A igreja não encena palavras ou roteiros próprios, mas as palavras da Palavra e do Espírito. A tarefa que se coloca diante de nós é repensar a relação das Escrituras com a tradição sob a ótica da economia da ação comunicadora trina e una, ou seja, sob uma luz cristológica e pneumatológica.

CAPÍTULO 4

Palavra e igreja
O cânon como documento da aliança

> *Saber o que veio primeiro, a Palavra ou a igreja, é algo que não tem sentido, pois a Palavra inspirada pelo Espírito existe só quando os homens a ouvem, de forma que a igreja cria a Palavra exatamente como a Palavra transforma a igreja em igreja.*
>
> — Dietrich Bonhoeffer[1]

A Bíblia é tanto a versão autorizada do drama da redenção quanto o roteiro autorizado para a vida contínua da igreja. Como coleção de direções de palco autorizadas para a encenação do modo de vida cristão na verdade, o roteiro demanda não só a leitura receptiva, mas também a ação e a corporificação receptivas. *O roteiro exige ser encenado*, as formas literárias das Escrituras demandam formas de vida. Em última análise, o *sola Scriptura* é o nome de uma prática a ser encenada pela igreja no poder do Espírito.

Devemos assumir o nosso roteiro e caminhar; não há outro modo de obedecer à direção, não há outra maneira de seguir Cristo. Talvez seja por isso que o apóstolo Paulo, como lhe é típico, vai do modo indicativo para o imperativo. Seu argumento implícito, grosso modo, significa o seguinte: "se as coisas são de fato assim (indicativo), então isto é o que deve acontecer (imperativo)". Isso não é o mesmo que sancionar uma distinção estrita entre teologia e ética. Pelo contrário, o objetivo da teologia é a sabedoria: ação verdadeira e sincera, ação que se conforma tanto à realidade "em Cristo" quanto às minhas circunstâncias em particular.[2] No devido tempo, pensaremos

---

[1]Dietrich Bonhoeffer, *The communion of saints*, tradução para o inglês de Ronald Gregor Smith (New York: Harper & Row, 1963), p. 160-1.

[2]Veja Troels Engberg-Pedersen, *Paul and the stoics* (Louisville: John Knox, 2000), que argumenta que as cartas de Paulo são um "exercício de parênese" (p. 294). Devo argumentar na terceira parte mais ou menos na mesma linha, afirmando que não só as cartas de Paulo, mas as Escrituras como um todo são um "exercício de *fronesis*".

sobre a natureza situacional da teologia; a tarefa de agora, no entanto, é apresentar a ideia de cânon como roteiro oficial da igreja.

A EXPERIÊNCIA DA "ESTRADA DE GAZA": "SEGUNDO AS ESCRITURAS"

Scriptura est non in legendo, sed in intelligendo. (Hilário de Poitiers)

"As Escrituras não estão na leitura, mas no entendimento". O comentário de Hilário é a introdução perfeita para um breve episódio narrado em Atos 8.26-39 e para a consideração do presente capítulo.

> [Filipe] perguntou: "Entendes o que estás lendo? Ele respondeu: Como poderei entender, a não ser que alguém me ensine?" (At 8.30,31)

Todos conhecemos a experiência do apóstolo Paulo na estrada de Damasco, onde ele veio a conhecer Cristo. J. Gresham Machen escreveu um livro sobre o assunto: *The origin of Paul's religion* [A origem da religião de Paulo].[3] Neste capítulo, vamos percorrer uma estrada diferente, a de Gaza, que nos leva a um entendimento das Escrituras e a uma iniciação ao drama da redenção. No entanto, essas duas estradas não são tão distantes uma da outra, pois a estrada de Gaza diz respeito à origem do entendimento cristão.

Todo o livro de Atos é pertinente para nossa investigação, visto que trata não só da gênese da igreja, mas da gênese do entendimento cristão. Atos diz respeito à fundação da igreja através da propagação do evangelho no poder do Espírito — em suma, diz respeito à *tradição*, o "passar adiante" Cristo, iniciando com seus seguidores imediatos até chegar às assembleias reunidas em muitas nações. A tarefa da teologia consiste em preservar e promover o evangelho por meio da transmissão do que é recebido. Mas como sabemos que temos passado adiante o testemunho apostólico de Jesus Cristo? Quem tem condições de fazer uma interpretação autêntica do teodrama? Sendo mais específico, qual é o lócus adequado de autoridade para a teologia: o texto bíblico ou o uso que a igreja faz dele? Podemos entender melhor essa questão se viajarmos por alguns momentos ao longo da estrada para Gaza.

Atos apresenta o eunuco etíope como um temente a Deus que ainda não conhece o que a igreja conhece. Pelo menos em parte, o significado dos profetas permanece oculto para ele. Sua franqueza quanto à incapacidade de entender é admirável. Simplesmente ler Isaías não dá a esse leitor condições de compreender o significado do texto, ou pelo menos a que ele se refere. Quem, então, é o agente que traz entendimento? Isso depende muito de como se responde a essa pergunta, porque a autoridade suprema da fé, "no final das contas, é aquela agência ou poder que nos dá a interpretação correta da santa Palavra de Deus".[4] Então quem, ou o quê, é o agente do entendimento? O ofício de ensino da igreja (o magistério)? O consenso dos fiéis

---
[3]J. Gresham Machen, *The origin of Paul's religion* (Grand Rapids: Eerdmans, 1976).
[4]Donald Bloesch, *Holy Scripture* (Downers Grove: InterVarsity, 1994), p. 158.

(e.g., o magistério da maioria)? Os resultados da crítica bíblica (e.g., o magistério da academia)? Os pensamentos que o indivíduo tem durante sua leitura da Bíblia (e.g., o magistério da subjetividade)?

Uma leitura superficial de Atos 8 é suficiente para responder à nossa indagação: o agente que guia o etíope ao entendimento é claramente apontado. É Filipe. No entanto, Filipe pode muito bem ser um substituto de alguém ou algo mais. Filipe é um intérprete, sem dúvida. No entanto, como o prefixo indica, um *intérprete* é um "*inter*mediário", um mediador. Interpretar é estar entre algo que não é compreendido e alguém que quer compreender. Se o significado fosse algo físico, então o intérprete, como intermediário, seria aquele que "o transmite" da origem ao receptor. Assim, o que Filipe diz e faz em Atos 8.26-39 ganha mais importância como metáfora de como o evangelho é transmitido de forma autêntica. Filipe representa a origem do entendimento cristão e, portanto, a *natureza da tradição*. No entanto, há quatro maneiras possíveis de entender a agência interpretativa de Filipe, quatro maneiras diferentes de explicar a origem do entendimento cristão.

O papel do Espírito Santo

Mais do que qualquer outro agente, o Espírito é quem faz o evangelho prosperar, orienta a igreja e acompanha os que ministram a palavra. Referindo-se ao livro de Atos, há comentaristas que já observaram que, embora o título tradicional seja uma referência aos apóstolos, o livro poderia muito bem se chamar "Atos do Espírito Santo". O Espírito assume o papel de diretor, que diz aos atores o que, onde e quando dizer e fazer (e.g., 10.19,20; 16.6,7). Por exemplo, em Atos 8 o Espírito dirige a ação de Filipe com um incentivo verbal: "Aproxima-te e acompanha essa carruagem" (8.29). Quando a cena chega ao fim, o Espírito arrebata Filipe (8.39). Essa passagem destaca um dos temas teológicos que permeiam Atos, a saber, que o Espírito é o agente final de entendimento e, portanto, do crescimento da igreja. No entanto, ainda precisamos estudar melhor como funciona a agência do Espírito.

O papel da tradição apostólica

Atos 8 nos dá um vislumbre precioso da igreja primitiva em formação. Tal como o telescópio Hubble, o texto permite-nos olhar para o passado, e ali se observa a formação de uma nova era. Como vamos descrever o que vemos? "Então Filipe passou a falar e [...] anunciou-lhe o evangelho de Jesus" (At 8.35). A igreja aqui aparece como filha da tradição oral. De fato é possível apresentar um forte argumento em favor da tradição como meio secundário pelo qual o Espírito Santo age para produzir entendimento. Nesse segundo modelo, então, Filipe aparece como elo na cadeia da tradição apostólica. Como veremos, no entanto, tudo depende de como a tradição é definida e dogmaticamente "traduzida".[5]

---

[5] É um pouco surpreendente que ninguém tenha se disposto a analisar as várias formas nas quais a tradição funciona como autoridade para a teologia da perspectiva da obra de David H. Kelsey, *Proving doctrine: the uses of Scripture in recent theology* (Harrisburg: Trinity, 1999).

O papel da igreja

A terceira possibilidade vê Filipe como símbolo da igreja. Foi Hilário quem disse: "Os que estão fora da igreja não são capazes de adquirir entendimento do discurso divino".[6] A igreja "*conhece algo* de enorme relevância imediata para a interpretação das escrituras de Israel e do testemunho apostólico".[7] Sendo mais específico, a igreja conhece a realidade da ressurreição.[8] Filipe, então, é um substituto da igreja, porque ele também conhece alguma coisa (a saber, o evangelho) que o etíope não conhece. De acordo com essa ótica, Atos 8 retrata como se tornar membro da igreja conhecendo o que os membros da igreja costumam conhecer.

Em seu comentário de Atos 8, Calvino ressalta que Deus escolheu não usar um anjo do Senhor ou o Espírito para iluminar o etíope a fim de enfatizar a importância da ajuda externa para o entendimento das Escrituras. O uso que Deus faz de Filipe, diz Calvino, nos mostra que precisamos nos "acostumar a ouvir homens".[9] Calvino insiste na necessidade da igreja como "meio externo" de graça para os seres humanos em sua condição finita e moral. Ao mesmo tempo, Calvino insiste na ideia de que a base da autoridade da igreja está em sua pregação do evangelho. A autoridade da igreja é *ministerial*. Voltando a Filipe: toda a autoridade que ele tem decorre do fato de que ele "anunciou-lhe o evangelho" (*euangelisato*, 8.35). É o evangelho, portanto, que tem autoridade — a autoridade da verdade. Isso nos leva à quarta e última possibilidade.

O papel do texto canônico

Não é suficiente perguntar quem Filipe representa; precisamos também examinar o que ele faz. Filipe é o catalisador do entendimento do etíope, pois proclama o evangelho e, com isso, explica o texto bíblico. É o *texto*, lido de certa forma canônica e em um contexto canônico, que produz entendimento.

Cabe aqui uma qualificação imediata. É claro que a passagem de Isaías 53, que o etíope estava lendo, não produziu entendimento por si só. O ponto central desse episódio em Atos 8 é que o eunuco não é capaz de entender o texto de Isaías sem ajuda. *Filipe representa um tipo especial de ajuda externa, a saber, a estratégia de leitura das Escrituras em seu contexto apostólico e canônico mais amplo.*[10] Ele atua como

---

[6] Citado por David S. Yeago, "The Bible", in: James J. Buckley; David S. Yeago, orgs., *Knowing the triune God* (Grand Rapids: Eerdmans, 2001), p. 49.

[7] Ibid., p. 54.

[8] Yeago sugere que essa é a razão por que as Escrituras são "claras", não porque não existam obscuridades verbais, mas porque a igreja sabe do que tratam as Escrituras ("The Bible", p. 58). Ele também sugere que a leitura figurada começou a parecer "arbitrária" ou "primitiva" apenas quando as convicções cristológicas da igreja deixaram de funcionar como conhecimento público (p. 74, n. 35).

[9] *Calvin: commentaries*, organização de Joseph Haroutunian, Library of Christian Classics (Philadelphia: Westminster, 1958), p. 247.

[10] Randall C. Zachman usa a pergunta de Filipe para apresentar as *Institutas* de Calvino como uma estratégia interpretativa para a leitura das Escrituras. Veja de sua autoria "'Do you understand what you are reading?' Calvin's guidance for the reading of Scripture", *Scottish Journal of Theology* 54 (2001): 1-20.

representante do que os autores do Novo Testamento sabem sobre Jesus e, portanto, sobre o Antigo Testamento. Em suma, Filipe representa a *consciência canônica*, a nova consciência de que o testemunho do Deus de Israel e o testemunho de Jesus Cristo estão ligados e juntos fazem sentido.

O processo pelo qual os autores do Novo Testamento relacionaram textos do Antigo Testamento com a história de Jesus (e vice-versa) foi causa de profundas percepções teológicas.[11] Nenhuma parte do Antigo Testamento foi mais importante para os autores do Novo Testamento do que Isaías 40—55. Esses capítulos representam a visão que Isaías tem do novo êxodo, a grande salvação escatológica a ser operada por Deus, que resulta na nova Jerusalém e na nova criação. Já examinamos no capítulo 1 a importância da figura do êxodo para o entendimento do evangelho. Aqui, precisamos apenas acrescentar que a palavra *evangelho* foi derivada pelos primeiros cristãos de Isaías 40.9, uma indicação da importância dos chamados Cânticos do Servo, mantidos na igreja primitiva.[12]

Pode-se objetar que Isaías 53 não tinha nem podia ter o sentido que Filipe lhe atribuiu. Mas por que não? Isaías, como outros profetas, era um porta-voz de Deus; não poderia ele ter dito mais do que poderia saber (de forma consciente)? O que o autor divino pretende em Isaías 53 é visto sob a nova luz do evangelho. Tudo é o mesmo, mas diferente quando visto da perspectiva do evento Cristo. A lei — ou, por falar nisso, a história — não é abolida, mas transfigurada; o monoteísmo judaico, da mesma forma, não é abolido, embora também seja reconfigurado.[13] Deus agiu com misericórdia para resgatar, embora não da maneira que Israel esperava. Há continuidade entre os dois testamentos, com certeza, mas uma *continuidade que transcende e transfigura*, uma continuidade que vai além da mera repetição verbal.

Atos 8 descreve Filipe iniciando o eunuco etíope em uma prática canônica prototípica: ler as Escrituras "figurada" ou tipologicamente sob a ótica da pessoa e obra de Jesus Cristo.[14] Para ser exato, a tipologia aparece em Atos 8 como "prática protocanônica", pois não havia ainda textos escritos que a exemplificassem. A prática representa uma versão cristológica do famoso círculo hermenêutico e consiste em compreender Jesus à luz de todo o drama da redenção e entender todo o drama da redenção à luz de Jesus. O livro de Atos, os Evangelhos e várias epístolas registram essa prática por escrito, tornando-se assim exemplos e padrões de toda a interpretação cristã posterior. *Filipe prenuncia, e Atos 8 exemplifica, a prática canônica no cerne da relação entre o Novo e o Antigo Testamento.*

---

[11]Richard Bauckham, *God crucified: monotheism and christology in the New Testament* (Grand Rapids: Eerdmans, 1998), p. 47.

[12]Ibid., p. 48.

[13]Bauckham argumenta que a cristologia do Novo Testamento já é uma cristologia divina porque Jesus estava "incluído" na identidade de Deus como "palavra", "sabedoria" e ato gracioso de Deus.

[14]Daniel J. Treier faz distinção entre tipologia e alegoria, sugerindo que a primeira procura os vínculos histórico-redentores dentro da própria Bíblia, mas a alegoria impõe às Escrituras uma narrativa ou plano extratextual a fim de discernir esses vínculos ("Scripture, unity of", in: Kevin J. Vanhoozer, org., *Dictionary for theological interpretation of Scripture* [Grand Rapids: Baker, 2005]).

Há ainda dois pontos relevantes sobre a experiência da estrada de Gaza. Primeiro, Atos 8 mostra um caso de entendimento genuíno — não apenas de apreensão intelectual, mas o tipo de entendimento que se mostra na ação, pois o etíope demonstra seu entendimento da explicação de Filipe pedindo para ser batizado. Seu ato de entendimento resulta em um passo concreto ao longo do caminho da vida verdadeira. Segundo, o que chamamos de prática canônica de Filipe não era inicialmente de Filipe. Com palavras que lembram um incidente registrado no primeiro dos dois volumes de sua obra, Lucas escreve: "... e começando por essa passagem da Escritura" (At 8.35). O texto lembra o que alguém havia falado sobre outra estrada, a de Emaús: "E, começando por Moisés e todos os profetas" (Lc 24.27). Ao usar as Escrituras para explicar o evento de Jesus Cristo, Filipe está, na verdade, seguindo os passos interpretativos de seu mestre.

Em suma, Atos 8 apresenta um precedente útil para uma análise do processo pelo qual se alcança o entendimento cristão. Embora seja claro que o Espírito usa Filipe para promover a tradição apostólica, a *natureza* dessa tradição é menos clara: seria ela oral ou escrita? Eclesial ou canônica? Embora seja possível ver Filipe como representante da comunidade da fé que inicia o etíope em uma prática da igreja, também é possível que ele esteja, na verdade, iniciando seu inquiridor etíope em uma prática "canônica" iniciada por Jesus Cristo, encorajada pelo Espírito e exemplificada pelo restante do Novo Testamento. Nossa breve parada na estrada de Gaza indicou apenas a direção geral de nossa pesquisa; ainda não chegamos ao nosso destino.

POR QUE VOLTAR-SE PARA O CÂNON? PROBLEMAS E POSSIBILIDADES

Quem deve guiar a igreja em seu entendimento do que lemos na Bíblia? Para muitos, esse é um ponto discutível. Mesmo em círculos protestantes, ouve-se cada vez mais que a língua e a cultura da igreja são a chave interpretativa que destrava o texto bíblico. A tarefa da teologia, nessa visão linguístico-cultural, é explicar a fé: não o texto bíblico em si, mas *a prática da leitura do texto na igreja*. O "voltar-se para a prática" em teologia deve ser acolhido e adotado, mas não de forma acrítica. Pois a teologia não deve tornar-se uma forma de etnografia, cujo objetivo seria apenas descrever as regras "gramaticais" que regulamentam os padrões vigentes do discurso e do comportamento cristão. A igreja nunca está totalmente isolada da cultura à sua volta, e é necessário que a comunidade da fé esteja constantemente atenta para que não comece a falar e agir como faz o restante do mundo. Ainda precisamos verificar se o foco nas práticas eclesiais pode preservar a integridade do evangelho.

A ideia de que as culturas são sistemas fechados, todos isolados e com coerência interna, e que preservam um depósito estável de valores e conhecimento, é uma ficção nitidamente moderna. A realidade é que as culturas são desafiadas e construídas e têm "fronteiras porosas". Alguns pensadores pós-modernos afirmam que as culturas não têm "núcleos, essências ou centros unificadores ou imutáveis que forneçam a seus integrantes identidades, funções ou orientação estáveis".²⁵ Alguém poderia dizer que, a exemplo dos textos, as culturas são susceptíveis de desconstrução. Além disso, é duvidoso que se possa designar como claramente "cristão" algum conjunto de crenças e práticas. Se examinarmos a igreja ao longo de várias épocas e culturas, veremos que, em todos os lugares e tempos, os cristãos não têm acreditado nas mesmas coisas nem agido da mesma maneira.[16]

Assim, é discutível se os objetivos da teologia linguístico-cultural são viáveis. Se as culturas não são nem totalmente fechadas nem autossuficientes, e se não é possível identificar um núcleo estável de prática cristã, então é difícil entender como a prática da igreja pode servir de norma. Embora Lindbeck afirme que os cristãos aprendem a falar, agir e pensar como cristãos pela participação no modo de vida da igreja, "não há uma forma linear que permita especificar quem são os atores competentes".[17] Nem há uma maneira fácil de extrair um conjunto estável de regras derivadas das muitas formas de prática cristã concreta nem de aplicar o mesmo conjunto de regras a situações culturais diversas e muitas vezes confusas: "Portanto, recorrer às normas comunitárias não garante, como desejariam os pós-liberais, estabilidade sob as formas mutáveis da história".[18]

Quais são as direções para compreensão e atuação no drama da redenção que contam, e por quê? É importante que a igreja se guarde dos ídolos; é mais importante obedecer a Deus que aos homens. Onde, então, Deus expressa sua vontade? Não se trata de escolher entre as Escrituras e a tradição, muito menos entre as Escrituras e a igreja: "Igreja, evangelho e tradição ficam todos de pé ou caem todos juntos".[19] A finalidade dos vários capítulos da segunda parte é dar uma descrição canônica e dogmática das relações entre as Escrituras, a igreja, o Espírito Santo e a tradição. A relação entre as Escrituras e a tradição, em especial, parece diferente se considerarmos a Bíblia não como um conjunto de verdades propositivas, mas como um roteiro que mapeia o caminho da verdade e da vida.

Por que o drama da redenção tem de ser "canônico"? Porque a igreja precisa saber como discernir quais de suas práticas fazem realmente parte da economia divina e quais não fazem. Falar de uma abordagem canônico-linguística da teologia é ter certeza de que o que se passou às gerações futuras são práticas dominicais e apostólicas corporificadas e preservadas nas Escrituras canônicas. Assim, as práticas para as quais a teologia aponta são tanto geradas quanto regidas pelo cânon. Como veremos, o *próprio cânon é uma expressão do senhorio de Jesus Cristo por meio do Espírito Santo*. Todavia, a guinada para o cânon não pode ser plenamente valorizada sem que primeiro se considerem dois problemas de outra forma insuperáveis para a teologia e para a igreja.

---

[15]Sheila Geeve Davaney, "Theology and the turn to cultural analysis", in: Delwin Brown; Sheila Geeve Davaney; Kathryn Tanner, orgs., *Converging on culture: theologians in dialogue with cultural analysis and criticism* (Oxford: Oxford University Press, 2001), p. 5.

[16]Kathryn Tanner afirma que a identidade cristã não é uma conquista garantida, mas uma tarefa contínua (*Theories of culture* [Minneapolis: Fortress, 1997], p. 153-5).

[17]Ibid., p. 142.

[18]Ibid., p. 141.

[19]J. A. Möhler, citado em Josef Rupert Geiselmann, *The meaning of tradition* (New York: Herder and Herder, 1966), p. 23.

O problema da autoridade

O primeiro problema é facilmente declarado: "Existe alguma fonte de verdade religiosa que seja acessível e totalmente digna de crédito? Se existe, que fonte é essa?"[20] Falar e agir em nome de Deus é, em última instância, apelar mesmo que indiretamente à autoridade divina, a única justificativa "além da qual nada maior pode ser concebido". É justamente por essa razão que alegações de autoridade devem ser feitas com muito cuidado: "Apelar à autoridade de Cristo como algo exclusivo é a mais antiga tentação do cristianismo".[21] Não há maior autoridade do que "pois Deus assim o diz". Mas fica a pergunta: *Qual* "assim o diz" fala em nome de Deus?

Agostinho e os pais da igreja em geral situam a autoridade divina nas Escrituras: "Estes são os escritos de autoridade excepcional nos quais depositamos nossa confiança quanto às coisas que precisamos conhecer para o nosso bem, mas que, todavia, somos incapazes de descobrir por nós mesmos".[22] Agostinho reconhece "uma nítida linha divisória que faz separação entre todas as produções posteriores aos tempos apostólicos e os livros canônicos autorizados do Antigo e do Novo Testamento".[23] Atanásio, da mesma forma, "acreditava na suficiência e primazia das Escrituras para fins doutrinários [...] mostrando que ele desejava comprovar a tradição com base nas Escrituras".[24] É claro que mesmo as Escrituras autorizadas precisam ser interpretadas. De acordo com Lindbeck, a igreja normalmente tem sido atraída por uma entre três opções de interpretação: "As escolhas tendem a variar entre três extremidades, a saber, o magistério eclesiástico, a tradição comum imutável e a interpretação particular ou, em uma expressão mais concreta e imprecisa, Roma, Constantinopla e Wittenberg/Genebra".[25]

Um número cada vez maior de protestantes encontra-se hoje na trilha de Constantinopla. Wittenberg/Genebra, ao contrário, é um mercado com excesso de oferta; os preços de propriedade intelectual nessas duas cidades da Reforma podem ter atingido os níveis mais baixos da história. Pois como podem os indivíduos, eunucos ou não, entender a Bíblia a menos que alguém os oriente? A autoridade divina é um conceito poderoso demais para ser deixado ao arbítrio ou manipulação do indivíduo. Sem dúvida, o melhor exemplo disso encontra-se em *Wieland*, obra de ficção escrita em 1798 por Charles Brockden Brown, o chamado pai do romance americano. Wieland, protagonista da história, é filho de um fanático religioso. O que Wieland quer acima de

---

[20]Rupert E. Davies, *The problem of authority in the continental reformers: a study in Luther, Zwingli, and Calvin* (Westport: Hyperion, 1979), p. 9.

[21]Marilynne Robinson, *The death of Adam: essays on modern thought* (New York: Mariner Books, 1998), p. 110.

[22]Augustine, *De civitate Dei* 11.

[23]Augustine, *Contra Faustum Manichaeum* 11.5, citado por Robert Eno, "Authority", in: Allan D. Fitzgerald, org., *Augustine through the ages: an encyclopedia* (Grand Rapids: Eerdmans, 1999), p. 80.

[24]R. O. C. Hanson, "Basil's doctrine of tradition in relation to the Holy Spirit", *Vigiliae Christianae* 22 (1968): 243.

[25]George Lindbeck, "Postcritical canonical interpretation: three modes of retrieval", in: Christopher Seitz; Kathryn Greene-McCreight, orgs., *Theological exegesis: essays in honor of Brevard S. Childs* (Grand Rapids: Eerdmans, 1999), p. 39.

tudo é a direção divina para sua vida: "É desnecessário dizer que Deus é o objeto de minha paixão suprema [...] Estou sedento do conhecimento de sua vontade".[26]

O dilema de Wieland era o da nova nação da América: De onde vem a orientação para o futuro: da fé ou da razão? No caso de Wieland, ela vem na forma de uma voz audível, uma resposta à sua oração sincera: "Ó! Que eu possa ser admitido à tua presença; que minha alegria suprema seja conhecer tua vontade e realizá-la! O bem-aventurado privilégio da comunicação direta contigo e de escutar a enunciação audível de tua vontade".[27] Com o tempo, o romance esclarece que a voz que Wieland ouve é na verdade a de Carwin, um meliante que domina as artes da mímica e ventriloquia. O pior é que Wieland não entende as palavras e deduz que tem de sacrificar sua esposa e filhos como prova de sua obediência à vontade divina. Tragicamente, nenhuma voz divina detém sua mão, como no caso de Abraão. *Wieland* é, portanto, um conto que adverte a não confundir a voz humana com a voz de Deus.

Será que os reformadores, com seu princípio do sacerdócio dos crentes, conseguiram se sair melhor? De acordo com seus críticos da época, não. O foco de Lutero na palavra de Deus como aquela que prega Cristo cria um problema prático: Como saber quais partes da Bíblia pregam Cristo? O que parece ser uma autoridade objetiva — a palavra de Deus — acaba revelando-se um subjetivismo disfarçado. O problema com o protestantismo, como a polêmica entre Peterson e Harnack deixou claro, é que, na prática (mas não em princípio), a autoridade se situa no indivíduo que lê. Apelar à clareza das Escrituras não ajuda quando o problema é o conflito de interpretações: "Ou [Lutero] admite que não sabe o que a Palavra de Deus significa [...] ou então se submete a uma interpretação da Palavra (sua ou de outra pessoa) em lugar de outra e mergulha nas profundezas do subjetivismo".[28]

Os críticos do *sola Scriptura* costumam afirmar praticamente a mesma coisa. Situar a autoridade divina em uma lista de livros não resolve o problema, mas o agrava, visto que o próprio cânon não pode evitar o conflito de interpretações em torno de seu significado. Quem está em condições de fornecer a interpretação autorizada? "Quer Newman esteja certo ao pensar que o protestantismo degenera em subjetivismo ('juízo privado'), quer não, o protestantismo não tem a estabilidade e coerência *estruturais* que lhe permitiria fixar o que é normativo ou essencial" (quem poderia fazê-lo?).[29] Embora o cânon esteja (mais ou menos) fixado, a sua interpretação não está.

Talvez a autoridade resida no evangelho: *sola euangelia*! Essa é uma boa e adequada consequência do que temos argumentado até agora, a saber, que a teologia cristã procura colocar-nos no caminho da verdade e da vida. No entanto, isso só empurra o problema da autoridade um passo atrás. A pergunta agora é: *Onde* está o evangelho, e *quem diz* o que ele significa? O conceito de autoridade está relacionado ao de autoria e origem: a igreja é autora do evangelho, ou seria o evangelho autor da

---

[26]Charles Brockden Brown, *Wieland* (New York: Penguin, 1991), p. 187.
[27]Ibid., p. 189.
[28]Davies, *Problem of authority*, p. 58.
[29]Daniel Raul Alvarez, "On the impossibility of an Evangelical theology", *Theology Today* 55 (1998): 192.

igreja? Lutero e Calvino viam a igreja como mãe de todos os cristãos, mas também como filha do evangelho. Nas palavras de Lutero: "é somente por meio do evangelho que a igreja é concebida, formada, nutrida, nasce, é treinada, alimentada, vestida, adornada, fortalecida, armada e preservada".[30] O presente livro argumenta que só as Escrituras canônicas constituem o meio necessário de preservação da integridade do evangelho. Em última instância, o *sola Scriptura* serve ao *sola euangelia*.

No entanto, hoje um número cada vez maior de teólogos deseja situar a autoridade na igreja, lugar onde o Espírito de Deus habita. Segundo os pós-liberais, o que é autorizado é o *uso* das Escrituras na igreja dirigido pelo Espírito. Contudo, ao mesmo tempo é interessante e irônico que a própria igreja durante séculos tenha sustentado que o Espírito fala também *nas Escrituras*. A teologia canônico-linguística nunca é mais universal do que quando afirma que a autoridade primeira e definitiva é esse testemunho humano de Cristo nas Escrituras dirigido pelo Espírito.

A autoridade divina, no final das contas, pertence somente a Deus. A questão premente que esse truísmo levanta, mas não responde, diz respeito ao lócus de tal autoridade. No entanto, o voltar-se para o cânon é motivado apenas em parte pela necessidade de responder a essa pergunta. As Escrituras não são autorizadas simplesmente porque a igreja precisa de um critério, mas porque elas fazem parte da economia reveladora e redentora do Deus trino e uno. O cânon é o lócus da ação comunicadora de Deus — passada, presente e futura —, o meio divinamente aprovado pelo qual Deus exerce sua autoridade sobre a igreja. É principalmente na leitura que a igreja faz das Escrituras que o Cristo ressurreto, por meio de seu Espírito, exerce seu domínio sobre a igreja. A guinada canônica não significa veneração de um objeto religioso com propriedades quase divinas. Antes, significa a igreja se encontrando com seu Senhor ressurreto por meio do testemunho de suas testemunhas comissionadas.

O problema da identidade

Como saber se a igreja continua a pregar o *mesmo* evangelho, à medida que chega a novos tempos e lugares? Como saber se estamos participando do *mesmo* drama, já que o cenário cultural e a linguagem são tão diferentes? Esse segundo problema de identidade é *o problema de saber se o evangelho, quando passado adiante, foi ou não preservado*.

O cristianismo subentende uma relação com o evento que o fundou e lhe deu nome: o evangelho de Jesus Cristo. O apóstolo Paulo adverte seus leitores para que não venham a seguir um evangelho "diferente" (Gl 1.6). O que, então, constitui "mesmidade" ou "continuidade" em relação ao evangelho de Jesus Cristo? Continuidade é um conceito complexo, mas é importante demais e precisa ser definido, pois a forma da fidelidade cristã em grande parte depende de como o entendemos. O que exatamente permanece o mesmo: as ideias e o conteúdo cognitivo? Os sentimentos e a experiência? A linguagem e a prática? Essas são as três possibilidades associadas respectivamente à teologia propositiva, expressivista-experiencial e linguístico-cultural. A teologia canônico-linguística, em contrapartida, insiste em uma quarta estratégia

---

[30]Citado em David W. Lotz, "Sola Scriptura: Luther on biblical authority", *Interpretation* 35 (1981): 262.

que preserva o melhor das outras três: a continuidade *teodramática*. O que importa nessa quarta estratégia é que a igreja dá continuidade às missões — o caminho, a verdade e a vida — do Filho e do Espírito.

Identidade e tradição

Jesus Cristo pode ser o mesmo ontem, hoje e sempre, mas não os modos pelos quais ele é compreendido. "Tradição" é a maneira segundo a qual a identidade cristã se mantém em tempos e lugares distintos. A missão da tradição é fazer "a mediação do passado".[31] Tradição é "a transmissão da Bíblia e, mais especificamente, de sua interpretação, ao longo dos séculos do cristianismo";[32] é "a arte de passar o evangelho adiante".[33] Problemas surgem quando, no processo de transmissão, há mudança no produto da tradição — uma doutrina, uma prática. A *alteridade* do passado está constantemente em perigo de ser obscurecida porque ele é estudado, classificado e organizado de acordo com interesses do presente. O desafio da tradição é se relacionar com o passado sem anular sua alteridade.[34] Como a igreja pode mediar a revelação de Deus em Jesus Cristo para as pessoas de hoje, que falam línguas diferentes e vivenciam culturas distintas? Como a igreja pode ser fiel ao passado — à história de Jesus Cristo — enquanto é inevitavelmente diversa?

A igreja não pode parar o tempo nem o desenvolvimento. Não é preciso ser discípulo de Heráclito para perceber que as coisas mudam. É por isso que a igreja não pode simplesmente repetir o que foi falado e praticado no passado. Repetir as palavras em uma nova situação é, na verdade, dizer algo diferente. O desafio não é tanto resistir à mudança quanto mudar de uma forma que seja fiel aos primórdios do cristianismo, ainda que diferente deles. Tradição é a tentativa da igreja de negociar essa tensão entre "mesmidade" e "diferença", uma tentativa que visa a um tipo de *repetição não idêntica*: "O movimento cristão é sempre o reconhecimento de uma situação específica e da necessidade de um novo passo à frente".[35]

Tudo depende da forma como se entende "identidade" e "mesmidade". Que diferenças podem existir entre duas tradições interpretativas sem que se perca a percepção de que elas são a mesma coisa? John Thiel afirma existirem diferentes "sentidos" da tradição, assim como há diferentes "sentidos" das Escrituras.[36] O sentido "literal" da tradição, ele sugere, é o depósito de crenças e práticas que dá à igreja uma identidade estável. Esses ensinamentos funcionam como uma representação "literal" da verdade divina. Em contraposição a esse quadro, Thiel afirma que o suposto sentido

---

[31] Colin Guton, *A brief theology of revelation* (Edinburgh: T. & T. Clark, 1995), p. 102.
[32] John E. Thiel, *Senses of tradition: continuity and development in catholic faith* (Oxford: Oxford University Press, 2000), p. 13.
[33] George H. Tavard, *Holy writ or holy church: the crisis of the Protestant Reformation* (New York: Harper and Brothers, 1959), p. 3.
[34] Michel de Certeau, *The writing of history* (New York: Columbia University Press, 1988).
[35] Michel de Certeau, "How is christianity thinkable today?", in: Graham Ward, org., *The postmodern God: a theological reader* (Oxford: Blackwell, 1997), p. 151.
[36] Veja Thiel, *Senses of tradition*. Thiel está aludindo à tendência medieval de ver quatro tipos ou níveis de significado diferentes no texto bíblico: literal, espiritual, moral e escatológico.

literal da tradição *já* é uma interpretação. Sua aparente obviedade diz mais sobre o pensamento comum da igreja do que sobre a intenção divina nas Escrituras. O sentido literal da tradição, em outras palavras, expressa o consenso da igreja durante um longo período de tempo. Esse consenso é relativamente estável, mas não estático; ele poderia mudar e mudou. Quando ele realmente muda, a igreja é forçada a repensar o que ela quer dizer com continuidade.

Thiel acredita que a igreja não tem uma perspectiva *para além* da história a partir da qual avaliar as mudanças *na* história. Por certo há um depósito de verdade nas Escrituras; todavia, nós o vemos como por um espelho, em enigma. É um erro conceber tradição como se alguém tivesse um ponto de vista divino. Segue-se que a igreja não está em condições de decidir antecipadamente quais novos desenvolvimentos são coerentes com o antigo, nem como o antigo deve permanecer, nem quais partes do antigo devem desaparecer. De acordo com Thiel, a igreja não tem como distinguir com certeza entre a essência da tradição — o conteúdo que permanece "o mesmo" — e as diferentes formas históricas nas quais esse conteúdo deve ser expresso. Aqueles que estão totalmente envolvidos com a tradição não têm condições de saber com antecedência quais elementos possibilitarão continuidade e quais não.

O que aqueles que defendem o sentido literal da tradição deixam de levar em conta é que, às vezes, fidelidade requer mudança, não mesmidade. A tradição viva exige tanto constância quanto renovação. A tradição se desenvolve de formas que algumas vezes mantêm continuidade com o que se passou, outras vezes não. Para Thiel, a história da tradição não é tanto uma narrativa épica, mas uma alegoria pós-moderna na qual o novo e diferente pode ser produtivo. O aparecimento da novidade não destrói o passado, mas obriga a igreja a reconfigurá-lo sob a luz dos novos desenvolvimentos.

Identidade e alteridade: o desenvolvimento da doutrina

A tradição vive; a doutrina se desenvolve; a igreja continua a interpretar as Escrituras. Não importa como é formulada, a tarefa de alcançar a identidade cristã está ligada à capacidade de ser fiel ao teodrama em situações novas e diferentes. Precisamos admitir três teses afins envolvidas nessa dialética de mesmidade e alteridade. Primeira, algum tipo de diferença é inevitável porque a igreja caminha através do espaço e do tempo. Segunda, certas diferenças ameaçam a mesmidade e minam a fidelidade; a doutrina heterodoxa nos orienta para outro evangelho e nos convida a participar de outro drama. A terceira tese, e a mais importante, é que algumas diferenças são expressões de fidelidade e podem levar a um maior entendimento. A presente alegação, a ser fundamentada nos capítulos seguintes, é que "as práticas canônicas são o melhor critério que a igreja tem para determinar os tipos das diferenças.[37]

---

[37]Uma prática canônica é uma prática comunicadora do cânon. Melhor, é uma forma habitual de discurso utilizada pelos autores do cânon, humanos e divino. De forma alguma pretendo endossar o que Nicholas Wolterstorff rotulou, e depois desconstruiu, como "o sentido do texto" (*Divine discourse* [Cambridge: Cambridge University Press, 1995], p. 171-83). A exemplo de Wolterstorff, entendo as Escrituras da perspectiva do discurso autoral. Uma prática canônica, então, é uma forma habitual do discurso autoral, uma forma de atividade comunicadora estabelecida por meio da qual autores e leitores se relacionam. Veja o capítulo 7.

Antes de prosseguir, cabe um esclarecimento. Paul Ricoeur, em seu estudo da individualidade, distingue dois significados de identidade por seus equivalentes latinos: *idem* e *ipse*. A identidade-*idem* é a identidade da mesmidade ou permanência no tempo. Essa é a mesmidade de identidade numérica: "Dizemos que duas ocorrências de uma coisa [...] não formam duas coisas diferentes, mas 'uma e a mesma' coisa".[38] Identidade-*idem* é *mesmidade*, mais bem interpretada no sentido de um "o que" (e.g., uma substância imutável) e não de um "quem". É claro que não há lugar para diferença nem desenvolvimento se a identidade é uma questão de permanência no tempo. Vamos, portanto, chamar o tipo *idem* de "identidade dura", dando à palavra "dura" a conotação de imutabilidade e permanência.

Deveria o desenvolvimento da doutrina ser entendido da perspectiva da identidade-*idem*? O perigo de igualar identidade e mesmidade imutável é que a tradição torna-se um tradicionalismo imóvel que preserva o passado e procura reproduzi-lo. Agarrar-se a formulações passadas, no entanto, não fornece orientação suficiente para a igreja. Pense outra vez na controvérsia ariana. De quem era a cristologia que mais podia alegar ser a "mesma" do Quarto Evangelho? A de Ário ou a de Atanásio? Aqui está uma situação em que não basta simplesmente repetir as palavras bíblicas: "A crise nicena em torno do termo não bíblico *homoousios* ressaltou a insuficiência de uma teologia de repetição".[39] A identidade-*idem* estimula a repetição do passado, que é acrítica, pouco informativa e destituída de imaginação.[40]

Contrapondo-se à automesmidade da identidade-*idem* está a identidade-*ipse* ou "branda" de um eu. Esse tipo de mesmidade identifica-se mais com *narrativa* do que com identidade numérica. Pois a identidade pessoal (o "mesmo eu") permite desenvolvimento, crescimento, talvez até certo grau de mudança de uma forma que não se aplica à identidade-*idem* ou "dura" ("eu-mesmo"). Ricoeur admite que, ao longo do tempo, há dois tipos de permanência adequados às pessoas (e, como veremos, às doutrinas também). O primeiro é o "caráter": "O conjunto de traços permanentes pelos quais uma pessoa é reconhecida".[41] Como Ricoeur admite, *idem* e *ipse* nunca se aproximam tanto quanto na noção de caráter: "O caráter é verdadeiramente o 'quê' do 'quem'".[42] Assim, há um grau de estabilidade nas pessoas que não é diferente da estabilidade das coisas imutáveis. Será que não poderíamos dizer algo semelhante sobre o "caráter", digamos, da tradição reformada? Como veremos, as tradições também são feitas de traços, ou melhor, de práticas e crenças habituais.

---

[38]Paul Ricoeur, *Oneself as another*, tradução para o inglês de Kathleen Blamey (Chicago: University of Chicago Press, 1992) [edição em português: *O si-mesmo como outro* (São Paulo: Martins Fontes, 2014)], p. 116. Ricoeur está lidando com a questão da identidade pessoal, mas, por razões que ficarão claras, acredito que a distinção valha também para a interpretação textual.

[39]Alister E. McGrath, *The genesis of doctrine* (Grand Rapids: Eerdmans, 1997), p. 6.

[40]A mesmidade-*idem* equivale ao que Kant chamou de imaginação "reprodutiva", cujo objetivo é replicar imagens de objetos ausentes. No que se segue, vou defender o uso legítimo de uma imaginação *produtiva*, embora, no final das contas, seja um uso controlado pelo cânon.

[41]Ricoeur, *Oneself as another*, p. 121.

[42]Ibid., p. 122.

Ricoeur postula um segundo aspecto da identidade-*ipse*, outro modelo de permanência através do tempo, além daquele do caráter: "É o aspecto da manutenção da palavra por fidelidade à palavra empenhada".⁴³ A continuidade do caráter é uma coisa, mas a constância de um eu confiável é outra coisa; ambas se contrapõem de forma marcante à mesmidade exata de fórmulas repetidas. Embora até aqui ainda não tenha ficado de todo claro como a tradição da igreja e o desenvolvimento da doutrina são exemplos de identidade-*ipse*, esta acabará sendo a alegação canônico-linguística.⁴⁴ Por enquanto, basta dizer que este último sentido de identidade-*ipse* é inteira e especialmente compatível com o padrão de promessa e cumprimento que caracteriza a relação do Antigo Testamento com o Novo e, portanto, caracteriza a unidade do cânon.

Identidade e improvisação: cânon e contextualização cultural

A igreja não pode contentar-se com repetições idênticas. Ela não é chamada a encenar a mesma cena repetidamente, mas a introduzir o evangelho em novas situações. Para ser fiel em seu testemunho, a igreja deve sempre ser diferente. Na verdade, às vezes ela deve até mesmo *improvisar*.

À primeira vista, não há duas noções mais contrastantes do que identidade e improvisação. Certamente não há lugar para improvisação na identidade-*idem*. Esta implica imutabilidade. Com a identidade-*ipse*, pelo contrário, há de fato espaço para improvisação. A improvisação não deve ser colocada em pé de igualdade com a mera inovação ou com simplesmente ser original; pelo contrário, a improvisação depende de preparo, habilidades narrativas e a noção do que é apropriado dizer e fazer em determinada situação.⁴⁵

Alguns teólogos podem resistir à sugestão de que a igreja precisa improvisar. Temos um roteiro; isso basta para aprendermos nossas falas. No entanto, a memorização mecânica de uma fala fica aquém do entendimento. Os arianos podiam aceitar a declaração de Jesus "Eu e o Pai somos um" (Jo 10.30), mas coube a Atanásio explicar o que essas palavras significavam. *Homoousios* foi a resposta "improvisada" de Atanásio para a nova questão relativa à natureza do Filho de Deus. A resposta foi improvisada, não a partir do nada, mas do roteiro canônico, de passagens que afirmavam ser o filho "unigênito" e outras afins.

A igreja *sempre* tem de improvisar, e não o faz por desejo de ser original, mas por desejo de ministrar o evangelho em novos contextos. A teologia contextual — "a tentativa de compreender a fé cristã da perspectiva de determinado contexto"⁴⁶

---

⁴³Ibid., p. 123.

⁴⁴Adiantando um pouco o assunto, a constância da tradição reside no fato de ela ser uma obra do Espírito autoconstante, que mantém sua "Palavra".

⁴⁵Na terceira parte, examinaremos com mais detalhes o papel da improvisação no labor teológico. Cf. Wells: "A improvisação não consiste em ser espontâneo e genial no momento, mas em confiar que faremos e diremos o óbvio" (*Improvisation: the drama of Christian ethics* [Grand Rapids: Brazos, 2004], p. 12).

⁴⁶Stepehn B. Bevans, *Models of contextual theology* (Maryknoll: Orbis, 1992), p. 1.

— é inevitável, pois a igreja sempre vivencia locais e tempos específicos. "Cultura" refere-se às crenças, valores e práticas que, juntos, caracterizam a vida humana em um lugar e momento específicos. A cultura monta o palco, organiza o cenário e fornece os adereços cênicos necessários à ambientação para a atividade teológica. É claro que é possível conferir peso ou autoridade demais à situação atual. Teologias revisionistas privilegiam tanto valores e crenças atuais, que as alegações da tradição, e muitas vezes até da Bíblia, ficam totalmente obscurecidas. Mas isso não é desculpa para desprezar a cultura por completo.

Contextualização não é coisa nova. O próprio evangelho apresenta-se com a embalagem da cultura judaica da Palestina do primeiro século. A encarnação, a surpreendente apropriação da humanidade por parte de Deus, talvez seja o exemplo supremo de contextualização. A igreja precisa tanto adaptar o evangelho a contextos específicos quanto preservar sua integridade, possibilitando assim que ele seja atraente enquanto continua "o mesmo". Além disso, a teologia precisa contextualizar a fim de abordar novas questões. Obviamente, precisamos de critérios para nos ajudar a determinar em que ponto as diferenças sobrepujam a mesmidade da identidade-*ipse* e tornam-se outra coisa, deixando de ser o evangelho. A teologia canônico-linguística privilegia os critérios canônicos, mas não separados das considerações do contexto cultural.[47] Como veremos, considerações de cultura e contexto fazem parte do próprio cânon, pois juntar a cultura com o evangelho é uma prática canônica básica.

A teologia canônico-linguística molda a identidade cristã em novas situações ao olhar para o cânon tanto como catalisador quanto critério para a "fidelidade criativa" e para a "espontaneidade regulamentada". *As direções traçadas pelas especificações normativas das Escrituras para o teodrama capacitam a igreja a improvisar como se fosse com um roteiro*. É justamente adquirindo competência canônica que nos habilitamos a ser criativos e fiéis em novos contextos. A melhor ilustração dessa fidelidade criativa vem, de forma inesperada, da prática da tradução bíblica.

Identidade e manutenção da Palavra de Deus: por uma tradução viva

A identidade da igreja está ligada à sua missão não apenas de preservar o evangelho, mas de transmiti-lo aos povos de todas as culturas do mundo. Em outras palavras, a identidade cristã *é* a missão cristã e, portanto, transmissão. Na verdade, a história do cristianismo é em grande parte a história da transmissão transcultural. Andrew Walls argumenta que o cristianismo teria morrido há muito tempo se não fosse por sua extraordinária capacidade de ser "traduzido" para diferentes culturas. A metáfora da

---

[47]Christopher Morse oferece três critérios de constância: continuidade com a tradição apostólica, congruência com as Escrituras e catolicidade (*Not every spirit: a dogmatics of Christian belief* [Valley Forge: Trinity Press, 1994], p. 45-70). O critério de Alister McGrath, a história de Jesus Cristo mediada nas Escrituras e na tradição (*Genesis of doctrine*, p. 193), expressa algo semelhante. Para Morse, no entanto, as doutrinas devem também apresentar certa fidelidade ao contexto atual da igreja. Assim, ele também oferece o que chama de três "critérios de renovação": consonância com a experiência, conformidade com a consciência e "crucialidade" na situação atual.

tradução atribui um lugar privilegiado ao discurso canônico: o evangelho registrado por escrito.⁴⁸

Críticas de tradução

Os leitores mais atentos poderão, a essa altura, se sentir perplexos, ou até completamente enganados. A tradução, entre todas as formas de conceber a identidade, parece ser uma das mais conservadoras, tendendo até mesmo a uma concepção *idem* de significado. A tradução, no entanto, está longe de ser uma ciência "exata": "Ninguém, quando usa uma palavra, está pensando exatamente na mesma coisa que outra pessoa, e a diferença, por pequena que seja, repercute por toda a linguagem [...] Portanto, todo entendimento é sempre ao mesmo tempo um mal-entendido".⁴⁹

David Kelsey faz o que talvez seja a mais aguda crítica da tradução como metáfora para descrever a maneira pela qual os teólogos fazem uso das Escrituras. Na tradução, a autoridade encontra-se com o texto de origem; a tradução é um produto meramente derivado. Os teólogos que consideram a metáfora da tradução irresistível tendem a ser aqueles que veem a Bíblia como um depósito de revelação: "o conteúdo da revelação é o que a teologia deve explicar".⁵⁰ Kelsey alega que a tradução se tornou o "retrato-padrão" do relacionamento entre Bíblia e teologia, mas ele considera isso uma grande ilusão. Sua análise de como os teólogos de fato usam as Escrituras o leva a concluir que "tradução" não abrange os casos em que há *descontinuidade conceitual* entre o que as Escrituras dizem e o que as proposições teológicas dizem: "O uso metafórico de 'tradução' pressupõe uma continuidade de 'sentidos' entre a proposição teológica e as Escrituras".⁵¹ É importante observar que Kelsey está aqui partindo do princípio de que uma tradução é competente na medida em que "foi capaz de preservar os mesmos conceitos".⁵² É claro que, por definição, "passar de uma conceitualização para outra é *mudar* os conceitos".⁵³ No entanto, parece que Kelsey conhece apenas a identidade-*idem*. Além disso, ele parte da premissa de que se traduzem "conceitos".

A noção de tradução de Kelsey é muito estreita. Já defendemos um entendimento mais flexível e graduado de "mesmidade" da perspectiva de identidade-*ipse*.

---

⁴⁸Andrew Walls baseia a missão da igreja na "tradução" que Deus faz de si mesmo para a humanidade na pessoa de Jesus Cristo (*The missionary movement in Christian history: studies in the transmission of faith* [Maryknoll: Orbis, 1996], p. xvii).

⁴⁹Wilhelm von Humboldt, citado em Fred E. Jandt, *Intercultural communication: an introduction*, 3. ed. (Thousand Oaks: Sage Publications, 2001), p. 148. Apesar de suas diferenças, filósofos analíticos como Quine e filósofos pós-estruturalistas como Derrida concordam com a indeterminação da tradução. Responder a essa acusação está fora do escopo deste livro. Encaminho os leitores interessados ao meu livro anterior, *Is there a meaning in this text?* (Grand Rapids: Zondervan, 1998) [edição em português: *Há um significado neste texto?* (São Paulo: Vida, 2005)]. Concordo com George Steiner que a tradução é uma forma de interpretação. A equivalência absoluta entre texto de partida e traduções/interpretações pode estar fora do nosso alcance, mas a competência não está.

⁵⁰Kelsey, *Proving doctrine*, p. 185.
⁵¹Ibid., p. 186.
⁵²Ibid., p. 188.
⁵³Ibid.

Além disso, como veremos na terceira parte, o que deve permanecer o mesmo entre as Escrituras e as proposições teológicas não são necessariamente "conceitos", mas "juízos", porque é possível dizer a mesma coisa com termos diferentes. No final das contas, o que a teologia "passa adiante" é a ação comunicadora divina, ação que compõe o teodrama único. A teologia preserva o evangelho quando dá continuidade à ação dialógica. Dada a natureza contínua do teodrama, teólogos que apelam para as Escrituras devem pensar sob a luz da mesmidade *ipse* em vez da mesmidade *idem*. A teologia é "segundo as Escrituras" quando passa adiante e participa do "mesmo" (*ipse*) *teodrama*. No fundo, o que está em jogo na tradução é a possibilidade de preservar a palavra de Deus.

Transmissão como tradução

"Dar sequência ao mesmo drama evangélico em novas situações..." O que mais essa frase descreve senão a transmissão do evangelho na história das missões cristãs? A missão da igreja — a história de como a participação cristã no mesmo drama trino assume diferentes formas em épocas e lugares distintos — *é* tradução. No entanto, ela começa com a missão de Deus ao mundo: "A fé cristã repousa em um ato divino de tradução: 'o Verbo se fez carne, e habitou entre nós' (Jo 1.14)".[54] Nossa confiança na traduzibilidade do evangelho repousa no ato de tradução previamente realizado por Deus.

Cada fase da história cristã viu certa transformação da fé quando esta entrou em contato com outras culturas. A fé não se tornou "outra"; apenas ficou "diferente". Não é à toa que a cultura tem sido denominada "a área de trabalho da teologia cristã".[55] A história da missão da igreja, assim, desmente a ideia de mesmidade *idem*: "Não existe essa coisa chamada 'cultura cristã' ou 'civilização cristã' no mesmo sentido de uma cultura muçulmana [...] A razão para isso reside na infinita traduzibilidade da fé cristã".[56] Os cristãos devem traduzir o evangelho para as línguas, formas de pensamento e práticas de outras culturas: "Talvez nenhuma outra atividade específica represente mais claramente a missão da igreja".[57] Tradução é a interpretação da ação comunicadora do roteiro em novas situações. O objetivo da tradução é encenar o caminho, a verdade e a vida em novos cenários, para que Cristo viva dentro de novos contextos. Como metáfora da continuação do drama da redenção pela igreja, a tradução tem a habilidade de responder igualmente pelo desenvolvimento da doutrina e pela contextualização cultural.

O que em última análise é traduzido é o teodrama: um padrão de ação dialógica evangélica; um caminho de verdade e vida. Walls com razão reluta em situar mesmidade ou identidade apenas em termos conceituais ou mesmo confessionais. Os concílios ecumênicos dos primeiros cinco séculos, a que outros teólogos apelam como padrão do cristianismo histórico, representam para Walls apenas a segunda de

---

[54] Walls, *Missionary movement*, p. 26.
[55] Ibid., p. 146.
[56] Ibid., p. 22.
[57] Ibid., p. 28.

seis fases da história cristã. Sua especificidade cultural os desqualifica como norma e critério de todos os outros tempos e lugares. Contudo, Walls é capaz de identificar certas convicções fundamentais que se expressam independentemente das formas culturais específicas que venham a ser palco para a fé cristã:

- o valor supremo de Jesus de Nazaré;
- a adoração do Deus trino e uno, que também é o Deus de Israel;
- o uso especial das mesmas Escrituras;
- o uso especial de água, pão e vinho;
- uma consciência de cada grupo local de crentes de que eles estão de certa forma em uma relação de continuidade com o antigo Israel bem como ligados ao novo povo de Deus que transcende o tempo e o espaço.[58]

As melhores traduções conseguem mais do que uma repetição rígida do conteúdo conceitual original; as melhores traduções atingem uma *constância* comunicadora que preserva, e às vezes até desenvolve, nosso entendimento do original. O próprio curso de transmissão do evangelho trouxe mais entendimento à igreja: "À medida que Paulo e seus colegas missionários explicam e traduzem a importância de Cristo em um mundo gentio e helenístico, percebe-se que essa importância é maior do que se imaginava. É como se o próprio Cristo na verdade crescesse por meio da obra de missões".[59] O que Walls descreve como "crescimento de Cristo" é um exemplo marcante de identidade-*ipse*: "Trata-se de um paradoxo encantador o fato de que quanto mais Cristo for traduzido para as várias formas de pensamento e sistemas de vida que formam as diversas identidades nacionais, mais ricos todos seremos em nossa identidade cristã comum".[60] A missão não é simplesmente transportar o mesmo conteúdo para diferentes nações; em parte, a jornada missionária é uma viagem de descoberta: "Nos estudos missiológicos percebemos que a teologia está 'a caminho' e entendemos sua natureza 'eventual', seu caráter como resposta à necessidade de tomar decisões cristãs".[61] O "movimento" de missões sinaliza seu caráter *ipse*, não *idem*.

Podemos aqui recordar que o princípio das Escrituras revisto no coração da presente proposta trata a Bíblia como muito mais do que um manual de informações. A Bíblia narra o drama da redenção, mas vai muito além, pois não apenas retrata, mas *encena* os propósitos comunicadores de Deus. As Escrituras são a palavra divina viva e ativa que Deus usa para fazer muitas coisas. "Manter a palavra de Deus" é mais do que preservar o mesmo conteúdo conceitual. Assim como a encarnação é o "grande ato de tradução", em que Deus revela sua identidade-*ipse* mantendo sua Palavra de uma maneira nova, da mesma forma os casos de tradução transcultural do evangelho também podem ser considerados exemplos de "manutenção da palavra de Deus".

---

[58] Ibid., p. 23-4.
[59] Ibid., p. xvii.
[60] Ibid., p. 54. Assim como a tradução do evangelho para a cultura grega enriqueceu os antigos cristãos, Walls também acredita que a entrada do evangelho em culturas africanas haverá de enriquecer a igreja de hoje (p. 146).
[61] Ibid., p. 146.

O processo de tradução do evangelho para diferentes culturas reúne tanto *constância* quanto *criatividade*: em suma, fidelidade criativa — a transmissão do evangelho.

Na teoria secular da comunicação, a linguagem é essencial para a identidade nacional. Jacob Grimm, um dos irmãos responsáveis pela reunião dos contos de fadas que leva seu nome, disse que "uma nação é a totalidade de pessoas que falam a mesma língua".[62] A igreja é uma "nação santa" (1Pe 2.9); ela tem de falar a mesma língua? Sim, mas não grego, hebraico, nem o inglês elisabetano ou o inglês arcaico da versão King James da Bíblia; a igreja deve falar a mesma língua da ação comunicadora. Aqui podemos lembrar o famoso exemplo de Lindbeck que cita um cruzado que clama "Jesus é o Senhor" enquanto racha o crânio de um infiel. À primeira vista, a "tradução" do cruzado é tecnicamente correta; as palavras "Jesus é o Senhor" parecem ser uma reprodução fiel de textos do Novo Testamento, como Filipenses 2.11. No entanto, as ações do cruzado comunicam algo diferente e assim demonstram seu equívoco. A doutrina do cruzado o levou a participar de forma *inadequada* do drama da redenção, ou pior, levou-o a participar de um drama completamente distinto, dirigido para o poder político e para a violência da cidade do homem, e não para a lei do amor que caracteriza a cidade de Deus. O cruzado repete as palavras, mas sua ação comunicadora é um fracasso; ele imita as locuções, mas não lhes preserva a "força ilocucionária" (i.e., o que se faz ao proferir essas palavras). Considerado de forma holística como ato comunicador, a tradução do cruzado é um fracasso abjeto. No entanto, antes de considerarmos os critérios para uma encenação fiel, é preciso fazer uma pausa e considerar por que a igreja deve dedicar tamanho esforço por traduzir *justamente esses textos*.

O CÂNON COMO ALIANÇA: COMO AS ESCRITURAS CONSTITUEM A IGREJA

Por que justamente esses textos? Porque as Escrituras são o roteiro teodramático, a descrição do teodrama e a constituição da relação de aliança que está no coração desse teodrama. Portanto, o cânon é a resposta para os problemas de autoridade e identidade cristã que acabamos de examinar. A igreja é *constituída* — reunida e regida — por uma iniciativa divina de aliança, e esta é tanto a fonte de sua identidade quanto seu princípio de autoridade. Então, o motivo mais importante para fazer teologia de acordo com o cânon é que as Escrituras, antes de serem uma constituição eclesial, são um documento de *aliança* divino. A norma segundo a qual a igreja deve avaliar a evolução contínua em sua linguagem, pensamento e vida é o Espírito falando nas Escrituras.

A força da lei (e do evangelho): da desconstrução de constituições

A palestra de Derrida em 1989, "Força de lei: o fundamento místico da autoridade" (por estranho que pareça) é pertinente para a nossa discussão da relação do cânon

---

[62]Citado em Jandt, *Intercultural communication*, p. 147.

com a comunidade da fé.⁶³ Derrida argumenta que as constituições — leis fundadoras e sistemas jurídicos — não se baseiam na "razão" ou "justiça", como muitas vezes se alega, mas são convenções sociais derivadas dos "costumes". Investigações quanto à autoridade de determinada lei levanta a questão mais radical: "Qual é a autoridade para esta autoridade?" Derrida sugere que o que se descobre, em última análise, é que a origem da lei está além da razão. Uma constituição é mais *construto* social do que contrato social, uma ficção instalada por um ato de força: a "vontade de poder" coletiva. Derrida conclui que as constituições originam-se com um ato violento que declara "que assim seja".

A desconstrução é o processo de desmistificação da lei, pelo qual se expõe sua contextualização na história, cultura e tradição e, assim, a sua parcialidade. A lei é "desconstruível" porque foi, em primeiro lugar, construída — reunida sob condições específicas de tempo e lugar. Embora as pessoas muitas vezes aleguem sanção divina para suas leis — daí a expressão "fundamento místico" da autoridade no subtítulo de Derrida —, leis são na verdade formulações humanas falíveis que sempre podem ser melhoradas. Derrida desconstrói o direito em nome da "justiça"; a justiça é o que a desconstrução do direito pretende alcançar aumentando a sensibilidade de uma sociedade para com aqueles esquecidos pelas formulações anteriores do direito (e.g., negros, mulheres). A desconstrução é o desejo de justiça, o desejo de algo diferente e melhor "por vir" (*à venir*).

O objetivo desse desvio para a desconstrução é destacar a diferença entre contratos sociais e constituições terrenas, por um lado, e alianças divinamente iniciadas e suas documentações canônicas, por outro. Sem dúvida, há muitos críticos históricos e de ideologias que querem dizer sobre os textos bíblicos a mesma coisa que Derrida diz sobre as leis. Desse ponto de vista, a Bíblia (incluindo suas leis) está "situada" na história e na cultura da humanidade como qualquer outra constituição política. Por isso, sua autoridade, embora envolta em origens místicas, é em princípio tão desconstruível quanto qualquer outro código ou texto jurídico.⁶⁴ Embora seja verdade que os próprios profetas do Antigo Testamento às vezes acharam por bem criticar, e até mesmo desconstruir, a prática corrupta associada a certas instituições religiosas de Israel, o cânon como um todo está do lado da "justiça" de Derrida, não da "lei" culturalmente situada.

O cânon, documento da aliança divinamente iniciado, é completamente distinto de outras constituições humanas. Ao passo que as constituições humanas são, de fato, construtos socialmente situados, as Escrituras são essencialmente um discurso teodramático, cuja autoridade não se origina de uma vontade de poder coletiva por

---

⁶³Jaques Derrida, "The force of law: the mystical foundation of authority", in: Drucilla Cornell; Michael Rosenfield; David G. Carlson, orgs., *Deconstruction and the possibility of justice* (New York: Routledge, 1992), p. 68-91.

⁶⁴Começando com Wellhausen, vários críticos da Bíblia costumam considerar as alianças e as leis de Israel no contexto da história da religião (reconstruída segundo a crítica) e no contexto social e político mais amplo do antigo Oriente Próximo. Veja Edward Ball, "Covenant", in: R. J. Coggins; J. L. Houlden, orgs., *A dictionary of biblical interpretation* (Philadelphia: Trinity Press, 1990), p. 142-7.

parte de Israel ou da igreja, mas de uma *vontade divina de promessa*. O evangelho não consiste em regras e princípios universais; pelo contrário, ele traça o cumprimento histórico de uma promessa singular. O evento inédito e irrepetível de Jesus Cristo não pode ser derivado de um sistema jurídico. Além disso, a promessa contida no coração da aliança — graça e misericórdia por um lado, justiça por outro — em certo sentido ainda está por se cumprir. A antiga aliança profetizava um Messias "por vir"; a nova aliança promete que ele "virá novamente". A promessa da aliança no coração das Escrituras é completamente escatológica, vislumbrando algo não apenas do presente, nem somente deste mundo. A esperança de Derrida em uma justiça futura, em contrapartida, fica reduzida a um otimismo humanista, visto que não se baseia na promessa divina. Enfim, o que salvaguarda a alegação feita pela comunidade da fé de que o cânon é a autoridade suprema para sua vida, seu pensamento e suas práticas presentes é justamente sua condição de discurso divino da aliança.

Cânon e aliança

Por que considerar o cânon normativo para a teologia cristã? Porque a teologia diz respeito à relação de Deus com a humanidade, porque essa relação é pactual e porque o cânon "documenta" o pacto ou aliança.[65]

Da promessa para a aliança

No coração do teodrama há uma série de promessas e cumprimentos.[66] A vontade divina de promessa não é um gesto de opressão, uma imposição violenta de poder, mas um gesto de generosidade, uma iniciativa tomada em favor de outra pessoa. Pense nas seguintes promessas divinas: para Noé: "... então me lembrarei da minha aliança, que firmei entre mim e vós e com todo ser vivo de todas as criaturas; e as águas jamais se transformarão em dilúvio para destruir todas as criaturas" (Gn 9.15). Para Abraão: "... eu te farei frutificar imensamente; de ti farei nações, e reis procederão

---

[65] Estou ciente da controvérsia nos estudos bíblicos sobre a palavra e o conceito de *aliança*. Muitos veem a aliança como uma inovação mais recente (sétimo século a.C.) na história de Israel (veja E. W. Nicholson, *God and his people: covenant and theology in the Old Testament* [Oxford: Clarendon, 1986]). Todavia, a ausência do termo *berît* não implica necessariamente a ausência do conceito. Outros conceitos bíblicos — eleição, povo de Deus — transmitem a essência do que está incluído na aliança, mesmo na falta do próprio termo (assim pensa Childs, *Biblical theology of the Old and New Testaments*, p. 413-28). Karl Barth vê a criação como o "cenário" para a aliança, e a aliança como o "significado da criação" (*Church dogmatics* III/1 §41). Ele também vê a obra de reconciliação de Jesus como o cumprimento da aliança anterior de Deus com a humanidade, representada por Israel (*Church dogmatics* IV/1, p. 22-78).

[66] Veja Michael S. Horton, *Covenant and eschatology: the divine drama* (Louisville: John Knox, 2002). Horton também vê o drama da redenção da perspectiva de promessa e cumprimento, ou, em suas palavras, aliança e escatologia. Ele argumenta que a teologia deve ser histórico-redentora, a fim de refletir seu assunto. No entanto, embora recorra ao drama como "modelo", ele emprega na configuração desse modelo recursos conceituais diferentes dos conceitos deste livro e não chega a desenvolver especificamente uma teoria da doutrina.

de ti. Firmarei minha aliança contigo e com tua descendência, como aliança perpétua em suas futuras gerações" (Gn 17.6,7). Para Moisés e Israel no deserto: "Eu vos tomarei por meu povo e serei vosso Deus" (Êx 6.7). Para Davi: "... para sempre estabelecerei o trono do seu reino" (2Sm 7.13). Para israelitas estabelecidos e depois exilados há promessas tanto de juízo vindouro quanto de restauração futura: "Tirarei a sua cerca para que sirva de pastagem; derrubarei a sua parede para que seja pisada" (Is 5.5); "Mudarei o destino das tendas de Jacó e terei compaixão das suas moradas" (Jr 30.18).

Há várias características notáveis nesses exemplos de promessas divinas. Em primeiro lugar, a ação dramática começa com uma promessa de Deus.[67] Segundo, a promessa é como um presente: ela oferece algo que está além de nossa capacidade de obter, e isso não depende de que algo seja dado em troca. Em terceiro lugar, o Deus de Abraão, Isaque e Jacó é um Deus que mantém sua palavra. Esse Deus revela-se verdadeiro (fiel, confiável), pois sua palavra o obriga. Mas como pode Deus, o Criador do céu e da terra, fazer promessas? A única maneira de fazer uma promessa é dizer: "Eu prometo" ou sinalizar sua intenção por alguma outra convenção comunicadora. Firmar promessas e celebrar alianças são atos que exigem que os falantes assumam compromissos dentro de um mundo intersubjetivo e público. A Bíblia retrata Deus firmando esses relacionamentos com os seres humanos por meio de atos discursivos específicos. O cânon é a documentação dessas iniciativas de aliança, o registro por escrito do "compromisso divino e da obrigação humana".[68]

Fazer uma aliança é estabelecer um relacionamento pessoal estruturado por promessas solenes de se comportar de determinadas maneiras e de fazer certas coisas.[69] Alianças são promessas solenes acompanhadas de cerimônias rituais; normalmente envolvem documentos que comprovam a relação de compromisso. Gênesis 15 fornece um fascinante estudo de caso que nos ajuda a compreender tanto a natureza das alianças quanto a maneira de firmá-las. Deus faz ou "atravessa" sua aliança com Abraão quando a chama que representa Deus passa entre as metades dos animais sacrificados. A cerimônia representa com eloquência o que iria acontecer a quem fizesse a promessa e não mantivesse sua palavra. Vale ressaltar que, nesse caso, só Deus assume as obrigações da aliança. Todavia, em Gênesis 17, para firmar a aliança, ele exige uma resposta ritual e ética da parte de Abraão: a circuncisão e a santidade (17.1,10).

A medida da esperança de justiça e de misericórdia *futuras* repousa inequivocamente sobre o pressuposto da fidelidade divina à aliança. Tudo depende de Deus

---

[67]Anthony Thiselton enfatiza a centralidade da promessa divina, lembrando que tanto Lutero quanto William Tyndale tendem a ver as Escrituras como um todo da perspectiva da promessa. Na obra deste último, *A pathway into the Holy Scripture*, ele define o Novo Testamento como "um livro no qual estão contidas as promessas de Deus" (citado em Anthony C. Thiselton, *Interpreting God and the postmodern self: on meaning, manipulation, and promise* [Edinburgh: T. & T. Clark, 1995], p. 149).

[68]Cf. David Noel Freedman, "Divine commitment and human obligation: the covenant theme", *Interpretation* 18 (1964): 419-31.

[69]De acordo com Walter Brueggemann, uma aliança é "um compromisso duradouro entre Deus e seu povo com base em promessas mútuas de lealdade e em um comprometimento igualmente mútuo através dos quais a vida de ambas as partes é radicalmente afetada e capacitada" (*The Bible makes sense* [Atlanta: John Knox, 1985], p. 10).

ser verdadeiro, de Deus manter sua palavra. Jesus é a verdade, porque ele *é* Deus-mantendo-sua-Palavra, o cumprimento da promessa divina. A força da aliança, então, está na força da promessa confiável. Ao mesmo tempo, firmar uma relação de aliança com Deus significa privilégios e responsabilidades. Não se trata de a promessa de Deus ser válida somente sob a condição de obediência de Israel, mas a promessa divina solicita e provoca uma resposta adequada. A aliança é pessoal-relacional antes de ser jurídico-política. As responsabilidades para com os outros (amar o próximo) e para com o totalmente outro (amar a Deus com todo o coração, mente e força) surgem da participação prévia em uma rede relacional criada justamente pela promessa divina. No entanto, "aliança" é a categoria mais abrangente que de fato inclui não só promessa, mas outros aspectos — histórias, estipulações, sanções — que juntos constituem a relação entre Deus e seu povo.[70]

O cânon como documento da aliança

O cânon cristão é mais do que uma ideia traduzida puramente pela forma, mais do que uma lista de livros autorizados. O cânon tanto reconta a história da relação de aliança de Deus com a humanidade quanto regulamenta a aliança contínua de Deus com seu povo. O cânon é a norma suprema para a vida e o pensamento cristãos justamente porque é o texto que "documenta" nossos privilégios e responsabilidades na aliança.

A noção de um documento de aliança talvez remonte aos "tratados de suserania" do antigo Oriente Próximo, com os quais um suserano ou senhor tomava a iniciativa de firmar uma relação com um vassalo ou alguém inferior e lhes impunha obrigações. Vários estudiosos percebem uma grande semelhança entre a estrutura dos antigos tratados hititas e o livro de Deuteronômio.[71] Há vários elementos que lhes são comuns:

1. Um prólogo histórico que relata o que o suserano fez em favor do vassalo (Dt 1.6—3.29). Essa parte da aliança relata a essência do drama da redenção; por exemplo, Deus tirou Israel do Egito.
2. Estipulações que detalham o que o suserano espera do vassalo (Dt 4.44—5.21; 12—26). Podemos notar também que as leis registradas em Êxodo 20.22—23.33 são claramente identificadas como "o livro da aliança" (24.7).

---

[70]As Escrituras registram várias alianças. Charles Scobie identifica quatro: a aliança com Noé, com Abraão, com Davi e também com o povo de Israel no Sinai (*The ways of our God: an approach to biblical theology* [Grand Rapids: Eerdmans, 2003], p. 473-4). Ireneu também entende serem quatro as alianças — com Adão, com Noé, com Moisés e com Cristo — e elas constituem a "história da salvação" unificada. A presente abordagem canônico-linguística, da mesma forma, postula um teodrama unificado que se expressa através de uma série de diferentes alianças, todas cumpridas na "nova aliança" identificada com Jesus Cristo.

[71]Veja George E. Mendenhall, "Covenant forms in israelite tradition", *Biblical Archaeologist* 17 (1954): 50-76; Dennis J. McCarthy, *Treaty and covenant*, 2. ed. (Rome: Pontifical Biblical Institute, 1978); e Meredith Kline, *The structure of biblical authority*, 2. ed. (Grand Rapids: Eerdmans, 1972). Kline acredita que Deus se valeu da forma de tratado e adaptou-a segundo seus propósitos do reino (*Structure of biblical authority*, p. 37). Note-se que o ponto principal sobre o cânon como constituição da igreja se sustenta mesmo sem a analogia com os tratados de suserania.

3. Sanções — bênçãos e maldições — que resultam respectivamente da obediência e da desobediência (Dt 28).
4. Providência visando à guarda de cópias da aliança e disposições para leituras e repetições públicas periódicas (10.1-5; 31.9-13, 24-39).

Este último ponto, relativo às disposições de registro da aliança por escrito, demanda menção especial. Registrar por escrito as palavras do suserano não apenas selava a promessa mas estabelecia um testemunho permanente de todas as disposições da aliança: "Tais tratados eram testemunhos legais selados, não sujeitos a revisões da parte dos escribas".[72] Segue-se que a aliança é praticamente colocada em pé de igualdade com seu registro em forma escrita: "[A] preservação dessas tabuinhas, às vezes, era objeto de uma cláusula especial do documento no texto dos tratados".[73] De fato, onde não há cânon, não pode haver aliança: "O cânon é inerente à aliança".[74] Não é por acaso que os episódios de celebração ou renovação de alianças são responsáveis por muitos dos pontos altos da literatura do Antigo Testamento (veja, e.g., Js 8.30ss; 1Sm 12; 2Sm 7; 2Rs 22—23; 2Cr 15.8ss; Ed 9—10; Ne 9—10). Por fim, a autoridade do cânon é atestada com grande eloquência pela maldição registrada por escrito na aliança: "Não acrescentareis nada à palavra que ele vos ordena, nem diminuireis nada, para que guardeis os mandamentos do Senhor, vosso Deus, que eu vos ordeno" (Dt 4.2; cf. 12.32).

As instruções de Deuteronômio — chame-as de direção teodramática — são um plano abrangente para a vida de Israel: "Em suma, elas são a *constituição* de Israel".[75] Agora podemos começar a entender que o cânon, como documento da aliança, responde tanto aos problemas de autoridade quanto de identidade: "Para este povo, o 'livro da lei' representa a constituição como identidade nacional, étnica e religiosa".[76] A Bíblia inteira, e não apenas Deuteronômio, revela um certo estilo de aliança. Pense no seguinte: Gênesis, Êxodo e os outros livros históricos compõem o prólogo que relata o que o Senhor fez por seus vassalos. As estipulações da aliança são dadas em Levítico e Deuteronômio. Os profetas fazem Israel lembrar das bênçãos e maldições que acompanham a obediência e a desobediência e, assim, servem como "promotores públicos" da aliança, por vezes chamando o povo de volta às condições originais do pacto e, em outros momentos, advertindo do juízo iminente, mas sempre no contexto de dar-lhe esperança de que o Senhor no final cumprirá sua promessa. Os Evangelhos e Atos relatam a novidade que o Senhor fez em favor de seu povo — uma novidade que exige um novo documento de pacto —, e os apóstolos, à semelhança dos profetas, proclamam as novas estipulações (andar no Espírito) bem como a bênção (a vida eterna) que resulta da obediência fiel.[77]

---

[72]Kline, *Structure of biblical authority*, p. 14.
[73]Ibid., p. 27.
[74]Ibid., p. 43.
[75]Steven L. McKenzie, *Covenant* (St. Louis: Chalice, 2000), p. 135.
[76]Ibid.
[77]Veja uma defesa dessa afirmação em Kline, *Structure of biblical authority*, p. 46-75. O presente argumento não precisa seguir Kline em todos os detalhes para aceitar seu ponto principal de que o cânon é essencialmente um documento de aliança.

O cânon é o testemunho teológico permanente do padrão da ação comunicadora de Deus em Israel e em Jesus Cristo. Como roteiro teodramático, o cânon é testemunha do que Deus fez. Como documento da aliança, ele é testemunha do pacto solene que une Deus e o seu povo: "Fornecer a documentação legal para o fato historicamente consumado da ratificação da nova aliança pela ação de Deus na missão mediadora de Jesus Cristo — essa é a função distintiva dos quatro Evangelhos no cânon do Novo Testamento".[78] Os documentos do Novo Testamento são testemunhos das disposições da aliança em que tanto Deus quanto os seres humanos têm participação. Como tal, o cânon desempenha o papel de testemunha de acusação no drama do tribunal da história da aliança: Yahweh contra o povo de Israel, ou o povo contra Deus.

O cânon, da perspectiva de sua ligação com a aliança, é muito mais que um critério ou régua de cálculo teológico para proposições verdadeiras. Ele também encerra um propósito adequadamente soteriológico. A noção de documento de aliança ajuda a olhar de modo apropriado para o cânon, tanto no que se refere à forma como ao conteúdo. Quanto ao conteúdo, a Bíblia retrata a história das relações de aliança de Deus com a humanidade, incluindo aqueles atos comunicadores divinos — promessas, advertências, ordens, consolações — que dão testemunho do que Deus estava fazendo em Cristo. Quanto à forma, o cânon é uma testemunha oficial e legítima do fato e das condições da relação de aliança. *Portanto, o cânon é o instrumento pelo qual o Espírito de Deus ministra e administra a aliança hoje.* Assim, a origem (e, daí, a autoridade) das Escrituras canônicas está muito distante da origem das constituições humanas. Constituições podem ser alteradas; a aliança canônica não: "Dou testemunho a todo que ouvir as palavras da profecia deste livro; se alguém lhes acrescentar alguma coisa, Deus lhe acrescentará as pragas escritas neste livro; e se alguém tirar alguma coisa das palavras do livro desta profecia, Deus lhe tirará a sua parte da árvore da vida e da cidade santa, descritas neste livro" (Ap 22.18,19).

Cânon e tradição: a comunidade da aliança

O que vem primeiro: cânon ou tradição? Claramente, a tradição — a transmissão oral do evangelho — precedeu a formação do Novo Testamento. Como veremos no capítulo 6, no entanto, a tradição apostólica remonta à prática do próprio Jesus de interpretar sua vida e ministério sob a ótica das Escrituras do Antigo Testamento. Em última análise, o evento de Jesus Cristo não pode ser compreendido sem as Escrituras do Antigo Testamento. Nesse sentido, então, as Escrituras — ou seja, os livros do Antigo Testamento — precedem a tradição apostólica.

O desenvolvimento doutrinário dentro da teologia cristã é nada se comparado à reviravolta no pensamento judaico sobre as Escrituras hebraicas ocasionada pelo evento de Jesus Cristo. O primeiro e grande desafio teológico para a igreja primitiva foi decidir se iria se apropriar do que hoje conhecemos como Antigo Testamento e, em caso afirmativo, como faria isso. Como vimos, a igreja passou a entender a morte de Jesus como um novo "êxodo", porém maior, que liberta o povo de Deus de

---

[78] Ibid., p. 197.

uma escravidão ainda mais importante (e.g., a escravidão ao pecado e à morte). Esse novo ato salvífico da parte do Senhor da aliança e a nova ordem que ele estabelece dão continuidade ao que aconteceu antes, mas estão em um nível superior. O velho "pacto" é tanto renovado quanto revisto em mais um evento de "renovação da aliança". Ao longo da história de Israel aconteceram algumas renovações da aliança. Elas expressavam que a redenção tem uma natureza própria de *drama*, lembrando ao povo que o relacionamento de aliança de Deus com seu povo se *desenvolve* ao longo do tempo.

O que unifica os dois coros de vozes bíblicas é que cada parte está totalmente integrada a um só drama da redenção cujo clímax é a morte e ressurreição de Jesus Cristo. O Credo Apostólico afirma que ele "no terceiro dia ressurgiu dos mortos". Essa frase confessional, um marco na tradição cristã, é uma alusão às palavras de Paulo (1Co 15.3,4), que por sua vez fazem alusão às Escrituras do Antigo Testamento: "O credo cita das Escrituras do Novo Testamento uma confissão fundamental na harmonia com o Antigo Testamento".[79] Eis um exemplo convincente de tradição guiada pelo Espírito que dá continuidade à aliança divina original. Deus mantém sua palavra, mas não exatamente da mesma maneira. No final das contas, a história da aliança se enquadra na categoria de identidade-*ipse*.

A nova aliança é uma promessa solene da parte de Deus sobre a qual não se pode conceber nada maior. Como o livro de Hebreus deixa claro, os termos da nova aliança são insuperáveis, porque a palavra de Deus em Cristo é insuperável. Não é apenas uma questão de "Eu serei o vosso Deus e vós sereis o meu povo", mas algo bem mais pessoal: "Cristo em nós e nós em Cristo". Deus não apenas vive em nosso bairro, mas transforma em sua casa-templo a própria comunidade dos que creem (1Pe 2.5). O cânon, como documento da aliança, serve como "projeto de construção" para o povo de Deus. O Espírito usa as Escrituras justamente para "edificar" a igreja (cf. 2Tm 3.16). O cânon de fato constitui a comunidade da aliança: "a canonicidade definida com exatidão e da forma adequada é uma questão de normas para a vida da *comunidade*".[80]

A igreja de hoje dá continuidade às primeiras comunidades cristãs às quais se dirigiram os autores do Novo Testamento, porque a situação teodramática da igreja após o Pentecostes é também nossa situação.[81] A igreja de hoje faz parte da mesma assembleia de adoração. A igreja de hoje responde à mesma ação comunicadora divina da palavra e do Espírito. Não há necessidade de estabelecer a relevância da Bíblia associando certos textos às necessidades dos leitores dos dias atuais. As Escrituras já são relevantes porque a igreja de hoje faz parte da mesma comunidade da aliança estabelecida no dia de Pentecostes: um só corpo unido pelo Espírito. Foi isso que o eunuco etíope também entendeu. Ao perceber que sua vida estava subentendida na história de Jesus, ele demonstrou seu entendimento pedindo para ser batizado. O batismo é um sinal da aliança, a forma pela qual alguém é iniciado publicamente

---

[79]Christopher R. Seitz, *Word without end* (Grand Rapids: Eerdmans, 1998), p. 53.
[80]Kline, *Structure of biblical authority*, p. 102.
[81]Em lugar de "teodramática", leia-se "histórico-redentora".

no drama da redenção como participante voluntário. Os cristãos de hoje participam do mesmo drama da redenção dos primeiros crentes; pois há um só Senhor, um só Espírito, um só batismo. Deus ainda está trabalhando na construção de sua casa com a palavra e com o Espírito.

A teologia canônico-linguística não está tão interessada em descobrir o que os cristãos de hoje pensam sobre as implicações de seu compromisso de fé, mas sim em descobrir o que o documento da aliança exige da comunidade. Isso não quer dizer que a comunidade não tenha importância. Pelo contrário, sem a encenação das Escrituras por parte da igreja, perderíamos uma dimensão importante do que elas significam: "As Escrituras [...] evidenciam a comunidade que elas constituem e que existe sob sua autoridade. A autoridade canônica não deriva da comunidade, mas o cânon da aliança conota uma comunidade da aliança".[82]

O cânon, então, não é um contrato social elaborado por uma associação voluntária. A igreja não é uma comunidade formada por escolha de seus membros, mas nasceu por iniciativa divina: um chamado eficaz. "Isso significa que a igreja não apenas decide vivenciar a história; ela se entende vivenciada *pela* história."[83] É o drama divino — a ação comunicadora do Deus trino e uno criando e fazendo aliança com o que não é Deus — que dá origem à igreja, não o contrário. Nossa identidade mais profunda não é uma construção social, mas uma dádiva. Sendo mais específico, nossa identidade resulta da promessa de aliança que nos situa em uma história maior e nos chama à participação: *"'Quem somos' surge sob a ótica dos grandes propósitos e promessas de Deus"*.[84]

O CÂNON COMO CRITÉRIO: POR QUE AS ESCRITURAS EXERCEM CONTROLE

O cânon — forma definitiva das "Sagradas Escrituras" — é a resposta tanto para o problema de onde situar a autoridade na igreja quanto para o problema de como preservar a identidade do evangelho no processo de sua transmissão. Em primeiro lugar, o cânon é o roteiro do teodrama, a especificação normativa do que Deus estava dizendo e fazendo em Cristo. Em segundo lugar, o cânon, justamente como testemunho do teodrama, é o documento fundador da aliança que está no centro da relação de Deus com a humanidade.

Por que o cânon supostamente falha

Pode um conjunto de textos de fato servir como pedra de toque da fidelidade cristã, o critério da doutrina? Tal afirmação parece extraordinariamente ingênua aos ouvidos pós-modernos, habituados a pensar não em textos em si, mas em textos recebidos por comunidades interpretativas específicas. O uso eclesial de um texto — a tradição — é uma coisa; o texto em si é outra coisa completamente diferente. Será que o

---

[82]Kline, *Structure of biblical authority*, p. 90.
[83]Serene Jones, *Feminist theory and Christian theology* (Minneapolis: Fortress, 2000), p. 158.
[84]Thiselton, *Interpreting God and the postmodern self*, p. 151.

sola Scriptura significa "somente as Escrituras", o texto em si mesmo? *Não*. Afirmar que significa é apresentar apenas uma caricatura teórica da posição, em lugar de uma descrição de sua verdadeira *prática*. Como veremos, um princípio das Escrituras reabilitado anda de mãos dadas com uma recuperação do *sola Scriptura*. Um tratamento completo e abrangente da prática do *sola Scriptura* está reservado para um capítulo posterior. A tarefa prévia consiste em considerar e responder a algumas objeções iniciais à aceitação do cânon como norma teológica.

Essas objeções vêm principalmente daqueles que fizeram a virada linguístico-cultural, para quem a Bíblia se *torna* Escritura canônica somente no ambiente da prática da igreja. O que podemos chamar de *tese da codependência* alega que a igreja é um aspecto necessário, ou até constitutivo, do ser e da função do cânon. Dessa perspectiva, as Escrituras não podem funcionar como cânon separadas da tradição da igreja, sua chave hermenêutica. A segunda parte representa uma resposta prolongada à tese da codependência. Como veremos, tanto a igreja quanto a tradição são necessárias para o prosseguimento do drama da redenção, mas também é necessário um roteiro autorizado.

História

A primeira objeção talvez seja a mais comum e a mais óbvia: Qual cânon? Quais livros? Muitos historiadores fazem relatos da formação do cânon, mas o processo real ainda permanece um mistério. Canonização é o nome de um processo duplo, que envolve primeiro a formação de cada livro e, em seguida, a formação das respectivas coleções feita por diversas comunidades (e.g., a Bíblia hebraica, a Septuaginta, o Novo Testamento). Há muitas explicações sobre o porquê de certos livros terem sido incluídos e outros excluídos, porém, até o momento, não há consenso acadêmico sobre os critérios de canonicidade. Entre os principais candidatos a critério estão a catolicidade (*viz.*, recepção e uso dos livros no culto cristão por igrejas em várias regiões) e a apostolicidade (*viz.*, o reconhecimento de laços históricos com um apóstolo ou de conformidade com o ensino apostólico).[85]

Não basta simplesmente emitir uma declaração dogmática que ignore a desordem da história. Ao mesmo tempo, um estudo completo da formação do(s) cânon(s) está além do escopo da presente obra. Portanto, três breves observações históricas, cada uma igualmente impressionante, devem ser suficientes. Primeira, muitos livros bíblicos manifestam uma espécie de "consciência canônica", isto é, a consciência de ser um discurso "separado" de outras mensagens e de estar intimamente relacionado a outro conjunto de discursos separados (e.g., as Escrituras anteriores).[86] Os profetas

---

[85]Para uma visão geral dessa história, ver John Barton, "Canon", in: Coggins; Houlden, orgs., *Dictionary of biblical interpretation*, p. 101-5.

[86]Grande parte do Antigo Testamento é "deuteronômica", escrita da ótica dos privilégios e responsabilidades da aliança enumerados no livro de Deuteronômio. Essa intertextualidade se estende também à relação do Novo Testamento com o Antigo; as copiosas alusões e citações que os autores do Novo Testamento faziam das Escrituras hebraicas, aliadas à nova proclamação da aliança em forma de querigma, dão testemunho indireto de que eles tinham consciência de estar compondo novas Escrituras.

e apóstolos tinham grande consciência da obrigação de transmitir uma "palavra de Deus" que não era deles (e.g., Jr 1.4-10; 1Ts 2.13). Em segundo lugar, em torno de 200 d.C., provavelmente como resposta a falsos ensinos e heresias, "a *prática* de tratar certos livros como pertencentes a um novo cânon sagrado foi aceita em toda parte, assim como aconteceu, com poucas exceções, com a lista inicial".[87] Em terceiro lugar, ortodoxos, católicos romanos e igrejas protestantes hoje concordam sobre o núcleo canônico comum a todos. Embora existam diferentes avaliações em torno de livros apócrifos e pseudepígrafes, hoje não há "divergências importantes sobre o conteúdo do Novo Testamento".[88] A pergunta "quais livros?", por incrível que pareça, não é um problema. O verdadeiro ponto que hoje se discute não diz respeito aos livros que estão dentro ou fora do cânon, mas como as Escrituras que praticamente todos os cristãos reconhecem como canônicas devem ser usadas na teologia e na igreja.

Ideologia

Há outra objeção mais literária do que histórica. Em teoria literária, "cânon" significa uma lista de livros que um grupo de pessoas considera ser um repositório indispensável de verdades e valores. Tal cânon "estabelece uma rede intertextual que fornece um contexto de leitura por meio do qual qualquer um dos textos que o compõem pode ser entendido da maneira correta".[89] No entanto, por trás dessa definição aparentemente inócua esconde-se uma desconfiança sistêmica, a saber, que o objetivo do cânon é satisfazer o "desejo [que uma comunidade tem] de identidade, poder e sentido".[90] Sob essa perspectiva, "cânon" torna-se aqui um criptograma de "instrumento de *controle ideológico*".[91] O cânon controla a verdade incluindo alguns textos e excluindo outros; ele controla o significado limitando a gama de interpretações aceitáveis. Onde há controle, há poder. Do ponto de vista da teoria literária pós-moderna, a Bíblia, como qualquer outro livro, é ideologia definida por escrito, a vontade de poder transformada em palavra: "O cânon funciona de forma bem parecida com muitos outros mecanismos culturais, econômicos e políticos — ou seja, ele é um sistema de poder, de inclusão e exclusão, neste caso aplicado a textos".[92]

Uma maneira de refutar essa acusação é enfatizar as virtudes do pluralismo; o cânon pode ser definido, mas não as abordagens interpretativas dos que fazem uso dele: "É para a segurança de várias abordagens [interpretativas] que a tendência

---

[87]Nicholas Wolterstorff, *Divine discourse* (Cambridge: Cambridge University Press, 1995), p. 294. O termo *cânon* foi aplicado pela primeira vez aos atuais 27 livros do Novo Testamento por Atanásio em *Carta Festiva*, em 367.

[88]Barton, "Canon", p. 101.

[89]George Aichele, *The control of biblical meaning: canon as semiotic mechanism* (Harrisburg: Trinity Press, 2001), p. 2.

[90]Ibid.

[91]Essa identificação do cânon com controle ideológico é a premissa por trás da equivocada interpretação revisionista que Dan Brown faz da antiga história cristã em seu livro recordista de vendas, *O Código Da Vinci*.

[92]Aichele, *Control of biblical meaning*, p. 6,7.

ao poder e controle pode ser mais bem dissipada".[93] Até certo ponto, essa percepção ajuda; a catolicidade fornece mecanismos de verificação contra a afirmação de alguma comunidade de que ela detém toda a verdade. No entanto, alguns críticos pós-modernos acreditam que o problema da diversidade ideológica é ainda mais radical, chegando à própria essência bíblica. Algumas diferenças textuais (e.g., entre Paulo e Tiago) têm um alcance tão amplo que elas acabam subvertendo a intenção ideológica maior: "O mecanismo [de controle do significado e da interpretação dos textos bíblicos] se rompe".[94] O centro não se sustenta; o cânon se desintegra.

A suspeita pós-moderna quanto ao cânon — a lista autorizada — é ainda mais aguda do que sua suspeita do sentido estável de cada livro. Embora seja aceitável certo grau de desconfiança, sobretudo das comunidades interpretativas, essas preocupações são exageradas quando dirigidas ao cânon bíblico. Os limites canônicos não são opressivos; eles simplesmente nos lembram de que o "vale tudo" não se aplica quando se fala do teodrama. Em vez de *controle* canônico, então, é melhor pensar em termos de *direção* canônica. A noção de que algumas direções são melhores que outras é inerente à própria ideia de discipulado; nem todos os caminhos levam à verdade e à vida. Alguns caminhos estão fora dos limites para aqueles que querem seguir Jesus. É preferível, portanto, ver o cânon não como instrumento ideológico (embora ele possa ser mal empregado dessa forma), mas como uma disciplina espiritual, um meio pelo qual a igreja exerce seu autocontrole. Enquanto o cânon, como uma gramática, limita o que pode ser justificadamente falado e feito, ele também, de novo como uma gramática, tem certa função geradora. Sua própria diversidade estimula e permite um rico diálogo sobre seu sentido.

A pergunta final que devemos fazer a quem vê uma conspiração por trás da formação do cânon cristão é simplesmente esta: "A que interesse, ou poder, o cânon serve?" O cânon não é um código para a igreja conquistar o mundo. Cristo já venceu os poderes do mundo; a tarefa da igreja é proclamar e praticar essa vitória. No entanto, o reino de Cristo não é deste mundo. O tipo de poder que o cânon exerce também não é um poder de coerção. O poder do cânon é o poder da verdade, que por sua vez é uma questão de palavra (o evangelho), imaginação e persuasão (o Espírito). É o poder da promessa da aliança e do amor da aliança. E, na medida em que é encenado com fidelidade pela igreja, é o poder de um argumento socialmente corporificado acerca do qual não há nada melhor que possa ser imaginado.

Criteriologia

A objeção mais séria à aceitação do cânon como autoridade para a teologia é que isso distorce a própria natureza das Escrituras. William Abraham defende que aqueles que apelam para o cânon como norma doutrinária são culpados de cometer um erro de categoria, erro que confunde *soteriologia* com *epistemologia*: "Os problemas fundamentais que surgem em diferentes abordagens da autoridade na fé cristã derivam de um

---

[93] S. E. Gillingham, *One Bible, many voices: different approaches to biblical studies* (London: SPCK, 1998), p. 247.
[94] Aichele, *Control of biblical meaning*, p. 2.

erro de interpretação permanente dos cânones eclesiais como critérios epistêmicos".[95] O próprio Abraham entende que "cânon" denota tudo o que a igreja geralmente emprega como meios de graça: "objetos, pessoas e práticas identificadas e designadas, oficial ou semioficialmente, como meios de graça e salvação pela comunidade cristã".[96] O propósito do cânon é iniciar pessoas na vida de Deus.

Um critério, por outro lado, é uma *norma* — um meio não de graça, mas de conhecimento e verdade. Em vez de ver a Bíblia como meio de transformação espiritual (cf. 2Tm 3.16, "proveitosa [...] para instruir em justiça"), a teologia ocidental transformou o cânon em um depósito de informações reveladas, um critério para decidir entre a crença verdadeira e a falsa.[97] A objeção, afirmada sem rodeios, é que o cânon deve servir à fé, e não à razão. O que deveria ser uma casa de oração foi transformado em covil de estudiosos.[98]

É de amplo conhecimento em estudos patrísticos que os Pais costumavam recorrer às Escrituras para resolver disputas doutrinárias, pois acreditavam serem elas a Palavra de Deus: "Há pouca necessidade de insistir na autoridade absoluta concedida às Escrituras como norma doutrinária. A Bíblia [...] era a fonte do ensino cristão [...] o critério decisivo do dogma".[99] Abraham, no final das contas, não reconhece que a igreja primitiva concedia às Escrituras uma posição mais elevada em comparação com outros chamados elementos canônicos que contribuíam para a vida eclesial.

Entretanto, a preocupação de Abraham tem sua razão de ser. Algumas formulações do princípio das Escrituras de fato colocam demasiada ênfase na revelação como repositório de verdades propositivas. A preocupação de Abraham — de que o "fundacionalismo canônico"[100] não reduz à única via da formação intelectual as diversas vias pelas quais o cânon ajuda a dirigir a igreja — é válida. Mas por que ele deveria ser uma coisa ou outra? Jesus Cristo era "pleno de graça *e* de verdade" (Jo 1.14); então, por que o testemunho apostólico de Cristo não pode comunicar tanto uma coisa quanto a outra? Afinal, a renovação da mente também é um aspecto da santificação (Rm 12.2). A orientação fornecida pela doutrina serve tanto a propósitos epistêmicos quanto a pastorais.

Os dois coros de testemunho teodramático das palavras e das obras de Deus preservam a memória que a comunidade da fé tem de sua história da aliança. Assim como a memória de um indivíduo muitas vezes serve como critério epistêmico, o mesmo acontece com a memória coletiva da igreja. A memória também nos lembra

---

[95]William J. Abraham, *Canon and criterion in Christian theology from the fathers to feminism* (Oxford: Clarendon, 1998), p. 1.

[96]Ibid.

[97]O próprio Abraham parece estar aqui confundindo categorias. Uma coisa é apelar para as Escrituras como autoridade, outra bem diferente é apelar para as Escrituras "como solução de questões epistemológicas" (ibid., p. 3).

[98]A preocupação de Abraham de resgatar as Escrituras do domínio da epistemologia é semelhante à preocupação de Harnack de resgatar o evangelho das mãos da metafísica.

[99]J. N. D. Kelly, *Early Christian doctrines*, ed. rev. (San Francisco: Harper & Row, 1978) [edição em português: *Patrística: origem e desenvolvimento das doutrinas centrais da fé cristã*, tradução de Marcio Loureiro Redondo (São Paulo: Vida Nova, 1994), p. 42.

[100]Abraham, *Canon and criterion*, p. 137.

quem somos. Saber algumas coisas sobre nossas origens é vital para nosso senso de identidade no presente. Então, o cânon — a exemplo da memória — é mais que um critério epistêmico, mas não menos. O cânon tanto *normatiza* quanto *nutre*.

O cânon não é tanto um manual, mas um registro de roteiros; ele não preserva apenas um conjunto de ideias, porém muito mais padrões de fala e ação. Portanto, o cânon *é* um critério, embora um critério não meramente epistêmico, mas *dramático*. O cânon registra a ação dialógica, especifica o enredo, identifica as *dramatis personae* e prescreve nossos papéis. Em suma, *o cânon é a norma tanto para o entendimento do drama divino quanto para a participação contínua nesse drama*. Em última instância, é ao cânon que devemos apelar para decidir se determinada forma de ação comunicadora é adequada e cristã — se corresponde ao verdadeiro, bom e belo "em Cristo". *Por isso, o cânon é a norma e o critério supremo de coerência dramática para medirmos a fidelidade ao evangelho manifestada em nossas atuações.*

Como o cânon exerce controle

Já esboçamos os contornos de uma declaração positiva sobre o cânon. Ele é um critério, mas não só de conhecimento.[101] *Cânon* significa "lista", "medida fixa" e "regra"; é a norma que delimita a área na qual a igreja ouve a palavra de Deus. É graças ao cânon que somos capazes de falar sobre a forma final, o propósito e o tema — o *escopo* — das Escrituras: a sabedoria de Deus corporificada para nossa salvação em Jesus Cristo. O cânon é um *critério sapiencial*, um meio de tomar decisões que nos permitem falar e agir da maneira que mais se conforma a Jesus Cristo, a sabedoria de Deus.

O teodrama torna-se Escritura: a natureza do cânon

A função adequada do cânon, e por isso seu uso correto na igreja, em última análise, deriva de sua natureza. Será que o cânon tem uma realidade independente da igreja e da história de sua recepção, ou será que sua existência, parafraseando o bispo Berkeley, resume-se apenas a ser *recebido*?[102] "Cânon" refere-se ao texto bíblico em sua forma definitiva ou ao processo de transmissão da tradição da igreja? A história da formação do cânon é terreno fértil para perguntas desse tipo. Contudo, a história por si não tem condições de responder à pergunta sobre o que o cânon é em última instância; só a teologia tem condições de fazer isso.

Os teólogos que fizeram a virada linguístico-cultural tendem a se concentrar não no texto em si, mas no texto usado pela comunidade da fé. Os estudos bíblicos modernos ocuparam-se da religião de Israel, mas a tendência dos estudos teológicos pós-modernos é ocupar-se do que a igreja atual diz, pensa e faz. No entanto, tal "etnografia" cristã não supera o "imanentismo" nem é mais teológica do que a abordagem moderna da "história das religiões". Mas o cânon cristão é mais que um capítulo na história das religiões. A teologia canônico-linguística insiste que o cânon

---

[101] Aliás, conceber o cânon simplesmente como um critério epistêmico é ser reducionista, à semelhança de alguém que usa uma régua de cálculo apenas para medir comprimento, uma vez que, na realidade, ela é capaz de muitos cálculos mais sofisticados.

[102] Berkeley, um idealista, sustentava que o ser dos objetos físicos resumia-se a ser percebido.

é resultado de uma iniciativa divina de aliança: cânon e aliança são, respectivamente, a forma e o conteúdo do teodrama.

O que os apóstolos nos legaram em suas pregações e escritos não é nada menos que a transmissão dos eventos que compõem a missão de Cristo, uma tarefa que lhes foi delegada: "Cristo estabeleceu *uma estrutura de autoridade formal para servir de fonte e padrão para toda a pregação futura do evangelho*".[103] A tradição apostólica que tanto retrata quanto dá seguimento à ação teodramática tornou-se as Escrituras. É por essa razão que "exatamente esses textos" foram separados pela igreja como autoridade suprema para o pensamento e a vida dos cristãos.

O cânon é tanto o roteiro do teodrama quanto um elemento dialógico naquele mesmo drama; ele é um exemplo tanto de Deus falando (um meio de revelação) quanto de Deus fazendo coisas ao falar (um meio de redenção).[104] A rigor, a "revelação" não esgota o significado de "Deus falando". O discurso divino abrange mais do que a divulgação de informações até então desconhecidas. Todavia, é importante não negligenciar a dimensão propriamente comunicadora da economia trina e una. Os feitos divinos requerem palavras divinas para que sejam compreendidos do modo adequado; redenção implica revelação. *Assim como a aliança normatiza a relação entre Deus e humanidade, da mesma forma o cânon normatiza o significado da aliança*. Assim, o cânon é regra e critério, não à parte de seu lugar na economia divina da redenção, mas justamente por causa dele. As Escrituras são mais do que a textualização da revelação; elas são uma instância da ação comunicadora do próprio Deus dirigida à aliança: "Comunhão salvífica é comunhão comunicadora, pela qual passamos a conhecer o agente da revelação que é também o conteúdo da revelação: Pai, Filho e Espírito".[105]

Ocupar-se do cânon como norma suprema de fé e vida é ocupar-se da presença e da ação comunicadoras de Deus, ou melhor, ser ocupado por elas. O que Deus está fazendo com seu roteiro canônico é proclamar o significado da redenção obtida por Cristo e, assim, promovendo a causa redentora de Cristo: "*O anúncio da redenção não pode ser separado da própria história da redenção*".[106]

"O dramático é o didático": a direção canônica

O próprio Novo Testamento deixa evidente que o evangelho está sujeito a distorções. É exatamente por isso que a igreja precisa de um cânon, uma especificação normativa do evangelho. Essa especificação normativa da tradição é o testemunho apostólico, não as crenças e as práticas da igreja de hoje: "O próprio cânon é um lócus de significado".[107]

---

[103]Herman N. Ridderbos, *Redemptive History and the New Testament Scriptures*, ed. rev. (Phillipsburg: Presbyterian and Reformed, 1988), p. 13.

[104]Não desconsidero o que John Webster chama de "história natural" dos textos canônicos. Mas estou supondo que em um sentido real Deus é o agente — por meio da inspiração, dupla agência ou apropriação — responsável por aquilo que esses textos comunicam quando lidos como um todo. Em suma, estou pressupondo que, no final das contas, Deus é o autor do cânon.

[105]John Webster, *Word and church* (Edinburgh: T. & T. Clark, 2001), p. 27.

[106]Ridderbos, *Redemptive history*, p. 15.

[107]Harry Y. Gamble, *The New Testament canon: its making and meaning* (Philadelphia: Fortress, 1985), p. 79.

A apresentação canônica do evangelho assume formas distintas, principalmente *kerygma* (proclamação), *marturia* (testemunho) e *didaskalia* (ensino). Essas três formas compõem um oratório canônico: a primeira, *kerygma*, serve como um recitativo da obra divina de salvação; a segunda desempenha a função do refrão que dá a perspectiva que os participantes têm da ação; e a terceira serve como uma ária profunda que intensifica nossa apreciação dos destaques do drama. Dessas três formas, temos aqui um interesse especial no ensinamento do cânon.

Paulo refere-se à tradição apostólica como uma *tupon didachēs*, ou "forma de ensino" (Rm 6.17). Ensinar é um ato comunicador complexo.[108] O cânon ensina de várias maneiras. Por exemplo, nas Escrituras há atos de fala assertivos que afirmam coisas ("ensinando isto ou aquilo"). As Escrituras também ensinam mostrando ("ensinando como"). "Ensinar isto ou aquilo" é uma questão de transmissão de informações; "ensinar como" diz respeito a treinamento. Bons professores tanto "moldam as crenças" quanto "moldam o comportamento".[109] "A Escritura é [...] proveitosa para ensinar [...] para instruir em justiça" (2Tm 3.16). A doutrina orienta e a Escritura "ensina a maneira certa de viver" (NTLH); à sua maneira, cada uma é um modo de instrução. O cânon é uma norma porque instrui os discípulos no caminho da sabedoria cristã. "Ensinar é mostrar a alguém como viver e como morrer".[110]

Embora muitas vezes negligenciada, uma importante maneira pela qual as Escrituras dirigem a igreja consiste em nos mostrar *como continuar em frente*. Sendo mais específico, o cânon nos mostra *como continuar em frente seguindo Cristo, como continuar em frente em justiça*. Ele faz isso fornecendo critérios para uma participação adequada no drama da redenção. Faz *aquilo* mostrando-nos a realidade como ela de fato é, a saber, criada e redimida por Cristo. O cânon funciona como nossos "óculos da fé" (Calvino), a lente através da qual o todo da realidade é visto sob a ótica da história de Jesus Cristo. Daí a fórmula: *o dramático é o didático*.[111]

A Bíblia é mais do que uma plataforma de narrativas para interpretação da narrativa de nossa vida. Ela é uma plataforma *canônica* que inclui não apenas narrativas, mas histórias, profecias, parábolas e muito mais. Juntos, esses textos compõem o roteiro (e a sinopse do programa) sem o qual a igreja não poderia entender nem participar do drama da redenção. Em particular, o cânon nos proporciona uma rica variedade de testemunhos que, juntos, permitem-nos entender o principal espetáculo da fé: o evento de Jesus Cristo.

Sem dúvida, história e cultura sempre afetam o horizonte da igreja e sua visão.[112] A catolicidade expande o horizonte da igreja e, por essa razão, deve ser saudada. Mas

---

[108]Devo o que vem a seguir à análise que Richard S. Briggs faz do ensino como ato da fala em *Words in action: speech act theory and biblical interpretation* (Edinburgh: T. & T. Clark, 2001), p. 259-90.

[109]Segundo Thomas F. Green, *The activities of teaching* (New York: McGraw-Hill, 1971), p. 21-3.

[110]Gabriel Moran, *Showing how: the act of teaching* (Valley Forge: Trinity Press, 1997), p. 4. Na quarta parte, retomarei com mais detalhes os temas de "viver bem" e "morrer bem" em relação ao papel do cristão como discípulo-mártir de Jesus Cristo.

[111]O leitor teria razão de neste ponto lembrar-se da máxima de Dorothy Sayers: "O drama é a doutrina".

[112]Gadamer define "horizonte" como o que pode ser visto de uma perspectiva privilegiada (*Truth and method*, 2. ed. rev. [New York: Continuum, 2002]) [edição em português: *Verdade e método* (Petrópolis/Bragança Paulista: Vozes/Ed. Universitária/São Francisco), 2 vols.], p. 302.

só a canonicidade abre o horizonte escatológico que nos permite descobrir Jesus Cristo como ele realmente é e, por fim, descobrir a nós mesmos como de fato somos. Desde o início, a igreja olhava para o Antigo Testamento, pois ele exercia a função de uma plataforma interpretativa crucial para a compreensão da história de Jesus. Aliás, as formulações canônicas são indispensáveis para que possamos confessar Jesus como o Cristo: "O cânon é agora a única e verdadeira base para instrução da igreja [...] o único elo atual com a verdadeira herança confessional da igreja no passado".[113] Sem a apocalíptica, sem a profecia e sem os outros gêneros literários que compõem o cânon, nossos horizontes seriam estreitos demais para entender o que Deus estava fazendo em Cristo, pois certos aspectos da realidade vêm à luz apenas nas descrições canônicas.[114]

Para dar à igreja de hoje uma direção doutrinária adequada, deve-se levar em conta todo o roteiro canônico. Uma abordagem canônica não diz respeito a uma abordagem a-histórica que entende a Bíblia como um "texto" flutuante, nem tem relação com alguma abordagem historicista que se concentra nos eventos por trás do texto. A abordagem canônica aqui defendida considera todo o cânon como a plataforma interpretativa para compreendermos a Deus, o mundo, a nós mesmos e os outros. Uma interpretação canônica lê cada passagem e cada livro individualmente como elementos que integram o drama divino da redenção. Assim, o diálogo canônico — as diversas formas de ação comunicadora que compõem as Escrituras — rege o discurso e a ação posteriores da igreja. O cânon é nada menos que o roteiro autorizado para aqueles que desejam entender o drama divino e dele participar. Em suma, *o cânon é um critério dramático-didático que nos mostra como continuar em frente seguindo Jesus Cristo, principalmente nos dizendo, mostrando e ensinando quem ele é e o que ele fez.*

Onde o cânon exerce controle: o lugar da igreja

A igreja nunca ficou sem as Escrituras; desde o começo ela contava com a Lei e os Profetas e, mais tarde, com os Evangelhos e as epístolas.[115] O roteiro canônico sempre

---

[113]Paul C. McGlasson, "The significance of context in theology: a canonical approach", in: Seitz; Greene-McCreight, orgs., *Theological exegesis*, p. 69.

[114]Cf. Frank Farrel, que diz que algumas coisas "podem vir à luz como definidas apenas quando nos valemos de determinado conjunto de conceitos" (*Subjectivity, realism, and postmodernism: the recovery of the world* [Cambridge: Cambridge University Press, 1994], p. 167).

[115]Este não é um ponto pedante sem importância. Foi C. H. Dodd quem argumentou em *According to the Scriptures* (London: James Nisbet, 1952) que a identidade de Jesus Cristo resultou em grande parte da interpretação e do uso que o próprio Jesus fazia de determinados textos--chaves ("testemunhos") do Antigo Testamento. Além disso, sabemos com base no livro de Atos que Pedro e Paulo procuraram explicar o drama da redenção, e o papel culminante de Jesus nesse drama, apelando para as Escrituras hebraicas. Christopher Seitz afirma que o Antigo Testamento foi "a única verdadeira 'Escritura' do cristianismo primitivo" (*Word without end*, p. 42). Hans von Campenhausen faz uma observação semelhante: "O entendimento do que significava Jesus ser o Messias ou o Filho do homem ou o Senhor do presente e do futuro [...] podia ser alcançado somente no contexto das esperanças proféticas e apocalípticas mais antigas, através do testemunho sempre válido da 'escritura'. Na fé cristã, desde o princípio dois elementos, a saber, Jesus e as Escrituras, sempre estiveram relacionados de forma mútua e inseparável" (*The formation of the Christian Bible* [Philadelphia: Fortress, 1972], p. 21).

tem um papel crucial no teodrama: será que as pessoas o seguirão até encontrarem Cristo? Jesus desafia seus ouvintes a examinar as Escrituras, pois "são elas que dão testemunho de mim" (Jo 5.39). Aqui chegamos ao que, sem dúvida, é a questão teológica fundamental em jogo nos debates sobre o cânon, a saber, a especificação normativa da identidade de Jesus Cristo: "Teologia é exegese porque seu assunto é Jesus Cristo, visto que ele se comunica através das Sagradas Escrituras".[116]

Pensar na igreja como o contexto em que as Escrituras se tornam cânon parece plausível de uma perspectiva histórica e sociológica, mas é teologicamente inadequado. Os demais capítulos da segunda parte argumentam que *não é o uso feito pela igreja, mas o uso que o Deus trino e uno faz das Escrituras que as torna cânon*.[117] O fato de que a igreja reconhece o cânon autentica a igreja e não o cânon, pois este não precisa de validação eclesial para ser o que é: a Palavra de Deus.[118] *A canonicidade é o critério da catolicidade, e não o contrário*. Essa percepção também marca a ruptura definitiva entre a abordagem canônico-linguística e sua contraparte linguístico-cultural.[119]

Assim como o cânon é o lugar em que Deus fala, a igreja é o lugar em que o cânon exerce controle. Assim como as Escrituras fazem parte do drama da redenção, assim também nossa interpretação delas participa desse drama. A leitura das Escrituras não é uma operação que o sujeito cognoscente conduz com um objeto inerte, mas "um episódio na história comunicadora de Deus conosco".[120] *O cânon tanto gera quanto controla as atuações posteriores da igreja*. Orgulho interpretativo e indolência interpretativa embotam nossa reação à Palavra; o primeiro a inunda com nossas ideias; a outra a ignora. O orgulho valoriza demais nossa reação; a indolência a valoriza muito pouco. As tradições também estão sujeitas ao orgulho e à indolência. Calvino exemplifica uma abordagem exegética cuja objetividade reside "não em uma neutralidade intencional, mas em um movimento humilde na direção da espontaneidade comunicadora de Deus".[121] Tal exegese é um exercício espiritual, um aspecto da nossa santificação. A postura adequada da igreja diante do texto deve ser de dinamismo humilde ou de humildade dinâmica. O cânon nutre a fé da igreja, quando esta pratica "a reflexão disciplinada sobre o tema das Escrituras".[122] É justamente esse aspecto de autoenvolvimento que dá à formulação da doutrina a qualidade do drama. "A história da interpretação obediente é a tradição da igreja".[123] Portanto, voltamo-nos agora para a participação da comunidade no drama e sua "encenação" das Escrituras.

---

[116]Webster, *Word and church*, p. 110.

[117]Webster afirma que o Senhor trino é "o agente principal da realização do texto diante de nós" (ibid., p. 93).

[118]Segundo James W. McClendon Jr., *Systematic theology* (Nashville: Abingdon, 1994), vol. 2: *Doctrine*, p. 476.

[119]Como defendo a seguir, o que decide a canonicidade é a cristologia, não a eclesiologia.

[120]Webster, *Word and church*, p. 93.

[121]Ibid.

[122]McGlasson, "Significance of context", p. 70.

[123]Heiko Obermann, *Forerunners of the Reformation* (London: Lutterworth, 1967), p. 54.

CAPÍTULO 5

As Escrituras e a tradição
◆ *Dois (ou mais) tipos de interpretação da encenação*

> *Igreja, evangelho e tradição ficam todos de pé ou caem todos juntos.*
>
> — J. A. Möhler[1]

Situar a autoridade divina no cânon não significa que, na condição de indivíduos, os leitores possam presumir ter acesso imediato e sem dificuldades à palavra de Deus. Surge um perigo real quando se supõe que há uma coincidência necessária entre a palavra de Deus e a interpretação que alguém lhe dá. De fato, a noção de que indivíduos possam "dominar" a teologia lendo sozinhos as Escrituras levou alguns a igualarem a Reforma ao desdém tipicamente moderno pela tradição e pelo excesso de confiança na razão do indivíduo, de modo que "protestante" acabou se tornando uma palavra com sentido um pouco pejorativo.[2] Essa preocupação tem levado muitos teólogos contemporâneos a enfatizar o *uso* do texto bíblico pela comunidade dotada do Espírito. É esse padrão de uso (tradição), e não o texto em si, que é o verdadeiro lócus da autoridade teológica.

Por consequência, situar a autoridade divina no cânon não é de forma alguma relegar a igreja ou a tradição da igreja a uma posição de pouca importância. Pelo contrário, o roteiro canônico exige a atuação eclesial e a transmissão de uma boa prática de encenação de uma geração para a seguinte. Todavia, o *sola Scriptura* significa pelo menos isto: que a encenação da igreja está sempre sujeita a correções com base no cânon. É por isso que devemos resistir à tendência de simplesmente diluir o texto na tradição de sua interpretação e encenação.

---

[1] Citado em Josef Rupert Geiselmann, *The meaning of tradition* (New York: Herder and Herder, 1966), p. 23.

[2] Devo essa observação a uma conversa com Jeremy Begbie.

O presente capítulo repensa a relação Escrituras/tradição sob a ótica das categorias "roteiro" e "encenação". Ora, teóricos do drama têm suas controvérsias sobre a importância relativa desses dois elementos, com alguns dizendo que a encenação é um "suplemento" necessário ao texto,[3] outros, que o texto é apenas mais um entre muitos componentes da encenação,[4] e alguns outros insistindo que os atores têm a responsabilidade de apresentar a obra (e as intenções) do *dramaturgo*, em vez das ideias dos atores.[5] No final das contas, esses debates, como os que dizem respeito às Escrituras e à tradição, são debates sobre autoridade: "Palco *versus* página, literatura *versus* teatro, texto *versus* encenação: essas simples oposições não dizem respeito principalmente à relação entre escrita e encenação, mas estão relacionadas ao poder, às maneiras pelas quais validamos a encenação, fundamentamos seu significado".[6] A teoria do drama, é claro, não é panaceia para debates teológicos. No entanto, repensar a relação entre as Escrituras e a tradição da perspectiva de roteiro, teodrama e encenação nos permite fazer a importantíssima pergunta: *Qual encenação é válida, e por quê?*

O ponto de vista a ser defendido aqui é este: antes de ser um roteiro (um projeto para encenação futura), o próprio cânon é uma encenação — um ato discursivo. É justamente como encenação passada (i.e., como discurso fixado por escrito) que o cânon serve como especificação normativa do que Deus estava dizendo e fazendo em Cristo. "Está escrito", no entanto, não equivale necessariamente a "está roteirizado", pelo menos não no sentido de que um curso de ação possa estar tão definido, que praticamente não sobre espaço para a interpretação. As Escrituras são um "roteiro": o texto do teodrama. São também um roteiro no sentido farmacêutico de "receita médica" ou "prescrição".[7] Prescrever um medicamento é orientar alguém, por escrito, a tomar determinado produto de certa maneira para melhorar a saúde. As Escrituras são um roteiro em ambos os sentidos, farmacêutico e teatral, pois a encenação *desse* texto é, de fato, terapêutica e salutar. No entanto, ter um roteiro é uma coisa; decidir como representá-lo é outra. É nesse ponto que entra a tradição. Digamos, como uma primeira abordagem, que a tradição da igreja é uma forma de conhecimento da encenação, uma maneira particular de interpretar o roteiro na vida e no pensamento. A tradição "passa adiante" (*tradere*) o que deve ser feito ou encenado (*draō*).

As Escrituras podem ser autointerpretativas, mas não *encenam* a si mesmas. Os princípios da hermenêutica geral sozinhos não nos dizem, por exemplo, como relacionar o Antigo e o Novo Testamentos, ou, a propósito, como aplicar as Escrituras à bioética contemporânea. Esse não é o objetivo nem a intenção do *sola Scriptura*.

---

[3]Cf. Gerald Rabkin, "Is there a text on this stage? Theatre/authorship/interpretation", *Performing Arts Journal* 9/2 (1985): 142-59. Veja uma excelente explicação e defesa da suficiência das Escrituras em Timothy Ward, *Word and supplement: speech acts, biblical texts, and the sufficiency of Scripture* (Oxford: Oxford University Press, 2002).

[4]Cf., por exemplo, as obras de Richard Schechner.

[5]Segundo Robert Hapgood, "The rights of playwrights: performance theory and American law", *Journal of Dramatic Theory and Criticism* 6 (1992): 41-59.

[6]W. B. Worthen, "Disciplines of the text/sites of performance", *Drama Review* 39 (1995): 15.

[7]Devo essa comparação a meu pai, farmacêutico aposentado, que costumava chamar receitas médicas de "roteiros".

Pelo contrário, o *sola Scriptura* representa certa prática da igreja, certa maneira de usar as Escrituras na igreja. Assim, alguns se precipitaram à conclusão de que a autoridade está nessa forma de usar a Bíblia e não na própria Bíblia. No final das contas, o que vale é a encenação e não o roteiro. "Tradição" é a designação abreviada desse tipo de conhecimento de encenação: o uso da Bíblia na igreja conduzido pelo Espírito. A abordagem canônico-linguística afirma tanto a necessidade do *sola Scriptura* quanto a necessidade, e até a inevitabilidade, da tradição. Não é preciso subestimar a importância de estar ligado a determinada linha de encenação para afirmar o *sola Scriptura*. Tudo depende, porém, de dar uma descrição dogmática correta de sua disposição adequada.

David Kelsey é um guia inicialmente útil quando começamos a percorrer nosso caminho por entre as várias florestas conceituais que cercam a relação entre as Escrituras e a tradição. Chamar os textos bíblicos de "Escrituras", diz Kelsey, é chamar a atenção para seu uso como autoridade na vida comum da igreja para moldar e manter a identidade cristã da comunidade.[8] Descrever a Bíblia como Escritura, então, é concentrar-se não em alguma propriedade dos textos em si, "mas na utilização desses textos na vida da igreja".[9] Segue-se que "igreja" tem efeito analítico no conceito de "Escrituras" e vice-versa.

Kelsey se opõe à objeção de que sua definição, com seu cunho eclesial, é mais "católica" do que "protestante" por apelar à "tradição".[10] Para Kelsey, tradição é o processo pelo qual a igreja usa as Escrituras para nutrir a identidade cristã. Ou, melhor dizendo, a tradição é o que a igreja *é* — a realidade de um "processo"; as Escrituras, ao contrário, são o que a igreja *usa para preservar o que ela é*. Segundo Kelsey, portanto, *tradição* é o termo abrangente que se refere à maneira pela qual o Espírito de Deus está presente no uso que a comunidade faz das Escrituras para nutrir a identidade cristã. Decisões sobre o modo da presença de Deus no uso que a comunidade faz das Escrituras são resultados do que Kelsey chama de "interpretação imaginativa" quanto à essência do cristianismo. Tais decisões são feitas não com base na exegese, mas com base na participação na forma de vida cristã. O argumento defendido por Kelsey é, em linhas gerais, o que Wittgenstein pensa sobre a prioridade do uso: para entender os jogos de linguagem que os teólogos jogam, é preciso juntar, ou pelo menos observar, as formas cristãs de vida.

"Cânon", por sua vez, tem efeito analítico no conceito de "Escrituras" porque este último implica que *exatamente esses textos* têm autoridade sobre a vida da igreja e são suficientes para mantê-la. Aceitar as Escrituras como cânon é parte essencial de declarar-se cristão. Falar de cânon "também é atribuir algum tipo de *completude* ao texto ou conjunto de textos".[11] A totalidade de uma narrativa unificada é uma coisa; a completude de um sistema conceitual é outra bem diferente. Mesmo que quiséssemos pensar na completude canônica sob a ótica dos conceitos, de forma

---

[8]David H. Kelsey, *Proving doctrine* (Harrisburg: Trinity Press, 1999), p. 89-91.
[9]Ibid., p. 94.
[10]A "objeção" é apresentada não porque haja algo de errado em ser católica, mas porque Kelsey alega permanecer teologicamente neutro.
[11]Kelsey, *Proving doctrine*, p. 100.

alguma seria inevitável concluir que existe apenas um tipo de completude ou sistema conceitual por trás dos textos bíblicos. Kelsey analisa o uso das Escrituras por sete teólogos contemporâneos e conclui que diferentes teólogos veem *diferentes tipos de completude* nos textos bíblicos e que os padrões que eles detectam derivam não tanto de qualidades inerentes aos próprios textos, mas do *uso* das Escrituras em comunidades específicas. A análise de Kelsey levanta a seguinte pergunta: *O cânon como roteiro possui alguma autoridade em si mesmo, ou a autoridade sempre repousa no uso (e.g., na encenação) que a igreja faz dele?*

AS ESCRITURAS TORNAM-SE TRADIÇÃO: ECLESIOLOGIA COMO TEOLOGIA PRIMEIRA?

O perigo de separar coisas que devem ficar juntas é muito mais acentuado nas discussões a respeito da relação entre as Escrituras e a tradição. Podemos, portanto, começar descartando de imediato dois extremos: o positivismo bíblico ("há apenas o roteiro") e o positivismo eclesiástico ("há apenas a encenação"). Em um extremo, o biblista não vê necessidade de tradição nem de entendimento criativo.[12] É importante não confundir essa visão — chamemo-la de "solo" *Scriptura* — com a prática da Reforma conhecida como *sola Scriptura*. O principal problema do "solo" *Scriptura* é que cada intérprete bíblico vê o que é certo a seus próprios olhos: "Um cristão avalia as interpretações bíblicas de outros cristãos segundo o critério de sua própria interpretação das Escrituras".[13] Assim, o "solo" *Scriptura* nega o princípio da *catolicidade*. No outro extremo estão aqueles que afirmam ter recebido uma revelação mais recente que substitui o roteiro. Para esse grupo, existe a possibilidade de renovação diária da tradição. Esse extremo nega o princípio da *canonicidade*.

Posições em direção ao centro do espectro são mais difíceis de distinguir, em grande parte porque "tradição" tem muitos significados.[14] Por exemplo, no fim do período medieval, tradição assumiu a conotação daquilo que suplementa o material das Escrituras. Heiko Obermann rotula essa visão de "Tradição II", porque ele a considera um afastamento inovador do sentido patrístico mais antigo.[15] A Tradição II diz que nem tudo o que a igreja precisa saber encontra-se nas Escrituras; assim, tradição — nesse contexto, a transmissão oral do ensino apostólico — torna-se a segunda fonte de revelação que fornece informações suplementares.[16]

---

[12]Os biblistas têm de negar o que a hermenêutica contemporânea afirma, a saber, que é impossível ficar fora de alguma tradição interpretativa, seja ela qual for.

[13]Keith A. Mathison, *The shape of Sola Scriptura* (Moscow, Estados Unidos: Canon, 2001), p. 240.

[14]Martin Chemnitz distingue oito sentidos de tradição em *Examination of the Council of Trent* (St. Louis: Concordia, 1971).

[15]Heiko Obermann, *Forerunners of the Reformation: the shape of late medieval thought* (London, Lutterworth, 1967).

[16]Exatamente quem é o responsável pela ideia de que a tradição suplementa as Escrituras ainda é uma questão historicamente debatida. O próprio Obermann atribui o surgimento da Tradição II a canonistas do fim do período medieval. Veja uma opinião alternativa em Alister McGrath, *The intellectual origins of the European Reformation* (Oxford: Basil Blackwell, 1987), cap. 5.

Não é necessário chegar ao ponto de identificar tradição com revelação para perceber que ela é indispensável ao labor teológico. Seguindo a formulação adotada em Montreal pela Quarta Conferência Mundial sobre Fé e Ordem, definiremos "Tradição" (com inicial maiúscula) como a Palavra de Deus — Jesus Cristo —, que Deus confia ao ministério da igreja. Essa Tradição é o que o próprio Deus transmite e, portanto, deve ser distinguida de "tradição" (com inicial minúscula), processo histórico e humano de transmissão da fé. Por fim, "tradições" refere-se às formas particulares que tal transmissão humana assumiu em diferentes tempos e lugares, em especial as formas que deram origem a diversas expressões institucionais, confessionais e denominacionais do cristianismo.[17]

A preocupação do presente capítulo é com a natureza e a autoridade da "tradição": a vida, linguagem, crenças e práticas continuadas da igreja que transmitem a palavra de Deus através do tempo (de geração a geração) e do espaço (de um lugar para outro). A tradição pertence sobretudo à conectividade histórica das interpretações que a igreja dá ao roteiro que fundamenta e nutre sua identidade; a tradição é a forma que a continuidade teodramática assume em contextos particulares. Mas como pode o cânon controlar a comunidade se o seu significado deriva do uso (encenação) que a comunidade lhe dá? Não seria isso o mesmo que conceder autoridade magisterial às práticas da igreja, tornando a tradição um autêntico magistério?[18] Para um número cada vez maior de protestantes, a tendência é relacionar o conhecimento de Deus com as práticas comunitárias — a tradição e as tradições — da igreja. Impulsionados pela virada linguístico-cultural, eles tendem a fazer da vida em curso da igreja o primeiro princípio da teologia cristã. Mas deve a eclesiologia ser "teologia primeira"?

Pro ecclesia: argumentos em favor da "tradição"

Há uma série de razões para aplaudir a virada contemporânea para a vida e as práticas eclesiásticas em curso como contexto para a compreensão das Escrituras. As seis razões seguintes estão entre as mais importantes.

Ela é bíblica

Tradição ou *paradosis* é um conceito do Novo Testamento. O apóstolo Paulo fala do que ele "entregou" aos coríntios (1Co 15.3-5) a respeito de Jesus. Ele também exorta a igreja em Tessalônica, dizendo "ficai firmes e conservai as tradições que vos foram ensinadas oralmente ou por carta nossa" (2Ts 2.15). Até mesmo as particularidades

---

[17] Nesse aspecto, "tradição" é o processo hermenêutico geral, e "tradições", os produtos hermenêuticos específicos.

[18] O Vaticano II declarou: "A tarefa de interpretar autenticamente a palavra de Deus, escrita ou transmitida, foi confiada exclusivamente ao magistério vivo da igreja" (*Dei verbum*, p. 10). O que está em jogo é saber como separar tradições autênticas ("tradições" que correspondam à "Tradição") de tradições inautênticas. Avery Dulles observa que o Vaticano II não tratou diretamente dessa questão, embora um cardeal tenha sugerido que as Escrituras deveriam servir de critério. Cf. Avery Dulles, "Tradition: authentic and unauthentic", *Communio* 28 (2001): 377-85, esp. p. 382.

da vida cristã devem ser "de acordo com a tradição": "Nós vos ordenamos [...] que vos afasteis de todo irmão que vive de forma indisciplinada e em desacordo com a tradição que recebestes de nós" (2Ts 3.6). Com certeza, Paulo segue Jesus ao rejeitar as tradições dos anciãos judeus como compreensões errôneas do drama da redenção (Mc 7.8; Cl 2.8). No entanto, com base no exposto acima, fica claro que há uma tradição *apostólica* correta autorizada.[19]

Ela é tradicional

A igreja antiga não via diferença de conteúdo entre as Escrituras e a tradição: os dados da tradição eram simplesmente as Escrituras corretamente interpretadas. Ireneu e Tertuliano estão entre os representantes da chamada visão da coincidência ou da consubstancialidade.[20] Obermann refere-se a ela como "Tradição I" e afirma que foi a posição unânime da igreja durante os primeiros séculos.[21] Vincent de Lérins é outro representante influente. Seu famoso princípio — a igreja deve manter o que se crê "em toda parte, sempre e por todos" — destinava-se a servir de guia para a interpretação das Escrituras por parte da igreja, não se tratando de uma justificativa com a qual legitimar uma revelação extrabíblica.[22] A tradição da igreja é necessária porque hereges, lendo os mesmos textos bíblicos com outros sistemas de referência, interpretam erroneamente as Escrituras. Mas não fazia sentido apelar às Escrituras contra a tradição da igreja, pois o conteúdo de cada uma é *coincidente*.

Esse relato da tradição consensual da igreja antiga levanta questões históricas complexas que estão fora do escopo da presente obra. No entanto, vale a pena tratar de mais três pontos. Primeiro, podemos agora rotular de "Tradição 0" a ideia de que se pode ler o texto sem o benefício da tradição".[23] Note-se que o processo do *sola Scriptura* a ser recomendado aqui preserva um papel importante para a tradição; por isso, ele não resulta na Tradição 0. Segundo, há certa controvérsia quanto à suposta

---

[19]Muito depende da compreensão que se tenha de apostolicidade. É algo repassado por meio de formas institucionais (e.g., a sucessão apostólica) ou por meio de formas canônicas (e.g., os escritos apostólicos)? Concordo com Ridderbos: a tradição da qual Paulo fala com autoridade não é tanto institucional, mas de natureza pessoal, encontrada especificamente com os apóstolos na condição de testemunhas comissionadas. Retornarei a essa questão mais adiante.

[20]Segundo A. N. S. Lane, "Scripture, tradition, and church: an historical survey", *Vox Evangelica* 9 (1975): 39.

[21]Obermann, *Forerunners to the Reformation*, p. 58. O "I" significa teoria de "uma só fonte" da revelação, a saber, a ideia de que a Tradição transmite a única e mesma palavra de Deus contida nas Escrituras. Emprego uma noção semelhante em relação à "Encenação I".

[22]O Cânon Vicentino não rejeita a suficiência do conteúdo das Escrituras, apenas a suficiência formal. A suficiência "formal" das Escrituras significa que elas não precisam de ajuda externa para ser interpretadas corretamente. Elas são "autointerpretativas". Veja uma discussão aprofundada dessas questões em Ward, *Word and supplement*.

[23]A nomenclatura vem de Alister McGrath, *Reformation thought: an introduction*, 2. ed. (Oxford: Blackwell, 1993), p. 144-5. Mathison também usa o termo e o aplica aos reformadores radicais do século 16 (*Shape of Sola Scriptura*, p. 126-8), aos cristãos do século 18 na América do Norte (p. 145) e aos Evangélicos hoje influenciados pela ideia moderna de autonomia do indivíduo (p. 238-44).

adesão dos reformadores ao ponto de vista da coincidência (i.e., Tradição I).[24] O terceiro ponto diz respeito ao que podemos chamar de *suposição de coincidência*: mesmo que as Escrituras e a tradição coincidam (como texto e interpretação correta), é válido presumir que essa coincidência se estende ao ensino e à prática da igreja? (*Qual* igreja?) Mais adiante voltaremos a esses pontos, especialmente ao último.

Ela é inevitável

Uma das poucas ideias sobre as quais existe quase unanimidade na hermenêutica contemporânea diz respeito à importância decisiva do contexto do *leitor*. Pensadores dos séculos 20 e 21 têm, a uma só voz, respondido *Nein* à famosa pergunta de Bultmann: "É possível uma exegese sem pressupostos?"[25] Entretanto, contexto envolve mais do que localização sociopolítica e cultural. Há também um *contexto de crenças*: crenças sobre o mundo, sobre o texto bíblico e sobre Deus. "O que a igreja sabe" (e.g., que o Deus de Israel também é o Pai que ressuscitou Jesus Cristo dentre os mortos) é contexto indispensável a uma interpretação correta das Escrituras.[26] Participar da igreja é estar inteirado dos pressupostos privilegiados que permitem uma boa interpretação cristã das Escrituras.

Para filósofos modernos como Kant, a "tradição" tem conotações de parcialidade e preconceito, bem o oposto da razão crítica e da objetividade científica. Talvez nenhum pensador tenha sido tão influente quanto Hans-Georg Gadamer para a reabilitação da ideia de tradição, que havia sido descartada por filósofos iluministas. O título da *magnum opus* de Gadamer, *Verdade e Método*, capta um pouco do que está em jogo quando se pergunta como alguém, à semelhança do eunuco etíope, chega à compreensão das Escrituras ou, a propósito, de qualquer texto. "Método", na obra de Gadamer, representa os esforços interpretativos que colocam sua confiança em princípios e procedimentos universais. "Verdade", por outro lado, refere-se ao que é revelado ao intérprete envolvido em *um diálogo em curso sobre o texto* (e.g., a tradição). Entender é um subproduto do fato de o intérprete pertencer a uma tradição, não o resultado deste ou daquele procedimento metodológico: "O fato de que o entendimento não é um ato subjetivo, mas um ingresso — uma participação — em um evento de transmissão talvez seja a percepção central da hermenêutica filosófica de Gadamer".[27]

A confiança de Gadamer no poder que o diálogo tem de gerar entendimento textual é tão grande que ele resiste até mesmo a fazer distinção entre o significado textual e a história de sua recepção. No final, o que um texto significa coincide mais ou menos com a história dos efeitos do texto. É quase como se Gadamer fornecesse

---

[24] Mathison diz que a adesão existe; Lane diz que não. No fim, tomo o partido de Lane.

[25] Cf. Rudolf Bultmann, "Is exegesis without presuppositions possible?", in: Schubert Ogden, org., *Existence and faith: shorter writings of Rudolf Bultmann* (London: Collins, 1964), p. 342-51.

[26] David S. Yeago, "The Bible", in: James J. Buckley; David S. Yeago, orgs., *Knowing the triune God* (Grand Rapids: Eerdmans, 2001), p. 84.

[27] James Risser, *Hermeneutics and the voice of the other: re-reading Gadamer's philosophical hermeneutics* (Albany: SUNY, 1997), p. 74.

uma base filosófica para o ponto de vista da coincidência acima mencionado. A hermenêutica de Gadamer representa uma poderosa reabilitação da importância da tradição. Ela também expande a noção de cânon ao ponto da ruptura: podemos continuar a falar do cânon como o texto bíblico em sua forma final, ou devemos vê-lo como a história da recepção da Bíblia pela comunidade da fé? A resposta que se dá a essa pergunta tem um peso importante para a perspectiva que se tem da autoridade bíblica e eclesial.[28]

Ela é filosófica

Gadamer, Alasdair MacIntyre e outros filósofos da atualidade argumentam que a tradição, longe de ser antagonista da razão, é uma forma de racionalidade. Todo pensamento racional pressupõe um contexto compartilhado de compromissos e pressupostos intelectuais — em suma, uma tradição intelectual. Até mesmo a crítica bíblica moderna é uma forma de investigação ligada à tradição, apesar de sua pretensão de objetividade. Cada crítico da Bíblia é membro de uma comunidade, de uma sociedade acadêmica com um interesse comum pela literatura bíblica. Mesmo os cientistas pensam a partir de tradições (lembre-se das diferenças entre os métodos ocidental e oriental da medicina). Da mesma forma, os teólogos atuam dentro de diversas tradições cristãs. A teologia cristã é "fé pensando em comunidade".[29] No entanto, a racionalidade baseada na tradição não precisa ser relativista, "contanto que o supremo e real objeto de interesse e o critério pelo qual se dá a atividade crítica não sejam a tradição, mas a realidade que ela enseja".[30] Voltaremos em breve a considerar como e onde a tradição abre espaço para um momento tão crítico.

Ela é moderna

A tradição ostenta não apenas uma estirpe antiga, mas também pertinência atual. De fato, a noção de que as práticas de uma comunidade interpretativa têm prioridade sobre o próprio texto é elemento central de muitas teorias literárias pós-modernas. O significado não reside no próprio texto, mas é produto dos objetivos e interesses que uma comunidade interpretativa leva para o texto. Stanley Fish define "comunidades interpretativas" como aquelas "que compartilham estratégias interpretativas não para ler (no sentido convencional), mas para escrever textos, para constituição de suas propriedades e atribuição de suas intenções. Em outras palavras, essas estratégias existem antes do ato de leitura e, portanto, determinam a forma do que é lido e não,

---

[28]Será que a história da interpretação da Bíblia na igreja — a tradição da recepção — deve simplesmente ser colocada em pé de igualdade com a Tradição (e.g., a Palavra de Deus transmitida nas Escrituras e na tradição)? Aqueles que apelam para a necessidade de pertencer à tradição da igreja estão de fato associados a um proeminente setor da hermenêutica contemporânea (e.g., Gadamer). É claro que isso dificilmente pode ser visto como falsificação; no entanto, leva-nos a fazer uma pausa, pois aqueles que apelam para a tradição da igreja como plataforma interpretativa geralmente enfatizam sua *diferença* em relação à "hermenêutica geral".

[29]Trevor Hart, *Faith thinking* (London: SPCK, 1995), p. 230.

[30]Ibid., p. 98.

como geralmente se pensa, o contrário".³¹ Stanley Hauerwas oferece uma variação santificada desse tema ao negar "que o texto das Escrituras faça sentido se isolado de uma igreja que lhe confira sentido".³²

Na recente teoria do drama há uma contrapartida ao privilégio dado ao leitor pela teoria literária pós-moderna. As plateias não mais são vistas como receptores passivos, mas como *cocriadores* do drama.³³ O que é ainda mais revelador é que a "encenação" assumiu valor interdisciplinar como rubrica para o que anteriormente chamamos de virada linguístico-cultural.³⁴ Alguns veem a virada para a encenação como "um modelo pós-moderno fundamental".³⁵ A encenação está em oposição, é claro, à obra finalizada.³⁶ A virada para a encenação como conceito interdisciplinar crucial representa uma revolução de paradigmas.³⁷ Ainda estamos começando a lidar com a ideia de que a encenação é um modo de conhecer e um jeito de ser. De acordo com um observador, a mudança envolve um privilegiar das experiências contingentes acima das verdades necessárias.³⁸ É a mudança do *logos* para o *pathos*, do referencial para o retórico, do estudo do conteúdo ou das proposições para o estudo das técnicas e processos.

O que acontece com a relação entre as Escrituras e a tradição quando a interpretação da igreja assume um formato decididamente de encenação? "Quando teóricos falam da qualidade da encenação da arte como seu aspecto mais pós-moderno, eles estão em geral preocupados exatamente com a contingência a que a obra deve se submeter ao envolver-se no processo de recepção".³⁹ Uma coisa é falar da igreja como encenação correta das Escrituras (isso é o que a teologia deve fazer para avaliar a integridade do testemunho da igreja), outra coisa bem diferente é falar do significado das Escrituras como produto dos processos de encenação da igreja.

Ela é espiritual

Demos um panorama das razões bíblicas, históricas, filosóficas e culturais que nos levam a ter em alta conta a tradição como plataforma para interpretação das Escrituras

---

³¹Stanley Fish, *Is there a text in this class? The authority of interpretative communities* (Cambridge: Harvard University Press, 1980), p. 171.
³²Stanley Hauerwas, *Unleashing the Scriptures: freeing the Bible from captivity to America* (Nashville: Abingdon, 1993), p. 27.
³³Cf., por exemplo, Susan Bennett, *Theatre audiences: a theory of production and reception*, 2. ed. (London: Routledge, 1997), esp. p. 67-85.
³⁴Cf. Marvin Carlson, *Performance: a critical introduction* (London: Routledge, 1996), cap. 1: "The performance of culture: anthropological and ethnographic approaches". Cf. também a edição do outono de 1973 de *Drama Review* dedicada a "Teatro e ciências sociais".
³⁵Nick Kaye, *Postmodernism and performance* (New York: St. Martin's, 1994), p. 22-3.
³⁶Cf. Carlson, *Performance*, cap. 6: "Performance and the postmodern".
³⁷Assim como a hermenêutica deslocou a epistemologia ao chamar a atenção para a importância da situabilidade finita do conhecedor, também se diz que a "encenação" suplanta a hermenêutica ao chamar a atenção para as formas com que os textos escritos subdeterminam a interpretação/encenação. Cf. Worthen, "Disciplines of the text/sites of performance" (p. 20-1), que invoca a linguagem das revoluções conceituais de Kuhn.
³⁸David George, "Of ambiguity: towards a post-modern performance theory", *Theatre Research International* 14 (1989).
³⁹Carlson, *Performance*, p. 139.

pela igreja. A razão mais importante, entretanto, é pneumatológica: tradição — a vida e as práticas da igreja — em última análise, é obra do Espírito Santo. Reinhard Hütter argumenta que as "práticas centrais" que constituem a igreja como tradição viva não são de forma alguma atividades "poéticas" ou "de encenação" — não são alguma coisa feita por iniciativa primeira dos *seres humanos* — mas algo que o Espírito realiza *na* igreja e *para* a igreja, algo que, como consequência, a igreja "experimenta como paciente". A igreja torna-se o distinto "público" do Espírito Santo, e a tradição se torna a "história dos efeitos" do Espírito.[40]

No contexto da teologia contemporânea, esse é um excelente corretivo para o construtivismo predominante que caracteriza grande parte da teologia liberal. Hütter deve ser enaltecido por ir além da etnografia e da sociologia para pensar sobre a tradição sob óticas distintamente teológicas e pneumatológicas. Nem o Espírito nem a tradição podem ser deixados de fora de uma descrição do papel das Escrituras como autoridade na igreja. Será que, no entanto, devemos ficar satisfeitos com uma descrição que tende a igualar a história da recepção do cânon — o que Gadamer e outros teóricos da hermenêutica chamariam de tradição — à presença e à obra do Espírito Santo? Em face dos conflitos de interpretação entre comunidades confessantes rivais, é difícil ser tão otimista quanto Hütter parece ser nesse ponto. Portanto, precisaremos desenvolver em um capítulo posterior o que agora podemos apenas indicar, ou seja, o segredo para entender o papel da tradição na igreja depende de mantermos a Palavra e o Espírito profundamente unidos.

Os usos da tradição na teologia recente: uma crítica preliminar

Não se trata de rejeitar a tradição completamente. A tradição, como a própria igreja, nas palavras de Calvino, é um "dos meios exteriores ou recursos mediante os quais Deus nos convida à comunidade de Cristo e nela nos mantém".[41] Esta seção estabelece o lugar apropriado da tradição em relação com as Escrituras no padrão mais amplo da autoridade teológica. A questão é se hoje tem sido dado à tradição um papel que, erroneamente, lhe atribua autoridade magisterial. Como resultado das críticas pós-modernas à noção de sentido textual definido e objetividade interpretativa, muitos teólogos protestantes estão fazendo exatamente isto: voltando-se para a tradição da igreja, para a vida e a reflexão da comunidade dos que creem como norma para a fé e a vida cristã.

A autoridade da tradição

Aqueles que apelam para a autoridade da tradição devem lidar com o seguinte problema: *Qual* igreja? Tradição *de quem*? Em geral, as respostas seguem uma de

---

[40]Em contraposição à linha de Gadamer que vê a interpretação como "história dos efeitos" do texto.

[41]Título que Calvino dá ao livro 4 de *As Institutas*.

duas linhas. Alguns argumentam em favor de uma tradição antiga, alegando que a prática linguística dos primeiros séculos da igreja antiga é tão contínua que elimina a necessidade de fazer uma distinção rigorosa entre as Escrituras e a tradição. Outros afirmam que o "cânon" adequado para emitir opiniões cristãs é a vida em curso da igreja, a comunhão atual dos fiéis. No entanto, ambos os cenários são provavelmente otimistas demais.

Anna Karenina, de Tolstoy, retrata um quadro muito mais realista. Os protestantes podem identificar-se facilmente com Levin, personagem que, no final do livro, sai em busca da verdade religiosa. Ele lê todos os grandes filósofos antigos e modernos e depois se volta para a teologia. Tolstoy escreve:

> Primeiramente, ocorreu-lhe a ideia de que a apreensão de verdades divinas não tinha sido concedida ao homem, mas a uma corporação de homens unidos por amor — à igreja. O que o encantou foi o pensamento de que era bem mais fácil acreditar em uma igreja viva ainda existente, que abrangia todas as crenças dos homens e tinha a Deus como cabeça [...] em vez começar com Deus, um Deus distante e misterioso [...] Mas depois, ao ler uma história da igreja produzida por um escritor católico e, em seguida, uma história da igreja escrita por um autor grego ortodoxo, e percebendo que as duas igrejas, cada uma com seu conceito infalível, negavam a autoridade uma da outra, a doutrina da igreja de Khomyakov perdeu todo o seu encanto para ele, e esse edifício virou pó, à semelhança dos edifícios dos filósofos.[42]

Parece que nem todos os processos são igualmente corretos. Precisamos de critérios quando tentamos separar os processos genuínos dos espúrios. O *sensus fidelium* — o "consenso dos fiéis" — seria suficiente para essa tarefa? Será que a tradição, antiga ou em curso, poderia superar hermeneuticamente as Escrituras ao aceitar algumas interpretações e descartar outras?

Pensadores católicos romanos, como se poderia esperar, oferecem uma justificativa teológica para a autoridade da tradição em curso: "Essa garantia de fidelidade, da qual o Espírito é o princípio, é concedida à igreja. A garantia é tão firme que admitir que a igreja está sujeita a erro significa atribuir uma falha da parte do Espírito".[43] Tomás de Aquino diz algo semelhante: "A igreja universal não erra, uma vez que é controlada pelo Espírito Santo, que é o espírito de verdade".[44] Defender que o Espírito garante a tradição não é necessariamente colocar tradição e revelação em pé de igualdade, mas igualar a tradição à interpretação correta da revelação. Outros, no entanto, concedem à tradição uma função ainda mais elevada.

---

[42] Leo Tolstoy, *Anna Karenina*, tradução para o inglês de Constance Garnett (New York: Modern Library, 2000), p. 891 [edição em português: *Ana Karenina*, tradução de João Gaspar Simões (São Paulo: Círculo do Livro, 1994)].

[43] Yves Congar, *I believe in the Holy Spirit* (New York: Crossroad, 1999), p. 151.

[44] Citado em Corrine Patton, "Canon and tradition: the limits of the Old Testament in scholastic discussion", in: Christopher R. Seitz; Kathryn Greene-McCreight, orgs., *Theological exegesis* (Grand Rapids: Eerdmans, 1999), p. 87.

Por exemplo, de acordo com um protestante liberal, a tradição é um processo histórico em curso cujo desenvolvimento corresponde à continuidade da revelação.[45] O cânon é apenas um ponto de partida, um momento na história da tradição, não a norma do processo. Portanto, é incorreto privilegiar a Bíblia em detrimento da tradição posterior; aliás, essa tradição pode superar algumas partes das Escrituras, até mesmo corrigi-las. De uma perspectiva teológica, o argumento se resume à alegação de que a ação comunicadora divina não cessa com a morte do último apóstolo, mas continua. A revelação divina é justamente uma "tradição aberta".[46]

A decisão de considerar a tradição como a plataforma interpretativa autorizada para a leitura das Escrituras e como o critério que decide quais são as leituras aceitáveis levanta três preocupações. Primeira, parte do que passa por tradição está mais para invenção do que para descoberta. Já indicamos que a teologia precisa fazer mais do que repetir o passado; a imaginação tem um papel a desempenhar, como veremos adiante. No entanto, algumas fantasias são de fato "vãs". Segunda, à semelhança das pessoas, as tradições são susceptíveis a uma orgulhosa autoglorificação. Assim, pertencer a determinada tradição não é garantia da veracidade de uma interpretação, a exemplo dos "sonhos dos órfãos cartesianos" que pensavam poder atingir a objetividade como indivíduos.[47] Terceira, não está claro como a tradição pode ser criticada, em face da premissa da coincidência, isto é, a noção de que a tradição é o mesmo que as Escrituras corretamente interpretadas. Passemos agora a considerar cada um desses pontos com mais detalhes.

A invenção da tradição

Qual é a gênese da tradição da igreja? A maioria das outras tradições é produto da ação do homem, tradições esculpidas, não concedidas. Por exemplo, o conceito de tribos na África é um construto bem elaborado ("inventado") dos séculos 18 e 19, não um vestígio de tradição antiga, como geralmente se acredita. Essas tradições inventadas foram muitas vezes impostas como instrumentos de manipulação política. O kilt escocês, por exemplo, foi inventado por um quacre inglês, por volta de 1726, para permitir que trabalhadores de Highland se locomovessem com mais facilidade

---

[45]David Brown, *Tradition and imagination: revelation and change* (Oxford: Oxford University Press, 1999).

[46]Curiosamente, Brown recorre à encarnação como apoio para sua tese. A disposição de Deus de se fazer carne é ao mesmo tempo seu endosso do processo historicamente condicionado de ser "recebido" por meio da imaginação criativa (ou seja, a tradição). Cf. também David Brown, *Discipleship and imagination: Christian tradition and truth* (Oxford: Oxford University Press, 2000). Tanner faz a útil observação de que interpretações são sempre explicações *das* Escrituras e não substitutas — elas não são novas Escrituras. Ela também tem razão de discordar da opinião de que a encarnação significa que Deus se entregou às tradições humanas de interpretação (Kathryn Tanner numa resenha de Brown, *Tradition and imagination*, in: *International Journal of Systematic Theology*, vol. 3 [2001]: 120).

[47]Sou grato pela resenha de Lundin, Thiselton e Walhout escrita por Henry Venema, *Promise of hermeneutics*, in: *Christian Scholar's Review*, 30 [2001]: 368, neste ponto e no próximo.

enquanto fundiam o ferro.⁴⁸ O tartã, determinado padrão de xadrez associado a um clã específico de Highland, é uma invenção ainda mais recente, cuja origem está na formação inglesa dos regimentos de Highland na década de 1740. Esta última invenção da tradição trouxe importantes vantagens econômicas para a indústria escocesa de tecido. Em geral, essas invenções tornaram-se tradições porque, pelo menos no momento da criação, atenderam a necessidades políticas, sociais, culturais e até econômicas muito acentuadas.

Será possível que tenham existido condições materiais semelhantes para a invenção da tradição da igreja junto com a obra mais misteriosa do Espírito Santo e talvez até contra ela? É perfeitamente possível que a tradição da igreja simplesmente faça a Palavra avançar no poder do Espírito, que as interpretações da igreja sejam interpretações genuínas; mas não há garantias disso. Martin Chemnitz admite sete sentidos diferentes de tradição, mas, junto com os outros reformadores, ele não aceita o oitavo e último. A diferença entre a "tradição da igreja [de Chemnitz] e o oitavo tipo" é que ela se refere a crenças e práticas que não podem ser provadas com o testemunho bíblico (e.g., a adoração dos santos, o primado do pontífice romano, o purgatório). De acordo com Chemnitz, "vestir [...] corrupções com o manto das tradições" é um velho truque herético.⁴⁹ O adágio de Agostinho também vem a calhar: "Se formos olhar para trás, para costumes antigos ou apenas para a antiguidade, então os assassinos, adúlteros e pessoas semelhantes também podem defender seus crimes dessa forma, porque eles são antigos".⁵⁰ A observação de Calvino é, da mesma forma, sarcástica: a verdade não pode ser determinada por costumes de longa data, os quais são apenas "conspiração de homens".⁵¹

A falibilidade da tradição

Na melhor das hipóteses, a tradição pode ser um meio de formação espiritual, um meio de ensino das virtudes e práticas aos indivíduos de determinada comunidade. A tradição ajuda a moldar a identidade cristã ao iniciar os membros em certos processos de interpretação bíblica. Entretanto, na pior das hipóteses, as tradições podem tornar-se instrumentos de autoglorificação do orgulho coletivo e não dar ouvidos às vozes externas à comunidade, sejam elas da ciência, da filosofia, da cultura ou de outros grupos cristãos. Quando as tradições começam a valorizar demais a si mesmas,

---

⁴⁸Cf., de Hugh Trevor-Roper, "Invention of tradition: the highland tradition of Scotland", in: Eric Hobsbawm; Terence Ranger, orgs., *The invention of tradition* (Cambridge: Cambridge University Press, 1983), p. 15-42.

⁴⁹Martin Chemnitz, *Examination of the Council of Trent*, tradução para o inglês de Fred Kramer (St. Louis: Concordia, 1971), p. 277.

⁵⁰Citado em ibid., p. 307.

⁵¹John Calvin, *Institutes*, "Prefatory address", § 5 [edições em português: João Calvino, *A instituição da religião cristã*, tradução de Carlos Eduardo Oliveira; José Carlos Estêvão (São Paulo: UNESP, 2008), 2 vols., e *As institutas*, tradução de Waldyr Carvalho Luz (São Paulo: Cultura Cristã, 2006), 4 vols]. É digno de nota, no entanto, que Calvino acreditava que, de modo geral, a maioria dos pais da igreja estava teologicamente do seu lado contra Roma.

degeneram no que Francis Bacon chama de "Ídolos do Teatro", que confundem sua encenação com a própria verdade: "Todos os sistemas recebidos não passam de muitas representações teatrais de mundos que eles mesmos criaram".[52] Embora Bacon não use o termo *orgulho*, ele está subentendido em sua análise. Uma vez que adotamos uma opinião, nossa tendência é fazer de tudo para apoiá-la: "Por essa grande e perniciosa predeterminação, a autoridade de suas conclusões anteriores pode permanecer inviolada".[53] Orgulho coletivo é pior que o individual porque é mais entrincheirado.

Há pecado na tradição; há pecado na igreja. A tradição da igreja — a tentativa contínua de seguir a Palavra de Deus — é uma tarefa, não um fato consumado. Evidência número um: a unidade da igreja. A igreja atual existe em estado de desordem, a ponto de correr o risco de comprometer a integridade do evangelho.[54] Essa desordem pode ser um problema mais espiritual do que institucional, resultado da evidente má vontade de impor limites à autoafirmação do orgulho humano expresso coletivamente no denominacionalismo. A eclesiologia não pode ser a teologia primeira porque a igreja está experimentando apenas os primeiros frutos de sua salvação. Como realidade escatológica, ela de fato já está em união com Cristo, mas ainda não completamente. A unidade visível da igreja é algo pelo que trabalhamos e esperamos.[55]

Eu creio na igreja. Deus chamou um povo para ser seu, o corpo de Cristo, criação e templo do Espírito Santo. A questão é se, e até que ponto, essa "igreja" pode ser colocada em pé de igualdade com os diversos organismos eclesiais e suas histórias humanas. Creio que a igreja é una, mas não vejo essa unidade. Creio que a igreja é santa; no entanto, a igreja visível nem sempre parece ser. É justamente por causa de sua natureza escatológica — sua condição entre o "já" e o "ainda não" — que a vida e a linguagem da igreja não podem (ainda não!) servir como o principal critério da doutrina cristã. É também por isso que não podemos simplesmente partir do princípio de que "tradição" visível e "Tradição" invisível sempre coincidem.

A ingenuidade da tradição

A intenção dessas observações não é denegrir a tradição da igreja, mas situá-la corretamente na economia da salvação e do padrão de autoridade divina. Dessa perspectiva, conformar-se à tradição da igreja não é o primordial: o primordial é atender ao Espírito, que fala nas Escrituras a respeito de Jesus Cristo. A igreja primitiva tinha um entendimento "realista" da tradição: a interpretação da igreja deve ser preferida por ser *correta* — segundo as Escrituras —, não apenas por vir da igreja. No contexto pós-moderno, no entanto, a tradição tem sido associada, e talvez confundida, com

---

[52]Francis Bacon, citado em W. T. Jones, *Hobbes to Hume: a history of Western philosophy*, 2. ed (New York: Harcourt Brace Jovanovich, 1969), p. 78.
[53]Francis Bacon, *Novum organum*, parte 1, §§41ss.
[54]Cf. Ephraim Radner, "To desire rightly", in: Christopher R. Seitz, org., *Nicene Christianity* (Grand Rapids: Brazos, 2001), p. 226. Radner vê com tanta intensidade a atual desunião da igreja visível, que chega a comparar a situação atual com a do reino dividido de Israel.
[55]No último capítulo voltarei a falar da correta localização da igreja sob a ótica do dogma e do drama.

uma hermenêutica da recepção do leitor. Mas não podemos partir da premissa de que o conteúdo da tradição apostólica se encontra no ensino da igreja. Presumir tal coincidência seria muita ingenuidade.

O *sola traditio* (somente a tradição) é um critério inviável como instrumento de validação. Tal princípio idolatraria o processo histórico, de modo que tudo o que aconteceu na igreja seria prova da obra do Espírito. Novamente, devemos perguntar: Qual igreja? Tradição interpretativa de quem? Aqueles que apelam para a "canonicidade" da tradição sujeitam-se ao mesmo tipo de investigação (e refutação) histórico-crítica de alegações de unidade até agora aplicada ao texto bíblico. Entre os mais eloquentes defensores da tradição nos dias atuais, poucos são capazes de mostrar qualquer entusiasmo, por exemplo, pela ideia de punição eterna dos ímpios, apesar de esse conceito figurar sistematicamente nas formulações da antiga Regra de Fé. Será possível que aqueles que apelam à grande tradição trabalhem tacitamente com um "cânon dentro do cânon" da tradição?

Não há dúvida de que a igreja tem fracassado muitas vezes em seu testemunho (exemplos vêm à mente com facilidade; não preciso citar nomes). Portanto, reconhecer a pecaminosidade da igreja é parte essencial do nosso testemunho cristão.[56] O que é necessário é um princípio crítico para compensar a ingenuidade da tradição. Essa é exatamente uma das finalidades da prática do *sola Scriptura*.

Há uma profunda ironia em situações nas quais aqueles que defendem a autoridade da tradição negligenciam seu conteúdo. Já mencionei a óbvia ausência da ideia de punição eterna dos ímpios em exposições atuais da Regra de Fé. Para ser mais claro ainda, uma das premissas praticamente unânimes na igreja antiga era que o Espírito Santo era o autor das Escrituras e que seu significado, mesmo em pontos multifacetado, estava fixado. *A tradição da igreja concedia autoridade suprema às Escrituras*. A doutrina devia ser aceita primariamente *porque era bíblica*. A ironia, então, é que muitos dos que hoje falam em favor da tradição não dão ouvidos ao que a tradição de fato transmitiu com respeito à supremacia das Escrituras. Chemnitz levanta a mesma questão com respeito ao Concílio de Trento e sua desconsideração da ambivalência da antiga tradição no que respeita aos apócrifos: "Por que esses homens fingem honrar os juízos da antiguidade, mas subvertem o parecer da primeira e antiga igreja relativo ao cânon da fé e aos dogmas desde suas origens?"[57] De fato.

ENCENAÇÃO II: AUTORIA E DIREÇÃO PELA COMUNIDADE INTERPRETATIVA

Teologia é discurso regulamentado sobre Deus e ação também regulamentada em nome de Deus. Os cristãos normalmente aprendem a falar essa linguagem e a viver essa vida ao participar da tradição e das práticas da igreja. No entanto, embora possamos aprender teologia pela via da "socialização" na igreja, não podemos justificar

---

[56]Nicholas M. Healy, *Church, world, and the Christian life* (Cambridge: Cambridge University Press, 2000), p. 9.

[57]Chemnitz, *Examination*, p. 190.

nossas propostas teológicas simplesmente apelando para o que os cristãos dizem e fazem. Precisamos tomar cuidado para não confundir a "lógica da descoberta" com a "lógica da justificação".[58] As regras do discurso e comportamento cristãos — a gramática da ação comunicadora cristã — têm autoridade apenas na medida em que são "segundo as Escrituras".

O roteiro sagrado, porém, é ao mesmo tempo completo e incompleto. Por um lado, a narrativa dos atos da palavra de Deus na história de Israel e em Jesus Cristo está concluída: o auge do drama da redenção (a cruz e a ressurreição) foi alcançado, sua conclusão (a vida eterna com Deus) é certa. Por outro lado, sem um povo para corporificá-lo, o roteiro carece de algo essencial, pois o cânon "transmite seu significado apenas quando é 'encenado' em padrões de ação humana na igreja e na sociedade".[59] Apesar de não *competir* com as Escrituras, será que a tradição poderia *completá-las*? Esta seção reflete um pouco mais sobre a ideia de que as práticas da igreja "materializam" o roteiro canônico. Ao fazê-lo, mostraremos com mais clareza as semelhanças e as diferenças entre as abordagens linguístico-cultural e canônico-linguística da teologia.

Encenação é o conceito-chave, o elo que mantém unidos o roteiro canônico, a doutrina e a prática da igreja. Portanto, deve-se mencionar a importante crítica que Nicholas Wolterstorff faz ao que ele chama de "interpretação de encenação", pelo fato de ela conceder primazia ao leitor-ator e não ao autor-dramaturgo.[60] Segundo Wolterstorff, a interpretação de encenação não está muito interessada em descobrir o que um autor disse, mas em "conferir sentido" a um texto como se o leitor ou o intérprete o tivesse escrito.[61] Na interpretação de encenação, o texto — uma história, uma partitura ou um roteiro — proporciona a oportunidade para o intérprete mostrar sua habilidade e criatividade; quem "confere sentido" ao texto é o intérprete, não o autor-compositor-dramaturgo. Por exemplo, a leitura que Kant faz dos versículos que iniciam o Quarto Evangelho é um caso de interpretação de encenação porque ela nos diz o que *ele* diria se fosse o autor do texto.[62] Para a presente obra, é fascinante e importante o fato de que Wolterstorff veja na obra de Frei (e, por extensão, na de Lindbeck) um exemplo de interpretação de encenação.[63]

---

[58] A distinção é entre as condições para conhecer algo e a condição para mostrar que o conhecimento que se tem é de fato válido, garantido ou legítimo. Por exemplo, chegamos a conhecer algumas coisas por acaso, mas dificilmente será dessa forma que mais tarde as validaremos.

[59] Stephen C. Barton, "New Testament interpretation as performance", *Scottish Journal of Theology* 52/2 (1999): 184.

[60] Cf. Nicholas Wolterstorff, *Divine discourse* (Cambridge: Cambridge University Press, 1995), cap. 10: "Performance interpretation". Wolterstorff refere-se a escritores e compositores, e não a dramaturgos, mas não vejo razão por que não aplicar o ponto principal de seu argumento também às interpretações teatrais.

[61] A interpretação da encenação aproxima-se mais da "invenção" do que da "descoberta": "O intérprete da encenação não alega ter *descoberto* o que o autor disse" (ibid., p. 181).

[62] Ibid., p. 177.

[63] Wolterstorff comenta: "No início, Frei tinha um firme compromisso com a interpretação de sentido textual e, depois, com a interpretação da encenação; ao longo de sua trajetória, ele foi totalmente contrário à interpretação do discurso autoral, quer o discurso em questão fosse humano, quer fosse divino "(ibid., p. 219).

Em passagens cruciais das respectivas obras, tanto Frei quanto Lindbeck privilegiam o uso (a encenação) comunitário em detrimento do próprio texto (o roteiro). No final, Frei sugere que o sentido literal do texto bíblico depende de sua recepção na igreja.[64] E, de acordo com Lindbeck, aprendemos as regras gramaticais que regem a fé cristã ao participarmos da vida da igreja — ao nos vincularmos a uma tradição de encenação. A teologia torna-se uma questão de autodescrição eclesial, de decifrar a lógica implícita no culto, na doutrina e na ética cristã. Assim, parafraseando Schleiermacher, as doutrinas são *descrições das expressões coletivas da igreja expostas em discurso*.[65]

O que dizer do cânon? Ele pode guiar e controlar a igreja, ou seu significado depende de como a igreja o encena? Frei e Lindbeck vacilam nesse ponto tão importante. Às vezes, o que mais importa parece ser o sentido do texto; outras vezes, o privilégio parece ser da comunidade que interpreta esse texto. Wolterstorff está correto ao discernir uma forte virada para a interpretação de encenação. Especificamente sobre Frei, Wolterstorff comenta que, "ao longo de sua carreira, ele foi resolutamente contrário à interpretação do discurso autoral".[66] Mas, não se pode dizer o mesmo de Lindbeck, que escreveu um importante artigo mais recente sinalizando sua abertura para a abordagem do discurso autoral.[67] No entanto, até agora Lindbeck não tentou explicar se, ou como, sua abertura para a interpretação do discurso autoral se coaduna com sua proposta anterior sobre a natureza da doutrina.

Há pelo menos duas maneiras bem distintas de entender a encenação das Escrituras pela igreja. Na primeira, o uso habitual/encenação das Escrituras pela igreja é visto como a essência do sentido literal. Chamemos a isso de *interpretação eclesial de encenação*, ou simplesmente, Encenação II.[68] A abordagem linguístico-cultural de Lindbeck é uma espécie de interpretação da Encenação II. No segundo caso, o significado é determinado pelo discurso autoral/canônico.[69] A gramática da fé cristã está integrada e encenada no uso da linguagem no cânon, não na comunidade atual (daí a abordagem "canônico-linguística", ou o que chamaremos de interpretação da Encenação I). O roteiro, deste último ponto de vista, é tanto *transcrição* do teodrama

---

[64]Cf. Hans Frei, "The 'literal reading' of biblical narrative in the Christian tradition: does it stretch or will it break?", in: Frank McConnell, org., *The Bible and the narrative tradition* (New York: Oxford University Press, 1986). George Lindbeck apoia a posição de Frei em "The story-shaped church: critical exegesis and theological interpretation", in: Garrett Green, org., *Scriptural authority and narrative interpretation* (Philadelphia: Fortress, 1987), p. 164.

[65]Friedrich Schleiermacher define doutrina como uma descrição das afeições religiosas cristãs demonstradas no discurso (*The Christian faith*, organização de H. R. Mackintosh; J. S. Stewart [Edinburgh: T. & T. Clark, 1928], p. 76). O próprio Schleiermacher, pai da teologia liberal moderna, é classificado por Lindbeck como "expressivista experiencial".

[66]Wolterstorff, *Divine discourse*, p. 219.

[67]Veja George Lindbeck, "Postcritical canonical interpretation: three modes of retrieval", in: Seitz; Greene-McCreight, orgs., *Theological exegesis*, p. 26-51.

[68]Com essa nomenclatura pretendo fazer alusão à Tradição II; cada "II", à sua maneira, complementa as Escrituras com dados novos.

[69]Estou falando de modo geral; em si, o cânon não é um agente comunicador. Com "discurso canônico" quero dizer discurso autoral, especialmente discurso autoral divino, "o Espírito falando nas Escrituras".

— a "encenação ordenada" divina e definitiva — quanto *prescrição* divina que ordena a encenação realizada por outros (e.g., a igreja).[70] Na interpretação da Encenação I, o que tem autoridade é o uso divino autoral (canônico); a comunidade encena, dessa forma, a palavra e a vontade de outro.

A interpretação da Encenação II não se limita à igreja. Portanto, começamos com uma breve descrição da interpretação da Encenação II em geral. O que conta na interpretação da Encenação II é a apropriação do roteiro pela comunidade. A Encenação II coloca os objetivos e interesses da comunidade que interpreta acima dos objetivos e interesses do dramaturgo. Por isso, não é exagero dizer que na interpretação da Encenação II o leitor "dirige" o texto: o "sentido real das palavras" resulta de como intérpretes, e não autores, as encenam.

Interpretação da encenação pós-moderna

A "encenação" está hoje amplamente distribuída por toda a academia, com alguns chegando ao ponto de sugerir que ela é o que unifica a pós-modernidade.[71] No contexto das artes, a encenação envolve a presença física de pessoas qualificadas "cuja demonstração de habilidades é a encenação".[72] No contexto das ciências sociais, porém, a ênfase está menos na exibição de habilidades e mais na atuação de acordo com padrões de comportamento culturalmente codificados. No entanto, a encenação difere da simples ação em ambos os casos graças a "uma consciência de duplicidade, por meio da qual a verdadeira execução de uma ação é mentalmente comparada a um modelo possível, ideal ou original que se recorda daquela ação".[73] Há divergências quanto à suposta existência de um "modelo ideal" com o qual comparar a própria encenação e, no caso de esse modelo ideal existir, onde ele pode ser localizado: seria no entendimento original do autor? No próprio roteiro? Na própria encenação ao vivo?

A noção de que o intérprete contribui de certa forma para o significado do texto causou um profundo impacto sobre os estudos bíblicos e igualmente sobre a teologia; alegações de descoberta do "significado objetivo" ou da "verdade absoluta" parecem cada vez mais estranhas, como ecos de uma idade da inocência. Muitos intérpretes têm, portanto, abandonado o esforço por "entender corretamente" e se contentado em "tornar útil" ou "tornar interessante". *A virada para a encenação na pós-modernidade — em direção à ideia de uma obra em desenvolvimento, incompleta e fluida — é, simultaneamente, uma virada que se afasta da ideia de obra acabada, completa em si mesma.*

É na encenação que a peça vive, se move e existe; a encenação é o fim para o qual os roteiros são criados. As teologias linguístico-cultural e canônico-linguística

---

[70]Cf. Shannon Craigo-Snell, "Command performance: rethinking performance interpretation in the context of *divine discourse*", *Modern Theology* 16 (2000): 481.

[71]Michel Benamou, "Presence as Play", in: Michel Benamou; Charles Caramello, orgs., *Performance in postmodern culture* (Milwaukee: Center for Twentieth Century Studies, 1977), p. 3.

[72]Carlson, *Performance*, p. 3.

[73]Ibid., p. 5. Carlson também comenta que os pós-modernos habitam "um mundo altamente voltado para si mesmo, reflexivo, obcecado com simulações e teatralizações em todos os aspectos de sua consciência social" (p. 6).

afirmariam isso, mas com ênfases diferentes. Tudo depende do que a comunidade da fé define como o "ideal" que orienta sua encenação das Escrituras. Para os pós-modernos que seguem Derrida, não há um lócus fixo de significado original que possa servir como o padrão do qual nossas encenações procuram se aproximar. A encenação "ameaça a noção de texto como repositório de um significado estável".[74] Esse é o principal pensamento da interpretação da Encenação II. Não existe um "significado" do roteiro, muito menos um "roteiro em si"; existe apenas esta ou aquela encenação de um roteiro: "Podemos estar entrando em uma era em que *há apenas meios* [...] e nenhuma ontologia", uma era em que "a encenação é o meio e o modelo ideal".[75]

Inúmeros teóricos do drama pós-modernos negariam a existência de algum texto escrito com o qual uma peça possa ser identificada. Há quem afirme ser possível que Shakespeare tivesse a intenção de que suas peças fossem provisórias desde o início, "passíveis de alterações por parte do dramaturgo ou de outros, passando a existir ao longo do tempo em uma série de versões, todas relacionadas, mas nenhuma delas original".[76] A ideia de que o texto ou roteiro escrito "corporifica" a obra do autor é estranha às circunstâncias das publicações da Renascença.[77]

Os leitores de Stanley Fish devem estar familiarizados com tudo isso. A interpretação da Encenação II simplesmente desenvolve o que Fish diz sobre as obras de literatura: os leitores não reagem ao significado do texto; eles o constroem. Da mesma forma, as encenações não são tanto interpretações de algo anterior ou de algo recebido, mas realmente produções — criações de significado. O significado é produzido pelos procedimentos interpretativos que o controlam. É por isso que Fish fala da "autoridade" da comunidade interpretativa. Autoridade é, de fato, a questão crucial. Nos chamados estudos de encenação, é comum deparar com a distinção entre leitura como "esfera da dominação textual, da transmissão explícita da autoridade repressiva e canônica da cultura dominante" e encenação como "meio de se livrar dessa autoridade".[78] Para Fish, e para a interpretação da Encenação II de modo geral, a autoridade nasce de uma comunidade interpretativa que, para todos os propósitos práticos, torna-se *autora*: "A encenação torna-se o lugar onde o autor se materializa".[79] Uma comunidade interpretativa da Encenação II não recebe nem ouve passivamente

---

[74]Michael Issacharoff, "Postscript or pinch of salt: performance as mediation or deconstruction", in: Michael Issacharoff; Robin F. Jones, orgs., *Performing texts* (Philadelphia: University of Pennsylvania Press, 1988), p. 139.

[75]David George, "On ambiguity: towards a post-modern performance theory", *Theatre Research International* 14 (1989): 83.

[76]Leah Marcus, citado em Worthen, "Disciplines of the text/sites of performance", p. 17.

[77]Alguns chegam ao ponto de sugerir que a marca registrada de Shakespeare é "uma esfera de trabalho cooperativo, não a propriedade privada de um único indivíduo" (Margreta de Grazia; Peter Stallybrass, "The materiality of the Shakespeare text", citado em Worthen, "Disciplines of the text/sites of performance", p. 25, n. 8.

[78]Worthen, "Disciplines of the text/sites of performance", p. 21.

[79]Ibid., p. 18. Com "autor" refiro-me à pessoa responsável pelas palavras *tratadas como*, por exemplo, inglês ou francês, ou por textos *tratados como*, por exemplo, história em contraposição a ficção. A ideia é que *alguém* deve ser responsável por palavras e textos tratados como isto e não aquilo.

a voz de terceiros; em vez disso, ela projeta sua própria voz em um roteiro inerte. Por isso, para Fish, o significado textual é uma questão de "*leitores encenando atos*".[80]

A ênfase atual na encenação como aquilo que minimiza os textos escritos parece estar estranhamente em descompasso com uma proposta que se concentra no teodrama da aliança e no roteiro canônico. A teologia canônico-linguística continua a afirmar a importância da categoria "encenação", apesar da tendência contemporânea de colocá-la contra a autoridade do texto. Em primeiro lugar, não é necessário tratar o cânon como se fosse um roteiro de teatro da Renascença. O cânon *não* é dado a alterações, conforme se pode ver claramente na maldição bíblica contra modificações de quaisquer palavras. O mais importante é que à interpretação da Encenação II faltam os atos discursivos reais — prometer, proclamar o que aconteceu, determinar o que deve acontecer — que o cânon preserva e transmite.

A seguir, voltamo-nos para a antropologia cultural, um dos campos na vanguarda dos estudos sobre encenação e disciplina da qual Lindbeck se vale para sua abordagem linguístico-cultural. Tanto a teoria literária quanto a antropologia cultural pós-modernas usam a metáfora da encenação para sustentar que textos e culturas não são dados da realidade, mas construções sociais em fluxo constante. As encenações são vistas "como elementos regidos não tanto pela realidade objetiva mas por estratégias retóricas".[81] Nos estudos culturais, isso significa um interesse pela maneira como as culturas são estruturadas por certas formas de encenação ritual.[82] Para os estudos bíblicos, significa que a questão essencial não é "o que as Escrituras significam", mas "como a igreja usa as Escrituras".

É de conhecimento geral que Lindbeck compara a igreja a uma cultura com seu uso característico da linguagem, assim como também compara a tarefa de autodescrição eclesial da teologia à etnografia. O que pode ser menos conhecido, porém, é a proeminência que o papel da noção de encenação pode ter. Um artigo recente intitulado "Rethinking Ethnografy" [Repensando a etnografia] lista quatro maneiras pelas quais a virada para a encenação afetou o campo da antropologia cultural.[83] A primeira é o desenvolvimento pós-moderno mencionado acima, a saber, a profunda consciência de que grande parte da atividade humana é construída. A segunda é o interesse atual pelas fronteiras e empréstimos entre as culturas, e não nas culturas como essências fixas e autossuficientes. A terceira é a "volta do corpo" e a importância da prática encarnada como meio de conhecimento.

O quarto e último desenvolvimento na etnografia contemporânea também é o mais importante para os propósitos deste estudo, uma vez que incide claramente sobre a mudança para o paradigma da encenação: a mudança que levou a ver o mundo

---

[80]Fish, *Is there a text in this class?*, p. 12.
[81]Carlson, *Performance*, p. 190.
[82]Uma declaração seminal que registrou as áreas nas quais a teoria da encenação e as ciências sociais coincidem foi de Richard Schechner em "Performance and the social sciences", *Drama Review* 17 (1973): 5-36.
[83]Dwight Conquergood, "Rethinking ethnography: towards a critical cultural politics", *Communication Monographs* 58 (1991): 179-94.

não "como texto" mas "como encenação". Um deslocamento semelhante caracteriza a obra de Frei e Lindbeck. Há uma tensão palpável entre a intratextualidade professada por eles, por um lado, e no foco que eles dirigem ao uso que a igreja faz das Escrituras, por outro. *A questão urgente para a teologia linguístico-cultural é se a verdadeira identidade cristã é recebida por meio do testemunho apostólico — mediada pelo texto bíblico — ou se é produzida na encenação e pela encenação da comunidade, uma construção social.* Essa forma de colocar a questão não é muito sofisticada, pois, como defenderemos na quarta parte, a igreja é, de fato, uma corporificação, uma representação e uma encenação do texto bíblico. Fazer uma distinção muito rigorosa entre texto e encenação é, em última análise, o mesmo que fazer uso de um instrumento conceitual sem precisão. Há mais de uma maneira de conceber a relação entre textos e encenações; todavia, o perigo, se não o Diabo, está nos detalhes. O cerne da questão é se o lócus da especificação normativa do teodrama é o roteiro canônico ou a encenação eclesial.

Mesmo alguns que defendem uma abordagem canônica, como Brevard Childs, podem facilmente escorregar da intratextualidade para uma forma de teologia linguístico-cultural que coloca a encenação da comunidade acima do roteiro: "A(s) forma(s) final(is) do texto *utilizada(s)* pelas comunidades da fé ao longo dos séculos [...] deve(m) ser normativa(s) para a interpretação".[84] Esse tipo de interpretação parece "canônica" mas, na verdade, leva em conta apenas a forma final do texto *utilizada pelas comunidades da fé*: "A autoridade das Escrituras reside no uso que delas se faz".[85] O que Wolterstorff quer dizer com interpretação de encenação, e que estamos chamando aqui de interpretação da Encenação II, é que o sentido de um texto depende de seu uso pela comunidade de *leitores*.

Interpretação de encenação pós-liberal

Seria a teologia linguístico-cultural de Lindbeck um exemplo da interpretação da Encenação II?[86] A doutrina deriva do roteiro historiado ou de sua corporificação nas encenações eclesiais? Lindbeck parece ambíguo quanto a esse ponto. Por um lado, ele é defensor da teologia intratextual: "É como se o texto absorvesse o mundo, em vez de

---

[84]Charles J. Scalise, *Hermeneutics as theological prolegomena: a canonical approach* (Macon: Mercer University Press, 1994), p. 88.

[85]Ibid., p. 94.

[86]Há alguma polêmica em torno das credenciais pós-liberais de Lindbeck. Embora ele se descreva como pós-liberal, George Hunsinger argumenta que Lindbeck é, na verdade, um "neoliberal" que alcança resultados tipicamente liberais por novos meios (George Hunsinger, "Postliberal theology", in: Kevin J. Vanhoozer, org., *The Cambridge companion to postmodern theology* [Cambridge: Cambridge University Press, 2003], p. 43-5). Em particular, o que o liberalismo e o neoliberalismo compartilham é uma tendência de oficializar alguma outra plataforma interpretativa além das Escrituras, na qual os modernos escolhem entre sistemas conceituais, e os neoliberais, entre sistemas linguístico-culturais: "Ao passo que o liberalismo relativiza o conteúdo propositivo da doutrina pela interpretação, o neoliberalismo faz o mesmo pela redefinição (a 'teoria da regra')" (p. 44-5). Veja uma defesa de Lindbeck como pós-liberal (bem como evangélico e católico) em James J. Buckley, "Introduction", in: George Lindbeck. *The Church in a postliberal age* (Grand Rapids: Eerdmans, 2002), vi–xviii.

o mundo absorver o texto".⁸⁷ A doutrina resulta da redefinição conceitual da história. Por outro lado, Lindbeck refere-se à doutrina como a "gramática" da fé cristã, cujos dados linguísticos não são o simples texto das Escrituras, mas a linguagem e a vida da igreja. "A doutrina é sempre derivada daquilo a que ela dá forma — a encenação do evangelho feita pela igreja".⁸⁸ Nesse sentido, doutrina é a formulação das regras que regem o uso que a igreja faz das Escrituras.

O significado depende do uso — mas uso por parte de quem? Não basta apelar para o "sentido do texto". Como Wolterstorff argumenta com razão, a ideia nada clara do que se chama "sentido do texto", na verdade, sempre diz respeito àquilo que *alguém* poderia pretender dizer. Boa parte da interpretação é uma questão de discernir atos ilocucionários: de determinar o que alguém está fazendo nas frases e nos textos, com eles e por meio deles. Isso vale tanto para a narrativa quanto para qualquer outro tipo de texto: "revelar um mundo" é um ato ilocucionário e, portanto, atribuível a um agente que usa o texto como meio da própria ilocução. No entanto, Frei e Lindbeck abordam inicialmente a narrativa bíblica sob a ótica da interpretação do sentido textual. A teologia consistiria em redefinir conceitualmente o mundo narrativo da Bíblia "de dentro para fora": "As narrativas que identificam Jesus são uma vantagem epistêmica; se houver conflito entre essas narrativas e quaisquer outras frases propostas para a fé, as narrativas vencem".⁸⁹

Até este ponto, as abordagens linguístico-cultural e canônico-linguística estão de acordo. O próximo ponto de Lindbeck, no entanto, faz tremer o mundo das Escrituras narrado por meio de símbolos. Observando a diversidade de perspectivas teológicas nas Escrituras, Lindbeck afirma a necessidade de um princípio de unidade, pois, sem ele, "fica impossível recorrer às Escrituras como um todo em busca de orientação atual para a igreja".⁹⁰ Assim, somos forçados a apelar para alguma norma *extrabíblica* — um magistério eclesiástico, uma tradição da comunidade, uma interpretação particular — para decidir *qual* parte das Escrituras aplicar em determinada situação e como fazer isso. Pelo que parece, a intratextualidade sozinha é uma estratégia insuficiente para uma interpretação teológica das Escrituras.

O que começa como um tremor torna-se um terremoto quando Lindbeck afirma que "o significado atribuído aos textos é subdeterminado na medida em que não se especifica seu uso para moldar a vida e o pensamento. [...] As mesmas frases, conceitos e imagens dizem coisas muitos diferentes e ajudam a projetar mundos bem distintos, dependendo de como são utilizados para moldar o pensamento e o comportamento".⁹¹ Mesmo Lindbeck reconhece, por fim, que "o" sentido do texto é algo que não existe; essa admissão, para todos os efeitos, significa o fim de sua abordagem intratextual.

Como o texto já não é suficiente para transmitir seu próprio mundo, Lindbeck coloca em pé de igualdade o sentido "bíblico" do texto e seu uso na vida e linguagem

---

⁸⁷George Lindbeck, *The nature of doctrine* (Philadelphia: Westminster, 1984), p. 118.
⁸⁸Gerard Loughlin, "The basis and authority of doctrine", in: Colin Gunton, org., *The Cambridge companion to Christian doctrine* (Cambridge: Cambridge University Press, 1997), p. 55.
⁸⁹Bruce D. Marshall, *Trinity and truth* (Cambridge: Cambridge University Press, 2000), p. 116.
⁹⁰Lindbeck, "Postcritical canonical interpretation", p. 39.
⁹¹Ibid., p. 36.

da comunidade cristã. *O que a teologia agora descreve não é a "forma final" do texto, mas a "forma de vida" em que os jogos da linguagem bíblica funcionam como Escrituras.* A encenação que conta — a encenação que decide o significado das palavras bíblicas e os mundos que o texto projeta — é a encenação da comunidade da fé. A igreja é a forma de vida que confere sentido aos jogos da linguagem bíblica; por isso, é essa cultura eclesial que os teólogos pós-liberais se dispõem a descrever. Em uma declaração reveladora que prenuncia a passagem do texto para a comunidade interpretativa, Lindbeck comenta que o aspecto doutrinariamente importante da religião não reside em verdades propositivas ou em experiências religiosas, "mas na história que ela narra *e na gramática que molda a maneira pela qual a história é contada e usada*".[92] A rigor, o que é normativo para a doutrina não é a história em si, mas a maneira pela qual ela é usada. De onde vem esse modelo de uso? Infelizmente, Lindbeck não o diz.[93]

No final, o que tem autoridade na teologia linguístico-cultural não é a representação narrativa de Cristo, mas o *uso* que a igreja faz dessa narrativa. Sugerir que a teologia pós-liberal, em última análise, descamba para uma espécie de extratextualidade é uma afirmação surpreendente e até alarmante. No entanto, há evidências que corroboram essa afirmação. Lindbeck concorda com a concepção de Frei de que o sentido literal da Bíblia está na tradição de consenso em relação ao uso das Escrituras e não em sua "natureza" como narrativa realística.[94] As razões que levaram Frei a passar do texto para a tradição de recepção do texto não são totalmente claras, mas sem dúvida, à luz da desconstrução e de outras abordagens baseadas na reação do leitor, elas têm relação com a dificuldade cada vez maior de apelar para um sentido definido do texto. Como um texto pode ter múltiplos sentidos, Frei se sentiu obrigado a voltar-se para a tradição do uso das Escrituras na igreja a fim de garantir um significado estável. O argumento de Frei equivale a alegar que, *para os cristãos*, as narrativas bíblicas transmitem a identidade de Jesus Cristo.

À semelhança de Frei, Lindbeck acredita que o texto bíblico, em última análise, não pode produzir sentido (literal) por si.[95] Comentando sobre frases e conceitos bíblicos, Lindbeck diz: "Seus significados são tão numerosos quanto os universos nos

---

[92]Lindbeck, *Nature of doctrine*, p. 80 (grifo meu).

[93]Minha opinião é que o padrão vem do próprio Cristo, mas sabemos disso apenas por causa de testemunhos bíblicos como Lucas 24.27. Voltarei a esse ponto em outro capítulo.

[94]Frei, "'Literal reading' of biblical narrative". Cf. também o comentário de George Hunsinger: "O que ainda é desconcertante [...] é exatamente como Frei pensa que texto e tradição, estrutura narrativa formal e *sensus literalis* da comunidade acabam se relacionando para justificar como a igreja lê as Escrituras" ("Afterword: Hans Frei as theologian", in: George Hunsinger; William C. Placher, orgs., Hans Frei, *Theology and narrative* [Oxford: Oxford University Press, 1993], p. 259). Veja uma boa análise da leitura que Wolterstorff faz de Frei em Shannon Craigo-Snell, "Command performance". James Fodor argumenta que tanto Frei quanto Lindbeck são ambivalentes quando se trata do significado do texto; às vezes, trata-se de um documento escrito, outras vezes o significado diz respeito à vida e às práticas dos cristãos (cf. James Fodor, *Christian hermeneutics: Paul Ricoeur and the Refiguring of Theology* (Oxford: Clarendon, 1995), p. 319, n. 37; p. 314-5, n. 75).

[95]Mas, como já mencionei, Lindbeck parece ter mudado de ideia com respeito à interpretação do discurso autoral, em grande parte por causa da obra pioneira de Wolterstorff.

quais se pode imaginar serem eles empregados de forma significativa".[96] Lindbeck está se referindo àquilo que em artes cênicas é chamado de *mise-en-scène*: "A mise-en-scène tenta fornecer ao texto do drama um contexto de enunciação que confira sentido às declarações".[97] Pense na Cruzada de Lindbeck: uma cena de batalha é uma *mise-en-scène* inadequada para dar sentido à afirmação "Jesus é o Senhor". Como, então, devemos dar sentido a essas palavras? A maioria dos teóricos de encenação tende a rejeitar a ideia de que um roteiro contém uma e somente uma *mise-en-scène* adequada. A *mise-en-scène* "não é a encenação que entende o texto",[98] assim como (para Frei) o "sentido óbvio" não é o sentido do texto. Teóricos pós-modernos da encenação descartam sumariamente a ideia de que o roteiro seja o elemento central e estável por trás das várias encenações por considerá-la uma noção de teatro "logocêntrica" e antiquada.[99]

Para Lindbeck, tanto o *crer* (a experiência subjetiva da fé) quanto aquilo em que se crê (o conteúdo objetivo da fé) são aspectos de um processo intersubjetivo. *Assim, uma matriz linguístico-cultural torna-se o contexto de elocução em que o roteiro adquire significado*. Resta saber se a vida da igreja se qualifica como uma "encenação que entende o texto" ou se ela serve de contexto de elocução que *confere* sentido às palavras da Bíblia. Visto que Lindbeck concorda com Frei que até o sentido literal depende do uso pela comunidade, somos obrigados a concluir que se trata da segunda opção. A vida da igreja é a *mise-en-scène* do roteiro.

Bem, por que não? Por que não identificar o sentido literal, o significado textual e o mundo narrativo projetado pelas Escrituras com o modo como o texto tem sido tradicionalmente usado pela igreja? Porque, no final, o que está em jogo é a fidelidade à graça preveniente: o drama divino anterior. No entanto, para os teóricos pós-modernos da encenação, a própria noção de fidelidade ao roteiro decorre de uma confusão: "Diferentes *mises-en-scène* de um texto comum, sobretudo aqueles produzidos em momentos muito diversos na história, não fornecem leituras do mesmo texto".[100] É justamente essa a preocupação de Wolterstorff com a Encenação II: a interpretação ganha contornos de reescrita — podendo chegar até à autoria. Na interpretação da Encenação II é difícil, ou até impossível, dizer se determinada encenação é adequada ou não (adequada *a quê?*). Uma coisa é descrever a vida e a linguagem da comunidade cristã, outra coisa bem diferente é preservar o evangelho.

Críticos da abordagem linguístico-cultural tendem a fazer uma de três acusações:

1. *No que diz respeito às Escrituras, ela tende ao fideísmo*. Se a linguagem da fé cristã é incomparável a outras formas de falar sobre o mundo, por que preferi-la? A coerência intratextual sozinha não é condição suficiente da verdade. Como a priorização das Escrituras adotada por Lindbeck é qualitativamente distinta do papel do Alcorão no islamismo?[101]

---

[96]Lindbeck, "Postcritical canonical interpretation", p. 36.
[97]Patrice Pavis, "From Text to Performance", in: Issacharoff e Jones, orgs., *Performing texts*, p. 90.
[98]Ibid., p. 89.
[99]Ibid., p. 92.
[100]Ibid., p. 88.
[101]Alister McGrath, "An Evangelical Evaluation of Postliberalism", in: Timothy R. Philips e Dennis L. Ockholm, orgs., *The nature of confession*, p. 40.

2. *No que diz respeito à igreja, ela tende ao idealismo.* Se a primeira crítica pergunta: "Por que *este* roteiro?", a segunda questiona: "Por que a encenação *da comunidade*?". A igreja carece de acesso puro e simples a uma plataforma bíblica já concedida; diferentes igrejas vivem diferentes contextos socioculturais.[102] Além disso, nem Frei nem Lindbeck explicam *por que* a igreja estabeleceu como literal apenas o sentido que ela estabeleceu.[103] Sim, quanto às regras para falar sobre Deus, nós as aprendemos com aqueles que já são falantes competentes. No entanto, "não existe uma forma não circular de especificar quem são os atores competentes em uma situação marcada por tanta divergência [...] Por isso, recorrer às normas da comunidade não garante, como querem os pós-liberais, estabilidade sob as formas cambiantes da história".[104] A igreja procura viver sua fé em contextos muito diferentes. Assim, "será que Agostinho, Tomás de Aquino, Lutero e Lindbeck vivem na *mesma* plataforma linguístico-cultural?"[105] Por fim, alguns críticos preocupam-se com o fato de os pós-liberais não serem muito otimistas em relação ao perigo "de a própria comunidade cristã 'capturar' a Bíblia, tratando-a como recurso e arma contra seus inimigos, enquanto procura dispensar a si mesma do escrutínio bíblico".[106]

3. *No que diz respeito a Deus, ela tende ao irrealismo.* Lindbeck compara doutrinas a regras gramaticais. Alguns o têm interpretado como se doutrina não fosse tanto o discurso sobre Deus mas o discurso acerca do discurso sobre Deus.[107] Se a teologia é uma espécie de etnografia ou autodescrição da comunidade, o que acontece com a as alegações da verdade sobre quem é Deus e sobre o que ele realizou em Jesus Cristo? Feuerbach — um arquiliberal — disse que o segredo da religião consistia no fato de ela ser a nosso respeito, e não a respeito de Deus. Estaria Lindbeck simplesmente tornando público o segredo dos teólogos, ou seja, a teologia é sobre *nós* — nossas crenças, nossa linguagem, nossas práticas?[108]

Lindbeck certamente não pretende dar apoio a Feuerbach com sua hermenêutica da suspeita. No entanto, assim como a virada fatídica de Schleiermacher para a experiência humana preparou o caminho para Feuerbach, o mesmo se pode dizer da virada de Lindbeck para a experiência *em comunidade*. Se, para Feuerbach, teologia é de fato apenas antropologia, um crítico severo poderia dizer que, para

---

[102]Terrence Tilley, "Incommensurability, Intratextuality, and Fideism", *Modern Theology* 5 (1989): 87-111.

[103]Wolterstorff, *Divine discourse*, p. 235.

[104]Kathryn Tanner, *Theories of culture* (Minneapolis: Fortress, 1997), p. 141-2.

[105]Tilley, "Incommensurability, intratextuality, and fideism", p. 96.

[106]Garret Green, *Theology, hermeneutics, and imagination: the crisis of interpretation at the end of modernity* (Cambridge: Cambridge University Press, 2000), p. 184-5.

[107]Lindbeck ressalta que doutrinas são "proposições de segunda ordem, não de primeira, e não afirmam nada sobre a realidade extralinguística ou extra-humana" (*Nature of doctrine*, p. 80). Brevard Childs pensa que o problema real em Lindbeck é a tendência de substituir o discurso sobre "Deus" pelo discurso sobre "texto" (*Biblical theology of the Old and New Testaments* [Minneapolis: Fortress, 1992], p. 22). Colin Gunton vê a crítica da teologia propositivo-cognitiva feita por Lindbeck como "um ataque à noção de religião revelada" (*A brief theology of revelation* [Edinburgh: T. & T. Clark, 1995], p. 7).

[108]Veja Mark Wallace, "The new Yale theology", *Christian Scholar's Review* 17 (1987): 154-70.

Lindbeck, teologia é de fato apenas antropologia *cultural*. Pode haver segurança na ação coletiva, mas não está nem um pouco claro que a experiência em comunidade seja uma vantagem para os teólogos. Comparado ao orgulho individual, o orgulho coletivo é mais difícil de discernir, para não dizer erradicar, e com razão os teólogos da libertação lembram-nos de que a doutrina do pecado deve reconhecer a natureza opressora de estruturas sociais e ideologias, até mesmo — principalmente! — quando elas surgem na igreja.

Interpretação da encenação eclesial

Dificilmente se poderia dizer que Lindbeck é o único representante teológico da interpretação da Encenação II. A virada para a prática da igreja como regra ou autoridade é endêmica na teologia contemporânea. O interesse renovado dos teólogos pela vida e práticas da igreja é um processo bem-vindo. A teologia canônico-linguística tem por objetivo recuperar essa dimensão também, embora, como veremos, ela considere as práticas eclesiais não tanto do ponto de vista da autoria mas da perspectiva da resposta. O objetivo imediato é tecer comentários sobre certa afinidade entre a interpretação da Encenação II e tentativas teológicas de situar o cânon sob a doutrina da eclesiologia e não sob a rubrica da revelação.[109]

Quando a eclesiologia se torna teologia primeira, a questão hermenêutica não mais diz respeito a "que tipo de texto" é a Bíblia, mas a "que tipo de entendimento" é o entendimento cristão. Como consequência da virada para a prática, o "entendimento" torna-se uma questão de domínio de certas habilidades, em especial a habilidade de usar o texto bíblico para o projeto de formação cristã. Essa ênfase no uso do texto bíblico pela comunidade tende a obscurecer a questão do uso *que Deus faz* do texto.[110] Como a presente discussão da interpretação da Encenação II deixa claro, "comunidade" não é uma ênfase *distintamente* cristã. Portanto, aqueles que desejam fazer da eclesiologia o princípio primeiro da teologia devem explicar o que, em última análise, distingue a igreja de outras comunidades interpretativas.

Uma resposta cada vez mais popular recorre à formação espiritual. Stephen Fowl evita discussões de teoria hermenêutica geral a fim de se concentrar em objetivos e interesses que cristãos, ao contrário de todos os outros, têm ao lerem as Escrituras.[111] O objetivo do cristão com a leitura das Escrituras é promover adoração e vida fiéis. É claro que existem muitos objetivos na leitura das Escrituras; nada no texto *exige* uma leitura cristã (Frei, podemos lembrar, diz algo semelhante sobre o sentido literal). Portanto, a defesa da interpretação da encenação eclesial por parte de Fowl refere-se ao

---

[109]John Webster menciona Charles Wood e David Kelsey como dois exemplos dessa tendência (*Word and church* [Edinburgh: T. & T. Clark, 2001], p. 18-9). No capítulo 7, examinaremos outra tentativa de situar o cânon na igreja, mas desta vez sob a rubrica abrangente da pneumatologia.

[110]Webster, *Word and church*, p. 19.

[111]Stephen E. Fowl, *Engaging Scripture: a model for theological interpretation* (Oxford: Blackwell, 1998). Observe que os "controles" para a interpretação teológica das Escrituras originam-se não do texto, mas da "comunidade, que julgará se tais interpretações resultarão em vida e adoração fiéis" (p. 26).

valor que determinada interpretação tem para a comunidade.[112] Como outros intérpretes da Encenação II, Fowl não defende suas leituras dizendo que elas estão corretas; antes, ele recorre à utilidade que elas têm no cumprimento de objetivos interpretativos cristãos.

Em nossos dias, é comum ouvir que o que distingue a perspectiva da interpretação bíblica dos cristãos é justamente esse compromisso com a edificação. Segundo se diz, o objetivo da interpretação teológica das Escrituras é a formação do caráter cristão. No entanto, associar exclusivamente com a igreja a interpretação espiritual que visa à formação do caráter é um procedimento ilusório. Encontramos formas semelhantes de interpretação, quem diria, na filosofia grega. Assim como Orígenes envergonhava-se de certas partes da narrativa bíblica, também os filósofos gregos envergonhavam-se de mitos e poemas que representavam deuses e deusas em vários estados de devassidão. Por isso, filósofos estoicos "praticavam a arte de interpretar os velhos mitos para descobrir, ocultos por trás da narrativa, nobres princípios estoicos".[113] A interpretação da Encenação II está longe de ser exclusiva dos cristãos.

O que as diversas formas de interpretação da Encenação II têm em comum é a separação que fazem entre os autores e sua autoridade. Pois o que é negligenciado pela interpretação da Encenação II é justamente o objetivo e o interesse do autor. Há, no entanto, outra maneira de ler a Bíblia na igreja, maneira que reconhece o papel do dramaturgo *e* o papel do ator-intérprete. A interpretação teológica das Escrituras *é* uma prática distintamente cristã, mas o que a faz assim é a preocupação dominante do leitor de lê-las como realmente são: a palavra de Deus.

A ENCENAÇÃO TRINA E UNA: O DISCURSO CANÔNICO DIVINO

As Escrituras não apenas demandam uma encenação, mas elas mesmas também configuram uma encenação *divina*, um modo de ação comunicadora divina por meio da qual o Deus trino e uno desenvolve sua missão e cria um novo povo da aliança. Isso tudo já confirmamos ao tentar revitalizar o princípio das Escrituras. Precisamos agora distinguir dois níveis distintos na encenação trina e una. Primeiro, temos o conteúdo do teodrama: os atos divinos da palavra desde a Criação até a consumação. Esse é o princípio *textual* do drama da redenção e o tema das Escrituras. Em segundo lugar, temos o roteiro, o princípio *formal* do drama da redenção, sua especificação normativa. Como documento da aliança, as próprias Escrituras são um ato da palavra do Deus trino e uno que encerra revelação e redenção.

Falar do discurso canônico divino é destacar o papel de *Deus como dramaturgo divino que coloca a voz dos autores humanos das Escrituras a serviço de seu teodrama.* Escutar as Escrituras como ação comunicadora divina e a Deus como o supremo autor do cânon dão uma nova perspectiva da encenação.[114] O que se torna mais

---

[112]Cf. Wolterstorff, *Divine discourse*, p. 181.

[113]Joseph Lienhard, *The Bible, the church, and authority: the canon of the Christian Bible in history and theology* (Collegeville: Liturgical, 1995), p. 11.

[114]Com "ação comunicadora" quero dizer mais ou menos a mesma coisa que Wolterstorff diz com "discurso". Assim, a comunicação envolve muito mais do que transmitir informações. É uma maneira de se referir a todas as coisas que agentes podem fazer com as palavras (e não apenas palavras).

importante é o uso que *Deus faz* dos textos bíblicos. A palavra de Deus é viva e eficaz: a Bíblia não é apenas um registro de revelação, mas o meio pelo qual Deus, nos autores humanos e por intermédio deles, tem uma fala permanente.

Lindbeck está correto quando afirma que a linguagem é um meio de navegar no mundo social, embora ele não entenda que *Deus também é membro da comunidade linguística*.[115] Por que haveríamos de ficar surpresos diante da afirmação de que Deus fala? Afinal, as Escrituras o retratam sistematicamente como agente do discurso, o Deus que fala para indivíduos e nações de diversas maneiras — por intermédio de sonhos, profetas, leis, alianças — embora, nesses últimos dias, ele nos tenha falado por meio de seu Filho (Hb 1.2). Apesar disso, hoje há teólogos que costumam ter dificuldade de tratar as Escrituras como discurso divino.[116]

Acima da unidade histórica do drama único da redenção e da unidade literária da narrativa bíblica contínua está a unidade *teológica* subentendida na ideia de que Deus é o supremo agente comunicador que fala nas Escrituras. A unidade das Escrituras não é uma construção da comunidade da fé, mas algo que esta descobre à medida que conhece Cristo. A igreja reconhece na pluralidade de discursos humanos uma unidade distintiva que ela atribui a um único agente autorizado: o Espírito que ministra a palavra. Ler as Escrituras como discurso unificado do Espírito "é lê-las como o único testemunho complexo a respeito de Cristo".[117] O Espírito é o *auctor* divino que investe o cânon de *auctoritas* divina. Observemos de passagem o comentário de Calvino: "A credibilidade de uma doutrina não se estabelece enquanto não nos convencermos, sem sombra de dúvida, de que Deus é o seu Autor".[118]

Sem dúvida, os textos bíblicos têm uma "história natural"; eles têm autores humanos. Mas esses testemunhos humanos são integrados à economia trina e una dos atos da palavra e, assim, acabam se tornando testemunhos divinos: "O uso que recebe prioridade na definição da ontologia dos textos canônicos é divino, não humano nem da igreja".[119] É como se Deus tivesse *elegido* (anexado, apropriado, inspirado) exatamente esses textos como meios para seus atos comunicadores. Portanto, ao contrário de outras formas de linguagem eclesiástica, como a pregação e o discurso litúrgico, "esses textos não são inerentes apenas à cultura da comunidade cristã".[120]

Em grande parte, compreender um ato da palavra é uma questão de determinar em que consiste uma elocução ou texto. Seria uma saudação, uma advertência, uma promessa? É possível responder a tais perguntas somente fazendo referência a quem fala ou ao autor: "Fala e textos são modos de interação humana, mais especificamente, modos de interação *normativa* [...] É com pessoas — Platão, Agostinho, Anselmo, seja

---

[115] Segundo Brad Kallenberg, "Unstuck from Yale: theological method after Lindbeck", *Scottish Journal of Theology* 50 (1997): 191-218.
[116] Argumentarei nos próximos dois capítulos que o Filho continua a falar à igreja por meio do testemunho apostólico nas Escrituras que ele comissionou e o Espírito promove.
[117] Yeago, "The Bible", p. 71.
[118] Calvin [Calvino], *Institutes* 1.7.4.
[119] Webster, *Word and church*, p. 31.
[120] Ibid., p. 32.

lá quem for — que estamos lidando".¹²¹ Na leitura da Bíblia como cânon unificado, no entanto, não estamos interagindo apenas com as Escrituras e seus autores humanos; estamos interagindo com Deus e também sendo levados por ele a essa interação. No final, Deus é o único responsável pela coesão entre os vários livros da Bíblia. O cânon é *uma encenação divinamente ordenada*; em outras palavras, *Deus é o supremo agente do discurso canônico*. O Deus trino e uno está por trás do cânon, garantindo a verdade de seu testemunho, o cumprimento de sua promessa de múltiplas e diversas maneiras, mantendo sua palavra.

Como fazer distinção entre o discurso divino e o humano? Algumas coisas precisam ser ditas para responder a essa pergunta crucial. No que diz respeito à tradição, advertimos contra a pressuposição de que aquilo que a igreja transmite equivale à palavra de Deus e à sua vontade. Neste ponto, porém, devemos aceitar a premissa da coincidência, agora aplicada aos autores das Escrituras e não a seus leitores. Sendo mais específico, *devemos pressupor que a postura e o conteúdo do discurso humano coincidem com o discurso divino, a menos que haja uma boa razão para pensar de outra forma*.¹²² Em segundo lugar, devemos ler a Bíblia como cânon, como um único livro. Cada parte faz sentido à luz do todo (e à luz de seu centro, Jesus Cristo).¹²³

O cânon é o contexto principal que nos permite discernir e descrever o que Deus, como autor, está fazendo com os textos bíblicos.¹²⁴ Como já dissemos, Atos 8 retrata Filipe como substituto do cânon, mostrando-nos, intratextual e intertextualmente, como ler as Escrituras como testemunho polifônico da encenação divinamente ordenada da aliança em Jesus Cristo. O apóstolo Paulo faz algo semelhante quando explica o que Deus está dizendo à igreja por meio da história de Israel: "Tudo isso lhes aconteceu como exemplo e foi escrito como advertência para nós" (1Co 10.11). O roteiro canônico desempenha duas funções investidas de autoridade: primeira, ele dá verdadeiro testemunho das palavras e obras do Deus trino e uno da antiga e da nova alianças, possibilitando o entendimento do drama da redenção; segunda, ele dirige a participação contínua da igreja nesse mesmo drama.

Há um tipo de paralelo entre o que Deus faz no cânon e o que um dramatista faz em um roteiro. Alguns teóricos de teatro argumentam que, ao lado e acima das ilocuções dos atores no palco, o dramatista faz ilocuções. Um roteiro contém palavras e direções de palco para que os atores as falem e sigam; também contém ilocuções voltadas para a plateia: "O ato comunicador primário está na ação do dramatista

---

¹²¹Nicholas Wolterstorff, "Response to Trevor Hart", in: Craig Bartholomew, org., *Renewing biblical interpretation* (Grand Rapids: Zondervan, 2000), p. 337.

¹²²Wolterstorff, *Divine discourse*, p. 204, 236. Haveria uma boa razão para pensar o contrário? Wolterstorff sugere que o fator decisivo é quase sempre o que pensamos sobre Deus, ou seja, o que acreditamos que alguém como Deus provavelmente diria em determinado discurso.

¹²³Concordo com a sugestão de Paul Noble de que o princípio canônico de Childs, segundo o qual o significado de cada texto é encontrado quando o interpretamos no contexto do cânon como um todo, "equivale formalmente a acreditar que a Bíblia é tão inspirada, que, em última instância, é obra de um único Autor" (*The canonical approach: a critical reconstruction of the hermeneutics of Brevard S. Childs* [Leiden: Brill, 1995], p. 340).

¹²⁴Acredito que a igreja é o contexto secundário, embora muitas vezes bastante útil.

para a plateia ou voltada para ela".[125] Um roteiro no mínimo codifica uma macroilocução da variedade "diretiva", ou seja, "uma oferta ou convite ao público, exposta na frase da encenação 'Eu me ofereço à interpretação' ou, talvez, 'Eu o convido a me interpretar'".[126] De modo alternativo, o dramatista pode revelar um mundo e convidar atores e plateia a viverem nesse mundo. No caso do cânon, ambas as possibilidades são adequadas: passamos a interpretar ou "conhecer" a Deus justamente quando começamos a participar do mundo novo, que nos é desconhecido e pleno de uma perspectiva escatológica, o mundo revelado nas Escrituras e que solicita nossa encenação.[127]

Em suma: são as ilocuções divinas — o uso que Deus faz — que estabelecem a autoridade bíblica. Apresentemos a noção de uma "ilocução canônica" como referência ao "que Deus está realizando por meio do discurso humano nos textos bíblicos *no nível do cânon*". Então, de acordo com nosso princípio das Escrituras revitalizado, o autor divino não é apenas um professor que comunica verdades propositivas ou um narrador que transmite o discurso de terceiros, mas um dramatista que realiza coisas na ação dialógica de terceiros e também por meio dela.

ENCENAÇÃO I: A COMUNIDADE INTERPRETATIVA RESPONDE E ENCENA

"Performing texts" é uma expressão ambígua em inglês: "Ela pode ser entendida no sentido de textos destinados à encenação, como encenar textos, ou textos que encenam".[128] Podemos nos valer dessa ambiguidade e tentar coordenar as várias possibilidades que analisamos até agora. De fato, a ideia de encenação de textos pode ser o melhor meio de reestruturar as discussões tradicionais sobre a relação entre as Escrituras e a tradição. Até este ponto, examinamos a maneira pela qual se pode dizer que Deus encenou as Escrituras (como discurso canônico divino) e o modo que nos permite afirmar que a igreja usurpou as prerrogativas autorais de Deus (interpretação da Encenação II). Agora resta nos voltarmos para a igreja como comunidade interpretativa e especificar a forma pela qual sua vida e linguagem podem ser vistas como uma encenação *fiel* (interpretação de Encenação I).[129] Com esse objetivo, a presente seção propõe a seguinte tese: *o cânon é uma encenação ao mesmo tempo divina/humana que demanda novas encenações (fé em busca de entendimento prático) na igreja.*

---

[125] Keir Elam, "Much ado about doing things with words (and other means): some problems in the pragmatics of theatre and drama", in: Issacharoff; Jones, orgs., *Performing texts*, p. 44.

[126] Ibid., p. 46, citando Ross Chambers, "Le masque et le miroir: vers une théorie relationelle du théâtre", *Etudes Littéraires* 13 (1980): 397-412.

[127] Nem todos os teóricos concordam que os atos de fala ou ilocuções possam ser legitimamente aplicados ao drama como um todo, porque não há "um único falante que seja o praticante da ação" (Joseph Porter, *The drama of speech acts* [Berkeley: University of California Press, 1979], citado em Carlson, *Performance*, p. 71).

[128] Issacharoff; Jones, orgs., *Performing texts*, p. 1.

[129] Não estou esquecendo o círculo hermenêutico ou a situação histórica dos intérpretes. Assim, "fiel" não deve ser igualado a "repetitivo". Em um capítulo posterior, defendo que encenações fiéis das Escrituras também podem ser criativas.

Encenando o teodrama: respondendo ao roteiro do Dramaturgo

A interpretação da Encenação II não leva em conta os atos autorais do discurso (ilocuções) e prioriza as encenações de intérpretes posteriores que, para todos os efeitos, equivalem ao "sentido do texto". A Encenação II não está interessada em descobrir o que os autores disseram e fizeram com suas palavras. Esse pode ser um exercício inócuo com certas formas de discurso; com outras formas — testemunhal, por exemplo — é exatamente o contrário, pois o que importa em um testemunho é o fato de que atentamos para *quem* está testemunhando e *o que* essa pessoa testemunha.[130] Se Deus é o supremo agente comunicador, e se as ilocuções divinas foram canonicamente registradas, então a incumbência do intérprete cristão é ler em busca do discurso apostólico e profético divinamente apropriado. A Encenação II fracassa nessa tarefa.[131]

Em sua essência, a interpretação da Encenação I é uma questão não de autoria, mas de "reação": é *reconhecer* o que o dramaturgo está fazendo nas muitas vozes presentes nas Escrituras e *responder* a essa ação de forma adequada. A interpretação da Encenação I privilegia o roteiro ao reconhecer que ele é a iniciativa comunicadora do seu autor, mas faz isso sem negligenciar a importância da reação do leitor e do contexto da comunidade hermenêutica. Assim, a distinção entre Encenação I e II lembra o contraste que C. S. Lewis faz entre "receber" e "usar" textos: "Quando 'recebemos' [uma obra de arte], exercemos nossos sentidos e imaginação e várias outras capacidades de acordo com um padrão criado pelo artista. Quando a 'usamos', nós a tratamos como auxílio para as nossas próprias atividades".[132]

De quem é o padrão de ação — de quem é a encenação — que importa mais? O primeiro princípio na interpretação da Encenação I é *receber direção autoral*, pelo menos no sentido de reconhecê-la pelo que ela é. Esse era o princípio que guiava a exegese de Jerônimo: "Meu objetivo foi não atrair as Escrituras para a minha vontade, mas dizer o que entendi ser a intenção das Escrituras. Pois o dever do comentarista é expor não o que ele mesmo quer, mas sim o que quer dizer aquele que ele interpreta. Senão, se disser coisas contrárias, não será tanto intérprete, mas oponente daquele a quem tenta explicar".[133]

---

[130] Em *Is there a meaning in this text?* (Grand Rapids: Zondervan, 1998) [edição em português: *Há um significado neste texto?*, tradução de Álvaro Hattnher (São Paulo: Vida, 2005)], afirmo que, em interpretação, desconsiderar deliberadamente a mensagem pretendida pelo autor equivale a "dar falso testemunho" (p. 398).

[131] Há também a possibilidade, como nota Wolterstorff, de que Deus possa falar conosco não apenas por meio da autoria do cânon, mas também pela interpretação que fazemos dele. Deus pode apropriar-se da tradição como se apropriou das Escrituras. Essa é uma consideração importante à qual retornarei no último capítulo da segunda parte, quando tratar do papel do Espírito Santo na tradição.

[132] C. S. Lewis, *An experiment in criticism* (Cambridge: Cambridge University Press, 1961), p. 88. George Steiner assume posição semelhante quando pede "cortesia" da parte do leitor para com o texto (*Real presences* [Chicago: University of Chicago Press, 1989], p. 147-8).

[133] Jerônimo, *Apologia de libris contra Jovinianum*.

Será que a ideia de que o texto bíblico tem um significado determinado — que o autor quis dizer isso, não aquilo — condena o intérprete a uma concepção excessivamente intelectual de sua tarefa? De maneira nenhuma! Autores fazem muito mais com seus textos do que transmitir informações. Nada do que se disse até agora significa que o cânon seja um mero sistema de verdades. Pelo contrário, *o cânon é um roteiro que tanto registra momentos cruciais no drama da redenção quanto convoca o leitor a participar corretamente*. É importante lembrar que o autor divino realiza vários atos ilocucionários no roteiro, com ele e por meio dele: revela um mundo, faz uma aliança, incentiva o justo a perseverar, adverte o pecador sobre o juízo vindouro, dirigindo os passos da igreja, por diversos e variados meios, no caminho da verdade e da vida. O cânon especifica apenas aqueles padrões da ação comunicadora divina — o que Deus falou, fez e sofreu em Jesus Cristo — dos quais a igreja deve participar.

Os "padrões da ação comunicadora" que moldam a vida da igreja são exatamente padrões canônicos, padrões da ação comunicadora que dão testemunho da sabedoria de Deus em Jesus Cristo. Enquanto a Bíblia narra as palavras e atos de Jesus, os teólogos cristãos são responsáveis principalmente pelos padrões da ação canônica; são esses os padrões que fornecem as "descrições densas" divinamente autorizadas da identidade de Jesus Cristo. *Os padrões normativos dos quais derivamos a doutrina são as ações comunicadoras nas Escrituras que fazem a mediação do ato autocomunicador de Deus em Jesus Cristo*. Mais uma vez: o que se transmite não é simplesmente uma coleção de fatos, mas estratégias cognitivas, imaginativas e espirituais que servem aos crentes dando orientação — direção — para que continuem a seguir Cristo em novas situações. Na verdadeira interpretação da Encenação I, há uma "passar adiante" de conhecimentos da encenação, competência canônica, ou o que podemos chamar simplesmente de sabedoria cristã.

A música também pode servir como modelo para a interpretação da Encenação I, em especial à luz dos sinais diacríticos incluídos em partituras (pelo menos nos tempos modernos) que servem como instruções do autor-compositor para uma interpretação correta. No entanto, o modelo teatral se ajusta melhor ao conteúdo do teodrama, pois o "material" da encenação do drama é a ação dialógica. Além disso, muitas peças incluem a *didaskalia* — direções de palco — do dramaturgo nas partes em itálico do roteiro. No entanto, no fim das contas, o diálogo, em vez dessas direções de palco, é o que melhor representa a substância comunicadora do roteiro. Assim também, no que diz respeito às Escrituras, a ação comunicadora do próprio dramatista divino depende da sequência de falas e atos de seus atores.

A interpretação da Encenação I também tem sua quota de críticos. Alguns objetam que se a plateia se limitar a seguir direções autorais — as ilocuções do discurso divino — o efeito do drama será meramente cerebral. A interação drama/plateia não é sobretudo uma questão de processamento cognitivo (e.g., reconhecer ilocuções), assim reza a objeção, mas uma questão de *pathos* e *práxis*: "O fruto não deve ser *gnosis*, mas *práxis*".[134] Essa crítica merece mais atenção. Em primeiro lugar, a Encenação I não privilegia proposições nem está a plateia limitada a um reconhecimento mais

---

[134] Sir Philip Sidney, *Apology*, citado em Elam, "Much ado about doing things with words", p. 47.

ou menos passivo das ilocuções do dramatista. A plateia não é simplesmente "uma extensão ideal das operações epistêmicas e lógicas do texto".[135] O teatro épico pode tentar transformar o espectador em um observador passivo; contudo, em um teatro de fato dramático ("vital"), aqueles que atuam com o roteiro seguem as ilocuções do dramatista não apenas com a mente, mas com todo o ser.[136] Esse é o mínimo exigido pelo drama da doutrina.

Em segundo lugar, essa crítica das ilocuções do drama equivoca-se quando pensa que a força das ilocuções é sobretudo intelectual. Se "revelar um mundo" e "convidar alguém para viver no mundo do drama" são atos ilocucionários, então deveria estar claro que eles demandam uma resposta ativa, uma resposta que vá além do processo cognitivo (mas não o deixe de lado).[137] As ilocuções dramáticas não precisam privilegiar o *logos* a ponto de excluir o *pathos*, nem vice-versa. Com certeza, o dramatista divino provoca entendimento, mas não como um fim em si mesmo. Antes, a *fé busca entendimento visando a uma participação adequada na missão trina e una para o mundo*. O roteiro existe para fazer avançar o drama da redenção. O propósito supremo do discurso canônico divino é formar um novo povo, a vanguarda de uma nova criação. Esse é o propósito "perlocucionário" das Escrituras, seu efeito pretendido.[138] *Dramas não são concebidos sobretudo para transmitir informações, mas para nos mover, nos convencer, nos deleitar, nos purificar de sentimentos indesejados*. O teatro, como se diz, é "um empreendimento essencialmente perlocucionário".[139] Talvez também as Escrituras. A interpretação da Encenação I reconhece tanto a dimensão ilocucionária quanto a dimensão perlocucionária do drama divino. Melhor dizendo, ela reconhece que não podemos ter a segunda dimensão se não for por meio da primeira. A interpretação da Encenação II, em contrapartida, procura causar efeitos perlocucionários (*pathos*) sem reconhecer a primazia das ilocuções divinas (*logos*).[140]

De quem é a peça?

"De quem é a peça? Isso importa?" Essas duas perguntas constituem o título de um artigo sobre interpretação pelo critério da encenação fiel do drama.[141] De quem é a

---

[135]Ibid., p. 48.

[136]Tratarei a igreja como teatro "vital" no cap. 12.

[137]Talvez a melhor análise de como autores revelam mundos em suas narrativas seja a de Mary Louise Pratt, *Towards a speech act theory of literary discourse* (Bloomington: Indiana University Press, 1977).

[138]Ao passo que ilocução é o *ato de* dizer alguma coisa, perlocução é o efeito produzido *por* esse ato.

[139]Elam, "Much ado about doing things with words", p. 51. Nas p. 52-3, Elam fornece uma útil tipologia dos diversos objetivos perlocucionários associados com o drama.

[140]Cf. Stanley Grenz, que afirma que o papel do Espírito é "criar um mundo". Grenz sugere que tal criação de mundo é um ato perlocucionário que o Espírito realiza ao usar o texto, mas não necessariamente por meio de reconhecimento do discurso autoral (Stanley J. Grenz; John R. Franke, *Beyond foundationalism: shaping theology in postmodern context* [Louisville: Westminster John Knox, 2001], p. 77).

[141]Annette Barnes, "Whose play is it? Does it matter?", in: Michael Krausz, org., *Is there a single right interpretation?* (University Park: Pennsylvania State University Press, 2002), p. 345-59.

peça? De Deus. Por que isso importa? Porque não há outro evangelho; ou estamos na peça de Deus ou em um drama de nossa autoria. Para a interpretação da Encenação I, a fidelidade ao roteiro significa fidelidade à visão do autor corporificada na obra: "Uma encenação é fiel quando não está em desacordo com o entendimento que o próprio autor possui de sua obra".[142]

Até Lindbeck reconheceu recentemente um papel positivo para o discurso autoral. Sozinha, a intratextualidade não pode garantir que o roteiro seja encenado com fidelidade, pois ainda se deve interpretar o texto *como* isto ou aquilo (e.g., como história ou mito, sincero ou irônico): "As escolhas entre os padrões alternativos da interpretação canônica são intratextualmente arbitrárias; deve-se sair do texto, a fim de encontrar bases para as decisões".[143] O insight de Lindbeck explica por que ele e Frei foram incapazes de resistir ao movimento que os fez passar das abordagens interpretativas baseadas no texto para as abordagens interpretativas baseadas no leitor. Não há um "sentido do texto" autônomo ou que se autointerprete; há apenas o significado e o uso de autores ou leitores. Pelo que parece, hoje Lindbeck acredita que sua opinião anterior é insustentável, uma vez que ela não responde à pergunta *"qual interpretação da encenação é compatível com a verdade do evangelho?"*.[144] O sentido do texto bíblico, deixado para se justificar sozinho, fica subdeterminado, sujeito a ser levado de um lado para outro.

É exatamente para a ideia de discurso autoral que Lindbeck se volta em sua mais recente busca de um critério de encenação fiel. Ele observa que muitos que apelam para a intratextualidade pressupõem que o sentido canônico pode ser determinado sem relação com o que pretendiam seus autores humano ou divino: "Parece que o medo da falácia intencional os impede de reconhecer que sua prática exegética (felizmente) recorre bastante à intenção autoral".[145] É digno de nota que, neste ponto, Lindbeck sugere que a fuga da interpretação indeterminada é possível apenas recorrendo-se a quaisquer atos ilocucionários que o autor tenha intencionalmente realizado.[146]

Lindbeck conclui seu artigo sobre interpretação canônica pós-crítica com uma exortação, dirigida aos representantes das abordagens dos "mundos narrativos simbólicos" e "canônica", para que adotem a ênfase de Wolterstorff na interpretação do discurso autoral, porque ela tanto esclarece quanto fortalece seus compromissos. O reconhecimento de que sua abordagem intratextual precisa ser complementada pelo discurso autoral é uma mudança extraordinária em Lindbeck: "Se interpretar em busca de mundos simbólicos é uma espécie de interpretação da encenação [...] então a única forma de escapar do caos pluralístico é procurar discernir qual das

---

[142]Ibid., p. 350.
[143]Lindbeck, "Postcritical canonical interpretation", p. 44.
[144]Ibid.
[145]Ibid., p. 48.
[146]Lindbeck segue Wolterstorff ao fazer distinção entre seu apelo ao discurso autoral e a falácia intencional. A diferença está entre concentrar-se no que os autores pretendiam (e.g., planejavam) dizer, por um lado, e no que eles realmente disseram (e.g., o que eles disseram intencionalmente, com autoconsciência), por outro. Há uma diferença "entre pretender agir e uma ação intencional" (ibid., p. 47).

encenações disponíveis pelas quais as Escrituras podem ser sintetizadas em um todo é a vontade de Deus para a igreja em tempos e lugares específicos [...] Interpretar em busca do discurso autoral fornece critérios para prosseguir com a discussão, critérios que antes não existiam".[147] Parece que Lindbeck está agora convocando a um movimento para além do linguístico-cultural na direção de algo como a abordagem canônico-linguística proposta nestas páginas.

Qual uso deve ser descrito pela versão gramatical da doutrina cristã: o do autor divino (discurso canônico) ou o da igreja (Encenação II)? O que Lindbeck descreve em *The nature of doctrine* [A natureza da doutrina] é a cultura e a linguagem da igreja. Isso não ajuda muito quando a prática da igreja está distorcida. Nos termos linguístico-culturais de Lindbeck, o que pode impedir o teólogo de formular uma regra gramatical para dar continuidade a uma prática *distorcida*? É difícil entender como pode ser válido falar sobre "distorções" se não há nenhum modelo original ou ideal pelo qual se possa verificar a encenação da comunidade. No modelo canônico-linguístico, ao contrário, a linguagem cristã ganha significado graças a seu uso canônico. A descrição densa ainda tem um papel, embora como um aspecto da tarefa exegética de dizer a intenção do autor divino, o que, por sua vez, é uma questão de ler as Escrituras no contexto canônico.

Em suma, uma abordagem *canônico*-linguística da teologia situa a normatividade no uso das Escrituras feito pelo autor divino, não pela comunidade interpretativa. Isso não significa que a igreja não tenha nada para fazer. Pelo contrário, a igreja é "responsável" pelo que faz com o roteiro. Da igreja são o privilégio e a responsabilidade de "traduzir" o significado do drama da redenção para novos contextos histórico-sociais por meio de sua vida coletiva. Segue-se que a encenação que a igreja realiza das Escrituras não é apenas a forma mais importante de interpretação bíblica, mas também um indicador tanto do seu entendimento teológico quanto de sua comunhão com Deus.

O último ponto: Wolterstorff trabalha com uma distinção do tipo "esta ou aquela" no que diz respeito à interpretação do discurso autoral e à interpretação da encenação, mas a presente proposta faz uma combinação de ambas de duas maneiras: (1) considerando o próprio discurso canônico um exemplo de encenação trina e una, e (2) vendo o cânon como um roteiro que demanda não apenas processamento de informações, mas resposta eclesial.[148] A abordagem canônico-linguística não defende a Encenação II, que faz uma confusão inútil entre autor e leitor, mas a Encenação I, na qual os intérpretes respondem à direção autoral.[149] Assim, não há contradição entre, por um lado, atender ao que o dramaturgo divino está fazendo por meio das várias vozes

---

[147]Ibid., p. 51.

[148]Veja também Shannon Craigo-Snell, que igualmente conclui não haver incompatibilidade necessária entre interpretação do discurso autoral e interpretação da encenação ("Command performance", esp. p. 489).

[149]Já deve estar claro que a crítica da interpretação da encenação de Wolterstorff não é uma denúncia do que eu estou chamando de interpretação da Encenação I, mas uma crítica do que tenho chamado de interpretação da Encenação II.

autorais nas Escrituras e, por outro, "encenar" o roteiro: "Tanto no teatro quanto na igreja, a apreensão é uma parte importante da interpretação, mas a interpretação vai além das afirmações verbais na direção da encenação".[150] A encenação fiel responde à direção do autor com criatividade e obediência, dando continuidade à mesma (*ipse*) ação comunicadora em novos contextos. Passamos agora a considerar a possibilidade de que as *tradições* da encenação fiel não sejam realizações apenas humanas, mas efeitos da ação do Espírito guiando a igreja a toda a verdade.

---

[150]Craigo-Snell, "Command performance", p. 490.

CAPÍTULO 6

Jesus, o Espírito e a igreja
As Escrituras e a tradição da perspectiva teodramática

> *Afirmamos, portanto, que os que dizem não terem as Escrituras outra autoridade a não ser a que elas receberam da igreja são blasfemos contra Deus e fazem injustiça à verdadeira igreja, que sempre ouve e obedece à voz de seu próprio esposo e pastor, mas nunca se arroga o direito de senhora.*
>
> — Confissão Escocesa, 1560[1]

Até aqui descrevemos o cânon como roteiro da aliança e a tradição como encenação da igreja. No entanto, a teologia não diz respeito principalmente a *nós* — nossa linguagem, nossas práticas — mesmo quando o "nós" em questão é a igreja. Antes, a igreja "fundamenta-se em uma dupla economia: a obra de Cristo e a obra do Espírito Santo".[2] A teologia diz respeito, antes de tudo, à compreensão do drama da redenção, e só então à nossa participação nos feitos-da-palavra e nas palavras-feitos divinos. A tarefa do presente capítulo, portanto, é examinar a relação entre as Escrituras e a tradição em seu contexto teodramático crucial.

Os capítulos anteriores descreveram a tendência de a teologia linguístico-cultural tornar-se uma espécie de etnografia que contempla a igreja apenas "segundo a carne", movimento que está a um passo de considerar a teologia uma antropologia. Alguns teólogos que fizeram a virada para a prática (práxis) estão cientes desse risco. Esses intérpretes da encenação eclesial têm recorrido a um argumento final para privilegiar o uso que a igreja faz das Escrituras. É um argumento devidamente teológico que deve ser descartado, pois a argumentação deles é que *a igreja não diz respeito a nós, mas ao*

---

[1] Citado em Jaroslav Pelikan, *Credo* (New Haven: Yale University Press, 2003), p. 137.
[2] Vladimir Lossky, citado em Symeon Lash, "Economy", in: Alan Richardson; John Bowden, orgs., *A new dictionary of Christian theology* (London: SCM, 1983), p. 171.

Espírito Santo. O que em última análise justifica a atenção e a autoridade concedidas à prática da igreja é a percepção de que *ela é obra do Espírito Santo*, "corporificada de forma concreta e, assim, mediada por práticas comunitárias distintas".[3] Apenas algumas afirmações do tipo têm condições de superar o "déficit pneumatológico" que ameaça reduzir a teologia linguístico-cultural a uma forma de antropologia cultural.[4]

Certamente a vida da igreja adquire certa autoridade se for em si mesma uma encenação do Espírito. Como diz Ireneu: "Onde está a igreja, ali também está o Espírito de Deus; e onde está o Espírito de Deus ali também está a igreja e toda a graça".[5] Tomás de Aquino vai ainda mais longe: "A igreja universal não erra, pois é governada pelo Espírito Santo, que é o espírito da verdade".[6] Ao falar da igreja universal, ele tem em mente o magistério: "Para Tomás de Aquino, a incapacidade de identificar com segurança outro lócus torna a obra do Espírito Santo, quer através dos pais, quer do consenso da maioria, em última análise não confiável".[7] O verdadeiro problema está na identificação do lócus da obra do Espírito. Seja como for, Reinhard Hütter argumentou recentemente que, assim como a segunda pessoa da Trindade é a hipóstase de Jesus Cristo, a terceira pessoa é a hipóstase (ou seja, o sujeito pessoal ativo) que dá vida às práticas centrais da igreja.[8]

Claro, nem tudo o que a igreja diz e faz pode reivindicar automaticamente ser obra do Espírito; nem todas as doutrinas da igreja fazem a mediação da presença de Deus. Simplesmente colocar em pé de igualdade a igreja com a obra do Espírito é obscurecer a distinção entre o Senhor da aliança e seu povo da aliança, uma obscuridade que também corre o risco de conferir uma ênfase exagerada à "imanência". Deus está de fato presente, mas não de uma maneira que podemos simplesmente dar como líquida e certa; a igreja é *simul justus et peccator*. Aqui também devemos resistir à presunção da correspondência (e.g., a igreja diz = Deus diz; a igreja faz = Deus faz).

O compromisso do presente capítulo é (1) repensar o que temos falado sobre a relação entre as Escrituras e a tradição à luz dessa nova alegação da presença e da obra do Espírito na comunidade de fiéis e (2) situar a obra do Espírito em seu contexto teodramático mais amplo. Tanto o cânon quanto a igreja possuem uma "história natural", bem como uma história propriamente teológica que podem ser vistas como obra do Espírito. Precisamos especificar o "lugar dogmático" tanto da igreja quanto do cânon.

Apesar de seu foco nas Escrituras, a teologia canônico-linguística está longe de ser indiferente ao papel da igreja no poder do Espírito. Situar o cânon na economia trina e una não é negligenciar um fator em favor de outro, mas descrever um *padrão de*

---

[3] Reinhard Hütter, "The church", in: James J. Buckley; David S. Yeago, orgs., *Knowing the triune God* (Grand Rapids: Eerdmans, 2001), p. 35.

[4] Esta é a crítica que Reinhard Hütter faz de Lindbeck; veja *Suffering divine things* (Grand Rapids: Eerdmans, 2000), p. 26.

[5] Ireneu, *Contra heresias*, 3.24.1.

[6] Aquinas [Aquino], *Summa theologiae* 2-2.1.9.

[7] Corrine Patton, "Canon and tradition: the limits of the OT in scholastic discussion", in: Christopher R. Seitz; Kathryn Greene-McCreight, orgs., *Theological exegesis* (Grand Rapids: Eerdmans, 1999), p. 87.

[8] Hütter, *Suffering divine things*, p. 133 (veja tb. p. 248-50, n. 135).

autoridade que prevalece entre Filho, Espírito e igreja. Assim, não há nenhum "déficit pneumatológico" na teologia canônico-linguística. Essa abordagem não opõe "palavra" a "espírito" nem "revelação" a "eclesiologia". No entanto, em face da prioridade que a presente obra dá ao texto bíblico, e não à história de sua recepção, alguns, sem dúvida, a acusarão de sucumbir à mais ocidental das tentações teológicas: a marginalização do Espírito Santo. Tal preocupação é infundada. Como veremos neste capítulo e no próximo, pode-se afirmar tanto o *sola Scriptura* quanto o ministério do Espírito "como o ator principal na *actus tradendi* da igreja, a viva transmissão e aceitação da mensagem apostólica no corpo de Cristo".[9]

A grande questão teológica em jogo no debate sobre a autoridade relativa das Escrituras e da tradição (não que se deva tomar partido, mas apenas priorizar) é, na verdade, a *cristologia*. Será que há conhecimentos pós-canônicos relativos ao caminho de Jesus Cristo, inspirados ou iluminados pelo Espírito, que não tenham como fonte e norma supremas o testemunho canônico sobre ele? Mesmo que não existam, não devemos concluir que a igreja, muito menos o Espírito, não seja mais necessária. Afinal, o cristianismo é um teodrama: ele "não se baseia em nada além da encenação de sua história".[10] A tarefa imediata é situar as encenações de Jesus, do Espírito e da igreja no contexto mais amplo do teodrama. A principal afirmação a ser proposta nesta seção é que *a encenação de destaque é a de Jesus Cristo*.

O Filho "atua" segundo o roteiro escrito por Deus, o Pai, tornando-o conhecido em forma humana. O Filho também está no centro da encenação do Espírito nas Escrituras, pois a obra do Espírito é, em última instância, ministrar Cristo. O roteiro canônico é tanto a transcrição dos três primeiros atos quanto o roteiro do quarto ato: a transcrição do que Deus fez em Cristo torna-se, por sua vez, o "roteiro" para o que Deus está realizando agora na igreja. O Espírito é a presença ativa de Cristo, possibilitando e capacitando encenações que participam da encenação anterior da Palavra que se fez carne. Segue-se que as encenações eclesiais são autenticamente cristãs apenas na medida em que corporificam e exemplificam um espírito devidamente *dominical*.

UMA HERMENÊUTICA DA RECEPÇÃO PNEUMÁTICA: A IGREJA COMO ENCENAÇÃO DO ESPÍRITO?

A hermenêutica da recepção do leitor, segundo a qual o significado do texto é configurado pela reação da comunidade interpretativa, recebe apoio teológico supostamente na ideia de que o Espírito conduz a igreja a toda verdade. As Escrituras, segundo esse ponto de vista, são apenas um dos fatores que determinam a identidade da comunidade; o outro fator é a experiência atual que ela tem do Espírito, a qual faz "parte da narrativa contínua concernente à presença de Deus no mundo".[11] As novas

---

[9] D. H. Williams, *Retrieving the tradition and renewing Evangelicalism* (Grand Rapids: Eerdmans, 1999), p. 69.

[10] Gerard Loughlin, *Telling God's story: Bible, church and narrative theology* (Cambridge: Cambridge University Press, 1996), p. 21.

[11] Paul Jersild, *Spirit ethics: Scripture and the moral life* (Minneapolis: Fortress, 2000), p. 148.

verdades às quais o Espírito conduz a igreja não precisam contradizer as antigas; em vez disso, elas guiam a igreja em uma "reconfiguração" da coerência da tradição. Por exemplo, alguns hoje, contemplando a possibilidade de que Deus possa ser legitimamente chamado de Mãe, bem como de Pai, perguntam-se "se o Espírito de Deus pode estar operando em determinada ideologia política ou social de tal forma que esta possa moldar a tradição cristã e até ser afirmada como tal".[12] Inicialmente, apenas uma parte da igreja pode discernir a obra do Espírito, mas, com o tempo, toda a igreja poderá compartilhá-la.

Um exemplo menos polêmico vem do próprio Novo Testamento. Com base na experiência que os apóstolos tiveram com o dom do Espírito dado a Cornélio, aos de Antioquia e a outros, os líderes da igreja, no Concílio de Jerusalém, reconheceram que Deus também havia estendido sua aliança aos gentios (At 15). Alguns veem nesse exemplo um paradigma de como o Espírito enriquece e amplia o significado da Bíblia, argumentando que a experiência do Espírito torna-se a lente para a interpretação das Escrituras, e não o contrário.[13] Ao mesmo tempo, seria enganosa a inferência de que a atividade do Espírito é tão óbvia ou autointerpretante como as próprias Escrituras: "A experiência do Espírito molda a leitura das Escrituras, mas estas, na maioria das vezes, fornecem as lentes através das quais a obra do Espírito é percebida e colocada em prática".[14]

Tradição, desse ponto de vista, são as Escrituras recebidas por meio do Espírito na igreja. Curiosamente, alguns intérpretes da linha Encenação II estão começando a alegar a existência de fundamento pneumatológico para suas posições. De acordo com um recente manifesto, há uma maneira de fazer teologia que é ao mesmo tempo *evangélica* em sua insistência na ação sempre precedente de Deus e *católica* em sua insistência na prioridade — na "anterioridade" em relação ao labor teológico do indivíduo — da vida e da prática da igreja católica. Para tal teologia católica e evangélica, esses dois fatores representam um único ponto de partida: "No Espírito, o começo com a ação de Deus e o começo com a igreja e suas práticas são *um só começo*".[15] Embora isso possa ser verdade em relação a pontos de partida, o assunto é completamente outro quando se trata de *normas*. Se a atuação da igreja fosse verdadeiramente inseparável da obra do Espírito, nunca seria possível reconhecer falsos ensinos ou práticas ilegítimas. Portanto, o que falta ser visto é como situar a obra do Espírito tendo em vista as normas da doutrina cristã.

---

[12]John E. Thiel, *Senses of tradition: continuity and development in the Catholic faith* (Oxford: Oxford University Press, 2000), p. 143.

[13]Segundo Stephen E. Fowl, *Engaging Scripture* (Oxford: Blackwell, 1998), p. 114. Luke T. Johnson argumenta em *Scripture and discernment* (Nashville: Abingdon, 1996) que algo assim inclusivo precisaria acontecer na igreja de hoje, para que os cristãos reconhecessem que o Espírito também foi dado aos homossexuais. Continua uma questão polêmica se é certo traçar um paralelo entre o que para o Novo Testamento era uma distinção étnica e o que para nós é uma distinção ética. Johnson tem de explicar como é possível saber que o Espírito de Deus foi derramado sobre os crentes homossexuais se o comportamento sexual deles contraria proibições bíblicas inequívocas.

[14]Fowl, *Engaging Scripture*, p. 114.

[15]David S. Yeago; James J. Buckley, "Introduction: a Catholic and Evangelical theology?", in: Buckley; Yeago, orgs., *Knowing the triune God*, p. 17-8.

Hütter está certo em apontar o déficit pneumatológico na posição de Lindbeck. As práticas fundamentais da igreja — o batismo, a ceia do Senhor e a pregação — não são apenas rituais sociais, mas meios pelos quais o Espírito nos une à pessoa e à obra de Cristo. A proposta de Hütter segundo a qual o Espírito emprega a doutrina da igreja como meio de atrair-nos à sua missão santificadora é uma contribuição bem-vinda ao que já dissemos sobre o teodrama. No entanto, também é possível ocupar-se, por exemplo, com a pregação ou a ceia do Senhor de uma forma que sufoque a obra do Espírito Santo. Essa foi a questão dos reformadores no tocante aos defeitos (do ponto de vista deles) da Igreja Católica Romana do fim da era medieval. Uma prática corrompida não é mais um elemento central, mas sim uma falsificação, tampouco é absolutamente uma obra verdadeira ou uma corporificação concreta do Espírito. Não há com que se preocupar. Hütter tem um critério para as legítimas práticas centrais: "O evangelho proclamado e ensinado [...] é a própria essência das práticas centrais, seu *telos*. É [...] o critério para as práticas centrais".[16] Além disso, receber o evangelho é receber Cristo; Cristo é a "forma da fé". É o Espírito que nos capacita a receber Cristo e gera as práticas essenciais da igreja, estas também "formas da fé", que corporificam Cristo. Muito bem. Mas e o que dizer da *norma* da fé? O próprio Hütter observa com razão que "o evangelho proclamado e ensinado não existe sem especificação normativa".[17] A prática da igreja não consegue cumprir também esse papel sem cair em um círculo vicioso. Hütter lista três outras especificações normativas, a saber, o cânon das Escrituras, a *regula fidei* e os credos ecumênicos. No entanto, a perspectiva de Hütter, visto que não reconhece a supremacia da primeira, sofre do que podemos chamar de uma deficiência *canônica*.

Atribuir ao Espírito Santo a vida e as práticas centrais da igreja certamente acrescenta uma importante dimensão teológica à tradição. Será que isso deve nos levar a atribuir autoridade magisterial às práticas centrais da igreja? Penso que não. Em primeiro lugar, não podemos nos esquecer da distinção entre Tradição e tradição. A obra do Espírito é principalmente Tradição. As advertências contra o pressuposto de que Tradição e tradição são equivalentes aplicam-se também aqui. A igreja institucional, visível, não é uma criação "pura" do Espírito, ao contrário do caso da igreja invisível (e.g., a comunhão dos santos unidos a Cristo). Não se pode adotar qualquer prática da igreja visível como norma para a doutrina cristã; não se pode confundir descrição com prescrição. O Espírito não dirige a igreja contra os dados bíblicos, mas, pelo contrário, capacita os leitores a compreenderem e seguirem as direções autorais divinas.[18] A marca da verdadeira igreja, e da obra do Espírito, não é a interpretação da Encenação II, mas a da Encenação I. Essas distinções são certamente sutis. No entanto, há muita coisa em jogo nessas discussões sobre o lócus da autoridade teológica na igreja. Falando sobre a ortodoxia, G. K. Chesterton observou que uma simples polegada faz muita diferença quando você está tentando manter o equilíbrio.

---

[16]Hütter, "The church", p. 36.
[17]Ibid.
[18]Obedecer à direção não precisa resultar em uma repetição inflexível. Como veremos, há espaço para um entendimento criativo, porque a igreja muitas vezes procura seguir Cristo em novas situações.

Exagerar o papel da prática eclesial é dificultar o delicado equilíbrio entre Jesus, o Espírito e a igreja, que caracteriza o padrão da autoridade divina. Uma crítica recente de uma coletânea de ensaios de Milbank ilustra muito bem o que pode acontecer quando a encenação eclesial ocupa o centro do palco.[19] Os exatos contornos do argumento de Milbank são complexos demais para discutirmos aqui. Basta dizer que, para ele, a identidade real de Jesus "reside na 'força' ou no efeito [dela] sobre os outros".[20] O significado do próprio "Jesus", à semelhança do significado textual para os teóricos da Encenação II em geral, depende de sua recepção pela comunidade interpretativa: "Não se pode narrar a prática de Jesus sem narrar a prática posterior da igreja".[21] Segue-se que, para Milbank, Jesus é o nome de uma prática social corporificada pela comunidade; não é por acaso que a igreja capacitada pelo Espírito é chamada o "corpo de Cristo".

As implicações da interpretação da Encenação II para a cristologia, mesmo quando santificada por um apelo ao Espírito Santo, são preocupantes, conforme deixa claro um crítico de Milbank: "O Espírito é o suplemento na origem que torna impossível conceber a Palavra como elemento possuidor de um significado estável e determinado [...]. Isso leva Milbank a falar de uma relação de 'causalidade retroativa', em que a resposta do Espírito/noiva é a *essência* da Palavra/Filho".[22] É profundamente estranho que a resposta da igreja, habilitada pelo Espírito, seja a *essência* da Palavra/Filho. Tal sugestão é o resultado de uma confusão econômica prévia: "Assim como a ênfase de Milbank no ato de recepção da Palavra praticado pelo Espírito inverte a direção normal da causalidade trinitária, da mesma forma sua ênfase na repetição não idêntica da atuação de Jesus pela igreja constituída pelo Espírito inverte a relação normal entre cabeça e corpo".[23]

Com seu modo de ver as coisas baseado na Encenação II, Milbank inverte a direção normal da ação comunicadora em detrimento tanto das palavras quanto da Palavra. As perlocuções — *efeitos* que produzimos em nossos ouvintes ao dizermos alguma coisa — derivam necessariamente das ilocuções, aquilo que *fazemos* ao dizer algo: "O elemento ilocucionário pode ser um meio para a encenação do perlocucionário, mas não o inverso".[24] Dizer algo com determinado conteúdo pode produzir certos efeitos, mas produzir um efeito não transmite um conteúdo. Por exemplo, a leitura dos Dez Mandamentos pode produzir sentimento de culpa, mas induzir o sentimento de culpa não transmite necessariamente o conteúdo dos Dez Mandamentos. Não se pode definir a ilocução — o que um falante faz ao dizer algo — sob a ótica do efeito produzido sobre o ouvinte ou leitor. Não há lugar para causalidade retroativa

---

[19]A coletânea em questão é de John Milbank, *The word made strange: theology, language, culture* (Oxford: Blackwell, 1997), e a resenha é de Frederick Christian Bauerschmidt, "The Word made speculative? John Milbank's christological poetics", *Modern Theology* 15 (1999): 417-32.

[20]John Milbank, "The name of Jesus", in: *The Word made strange*, p. 164.

[21]Bauerschmidt, "The Word made speculative?", p. 424.

[22]Ibid., p. 428.

[23]Ibid., p. 429.

[24]William Alston, *Illocutionary acts and sentence meaning* (Ithaca: Cornell University Press, 2000), p. 31.

na análise dos atos de fala. Uma promessa é uma promessa, quer seja reconhecida como tal, quer não. A ideia é que a compreensão é uma questão de reconhecer o que um agente comunicador disse e fez. Por conseguinte, a resposta de fé habilitada pelo Espírito não é essência nem do Filho nem das Escrituras. É importante não reduzir o ato de autoria (*logos*) ao ato de recepção da igreja (*pathos*). Afirmar que a maneira como a igreja recebe a palavra determina o que Deus está dizendo e fazendo na Bíblia é arruinar a economia do discurso divino.

COMMISSIO: O CÂNON E A AUTORIDADE PROFÉTICA DE JESUS CRISTO

A teologia canônico-linguística, em última análise, procura preservar a realidade, a centralidade e a autoridade de Jesus Cristo. Sob a ótica da economia divina, o Filho é o principal ato ilocucionário do Deus trino e uno: "... nestes últimos dias, porém, ele nos falou pelo Filho" (Hb 1.2). O que o Pai e o Espírito *fazem* na palavra, com ela e por meio dela é ministrar Cristo. De nada vale colocar a palavra contra o Espírito nem o cânon contra a igreja. Uma ortodoxia não reducionista resistirá a essas polarizações fáceis. Qualquer exposição viável da autoridade na teologia cristã deve explicar como as Escrituras, Cristo, o Espírito e a igreja atuam *juntos* em harmonia. Com esse alvo em mira a presente seção defende que o lócus dogmático do cânon, em última instância, depende do ofício profético de Jesus Cristo.

O risco da subordinação

O evangelho é o drama *de Deus* do qual a igreja participa por meio do testemunho e da adoração. Jesus é o ator principal no clímax do teodrama. É como Jesus Cristo que o Filho, nas palavras de Barth, vai para o "país distante" antes de sua "volta para casa". Como palavra que se fez carne, Jesus viveu uma vida dentro da história, e a forma narrativa dessa vida tem um conteúdo estável e específico, mesmo que seu significado e importância sejam inesgotáveis. Jesus não é um mero ponto de origem de uma nova prática que continua sem ele e para além dele. Pelo contrário: a pessoa e as práticas de Jesus, juntamente com suas palavras, são o que normatiza a fé cristã. Por todo o Quarto Evangelho em particular, Jesus, a Palavra, fala as palavras que Deus, o Pai, lhe concede falar, e "as palavras que o Pai lhe concedeu falar referem-se quase inteiramente ao próprio Jesus [...] Em João, Jesus *é* o objeto do discurso mesmo quando ele *faz* o discurso".[25]

E o Espírito Santo? O Espírito é uma pessoa divina; quanto a isso, não há controvérsia. Será que dessa afirmação decorre que ele é uma segunda norma? Será que a obra do Espírito na igreja representa um excedente dinâmico de sentido, um suplemento de revelação que supera o conhecimento de Deus que o Filho veio

---

[25]Robert H. Gundry, *Jesus the Word according to John the sectarian: a paleofundamentalist manifesto for contemporary Evangelicalism, especially its elites, in North America* (Grand Rapids: Eerdmans, 2002), p. 49.

trazer? O risco de subordinar a obra do Espírito, ou de ofuscá-la por completo, está sempre presente em teologias que atribuem autoridade à palavra.[26] Há outra linha de evidência bíblica, no entanto, que, em certos aspectos, apresenta a missão de Jesus como dependente da obra do Espírito Santo. O Espírito cria em Jesus as condições necessárias para seu ofício messiânico, e a obra do Espírito na igreja "é a continuação da unção histórico-salvífica de Jesus com o Espírito".[27] Visto da perspectiva de tal cristologia do Espírito, devemos dizer não só que Jesus viabilizou a vinda do Espírito, mas também que o Espírito possibilitou que Jesus fosse quem foi e fizesse o que fez.[28]

O Espírito ministrou ao Filho encarnado; o Espírito ministra a Palavra ressurreta. O enigma do Novo Testamento não é simplesmente uma questão de o proclamador tornar-se o proclamado, como pensava Bultmann. Antes, é uma questão de *como aquele a quem o Espírito ministrou durante seu ministério terreno torna-se, em seu estado exaltado, aquele que o Espírito ministra*. Trata-se do mesmo Jesus concebido pelo Espírito e ungido com ele, o mesmo que também envia o Espírito para a igreja após a ressurreição. A concepção de Jesus pelo Espírito prepara-o para sua tarefa messiânica; depois, a unção de Jesus pelo Espírito é uma confirmação pública desse fato. Era o momento certo; como vimos, o batismo diz respeito à iniciação de uma pessoa no drama da redenção, e foi imediatamente após seu batismo que a missão messiânica de Jesus realmente começou. Calvino vê a atividade salvífica de Jesus como um tríplice ofício de profeta, sacerdote e rei.[29] É o ofício profético o que mais nos interessa agora. De acordo com Calvino, Cristo é ungido profeta pelo Espírito para pregar e ensinar o evangelho: "... quando ele [o Messias] vier nos anunciará todas as coisas" (Jo 4.25).

O cânon de Jesus Cristo: a agência comunicadora comissionada

Com relação ao cânon, já havíamos perguntado: "Ele é encenação de quem?". Estamos agora em condições de dar uma resposta: *ele é o testemunho do próprio Cristo a respeito de si mesmo, testemunho comissionado e gerado pelo Espírito*. O cânon, em última instância, enquadra-se no ministério profético de Cristo, assim como a própria doutrina.

---

[26]No entanto, é possível superenfatizar a pneumatologia. Isso acontece sempre que a pneumatologia "engole" a cristologia, tornando Jesus um arquétipo, seja da vida no Espírito (segundo Geoffrey Lampe, *God as Spirit* [Oxford: Clarendon, 1977]), seja da atividade libertadora que o Espírito de Deus possibilita (segundo Peter Hodgson, *Winds of Spirit* [Louisville: Westminster John Knox, 1994]).

[27]Herbert Mühlen, citado em Gary D. Badcock, *Light of truth and fire of love: a theology of the Holy Spirit* (Grand Rapids: Eerdmans, 1997), p. 152.

[28]Diversas vozes teológicas têm clamado nos últimos tempos por um maior reconhecimento da reciprocidade entre o Espírito e o Filho. Alguns citam a diversidade do testemunho bíblico, que apresenta "a missão de Cristo dependente da obra do Espírito, mas também apresenta a missão do Espírito dependente da obra de Cristo" (Badcock, *Light of truth*, p. 232).

[29]Calvino acreditava que Jesus, como Messias, cumpre esses papéis primeiramente apresentados no Antigo Testamento. Ele também acreditava que a concepção de Jesus pelo Espírito demonstra que ele traz inerente em sua pessoa — permanentemente e por natureza — o que suas contrapartes do Antigo Testamento tiveram temporariamente, por graça especial.

O objetivo do ofício profético de Cristo é "trazer-nos o verdadeiro conhecimento do Pai e de sua verdade".[30] Jaroslav Pelikan comenta, citando Calvino: "A lealdade à pessoa de Cristo exige lealdade àquela 'suma da doutrina [*summa doctrinae*] que ele nos concedeu'".[31] Como Pelikan deixa bem claro, Calvino está aqui se referindo não à "*suma* da doutrina" em sua própria obra, mas àquele de quem o Espírito fala nas Escrituras.[32] Jesus Cristo é o *conteúdo* do testemunho das Escrituras, aquele que *interpreta* o testemunho do Antigo Testamento e *comissiona* o testemunho do Novo Testamento. Por conseguinte, *Jesus é o princípio, tanto da forma quanto do conteúdo, do cânon: sua substância e sua hermenêutica.*

Jesus interpreta a si mesmo

"As Escrituras não estão na leitura, mas na compreensão" (Hilário de Poitiers). Como vimos, alguns interpretam essa declaração como apoio ao uso que a igreja faz das Escrituras. No entanto, o comentário de Hilário também admite uma leitura completamente distinta: não é a compreensão que a igreja tem da Bíblia que torna as Escrituras dignas de crédito, mas a compreensão que *Jesus* tem dela. O que a fé busca, acima de tudo, é o entendimento que Jesus tem das Escrituras canônicas.

Durante todo seu ministério público, Jesus falava sistematicamente dos eventos de sua vida como cumprimentos das Escrituras. Ele ensinava aos ouvintes maravilhados que o drama de sua vida e obra que se desenvolvia era o "mesmo" drama de Israel e Yahweh, aquela história ainda em curso, embora inacabada. A questão no centro do drama da interpretação bíblica, então, é se o ouvinte/leitor entenderá as Escrituras como Jesus as entendeu. Foi C. H. Dodd que, de forma memorável, sugeriu que o modo como os cristãos interpretam o Antigo Testamento, no final das contas, remonta ao próprio Jesus: "E, começando por Moisés e todos os profetas, explicou-lhes o que constava a seu respeito em todas as Escrituras" (Lc 24.27).[33] Se Dodd está certo, podemos inferir que foi Jesus quem proveu o que, sem dúvida, é a *regula fidei* primordial, ao insistir que ele próprio era o cumprimento da Lei e dos Profetas do Antigo Testamento. Por essa razão, a autoridade que advém para a Regra de Fé é propriamente *dominical*. E a hermenêutica tipológica que permitiu a Filipe ler o Antigo Testamento como indicador de Cristo não é uma invenção da tradição, mas uma prática inaugurada por nosso Senhor em pessoa.

Os apóstolos interpretam Jesus depois dele

Jesus faz mais do que inaugurar uma prática hermenêutica; ele a *comissiona*. O ápice do treinamento e da instrução aos discípulos resulta em um mandato para que sejam

---

[30]Citado em Pelikan, *Credo*, p. 73. A citação é do *Catecismo de Genebra*, de Calvino.

[31]Ibid. A citação merece ser feita na íntegra: "E a dignidade profética em Cristo nos leva a saber que na suma da doutrina que ele nos concedeu estão contidas todas as partes da perfeita sabedoria" (*Institutas* 2.15.2).

[32]Ibid., p. 74.

[33]C. H. Dodd, *According to the Scriptures* (London: James Nisbet, 1952) [edição em português: *Segundo as Escrituras: estrutura fundamental do Novo Testamento*, tradução de José Raimundo Vidigal (São Paulo: Paulinas, 1979)].

os representantes oficiais de Jesus: "Quem vos recebe, recebe a mim; e quem me recebe, recebe aquele que me enviou" (Mt 10.40). As palavras que o Pai concedeu a Jesus estão agora com os apóstolos para que as passem adiante. O Cristo ressuscitado comissiona seus apóstolos com essas palavras: "Toda autoridade me foi concedida no céu e na terra. Portanto, ide, fazei discípulos de todas as nações, batizando-os em nome do Pai, do Filho e do Espírito Santo; ensinando-lhes a obedecer a todas as coisas que vos ordenei" (Mt 28.18-20). Um ingrediente dessa Grande Comissão é dar continuidade à prática de interpretação bíblica Jesus.

O que Jesus pede que os apóstolos passem adiante é exatamente o evangelho, a boa notícia a respeito do que Deus fez em Jesus Cristo. Jesus é o conteúdo da Tradição. Dessa forma, ele é transmitido sob a autoridade expressa do próprio Jesus. O apostolado é um fenômeno que pertence tanto à cristologia e à história de Jesus quanto à eclesiologia e à história da igreja: "Assim, a questão do cânon não é eclesiástica, mas cristológica".[34] O papel especial dos apóstolos no teodrama é anunciar o alvorecer de um novo e decisivo Ato: "Para a *comunicação* e a *transmissão* do que foi visto e ouvido na plenitude do tempo, Cristo estabeleceu *uma estrutura de autoridade formal que deve ser fonte e padrão para toda futura pregação do evangelho*".[35] Nessa perspectiva teodramática, *o cânon aparece como resultado do senhorio de Jesus sobre a igreja*.

O cânon não é uma coisa, mas uma obra, o resultado de uma agência pessoal. Considerar a Bíblia como Escrituras é reconhecer "a presença autoconcedida do Cristo ressurreto".[36] É a autoproclamação do próprio Cristo que é mediada pelos profetas e apóstolos. A principal agência discursiva por trás do cânon é de Jesus Cristo, não da igreja: "Portanto, um relato do cânon e da canonização é um relato da extensão da presença da ação comunicadora e ativa de Cristo por meio do testemunho apostólico comissionado".[37] O cânon é acima de tudo a encenação de Cristo: "Cristo estabelece o cânon em primeiro lugar em sua palavra e obra, mas, em seguida, também na transferência de autoridade a seus representantes autorizados".[38]

Os três ofícios messiânicos de Jesus têm um papel a cumprir na expressão de seu senhorio sobre o cânon. Como autor da comissão do cânon, Jesus faz mais do que falar com autoridade profética. Ele também revela o poder de rei e o objetivo sacerdotal. Como rei, ele é senhor do processo de interpretação: "[Ele] lhes abriu o entendimento para compreenderem as Escrituras" (Lc 24.45). Como sacerdote, suas palavras servem como mediadoras à sua presença e, por meio desta, à presença do Pai: "Se alguém me amar, obedecerá a minha palavra; e meu Pai o amará, e viremos a ele e faremos nele morada" (Jo 14.23). Portanto, afirmar que à igreja cabe estabelecer o que é canônico é inverter a ordem teodramática, pois a igreja está edificada "sobre

---

[34]Herman N. Ridderbos, *Redemptive History and the New Testament Scriptures*, ed. rev. (Philipsburg: Presbyterian and Reformed, 1988), p. 43. Paulo também fundamenta seu ministério apostólico no fato de ter sido comissionado por Deus para levar o evangelho aos gentios (Gl 1.12,15).
[35]Ibid., p. 13.
[36]John Webster, *Word and church* (Edinburgh: T. & T. Clark, 2001), p. 35.
[37]Ibid., p. 36.
[38]Ridderbos, *Redemptive history*, p. 37.

o fundamento dos apóstolos e dos profetas, sendo o próprio Cristo Jesus a principal pedra de esquina" (Ef 2.20).

A base teológica da abordagem canônico-linguística deve agora estar clara. A autoridade advém das práticas linguísticas dos autores canônicos e não das práticas dos cristãos de nossos dias, porque os primeiros são os agentes comunicadores divina e dominicalmente comissionados sobre cujo testemunho repousa a ação comunicadora dos cristãos. A autoridade suprema, é claro, é do divino autor da comissão; é a ação comunicadora de Deus nas Escrituras que deve servir de critério último para a verdade, a bondade e a beleza. No final das contas, o fundamento teológico supremo para o *sola Scriptura* só pode ser o *solus Christus*. Praticar o *sola Scriptura* em harmonia com os reformadores é reconhecer que Jesus Cristo é o conteúdo final, o autor e o intérprete das Escrituras: "Ao enfatizar apenas as Escrituras, Lutero estava, de fato, dando ênfase apenas a Cristo. *Solus Christus* é o pressuposto e a base do *sola Scriptura*".[39] No entanto, assim como o *sola Scriptura* não significa "sem tradição", do mesmo modo o *solus Christus* não significa "sem o Espírito".

O Espírito como "testamenteiro" da Palavra

Reconhecer Jesus Cristo como autor da comissão e centro das Escrituras não significa, necessariamente, subordinar o Espírito Santo. Não se trata de a Palavra abafar o Espírito nem de reduzir a pneumatologia à cristologia, mas de esclarecer seus respectivos papéis na economia da ação comunicadora divina.

"Advogado/testemunha"

Talvez a principal questão pneumatológica seja até que ponto o Espírito tem identidade própria. A nomenclatura bíblica é impressionante: o Espírito é chamado de "o Espírito do seu [de Deus] Filho" (Gl 4.6), "o Espírito de Cristo" (Rm 8.9), ou "o Espírito de Jesus Cristo" (Fp 1.19). É quase como se ele fosse o espírito de outra pessoa. Além disso, em 2Coríntios 3.17 e 1Coríntios 15.45, o próprio Cristo ressurreto é chamado de Espírito. Não se trata de o Espírito ter simplesmente se decomposto no Filho; a relação da cristologia com a pneumatologia é mais sutil que isso. Paulo vê o Espírito como a presença do Senhor exaltado sobre a terra.[40] Em certo sentido, então, o Espírito Santo não tem identidade própria, mas é o advogado da Palavra. O Espírito esvazia-se em favor do Filho, tornando-se nada — tanto que podemos falar de uma "kenosis" da terceira pessoa da Trindade.[41]

---

[39] David Lotz, "*Sola Scriptura*: Luther on biblical authority", *Interpretation* 35 (1981): 273. Lotz coloca com razão a ênfase em Cristo como o tema das Escrituras, ao passo que eu também gostaria de incluir a noção de Cristo como aquele que dá autoridade às Escrituras.

[40] Cf. Brian Gaybba: "O Espírito é o meio pelo qual *o próprio Jesus* continuará a estar presente para eles" (*The Spirit of love* [London: Geoffrey Chapman, 1987], p. 24).

[41] Com o termo "kenosis" não me refiro a um esvaziamento das propriedades divinas, mas a certa renúncia de privilégios e prerrogativas divinas. O termo e o modelo vêm do autoesvaziamento de Cristo segundo a descrição de Filipenses 2.5-11.

O papel do Espírito-advogado é apontar para outro, não para si mesmo: "Quando vier o Advogado, que eu vos enviarei da parte do Pai, o Espírito da verdade, que procede do Pai, esse dará testemunho acerca de mim" (Jo 15.26, NRSV). O Espírito é qualificado para dar testemunho do Filho porque esteve com Jesus "desde o início".[42] Além disso, o Espírito também é uma testemunha comissionada. Jesus declara de forma inequívoca que o Espírito "não falará de si mesmo, mas dirá o que tiver ouvido" (Jo 16.13). No entanto, o testemunho do Espírito é único, pois ele dá seu testemunho nas profundezas do ser humano, por meio do que Calvino chama de *testimonium*, ou "testemunho interior".[43]

"Testamenteiro"

O Espírito *tem* identidade própria porque é um agente totalmente divino que presta uma contribuição essencial para a obra de Deus. Calvino sugere a seguinte divisão da obra trinitária: o Pai é a fonte de toda ação; o Filho é a sabedoria de Deus e organiza toda ação com sabedoria; o Espírito é o poder, ou seja, a fonte da *eficácia* dessa ação.[44] O Espírito é "a mão de Deus", que conduz os crentes à verdade, capacita-os para a caminhada e lhes concede o dom da vida.[45] Como tal, o Espírito não é apenas o advogado, mas o testamenteiro da palavra. Testamenteiro é a pessoa designada para fazer cumprir os termos e as disposições do testamento de outra pessoa. *O Espírito é tanto o testamenteiro literário de Cristo (no cânon) quanto o testamenteiro da própria vida de Cristo (na igreja)*. Como testamenteiro de Cristo, o Espírito priva-se da autopromoção a fim de concentrar-se no ministério da Palavra viva e escrita.

Dando testemunho: o Espírito serve de ponto aos autores canônicos

O Espírito dá testemunho *aos* discípulos. Assim como a unção do Espírito preparou profetas, sacerdotes e reis para que desempenhassem seus papéis no Antigo Testamento, da mesma forma o dom do Espírito capacita os apóstolos para cumprirem a tarefa comissionada de testemunhar de Jesus Cristo, exatamente como Jesus havia prometido que faria: "... o Espírito Santo [...] vos ensinará todas as coisas e vos fará lembrar de tudo o que eu vos tenho dito" (Jo 14.26). Portanto, o testemunho, objeto da comissão feita por Cristo, é ativado pelo Espírito: "As Escrituras são o testemunho permanente do Espírito para a igreja com a finalidade de formar a própria igreja como testemunho do Espírito para as nações".[46] A formação do roteiro cristão é um ato do drama realizado pelo Espírito, pelo qual ele serve de "ponto" aos autores humanos *para apresentarem Cristo*.

---

[42] O Espírito dirigiu todos os aspectos da vida terrena de Jesus, desde a concepção até a crucificação.

[43] Veja uma excelente discussão desse tema em Bernard Ramm, *The witness of the Spirit* (Grand Rapids: Eerdmans, 1959).

[44] *Institutas* 1.13.18.

[45] Ibid., 3.1.3.

[46] David S. Yeago. "The Bible", in: Buckley; Yeago, orgs., *Knowing the triune God*, p. 63.

Recebendo testemunho: o Espírito dá vida ao roteiro canônico

O Espírito testemunha a nós *por meio* dos discípulos, registrando o testemunho deles em nossa mente e coração. O Espírito testifica em nome do testemunho apostólico, capacitando a igreja a reconhecer e aprovar os livros canônicos como testemunho comissionado dos intérpretes autorizados de Jesus. A igreja reconhece um texto como Escritura, mas isso não deriva do senso comum natural, e sim de seu senso canônico sobrenatural, de uma intuição espiritual da Palavra de Deus. O Espírito gera a fé por meio do ouvir eficaz da Palavra, e fé "equivale a aceitar o testemunho"[47].

O papel do Espírito não consiste em ir além das Escrituras, acrescentando novas palavras, mas em capacitar a igreja a entender as palavras que já se encontram ali e a responder a elas. O Espírito é o advogado da palavra escrita, o testamenteiro da vontade do Pai e do Filho. O Espírito é a eficácia do discurso canônico divino, o meio indispensável pelo qual a ação comunicadora trina e una atinge seu objetivo na vida dos crentes: um relacionamento correto com Deus. A Palavra sem o Espírito não tem poder; o Espírito sem a Palavra não tem rumo. Então, ao reconhecer o cânon como testemunho comissionado ou apostólico, a igreja reconhece a voz de seu Senhor. *O cânon é o instrumento escolhido pelo Espírito para mediar a aliança e promover a comunhão vigente entre Cristo e a igreja.*

O Espírito ministra a palavra a respeito de Cristo; ele nos une à Palavra, que é Cristo; ele edifica o corpo de Cristo. O Espírito é o testamenteiro da palavra e da vontade de outra pessoa: "[Ele] não falará de si mesmo" (16.13). No entanto, a kenosis do Espírito caracterizada pela humildade não o subordina ao Filho mais do que a kenosis do próprio Cristo subordina o Filho ao Pai. Assim como o Jesus terreno dependeu do Espírito para cumprir seu ministério neste mundo, da mesma forma o Cristo ressurreto depende do Espírito para completar e aperfeiçoar sua obra redentora. O papel especial do Espírito é tornar eficaz a ação comunicadora de Cristo — em particular o testemunho canônico comissionado dos apóstolos — transformando a comunicação em uma espécie de comunhão.[48]

DISCERNINDO A TRADIÇÃO "DINAMIZADA PELO ESPÍRITO": A IGREJA COMO HISTÓRIA DOS EFEITOS CANÔNICOS

Em grande medida, discernir a tradição genuína é uma questão de discernir a presença e a obra do Espírito, sua "atividade padronizada" na história da igreja. Mas quais são os critérios para tal discernimento? Nesse aspecto, há dois problemas em jogo: em primeiro lugar, a identidade do Espírito como personagem das *dramatis personae* divinas; em segundo lugar, a atividade do Espírito — em particular, será que o Espírito conduz o teodrama em novas direções? Pode uma suposta experiência do Espírito suplantar o sentido literal das Escrituras?

---

[47]Andrew Lincoln, *Truth on trial* (Peabody: Hendrickson, 2000), p. 242.

[48]Ramm vê o Espírito como o meio pelo qual a revelação "objetiva" da Palavra é apropriada "subjetivamente" (*Witness of the Spirit*, p. 63). Eu quero dizer algo semelhante, só que com respeito a muitos tipos de ação comunicadora, não só à revelação. O Espírito é a eficácia do discurso divino — de *todas* as coisas que Deus faz com as palavras.

Discernir a obra do Espírito na igreja é em si um ato de fé. Como podemos fazer distinção entre a obra do Espírito genuína e alguma obra espúria? De acordo com John Thiel, temos um só recurso, a saber, "o critério único da presença do Espírito na subjetividade".[49] Thiel fala da "autoridade do próprio Espírito como fonte e medida" de tal discernimento.[50] O que fica em primeiro plano em sua abordagem é o *sensus fidei* entendido como o "senso sobrenatural da igreja em relação à verdade infalível do Espírito".[51] Discernir o Espírito hoje leva a igreja muitas vezes a rever o que antes ela considerava "sentido literal" ou núcleo estável da tradição, a exemplo do que aconteceu com a igreja primitiva, que, diante do fato do Espírito derramado entre os gentios, precisou rever sua compreensão da natureza e do alcance da aliança.[52]

Estaria a tradição, à semelhança das Escrituras, sujeita a um desenvolvimento narrativo? Aqueles que enfatizam o papel do Espírito Santo na tradição tendem a responder de modo afirmativo. Por esse ponto de vista, tradição não é apenas a transmissão de um conteúdo fixo, mas o relato do discernimento que a igreja tem do Espírito em ação na história. Se a tradição de fato assume a forma de uma narrativa, quem é a personagem central? John Thiel sugere que é o Espírito Santo, "a graciosa agência da tradição".[53] No entanto, isso não é tudo, pois as intenções do Espírito são encenadas na tradição apenas por meio da cooperação de agentes humanos. Thiel conclui assim que "a personagem central na narrativa da tradição deveria ser chamada 'Espírito-em-recepção'".[54] Essa identidade "da personagem" é representada de maneira muito menos determinante que a de Jesus Cristo: "A condição inacabada de uma narrativa que continua a se desenvolver em tempo real torna a identidade de sua personagem central, no último momento da sequência narrativa, mais ambígua do que a identidade de uma personagem de uma narrativa concluída formalmente".[55] Em outras palavras, a história do Espírito Santo não está canonicamente completa. A propósito e por isso, também não está completa a *identidade* do Espírito Santo.[56] Então, quem dizemos ser ele, o Espírito?

A identidade do Espírito é menos ambígua (embora igualmente misteriosa) em uma abordagem canônico-linguística. O Espírito é o Espírito do Pai e o Espírito de Jesus Cristo. A tradição cristã diz respeito à preservação e transmissão do caminho, da verdade e da vida que o Pai tornou manifestos de uma vez por todas em Jesus Cristo. O "novo" *já veio* como resultado da ação de Deus. Como diz Paulo em 2Coríntios 5.18, "todas essas coisas" — o perdão dos pecados, a reconciliação, a nova criação — "procedem de Deus". Sozinha, a prática comunitária não é capaz de produzir essa nova realidade. Com certeza, existe uma concretização definitiva

---

[49] Thiel, *Senses of tradition*, p. 180.
[50] Ibid.
[51] Ibid., p. 182.
[52] Thiel chama isso de concepção "retrospectiva" da tradição (ibid., p. 84-94).
[53] Ibid., p. 193.
[54] Ibid.
[55] Ibid., p. 194.
[56] Thiel admite essa diferença entre o Espírito e o Filho. A presença do Espírito no desenrolar das circunstâncias históricas "é devidamente anterior à identidade" (ibid., p. 195).

da redenção ainda por vir, mas isso também será obra de Deus. Nem práticas nem refeições comunitárias criam o corpo de Cristo, somente a obra do Filho e do Espírito: "Pois fomos feitos por ele, criados em Cristo Jesus para as boas obras" (Ef 2.10). A tarefa da igreja, como veremos, não é fazer algo novo, mas descrever e apresentar a novidade que já prevalece "em Cristo".

Há uma tendência na teologia atual de "livrar" o Espírito do controle da cristologia. No entanto, seria certo discernir a presença do Espírito em cada experiência comunitária ou de libertação? Com certeza, o Espírito está trabalhando na criação, mas isso também fica sob os auspícios da cristologia se de fato é verdade que "tudo foi criado por ele [Cristo] e para ele" (Cl 1.16). O Espírito ministra a Palavra a fim de edificar todas as coisas — especialmente a igreja — em Cristo. Discernimos a presença do Espírito — a Tradição no sentido de algo que nos foi passado *por Deus* — sobretudo no ministério da Palavra. A igreja é um produto igualmente da palavra e do Espírito, um "efeito do texto" induzido pelo Espírito.[57]

A obra do Espírito de evocar as Escrituras está completa, assim como completa também está a obra de Jesus da qual elas testificam. Há, portanto, uma relação assimétrica entre o texto canônico e o atual contexto eclesial. *Entendemos o presente ao incorporá-lo à plataforma interpretativa mais ampla do cânon, e não o contrário.* Aprender a interpretar novas situações sob a luz do texto canônico amplia nossos horizontes. A história humana agora faz parte de uma história maior, a história do que Deus está fazendo no mundo para recriá-lo em e por meio de Jesus e do Espírito: "Eu faço uma coisa nova" (Is 43.19). Essa coisa nova inclui "um cântico novo" (Sl 40.3), um novo nome, "um coração novo e um espírito novo" (Ez 18.31), uma nova aliança (Mt 26.28), um "novo mandamento" (Jo 13.34), uma "nova Jerusalém" (Ap 3.12), "um novo céu e uma nova terra" (Ap 21.1), uma "nova criação" em Cristo (2Co 5.17). Essas coisas novas não estão desligadas do que se passou antes. Pelo contrário, todas são implicações do "novo em Cristo"; cada novo fenômeno genuíno na igreja deve, de alguma maneira, manifestar a forma de Jesus Cristo.[58]

O Espírito leva a igreja não a se afastar da palavra bíblica, mas a se aprofundar nessa palavra. Na verdade, a igreja dirigida pelo Espírito Santo é "criatura da Palavra".[59] Sua prática principal é ouvir e estudar o testemunho bíblico, reagindo a ele e encenando-o. Nem a igreja nem o Espírito podem aperfeiçoar o que Deus realizou em Jesus Cristo. Existe uma relação assimétrica entre, por exemplo, a obra da reconciliação da cruz de Jesus e os atos na igreja em que essa reconciliação se manifesta.[60] A igreja não tem de agir para que haja reconciliação. A reconciliação já

---

[57] Calvino discordou da afirmação do Cardeal Sadoleto de que o sinal da igreja é a presença do Espírito. De acordo com Calvino, o sinal da igreja é a Palavra de Deus. Com certeza, Deus governa a igreja por seu Espírito, mas "o Espírito governa *por meio* da Palavra" (Ramm, *Witness of the Spirit*, p. 15).

[58] Vou sugerir mais adiante que o Novo Testamento é uma "improvisação" baseada no Antigo Testamento, assim como a história de Jesus improvisa com base na história de Israel.

[59] Assim C. Schwöbel, "The creature of the Word: recovering the ecclesiology of the reformers", in: Colin Gunton; D. W. Hardy, orgs., *On being the church: essays on the Christian community* (Edinburgh: T. & T. Clark, 1989).

[60] Cf. John Webster, "Christ, church and reconciliation", in: *Word and church*, p. 211-30.

foi concretizada; sua realidade está em Cristo.⁶¹ A única questão é se colocaremos nossa vida em conformidade com essa realidade evangélica, em consonância com a verdade: "A verdadeira ação humana é aquela que está em conformidade com a realidade estabelecida na ressurreição de Jesus".⁶² Discernimos a obra do Espírito quando vemos vidas sendo alinhadas com a verdade do evangelho.

O critério final para reconhecer o Espírito de Deus não é outro senão a cristologia canônica e o cânon cristológico: o que Deus fez em Jesus Cristo. Jesus vem de Deus — "enviado" pelo Pai, um *apóstolo* ("enviado") do Deus trino e uno. Assim como Jesus foi enviado, ele, por sua vez, envia outros. Os apóstolos eram receptores de uma *commissio* para darem seguimento à *missio* do Filho por meio da *transmissio* da boa notícia de que a *promissio* havia sido cumprida. A tradição apostólica, seria justo dizer, começa com Jesus: "Cristo é a fonte de toda a tradição correta".⁶³ Em última análise, a "mesmidade" da tradição não é tanto uma questão *do que* é transmitido, mas *de quem* é transmitido.

O Espírito compromete-se publicamente não só com Cristo e a igreja, mas também com as Escrituras: "As Escrituras são o testemunho permanente do Espírito para a igreja".⁶⁴ A Bíblia não é como outros textos; ela é objeto da comissão de Jesus, e o Espírito faz com que ela seja lembrada. Ela é parte integrante da ação comunicadora de Deus que tanto convoca quanto governa a igreja. A igreja às vezes sofre por pregar e ensinar o evangelho. Tudo isso fica claro na história da igreja. Mas seu papel no teodrama também inclui *sofrer os efeitos* de pregar e ensinar o evangelho. Usando os termos da teoria hermenêutica (e parafraseando Gadamer), a igreja "sofre" os efeitos históricos da palavra habilitados pelo Espírito. Tradição é a história das consequências dos vários atos ilocucionários que compõem as Escrituras. A tradição da igreja é uma questão do *pathos*, tanto da palavra quanto do Espírito.

Estamos agora em condições de identificar a personagem central da narrativa da tradição cristã. Trata-se, é claro, do Espírito Santo, entendido da perspectiva de sua identidade-*ipse*: *o Espírito é aquele que mantém sua palavra (ou seja, de Cristo)*. Melhor dizendo, o Espírito é aquele que mantém a Palavra que é Cristo, aquele que permanece ministrando essa Palavra para nós. Então, quem é o Espírito? Não algum Espírito ambíguo na recepção, mas sim o Espírito que viabiliza a recepção da palavra escrita por parte da igreja. O Espírito é aquele por meio de quem nos tornamos "densamente relacionados" com Cristo quando cremos nas afirmações das Escrituras, obedecemos a seus mandamentos e confiamos em suas promessas. Não podemos ter o efeito espiritual e perlocucionário pretendido — a união com Cristo — sem o ministério dessas ilocuções canônicas. Resumindo, o Espírito é "aquele que mantém a palavra de outro".

Como obra do Espírito, as Escrituras providenciam assim o grande teste que permite discernir a obra do Espírito na igreja de hoje. A tradição genuína reflete a

---

⁶¹Ibid., p. 224.
⁶²Ibid.
⁶³G. R. Evans, "Tradition", in: Allan D. Fitzgerald, org., *Augustine through the ages: an encyclopedia* (Grand Rapids: Eerdmans, 1999), p. 842.
⁶⁴Yeago, "The Bible", p. 63.

identidade-*ipse* do Espírito, daquele que "guarda" a palavra de Deus viva e escrita.[65] O Espírito é a presença capacitadora que preserva a constância da palavra, mesmo quando seu significado está relacionado a novos contextos e situações. O Espírito é o único que gera Tradição ao capacitar a igreja a "sofrer os efeitos históricos da palavra".

O PADRÃO DA AUTORIDADE ECLESIAL: A REGRA DE FÉ CANÔNICA

Qualquer abordagem teologicamente adequada da relação existente entre as Escrituras e a tradição deve refletir o fato de que a igreja é mais que uma forma de organização social: "É da maior importância que, ao falar dos aspectos coletivos da interpretação cristã, não permitamos que a linguagem teológica sobre a igreja degenere em linguagem genérica a respeito de 'modos de vida', 'sociabilidade' e até mesmo 'eclesialidade'. O discurso a respeito da ação de Deus precisa ser mantido real e operante".[66] A questão da autoridade eclesiástica é também uma questão teológica e diz respeito ao lugar das Escrituras no padrão mais amplo de autoridade que caracteriza a obra do Filho e do Espírito, respectivamente. Espírito, palavra e igreja estão juntos: onde o Espírito governa por meio da palavra, ali está a igreja.[67]

Uma coisa, porém, é situar a autoridade nas Escrituras, e outra, bem diferente, é dizer o que as Escrituras significam e como elas devem ser usadas em teologia. Isso nos leva a um argumento final em favor da autoridade da tradição, a saber, que só a chamada Regra de Fé, antigo resumo do ensino apostólico, mostra-nos como interpretar as Escrituras corretamente. Por si só, reza o argumento, o cânon é insuficiente; a igreja precisa de uma "chave" para destravar seu significado, e o Espírito providenciou essa chave hermenêutica na *regula fidei* desenvolvida pelos pais da igreja antenicenos.

Ninguém está propondo que a Regra de Fé acrescente conteúdo à Bíblia. A questão diz mais respeito à função da Regra como norma *hermenêutica*. Os pais da igreja sabiam, muito antes de Bultmann, que a exegese sem pressupostos não é possível. O objetivo da Regra é fornecer aos leitores das Escrituras os pressupostos corretos quanto a seu tema básico. Não há dúvida de que a igreja tem interpretado as Escrituras por meio da Regra de Fé: "A hermenêutica da 'fé' da igreja orienta a exposição e a recepção das Escrituras".[68] A verdadeira questão é como se descreve a Regra: seria ela "extratextual" ou "intratextual", uma questão de interpretação da Encenação II ou da Encenação I? A tarefa imediata que nos compete é situar essa suposta obra do Espírito, a Regra de Fé, dentro do padrão mais amplo da autoridade teológica e eclesiástica.

A Regra como "cânon"?

É importante lembrar que a Regra de Fé era inicialmente usada como confissão batismal. Alguns historiadores da igreja acreditam que as confissões batismais estão

---

[65] Os *Trinta e Nove Artigos* da Igreja da Inglaterra descrevem a igreja como "testemunha e guardiã das Sagradas Escrituras" (artigo 20).
[66] Webster, *Word and church*, p. 85.
[67] Segundo Ramm, *Witness of the Spirit*, p. 15.
[68] Williams, *Retrieving the tradition*, p. 233.

na raiz de todos os credos.⁶⁹ O ponto que se destaca para nossos propósitos é que o candidato ao batismo, ao confessar a Regra, estava afirmando o teodrama cristão como plataforma sobre a qual compreender sua nova identidade "em Cristo". Embora geralmente mencionemos "a" Regra de Fé, não existe uma declaração autorizada única: "É difícil dizer exatamente qual era a fonte ou o denominador comum da Regra de Fé".⁷⁰ O que temos são diversas formulações por Ireneu, Tertuliano e Orígenes que compartilham formas semelhantes. As variações que nelas aparecem dificilmente configurariam contradições: "A Grande Igreja comprometia-se não com uma declaração de fé universal e invariável, mas com narrativas locais variáveis de uma estória *particular* que aspirava a um significado universal".⁷¹ A Regra, à semelhança do Credo Apostólico, tem uma forma narrativa: "A Regra, sendo uma construção narrativa, apresenta a estrutura 'do drama' de uma cosmovisão cristã, servindo como um referencial hermenêutico para a interpretação das Escrituras e das experiências cristãs".⁷²

A Regra de Fé também é uma regra para a interpretação das Escrituras. Uma boa dose de tradição da igreja consiste em "leitura regulamentada" — "a aplicação hermenêutica da Regra de Fé".⁷³ Ler de acordo com a Regra de Fé significa, concretamente, ler o Antigo Testamento em sua relação com o Novo (e.g., de modo cristocêntrico e escatológico) e manter juntos o Deus Criador e o Deus Pai de Jesus Cristo. A Regra estabelece que o Deus Criador e o Senhor da aliança de Israel também é Pai de Jesus Cristo; aquele que tirou Israel do Egito é também o que ressuscitou Jesus dentre os mortos. Assim, a Regra mantém os dois testamentos unidos, teológica e hermeneuticamente, resumindo o que podemos denominar de "metadrama" cristão: a estória do cosmos e a estória da aliança convergindo na estória de Cristo.

Uma leitura regulamentada exclui interpretações que ameaçam desfazer a integridade hermenêutica e teológica das Escrituras. Interpretações que opõem o Deus da criação ao Deus da redenção erram duas vezes e devem ser evitadas a todo custo. A Regra é um "entendimento" das Escrituras como narrativa unificada: "Ela indica uma 'tomada' prévia sobre o assunto e sobre o enredo da estória cristã de forma que as doutrinas da criação e da redenção podem ser mantidas juntas".⁷⁴ A Regra identifica as *dramatis personae* divina e faz uma sinopse do drama da redenção. A Regra aqui exerce a função negativa, embora importante, de excluir as interpretações que

---

⁶⁹Cf. a discussão em Pelikan, *Credo*, p. 383.

⁷⁰Williams, *Retrieving the tradition*, p. 93. Portanto, pode ser apropriado distinguir entre "Regra de Fé" e "regras de fé", a exemplo da distinção que se costuma fazer entre "Tradição" e "tradições". Paul Blowers, porém, sugere que as variações foram harmoniosas: "A Regra parece, em retrospecto, ser mais ampla do que qualquer uma de suas exposições individuais" ("The *Regulae Fidei* and the narrative character of early Christian faith", *Pro Ecclesia* 6 [1999]: 226).

⁷¹Blowers, "*Regulae Fidei*", p. 208.

⁷²Ibid., p. 202.

⁷³Kathryn E. Greene-McCreight, *Ad Litteram: how Augustine, Calvin and Barth read the "plain sense" of Genesis 1—3* (New York: Peter Lang, 1999), p. 22. Greene-McCreight observa corretamente os paralelos entre as regras "gramaticais" que Frei e Lindbeck dizem reger a interpretação bíblica cristã e a antiga Regra de Fé (p. 16-7).

⁷⁴Ibid., p. 22.

separam o que o cânon uniu. No entanto, é mais difícil especificar como a Regra oferece orientação positiva para determinar, por exemplo, se a melhor interpretação da soteriologia é a dos arminianos ou dos calvinistas. Seja como for, alguns têm apelado para a Regra como norma para a interpretação teológica das Escrituras: "O cânon que mede a legitimidade e a eficácia da interpretação da Bíblia é a Regra de Fé da igreja".[75] Outros chegam até a sugerir que a igreja canonizou certos escritos só porque estes concordavam com a Regra de Fé "em conteúdo e importância".[76] Se for verdade, essa afirmação representa uma poderosa objeção ao presente argumento em favor da supremacia canônica.

A *regula fidei* é uma regra para a "encenação" das Escrituras. Mas será a Regra uma espécie de interpretação da Encenação II, resultado da decisão da comunidade no sentido de ler as Escrituras de certa forma? Muita coisa depende de como se descreve a Regra de uma perspectiva dogmática. Aqueles que veem a eclesiologia como teologia primeira tendem a dizer que os textos bíblicos discrepantes não seriam Escrituras unificadas sem sua utilização pela comunidade da fé controlada pela Regra. Portanto, a Regra, e talvez o próprio cânon, "existe" onde há uma comunidade que o pratica. A Regra está "relacionada a esses livros, mas é algo 'extra', uma plataforma transmitida abertamente em uma tradição que se garante antiga e confiável".[77] Dessa forma, seria a regra um controle "extratextual"? Uma regra *comunitária* arbitrária? Um número cada vez maior de teólogos acredita hoje que a Regra é um critério mais acessível e pragmático do que o discurso autoral na hora de decidir qual das várias possibilidades exegéticas deve ser preferida. Assim como a Regra da Caridade, de Agostinho, orienta o intérprete a preferir a leitura que mais promove o amor a Deus e ao próximo, também a Regra de Fé orienta o intérprete a tratar as histórias de Israel e de Jesus Cristo como partes de um plano de salvação divino e contínuo.

A Regra, porém, não é uma panaceia hermenêutica; não se pode resolver qualquer disputa interpretativa simplesmente apelando para a *regula fidei*. Além disso, muitos que defendem a Regra costumam negligenciar algumas de suas determinações específicas. É bem fácil defender a ideia de que a criação e a redenção estejam relacionadas, mas poucos teólogos contemporâneos chamam a atenção para as indicações repetidas da Regra a respeito do sofrimento eterno dos ímpios. Tertuliano diz que, quando Cristo voltar, ele "condenará os ímpios ao fogo eterno".[78] O sofrimento eterno dos ímpios também deve ser considerado parte da nossa leitura das Escrituras baseada na Regra? Por que sim ou por que não? Vamos debater! Na medida em que os teólogos começam a escolher entre os elementos que compõem a Regra, é discutível que a Regra de Fé possa servir como nossa última linha de defesa hermenêutica. Uma "regra dentro da Regra" é um resultado tão arbitrário quanto um "cânon dentro do cânon".

---

[75]Robert W. Wall, "Reading the Bible from within our traditions: a Pentecostal hermeneutic as test case", in: Joel B. Green; Max Turner, orgs., *Between two horizons: spanning New Testament studies and systematic theology* (Grand Rapids: Eerdmans, 2000), p. 96.
[76]Ibid., p. 104.
[77]Frances Young, *The art of performance* (London: Darton, Longman e Todd, 1990), p. 60-1.
[78]Citado em Greene-McCreight, *Ad litteram*, p. 6.

O cânon como Regra

Ireneu compara a relação da Regra de Fé com as Escrituras a um mosaico cujas peças podem ser organizadas de modo variado para formar o retrato de um rei ou a imagem de um cachorro.[79] No mundo antigo, mosaicos eram enviados desmontados, mas eles incluíam um plano ou chave (*hypothesis*) que orientava sua disposição adequada. Ireneu compara a Regra de Fé à *hypothesis* correta, que permite à igreja ver a face do rei — Cristo — nas Escrituras, em vez de enxergar um cachorro, que é o que os hereges pensam ver porque não montaram o mosaico da maneira certa. Dessa forma, a Regra submete-se ao texto e a seu tema justamente porque tem como objetivo fornecer a chave para sua correta compreensão. *Por isso a autoridade da Regra depende de sua conformidade às Escrituras.* Isso explica os esforços heroicos de Ireneu para demonstrar que a Regra de Fé, de fato, está de acordo com as Escrituras.[80]

É interessante o fato de que Agostinho refere-se ao hino cristológico em Filipenses 2.5-11 como uma "regra" para esclarecer questões relativas à pessoa de Cristo: "Defendemos com firmeza, no tocante a nosso Senhor Jesus Cristo, o que pode ser chamado de a regra *canônica*".[81] Da mesma forma, Tomás de Aquino propõe a seguinte definição da Regra de Fé em seu comentário do Evangelho de João: "*Sola canonica Scriptura est regulae fidei*": apenas as Escrituras canônicas são a regra de fé.[82] A Regra de Fé não é nada menos que um resumo do enredo narrativo das próprias Escrituras: "Entende-se geralmente que ela foi elaborada a partir das Escrituras, e na interpretação bíblica é reaplicada às Escrituras".[83]

Assim, longe de ser um suplemento extratextual imposto pela comunidade da fé às Escrituras, a Regra de Fé é na verdade serva da intratextualidade.[84] A Regra baseia seu entendimento do que são as Escrituras não na filosofia, cultura ou religião, mas no próprio texto: "Dessa forma, uma leitura regulamentada permite às Escrituras interpretarem a si mesmas".[85] A máxima: "As Escrituras interpretam as Escrituras" nunca significou que a interpretação era possível sem que intérpretes tivessem pressupostos, mas apenas que tais pressupostos deviam ser extraídos das Escrituras. Assim entendida, a Regra é produto da clareza das Escrituras e uma validação, não contradição, da abordagem canônico-linguística apresentada na presente obra.

Os pais da igreja nunca pretenderam que a Regra controlasse o que as Escrituras devem significar, mas sim confessar o que elas *de fato* significam. Sem dúvida, "confissão"

---

[79]Ireneu, *Contra heresias* 1.8.1. Cf. também Kathryn Greene-McCreight, "Rule of faith", in: Kevin J. Vanhoozer, org., *Dictionary for theological interpretation of the Bible* (Grand Rapids: Baker, 2005).
[80]Veja *Contra heresias* 3-5.
[81]Citado em Pelikan, *Credo*, p. 135 (grifo meu).
[82]Citado em Hütter, *Suffering divine things*, p. 275, n. 138.
[83]Greene-McCreight, *Ad litteram*, p. 6.
[84]Ibid., p. 248. O apelo de Lindbeck à intenção autoral como fator "extrínseco" que determina qual dos muitos significados possíveis é o correto é um pouco capciosa. A rigor, a intenção do autor é intrínseca ao texto; isto é, a intenção não existe em nenhum outro lugar que não no texto que a encena.
[85]Ibid.

pode ser a descrição mais adequada do gênero da Regra: "Até mesmo as primeiras cartas de São Paulo atestam a existência de uma confissão cristã normativa, precursora tanto da Regra de Fé quanto dos credos batismais".[86] *Confessar* a Regra de Fé é enfatizar sua origem na ação divina e não na ação humana. A Regra não tem origem na descrição que uma comunidade faz de si mesma; nem é a Regra apenas uma declaração do interesse interpretativo da parte de uma comunidade hermenêutica. Essa é uma descrição da Regra "imanente" demais, que não consegue ir além da religiosidade. Pelo contrário, a Regra é uma confissão justamente por reconhecer o que *Deus* tem feito. Ela tem o caráter de resposta, não de construção: "É um grito de testemunho maravilhado. [...] Confissão é atestado, não autoafirmação".[87] Confessar permite ao confessor unir-se ao teodrama que já está em andamento. O lócus dogmático da Regra de Fé a coloca sob a interpretação da Encenação I, não da Encenação II.

Em suma, a Regra é o cânon "corretamente compreendido", um resumo do teodrama, que é o princípio da unidade das Escrituras, sua chave interpretativa. No final das contas, a autoridade da Regra deriva de seu sucesso na condução do leitor pelo caminho do evangelho: a Regra é um "sinal vinculante do evangelho que nos é apresentado no testemunho bíblico".[88] A Regra é uma preciosa ajuda externa para a leitura das Escrituras.[89] Ela nos protege de uma exegese excêntrica, embora esteja sujeita, em princípio, à correção por parte das Escrituras. Os próprios pais da igreja provavelmente reconheceriam isso: "Eis o que consideramos ser o sentido da linguagem de Deus nas Escrituras. Nós vos convidamos a ler as Sagradas Escrituras sob a luz de nossas descobertas, na expectativa de que estas sejam confirmadas. Mas se — por impossível que nos pareça — nossas descobertas forem conclusivamente refutadas por vossa exegese, então, a Regra de Fé, do modo como a expressamos, terá se mostrado indigna de confiança".[90] O propósito final da Regra é permitir que as Escrituras interpretem as Escrituras. Eis o desfecho da discussão: *a Regra regulamenta, mas ela mesma é regulamentada (pelo cânon); o roteiro canônico regulamenta, mas ele mesmo não é regulamentado.*

Uma única autoridade ministerial

Regulamentar é exercer autoridade; autoridade é o que, por direito, demanda obediência e fé. A autoridade última na igreja é Jesus Cristo, a encarnação da verdade e da justiça. A autoridade eclesial, portanto, é uma questão de relacionamento correto com aquele que é a verdade. A autoridade do cânon, em última análise, deriva de seu relacionamento com Jesus Cristo, de quem ele é o testemunho comissionado: "O ser

---

[86]Joseph Lienhard, *The Bible, the church, and authority* (Collegeville: Liturgical, 1995), p. 96.

[87]John Webster, "Confession and confessions", in: Christopher R. Seitz, org., *Nicene Christianity* (Grand Rapids: Brazos, 2001), p. 124.

[88]Ibid., p. 123. O mais interessante é que Tertuliano atribui a Regra ao próprio Cristo (cf. Blowers, "*Regulae Fidei*", p. 207, n. 24).

[89]Aqui podemos lembrar que Calvino se refere à igreja como "meio externo de graça".

[90]Devo essa paráfrase a uma comunicação pessoal recebida de Francis Watson, datada de 31 de maio de 2001.

dos textos canônicos é determinado por seu uso divino".[91] Assim, a autoridade da igreja "não é nada mais que o reconhecimento da norma sob a qual ela se encontra".[92]

A tradição, visto ser uma obra do Espírito que preserva e perpetua a palavra, é, de fato, autorizada. No entanto, sua autoridade é derivada — é ministerial, não magisterial. A tradição pode ser inevitável, mas também está sujeita a correções; não podemos partir do princípio de que sempre há coincidência entre a obra do Espírito e o que determinada igreja pratica. "Tudo o que a igreja faz é certo" é uma equalização eclesiológica defeituosa. O Novo Testamento está repleto de repreensões e correções dirigidas a igrejas específicas e até a grupos de igrejas. Por isso, parte da obra do Espírito é possibilitar primeiramente a mortificação e, em seguida, a vivificação da vontade da comunidade interpretativa, criando leitores "quebrantados" que se abram a toda a gama de efeitos da palavra escrita.

A tradição genuína — tradição que ministra as palavras de Jesus, as palavras a respeito de Jesus e a Palavra que é Jesus Cristo — é obra do Espírito testamenteiro. Cristo preside a igreja por meio de sua palavra e de seu Espírito que a ministra. O Espírito que fala nas Escrituras não é outro senão a presença autocomunicadora de Jesus Cristo, o Senhor da igreja. Segue-se que o evangelho não é apenas uma mensagem a respeito de Cristo, mas *o discurso ativo de Cristo e por Cristo*. É por isso que não se pode fazer justiça a tudo o que o cânon é apenas de uma ótica científico-social. A fim de compreender totalmente o padrão da autoridade eclesiástica, é preciso olhar para o cânon da perspectiva do discurso divino que constitui e governa a igreja. *As práticas eclesiais são precedidas pelas práticas comunicadoras trinas e unas da Palavra e do Espírito, das quais o cânon é parte vital*. O cânon é *ação comunicadora comissionada*, esfera da presença e do discurso do próprio Cristo ressurreto.[93] O cânon desfruta de autoridade magisterial somente porque é a palavra *de Cristo*, a norma que especifica como são de fato a "relação correta" com Cristo e a "participação correta" no teodrama.

A autoridade do Espírito também é ministerial: "Quando, porém, vier o Espírito da verdade, ele vos conduzirá a toda a verdade. E não falará de si mesmo, mas dirá o que tiver ouvido" (Jo 16.13). O Espírito produz efeitos perlocucionários: ele cria o novo povo de Deus. Mas — e este é o ponto crucial — o Espírito produz esses efeitos ao provocar na comunidade interpretativa uma resposta de *entendimento* em face do testemunho canônico a respeito de Cristo. *A igreja, no poder do Espírito, não é nada menos do que a eficácia da palavra canônica, corretamente entendida e corretamente apropriada*. O Espírito ministra a palavra que comunica Cristo, a palavra que nos relaciona com Cristo, a palavra que possibilita comunhão com Cristo. Mas o Espírito é apenas o professor assistente. O verdadeiro professor da igreja é Jesus Cristo: "A ele ouvi" (Mt 17.5). A palavra, por sua vez, é o cetro de Cristo, o meio pelo qual ele governa sua igreja.[94] A Tradição, na medida em que ministra a Palavra, participa da autoridade ministerial do Espírito. Segue-se que a identidade da igreja, bem como

---

[91]Webster, *Word and church*, p. 31.
[92]Ibid., p. 39.
[93]Ibid., p. 70.
[94]Calvino, *Institutas* 4.8.13.

a ortodoxia da tradição, é uma identidade-*ipse*, uma questão de guardar a palavra *de Cristo*, de ser fiel à Palavra, que chama a igreja à existência e a edifica e preserva.

Quanto aos desenvolvimentos doutrinários posteriores, tais como o *homoousios*, eles não são nem "novas palavras" do Espírito nem construções sociais arbitrárias. Calvino faz uma útil observação, afirmando que é preferível dizer que o Concílio de Niceia deu visibilidade ao que já estava subentendido nas Escrituras, "simplesmente expondo o verdadeiro significado das Escrituras".[95] É claro que há mais para dizer sobre a pluralidade das formulações doutrinárias. O que fazer, por exemplo, quando denominação se levanta contra denominação e concílio contra concílio? A única norma com a qual podemos fazer juízos doutrinários em casos como esses são as Escrituras, não textos isolados usados como prova, mas todo o discurso divino dentro do contexto canônico e teodramático. Os líderes e os concílios da igreja podem se desviar; não é à toa que o próprio Novo Testamento nos adverte a respeito dos falsos ensinos. Calvino, no entanto, reconhece que o melhor meio para resolver os conflitos de interpretação bíblica é "um sínodo de bispos verdadeiros",[96] pois Calvino acreditava que o Espírito Santo havia sido concedido a toda a igreja e que ele levaria a igreja a discernir e guardar as palavras de Cristo.

Então, o caminho a seguir é afirmar igualmente a autoridade *ministerial* do Espírito, da tradição e da Regra de Fé. A autoridade da Regra deriva do fato de ela ser um resumo preciso da encenação divina (não a eclesial) das Escrituras. O Espírito, a tradição e a igreja servem todos à autoapresentação da Palavra nas Escrituras, mas não a regulamentam. Portanto, individualmente, os intérpretes seriam imprudentes afastando-se da Regra: "Rejeitar esta regra de fé recorrendo de alguma forma às Escrituras é ler imediatamente as Escrituras fora de seu contexto cristão".[97] Esse é o caso não só porque a Regra representa a leitura consensual da igreja, a interpretação majoritária, mas também porque há uma grande possibilidade — derivada não da natureza, mas da graça — de que a igreja católica, e daí a Regra, discerniu corretamente o discurso do autor divino graças ao fato de o Espírito ministrar a Palavra.

Palavra, Espírito, tradição e igreja estão unidos; todos têm um papel vital a desempenhar. Entretanto, somente a Palavra serve como norma magisterial, pois apenas a palavra escrita é o testemunho comissionado do Senhor e Mestre da igreja. O cânon — o *ensemble* do testemunho divinamente autorizado de Jesus Cristo — é um lócus da prática do Espírito. No entanto, o Espírito também é a eficácia e a perfeição de uma prática de leitura das Escrituras iniciada pelo próprio Jesus. Afinal, foi Jesus mesmo quem primeiro interpretou sua pessoa à luz das Escrituras, e as Escrituras à luz de sua pessoa e obra. Os apóstolos continuam e perpetuam, e o Espírito realiza e aperfeiçoa, a prática dominical de leitura das Escrituras na apresentação de Cristo.

---

[95]*Institutas* 4.8.16. Note-se que Calvino aceita as declarações conciliares de Niceia, Constantinopla e Calcedônia como autorizadas justamente porque "elas contêm nada mais que a pura e genuína exposição das Escrituras" (4.9.8). É interessante o fato de que Calvino ressalta não ter havido nenhum concílio antigo que declarasse que a autoridade das Escrituras deve estar fundamentada na aprovação da igreja (4.9.14).

[96]*Institutas* 4.9.13.

[97]Keith A. Mathison, *The shape of Sola Scriptura* (Moscow, Estados Unidos: Canon, 2001), p. 277.

Levando isso em conta, podemos agora voltar à experiência da estrada de Gaza. A obra evangelística de Filipe ilustra bem a maneira pela qual a igreja cresce no poder do Espírito por meio do ministério da Palavra (Filipe é chamado evangelista em Atos 21.8.). Em uma fórmula que lembra o grande feito exegético do próprio Jesus em Lucas 24, lemos que "Filipe passou a falar e, começando por essa passagem da Escritura [Is 53.7,8], anunciou-lhe o evangelho de Jesus" (At 8.35). O texto não diz explicitamente como e por que o eunuco etíope respondeu à interpretação de Filipe, mas provavelmente não foi porque Filipe representava a autoridade da igreja. É mais provável, como Martin Chemnitz sugere, que Filipe tenha ministrado a palavra de tal maneira que o etíope foi capaz de compreendê-la: "Dessa forma, o eunuco reconheceu que a interpretação de Filipe era verdadeira".[98] É claro que não se deve esquecer que o Espírito estava no controle o tempo todo (cf. 8.29,39). Graças ao ministério da Palavra e do Espírito, o oficial etíope achou a explicação de Filipe convincente o bastante para querer se tornar um ator no drama da redenção. Foi ele quem localizou água e pediu para ser batizado.

O Espírito que fala nas Escrituras dá continuidade ao tríplice ofício de Cristo: testemunhar da verdade da palavra viva e escrita; executar a força ilocucionária das Escrituras, de modo que ela reine na mente e coração dos que creem; mediar a presença pessoal de Cristo com as palavras que dele testificam para gerar união com Cristo.[99] Dessa forma, o Espírito produz uma mútua vivência do roteiro canônico e da comunidade que encena, incorporando-nos não apenas ao drama da redenção, mas ao ator que está bem no seu centro. Como obra do Espírito, a tradição desempenha o papel de lua em relação ao sol das Escrituras: seja qual for a luz, a autoridade que a tradição carregue, isso se deve ao fato de ela refletir a luz do Filho que resplandece do cânon.

---

[98]Martin Chemnitz, *Examination of the Council of Trent*, tradução para o inglês de Fred Kramer (St. Louis: Concordia, 1971), p. 216.

[99]Cf. a crença de Mühlen de que a obra do Espírito na igreja dá continuidade à unção histórico--salvífica de Jesus com o Espírito (cf. Badcock, *Light of truth*, p. 151-2).

CAPÍTULO 7

A obra do Espírito nas práticas do cânon

O que falta dizer da virada linguístico-cultural para a prática e, em particular, da sugestão de que a teologia é uma questão de explicar a prática cristã? O conhecimento de Deus pode muito bem ser incorporado às práticas concretas da igreja, mas são as práticas concretas embutidas no cânon que servem como especificação normativa desse conhecimento. Embora os cristãos aprendam sobre Deus participando da comunidade cristã, no final das contas a comunidade testa suas convicções não com base na sua prática, mas aduzindo as credenciais bíblicas dessas convicções. Não se deve confundir a "lógica da descoberta" eclesial com a "lógica da validação" canônica.

Uma coisa é afirmar que o cânon funciona como norma suprema da igreja, outra coisa é dizer como isso acontece. Será esse o compromisso principal da terceira parte. O presente capítulo defende que a virada canônico-linguística aqui proposta não significa de forma alguma afastar-se da prática, mas, em vez disso, é uma forma de envolvimento em um conjunto distinto de práticas — as práticas *canônicas*. Sendo mais específico, *a teologia canônico-linguística significa ser instruído pelas práticas comunicadoras que compõem as Escrituras, aprender com elas e delas participar*. Como vimos no capítulo anterior, *exatamente essas práticas* constituem o veículo da ação comunicadora do Espírito. As doutrinas da inspiração e iluminação referem-se à confissão da igreja de que o Espírito está, de fato, atuando nas Escrituras e, por meio delas, na igreja. Essas duas doutrinas afins dirigem-nos na adoção de uma postura adequada para com as Escrituras como nosso roteiro confiável e verdadeiro. A participação nessas práticas canônicas é o meio principal que o Espírito usa para incorporar atores humanos "coadjuvantes" ao drama divino da redenção. *Portanto, encenar as Escrituras é participar das práticas comunicadoras divinamente comissionadas que, juntas, levam adiante o teodrama.*

A primeira tarefa deste capítulo é apresentar e defender a alegação de que os livros da Bíblia, apesar de textos escritos, são, tipos de prática. O restante do capítulo recapitula os temas essenciais da segunda parte, examinando práticas canônicas na relação com a aliança, com as práticas de Jesus e com a obra do Espírito Santo.

O capítulo conclui a discussão da relação entre Escrituras e tradição da segunda parte com uma declaração sumária acerca da prática do *sola Scriptura*.

PRÁTICAS LITERÁRIAS: GÊNEROS COMO TIPOS DE AÇÃO SOCIAL

The Society of Biblical Literature [Sociedade de Literatura Bíblica] é o nome da proeminente organização acadêmico-profissional norte-americana formada por estudiosos para quem a Bíblia é o foco de várias disciplinas acadêmicas. Dessa forma, a SBL diz respeito a uma sociedade de estudiosos da Bíblia juntamente com as práticas disciplinares que lhe são típicas. No entanto, há outro sentido em que podemos falar da "sociedade" de literatura bíblica, segundo o qual o foco repousa nas vozes presentes nas próprias Escrituras, acompanhadas de suas práticas comunicadoras típicas. Com certeza, a Bíblia é uma coleção de textos, não um grupo de pessoas; no entanto, esses textos tanto geram quanto dirigem as práticas comunicadoras que constituem a igreja. Entender esses textos não é tanto uma questão de estar associado a uma sociedade acadêmica, mas de estar "textualizado" na companhia do cânon. Conforme observa William Willimon: "Por trás de todas as Escrituras não está simplesmente a pergunta: 'Você vai concordar?', mas sim a pergunta mais política: 'Você vai se alistar?'"[1]

Atos de linguagem

Começamos a discutir este ponto com a sugestão de Wittgenstein de que a compreensão vem por meio da observação da linguagem em *ação* ("olhe para o uso"): "O significado de uma palavra está em seu uso na linguagem".[2] A essência da ideia de Wittgenstein é que os falantes usam palavras de modos diferentes para fazer coisas diferentes em diferentes situações. Sua noção de "jogos de linguagem" chama a atenção para a relação entre a linguagem e situações específicas na vida cotidiana. Lembremo-nos de que a grande pergunta de toda a segunda parte é "uso por parte de quem?", e a ela podemos agora acrescentar "em que situação?". A ideia é que a compreensão da linguagem requer mais que o conhecimento das definições extraídas de um dicionário (estas são resumos do uso comum); para que se possa entender, é preciso conhecer o jogo específico que está sendo jogado.

A metáfora do jogo chama a atenção para o fato de que falar e escrever são atividades regidas por regras.[3] Para Wittgenstein, todo jogo de linguagem — dar ordens, relatar um acontecimento, adivinhar charadas, agradecer, e assim por diante — está relacionado a alguma atividade interpessoal. O uso da linguagem cria um "espaço público".[4]

---

[1] William H. Willimon, *Pastor: the theology and practice of ordained ministry* (Nashville: Abingdon, 2002), p. 129.

[2] Ludwig Wittgenstein, *Philosophical investigations*, 3. ed., tradução para o inglês de G. E. M. Anscombe (Oxford: Blackwell, 1958) [edição em português: *Investigações filosóficas*, tradução de Marcos G. Montagnoli (Petrópolis: Vozes, 1994), n. 43.

[3] Ibid., parte 1, n. 23.

[4] Segundo Charles Taylor, *Human agency and language* (Cambridge: Cambridge University Press, 1985), p. 259.

A questão crucial para a teologia cristã é se Deus entra nesse espaço público como membro da comunidade linguística. Este é o mínimo exigido pelo evangelho: se não se permite que Deus tenha um papel com fala e ação, então ele só *parece* ser um agente comunicador. Assim, negar a Deus um papel com fala e ação é cair em um *docetismo teodramático*.[5] Além disso, se Deus não desempenha um papel com falas, então, em última instância, torna-se impossível dizer o que ele está realizando, seja em Jesus Cristo, seja em qualquer outra coisa.

De acordo com Wittgenstein, é por meio da participação nas práticas linguísticas específicas que aprendemos as regras — a "gramática" — que regem o uso das palavras em cada situação. Nas palavras de Wittgenstein: "A gramática diz que tipo de objeto alguma coisa é. (Teologia como gramática.)"[6] Como vimos, Lindbeck considera que as doutrinas são regras gramaticais para falar sobre Deus aprendidas pelos cristãos ao participarem das práticas, verbais e não verbais, da comunidade cristã.[7] A ênfase da teologia canônico-linguística difere em um aspecto crucial: ela sustenta que os usos com os quais os cristãos devem se ocupar para aprender o significado e a gramática correta de "Deus" são os padrões de uso (práticas) presentes no próprio cânon. A teologia cristã é, ou deveria ser, governada por uma gramática devidamente *canônica*. No final, o que distingue a abordagem linguístico-cultural da canônico-linguística é que esta última insiste que a teologia estuda não apenas a forma como a comunidade cristã atual fala de Deus, mas como o dramaturgo divino usa as vozes canônicas para falar de si mesmo, do mundo e de nós, nas Escrituras e por meio delas.

Práticas literárias

Se as palavras assemelham-se a ferramentas, como Wittgenstein sugere, então podemos comparar os textos literários a projetos em que as ferramentas são usadas. A exemplo do que acontece com a linguagem, há muitos tipos diferentes de "jogos literários" ou simplesmente "gêneros literários" (do latim *genus* = tipo). É razoável supor que esses gêneros, como jogos de linguagem falada, relacionam-se a situações sociais ou "formas de vida". De fato, os gêneros literários — usos da linguagem em escala maior — podem, à semelhança dos jogos de linguagem, ser vistos como "formas de comportamento social regidas por regras". Enquanto cada texto é resultado de uma ação comunicadora, os gêneros literários são formas de *prática comunicadora*.

Houve época em que os críticos literários viam o gênero como uma categoria conveniente para classificar textos (e.g., épico, tragédia, comédia). No entanto, estudos mais recentes descrevem os gêneros como formas de ação social que existem em situações particulares e as influenciam. Aqui seria bom relacionar os gêneros à definição de "prática" segundo Alasdair MacIntyre, ou seja, uma forma de atividade

---

[5] A heresia "docética" (cf. gr. *dokein*, "parecer") diz respeito à antiga heresia cristológica segundo a qual Jesus Cristo apenas parecia ter um corpo.

[6] Wittgenstein, *Philosophical investigations*, parte 1, n. 373. Vale a pena repetir o comentário de Fergus Kerr sobre essa famosa observação: "Teologia como gramática é [...] a descrição paciente e detalhada de como falamos sobre Deus quando temos de fazê-lo" (*Theology after Wittgenstein*, [Oxford: Blackwell, 1986], p.147).

[7] George Lindbeck, *The nature of doctrine* (Philadelphia: Westminster, 1984), p. 33, 38-39.

humana cooperativa, socialmente consolidada, com coerência interna, sujeita a padrões de excelência que a definem parcialmente e realizada para algum "bem".[8] Escrever história é uma dessas práticas regidas por regras; o haicai é outra. Gêneros literários são estratégias sociais, práticas que permitem formas complexas e concretas de interação com outras pessoas. Talvez seja em grande parte por essa razão que os gêneros literários mudam ao longo do tempo. Mesmo gêneros relativamente estáveis, como a história, são praticados de maneiras diferentes se comparadas às práticas da antiguidade ou do início dos tempos modernos. Então, a boa compreensão de um texto como história exige que se esteja ciente das regras ou convenções que regiam a maneira como se fazia história em determinado tempo e lugar.

O gênero não é apenas um elemento da forma, mas "se torna pragmático [...] um ponto de ligação entre intenção e efeito, um aspecto da ação social".[9] Aliás, um teórico define gênero como "ação retórica situada".[10] Desse ponto de vista, gêneros não são classificados só quanto a forma e conteúdo, mas também como uma espécie de ação comunicadora situada; *por isso, o contexto e o objetivo do discurso são tão importantes quanto a forma literária e o assunto.* Em suma, os gêneros estão associados aos objetivos e propósitos dos seres que agem e reagem em situações sociais segundo certas formas regidas por regras para cumprir determinados tipos de objetivos comunicadores. A literatura é classificada segundo gêneros justamente porque as situações em que os seres humanos se encontram repetem-se com frequência. Assim como a troca de cumprimentos é uma convenção relacionada às situações em que pessoas se encontram, da mesma forma escrever história — um projeto de linguagem de maior escala, com certeza — é uma convenção útil para ajudar um povo a entender o porquê de o presente ser como é. E assim é com todos os gêneros literários: cada um presta uma contribuição social distinta.

Até mesmo os atos de fala classificam-se de acordo com certos tipos. Mikhail Bakhtin, teórico literário russo, emprega a noção de "gêneros de discurso" para apoiar a ideia de Wittgenstein sobre a correlação entre jogos de linguagem e formas de vida. No entanto, Bakhtin vai um passo adiante quando sugere que gêneros de discurso são, na verdade, "gêneros de vida": modos de falar que praticamente constituem certas formas de atividade social (e.g., um cumprimento, a recusa de um convite, um comentário político, pedidos comerciais). Sem certos tipos identificáveis de ação discursiva, algumas formas de vida seriam inimagináveis. A relação entre a linguagem e a vida é mútua: há tipos de discurso relativamente estáveis porque há formas de vida também relativamente estáveis.[11]

---

[8]Alasdair MacIntyre, *After virtue: a study in moral theory* (Notre Dame: University of Notre Dame, 1981), p. 187. O "bem" de uma prática não precisa ser um produto específico, apenas a atividade em si. Por exemplo, o bem da "adoração" é inerente à sua prática e não resulta em um produto concreto.
[9]Carolyn R. Miller, "Genre as social action", *Quarterly Journal of Speech* 70 (1984): 153.
[10]Ibid., p. 154.
[11]M. M. Bakhtin, "The problem of speech genres", in: *Speech genres and other late essays* (Austin: University of Texas Press, 1986), p. 60. Para Bakhtin, contextos de tempo e espaço podem ser preservados em uma forma textual que ele chama de "cronótopo". Os gêneros literários, assim, captam certos fatores tanto pragmáticos quanto semânticos. A mescla de linguagem e vida, dessa forma, é apanhada e levada adiante via gêneros literários. O "mundo do texto", portanto, não precisa ser hermeticamente isolado do "mundo por trás do texto". Volto à importância desse aspecto na terceira parte.

Bakhtin observa corretamente que certos tipos de situações da vida real pedem determinados tipos de discurso. Da mesma forma, determinado gênero corporifica uma expectativa social, uma expectativa a que o leitor/ouvinte responderá da maneira adequada, seja ouvindo, rindo, chorando, obedecendo, aderindo e assim por diante. Tanto as situações quanto os gêneros revelam certa *exigência*; cada um exige um tipo de resposta social. *Os gêneros são estratégias para coordenação da ação social, para a ação conjunta em situações típicas:* "Gêneros são os padrões convencionais e repetíveis de discursos orais e escritos, que facilitam a interação entre as pessoas em situações sociais específicas".[12] Um gênero literário é, assim, uma prática social "institucionalizada" (e.g., regida por uma regra).[13]

Como padrões de uso da linguagem recorrentes e sensíveis ao contexto, "os gêneros ajudam a constituir a substância de nossa vida cultural".[14] Cada cultura se envolve em um grande número de atividades padronizadas. O discurso de um povo e a soma das formas literárias de uma cultura representam sua atividade "cristalizada", um tipo de compêndio de sua vida social, até mesmo de sua vida *mental*: "... um gênero corporifica um aspecto da racionalidade cultural".[15] O significado cognitivo do gênero ganhará importância em capítulo posterior; por enquanto, a ênfase reside em como o gênero é uma prática de *socialização*: "A forma molda ao conteúdo a resposta do leitor ou ouvinte como se fornecesse instruções sobre como perceber e interpretar; essa orientação dispõe a plateia a prever, a ficar satisfeita, a responder de determinada maneira".[16]

Da perspectiva do drama, *os gêneros fornecem direção para uma participação adequada, seja por palavra, seja por ação, em determinados tipos de situações sociais:* "... os gêneros servem como chaves que fazem entender como participar das ações de uma comunidade".[17] Esse último ponto marca a ruptura decisiva com a abordagem linguístico-cultural de Lindbeck. Não se trata de a participação na comunidade contemporânea ajudar a esclarecer o significado da narrativa bíblica, mas de *as práticas literárias do cânon nos ensinarem a participar da comunidade eclesial moldada pela história*. Os gêneros literários da Bíblia não são apenas veículos para agrupar informações, mas meios de ação social em si mesmos, que exigem um tipo específico de resposta do intérprete, a saber, a interpretação da Encenação I.[18]

---

[12]James L. Bailey, "Genre analysis", in: Joel Green, org., *Hearing the New Testament* (Grand Rapids: Eerdmans, 1995), p. 200.

[13]Novamente, convenções relativas a gênero podem mudar ao longo do tempo (e.g., o romance). Assim, é importante não tratar as formas literárias como se fossem formas platônicas imutáveis. O objetivo de falar de gêneros como formas de ação social é localizá-los firmemente neste mundo, como formas de ação comunicadora, ainda que histórica.

[14]Miller, "Genre as social action", p. 163.

[15]Ibid., p. 165.

[16]Ibid., p. 159.

[17]Ibid., p. 165.

[18]O conceito de ação abrange tanto a forma quanto o conteúdo. O futebol é uma atividade regulamentada cujo conteúdo da ação (e.g., chutar a bola) é a bola. Falar de gênero como ação comunicadora não significa ignorar o conteúdo ou o aspecto propositivo das Escrituras, mas enriquecê-lo chamando a atenção para o que os autores fazem com o conteúdo.

PRÁTICAS CANÔNICAS E FORMAS DE VIDA NA ALIANÇA

Assim, além de ser a especificação normativa do teodrama, o cânon compreende o que chamamos de a sociedade de literatura bíblica, cujas diversas formas literárias se tornam o meio comunicador de incorporação dos crentes na vida da igreja.[19] As Escrituras são, no mínimo, uma obra de linguagem e literatura, mas elas não se limitam a isso. A Bíblia abrange com clareza uma variedade de gêneros de discurso, jogos de linguagem e formas literárias. Incluem-se entre as práticas comunicadoras nas Escrituras: recontar a história (narrativa), louvar a Deus (salmos), predizer (profecia), cultivar o temor do Senhor (sabedoria), prever o fim da história (apocalíptica) e assim por diante, tudo para regulamentar a vida, a linguagem e a fé da comunidade dos que creem. O comentário de Ricoeur de que "não é qualquer teologia que pode ser associada à forma narrativa" é apropriado, mas resumido, pois a especificidade da teologia cristã, e da igreja, resulta em grande parte *exatamente dessas práticas canônicas.*

Sobre a ideia de uma prática canônica

As várias formas de literatura no cânon são mais bem compreendidas sob a ótica de uma forma de vida pautada na aliança. Alguns gêneros bíblicos (e.g., evangelho) surgem da necessidade de responder a uma *nova* situação social, a saber, o estar "em Cristo". Portanto, o cânon é uma resposta a uma *exigência evangélica*: o que temos nas Escrituras é uma variedade de discursos adequados às formas de vida histórico-redentoras específicas do povo de Deus. Assim como os gêneros literários servem para coordenar a ação social, do mesmo modo os gêneros canônicos servem para coordenar as ações pautadas na aliança: a ação responsiva da parte da comunidade da aliança em relação às palavras e aos atos prévios de Deus. Então, os jogos de linguagem canônicos, ou gêneros, são mais bem compreendidos na relação com formas específicas da vida em aliança. Podemos agora definir a "prática canônica como *uma prática comunicadora em um contexto canônico com um objetivo de aliança.* O cânon coordena uma variedade de práticas comunicadoras distintas cujo objetivo coletivo (como uma "sociedade" de literatura bíblica) é tornar as pessoas sábias para a salvação, ou, usando termos mais simples, "apresentar Cristo".

Uma prática canônica não é uma entidade puramente textual, mas um fenômeno *discursivo: trata-se de dizer algo para alguém, de certa maneira e sobre alguma coisa.* Os leitores que procuram entender precisam descobrir o "caminho seguido pelas palavras", isto é, a forma específica de controle por regras que regulamenta a ação comunicadora. Para entender, os leitores devem *acompanhar*. É como se o texto dirigisse o leitor, não o inverso.[20] O cânon é o meio central pelo qual a palavra indicadora de vida e o

---

[19] É claro que ser incluído no corpo de Cristo envolve não só a palavra, mas também o Espírito. A ideia é que os diversos gêneros literários do cânon são um dos meios que o Espírito usa para incorporar membros à igreja.

[20] A abordagem de Lindbeck, ao contrário, combina uma textualidade abstrata ("o sentido do texto") com um foco na prática da comunidade interpretativa atual. A noção de gênero integra o que Lindbeck estranhamente separa, visto que ela convoca os intérpretes a participar da prática comunicadora do(s) autor(es).

Espírito que concede vida são postos em ação na igreja e sobre ela. Com certeza, o que conta é o uso que Deus faz do cânon, mas podemos participar dele, assim como participamos da aliança, que também é resultado de uma iniciativa divina anterior. A igreja aprende a falar sobre Deus por meio da aprendizagem das diferentes práticas canônicas. O cânon é de fato um critério, mas não um critério meramente epistêmico, sim para o drama. O cânon é a norma para a linguagem, pensamentos e ações cristãs.

As práticas canônicas são atividades sociocomunicadoras dirigidas pelo Espírito e regidas por regras, elaboradas com finalidade relativa à aliança.[21] Podemos distinguir quatro níveis distintos de atividade social que reivindicam a rubrica "prática canônica: (1) o dos autores bíblicos; (2) o dos redatores (editores) e canonizadores; (3) o da igreja e dos teólogos ao longo da história (e.g., a tradição da interpretação do texto); e (4) o da igreja e dos teólogos atuais (e.g., as práticas dos intérpretes contemporâneos).[22] No entanto, traçar tais distinções levanta a pergunta que já conhecemos: *Prática de quem?* Será bom responder a essa pergunta comparando e contrastando a abordagem adotada na presente obra com a abordagem de Brevard Childs.

Childs é um aliado importante, visto que relaciona o cânon à exegese teológica das Escrituras, em contraposição à exegese bíblica meramente histórica. No entanto, Childs estipula que "cânon" não se refere simplesmente à forma definitiva das Escrituras, mas ao *processo* histórico pelo qual Israel e a igreja moldaram suas respectivas Escrituras de maneira que elas pudessem ser autoridade de modo contínuo na comunidade da fé: "Childs emprega o termo cânon para descrever as práticas de comunidades judaicas e cristãs que reconheceram e leram os livros da Bíblia como normativos".[23] Note-se que as práticas "canônicas" de Childs não são as dos autores originais, mas da comunidade interpretativa. É interessante observar que Childs invoca Wittgenstein para explicar sua abordagem: "Estou tentando descrever um 'jogo de linguagem', ou seja, o uso do Antigo Testamento como Escrituras por uma comunidade de fé e prática. Em termos teológicos, estou tentando examinar como alguém lê o Antigo Testamento com base em uma regra de fé chamada cânon".[24] A pergunta ainda é a mesma: De quem é o jogo de linguagem?

Childs normalmente se refere à "intenção canônica" ou ao "contexto canônico" mais do que à prática canônica, embora o significado exato desses termos continue a ser um assunto debatido. O contexto canônico de Childs envolve mais do que a leitura de textos específicos à luz de todo o cânon (e.g., o texto definitivo que chamamos de Bíblia); a *recepção* que a igreja dá ao texto como Escrituras também faz parte do

---

[21]Cf. a observação de Searle segundo a qual a linguagem é uma forma de "comportamento regulamentado" (*Speech acts: an essay in the philosophy of language* [Cambridge: Cambridge University Press, 1969], p. 12).

[22]Cf. James D. G. Dunn, "Levels of canonical authority", in: *The living word* (Philadelphia: Fortress, 1987), p. 141-74.

[23]Charles J. Scalise, *Hermeneutics as theological prolegomena* (Macon: Mercer University Press, 1994), p. 49.

[24]Brevard S. Childs, "Response to reviewers of *Introduction to the Old Testament as Scripture*", *Journal for the Study of the Old Testament* 16 (1980): 52.

contexto canônico.²⁵ O termo "intenção canônica" é igualmente ambíguo. De quem é a intenção? Dos autores? Dos canonizadores? Dos crentes que, ao aceitarem a Bíblia como Escrituras, a empregam como autoridade?

No final das contas, Childs identifica intenções canônicas com as intenções daqueles canonizadores anônimos que formataram as Escrituras de forma que elas pudessem ser autoridade para as gerações futuras. No entanto, o que os canonizadores têm de tão especial teologicamente que justifique a seleção de Childs *justamente daquele momento* na história da recepção da Bíblia como o momento que definiu as Escrituras? Por que foi exatamente essa formação (pois, de acordo com Childs, houve toda uma história de formação) que se tornou definitiva e autorizada? Talvez a crítica mais frequente a Childs seja que ele não desenvolve um argumento que lhe permita adotar a forma final como teologicamente autorizada.²⁶ A crítica é válida. Para enfrentá-la, Childs precisa situar o cânon no contexto teodramático, isto é, no contexto da fala e da ação do próprio Deus. Por que exatamente esses textos? Porque apenas eles englobam o discurso total das testemunhas comissionadas. *Exatamente essas vozes*, falando *exatamente dessas formas*, foram entrelaçadas pelo dramaturgo divino no roteiro teodramático.

A ideia que Childs tem do processo canônico faz dele um aliado involuntário de Stanley Fish, para quem o significado resulta de estratégias interpretativas, e não do discurso autoral.²⁷ No caso de Childs, no entanto, a comunidade interpretativa cujos interesses transformam a Bíblia em Escrituras não é a comunidade dos que creem hoje, mas dos que creram no passado — para ser mais exato, a comunidade que formou e usou a Bíblia como Escrituras. O resultado concreto, mais uma vez, é tornar o cânon um produto do uso pela comunidade. Apesar de todas as suas tentativas de ouvir a palavra de Deus nas Escrituras, Childs involuntariamente atribui ao cânon o tipo errado de interpretação da encenação. Na visão de Childs, cânon refere-se a um conjunto de práticas humanas por meio das quais podemos encontrar uma realidade divina. No entanto, a separação entre estudos bíblicos e teologia permanece, pois *não fica clara a relação entre o testemunho humano (a forma canônica) e a revelação divina (o conteúdo revelador)*.²⁸ Contrapondo-se a isso, a presente obra defende que o cânon é antes de tudo um modelo de uso divino e de prática também divina: a palavra *de Deus*.

---

²⁵Cf. Roy Harrisville, "What I believe my old schoolmate is up to", in: Christopher R. Seitz; Kathryn Greene-McCreight, orgs., *Theological exegesis* (Grand Rapids: Eerdmans, 1999), esp. p. 13.

²⁶Segundo Paul R. Noble, *The canonical approach: a critical reconstruction of the hermeneutics of Brevard S. Childs* (Leiden: Brill, 1995), p. 333.

²⁷Ibid., p. 209. Segundo Noble, a única maneira de salvar a crítica canônica desenvolvida por Childs é atribuir significados canônicos à intencionalidade autoral *divina*. A alegação de Childs de que o cânon é o contexto necessário para chegar ao significado dos textos bíblicos "equivale formalmente a crer que a Bíblia é tão inspirada a ponto de, no final das contas, ser obra de um único Autor" (p. 340).

²⁸Nos últimos tempos, Childs concentrou-se no objeto para o qual o cânon aponta como base de sua autoridade. "Cânon" agora inclui não apenas o processo de elaboração das Escrituras e sua forma final, mas também seu tema (Jesus Cristo). Cf. Brevard Childs, *Biblical theology of the Old and New Testaments* (Minneapolis: Fortress, 1992), p. 80-90.

O que é autorizado são as ilocuções divinas, que, à semelhança de um dramaturgo em um roteiro, caracterizam o discurso canônico quando vistas como um todo unificado. Portanto, participar das práticas canônicas é participar do que Deus está realizando nas Escrituras e estar envolvido na economia da revelação e redenção divinas.

Formas de vida na aliança

Jogos de linguagem canônicos geram e regem formas de vida na aliança. A terceira parte examinará a maneira como as práticas canônicas moldam a teologia. Agora, basta explicitar o "bem" inerente às práticas canônicas vistas como um todo. Esse bem é *Deus conosco*; *a vida com Deus* — em suma, Jesus Cristo. Apresentar *Cristo* significa torná-lo presente, e isso, por sua vez, significa *formar* Cristo em nós. O cânon é uma norma autorizada não apenas da doutrina, mas também da vida cristã, e não apenas do conhecimento, mas também da sabedoria cristã.

O cânon, considerado um conjunto de práticas comunicadoras (e, como veremos, cognitivas), é também o centro de outra prática: a interpretação teológica. *A interpretação teológica é o processo de manter as práticas canônicas* bem vivas na comunidade dos que creem. O cânon não é principalmente a fonte de dados para uma ciência teórica. Pelo contrário, o cânon é uma norma de aliança, uma norma que regulamenta nossa vida com Deus e uns com os outros. Participamos das práticas canônicas ao olhar para o texto e vivê-lo de maneiras que reconhecem o senhorio de Jesus Cristo.

O cânon tanto descreve quanto exemplifica as práticas comunicadoras do Senhor da aliança e da comunidade dos servos da aliança. Portanto, as práticas canônicas têm um duplo aspecto: algumas delas (e.g., lei, profecia, apocalíptica) enfatizam a atividade comunicadora divina, outras (e.g., salmos, sabedoria) concentram-se no aspecto humano. Ainda outras (e.g., narrativa, epístola) parecem pressupor tanto a ação comunicadora humana quanto a divina.[29] Todas são vozes humanas divinamente assistidas, apropriadas e coordenadas que, juntas, transmitem o teodrama. Desse modo, uma prática canônica é um uso divinamente autorizado da linguagem e da literatura, o qual, quando aprendido, apresenta e forma Cristo.

Aliança é a situação social a que, de modo geral, correspondem os vários jogos de linguagem das Escrituras. As práticas canônicas divino-humanas estabelecem e administram as relações de aliança entre Deus e seu povo. *Práticas canônicas são formas de comportamento da aliança em Israel e na igreja regidas por regras, as quais, por sua vez, dirigem as práticas de aliança da atual comunidade dos que creem.* Juntas, as muitas práticas canônicas representam e traduzem o *real em Cristo*, a forma e esperança da glória.

Wittgenstein analisou casos em que se aprende uma língua por meio da participação em uma forma de vida. Talvez de modo singular no caso do cânon, as formas de vida encontrem-se tão enraizadas nos jogos de linguagem quanto os jogos de

---

[29]Por exemplo, penso no narrador "onisciente" de Meir Sternberg, o qual sabe tanto quanto Deus, ou nas cartas de Paulo e de outros apóstolos que afirmam ter a mente de Cristo (*The poetics of biblical narrative: ideological literature and the drama of reading* [Bloomington: Indiana University Press, 1985]).

linguagem estão enraizados nas formas de vida. Por que isso deve ser assim? Primeiro, porque a iniciativa da aliança pertence ao Senhor da aliança. É Deus quem elege, chama, atrai, regenera, santifica. Apenas e tão somente o discurso de Deus é literalmente criativo e vivificante: Deus falou, e surgiram formas de vida. Em segundo lugar, porque é ouvindo a palavra que as pessoas chegam à fé. *Converter-se ao cristianismo não consiste apenas em ser "socializado" na aceitação do cânon, mas em ser "canonizado" nas práticas sociais da igreja.* Para ser mais exato, as práticas canônicas são o meio pelo qual Deus nos socializa, pelo ministério do Espírito, em sua práxis comunicadora divina, em uma forma pactual de ser, naquela forma de vida diferenciada que é "estar em relacionamento de aliança com o Deus trino e uno".

Assim como o cânon não é um só jogo de linguagem, porém muitos, também a forma de vida na aliança não se limita apenas a uma atividade, mas a diversas. Aprendemos a seguir Cristo participando das práticas canônicas que têm como objetivo conhecer, amar e louvar a Deus. É justamente pela participação em tais práticas comunicadoras que adquirimos certas habilidades. A prática leva à perfeição. Ao estudar piano, tornamo-nos mais musicais e adquirimos a capacidade de *performance* do piano. De modo semelhante, adquirimos capacidades conceituais ao participar das práticas fundamentais de uma escola teológica.[30] O que se ganha com a participação em práticas canônicas, no entanto, são, acima de tudo, habilidades e capacidades relativas à *aliança*, capacidades que contribuem para a boa qualidade da vida de aliança com outras pessoas diante de Deus. Aqueles que adquirem habilidades relativas à aliança alcançam excelência tanto na adoração quanto na teologia e na ética.[31] Crescemos no entendimento e nos tornamos guardiões experientes da aliança quando nos dedicamos a um *comportamento regido pelo cânon*.

PRÁTICAS CANÔNICAS, PRÁTICAS DE JESUS: ESCRITURAS, LEITURA FIGURADA E ORAÇÃO

Como vimos no capítulo anterior, as práticas canônicas, em última análise, estão sob a autoridade do ofício profético de Cristo. Algumas das práticas canônicas, mais importantes foram explicitamente iniciadas por Cristo. No entanto, mesmo práticas canônicas não iniciadas por Jesus podem apontar para ele. As práticas canônicas são, portanto, "de Cristo" tanto no sentido de serem *a respeito* dele quanto no sentido de serem *práticas do próprio Cristo*. Dois exemplos devem ser suficientes para demonstrar isso. Juntos, eles mostram como as práticas canônicas exercem autoridade epistêmica e existencial na vida dos cristãos e na vida da igreja.

A prática do olhar: interpretando com Cristo

"E, começando por Moisés e todos os profetas, explicou-lhes o que constava a seu respeito em todas as Escrituras" (Lc 24.27). O que Filipe fez com o etíope na estrada

---

[30]David H. Kelsey, *To understand God truly* (Louisville: Westminster John Knox, 1992), p. 124.
[31]A terceira parte analisará mais profundamente como um aprendizado dos princípios canônicos resulta em excelente discipulado.

de Gaza foi apenas a continuação de uma prática que os apóstolos tinham aprendido com o próprio Jesus: "Jesus interpretou-se a si mesmo. Seu testemunho[dos apóstolos] a respeito de Jesus deveria comunicar aquela autointerpretação".[32] Nenhuma outra prática canônica é mais cristológica do que a tipologia, ou, como também é conhecida, leitura figurada: a prática de interpretar as Escrituras, e a própria história, como realidades que apontam para Jesus Cristo e nele encontram unidade.[33] Nenhuma outra prática canônica é mais "típica": o que aconteceu no caminho de Emaús é uma metáfora para a vida cristã como um todo. Lucas 24 descreve dois discípulos viajando pelo "caminho" — o mesmo termo usado em Atos 9.2 para referir-se ao novo movimento cristão. Lucas 24 é o exemplo mais claro de uma prática que Jesus empregou em muitas ocasiões, a saber, o uso das Escrituras para interpretar a si mesmo e de si mesmo para interpretar as Escrituras: "A maioria das tipologias cristológicas aparentemente derivam do próprio Jesus".[34] A alegação não é de que o Jesus histórico originou toda a tipologia, mas que ele autorizou e validou uma prática canônica estabelecida havia muito tempo.

As observações de Jesus aos dois discípulos no caminho de Emaús foram motivadas pela ignorância deles; embora soubessem dos fatos referentes à história de Jesus, seu significado ou importância lhes escapava, e o mesmo acontecia com a verdadeira identidade de Jesus. Isso se deve ao fato de que a história de Jesus estava longe de ser óbvia; sua identidade era uma questão de constante disputa ("Quem dizeis que eu sou?"). Deve-se notar que Jesus identifica-se fazendo referência principalmente às Escrituras de então (ou seja, o Antigo Testamento). Na verdade, não é exagero sugerir que assim "como Jesus não pode ser entendido sem as Escrituras judaicas, também elas não podem ser entendidas se isoladas de Jesus".[35] Esse esforço de compreensão recíproca é justamente a contribuição da interpretação figurada: "A interpretação figurada estabelece uma ligação entre dois eventos ou pessoas de tal maneira que o primeiro dá significado não apenas a si mesmo, mas também ao segundo, ao passo que o segundo envolve ou cumpre o primeiro".[36]

A interpretação figurada não está em conflito com o sentido literal das narrativas bíblicas, mas é, nas palavras de Frei, sua "extensão natural": "Ela era literalismo no nível de toda a narrativa bíblica e, portanto, da representação do todo da realidade histórica".[37] Ler as Escrituras judaicas e a história de Jesus, um sob a luz do outro, é ao mesmo tempo um procedimento literário, histórico e teológico: de fato, uma prática interpretativa complexa!

---

[32]Nicholas Wolterstorff, *Divine discourse* (Cambridge: Cambridge University Press, 1995), p. 291.

[33]Hans Frei fala alternadamente de tipologia e de interpretação figurada ao longo de sua obra *The eclipse of biblical narrative* (New Haven: Yale University Press, 1974). Note-se que "uma prática cristã é 'bíblica' se está de acordo com os padrões das Escrituras, e não tanto se pode ser avalizada por um texto usado como prova" (Scalise, *Hermeneutics as theological prolegomena*, p. 95).

[34]C. A. Evans, "Typology", in: Joel B. Green; Scot McKnight; I. Howard Marshall, orgs., *Dictionary of Jesus and the Gospels* (Downers Grove: InterVarsity, 1992), p. 863.

[35]Segundo R. W. L. Moberly, *The Bible, theology, and faith* (Cambridge: Cambridge University Press, 2000), p. 51.

[36]Citado em Frei, *Eclipse*, p. 28.

[37]Ibid., p. 2.

A interpretação figurada é uma prática canônica em três sentidos do termo: primeiro, é uma prática que encontramos ilustrada no cânon em textos como Lucas 24. A prática de ler o Antigo Testamento como testemunho de Cristo não começou porque os discípulos haviam descoberto uma técnica exegética ultramoderna, mas porque Jesus lhes disse algo que eles não conheciam, a saber, que as Escrituras, na verdade, se referiam a ele.[38] Segundo, a leitura figurada é canônica no sentido de que ela representa a lógica interna, ou *télos*, do cânon ao interpretar a história de Israel e a história de Jesus como uma única. Praticamente todos os escritores do Novo Testamento comentam sobre a importância da pessoa e da obra de Jesus estabelecendo vínculos com o Antigo Testamento. O Novo Testamento como um todo emprega uma diversidade de tipos que, em conjunto, praticamente recapitulam o todo do Antigo Testamento: Jesus é o segundo Adão, profeta maior que Moisés, sacerdote da ordem de Melquisedeque, rei davídico. À semelhança de Israel, Jesus é tanto "filho" quanto "servo" de Deus, ele é tirado do Egito, é tentado durante quarenta unidades temporais; à semelhança de Jonas, porém "maior que Jonas" (Mt 12.41), Jesus esteve durante três dias no ventre não de um peixe, mas da terra. Finalmente, como vimos no capítulo 2, Jesus interpreta sua morte como um êxodo, e seu corpo como um templo superior.

Por último, a interpretação figurada é canônica no sentido de que é a regra para os cristãos atuais encontrarem o sentido de *suas próprias* histórias como Jesus o encontrou na dele, justamente ao lerem sua própria vida sob a luz da vida de Jesus. O apóstolo Paulo, por exemplo, abraçou essa prática canônica quando declarou: "[*Eu*] já estou crucificado com Cristo" (Gl 2.19). Assim, a narrativa sobre Cristo olha tanto para a frente quanto para trás: assim como o Antigo Testamento ilumina o evangelho, também o evangelho ilumina a vida cristã atual.

A tipologia, ou leitura figurada, não é tanto uma técnica exegética, mas uma técnica explicativa que Jesus usa para se identificar e trazer à tona o valor da obra de sua vida. A tipologia "explica" por meio do "enredamento": os acontecimentos da vida de Jesus assumem significado e importância da perspectiva dos padrões do passado e de seu lugar em um enredo narrativo mais amplo. De fato, a tipologia é uma prática *narrativa*, uma forma de discernir a unidade teodramática ao longo de uma ampla faixa de história. Tome-se, por exemplo, a noção de que Jesus é o "segundo Adão". Essa correspondência tipológica não é uma afirmação de mesmidade numérica ou de identidade-*idem*, pois Jesus não é Adão. A correspondência entre Adão e Jesus compartilha de uma continuidade distintamente teodramática que pertence a um desenvolvimento adicional do mesmo enredo. Ver Adão como uma figura de Jesus é ver Adão e Jesus como parte da *mesma história*. Da mesma forma, numericamente, Jesus não é igual a Israel ou ao templo,

---

[38]Kierkegaard, justamente aqui, distingue o apóstolo do gênio: o gênio é o primeiro a descobrir o que a razão aos poucos levará todos os seres humanos a perceber, mas o apóstolo conhece aquilo que, sem ajuda, a razão não consegue descobrir, e ele o conhece porque lhe foi contado. David Yeago critica Frei por dar a impressão de que o que hermenêutica moderna perdeu foi a técnica de figuração em vez do conhecimento de que Cristo tinha de fato ressuscitado dos mortos ("The Bible", in: James J. Buckley; David S. Yeago, orgs., *Knowing the triune God* [Grand Rapids: Eerdmans, 2001], p. 74).

mas há uma espécie de identidade narrativa entre Jesus e Israel; Jesus desempenha o mesmo papel de Israel e do Templo, só que de modo diferente.[39]

A tipologia é a mola mestra da unidade teodramática, o princípio responsável pela continuidade nas palavras e nos atos de Deus, o elo entre a história de Israel e a história da igreja, a cola que unifica o Antigo e o Novo Testamentos. Insistir na unidade teodramática é afirmar o que poderíamos chamar, por falta de um termo melhor, de *realismo tipológico*. O realismo tipológico insiste que a história, a exemplo da narrativa bíblica, tem sua coerência em Jesus Cristo. História e tipologia revelam igualmente unidade e coerência narrativa — não uma mesmidade de equivalência, mas uma identidade-*ipse* garantida pela fidelidade pessoal de Deus a suas promessas. A pressuposição da leitura figurada é a ação uniforme e coerente de Deus.

O significado de um evento histórico é em grande parte uma questão relativa ao seu lugar em uma história mais ampla. A história é a narrativa mais ampla, um todo à luz do qual podemos achar o sentido das partes. O cânon não é um manual de fé destituído de história, mas um teodrama, um registro das palavras e dos atos de Deus. O teodrama bíblico parte do princípio de que a história é o palco adequado para a ação divina e é dirigida a seu objetivo pelo propósito divino. A unidade ou completude da história humana não é a de um sistema de leis, muito menos a da lógica hegeliana, mas a de um Deus gracioso que completa o bom trabalho que ele começou na Criação. A história universal pode ser o lócus da ação divina, mas seu foco é a história de Jesus Cristo.[40] *A história de Jesus é, portanto, a chave hermenêutica para o cânon bíblico como um todo.* Jesus Cristo é a chave hermenêutica, não apenas da história de Israel, mas da história do mundo todo e, consequentemente, do sentido da vida, pois ele é o Logos por meio de quem foram criadas todas as coisas.

Wittgenstein acreditava que o objetivo da filosofia era nos curar dos maus hábitos a que usos desatentos da linguagem nos têm levado. A teologia realiza uma terapia semelhante: a participação em práticas canônicas ainda é o melhor remédio contra a confusão, a loucura e a idolatria. Aprender a ler as Escrituras figuradamente — as partes sob a luz do todo da aliança e o todo sob a luz do núcleo cristológico — ajuda--nos não apenas a falar sobre Deus de modo adequado, mas a ver a história como Jesus a via: um teodrama unificado do qual ele mesmo é o clímax. *Dessa forma, a interpretação figurada é a prática canônica que inculca realismo tipológico: uma prática que nos ensina a ver a história de Israel, nossas próprias histórias pessoais e a história do mundo sob a ótica da história do Logos que se fez carne.* O cânon, assim, nos ensina a *ver*, educa-nos em certas práticas epistêmicas cruciais que, em conjunto com a obra do Espírito, são necessárias à renovação de nossa mente e, para que consigamos perceber "o todo em Cristo". Participar dessa prática canônica é, assim, tornar-se um aprendiz de um padrão de interpretação dominical tanto das Escrituras quanto da

---

[39] Segundo o livro de Hebreus, a diferença está na superioridade e no caráter definitivo, dois aspectos do "antítipo".

[40] Murray Rae está certo ao comentar que a ação humana se torna "histórica" na medida em que responde aos atos e à ação comunicadora de Deus e deles participa (*History and hermeneutics* [London: T. & T. Clark, 2006]).

história. Começamos a falar, ver, julgar e agir canonicamente quando aprendemos a interpretar tanto a história narrada na Bíblia quanto nossa própria história como parte do drama da redenção em Cristo.[41]

A prática do viver: orando com Cristo

Ler a Bíblia como Escrituras significa participar de suas práticas canônicas, e essa participação é parte vital do drama da redenção: "O leitor é um ator dentro de uma teia maior de eventos e atividades, no meio da qual é suprema a ação de Deus em que ele, por meio do texto da Bíblia, fala a sua palavra para o seu povo [...]. A palavra é *dirigida* no texto ao leitor como participante desse processo histórico".[42] O macrogênero das Escrituras é o discurso divino: as Escrituras são o meio pelo qual o Senhor da aliança dirige-se à sua igreja de várias maneiras. Cada prática canônica exige uma reação específica, mas a reação global apropriada às Escrituras como discurso divino é *orar*.

O ponto crítico no teodrama — o momento de maior suspense, a hora da verdade — é o da resposta do ator: responderemos ou não? Reconheceremos a Deus por quem ele é e a nós mesmos por quem somos? *Oraremos* ou não? A oração é parte essencial da ação dialógica no coração do teodrama. Responder à Bíblia como palavra de Deus não é um ato meramente cognitivo, mas comunicador e espiritual. Oraremos o texto, ou simplesmente o folhearemos? Orar o texto é reconhecer seu autor, aceitar sua alegação e adequar nossos desejos aos de Deus.[43] A oração é a prática canônica por meio da qual não apenas vislumbramos o teodrama, mas o *vivenciamos* e assumimos um papel com fala. Nada expressa melhor a relação dos servos da aliança com o Senhor da aliança do que a oração. Todo o nosso louvor, nossas súplicas e pedidos refletem nossa total dependência da graça divina. A oração reconhece tacitamente como a transcendência e a proximidade de Deus devem ser entendidas com uma eloquência que escapa às mais inequívocas formulações teológicas.

Obviamente, Jesus não inventou a oração. O *kadisch* judaico, por exemplo, começa santificando o nome de Deus e pedindo o estabelecimento do reino de Deus.[44] No entanto, existe um amplo consenso entre os exegetas de que a prática de chamar Deus de "Pai" remonta ao próprio Jesus. O termo aramaico traduzido por pai (*Abba*) merece atenção especial (Mc 14.36).[45] Apesar de não ser completamente inédito, o uso de um termo familiar como forma de tratamento para Deus era incomum e chamava a atenção. O apóstolo Paulo retoma e continua a prática de Jesus; ele costuma se referir a "nosso Deus e Pai" nas saudações iniciais e nas bênçãos de encerramento de suas

---

[41]Cf. Susan K. Wood, *Spiritual exegesis and the church in the theology of Henri de Lubac* (Grand Rapids: Eerdmans, 1998), p. 23.

[42]John Webster, *Word and church* (Edinburgh: T. & T. Clark, 2001), p. 77.

[43]John Webster sugere que uma hermenêutica cristã diz respeito ao leitor de "coração quebrantado", e não ao leitor de "coração endurecido" (ibid., p. 81). Webster também escreve: "A interpretação cristã é dessa forma [...] uma atividade marcada pela *oração*" (p. 83).

[44]Para os judeus do tempo de Jesus, era comum orar duas vezes ao dia, ao nascer e ao pôr do sol, e dar graças antes das refeições (Dt 8.10).

[45]Jesus em outra parte se dirige a Deus como *patēr*, mas Jeremias provavelmente está correto quando afirma que por trás desse termo grego encontra-se a palavra aramaica '*abba*.

epístolas (1Ts 1.1; Gl 1.3; 1Co 1.3; Rm 1.7; Fp 1.2; etc.); em Romanos 8.15 e Gálatas 4.6, ele até emprega *Abba*. Essa prática é de interesse muito mais que lexical; chamar Deus de "Pai" é enfatizar a profunda ideia teológica de que Deus não é meramente um conceito filosófico abstrato, mas um agente comunicador que fala e atua, um ser pessoal com nome e identidade.[46]

A oração é uma prática canônica, pois está presente em todo o cânon (sobretudo em Salmos) e é prescrita pelo próprio Jesus (Mt 5.44). Mesmo que Jesus não tenha inventado a oração, ele deu aos discípulos um modelo de boa prática (Mt 6.5-13) com várias características notáveis. Em primeiro lugar, a oração de Jesus identifica o Deus de Israel com "Pai nosso". Yahweh, o Deus da justiça profética, é o mesmo Pai amoroso de Jesus Cristo. Em segundo lugar, orar ao Pai é "compartilhar de uma filiação comum e de uma herança comum com Jesus".[47] Conforme o Catecismo de Heidelberg, oramos: "Pai nosso...", para que até o início de nossa oração "possa despertar em nós uma reverência e confiança em Deus semelhante às de uma criança, as quais constituem a base de nossa oração, a saber, que Deus se tornou nosso Pai em Cristo" (pergunta 120). Em terceiro lugar, a prática da oração do próprio Jesus talvez seja a raiz da compreensão que se adquiriu posteriormente de Jesus como o Filho de Deus. Orar com Jesus é participar de sua filiação e, por isso, ter experiência com a família de Deus. Orar é reconhecer a Deus como Senhor, a si mesmo como contingente e a relação filial viabilizada pelo Filho de Deus e pelo Espírito de adoção.

A oração é uma singular candidata a prática canônica; a maioria das pessoas aprende a orar no contexto doméstico ou na igreja. Os teólogos que veem a eclesiologia como a teologia primeira sugerem que aprendemos sobre Deus participando das práticas litúrgicas.[48] No entanto, embora muitos, de fato, aprendam a orar na igreja, a *norma* da oração cristã é mais canônica do que eclesial ou litúrgica. A liturgia pode ser nossa lógica da descoberta, mas o cânon é nossa lógica da validação. Além disso, a própria liturgia é regida por regras, regulamentada pelos salmos e, acima de tudo, pelo que poderíamos chamar de Regra da Oração. Neste ponto podemos nos lembrar da pergunta de número noventa e nove do Breve Catecismo de Westminster: "Qual é a regra que Deus nos deu para nos dirigir em oração?" A resposta é: "Toda palavra de Deus é útil para nos dirigir em oração, mas a regra especial de direção é aquela forma de oração que Cristo ensinou aos seus discípulos, e que geralmente se chama a Oração Dominical".

Mais uma vez, é o roteiro canônico que gera e rege a encenação posterior da igreja: "Os cristãos adquirem essa prática pessoal e relacional da oração principalmente sob a influência modeladora de Salmos e de Jesus".[49] De fato, a igreja "pode ser definida

---

[46]Segundo Walter Kasper, *The God of Jesus Christ* (New York: Crossroad, 1984), p. 144.

[47]James D. G. Dunn, "Prayer", in: Green; McKnight; Marshall, orgs., *Dictionary of Jesus and the Gospels*, p. 619.

[48]Segundo Susan Wood, "The Liturgy", in: Buckley; Yeago, orgs., *Knowing the triune God*, esp. p. 100-2, 111, 114.

[49]Eugene Peterson, "Prayer", in: Kevin J. Vanhoozer, org., *Dictionary for theological interpretation of the Bible* (Grand Rapids: Baker, 2005).

como a comunidade que faz a Oração Dominical".[50] Não se trata apenas de os textos bíblicos serem usados em contextos litúrgicos, mas de as práticas litúrgicas serem inspiradas pelos textos bíblicos e de neles terem origem. Não se trata tanto de um texto bíblico assumir seu significado dentro "da *gestalt* de seu contexto litúrgico"[51], mas de a liturgia assumir seu significado dentro da *gestalt* de seu contexto canônico: "O cristianismo veio ao mundo não como uma 'experiência' que só depois foi 'expressa' em monumentos textuais, mas justamente como uma *nova textualidade*".[52]

Dessa forma, a tipologia e a oração constituem apenas duas das muitas práticas canônicas que regem a teologia e a espiritualidade cristãs. Note-se que essas práticas não apenas transmitem informações; elas transformam a imaginação e renovam a vida coletiva da igreja. Os cristãos aprendem a falar e pensar a respeito de Deus e a viver para ele vivenciando as diversas práticas canônicas que compõem as Escrituras. Ao participarem de tais práticas — interpretando de modo figurado, orando ao Pai etc. — os cristãos crescem na fé rumo ao entendimento.

O CÂNON COMO PRÁTICA DINAMIZADA PELO ESPÍRITO

Os textos bíblicos foram comissionados, autorizados e apropriados para uso divino. Por conseguinte, o que estabelece *exatamente essas práticas comunicadoras* como autoridade para a igreja é que essas formas e padrões de comunicação constituem, em última análise, uma obra do Espírito Santo: são práticas *dinamizadas pelo Espírito*. Uma prática canônica é uma prática do Espírito Santo da qual participam tanto os autores humanos do passado quanto os leitores do presente, embora de maneiras distintas. As Escrituras são uma obra do Espírito do começo ao fim. O Espírito está envolvido nas Escrituras, tanto no complexo processo histórico da produção das Escrituras — estimulando o discurso humano da apresentação da Palavra de Deus, coordenando-o e dele se apropriando — quanto no processo de viabilização do entendimento das Escrituras entre os leitores atuais. Esses modos de participação são conhecidos respectivamente como *inspiração* e *iluminação*.

Práticas autorais dinamizadas pelo Espírito: a inspiração de uma perspectiva teodramática

Para muitos leitores, mencionar a inspiração é acordar o fantasma da volta a um biblicismo nitidamente não dramático. De fato, há motivo para preocupação. Os conceitos clássicos de inspiração muitas vezes retratam a Bíblia como um livro de verdades eternas de causa sobrenatural. Mas nem revelação nem inspiração bíblica significam que o texto em si tornou-se um agente divino substituto e menos ainda que ele deva servir como livro de referência da verdade fora do contexto da igreja adoradora e fora

---

[50]Dunn, "Prayer", p. 624.
[51]Wood, "The liturgy", p. 102-3.
[52]Yeago, "The Bible", p. 59, n. 14. Yeago está descrevendo a posição de Henrich Schlier, mas ele parece cultivar simpatia pela posição.

do campo da ação teodramática.⁵³ As Escrituras são "santas", mas sua natureza é de criatura e não do Criador. A Bíblia não é uma quarta *hipóstase* ao lado do Pai, do Filho e do Espírito, como se representasse e tivesse uma natureza divina. As tentativas de transformar a inspiração em qualidade textual tornam redundante a obra atual do Espírito que fala nas Escrituras.⁵⁴

No entanto, a Bíblia não é Escritura simplesmente porque uma comunidade interpretativa humana — a igreja — resolve tratá-la como tal. Wilfred Cantwell Smith propõe esse ponto de vista quando diz que as "Escrituras" são simplesmente uma forma de falar sobre as práticas humanas em relação aos textos bíblicos e não sobre os próprios textos: "*Não há ontologia das Escrituras* [...] Enfim, não há nada que as Escrituras 'sejam'".⁵⁵ No entanto, como já vimos em um capítulo anterior, é o uso divino das palavras bíblicas que, no final, vale como especificação normativa do teodrama e como um verdadeiro papel na ação teodramática.

Então, de quem é esse discurso: de autores humanos ou do autor divino? Tentativas que afirmam ser de ambos incorrem em um paradoxo: Como pode um único efeito — a Bíblia — ter duas causas? A tentação é ver a obra do Espírito e a do autor humano como *o mesmo tipo de causa*; daí a tendência de conceitos de inspiração "elevados" assemelharem-se a teorias do ditado, segundo as quais os autores humanos apenas parecem ser agentes comunicadores. Se os escritores humanos são apenas marionetes dirigidas por um cordão sobrenatural, então a Bíblia apenas parece ser um livro humano; a igreja tem rejeitado corretamente esse *docetismo canônico*, principalmente pela incapacidade deste último de fazer justiça à humanidade das Escrituras (e.g., diferenças estilísticas, diversas ênfases teológicas).

Permanece o desafio de afirmar a realidade tanto dos autores humanos quanto da obra do Espírito. Falar da Bíblia como Escrituras Sagradas não é negar aos autores humanos um papel legítimo como falantes. O erro na teoria de inspiração por ditado é interpretar o Espírito como um orador concorrente que fala mais alto que todos os outros. A obra do Espírito ao produzir as Escrituras, no entanto, ocorre em um nível completamente distinto. Reformulada sob a ótica teodramática, a *inspiração é a ação do Espírito, que exerceu a função de ponto para os autores humanos, para que estes falassem exatamente o que o dramaturgo divino pretendia que falassem.* Exercer a função de ponto — instando, ajudando, lembrando, fornecendo as palavras corretas — é

---

⁵³Webster observa que a autoridade bíblica torna-se "formalizada" se as Escrituras forem abstraídas de seu papel no teodrama: "No fim das contas, isso reduz a autoridade a um 'sobrenaturalismo formal' pouco integrado ao papel das Escrituras como portadoras do evangelho da salvação para a igreja" (*Holy Scripture: a dogmatic sketch* [Cambridge: Cambridge University Press, 2003], p. 55).

⁵⁴Segundo Colin Gunton, *A brief theology of revelation* (Edinburgh: T. & T. Clark, 1995), p. 66. Bernard Ramm acredita que esse foi o erro do fundamentalismo, o qual, abraçando um princípio protestante abreviado (apenas a Palavra, sem o Espírito), deu vida própria às Escrituras e se esqueceu do papel que elas desempenham nas economias mais abrangentes da revelação e da redenção (veja Bernard Ramm, *The witness of the Spirit* [Grand Rapids: Eerdmans, 1959], p. 125).

⁵⁵Wilfred Cantwell Smith, *What is Scripture? A comparative approach* (London: SCM, 1993), p. 237.

a noção operativa, exatamente o que Jesus garantiu aos discípulos que o Espírito faria (Jo 14.26).

O Espírito não inibe as práticas comunicadoras humanas, mas as *santifica*, separando-as de modo que possam servir como meio da ação comunicadora de Deus.[56] O Espírito não se limita a fazer com que os autores humanos digam isso e aquilo; a santificação não subverte a agência humana nem se opõe a ela, mas a dirige para que possa servir livremente à causa de Deus. Graças à obra santificadora do Espírito, os livros que compõem a Bíblia, e as próprias palavras que formam os vários livros, são incorporados à economia da ação comunicadora divina; os textos bíblicos são "campos de atividade do Espírito na proclamação do conhecimento de Deus".[57] Assim, embora os textos tenham "histórias naturais", eles são simultaneamente incorporados à ação teodramática de tal forma que os textos bíblicos também podem ser considerados o resultado da ação santificadora do Espírito.

O Espírito exerce a função de ponto para os autores humanos, possibilitando-lhes que contem a história de Jesus de tal forma que suas palavras e textos se tornam o meio que o Espírito usa para atrair outros para a ação teodramática. A obra santificadora do Espírito ao produzir as Escrituras é, dessa forma, a conclusão e a excelência da ação comunicadora de Jesus; dessa maneira, o Espírito é o que poderíamos chamar de testamenteiro literário da palavra de Jesus Cristo.[58] A missão do Espírito não é dar testemunho de si mesmo, mas de Jesus (Jo 15.26). Aliás, essa pode ser a melhor maneira de entender a inspiração bíblica, ou seja, como o ministrar da palavra pelo Espírito. O Espírito apresenta e *ministra* Cristo gerando (impelindo, lembrando) e moldando (santificando) as diversas práticas comunicadoras das Escrituras. No final das contas, a inspiração diz respeito à viabilização da participação dos autores bíblicos na economia trina e una da ação comunicadora divina. *Uma prática canônica inspirada é uma prática comunicadora fixada por escrito e concentrada em Cristo pelo Espírito Santo, de quem, em última análise, ela é obra.*

Assim, o Espírito não está no palco, mas escondido abaixo dele, afastado da ribalta, no alçapão do ponto. Ele não é menos importante por isso; exercer a função de ponto, além da função de convencer, é papel exclusivo do Espírito na economia da ação comunicadora trina e una. Claro que invocar o "ponto" como descrição da inspiração é apenas trocar uma metáfora por outra.[59] No entanto, metáforas também possuem funções cognitivas e "ponto" é uma figura apropriada para alguém de quem

---

[56]Devo os dados deste parágrafo ao estudo de John Webster sobre a santificação, em *Holy Scripture*, p. 17-30.

[57]Ibid., p. 27.

[58]Esse "de" é ao mesmo tempo objetivo e subjetivo: em última análise, é a palavra *de Jesus*, mas também a palavra *sobre* Jesus. Como tal, o Espírito é a presença capacitadora da palavra. Isso não coloca a proposição à margem do discurso, embora a veja sob uma perspectiva diferente, a saber, como ingrediente da ação comunicadora.

[59]John Webster faz uma observação semelhante, mas com a categoria "sacramento": "O texto é 'sacramental' no sentido de a agência de Deus ser real e eficaz, embora indireta [...]. Deus fala por meio das palavras inteligíveis desse texto e atua nas ações relativas à leitura que a igreja faz dele, com essas ações e sob elas" (*Word and church*, p. 74).

Jesus diz: "E não falará de si mesmo, mas dirá o que tiver ouvido e vos anunciará as coisas que hão de vir" (16.13). A metáfora do ponto permite-nos pensar sobre a obra do Espírito com palavras humanas em outros termos que não o ditado. Dessa forma, inspiração refere-se à obra do Espírito na formação de práticas canônicas que realizam a importante função teodramática de ser o meio humano de autoapresentação de Deus.

O Espírito serve de ponto e motiva os autores a fim de testemunharem do evangelho e, assim, lhe dar expressão. O evangelho é, no mínimo, a promessa e a realidade de "Cristo por nós". O testemunho do evangelho acerca do que Deus fez em Cristo em favor do mundo é o centro do cânon, e este é "a cerca em torno do evangelho" colocada pelo Espírito, cuja função não é manter os ouvintes do lado de fora, mas preservar a integridade do evangelho, pois este, sem sua especificação normativa no cânon, não poderia ser proclamado nem ensinado. Cristo é a forma da fé, mas o cânon, como especificação normativa do evangelho, é a *norma* da fé: "É *este* discurso, o que se diz *nestes* escritos, textualmente fixado exatamente *desta* forma, que a igreja conhece como o 'discurso divino' do Espírito Santo".[60]

Então, o Espírito não apenas é autor dos textos que compõem as Escrituras, mas o próprio cânon pode igualmente ser considerado resultado da obra do Espírito. Também nesse ponto o Espírito santifica o juízo da igreja, permitindo-lhe identificar e reconhecer as Escrituras como palavra de Deus escrita. *A canonização diz respeito à expressão autorizada do teodrama, à passagem do teodrama ao discurso e ao reconhecimento das Escrituras pela igreja como seu roteiro autorizado.* A igreja não *faz com que* as Escrituras se tornem em cânon, mas reconhece ser isso o que as Escrituras são.[61] No entanto, o que temos nas Escrituras canônicas não são apenas informações divinamente reveladas, mas um conjunto de práticas comunicadoras divinas às quais o Espírito conduz a igreja, para que esta participe e obtenha entendimento. *O cânon é aquele campo de ação dialógica no qual a igreja não apenas lê sobre Deus, mas também é confrontada por ele próprio em ação e presença comunicadoras.* A Bíblia é "a viva vox Dei que se dirige ao povo de Deus e gera fé e obediência".[62]

Práticas de leitura dinamizadas pelo Espírito: sofrendo a autoria divina

As Sagradas Escrituras são o meio pelo qual o Espírito cria e sustenta uma comunidade de aliança, o instrumento com o qual o Espírito imprime Cristo em nós. O Espírito impele os leitores a participarem das práticas canônicas de dar testemunho de Jesus e de orar ao Pai (Jo 15.27). Hütter tem razão ao nos lembrar de que o elemento primário é a *poiesis* ou obra criativa do Espírito; por comparação, a atividade

---

[60]Yeago, "The Bible", p. 66.

[61]Webster faz uma observação útil ao dizer que a canonização é ato da igreja, mas segue dizendo que tudo depende de como se descreve esse ato. O próprio Webster oferece corretamente uma descrição dogmática, isto é, uma descrição que recorre às doutrinas da cristologia e da pneumatologia, não apenas à história e à sociologia (cf. *Holy Scripture*, p. 58-67).

[62]Webster, *Word and church*, p. 58.

da igreja é passiva e secundária. No entanto, embora Hütter situe a *poiesis* do Espírito principalmente na igreja, a presente proposta situa a obra criativa do Espírito, acima de tudo, nas práticas comunicadoras do cânon. As práticas canônicas do Espírito constituem a gramática gerativa que dá origem à vida da igreja e a rege. A leitura e a autoria das Escrituras são igualmente instâncias em que a obra santificadora do Espírito resulta em certa "autorrenúncia diante da presença e da ação de Deus".[63]

A doutrina da inspiração é o que justifica a prática canônica de leitura da Bíblia para ouvir a palavra de Deus e, como consequência, encontrar a autocomunicação de Deus nas Escrituras. Isso não significa em absoluto que o intérprete seja em si mesmo uma testemunha comissionada. Não, o lugar da igreja ouvinte na economia da ação comunicadora divina é outro. O *pathos* peculiar da igreja, e da teologia, é aquele que "sofre" as Escrituras: um *pathos* do *mythos* bíblico. A igreja é uma "criatura da Palavra" — trazida à existência e moldada pelo ministério da palavra realizado pelo Espírito. A fé é aquela ação receptiva que nasce apenas por meio da exposição à palavra. Como o apóstolo Paulo escreveu: "A fé vem pelo ouvir" (Rm 10.17). A fé é o *pathos* do Espírito que ministra a palavra.

C. S. Lewis perguntou certa vez: "Se Deus escolhe ser mitopoeico, nos recusaremos a ser *mitopáticos*?".[64] As Escrituras são produto não de gênios poéticos, mas de apóstolos páticos [i.e., sofredores]. Dessa forma, os leitores das Escrituras que vieram depois, formados por seus aprendizados mitopáticos nas práticas canônicas, também fazem parte da obra do Espírito Santo. Práticas canônicas como reconhecer Cristo nas Escrituras ou orar a Deus como Pai são atividades que transcendem habilidades meramente humanas. Os leitores humanos das Escrituras são de fato ativos, mas de uma forma passiva que lhes é peculiar. O Espírito envolve os leitores na ação teodramática, não os inspirando, mas iluminando-os, capacitando-os a ler a Bíblia a fim de ouvirem e praticarem a Palavra, para discernirem Cristo.[65] O Espírito nos torna alunos aptos das Escrituras, leitores que podem "abraçar com reverência o que a Deus agrada testemunhar ali a respeito de si mesmo".[66] No final das contas, a igreja não é a autora, mas a receptora passiva das Escrituras canônicas, o meio textual pelo qual "as ovelhas ouvem sua voz".

Inspiração é a prática canônica "dinamizada pelo Espírito" que capacita profetas, apóstolos e outros a participarem do teodrama escrevendo seu roteiro autorizado. *A inspiração diz respeito ao fato de Deus participar de práticas comunicadoras humanas reais, a fim de dizer e fazer coisas com palavras no palco da história mundial.* Tanto o teodrama quanto o roteiro são, em última instância, criações do dramaturgo divino. Portanto, o cânon pode ser visto como uma coleção de monólogos e diálogos humanos

---

[63]Segundo Webster, *Holy Scripture*, p. 72. Webster comenta mais adiante: "Um dos principais frutos da conversão do leitor realizada pelo Espírito é a *aptidão para aprender*, aptidão que se estende ao espírito com que as Escrituras são lidas" (p. 101).

[64]C. S. Lewis, "Myth became fact", in: *God in the dock: essays on theology and ethics* (Grand Rapids: Eerdmans, 1970), p. 67.

[65]Veja Moberly sobre a importância do tema do reconhecimento em Lucas 24, em *The Bible, theology, and faith*, p. 46-8. A iluminação é obra do Espírito.

[66]Calvino, *Institutas* 1.6.2.

que, tomados em conjunto — isto é, reunidos em uma coleção unificada —, fazem parte de uma peça teatral divina maior. Canonização, poderíamos dizer, é "a providência de Deus registrada por escrito". Cada um dos autores contribui, à sua maneira, para a ideia principal do todo: "Assim, ler as Escrituras como discurso do Espírito é lê-las como um testemunho único e complexo de Cristo"[67]. Dessa forma, reconhecer o cânon como Escrituras inspiradas é abordar os textos "como discurso do Espírito Santo e, por isso, como discurso de um *único orador* [...] um *corpo único* de discurso, que serve ao propósito lógico de um único agente autorizado".[68] Assim, os leitores participam da prática canônica do Espírito quando prestam atenção resoluta, nas palavras de Lutero, "ao que o Espírito Santo pretende por esse meio".[69]

A inspiração diz respeito ao Espírito que fala nas Escrituras canônicas e por meio delas, coordenando as diversas vozes humanas de maneira que, juntas, deem expressão ao teodrama.[70] Observe que falar de inspiração não especifica o processo exato, mas enfatiza o resultado: "As Escrituras são o discurso do próprio Espírito para a igreja em todos os tempos e lugares [...] a singularidade das Escrituras está situada no *fim* para o qual o Espírito guiou sua gênese, não no *modo* como ele guia".[71] Referir-se à Bíblia como inspirada é dar nome a uma unidade de um tipo específico, uma unidade teológica em vez de literária, ou melhor dizendo, uma unidade teodramática em que o Espírito exerce a função de ponto aos falantes humanos para que estes escrevam as Escrituras e a igreja as ouça como portadoras do testemunho do que Deus estava dizendo e fazendo em Cristo.

A PRÁTICA DO *SOLA SCRIPTURA* E O PAPEL DA TRADIÇÃO: O CÂNON COMO CRITÉRIO SAPIENCIAL

"Ninguém pode servir a dois senhores" (Mt 6.24). Com certeza, Jesus não estava falando da relação entre as Escrituras e a tradição, embora ele tivesse, por vezes, de apelar ao texto bíblico para opor-se às interpretações equivocadas que dele se faziam. No entanto, a declaração como tal levanta uma pergunta importante: As Escrituras e a tradição representam *dois* senhores, duas fontes magisteriais de doutrina?

"Somente a Bíblia, não a igreja, é a norma suprema da fé, mas essa norma não é eficaz sem a igreja."[72] Temos aqui uma declaração importante também quanto à prática do *sola Scriptura*. O que o *sola Scriptura* realmente significa? Não devemos adotar uma interpretação literal de forma apressada. Como Hilário de Poitiers corretamente observa, "em nossas disputas, a compreensão do que é dito deve ser

---

[67]Yeago, "The Bible", p. 71.
[68]Ibid., p. 70.
[69]Martin Luther [Martinho Lutero], "Preface to the German writings", *Weimarer Ausgabe*, in: *WA* 50:657, citado em Yeago, "The Bible", p. 67, n. 24.
[70]Cf. Wolterstorff, *Divine discourse* (Cambridge: Cambridge University Press, 1995), cap. 16.
[71]Yeago, "The Bible", p. 91, n. 70.
[72]Donald G. Bloesch, *Holy Scripture: revelation, inspiration, and interpretation* (Downers Grove: InterVarsity, 1994), p. 156.

obtida das razões para dizê-lo".⁷³ E como Wittgenstein nos informa, o significado de uma palavra ou frase depende em grande medida de como ela é usada. Assim, para entendermos corretamente a expressão *sola Scriptura*, devemos esclarecer o que ela significa na prática. Prática de quem? O nosso objetivo final será descrever como deve ser uma prática *católica* na igreja, mas o objetivo imediato será descrever a prática dos reformadores (os primeiros a empregar o termo) e, antes deles, a prática dos pais da igreja.⁷⁴

A prática do *sola Scriptura*

De acordo com seus críticos, o *sola Scriptura* não é uma prática saudável, chegando a ser destrutiva: "O princípio 'só as Escrituras' se autodestruiu, porque ele deixou de lado a relação das Escrituras com o Espírito Santo e com a igreja".⁷⁵ Ele é perigoso também: "O princípio 'só a Bíblia', em sua separação abstrata da tradição, ou do desenvolvimento da igreja, não oferece segurança contra as seitas".⁷⁶ Embora corretos por serem preventivos, esses juízos negativos são precipitados demais na rejeição do *sola Scriptura* como prática benéfica da igreja — aliás, como obra do Espírito.

Cada um dos famosos *solas* da Reforma foi aplicado a uma tarefa conceitual muito específica. Cada um era resposta a uma questão teológica específica. Dessa forma, qual era a pergunta para a qual o *sola Scriptura* representava a resposta? Usando as palavras de Wittgenstein, qual é a forma de vida — a prática — em que o uso do *sola Scriptura* faz sentido? O *sola Scriptura* não é a resposta para a pergunta: "Quantas fontes se devem usar ao fazer teologia?" Se a teologia é a fé em busca de entendimento, a fé também é necessária, além da iluminação do Espírito Santo. O *sola Scriptura* não exclui o papel da fé ou do Espírito Santo, assim como o *sola fide* não exclui o *sola gratia*, e o *solus Christus* não exclui Deus Pai e Deus Espírito.⁷⁷ Sugerir que *sola* sempre significa "(totalmente) só" é deixar de observar como os reformadores de fato usaram o termo.

---

⁷³Citado em Martin Chemnitz, *Examination of the Council of Trent,* tradução para o inglês de Fred Kramer (St. Louis: Concordia, 1971), p. 232.

⁷⁴A expressão *sola Scriptura* é mal interpretada na medida em que se ignora o contexto do século 16 de Martinho Lutero, o primeiro reformador a afirmar o princípio.

⁷⁵Paul R. Hinlicky, "The Lutheran dilemma", *Pro Ecclesia* 8 (1998): 396.

⁷⁶D. H. Williams, *Retrieving the tradition and renewing Evangelicalism* (Grand Rapids: Eerdmans, 1999), p. 202.

⁷⁷Ao discutir autoridade no pensamento de Calvino, Robert Johnson traça uma distinção entre um "critério" e um "discrímen". Este último refere-se à forma como dois ou mais critérios estão relacionados uns com os outros ou configurados: "A doutrina da Palavra e do Espírito, de Calvino, pode ser citada como exemplo clássico de discrímen teológico. Ela demanda o *testimonium Spiritus Sancti*, ou que o Espírito Santo 'ateste' a Palavra escrita das Escrituras, para que seja autorizada e útil para fins teológicos. Ela também encoraja a utilização da Palavra das Escrituras para 'testar' o Espírito Santo, ou para 'testar os espíritos para ver se são de Deus' (1Jo 4.1). Dentro dessa doutrina, tanto as Escrituras quanto o testemunho do Espírito Santo são critérios, mas eles estão inseparavelmente relacionados como coeficientes recíprocos" (*Authority in Protestant theology* [Philadelphia: Westminster, 1959], p. 15).

O *sola Scriptura* descreve um padrão de autoridade que predomina entre as Escrituras, a tradição e a vida da igreja. Melhor dizendo, o *sola Scriptura* descreve a prática da autoridade bíblica na igreja. O *sola Scriptura* é a resposta à pergunta: "Onde podemos encontrar a norma suprema pela qual medir as ações e as doutrinas cristãs?" Entendido positivamente, o *sola Scriptura* indica como a igreja deve *praticar* a autoridade divina. Em sua expressão negativa, o *"sola Scriptura* é a declaração de que a igreja pode errar".[78]

O *sola Scriptura* e a tradição

O *sola Scriptura* não significa *nulla traditio* ("sem tradição") nem significa desprezar a Regra de Fé: "É claro que o *sola Scriptura* não significava 'Escrituras sem tradição', mas Escrituras como norma prévia, potencialmente estabelecida no papel de julgar a tradição".[79] O *sola Scriptura* não foi um protesto contra a tradição como tal, mas *contra a presunção de igualdade entre ensino da igreja e tradição*. Pode-se até dizer que o *sola Scriptura* foi um protesto em favor da tradição apostólica genuína, cuja especificação normativa se encontra nas Escrituras canônicas. A tradição, no entanto, pode e deve desempenhar um papel crucial, mesmo em uma teologia canonicamente orientada que aceita o *sola Scriptura*.

Nos tempos modernos, a ênfase da Reforma no sacerdócio de todos os crentes transformou-se na noção de que indivíduos podem interpretar a Bíblia por si mesmos, sem o benefício da tradição da igreja. O perigo de tal individualismo, porém, é o orgulho, outra "presunção de igualdade", desta vez entre a interpretação de um indivíduo e a palavra de Deus.[80] O que se descobre na tradição é que o cristianismo "é muito mais rico que as experiências pessoais e eclesiais de qualquer um".[81] Os reformadores tinham grande respeito pela tradição: "Restaurar as Escrituras para a igreja era reivindicar a redescoberta e a reapropriação das raízes do catolicismo sem o romanismo".[82] A Reforma não foi uma questão das Escrituras contra a tradição, mas do resgate da antiga tradição como interpretação correta das Escrituras *versus* distorções posteriores dessa tradição. Os reformadores consideravam legítimos os concílios da igreja antiga em geral, porque eles concordavam com as Escrituras, não porque tivessem autoridade em si mesmos.

Alguns críticos do *sola Scriptura* argumentam que os reformadores desmitologizaram a tradição ao expulsar o Espírito Santo da vida da igreja, encerrando-o em um livro. Isso é um exagero. É preferível ver a tradição, e a própria igreja, como

---

[78] A. N. S. Lane, "Sola Scriptura? Making sense of a pos-reformation slogan", in: D. F. Wright; Philip Satterthwaite, orgs., *A pathway into the Holy Scripture* (Grand Rapids: Eerdmans, 1994), p. 324.

[79] Richard Muller, "Scripture", in: Hans J. Hillerbrand, org., *Oxford Encyclopedia of the Reformation* (Oxford: Oxford University Press, 1996), 4:37.

[80] O *sola Scriptura* funciona, assim, contra a presunção de igualdade entre a palavra de Deus e a experiência individual, da mesma forma que se opõe à presunção de que a palavra de Deus e a experiência do corpo eclesial necessariamente se equivalem.

[81] Williams, *Retrieving tradition*, p. 208.

[82] Ibid., p. 176.

exemplos do que Calvino chama de "meio externo" da graça. A tradição não produz seu efeito pretendido *ex opere operato*; pelo contrário, a tradição passa o evangelho adiante de forma eficaz só quando preserva a palavra no poder do Espírito. Ela é uma ajuda externa para a fé, mas não é infalível. Falar da autoridade ministerial da tradição é sustentar não uma "igualdade", mas um ponto de vista "auxiliar" da relação entre as Escrituras e a tradição.[83]

Calvino honra os concílios da igreja antiga precisamente porque, em sua maior parte, eram regidos pela palavra e pelo Espírito: "Nós, de boa vontade, aceitamos e reverenciamos como santos os primeiros concílios, a exemplo dos de Niceia, de Constantinopla, de Éfeso I, de Calcedônia e afins [...] visto que se relacionam com os ensinamentos da fé. Pois eles contêm apenas a exposição pura e genuína das Escrituras".[84] Porém, quando um concílio contradiz outro, como Calcedônia contradisse Éfeso II, a igreja deve retornar à palavra como norma suprema. Os concílios da igreja têm uma autoridade *ministerial* e provisória. Dar-lhes autoridade absoluta, diz Calvino, é esquecer as advertências bíblicas sobre falsos profetas e falsos mestres (Mt 24.11; At 20.29,30; 2Tm 4.3; 2Pe 2.1). Com efeito, no que diz respeito a Éfeso II — concílio que aceitou a heresia de Êutiques sobre a pessoa de Cristo — Calvino apresenta um juízo sóbrio: "A igreja não estava lá".[85] Essa observação penetrante inverte perfeitamente a fórmula medieval: *extra ecclesiam, nulla salus*. Calvino poderia muito bem ter dito: *extra Scriptura et pneuma, nulla ecclesiam* — "Fora da palavra e do Espírito, não há igreja".

O *sola Scriptura* diz respeito à prática de escutar o Espírito falando nas Escrituras como último recurso em disputas doutrinárias. Como reconhecemos o falar do Espírito? A tradição da igreja desfruta da autoridade não de juiz, mas de *testemunha*. Melhor dizendo, a tradição desfruta da autoridade que se liga ao testemunho de *muitas* testemunhas. Sob essa luz, podemos ver os pais da igreja e os concílios da igreja como testemunhas peritas quanto ao sentido das Escrituras no tribunal do drama da doutrina. Nem os pais nem os concílios são juízes; o Deus trino e uno tem a palavra final. A tarefa da teologia é interrogar as testemunhas a fim de apresentar pareceres imediatos sob a autoridade suprema do juiz que preside: o Espírito que fala nas Escrituras.

Praticar o *sola Scriptura* é tratar somente as Escrituras como "norma normativa" e a tradição como "norma normatizada". Uma teologia que pratica o *sola Scriptura* reconhece a autoridade *ministerial* da tradição, ou seja, sua capacidade de nutrir indivíduos na fé apostólica e de passá-la adiante por meio do testemunho coletivo da igreja. O cânon pode ser o berço da doutrina cristã, mas a tradição é sua ama de leite.

O *sola Scriptura* e a igreja

Assim como o *sola Scriptura* não significa "Escrituras sem tradição", também não significa "Escrituras sem igreja": "A Bíblia sozinha, não a igreja, é a norma suprema da fé, mas essa norma não é eficaz sem a igreja".[86] E se a história da igreja é a história

---

[83] A. N. S. Lane, "Scripture, tradition and church", *Vox Evangelica* 9 (1975): 42-4.
[84] Calvin [Calvino], *Institutes* 4.9.8.
[85] Ibid., 4.9.13.
[86] Bloesch, *Holy Scripture*, p.156.

da interpretação bíblica, como Gerhard Ebeling sugere, então segue-se que a própria igreja é uma forma de interpretação bíblica, um comentário vivo da palavra de Deus. Isso se encaixa bem com o nosso princípio das Escrituras revisto, segundo o qual a Bíblia não é só texto, mas *roteiro*. O propósito de um roteiro é viabilizar a encenação e, até certo ponto, regulamentá-la. O *sola Scriptura* não toma o lugar da necessidade da tradição da igreja, mas apenas afirma a primazia e a finalidade do roteiro como norma para a avaliação das futuras encenações.[87]

Os comentários de Gadamer sobre drama são apropriados: "Somente a encenação traz à tona tudo o que está na peça [...] Servir como ocasião faz parte de sua essência: a ocasião da encenação permite-lhe falar e trazer à tona o que nela existe".[88] Então, será que o cânon existe apenas no momento de sua encenação, ou seja, no momento de sua recepção e utilização na igreja? Essa proposta contém um importante elemento de verdade: o cânon como roteiro atinge seu potencial apenas quando concretizado em ações que encerram resposta e entendimento. De fato, em certo sentido, a igreja não sabe bem o que as Escrituras querem dizer "enquanto não nos envolvemos em sua encenação e na transformação que elas viabilizam quando apropriadas na encenação".[89] A encenação desse roteiro enriquece nossa compreensão dele: "À medida que Paulo e seus companheiros missionários explicam e traduzem a importância do Cristo em um mundo gentio e helenístico, essa importância passa a ser vista como algo maior do que jamais se havia percebido. É como se o próprio Cristo, na prática, crescesse por meio da obra da missão"[90] — e, poderíamos acrescentar, da transmissão. Ao mesmo tempo, é igualmente importante ressaltar que o texto retém certa qualidade de contraste frente a frente com suas encenações. Até mesmo Gadamer reconhece que alguém que encena uma peça "atua de acordo com as direções do escritor".[91] Um roteiro é "um conjunto de direções"[92] a serem seguidas pelos atores.

Quando a igreja segue direções canônicas, seus horizontes se expandem. O roteiro revela o estranho e novo horizonte *escatológico* inaugurado na história de Jesus. *Dessa forma, as Escrituras convocam o leitor a fazer parte de algo novo que Deus está fazendo no mundo.* Assim, ao reunir em cena um grupo de atores, o cânon dinamizado pelo Espírito tanto solicita quanto cria a história de sua recepção. Com certeza, o cânon, à semelhança de outros textos, em alguns aspectos permanece o mesmo ao longo do tempo. Graças a essa "*mesmidade* diacrônica persistente", as Escrituras funcionam "como ponto de referência concreto para o discernimento de espíritos".[93] No entanto, igualmente importante é a função do cânon como roteiro confiável que gera uma

---

[87]Cf. Lane: "As Escrituras precisam ser interpretadas, mas não precisam de uma interpretação normativa" ("Sola Scriptura?", p. 326).

[88]Hans-Georg Gadamer, *Truth and method*, 2. ed. rev. (New York: Continuum, 2002) [edição em português: *Verdade e método* (Petrópolis/Bragança Paulista: Vozes/Ed. Universitária/São Francisco), 2 vols.], p. 147.

[89]Richard Bauckham, *James* (New York: Routledge, 1999), p. 176.

[90]Andrew F. Walls, *The missionary movement in Christian history* (Maryknoll: Orbis Books, 1996), xvii.

[91]Gadamer, *Truth and method*, p. 147.

[92]Ibid., p. 148.

[93]Yeago, "The Bible", p. 64.

tradição de encenação que reencena o mesmo drama de *novas* maneiras. Portanto, é essencial para os roteiros (e partituras) "que sua encenação em épocas diferentes e em ocasiões distintas seja diferente".[94]

A igreja vive sua história de recepção canônica no poder do Espírito. Às vezes, ela sofre por ensinar o evangelho; mas deve sempre "sofrer" o ensinamento do evangelho, se "sofrer" se referir ao ato passivo/ativo de recebê-lo. Usando os termos de Gadamer, nós "sofremos" os efeitos históricos da palavra canônica. A história da igreja não é apenas a narrativa do que a igreja faz com as Escrituras; também é a narrativa do que o Espírito faz com as Escrituras na igreja e por meio dela. No que ela tem de melhor, a tradição da igreja é a história dos efeitos do discurso canônico dinamizados pelo Espírito e "é mais bem concebida como o ato de *ouvir* a Palavra e não como um novo ato de *falar*.[95] Melhor dizendo, a tradição é uma questão de ouvir *e praticar* a Palavra e, como tal, diz respeito à interpretação da Encenação I em vez da Encenação II.

Conclusão: o cânon como norma teodramática e critério sapiencial

O objetivo deste capítulo, aliás de toda a segunda parte, foi reabilitar a noção do *sola Scriptura* à luz de um princípio das Escrituras que vê na Bíblia um roteiro autorizado que demanda não só consentimento intelectual, mas uma *encenação viva*. Isso, porém, não é uma tentativa de "substituir a igreja por uma teoria da interpretação", como Stanley Hauerwas tão bem o expressa.[96] O argumento em favor da primazia das Escrituras canônicas não se baseia na hermenêutica mais recente. Pelo contrário, repousa em bases devidamente teológicas. Por isso, o principal objetivo desses capítulos foi apresentar as Escrituras e a tradição como ingredientes vitais na economia comunicadora e de aliança do Deus trino e uno.

Praticar o *sola Scriptura* significa ler a Bíblia como um livro unificado em que o autor divino adota uma pluralidade de palavras e formas literárias humanas como meio de instruir e envolver seu povo da aliança. O cânon não é simplesmente um compêndio de jogos de linguagem que surgem de uma forma de vida firmada na aliança, mas um conjunto de práticas que, justamente por serem criadas e autorizadas pelo Deus da aliança, são *geradoras de vida*. O Espírito de vida usa as práticas canônicas para concretizar e regulamentar a suprema bênção da aliança: a vida com Deus.

As práticas canônicas, como vimos, dizem respeito à variedade de jogos de linguagem e gêneros literários da Bíblia, entendidos como um *ensemble* canônico dirigido a um fim comum relativo à aliança. O cânon não é uma coleção arbitrária de documentos variados, mas uma unidade na diversidade, cuja coerência decorre de sua forma teodramática e de seu assunto: a história da Palavra de Deus, tanto o *fiat* divino ("Haja...") quanto a *promissio* divina ("e farei de ti uma grande nação").

---

[94]Gadamer, *Truth and Method*, p. 148.
[95]Webster, *Holy Scripture*, p. 51.
[96]Stanley Hauerwas: "The church as God's new language", in: Garrett Green, org., *Scriptural authority and narrative interpretation* (Philadelphia: Fortress, 1987), p. 179.

O cânon é a especificação normativa da identidade das *dramatis personae* divinas e da forma da ação divina. As Escrituras são o roteiro divino do drama também divino.

No entanto, essa é apenas metade da história; as Escrituras são mais do que mera história, mais até do que história divina. A Bíblia também é o roteiro para a missão em curso da igreja. O cenário de fundo é indispensável, com certeza. Não saberíamos participar do drama da redenção hoje sem entender o que Deus disse e fez no passado. O cenário de primeiro plano — isto é, a situação atual da igreja — é igualmente indispensável, uma vez que os discípulos procuram continuar seguindo pelo caminho da verdade e da vida. As Escrituras canônicas são, dessa forma, o roteiro *da igreja* a ser praticado e encenado onde quer que dois ou três se reúnam em nome de Cristo. Como roteiro da igreja, o cânon é tanto o contador de histórias quanto o provocador das ações comunicadoras e pactuais.

Disso resulta que o cânon é ao mesmo tempo "fechado" e "aberto". Está fechado em um sentido formal, porque abrange *apenas esses livros*. Ele também está fechado no sentido do conteúdo, daquilo que Deus falou de modo definitivo em Jesus Cristo. No entanto, o cânon permanece aberto no sentido de que solicita continuamente o entendimento e a participação da igreja. Hoje, os cristãos podem e devem participar de práticas canônicas tais como testemunhar de Cristo e orar a Deus como Pai. O drama de ler novas situações canonicamente — esse também um aspecto do drama da doutrina — é o drama que preserva o equilíbrio entre o caráter indefinido do texto, visto que ele se ocupa da história de seus leitores, e seu caráter definido, uma vez que ele se mantém fechado em torno de seu centro, que é a história de Jesus Cristo.

Por meio de sua proclamação, narração e ensino o cânon revela quem é Deus, nos informa sobre o que ele tem feito e dirige nossa reação. Como tal, o cânon tem autoridade teodramática: ele é a norma suprema para identificação das *dramatis personae* divinas e para compreensão da ação teodramática. As Escrituras canônicas têm autoridade *primordial* e *definitiva*, porque justamente essas práticas e atos comunicadores são os meios escolhidos usados pelo Espírito para nos informar de Cristo e formar Cristo em nós, de modo que possamos falar e agir em nossa própria situação para a glória de Deus. *Praticar o* sola Scriptura *significa tomar parte nas práticas canônicas* que formam, informam e transformam nosso falar, pensar e viver — práticas que o Espírito usa para nos conformar à imagem de Deus em Cristo. As práticas canônicas não são os únicos de tais meios, é claro, mas elas representam a norma definitiva para todas as outras práticas afins.

Teologia é fé em busca de entendimento teodramático, sendo este uma questão de apreensão e, depois, de participação no campo e no fluxo da ação divina. Ao passo que a doutrina é orientação para nossa participação adequada no drama, o cânon, como expressão autorizada da forma e do conteúdo do teodrama, é a norma suprema da doutrina. Em última análise, praticar o *sola Scriptura* significa adotar o cânon como critério teodramático, não apenas como meio para entender o que Deus fez em Cristo, mas também como critério para entender o que se deve dizer e fazer hoje com base no discurso e na ação de Deus ocorridos no passado. Segue-se que o cânon não é tanto um critério epistêmico, mas *sapiencial*, um critério do discurso verdadeiro e da ação correta, critério da corporificação da sabedoria de Jesus Cristo e da continuidade do teodrama em novas situações.

TERCEIRA PARTE

O DRAMATURGISTA

A primeira parte apresentou o tema e a forma resultante da teologia sob a ótica de um teodrama trino da redenção. A teologia é evangélica, visto que reconhece e preserva a prioridade da Palavra e da Ação de Deus acima das ações dos seres humanos. A segunda parte apresentou as Escrituras como roteiro da igreja, a versão autorizada do teodrama, a constituição da igreja e o lócus da autoridade no que diz respeito à direção doutrinária para participação adequada da igreja no teodrama em curso. O foco da terceira parte está no método teológico: como é uma teologia compatível com o evangelho — com o teodrama da redenção e com o roteiro canônico — quando colocada em prática.

O drama da doutrina visa a um discurso verdadeiro e a uma ação correta: é para a glória de Deus que tudo se fala, tudo se pratica. A abordagem canônico-linguística da teologia a ser desenvolvida aqui enfatiza as práticas cristãs — a participação adequada da igreja no drama da redenção transmitido por práticas canônicas —, mas sem excluir as alegações de verdade cognitiva. Uma teologia que promove o amor a Deus de toda força, mente e coração demanda dados propositivos, imaginações poéticas e iniciativas práticas a fim de responder de modo adequado ao *Tatwort* do evangelho. A teologia cristã deve, em última instância, ser dirigida à sabedoria prática — e isso também envolve apreensão, sentimento e ação.

A terceira parte apresenta, em amplas pinceladas, seis características que, juntas, constituem a abordagem canônico-linguística da teologia — um caminho que se desdobra em seis e permite à igreja de hoje, em toda a sua diversidade multicultural e situacional, ouvir, compreender e encenar a palavra de Deus nas Escrituras. Juntas, essas seis características fornecem critérios para determinar o que significa participar *de modo adequado* do drama da redenção canonicamente roteirizado.[1] As primeiras três características — pós-propositiva, pós-conservadora e pós-fundacionalista — referem-se principalmente ao ajuste entre as doutrinas e o texto bíblico e à natureza da teologia como *scientia* exegética. Embora a *sacra doctrina* tenha origem na *sacra pagina*, isso não acontece simplesmente pela abstração de proposições reveladas. Interpretar as Escrituras teologicamente — ser bíblico no dizer, no pensamento e na vida — no final das contas exige desenvolver hábitos de ver, experimentar, pensar e agir por meio da participação na diversidade das práticas canônicas. A racionalidade é uma questão de fazer contato cognitivo com a realidade, mas a diversidade literária nas Escrituras possibilita *diferentes tipos* de contato cognitivo.

A segunda tríade canônico-linguística — prosaica, fronética e profética — refere-se especialmente à situação contemporânea e à teologia como *sapientia*, ou forma de sabedoria prática. Em última análise, participar de modo adequado do drama da redenção demanda uma resposta apropriada não apenas ao texto bíblico, mas também à diversidade de contextos atuais em que a igreja se encontra. Assim, "canônico-linguística" não se refere apenas à teologia feita *no* cânon, mas à teologia *derivada* do cânon e voltada para a frente e para fora.[2] *A teologia canônico-linguística visa à concretização ou encenação contemporânea da mesma sabedoria formatada segundo Cristo, que é o foco das Escrituras.* Abraçar a teologia canônico-linguística não significa repetir encenações do passado. O drama pode, e deve, ser o mesmo, mas a ação ocorre agora com atores diferentes, em um palco também diferente e com um novo cenário.

A teologia tem como objetivo preservar a integridade e a vitalidade do drama da redenção e equipar os santos corretamente para representarem seus respectivos papéis. A transmissão da fé de uma geração à seguinte requer mais do que traduções do texto bíblico. A teologia canônico-linguística se propõe a transmitir a fé bíblica, e isso ela faz promovendo o caminho, a verdade e a vida identificados com a pessoa e a história de Jesus Cristo em seu corpo, a igreja. A participação correta exige mais do que informações corretas; precisamos de maneiras corretas de *processar* e *sentir* as informações. Resumindo, necessitamos mentes corretas, imaginações corretas e corações corretos. O objetivo da teologia canônico-linguística é possibilitar que o Espírito ministre a linguagem e a literatura da Bíblia de modo que ela molde não apenas os nossos pensamentos, mas também nossas imaginações e nossos desejos.

---

[1] Richard Hornby propõe seis princípios "metacríticos" para avaliar os métodos de interpretação de peças: (1) isolar o roteiro; (2) tratá-lo como um complexo espaçotemporal; (3) analisá-lo de modo detalhado; (4) levar em conta a complexidade e a ambiguidade; (5) encontrar um princípio unificador; (6) testar o princípio em relação ao texto (*Script into performance: a structuralist view of play production* [Austin: University of Texas Press, 1977], p. 114). Minha lista difere da lista de Hornby, mas compartilhamos a preocupação de propor critérios com os quais avaliar formas de interpretar e encenar roteiros.

[2] Podemos aqui distinguir essa dupla tarefa teológica com os termos *doctrina ad intra* e *doctrina ad extra*.

Não há nenhum proveito no conhecimento sem amor. A teologia deve fazer mais do que realizar um contato cognitivo com a realidade divina; ela deve fazer um contato *de aliança*. O contato de aliança — que firma uma relação correta com o Senhor da aliança — abrange conhecimento *e* ação, proposições *e* pessoas, ciência *e* sabedoria. É claro que a iniciativa da aliança continua com Deus; resta-nos responder em conformidade com ela ou, usando os termos do presente argumento, participar do modo adequado. Fazemos isso quando aprendemos as virtudes da aliança — fé, esperança e amor — participando das práticas canônicas.

Como autoridade primeira e final para determinar o que Deus estava fazendo em Cristo, as Escrituras canônicas, óculos de fé da igreja, também são as lentes corretivas para percepção da realidade evangélica, uma realidade recriada "em Cristo". Aliás, a teologia canônico-linguística está a serviço de seu tema teodramático: o real "em Cristo". A tarefa da teologia como *scientia* é determinar o que Deus disse nas Escrituras para, assim, poder formar uma opinião sobre a realidade. A teologia em seu modo exegético inclui o cultivo de virtudes interpretativas, hábitos que nos coloquem igualmente em contato cognitivo e de aliança com o roteiro, com o teodrama e com o Deus trino e uno.

Um realismo teodramático também atende a situações concretas hoje. Compreender nossa situação é, para o cristão, saber como continuar. A compreensão teológica é, em última análise, a capacidade de falar e agir em relação ao drama da redenção atualmente encenado. Compreender a Deus, ao mundo e a nós mesmos é ver como tudo se encaixa no drama da redenção. Tal visão não é produto de algum cálculo canônico, mas de deliberação canônica. *O que Deus estava fazendo, está fazendo e fará em Cristo é o critério supremo da adequação dramática, o critério supremo tanto da verdade quanto da bondade e da beleza.*

CAPÍTULO 8

Teologia como dramaturgismo

A hipótese de trabalho ao longo deste livro tem sido que uma *analogia dramatis* ilumina tanto a natureza quanto a função da teologia. Como outras analogias, essa também pode ser levada longe demais. Insistir que tudo no drama deve ter uma contraparte teológica pode transformar uma simples analogia em uma alegoria complexa. Alguns paralelos — entre Deus e o dramaturgo ou produtor, entre o mundo e o palco, entre Jesus Cristo e o ator principal — são relativamente fáceis. Até aqui examinamos o evangelho como drama, o cânon como roteiro, a doutrina como direção. Mas, de fato, quem diz aos outros como participar do drama? Quem na igreja equivale ao *diretor*?

O diretor é o mediador entre o roteiro e os atores, aquele cuja visão abrange "tanto o drama (com toda a contribuição criativa do autor) quanto a arte dos atores (com suas habilidades criativas bem distintas)".[1] Alguns leitores podem se inclinar a identificar o diretor com o Espírito Santo, aquele que guia a igreja a toda a verdade (Jo 16.13). Lembrar e convencer são, de fato, formas gentis de dirigir. Outros podem preferir associar o papel de diretor a Deus Pai, na suposição de que "dirigir" diz respeito à soberania divina. No entanto, diretores de teatro não "controlam" literalmente os atores, e a soberania divina não deve ser entendida de tal forma que anule a liberdade e a responsabilidade humanas.

Outros podem se inclinar a identificar o diretor com o teólogo, principalmente à luz da teoria diretiva da doutrina debatida nestas páginas. A doutrina de fato existe para dirigir a igreja, mas as pessoas mais intimamente envolvidas com a direção da igreja no dia a dia são seus oficiais: bispos, presbíteros e principalmente pastores. Essas são as pessoas que, por meio do ministério da Palavra e dos sacramentos, de fato conduzem as congregações a participar do drama da redenção de modo adequado.

É melhor identificar o Espírito Santo com o principal diretor da igreja. Pastores, presbíteros e outros líderes da igreja são, na melhor das hipóteses, atores-diretores

---

[1] Hans Urs von Balthasar, *Theo-drama* (San Francisco: Ignatius, 1990), vol. 1: *Prolegomena*, p. 298.

assistentes. Então, onde fica o teólogo? Não na cadeira de diretor, mas no interstício entre o diretor, o dramaturgo e a plateia — para ser mais preciso, no papel do *dramaturgista*, conselheiro tanto do diretor quanto do grupo teatral.[2]

APRESENTANDO O DRAMATURGISTA

"Dramaturgia" é o *trabalho com o drama*, assim como "metalurgia" é o trabalho com metais. O que significa "trabalhar" o drama? Até pouco tempo atrás, o dramaturgista era relativamente desconhecido no teatro americano. Na Europa, no entanto, ele é a pessoa responsável por ajudar o diretor a dar sentido ao roteiro tanto para os atores, quanto para a plateia.[3] Essa dupla responsabilidade corresponde bastante à dupla tarefa da teologia: ser uma *scientia* exegética e uma *sapientia* prática.

Em primeiro lugar, o dramaturgista é responsável por pesquisar o roteiro e preparar o texto para encenação. Isso envolve a seleção de determinada edição ou tradução da peça, pesquisar a peça para que ela seja historicamente correta, pensar sobre a intenção do dramaturgo, estudar a história das produções da peça e colaborar com o diretor em uma interpretação que convença e seja coerente. O dramaturgista atenta tanto para os detalhes da peça quanto para seus grandes temas. Por exemplo, um bom dramaturgista se oporia a uma cena de um drama médico ambientado em 1810 em que um médico se inclina sobre o paciente e coloca um estetoscópio em seu peito, porque não havia estetoscópio antes de 1819. Ao mesmo tempo, o dramaturgista pensa a melhor forma de dar expressão aos principais temas da peça. Esse primeiro aspecto da dramaturgia incide sobre o estudo de determinada peça — seu autor, conteúdo, estilo, contexto — e enfatiza a importância de permanecer fiel ao texto. Este é o aspecto exegético, da *scientia*, da tarefa do dramaturgista e resulta em um "protocolo".

O protocolo, ou estudo pré-produção, da peça feito pelo dramaturgista é de especial interesse. É composto de notas dirigidas ao diretor e aos atores — costuma ter entre cinquenta e cem páginas — e normalmente inclui informações relativas (1) ao contexto histórico, cultural e social da peça; (2) à biografia do dramaturgo; e (3) à história das produções anteriores da peça, incluindo uma avaliação das principais traduções. O dramaturgista também costuma fazer (4) uma análise abrangente da peça e (5) uma boa bibliografia de recursos úteis sobre a peça e suas produções anteriores.[4]

---

[2]Neste momento, é importante não traçar uma distinção muito severa e rápida. "Diretor" e "dramaturgista" são descrições de funções, não de pessoas. O ideal é que aqueles que lideram a igreja sejam pastores-teólogos. No entanto, o objetivo da distinção entre os dois papéis é reconhecer que a teologia acadêmica existe como disciplina em si mesma, mas ao mesmo tempo enfatizar que até a teologia acadêmica existe para servir à igreja. O ponto central do papel do dramaturgista é que ele tem a finalidade prática de ajudar os diretores a determinar a melhor forma de interpretar o roteiro.

[3]Gotthold Lessing é geralmente mencionado como o primeiro dramaturgista do teatro ocidental moderno. Ele trabalhou como crítico residente para o Teatro Nacional de Hamburgo, de 1767 a 1769, e escreveu vários ensaios sobre a teoria do drama, coletados em *Hamburg dramaturgy*, de sua autoria.

[4]Para os dados deste parágrafo estou seguindo Leon Katz, "The compleat dramaturg", in: Bert Cardullo, org., *What is dramaturgy?* (New York/Frankfurt: Peter Lang, 1995), p. 13-4. Seguindo a analogia, o teólogo prepara protocolos expandidos para a encenação da Bíblia.

O objetivo do trabalho do dramaturgista no texto é ajudar os que fazem parte da produção, sobretudo o diretor, a chegar a uma melhor compreensão da peça, de modo que a encenação seja fiel à intenção do dramaturgo.

O primeiro aspecto do dramaturgismo é dirigido ao texto do autor, mas o segundo visa à encenação. O dramaturgista aconselha o diretor sobre a melhor forma de comunicar o texto e de expressar as ideias da peça com linguagem convincente e passível de ser entendida pelo público contemporâneo. Esse aspecto do dramaturgismo corresponde à teologia como *sapientia*. Vale ressaltar que o requisito mais importante para o dramaturgista é o *entendimento*, a capacidade de seguir a peça para onde ela conduz: "Para informar o diretor, o elenco e a plateia sobre a história de uma peça e sobre sua importância atual, os dramaturgistas reúnem 'protocolos' (ou livros de registros que consistem em dados encontrados ou escritos para uma produção teatral), preparam notas programáticas, dirigem discussões pós-encenação, escrevem guias de estudo para escolas e grupos, fazem palestras tanto para o público geral quanto para a academia e publicam ensaios e livros acadêmicos".[5] É muito difícil pensar em uma descrição do trabalho do teólogo melhor do que essa.

Os dramaturgistas são necessários? Até tempos recentes, o palco norte-americano tem procurado passar sem eles. Parece que o teatro, assim como a igreja, está indo bem na América do Norte, pelo menos segundo o critério de assentos ocupados. No entanto, nem tudo vai tão bem quanto parece: "Em nossos teatros regionais e sem fins lucrativos, um grande número de produções, talvez a maioria, não tem noção de direção, nenhuma razão de ser e nenhum vínculo com a plateia: de uma perspectiva dramatúrgica, elas não fazem sentido".[6] É claro que se poderia dizer o mesmo sobre os cultos em muitas igrejas, onde o que falta é uma liturgia que faça sentido: "Como profissionais atarefados, fingimos que não temos tempo para questionar a [...] base do que estamos fazendo".[7] Repetindo, essa tendência é real tanto para a igreja quanto para o teatro.

Os teóricos do drama lamentam o que, de fato, é um fosso horrendo entre um estudo minucioso do roteiro, por um lado, e a efetiva prática de encenação, por outro — um fenômeno do teatro que tem um paralelo perfeito na ruptura entre estudos bíblicos e teologia, que assola atualmente a igreja.[8] Uma solução é focar a ação básica da peça e a relação entre as personagens, um foco que permite que a estrutura intrínseca da peça molde a encenação contemporânea.[9] O que fica em primeiro plano aqui é o *mythos*, termo usado por Aristóteles para se referir à organização dos eventos em uma peça, sua ação na trama.[10] O *mythos* de uma peça refere-se à sua totalidade, à maneira como seu início, meio e fim abrangem uma ação unificada e completa (e.g., reconduzir o rei ao trono; juntar aqueles que se amam; recriar uma criação caída). Aristóteles

---

[5]Bert Cardullo, "Enter dramaturgs", in: Cardullo, org., *What is dramaturgy?*, p. 4.
[6]Peter Hay, "American dramaturgy: a critical re-appraisal", in: Cardullo, org., *What is dramaturgy?*, p. 69.
[7]Ibid., p. 74.
[8]Richard Hornby, *Script into performance* (Austin: University of Texas Press, 1977), p. 7.
[9]Aqui, o paralelo pode ser com a teologia bíblica.
[10]"A imitação da ação é a trama" (Aristóteles, *Poética*, 59a1).

tem o cuidado de distinguir dois tipos de unidade. A primeira, a unidade *temporal*, refere-se a um período de tempo e a tudo o que acontece nele, não importando quão independentes ou desconectados sejam os acontecimentos. A unidade *dramática*, em contrapartida, forma um todo completo em virtude de uma "única ação", mesmo que essa "única ação" seja tão complexa quanto, por exemplo, a Guerra de Troia.[11]

Um bom dramaturgista ajuda a dar expressão ao sentido do todo, a exibir a unidade *dramática: a peça em busca de entendimento*, poderíamos dizer. "A principal tarefa do dramaturgista é ficar perguntando o porquê. Por que estamos fazendo esta peça? [...] Por que nosso teatro existe? [...] Por que estamos, dentro do teatro, animados com as peças que estamos fazendo e por que não estamos espalhando nosso entusiasmo na comunidade?"[12] O dramaturgista responde a tais perguntas dando expressão ao *significado* da peça e à *significação pública* da sua produção. A tarefa do dramaturgista continua durante o ensaio, garantindo que o diretor e os atores permaneçam afinados com a visão integral da produção, seu significado e verdade. O dramaturgista "deve ser a consciência artística do seu teatro".[13]

O TEÓLOGO COMO DRAMATURGISTA

Ao longo da história da igreja, uns poucos paradigmas privilegiados têm dado o tom do trabalho da teologia, principalmente em sua relação com a Bíblia. Charles Hodge compara o teólogo a um cientista natural que de modo indutivo estuda a Bíblia, seu "depósito de fatos".[14] Em contrapartida, James Barr e Sallie McFague comparam o teólogo ao poeta para quem a Bíblia não contém fatos mas metáforas e cenários poéticos clássicos para entender a relação entre Deus e o mundo.[15] Ainda outros, como Lindbeck, veem o teólogo como um etnógrafo que explica a lógica das práticas comunitárias.

No entanto, nenhum modelo se aproxima mais da obra do teólogo do que o modelo do dramaturgista, cuja tarefa é *estudar o roteiro e prepará-lo para encenações que verdadeiramente concretizam sua verdade*. A dramaturgia se aproxima da natureza do objeto de estudo da teologia (a fala e a ação de Deus), mas também da função da teologia (interpretar e encenar um roteiro/Escrituras). Como dramaturgista, o teólogo é a consciência artística e principalmente *teológica* da igreja, cuja principal função é sempre perguntar não só "*Por que* Deus diz e faz isso?", mas "*Como podemos nos encaixar na ação teodramática?*"[16] O teólogo é um defensor do roteiro e da companhia teatral,

---

[11]Aristóteles, *Poética*, 59a22.

[12]Hay, "American dramaturgy", p. 74-5.

[13]Cardullo, "Enter dramaturgs", p. 5. Hay comenta que os melhores diretores com quem ele trabalhou também foram os melhores dramaturgistas ("American dramaturgy", p. 76); eu gostaria de dizer algo semelhante sobre pastores e teólogos.

[14]Charles Hodge, *Systematic theology* (Grand Rapids: Eerdmans, 1979), vol. 1, p. 10 [edição em português: *Teologia sistemática*, tradução de Valter Martins (São Paulo: Hagnos, 2001)].

[15]James Barr, *Bible in the modern world* (London: SCM, 1973), p. 115, 118-20; Sallie McFague, *Metaphorical theology: models of God in religious language* (Philadelphia: Fortress, 1982).

[16]O teólogo também deve perguntar "*onde* está escrito?" e "*o que* isso diz?". Ressalte-se que a igreja Covenant Church emprega essas duas perguntas não como confissão de fé, mas como teste decisivo de ortodoxia.

tendo a dupla responsabilidade de compreender a peça e de torná-la compreensível a um público contemporâneo. Segue-se que a dramaturgia teológica, como forma de interpretação textual, envolve tanto *scientia* quanto *sapientia*. Pois, apesar de o objetivo final ser a produção de encenações sábias ou de sabedoria encenada, suas interpretações bíblicas não são nem acríticas nem alheias aos procedimentos analíticos que procuram explicar o texto.[17]

Scientia: a exegese do cristodrama

Chamar a teologia de ciência não é necessariamente torná-la membro de uma classe maior. Embora os procedimentos empíricos impessoais possam ser a marca da ciência moderna, eles não são os mesmos de Aristóteles, Tomás de Aquino ou Barth. Para Aristóteles, a ciência origina-se nos "primeiros princípios", intrínsecos a algum aspecto ou área da realidade. Esses princípios são ontológicos (reais) antes de serem teóricos (propositivos). Ser científico é abordar um assunto de uma forma que seja adequada aos seus primeiros princípios. Assim, uma ciência é o que decorre não simplesmente de um procedimento, mas de uma forma particular da realidade.[18] Tanto para Tomás de Aquino quanto para Barth, a teologia cristã é a ciência que aborda seu objeto de estudo, Deus, com base nos primeiros princípios que procedem, eles mesmos, de Deus: "Para a doutrina sagrada, os primeiros princípios são [...] as Escrituras e Cristo".[19]

A teologia cristã é científica no sentido de que procura interagir com determinada realidade — a ação comunicadora de Deus — de acordo com sua natureza singular.[20] Deus é cognoscível apenas na medida em que se *dá* a conhecer sob a forma da humanidade de Jesus e das palavras humanas das Escrituras.[21] Desse modo, as doutrinas sagradas são a *scientia* do discurso divino.[22] A teologia cristã é científica no sentido de que se esforça para saber ou conhecer algo não criado por ela mesma,

---

[17] A teologia como dramaturgia assemelha-se aqui ao famoso arco hermenêutico de Ricoeur, que procura incorporar técnicas de explicação textual a um movimento mais amplo de compreensão pessoal (cf. Paul Ricoeur, *Interpretation theory: discourse and the surplus of meaning* [Fort Worth: Texas Christian University Press, 1976]). Assim como a hermenêutica tem um momento "crítico", também a dramaturgia possui um momento de *scientia*.

[18] Segundo John I. Jenkins, *Knowledge and faith in Thomas Aquinas* (Cambridge: Cambridge University Press, 1997), cap. 1: "Scientia in the posterior analytics".

[19] Eugene F. Rogers Jr., *Thomas Aquinas and Karl Barth: sacred doctrine and the natural knowledge of God* (Notre Dame: University of Notre Dame Press, 1995), p. 18.

[20] Cf. a ideia útil de Barth de que a teologia é *wissenschaftlich* porque aborda seu objeto em um tema apropriado (*Church dogmatics* I., p. 1.6-8). Também podem existir certas semelhanças familiares que surgem entre as várias ciências (e.g., que a reflexão seja baseada em princípios; que nossas hipóteses sejam criticáveis) e que igualmente pertencem à teologia.

[21] Jean-Luc Marion e outros estão corretos ao insistir que Deus está "além do ser", não no sentido de que Deus não é real, mas no sentido de que não podemos presumir que sabemos como Deus é com base em extrapolações metafísicas a partir do que sabemos sobre o mundo. A teologia da cruz de Lutero ainda é uma crítica útil a todas as noções *a priori* do Deus de Jesus Cristo.

[22] Veja Jenkins, *Knowledge and faith in Thomas Aquinas*, caps. 2, 3 e 7; e Richard E. Burnett, *Karl Barth's theological exegesis: the hermeneutical principles of the Römerbrief period* (Grand Rapids: Eerdmans, 2004), cap. 4.

e isso com base em princípios. Os cristãos querem conhecer Cristo (Fp 3.8), a mais plena realização da ação comunicadora de Deus. O conhecimento de Deus surge de uma tentativa apaixonada e disciplinada de enfrentar a realidade que nos confronta a partir das páginas das Escrituras, o roteiro no qual as palavras e atos divinos são expressos por Deus. A teologia é a dramaturgia do teodrama cristão.

A teologia canônico-linguística é uma *scientia* teodramática, uma abordagem do teodrama, baseada em princípios cujo roteiro é o cânon e cujo clímax é Cristo. Ao lado de Tomás de Aquino, ela vê a *sacra doctrina* como uma questão de entendimento da *sacra pagina*; ao lado de Barth, afirma que "o pré-requisito decisivo para a interpretação de um texto [...] é a participação em seu *objeto de estudo*".[23] Daí a necessidade de ingressar no que podemos chamar de *círculo dramatúrgico*: "Entendemos a fim de encenar e encenamos a fim de entender". Tanto Tomás de Aquino quanto Barth reconhecem a necessidade de participar do objeto de estudo, justamente para ser científico (i.e., fiel à realidade que se tenta conhecer). *Scientia* refere-se em primeiro lugar às disciplinas intelectuais e espirituais que habilitam o intérprete da Bíblia a participar do objeto de estudo do texto. E isso nos traz de volta à importância das práticas canônicas. A teologia como forma de *scientia* exegética é, em última análise, uma questão de aprendizado intelectual, espiritual, imaginativo e prático das práticas canônicas, da forma escritural com que Deus se faz conhecido.[24]

O objeto da scientia teológica: Deus em ação comunicadora

Teorias do conhecimento vêm e vão, e a teologia seria francamente mal aconselhada caso lhe dissessem que investisse tudo em somente uma delas. No entanto, uma definição mínima de conhecimento se faz necessária; daí a seguinte definição provisória: *conhecimento é o produto de uma abordagem disciplinada de um objeto de estudo em particular*. Conhecer algo é fazer contato (cognitivo, de aliança) com sua realidade e corresponder (intelectual e espiritualmente) à sua forma específica. Ora, o objetivo específico da disciplina teológica é produzir *discípulos*: pessoas cujo conhecimento de Cristo se demonstra no fato de elas saberem como seguir (e.g., conhecer, amar e obedecer a) Jesus Cristo.

Como tentativa de conhecer e amar a Deus, a teologia, pela própria natureza do assunto, é uma disciplina *a posteriori*.[25] Porque não podemos obrigar Deus a falar ou agir, temos de esperar as instâncias livres e graciosas da palavra e dos atos divinos. A realidade específica com a qual o teólogo faz contato cognitivo é *Deus em ação comunicadora*. Como vimos, é justamente disso que é composto o teodrama. O objetivo imediato da teologia, então, é *compreender a ação comunicadora de Deus nas Escrituras, a fim de entender a sua ação comunicadora em Cristo*. Jesus Cristo, a Palavra/Ato de Deus, é

---

[23]Burnett, *Karl Barth's theological exegesis*, p. 95.

[24]Curiosamente, Jenkins argumenta que até Tomás de Aquino viu a importância do aprendizado das Escrituras para a teologia, pois a sagrada doutrina é a *scientia* pela qual confiamos apenas na autoridade (e na autoria) divina no que diz respeito a nossos primeiros princípios (*Knowledge and faith in Thomas Aquinas*, p. 49, 67-8).

[25]Essa é a ideia principal de *A scientific theology*, de Alister McGrath (Grand Rapids: Eerdmans, 2002), vol. 2: *Reality*.

o significado interno do cânon, e este é a forma literária que o testemunho normativo de Cristo agora assume: "Jesus Cristo, *atestado a nós nas Escrituras Sagradas*, é a única Palavra de Deus".[26] Conhecer a Deus como Deus se deu a conhecer demanda que se preste atenção ao discurso canônico divino; isso significa fazer exegese.

Aliás, a exegese é uma das principais tarefas da teologia canônico-linguística: a tentativa disciplinada de entender o teodrama em sua versão canonicamente roteirizada, sobretudo o caráter das *dramatis personae* e a natureza da trama redentora que culmina na cruz e ressurreição de Cristo. Como sua etimologia sugere, a *exegese* é a tentativa de "trazer para fora" ou explicar o significado de um texto. A exegese parte da premissa de que o texto bíblico não é uma *tabula rasa*, mas uma obra comunicadora já estruturada. A principal tarefa da exegese é discernir a intenção comunicadora por meio da análise linguística de um texto em seus contextos canônico, literário e histórico. O teólogo faz exegese a fim de ajudar a igreja a ouvir a palavra de Deus nas Escrituras e compreender suas implicações para hoje. Entretanto, a exegese bíblica que tem como objetivo apenas descobrir o significado histórico do texto não é uma ciência teodramática.[27] A exegese teodramática requer que se reconheçam as várias vozes humanas nas Escrituras convocadas e coordenadas pelo dramaturgo divino. Uma exegese teológica, portanto, dará a mesma, ou até mais, atenção ao contexto canônico e ao histórico com o objetivo de discernir a intenção comunicadora do dramaturgo divino.

Perceba bem: o teólogo é um dramaturgista, não um dramaturgo. Se, porém, o texto não tem uma existência (e sentido) independente da encenação, a linha entre dramaturgista e dramaturgo, ou entre dramaturgo e diretor, torna-se muito fina, a ponto de desaparecer. Aliás, há diretores — para não mencionar pastores e teólogos — que preferem suas próprias interpretações ao que está escrito no texto, mas, nesses casos, o que costuma ser encenado é uma peça completamente distinta: "A palavra-chave usada por muitos artistas de teatro atualmente para designar a singularidade criativa desta ou daquela produção de um texto dramático em particular é 'conceito'. O 'conceito de produção' é a criação de um diretor [...] que aspira ao mesmo *status* autoral do dramaturgo".[28] Muitas teologias sistemáticas também trabalham com "conceitos de produção" — ser, existência autêntica, libertação, processo, história universal, esperança, relacionalidade, até atos de fala, para citar apenas alguns desses conceitos. Em contrapartida, o realismo teodramático insiste na existência de uma ação divina unificada que mantém o drama da redenção coeso, embora seja uma ação que, para lhe fazer justiça plena, exige uma pluralidade de descrições e interpretações.

A teologia como *scientia* peculiar: a forma de Cristo e o quociente do cânon

A teologia canônico-linguística é uma ciência exegética peculiar: *a ciência do discurso divino* ou *da prática canônica* divina. O objeto específico da *scientia* teológica é o

---

[26]John Webster, *Word and church* (Edinburgh: T. & T. Clark, 2001), p. 110.
[27]Gordon Fee limita conscientemente o sentido de exegese à "investigação histórica do significado do texto bíblico" (*New Testament exegesis*, 3. ed. [Louisville: Westminster John Knox], 2002, p. 1).
[28]Cardullo, "Enter dramaturgs", p. 9.

teodrama roteirizado, pois Deus se dá a conhecer em Cristo justamente por meio da ação dialógica da Bíblia — pelo testemunho dos profetas, dos salmistas e dos apóstolos. A exegese é em grande parte uma questão de dar verdadeiro testemunho do "que temos lido e ouvido" nos textos bíblicos (cf. 1Jo 1.1,2). Chamar exegese de *scientia* é simplesmente dizer que ela é "disciplinada", tanto no sentido de abraçar certas práticas regidas por regras (incluindo o que anteriormente chamamos de práticas canônicas) quanto no de envolver as disciplinas espiritual e acadêmica que promovem a virtude interpretativa.

A exegese traz uma contribuição vital para a dramaturgia, visto que ajuda a "preparar o roteiro". Estudar o roteiro é uma forma de *scientia* exegética, embora não seja quantitativamente exata; a exegese bíblica não envolve nem números matemáticos nem quocientes numéricos que especificam relações quantitativas. Mas há figuras *literárias* e quocientes *canônicos* que descrevem relações *qualitativas*. O crítico literário Kenneth Burke fala de "quocientes" — conexões, transformações — entre os diferentes elementos de uma peça. Em um quociente cena/ato, por exemplo, o cenário simboliza a ação. Os leitores do Quarto Evangelho devem estar familiarizados com um quociente palavra/ato semelhante, em que os atos de Jesus simbolizam seus discursos. Ler a Bíblia canonicamente torna possível identificar certas correspondências — não numéricas, mas *dramáticas* — entre a maneira como Deus age na história de Israel e o modo como ele age na história de Jesus Cristo. Reconhecer tais quocientes tipológicos produz uma compreensão mais profunda do teodrama. De fato, reconhecer esses quocientes pode muito bem ser o meio promissor de alcançar o quociente canônico, uma apreensão da lógica teodramática que rege a ação principal da peça. A tarefa do exegeta, então, é tornar explícito o quociente subentendido na *sacra pagina*.

Por que exegese? Porque o significado do teodrama não pode ser apreendido em abstração a partir *só dessas práticas comunicadoras*. Porque as formas literárias das Escrituras fazem a mediação da "forma" de Jesus Cristo.[29] O que hoje passa por estudos bíblicos representa apenas uma *scientia* exegética abreviada que produz somente descrições históricas "tênues", em vez de apresentar descrições canônica e teologicamente "densas". O objetivo não é só recuperar "o que provavelmente aconteceu", ou o que está "por trás do texto", nem mesmo o que os autores humanos provavelmente quiseram dizer. A abordagem crítica predominante nos estudos bíblicos pode resultar em certo conhecimento histórico, mas não chega ao conhecimento teodramático — o conhecimento do que *Deus* estava fazendo na história ou do que *Deus* está dizendo e fazendo no texto.[30] A compreensão histórico-gramatical é, sem dúvida, relevante, pois o que Deus está dizendo costuma coincidir com o que os autores humanos estão dizendo, mas é apenas um momento no processo mais amplo do entendimento teodramático.

---

[29]Usando a terminologia de Tomás de Aquino: Cristo é o primeiro princípio "real" da teologia cristã, mas as Escrituras contêm os primeiros princípios "propositivos" da teologia.

[30]Uma série de iniciativas está em andamento e estas visam a recuperar uma interpretação propriamente teológica da Bíblia, opondo-se ou pelo menos sendo acrescentadas ao estudo histórico-crítico da Bíblia que prevalece na academia. Cf., por exemplo, Kevin J. Vanhoozer, org., *Dictionary for the theological interpretation of the Bible* (Grand Rapids: Baker, 2005); e a nova série de comentários organizada por R. R. Reno, Theological Commentary on the Bible (Brazos).

Esse entendimento teodramático mais amplo concentra-se em uma exegese da forma final do roteiro canônico e na exegese como vivência das práticas canônicas. Ele, no entanto, não é menos *scientia* por isso, pois continua sendo uma questão de conhecimento disciplinado.[31] A forma como a prática comunicadora divina vem a ser conhecida nos obriga a participar, a aprender a falar e a ver de acordo com os quocientes canônicos, a nos tornar aprendizes na sociedade de literatura bíblica. O objetivo desse aprendizado é perceber a forma de Cristo no coração do teodrama e, assim, cultivar a mente de Cristo. O que é necessário não é simplesmente informação, mas formação, tanto intelectual quanto espiritual. O objetivo da *scientia* exegética é "conhecimento disciplinado", conhecimento que resulta de certas disciplinas — intelectuais e espirituais — apropriadas ao teodrama e que também decorre de seu roteiro canônico.

Em suma, o aspecto científico da vocação dramatúrgica da teologia se concentra na preservação da integridade do roteiro e no esclarecimento do significado da ação. Para fazer justiça a seu objeto de estudo, a teologia como *scientia* exegética deve incluir declarações que permitam compreender a relevância do teodrama *como um todo*. Doutrinas como a Trindade e a encarnação são declarações sumárias, declarações sem as quais o drama perde unidade e integridade. Para participarmos do modo adequado do teodrama, no entanto, precisamos ir além da intratextualidade e nos envolver com o mundo fora do texto.

Sapientia: continuando o cristodrama

O aspecto sapiencial da teologia destaca o elo entre conhecimento e amor.[32] Conhecer e desejar fazer a vontade de Deus sempre foram a dupla de exigências para a correta adequação ao drama da redenção. A doutrina entra em curto-circuito quando produz apenas intelecção abstrata e não participação ativa. A teologia não nos concede apenas conhecimento *sobre* o teodrama, como se fosse alguma obra de arte abstrata, mas nos educa a viver o caminho, a verdade e a vida hoje. As doutrinas demandam não apenas nosso assentimento intelectual, mas nossa participação integral no drama

---

[31]"Disciplinado", mais uma vez, porque envolve (1) uma série de disciplinas acadêmicas orientadas para os textos, que têm como objetivo a compreensão da língua e da literatura; (2) disciplinas específicas da natureza das Escrituras (e.g., a leitura no contexto canônico); e (3) disciplinas espirituais que fazem parte essencial da formação de virtudes hermenêuticas como paciência, atenção e humildade (sobre esta última, veja meu livro *Is there a meaning in this text?* [Grand Rapids: Zondervan, 1998], p. 376-7, 463-7) [edição em português: *Há um significado neste texto?*, tradução de Álvaro Hattnher (São Paulo: Vida, 2005)].

[32]Sobre a inerência compartilhada por sabedoria, amor e conhecimento de Deus, veja A. N. Williams, "Contemplation: knowledge of God in Augustine's *De Trinitate*", in: James J. Buckley; David S. Yeago, orgs., *Knowing the triune God* (Grand Rapids: Eerdmans, 2001), p. 129-32. As acepções que dou a *scientia* e *sapientia* diferem um pouco das formas como os termos costumam ser usados pela tradição cristã. Agostinho, por exemplo, relaciona *scientia* a nosso conhecimento das coisas temporais e *sapientia* à nossa contemplação das coisas eternas. Inclino-me a relacionar *scientia* ao que Ricoeur chama de "o mundo do texto" e *sapientia* ao "mundo em frente ao texto". Em termos gerais, o contraste diz respeito à distinção entre significado e exposição, por um lado, e significância e aplicação, por outro.

que elas descrevem e ao qual servem. A doutrina dá direção aos cristãos com base no testemunho canônico. Tal orientação doutrinária não é de forma alguma irracional, embora sua racionalidade não seja uma questão de critérios supostamente universais, mas de critérios canônicos específicos, a saber, *correspondência, coerência e consistência teodramáticas*. Se a *scientia* como exegese diz respeito ao significado trazido *para fora* do texto bíblico, a *sapientia* é uma questão de *levar o significado adiante*, de ir *biblicamente* além do texto bíblico.[33]

Participando de modo adequado: a transposição da práxis

O roteiro bíblico não deve ser admirado, mas *encenado*. A fé cristã não é um sistema moral nem metafísico, mas um *caminho*: a forma de vida, dentro da aliança, com os outros e com Deus. Essa percepção lança nova luz sobre o que Gadamer diz a respeito do drama: "É na encenação e apenas nela [...] que encontramos a obra em si".[34] Isolar o roteiro de sua concretização na encenação é, nos termos de Gadamer, reduzir o "ser" da obra. A encenação principal é a da Palavra e do Espírito, ou seja, o teodrama que culmina com a ressurreição de Jesus Cristo e as práticas comunicadoras que a precedem, acompanham e seguem. No entanto, a maneira pela qual os cristãos seguem Cristo hoje representa o que podemos chamar de encenação secundária, cuja natureza passamos a considerar agora.

Como um teórico do drama nos lembra: "Nenhum aspecto do teatro é mais controverso hoje do que a produção de roteiros clássicos".[35] Em um extremo se encontram as produções que, sem originalidade, seguem o roteiro, montando a ação e vestindo as personagens de maneiras que reproduzem a encenação original. No final, porém, tais repetições não conseguem se comunicar com públicos de lugares, tempos e contextos diferentes. No outro extremo estão as interpretações criativas que filtram o roteiro pelo "conceito" do diretor, fazendo Shakespeare tratar de, digamos, clonagem ou crise energética. Contudo, não podemos ser tão criativos em nossa interpretação do drama a ponto de perder a intenção comunicadora do dramaturgo. Por conseguinte, a abordagem canônico-linguística aqui defendida não é de repetição sem originalidade nem de originalidade soberana. O roteiro canônico não é nem um manual de montagem com instruções passo a passo nem um teste de Rorschach. Antes, ele é uma "forma dominante" ou padrão de ação que deve ser preservado ao longo de várias encenações. O imperativo predominante na encenação ou *performance*, como a etimologia do próprio termo indica, é "levar a *forma* através (*per*)". No caso da teologia, *a forma dominante a ser levada através é a forma de Jesus Cristo: o ato comunicador de Deus*.

Como em outras artes cênicas, em teologia a dificuldade reside em especificar critérios para interpretações aceitáveis, para não dizer excelentes. Saber o que o roteiro

---

[33]Cf. I. Howard Marshall, *Beyond the Bible: meaning from Scripture to theology* (Grand Rapids: Baker, 2004), bem como minha resposta, "Into the great 'beyond'", esp. p. 86-95.

[34]Hans-Georg Gadamer, *Truth and method*, 2. ed. rev. (New York: Continuum, 2002), p. 116 [edição em português: *Verdade e método* (Petrópolis/Bragança Paulista: Vozes/Ed. Universitária/São Francisco), 2 vols.].

[35]Hornby, *Script into performance*, p. 3.

diz é, obviamente, um fator importante. No entanto, os cristãos não são chamados a reproduzir cópias exatas das Escrituras. As doutrinas centrais da fé (e.g., encarnação, Trindade) vão muito além disso. Ademais, os cristãos de hoje se veem diante de situações inéditas no que toca ao texto bíblico. O cânon aborda apenas indiretamente problemas como os limites da engenharia genética, a ética das operações de mudança de sexo, a aposentadoria antecipada, a realidade virtual e a desconstrução, para citar apenas algumas questões contemporâneas. No entanto, o cânon é o critério e condição supremos da igreja para encenações tanto "presas" quanto "livres". Para dizer como o cristianismo pode ser encenado hoje, é preciso explicar ambos os aspectos: a fidelidade servil e a liberdade criativa.

Podemos descartar sumariamente dois extremos. O primeiro extremo é acreditar que é possível recriar ou *copiar* a mensagem imutável, pelo menos em seu conteúdo quando não em sua forma. Essa opção enfrenta problemas insuperáveis. Em primeiro lugar, a forma exata do cristianismo primitivo é desconhecida; por exemplo, o Novo Testamento nem mesmo diz quem está qualificado para celebrar a ceia do Senhor. Em segundo lugar, dada a finitude da existência histórica humana, "parece haver algo absurdo na ideia de uma única interpretação correta".[36] O que pensamos ser uma cópia exata pode ser apenas uma pálida imagem. Em terceiro lugar, apenas copiar os padrões discursivos e de ação presentes na Bíblia não é responder de modo adequado aos novos problemas hoje enfrentados pelos cristãos em várias partes do globo. No entanto, não se deve oscilar para o outro extremo — o da correlação —, no qual a situação contemporânea e suas necessidades, em vez do roteiro canônico, controlam a teologia. Geralmente, aqueles que correlacionam adotam formas de pensamento atuais para redefinir e, talvez, revisar os textos bíblicos com termos inteligíveis para a cultura dominante. Essas formas de pensamento são, invariavelmente, hostis à palavra única e distinta, que insiste em ser proferida e cuja linguagem apropriada é a do evangelho e do teodrama.

Já examinamos a sugestão de que damos continuidade ao teodrama por meio da *tradução*, porque a própria fé cristã repousa sobre um ato divino de tradução: a encarnação. Assim como Deus traduz sua Palavra, colocando-a em forma humana, os cristãos também traduzem a fé para as línguas, formas de pensamento e práticas de culturas diversas. Tradução diz respeito sobretudo à transmissão de uma mensagem. No entanto, como *sapientia*, a teologia diz respeito ao modo como se dá continuidade a um *caminho*. Uma metáfora mais apropriada para descrever como a igreja de hoje dá continuidade ao teodrama pode ser a *transposição*.

A tarefa do teólogo não é compor, mas transpor, não criar, mas ressituar e interpretar para um novo público. Um bom dramaturgista haverá de garantir que *Romeu e Julieta*, de Shakespeare, transmita a natureza trágica do amor juvenil não realizado, seja ele encenado nas ruas da Itália do século 16, seja nas de Nova York do século 21. A comparação com uma transposição musical nos ajuda a entender de que estamos tratando: para transpor uma composição musical, é preciso colocá-la em uma clave diferente. A melodia, a harmonia e o ritmo ficam inalterados, embora cada nota seja diferente.

---

[36]Gadamer, *Truth and method*, p. 120.

A transposição é um exemplo notável da interpretação do mesmo no diferente. Em um sermão de 1944 proferido em Mansfield College, em Oxford, C. S. Lewis cunhou o termo *transposição* para designar o que acontece quando alguma coisa originária de um ambiente superior reaparece em um ambiente inferior. Uma cena da natureza, por exemplo, é "transposta" para um desenho bidimensional. Alguns entendem a encarnação como o paradigma de tradução, mas Lewis inclina-se a vê-la como a "transposição" perfeita. Sua ideia é que há uma continuidade entre o ambiente superior (mais rico) e o inferior (mais pobre), uma continuidade que ele vê como sacramental.[37]

A concepção de transposição de Lewis é vertical, um vestígio de seu modo tipicamente platônico de pensar sobre a relação entre o natural e o sobrenatural: o ambiente inferior participa do superior. Colocando de lado a figura de Lewis, sugiro uma relação horizontal e histórica em vez de vertical ou metafísica. A transposição dramática, à semelhança de sua contraparte musical, é uma questão de preservar a mesma linha melódica e a configuração harmônica, embora em uma clave diferente, em que a "melodia" é a principal linha de ação, e "harmonia", o contexto mais amplo que dá à melodia seu significado específico. Resumindo, *a tarefa sapiencial da teologia é saber como transpor o drama da redenção para o presente*. Melhor dizendo, *fazer a transposição teodramática significa encenar o mesmo drama da redenção em uma clave cultural diferente*. Para Lewis, a encarnação é uma transposição do ser divino para o ambiente da humanidade. A teologia não deve repetir isso, mas dar continuidade à história iniciada pela encarnação. Isso requer uma transposição mais lateral, embora o objetivo seja manter a mesma figura e forma de Cristo, os mesmos quocientes canônicos, em diferentes claves culturais.

Querer e se dispor a participar de modo adequado: transformando o *habitus*

Para participar adequadamente do teodrama, devemos não apenas conhecer nosso papel, mas desejar representá-lo. Há, portanto, dois aspectos da *sapientia*: o objetivo e o subjetivo. O primeiro pertence à nossa apreensão intelectual do teodrama, e o último, à nossa disposição de tomar parte nele. O que C. S. Lewis diz sobre a beleza também se aplica ao teodrama: "Não queremos apenas *ver* a beleza [...] Queremos [...] estar unidos à beleza que vemos, penetrá-la, recebê-la em nós mesmos".[38] O drama da doutrina envolve tanto conhecer quanto amar o teodrama, tanto entender o que Deus está fazendo em nosso mundo por meio de Cristo quanto participar de modo adequado da mesma obra. O que resulta desse conhecimento e amor teodramáticos é a sabedoria: a capacidade de ter percepção e de participar corretamente da ordem da criação e de seu reordenamento em Cristo por meio do Espírito. No final das contas, a compreensão teológica é demonstrada no mínimo por uma resposta *ativa*. Por seus frutos — uma participação competente ou incompetente no teodrama — os conhecereis.

---

[37] C. S. Lewis, "Transposition", in: *Screwtape proposes a toast and other pieces* (London: Collins, 1965), p. 83. Owen Barfield vê o sermão de Lewis sobre a transposição como uma genuína teoria da imaginação (citado em Walter Hooper, *C. S. Lewis* [São Francisco: HarperSanFrancisco, 1996], p. 574).

[38] C. S. Lewis, "The weight of glory", in: *Screwtape proposes a toast*, p. 106-7.

A antiga prática de catequese batismal era uma espécie de "jornada dramática" que procurava ensinar os recém-convertidos a participar de modo adequado da vida cristã.[39] A instrução que os primeiros catecúmenos recebiam incluía aprender as Escrituras e "educar o desejo": "As homilias e outras instruções nas Escrituras serviam para atrair as pessoas para a narrativa do drama de Deus com seu povo".[40] O processo de instrução normalmente culminava no batismo do catecúmeno, uma entrada dramática no teodrama — na própria vida, morte e ressurreição de Jesus Cristo. O contraste com a igreja contemporânea, pelo menos na América do Norte, dificilmente poderia ser mais evidente. Podemos aqui recordar a tese de Alan Wolfe, segundo a qual a instrução doutrinária, em grande medida, desapareceu da igreja na América do Norte, tanto da igreja tradicional quanto da evangélica.[41] A trágica ironia é que o número de pessoas que *professam* a doutrina cristã é maior que o número das que sabem *praticá-la*. O resultado: uma igreja que substitui os sentimentos religiosos pelo sentimentalismo religioso.

Se a adequação espiritual — o tornar-se "adequado em Cristo" — é o objetivo, então a teologia canônico-linguística pode ser o melhor caminho. *A teologia canônico--linguística não é simplesmente uma hermenêutica, uma maneira de lidar com o texto, mas um modo de vida: uma encenação roteirizada e dinamizada pelo Espírito, um caminho de sabedoria gerado e sustentado pela palavra e pelo Espírito.* Como tal, ela está preocupada tanto com a preparação dos atores quanto com a compreensão do roteiro. Sua intenção não é apenas informar, mas transformar mentes. A teologia canônico-linguística representa uma espécie de terapia cognitiva que tem como objetivo substituir padrões de pensamento distorcidos por padrões que correspondem às práticas canônicas, à realidade teodramática e, por fim, à mente de Cristo.

A "mente de Cristo" não diz respeito apenas ao quociente intelectual de Jesus ou ao conhecimento por ele acumulado, mas a seu *habitus*: o padrão distintivo de todos os seus atos intencionais — desejos, esperanças, crenças, vontades, emoções, bem como pensamentos. A "mente de Cristo" diz respeito ao padrão característico dos julgamentos ou juízos de Jesus — ao modo como ele *processa* as informações e ao *produto* desse processamento: a sabedoria corporificada de Deus. A mente de Cristo é o conjunto de hábitos ou virtudes morais, intelectuais e espirituais que servem como a mola mestra para tudo aquilo que Jesus faz e diz.[42]

A *scientia* exegética, em última análise, serve a um propósito *sapiencial*. A teologia canônico-linguística não tem como objetivo apenas transmitir um conjunto de verdades, mas cultivar um novo *habitus* — a mente de Cristo — a fim de edificar o corpo de Cristo. Esse *habitus* é adquirido não por uma aprendizagem mecânica, e sim pela encenação do que está nas Escrituras: vivenciando as práticas canônicas

---

[39]L. Gregory Jones, "Baptism: a dramatic journey into God's dazzling light: baptismal catechesis and the shaping of Christian practical wisdom", in: Buckley; Yeago, orgs., *Knowing the triune God*, p. 147-77.

[40]Ibid., p. 154.

[41]Veja Alan Wolfe, *The transformation of American religion* (New York: Free Press, 2003).

[42]A mente de Cristo inclui até — ou melhor, principalmente — a imaginação.

e delas participando, práticas que apontam para Cristo e nos preparam para sermos conformes a ele. Para termos a mente de Cristo, devemos entrar no círculo sapiencial, um círculo com dois focos, a Palavra e o Espírito: "Creio para entender; entendo para colocar em prática; coloco em prática para crescer no conhecimento e na fé".

FIDELIDADE COMO ADEQUAÇÃO DRAMÁTICA

O conceito-chave em uma teologia que busca encenações fiéis porém contemporâneas de um roteiro canônico é a adequação dramática. No capítulo 3 fizemos um exame preliminar dessa noção. Podemos agora expandir essas reflexões relacionando adequação à teologia como *scientia* e *sapientia*. A principal tese a ser desenvolvida é esta: *o critério supremo do conhecimento, da bondade, da beleza e da verdade é a adequação cristodramática*.[43]

O conceito de adequação: atuando *sub specie theo-dramatis*

Adequação é um conceito mais conhecido por seu papel na teoria estética. Tomás de Aquino, por exemplo, listou a correta proporção ou harmonia como um de seus três critérios de beleza.[44] Outro pensador do século 13 declarou que "a beleza é uma concordância e adequação de algo consigo mesmo e de cada uma de suas partes com elas mesmas e com todas as outras e com o todo, e desse todo com todas as coisas".[45] A adequação designa uma relação vigente entre um todo e suas partes constituintes. O que é "adequado" é o que encontra o seu lugar no "todo" de modo correto. Dessa forma, juízos sobre adequação dependem da compreensão prévia que alguém tenha do "todo": seu tipo, sua forma. Um pensador que tenha afeições metafísicas pode compreender a totalidade em termos de "Ser"; o pensador que tenha afeições bíblicas, que associa a sabedoria ao que está de acordo com a ordem criada, pode tender a concordar. Esse retrato, porém, corre o risco de conceber a totalidade de modo demasiado sistemático e estático. Dado seu objeto de estudo teodramático, a adequação teológica não deve nem ser reduzida à simetria nem congelada em uma sistematicidade. A adequação teológica não é tanto uma questão de consistência lógica, mas sim de consistência *dramática*, pois a totalidade em questão não é apenas uma questão de ser, mas de *fazer*. *O dogma é o drama*: a total e completa ação de Deus, criando e recriando em Jesus Cristo por meio do Espírito.

O todo em que tudo o mais se encaixa não é outro senão Jesus Cristo, a revelação definitiva e abrangente da sabedoria de Deus. A "forma" de Jesus (termo usado por Balthasar) não é uma *gestalt* estática, mas uma *Geschichte* ativa, um padrão ressonante

---

[43]Falar de "cristodrama" é destacar a natureza especificamente cristã (ou seja, centrada em Cristo) do teodrama.

[44]Os outros dois são a totalidade, ou integridade, e a claridade, ou radiância; cf. *Summa Theologiae* 1.39.8.

[45]Robert Grosseteste, citado em Umberto Eco, *Art and beauty in the Middle Ages* (New Haven: Yale University Press, 1986), p. 48 [edição em português: *Arte e beleza na estética medieval*, tradução de Mario Sabino (Rio de Janeiro: Record, 2010)].

de ação comunicadora cujos feitos significam e cujas palavras atuam. Em última análise, a forma a que outras partes do teodrama devem se adequar, em suma, é a história de Jesus Cristo, história que representa a inteira e completa ação divina desde a Criação até a consumação: *o cristodrama*. A sabedoria cristã é, em grande medida, uma questão de repensar tanto a teologia quanto a ética e a adoração da perspectiva da adequação cristodramática.

Wolterstorff indica corretamente a maneira pela qual o conceito de adequação pode ser estendido além da esfera da estética, para a esfera da ação, das ideias e até da adoração. Há adequação, por exemplo, entre a arquitetura de Frank Lloyd Wright e seu humanismo naturalista, ou entre a arquitetura gótica e a teologia escolástica.[46] Wolterstorff reconhece que pode haver adequação entre obras de arte e convicções humanas e passa a aprovar a tese de Van der Leeuw segundo a qual algumas obras de arte são adequadas ao sagrado.[47] Considere-se, por exemplo, a maneira pela qual certas passagens da música combinam com a sequência de atos na liturgia: "O que combina com o momento de confissão pode muito bem ser inconveniente para o momento de louvor".[48] Outros, como Jonathan Edwards, apelam para a noção de adequação com vistas à metafísica.[49]

Wolterstorff retrata o artista como um "artífice da adequação". "Artífice da adequação" é também uma excelente descrição do teólogo, pois a teologia está comprometida com a harmonia entre a ação humana, comunicadora ou não, e Jesus Cristo como palavra e ato de Deus. A adequação é o elo crucial na analogia entre teologia e dramaturgia: *adequação é o conceito-chave em teologia considerada tanto uma ciência textual quanto uma forma de sabedoria prática*. Essa adequação é epistemológica e ética, tanto intratextual quanto extratextual. Para ser mais exato, a adequação cristodramática envolve igualmente *scientia* e *sapientia*. Os próximos capítulos mostrarão que os três aspectos da *scientia* teológica enfocam a adequação intracanônica e culminam em uma epistemologia pós-fundacionalista. Os três aspectos da *sapientia* teológica ampliam nossa compreensão de adequação ao incluir a relação entre o cânon e nosso presente contexto cultural e ao destacar a importância da sabedoria prática ou *fronesis*.[50] A noção de adequação do drama nos estimula a pensar em teologia "como uma atividade que reúne reflexão bíblica, direção espiritual, clareza litúrgica, precisão doutrinária, considerações estéticas, discernimento ético disciplinado e participação".[51]

Em suma, o conceito de adequação deriva da relação entre as partes e o todo. Portanto, tudo depende de como se interpreta a totalidade. Wittgenstein quase

---

[46]Nicholas Wolterstorff, *Art in action: toward a Christian aesthetic* (Grand Rapids: Eerdmans, 1980), p. 118.
[47]Ibid., p. 117.
[48]Ibid., p. 116.
[49]Cf. Amy Plantinga Pauw, *"The supreme harmony of all": the Trinitarian theology of Jonathan Edwards* (Grand Rapids: Eerdmans, 2002).
[50]*Fronesis* é o termo de Aristóteles que conota a razão prática, em oposição à razão teórica (*epistēmē*) ou instrumental (*techne*). Cf. Aristóteles, *Ética a Nicômaco*. Analiso *fronesis* com mais detalhes no cap. 10.
[51]Jones, "Baptism", p. 163.

acertou ao afirmar: "A obra de arte é o objeto visto *sub specie aeternitatis*; e a boa vida é o mundo visto *sub specie aeternitatis*. Essa é a ligação entre arte e ética".[52] O bom, o belo e o verdadeiro, de fato, realizam seu potencial na perspectiva da eternidade — o todo do tempo —, mas os cristãos precisam insistir que a própria eternidade entra em foco somente na história de Jesus Cristo, a plenitude do tempo, quando o todo passa a ser visível. *A adequação do drama ao que Deus fez em Cristo é o critério supremo tanto da verdade quanto da bondade e da beleza.* Precisamos, portanto, corrigir a máxima de Wittgenstein: conhecimento é o objeto visto *sub specie theo-dramatis*, e a vida sábia, a vida vivida *sub specie theo-dramatis*. Pois Jesus Cristo e nenhum outro é aquele em quem encontramos "todos os tesouros da sabedoria e da ciência" (Cl 2.3).

A adequação ao texto canônico

A direção doutrinária que a teologia propõe para a igreja deve se adequar tanto ao texto canônico quanto à situação contemporânea, embora a adequação ao cânon seja obrigatória, ao passo que a adequação ao contexto seja somente recomendável. Adequação cristodramática significa adequação canônica. Temos de pensar *por meio do cânon*, a fim de pensar sobre Jesus Cristo do modo correto. *O padrão de adequação é a ação inteira e completa do teodrama, e o cânon é a especificação normativa dessa ação "inteira e completa".* A sã doutrina se distingue da escória da mera opinião apenas porque somente ela concorda com o testemunho comissionado dos autores bíblicos.

É um erro igualar a unidade do cânon à unidade de um sistema conceitual.[53] A adequação não é uma questão de ser coerente com axiomas ou princípios básicos. A unidade canônica também não deve ser considerada uma superfície plana em que cada ponto está no mesmo nível de qualquer outro.[54] Dessa perspectiva, haveria tantos tipos de totalidade quantas seriam as possibilidades de ordenar as partes. A unidade do cânon, porém, não é a unidade de um Euclides nem de um mosaico, mas a de um *mythos* ou "enredo": a representação de uma ação inteira e completa. As Escrituras têm um centro, mas ele não é de natureza conceitual. O centro é dramático, o ponto a partir do qual o restante do teodrama gira, um centro espaçotemporal sobre o qual as próprias eras giram. *Jesus Cristo é a palavra e a ação no centro do cânon, a corporificação e encenação do propósito divino que dá vida a todo o drama da redenção.*

Direções doutrinárias são racionais, na medida em que são tentativas de ordenar a fala, a atuação e o pensamento da igreja de acordo com o teodrama canonicamente

---

[52]Ludwig Wittgenstein, *Notebooks 1914-1916*, tradução para o inglês de G. E. M. Anscombe (Oxford: Blackwell, 1961), p. 83. A data do registro é 17 de outubro de 1916.

[53]Penso que a teologia seja sistemática no sentido "suave" especificado por Colin Gunton, que exige que o teólogo assuma a responsabilidade por *algum tipo de* coerência global no que se diz ("Historical and systematic theology", in: Colin Gunton, org., *The Cambridge companion to Christian doctrine* [Cambridge: Cambridge University Press, 1997], p. 12). Um sistema "duro" de teologia seria aquele que deduz suas verdades a partir de um conjunto de primeiros princípios axiomáticos. A sistemática suave aqui defendida busca um ajuste entre a fala e a ação atuais da igreja, por um lado, e o cristodrama especificado canonicamente, por outro.

[54]David S. Yeago, "The Bible", in: James J. Buckley; David S. Yeago, orgs., *Knowing the triune God* (Grand Rapids: Eerdmans, 2001), p. 78.

roteirizado. O cânon é a plataforma fiduciária do cristão, um texto dramático que faz a mediação do quociente, ou inteligibilidade, da realidade teodramática. O critério de competência cristã — critério que define em que os cristãos devem crer, o que falar e fazer — em última análise, é uma questão de as coisas se adequarem corretamente ao teodrama. Como a única exposição autorizada do cristodrama, o cânon torna-se, dessa forma, o que podemos chamar de *Regra de Adequação* da igreja. "É *esse* discurso, o que é dito *nesses* escritos, fixado textualmente apenas *dessa* forma, que a igreja conhece como o 'discurso divino' do Espírito Santo. Assim, a noção de uma leitura 'fiel' das Escrituras inspiradas sempre inclui uma *adequação ao que os textos dizem* em sua fixidez e densidade concretas".[55]

A adequação ao contexto contemporâneo

A preocupação com a adequação contextual não precisa estar em desacordo com a preocupação com a adequação textual; na verdade, pode ser a melhor maneira de honrá-la. O roteiro canônico não é inerte, mas vivo e ativo, gerando inúmeras apresentações em uma ampla gama de tempos, lugares e culturas. Ao mesmo tempo, devemos reconhecer que as exigências do contexto atual muitas vezes obscurecem as demandas do texto. O teatro do século 20 fornece alguns interessantes exemplos cautelares de encenações que estavam tão decididas a ser relevantes, que não levaram em conta a intenção do dramaturgo. Edward Albee, de forma memorável, interveio para interromper uma produção totalmente masculina de seu *Who's afraid of Virginia Woolf?* [Quem tem medo de Virginia Woolf?], chegando ao ponto de incluir disposições legais para que ela fosse encenada por atores do sexo para o qual a peça havia sido escrita. Em 1984, Samuel Beckett opôs-se à produção de sua peça *Endgame* [Fim de festa] pelo American Repertory Theatre, porque a companhia havia ignorado suas direções de palco. Para evitar uma ação judicial que poderia se transformar num drama da vida real, a companhia aceitou um acordo que permitiu a Beckett incluir a seguinte declaração no programa: "A produção do American Repertory Theatre, que descartou minhas direções [de palco], é uma completa paródia da peça por mim concebida".[56] O diretor da companhia também incluiu uma declaração no programa informando que "os direitos normais de interpretação" são necessários a fim de liberar de modo pleno a energia e o significado da peça. A questão crucial para a presente obra, no entanto, é se também a igreja tem encenado produções que se destacam igualmente pela falta de adequação entre texto e encenação.

Um enorme obstáculo para que se façam juízos saudáveis a respeito da correção ou adequação de uma encenação é nossa distância histórica e cultural do roteiro. Lavar os pés era uma forma de hospitalidade aceita na antiga Palestina; no Ocidente contemporâneo, tal ato poderia ser considerado invasão de privacidade. Os cristãos

---

[55]Ibid., p. 66.
[56]Citado em Robert Hapgood, "The rights of playwrights: performance theory and American law", in: Keane Luere, org., *Playwright versus director: authorial intentions and performance interpretations* (Westport: Greenwood, 1994), p. 146.

ocidentais não se cumprimentam mais com um beijo santo. O que significa, então, continuar aquela prática, para não mencionar todas as outras práticas registradas (e muitas vezes ordenadas) nas Escrituras?

Voltemos ao conceito de adequação. Wolterstorff estranha a forma como reconhecemos a adequação e a forma como julgamos serem semelhantes coisas distintas. Por exemplo, por que pessoas em diferentes culturas tendem a associar *grande* com (volume de som) *alto*, e não com *baixo*, ou *pequeno* com (volume de som) *baixo*, e não com *alto*? Grande e pequeno são conceitos que se referem a tamanho; alto e baixo referem-se a som. Aparentemente, som e tamanho não têm relação um com o outro; comprimento é uma "modalidade", volume (de som) é outra. No entanto, estudos empíricos demonstram que as pessoas julgam que *alto* "combina" com *grande* e não com *pequeno*. O que explica isso, Wolterstorff sugere, é a *semelhança transmodal*: "Algo ser maior que outra coisa é (intrinsecamente) mais semelhante a algo ser mais alto que outra coisa, não mais semelhante a algo ser mais baixo que outra coisa".[57] A adequação, sugere ele, é apenas *semelhança transmodal*, semelhança que perpassa modalidades (e.g., tipos de qualidades).

A semelhança transmodal de Wolterstorff é outra maneira de falar de *transposição*. "Alto", transposto para a modalidade de tamanho, *é* "grande". O interesse de Wolterstorff é a estética; por isso, ele se concentra em modalidades qualitativas. Um modo, no entanto, também pode se referir a uma maneira de *fazer* algo (e.g., modo de cumprimentar, de lavar roupa ou de orar). Pessoas em diferentes culturas, por exemplo, fazem coisas semelhantes de maneiras diferentes. Aprender a se adequar em uma cultura diferente é aprender a discernir semelhanças (e dessemelhanças) transmodais. A adequação, então, é uma questão não só de relações entre as partes e o todo, mas de semelhanças transmodais — o que significa dizer de semelhanças *transculturais*. A *sapientia* teológica é uma questão de transpor os modos bíblicos de discurso e ação para suas contrapartes contemporâneas.

O objetivo último da teologia canônico-linguística é conseguir a adequação — semelhança modal transcultural — entre as Escrituras e a situação contemporânea. Esse processo tem recebido diversas designações — busca, compreensão, tradução, contextualização —, mas transposição e semelhança transmodal explicam melhor a mesmidade-na-diferença que caracteriza encenações fiéis, porém adequadas, do roteiro canônico. Note bem, as encenações que visam tanto à fidelidade textual quanto à inteligibilidade contemporânea não podem ser repetições literais. Repetições literais não levam muito a sério as diferenças modais ou culturais. O mesmo movimento da mão entendido como saudação em uma cultura pode ser ofensivo em outra. A encenação da "mesma" ação comunicadora nesse caso exige um gesto completamente distinto. O mesmo se dá com a participação no teodrama: a fidelidade ao roteiro canônico exige encenações distintas em diferentes situações. Isso é um tipo de relativismo, com certeza, mas ele *estabelece* a autoridade bíblica, em vez de enfraquecê-la. O roteiro continua autorizado e constante, assim como o teodrama; a única mudança real acontece no figurino e no cenário.

---

[57]Wolterstorff, *Art in action*, p. 99.

Para alcançar fidelidade às Escrituras e adequação ao contexto contemporâneo — algo que chamamos de semelhança transmodal entre ontem e hoje — precisamos pensar sobre nossas encenações em outros termos que não o da repetição literal. A capacidade de discernir a adequação entre encenações bíblica e contemporânea exige tanto a criatividade da metáfora quanto uma boa compreensão do sentido literal das Escrituras. A etimologia do termo *metáfora* é "transferir": o significado que pertence a um modo é transferido (transposto) para outro. Considere-se, por exemplo, o chamado ponto doce de uma raquete de tênis, a área no centro das cordas. A doçura, um modo de paladar, neste caso é transferida para o modo do tênis. Ela também pode ser transferida para o campo da conversa: "conversa doce/açucarada" é uma forma de bajulação. O que confere sentido a essas transferências metafóricas é sua capacidade de nos ajudar a discernir a adequação, certo tipo de semelhança no meio da dessemelhança. Uma boa metáfora é aquela que nos permite perceber a adequação entre coisas que, normalmente, não associaríamos umas com as outras. A metáfora "designa o processo geral pelo qual captamos afinidade, anulamos distância entre ideias remotas, construímos semelhanças sobre dessemelhanças".[58] Wolterstorff concorda: "As metáforas muitas vezes (ou sempre) são interpretações de uma adequação percebida".[59]

Segundo Aristóteles, "uma boa metáfora implica uma percepção intuitiva da semelhança em dessemelhantes".[60] É um "dom de gênio" que "põe diante dos olhos". *A correta encenação da igreja hoje está em uma relação metafórica com seu roteiro canônico.*[61] Tais encenações são extensões criativas da forma definitiva de ação comunicadora corporificada na história de Jesus Cristo, transposta em uma clave cultural diferente. Aristóteles defendia que a criação de metáforas não pode ser ensinada, pelo menos não por meio de um conjunto de passos infalíveis que alguém siga de forma automática. O mesmo se pode dizer da sabedoria. No entanto, podemos aprender a discernir a adequação e sermos sábios recebendo instrução canônica. Aprendemos melhor a transpor padrões bíblicos de ação para padrões contemporâneos por meio da aprendizagem de práticas canônicasa transposição tipológica é, como vimos, o arroz com feijão do cânon.

---

[58]Paul Ricoeur., "Creativity in language: word, polysemy, metaphor", in: Charles E. Reagan; David Stewart, *The philosophy of Paul Ricoeur: an anthology of his work* (Boston: Beacon, 1978), p. 132. Para uma exposição mais completa da teoria da metáfora de Ricoeur, veja, de minha autoria, *Biblical narrative in the philosophy of Paul Ricoeur* (Cambridge: Cambridge University Press, 1990), cap. 3. Alguns (e.g., Sallie McFague) têm se apropriado da teoria de Ricoeur para se libertar das limitações do discurso bíblico vigente. Essa não é a minha intenção aqui.
[59]Wolterstorff, *Art in action*, p. 116.
[60]Aristóteles, *Poética*, 1459a7-8.
[61]As interpretações da igreja sempre devem ser fundamentadas no que o texto diz. Quando invoco a metáfora para falar da encenação criativa da igreja, não estou cortando o vínculo com as Escrituras autorizadas, mas estendendo o alcance das Escrituras até o presente. A ideia é ver na criação de metáforas uma espécie de tipologia na qual o mesmo objeto de estudo canônico e normativo — a história de Jesus — é traduzido em formas culturais, conceituais e contextuais distintas. Talvez atingíssemos o mesmo objetivo se falássemos da "analogia da fé", mas decidi seguir a discussão de Wolterstorff a respeito da adequação sob a ótica da metáfora, a fim de destacar a contribuição da imaginação.

Precisamos entender o teodrama, mas também precisamos entender as realidades socioculturais do nosso tempo. Depois, temos de descobrir as semelhanças transmodais que nos capacitem a continuar no mesmo caminho, verdade e vida retratados nas Escrituras em termos apropriados para hoje. A teologia canônico-linguística é metafórica, mas apenas no sentido de que pensa de acordo com as semelhanças transmodais que caracterizam o próprio cânon. A teologia canônico-linguística, a exemplo de seu roteiro autorizado, tem tudo que ver com transposição: de Deus para a carne, da Lei para o evangelho, de Israel para a igreja, da antiga aliança para a nova, da igreja primitiva para a igreja hoje. Em suma: a teologia dramatúrgica procura encenações teodramáticas que revelem adequação com o cânon e com a situação contemporânea.

Para concluir essa discussão, consideremos dois exemplos bíblicos nos quais é visível a falta de uma adequação dramática. O primeiro é relativamente simples, porque decorre de um mandamento de importância perene: "Não terás outros deuses além de mim" (Êx 20.3). A idolatria decorre de uma compreensão defeituosa ou rejeição das *dramatis personae* divinas. Não pode haver exemplo mais claro de falta de adequação teodramática do que um comportamento que evidencia total ignorância sobre a quem pertence o drama. A idolatria nega o núcleo do teodrama ao não reconhecer que somente Yahweh, o Deus de Israel e Pai de Jesus Cristo, é aquele que cria e redime. Todos os outros deuses, como o cânon atesta claramente, são mudos e impotentes (1Rs 18.26).[62]

O segundo exemplo refere-se à tentativa do apóstolo Pedro de representar seu papel como seguidor de Cristo. Talvez nenhum outro episódio bíblico se assemelhe tanto ao celebrado exemplo de Lindbeck do cruzado que diz "Jesus é o Senhor" enquanto racha o crânio de um infiel do que o estranho incidente que se seguiu à prisão de Jesus, registrado para a posteridade nos quatro Evangelhos, quando Pedro corta fora a orelha direita de certo Malco, servo do sumo sacerdote. Este exemplo é particularmente intrigante porque ocorre em um ponto em que o cristodrama está prestes a atingir o auge de sua conclusão.

O relato de Marcos é geralmente lacônico: "Mas um dos que estavam ali, puxando da espada, feriu o servo do sumo sacerdote e cortou-lhe uma orelha" (Mc 14.47). Jesus não comenta esse ato no relato de Marcos; a opinião de Cristo nessa questão não é clara. Esse não é o caso em Mateus, em que Jesus responde: "Guarda a tua espada; porque todos os que lançarem mão da espada, à espada morrerão" (Mt 26.52). Uma ação aberrante torna-se aqui em uma convincente lição prática sobre a violência. O Quarto Evangelho identifica Pedro como o espadachim e registra o que Jesus disse: "Põe a tua espada na bainha. Por acaso não beberei do cálice que o Pai me deu?" (Jo 18.11). Aqui Pedro é retratado como alguém que deixou de entender o objetivo do drama. Seu ato não teve adequação porque ele não conseguiu acompanhar o que estava acontecendo. A inadequação da ação de Pedro é ainda mais explícita no Evangelho de Lucas, em que os discípulos perguntam: "Senhor, devemos atacar com as espadas?" (Lc 22.49). Pedro, no entanto, não espera uma resposta e, assim, realiza

---

[62]Os ídolos, como se pode ver, *não* são agentes comunicadores. Eles não desempenham nenhum papel no teodrama; não falam nem agem. São apenas *adereços cênicos* sem vida e, portanto, inúteis.

sua ototomia grosseira, ato que provoca uma reação clara e direta de Jesus: "Basta, deixai-os". O que Jesus faz em seguida não nos deixa com dúvida alguma quanto ao significado de suas palavras: "E, tocando-lhe a orelha, o curou" (Lc 22.51). Tudo isso se harmoniza com o ensinamento de Jesus sobre seu reino, o qual "não é deste mundo" e, portanto, não é estabelecido pela espada (Jo 18.36).

Os padrões de fala, pensamento e ação serão adequados na medida em que revelarem e manifestarem uma verdadeira semelhança com o cristodrama, apesar do aspecto culturalmente dessemelhante. Esta é a maneira como a teologia geralmente começa: com situações concretas que pedem decisões concretas de falar e agir de uma forma ou de outra. O comportamento de Pedro estava destituído de adequação; ele mostrou sua incompreensão da verdadeira natureza do reino de Cristo. Daí o objetivo máximo da teologia canônico-linguística: cultivar a mente de Cristo e um modo de vida que corporifique a sabedoria de Deus.

CAPÍTULO 9

A abordagem canônico-linguística (primeira parte)
Scientia

A teologia cristã é o discurso reservado para seu objeto, o evangelho de Jesus Cristo, e a ele vinculado; é o discurso santo e racional a respeito de Deus, de nós mesmos e do mundo *sub specie theo-dramatis*. A doutrina dá direção para que a igreja participe adequadamente no drama da redenção, uma participação especificada de forma normativa no roteiro da igreja. A ideia principal do presente capítulo é fornecer um esboço de uma abordagem pela qual a teologia obtenha direção a partir do roteiro. A teologia canônico-linguística como *scientia* exegética é a tentativa de ouvir o que o Espírito de Cristo diz por meio da palavra de Cristo ao corpo de Cristo. Disso decorre não uma certeza apodíctica, mas uma direção apostólica, o que não significa que não há lugar para racionalidade e verdade. Isso tampouco significa dizer que não há lugar para conhecimento extrabíblico ou para inclusão do contexto contemporâneo; significa apenas que esse conhecimento e essa inclusão estão ligados à *sapientia*, que será discutida no próximo capítulo. Assim, embora a teologia canônico-linguística subentenda, no mínimo, a exegese bíblica, ela é bem mais que isso. O desafio imediato é esclarecer a forma assumida pela exegese bíblica em face da natureza do teodrama e da forma particular de seu roteiro canônico.

UMA TEOLOGIA PÓS-PROPOSITIVISTA

Uma das figuras mais influentes da teologia como *scientia* das Escrituras a retrata como o processo de abstrair do texto bíblico as verdades reveladas — proposições — e de organizá-las em ordem lógica. A *Summa theologiae* de Tomás de Aquino representa um exemplo paradigmático da abordagem "propositivo-cognitiva" da tarefa da *fides quaerens intellectum*.[1] Essa é, reconhecidamente, uma maneira de conceber a adequação

---

[1] O propositivista entende as doutrinas como declarações informativas sobre a realidade objetiva. Muitas das chamadas teologias escolásticas protestantes do período da pós-Reforma são de natureza propositiva, assim como também suas descendentes evangélicas mais recentes, como as teologias de Charles Hodge, Louis Berkhof e Wayne Grudem.

canônica. Desse ponto de vista, o cânon contém verdades reveladas que o *intellectus* abstrai, reunindo as doutrinas sagradas em um sistema coerente de proposições.

A teologia canônico-linguística vê a relação entre a teologia e o texto bíblico de modo um pouco diferente. Ela alega que um retrato da linguagem (e do conhecimento) faz com que a perspectiva propositivista se mantenha cativa. O principal defeito do propositivismo é que a variedade de atos de fala presentes no cânon fica reduzida a um único tipo: a asserção. Disso decorre uma concepção monológica da teologia e da verdade. Considerar a teologia um monólogo, mesmo que verdadeiro, é reduzir o teodrama — no qual a ação dialógica é realizada por diversas vozes — a mera teoria. Nem o teodrama nem o roteiro canônico podem ser reduzidos a proposições e teorias sem perdas expressivas. Em última análise, para fazer justiça ao texto bíblico é preciso um tipo diferente de *scientia* exegética que vá além do propositivismo sem, no entanto, abandonar as proposições. Esta seção mostra como a teologia canônico--linguística preserva o melhor da abordagem propositivo-cognitiva ao mesmo tempo que evita seus defeitos.

Scientia e propositivismo

A concepção de ciência como procedimento indutivo empírico e objetivo cativa muitos propositivistas contemporâneos. Como Tomás de Aquino viveu antes do advento da ciência moderna, a acepção que ele dava ao termo *scientia* não trazia essa bagagem extra.[2] Para Tomás de Aquino, a *sacra pagina*, o conteúdo revelador nas Escrituras, corresponde exatamente à *sacra doctrina*. É doutrina *sagrada*, porque é o ensino sobre Deus dado *por* Deus. É *scientia* não porque os seres humanos podem descobrir a verdade a respeito de Deus (não podemos), mas porque ela participa da ciência *de Deus*, isto é, o conhecimento que o próprio Deus tem de si mesmo e que ele compartilha graciosamente com seu povo por meio dos profetas e apóstolos.[3] A teologia é *scientia* em um sentido secundário, pois a razão humana pode extrair o que está implícito nas Escrituras por meio de um processo de análise e inferência lógicas. Infelizmente, a maioria dos propositivistas modernos tem feito do aspecto secundário a essência de sua abordagem, e por isso a teologia torna-se não tanto uma questão de participação na vida de Deus, mas de análise do conteúdo do que Deus disse.

A teologia para Tomás de Aquino é *fides quaerens intellectum*. O papel do intelecto não é estabelecer os primeiros princípios da teologia (e.g., os artigos de fé); apenas Deus pode fazer isso. O papel do intelecto é, sim, abstrair verdades a partir dos dados das Escrituras. Como o "intelecto agente" apreende "formas" inteligíveis da "matéria", assim o intelecto assistido pelo Espírito abstrai proposições — o que é afirmado, a declaração do que deve ser crido — com base nos dados do texto bíblico.

---

[2]Cf. John I. Jenkins, *Knowledge and faith in Tomas Aquinas* (Cambridge: Cambridge University Press, 1997), esp. p. 66-70.

[3]Tomás de Aquino define profecia como o "conhecimento fixado na mente do profeta pelo ensino da revelação de Deus" (*Summa theologiae* 2.12) [edição em português: *Suma teológica* (São Paulo: Loyola, 2003)]. É bem possível que Tomás de Aquino seja capaz de juntar "escolasticismo" e "pietismo" melhor do que muitos teólogos atuais.

O que se aprende com as Escrituras é como são Deus, o eu e o mundo quando vistos da perspectiva da revelação divina (*sub specie revelationis*). Alguns leem Tomás de Aquino como se, dessa forma, ele fizesse uma defesa do fundacionalismo; outros argumentam que Tomás de Aquino está recomendando um modelo de aprendizagem intelectual.[4] No entanto, há um consenso de que a teologia para Tomás de Aquino é uma *scientia* das Escrituras consideradas como um livro de proposições divinamente reveladas. A fé percebe seu objeto ouvindo (ou lendo) a palavra de Deus. A teologia é a *scientia* do que a fé apreende nas Escrituras: as *credenda*, ou coisas a serem cridas.

Tomás de Aquino toma emprestada de Aristóteles sua compreensão de *scientia*, mas não de maneira acrítica. Aristóteles em *Da interpretação*, faz distinção entre proposições e frases. Uma frase é um trecho de "discurso significativo". Embora toda frase tenha significado, nem todas são proposições: "Chamamos de proposições apenas aquelas que têm em si verdade ou falsidade. Por exemplo, uma prece é uma frase, mas ela não tem em si nem verdade nem falsidade".[5] *A teologia propositivista vê a Bíblia como revelação, a revelação como ensino, o ensino como propositivista e as proposições como declarações passíveis de serem verdade ou falsidade.*

Tal propositivismo caracteriza não só o tomismo medieval, mas uma série de escolas teológicas mais próximas de nós, principalmente a chamada escolástica protestante, do final do século 16 e do 17, os princetonianos do século 19 (e.g., Charles Hodge) e evangélicos conservadores do século 20 (e.g., Carl F. H. Henry). Nada se ganha caricaturando, muito menos demonizando, esse grupo de teólogos.[6] Seus instintos — de preservar o conteúdo da verdade da mensagem do evangelho — são corretos. No entanto, esses instintos são inevitavelmente coloridos por pressupostos da época — acerca da língua, da ciência e da verdade —, os quais, por sua vez, afetam a compreensão das Escrituras como *principium cognoscendi* (princípio ou fundamento do conhecimento) da doutrina cristã.

É importante não caricaturar a teologia propositivista, principalmente tendo em vista sua atual condição marginalizada na pós-modernidade. Também é importante lembrar que a confiança do teólogo não deve estar na lógica, mas em Deus: "Quando tanto as Escrituras quanto a lógica são utilizadas na inferência de uma doutrina, será que a doutrina repousa unicamente sobre as Escrituras, ou a razão se tornou o fundamento da argumentação teológica?"[7] Em geral, para Tomás de Aquino, para

---

[4] Segundo Jenkins, *Knowledge and faith in Thomas Aquinas*, p. 218.

[5] Aristotle, *On interpretation*, in: The Loeb Classical Library (Cambridge: Harvard University Press, 1938), p. 121 [edição em português: Aristóteles, *Da interpretação*, tradução de José Veríssimo Teixeira da Mata (São Paulo: Unesp, 2013)]. Cf. Roderick Chisholm, *Theory of knowledge*, 2. ed. (Englewood Cliffs: Prentice-Hall, 1978), p. 5,6, 87-9.

[6] Em *Post-Reformation dogmatics*, vols. 1 e 2 (Grand Rapids: Baker, 1987-1993), Richard A. Muller oferece um ótimo tônico para as abordagens demasiado superficiais do escolasticismo protestante. Para um exame mais completo do que os teólogos querem dizer com "proposição", veja, de minha autoria, "The semantics of biblical literature: truth and Scripture's diverse literary forms", in: D. A. Carson; John B. Woodbridge, orgs., *Scripture and truth* (Grand Rapids: Baker, 1995), p. 49-104.

[7] Muller, *Post-Reformation dogmatics*, vol. 2; *Holy Scripture: the cognitive foundation of theology*, p. 154-5.

os ortodoxos do período pós-Reforma e para os teólogos de Princeton, a verdade propositivista era apenas o meio; a espiritualidade era o objetivo: "A *teoria* pode ser definida como um ensinamento (*doctrina*) conhecido em si e por si, e *práxis*, como um ensinamento conhecido que visa ao fim para o qual ele dirige a pessoa que conhece".[8] Ao mesmo tempo, era muito comum parar aquém da meta, o que significava estar contente com a apresentação da verdade bíblica e não com sua prática. A teologia nunca deverá contentar-se com a lógica, mas com a vida, nem contentar-se com relações causais, mas com relações de aliança. De acordo com a teologia canônico-linguística, a doutrina é tanto a *instrução para a compreensão* do drama quanto a *direção para dele participar de modo adequado*.[9] Uma teoria diretiva da doutrina pode, assim, incluir um componente propositivista sem com isso endossar o propositivismo.

Contra o propositivismo

A principal queixa teológica a ser feita contra o propositivismo é que a perspectiva que ele tem da linguagem, das Escrituras, do conhecimento e, a propósito, de Deus é muito pequena. Com "pequena" entenda-se reducionista: o propositivismo tende a ver as Escrituras como um todo sob a ótica da revelação, a ver a essência da revelação sob a ótica da transmissão de informações (e.g., o conteúdo da verdade), e a ver a teologia da perspectiva do processamento dessas informações (e.g., *scientia*). Nas palavras de um propositivista de nosso tempo: as "Escrituras contêm um corpo de informações divinamente concedidas, expressas ou capazes de serem expressas em proposições".[10] Como ciência do texto, o propositivismo deixa algo a desejar em ambos os casos; no final das contas, seus conceitos tanto de ciência quanto de texto são muito estreitos.

A construção de um sistema: monologização

O propositivismo implica certo tipo de *scientia* de construção de sistema que acaba privilegiando um esquema conceitual em particular. Pode-se dizer que "nossas mentes ficam inquietas enquanto não encontram descanso na teoria". Emmanuel Lévinas teme que o desejo de teorizar seja assediado pela tentação à violência. Ele acusa o pensar ou teorizar "grego" de tornar os textos cativos com um método "totalizante" que reconhece apenas o que se encaixa em seu esquema de categorias e,

---

[8] Muller, *Post-Reformation dogmatics*, vol. 1: *Prolegomena to theology*, p. 216.
[9] Muller associa a abordagem "tanto–quanto" com um agostinismo típico de muitos escolásticos protestantes; cf. *Post-Reformation dogmatics*, vol. 1, p. 224-6.
[10] Carl F. H. Henry. *God, revelation, and authority* (Waco: Word, 1976-1983), vol. 3, p. 457, 6 vols. Tanto Stanley J. Grenz quanto Henry H. Knight III identificam Henry como o mais proeminente teólogo propositivista do século 20 (cf. Stanley Grenz, *Revisioning Evangelical theology* [Downers Grove: InterVarsity, 1993], p. 67-70; e Henry Knight, *A future for truth: Evangelical theology in a postmodern world* [Nashville: Abingdon, 1997], p. 87-90). Outras queixas sobre o propositivismo, como, por exemplo, a de que ele não dá a devida importância ao papel do Espírito Santo, não são, a meu ver, tão bem fundamentadas como as que analiso aqui.

assim, absorve o "outro" no "mesmo": "O trabalho do pensamento prevalece sobre a diversidade de coisas e homens".[11] Tal é o impulso, e a tentação peculiar, da teologia sistemática "dura": "o desejo de *conciliar* as oposições e as diferenças por meio de um movimento do pensamento que finalmente as reduza a aspectos de uma visão única e abrangente".[12] A teologia como *scientia* deve fazer um esforço especial para resistir a essa cobiça de poder conceitual recusando-se a colocar todas as proposições bíblicas dentro de um único esquema conceitual coerente.

Os teólogos escolásticos não são de modo algum os únicos propensos a esse pensamento "grego". A teologia moderna como um todo, tanto a conservadora quanto a liberal, é uma longa série de debates sobre qual conjunto de conceitos — qual "-ismo" — melhor denomina a Deus e pensa sobre ele. Aliás, conceitos parecem ser "a única forma que pode estar à altura da racionalidade moderna: um conjunto de proposições abstratas derivadas da argumentação racional".[13] A teologia moderna depende demais de uma única forma: *proposições desdramatizadas*, declarações a respeito de Deus tiradas de seu contexto na economia da ação comunicadora divina. Curiosamente, até os teólogos modernos que não reconheceriam a realidade da revelação propositivista (e.g., Bultmann e Tillich) tendem a construir sistemas de teologia propositivos. Assim, o gesto característico da teologia moderna é violento: uma tentativa de tomar o reino de Deus pela força deste ou daquele logos ou sistema humano. Os teólogos pós-modernos resistem à elevação do conceito — a forma propositivista *par excellence* — acima de todas as outras formas de denominar a Deus e pensar sobre ele. A teologia pós-moderna é um movimento de resistência que procura libertar o *theos* de seu cativeiro a este ou aquele *logos* humano.[14]

Talvez a melhor e mais poderosa crítica à construção de sistemas teóricos venha do crítico literário russo Mikhail Bakhtin. Ele acreditava que as tentativas de teorizar o conteúdo dos romances de Dostoiévski os interpretavam de modo profundamente equivocado. À semelhança do pensamento ocidental moderno em geral, tais tentativas trabalham com uma concepção "monológica" da teoria e da verdade que reduz o diálogo a seu conteúdo propositivista. Da perspectiva monológica, não importa de *quem* são os pensamentos ou em *que situação* eles acontecem; o que importa é apenas seu conteúdo propositivista. A "teoria" trabalha com "pensamentos separados" (i.e., com proposições verdadeiras ou falsas, independentemente de quem fala ou da situação), que ela tenta reunir em um "sistema de pensamentos" (i.e., pensamentos separados que podem ser contidos por uma única consciência).[15] Desse ponto de

---

[11] Emmanuel Lévinas, "Ethics as first philosophy", in: Seán Hand, org., *The Levinas reader* (Oxford: Blackwell, 1989), p. 78.

[12] Christopher Norris, *Derrida* (London: Fontana, 1987), p. 230.

[13] David Tracy, "Literary theory and the return of the forms for naming and thinking God in theology", *Journal of Religion* 74 (1994): 306.

[14] Cf. os ensaios em Kevin J. Vanhoozer, org., *The Cambridge companion to postmodern theology* (Cambridge: Cambridge University Press, 2003). A atual proposta apresenta um novo tipo pós--conservador de teologia pós-moderna não representada naquele volume.

[15] Mikhail Bakhtin, *Problems of Dostoyevsky's poetics*, Caryl Emerson, org. (Minneapolis: University of Minnesota Press, 1984), p. 93.

vista, a verdade é monológica porque pode ser expressa por uma única "voz", uma consciência solitária que fala em uma única linguagem conceitual. Pensamentos separados são de fato "pensamentos de ninguém", uma característica que os torna mais passíveis de sistematização.

O estudo de Bakhtin dos romances de Dostoiévski o levou a perceber que, em oposição ao monologismo, as diversas vozes textuais não podem ser contidas dentro de uma única consciência abstrata. "A sua separação é essencial para o diálogo. Mesmo quando elas concordam, como é possível ocorrer, isso acontece a partir de diferentes perspectivas e percepções do mundo".[16] Em outras palavras, certas verdades exigem uma pluralidade de "vozes" que as expressem. Basta pensar em Paulo e Tiago conversando sobre a relação entre fé e obras para perceber onde Bakhtin está querendo chegar. A crítica que ele faz da monologização levanta uma questão importante: *Pode o ponto de vista de alguém — qualquer voz única, ou qualquer perspectiva, ou gênero literário, ou esquema conceitual — expressar de forma adequada a verdade total do texto?* Se uma exposição monológica não consegue fazer justiça aos romances de Dostoiévski, quanto mais ela falhará no tocante à captação da riqueza do cânon? Bakhtin aponta para Hegel como o modelo de pensador monológico, o sistematizador "duro" ou extremo. Hegel, é claro, acreditava que a tarefa do intelectual era traduzir as várias representações (*Vorstellung*) existentes nas Escrituras — seus vários símbolos e estórias — com a clareza dos conceitos (*Begriff*). Essa tentativa de monologização sistemática é exatamente o que dá origem ao que antes denominamos teologia "épica".

O próprio Bakhtin trabalha com uma visão dialógica, segundo a qual a verdade emerge do intercâmbio de diferentes vozes. Mas é justamente isso que acontece em uma peça. Com certeza, há monólogos em peças de teatro, mas eles são apenas elementos de algo maior. Como vimos, a essência do drama é a *ação dialógica*. A questão para o propositivismo, então, é se sua concepção monológica da verdade não acaba perdendo a própria qualidade dialógica que faz com que o drama e o roteiro canônico sejam o que são. *A forma dialógica não pode ser reduzida a uma substância monológica*; mas é justamente isso que o propositivismo tenta fazer de modo quixotesco.

O uso de textos como prova: homogeneização

Nem todo texto bíblico é meramente uma embalagem verbal de algum conteúdo de revelação, nem seu valor como verdade é o único valor que as Escrituras têm, sobretudo quando sua verdade é concebida de forma monológica. James Barr afirma que a interpretação "fundamentalista" é monológica por causa da tendência de ler cada frase como se fosse uma proposição que corresponde a um estado de coisas histórico ou metafísico. Esse tipo de hermenêutica comete o erro mais grave de todos: o erro de *categoria*. Nas palavras de Barr: "A falta de identificação dos gêneros literários conduz ao uso de afirmações bíblicas com uma função errada".[17] Forçar cada frase bíblica a

---

[16]Gary Saul Morson; Caryl Emerson, *Mikhail Bakhtin: creation of a prosaics* (Stanford: Stanford University Press, 1990), p. 237.

[17]James Barr, *The Bible in the modern world* (London: SCM, 1973), p. 125.

se encaixar no mesmo molde, em uma espécie de "tamanho único" hermenêutico, é uma violência contra os diversos gêneros literários das Escrituras.

Em grande parte das ortodoxias luterana e reformada do século 17, a teologia fez amplo uso de textos como prova. Cada lado citava vários versículos do Antigo e do Novo Testamento em apoio a este ou aquele ponto doutrinário. Cada lado alegava tecer da forma mais perfeita as respectivas vestes teológicas de seus textos bíblicos. No entanto, ninguém realmente ganha essas "guerras entre texturas". Pior ainda, o uso de textos como prova é um péssimo exemplo de como a teologia deve tratar o texto bíblico a fim de lhe fazer justiça. O uso de textos como prova parte do princípio de que uma revelação propositivista uniforme espraia-se por igual através das Escrituras: cada versículo é um voto. Essa abordagem não somente corre o risco de descontextualizar o discurso bíblico, mas também não deixa claro como os textos citados como apoio realmente apoiam a ideia em questão.

Um retrato da linguagem mantém cativos tanto o usuário de textos como prova quanto a teologia propositivista em geral. O propositivismo erra ao partir da premissa de que a essência da linguagem está em retratar estados de coisas; se esses estados são metafísicos, históricos ou psicológicos é uma questão de menor importância. Assim, o propositivismo dá origem a um tipo de positivismo textual. Nas ciências naturais, o positivismo significa considerar as teorias como nada mais que sumários de dados experimentais ou afirmações sobre fenômenos observáveis. O uso de textos como prova é positivista, de acordo com esta analogia, visto que considera a teologia simplesmente como sumários de dados exegéticos ou declarações sobre proposições passíveis de serem inferidas.[18] Confundir a exegese com o processo de inferência de proposições das Escrituras é sucumbir à tentação positivista típica das teorias do significado do início da era moderna. A teologia canônico-linguística, em contrapartida, reconhece que a linguagem é um ingrediente da ação humana que pode ser usado com diversas funções. Não se pode fazer justiça a tudo o que acontece na linguagem e na literatura reduzindo esses dados a declarações sobre estados de coisas.

Nenhum positivista, cientista ou exegeta dá o devido valor à complexa e multifacetada natureza de seus fenômenos. Assim como o nível físico não explica tudo o que há no mundo, também o nível propositivista — o nível de cada declaração ou dos textos usados como prova — não abarca tudo o que está nas Escrituras.[19] O significado não se limita ao que se afirma, nem se limita apenas a trechos de discursos do tamanho de uma frase. O uso propositivista de textos como prova tende a tratar todos os versículos como se pertencessem à mesma categoria literária; mas isso não é o que se verifica. Existem muitos tipos de literatura na Bíblia e, portanto, muitos tipos de conjuntos com os quais as várias partes (e.g., cada uma das frases) estão relacionadas. E porque há muitos tipos de usos da linguagem, segue-se que há

---

[18]David H. Kelsey chama de "positivismo bíblico" a tentativa de Warfield de sistematizar os "pensamentos separados" dos autores bíblicos (*Proving doctrine* [Harrisburg: Trinity Press International, 1999], p. 23).

[19]Cf. Alister McGrath, *A scientific theology* (Grand Rapids: Eerdmans, 2002), vol. 2: *Reality*, p. 213.

muitas maneiras pelas quais a linguagem se relaciona com o mundo. O positivismo geralmente reduz essas várias maneiras a apenas uma: a referência aparente.

Tanto a construção de um sistema monologista quanto a prática que torna homogêneos os textos usados como prova, no final das contas, são estratégias de desdramatização: a primeira elimina a ação dialógica; a segunda obscurece as características contextuais e situacionais da ação. A teologia canônico-linguística, ao contrário, procura estar atenta à pluralidade tanto de ações quanto de contextos.

A pluralidade canônico-linguística

Como uma espécie de *scientia*, a exegese, acima de tudo, deve fazer justiça à natureza do texto ou objeto de estudo. O propositivismo não leva em conta a importância dos diferentes tipos de atos de fala e de formas literárias que constituem a Bíblia. Ao contrário disso, a teologia canônico-linguística afirma tanto a pluralidade de vozes nas Escrituras quanto sua importância teológica. A diversidade dos escritos canônicos, longe de ser uma forma debilitante de relativismo, pode na realidade ser uma fonte de *força* pastoral e teológica. Neste ponto podemos nos lembrar de que tanto o conteúdo quanto a forma das Escrituras são teodramáticos: o drama é em grande medida dialógico — uma conversa de aliança entre a Palavra de Deus e as palavras de profetas, reis, sacerdotes, apóstolos, discípulos, crentes e incrédulos — e o mesmo se pode dizer do roteiro.

A autoria polifônica

A voz do próprio Deus aparece no texto em várias ocasiões: a Moisés no monte Sinai no meio de fogo e fumaça (Êx 19.18,19), a Samuel durante a noite (1Sm 3), a Elias em um sussurro (1Rs 19.12,13). Na maioria das vezes, no entanto, Deus fala de modo indireto e se vale da voz de terceiros (e.g., Moisés ou os profetas). No Novo Testamento, Deus fala de forma audível só em raras ocasiões; por exemplo, no batismo de Jesus (Mc 1.11). Portanto, o cânon é um extenso diálogo no qual nenhuma voz domina — nem a de Moisés, nem a de Malaquias, nem a de Mateus, nem mesmo a de João ou Paulo. As Escrituras não são nem unívocas nem equívocas, mas, como seria de esperar em um drama, plurívocas e polifônicas (multíssonas).

Bakhtin afirma que Dostoiévski inventou a polifonia; a verdade é que ele estava dois milênios atrasado. O cânon não é apenas polifônico, mas consiste em dois coros que cantam em testemunho antifonal. Ou, usando a imagem proposta por George Caird, o cânon é uma espécie de mesa de conferência em torno da qual estão sentados diferentes autores/atores. A Bíblia não é um livro, mas uma biblioteca. Cada voz canônica representa um ponto de vista com diferenças de tempo, espaço e cultura. Na verdade, até em um único livro, como o saltério, existem múltiplas vozes autorais.[20] E assim como os autores falam por meio da voz de seus personagens, também Deus

---

[20]Cf. S. E. Gillingham, *One Bible, many voices: different approaches to biblical studies* (London: SPCK, 1998).

fala por meio da voz dos autores bíblicos quando lidos em conjunto no contexto canônico como obra unificada do dramaturgo divino.

Textos pluriformes

"Por meio dos profetas, Deus falou [...] muitas vezes e de muitas maneiras" (Hb 1.1). Assim como nenhuma voz domina o cânon, ele também não é representado por nenhuma forma ou gênero literário único. As Escrituras são compostas de vários tipos diferentes de literatura, tais como narrativas, lendas, genealogias, códigos de leis, orações, músicas, provérbios, parábolas, profecias, cartas, evangelhos, sermões, confissões de fé, hinos e literatura apocalíptica. A natureza diversa dos textos canônicos dá a entender que nenhuma abordagem interpretativa única vale para todos os tipos. As abordagens históricas costumam ignorar as complexidades literárias; as abordagens literárias, pelo contrário, podem ser insensíveis às preocupações históricas. E as abordagens teológicas conservadoras podem ignorar fatores tanto históricos quanto literários em sua busca precipitada da proposição revelada.

Os pós-liberais têm dado mais atenção à forma narrativa, que para muitos se tornou a favorita do cânon. Os trabalhos realizados por pós-liberais e outros no campo da narrativa bíblica, sem dúvida, produziram uma colheita teológica abundante. A teologia narrativa representa uma importante reabilitação do próprio texto bíblico como instrumento cognitivo de importância teológica.[21] Nenhuma outra forma literária é mais adequada para descrever a identidade de uma pessoa do que a narrativa. Como Ricoeur demonstrou, a narrativa não apenas retrata uma sequência de eventos, mas também, graças ao "enredamento", *explica* a ligação entre eles.[22] Em outras palavras, a narrativa é um instrumento *cognitivo* único e indispensável. No entanto, até Ricoeur, alguém que defende a narrativa com tanto entusiasmo, hesita em torná-la o gênero bíblico dominante.[23] Em primeiro lugar, ele se pergunta se é adequado falar de "narrativa bíblica", pois, na verdade, às vezes existem múltiplas narrativas do mesmo evento.[24] Mas, em segundo lugar e mais importante, a narrativa não é o único gênero bíblico. Elevar a narrativa acima de todos os outros gêneros

---

[21]Cf., por exemplo, George Stroup, *The promise of narrative theology* (Atlanta: John Knox, 1981); Stanley Hauerwas; L. Gregory Jones, orgs., *Why narrative? Reading in narrative theology* (Grand Rapids: Eerdmans, 1989). Hans Frei afirma que o eclipse da narrativa bíblica causado por historiadores e demitologizadores levou a uma incapacidade de discernir corretamente a identidade de Jesus Cristo (cf. *The eclipse of biblical narrative* [New Haven: Yale University Press, 1974] e *The identity of Jesus Christ* [New Haven: Yale University Press, 1974]).

[22]Paul Ricoeur, *Time and narrative* (Chicago: University of Chicago Press, 1984), 1:66-7 [edição em português: *Tempo e Narrativa*, tradução de Cláudia Berliner (São Paulo: WMF Martins Fontes, 2010), 3 vols.].

[23]Cf. Paul Ricoeur, "Toward a narrative theology: its necessity, its resources, its difficulties", in: *Figuring the sacred* (Minneapolis: Fortress, 1995), p. 236-48. Tracy, da mesma forma, se pergunta se a narrativa é suficiente para a nomenclatura cristã de Deus. Veja, de sua autoria, "Literary theory and the return of the forms", p. 310.

[24]Por exemplo, Reis e Crônicas relatam alguns dos mesmos eventos sob diferentes perspectivas, à semelhança do que fazem os quatro Evangelhos.

literários é sucumbir à mesma tentação que assalta os propositivistas, ou seja, reduzir as muitas formas canônicas a apenas uma categoria.[25]

Aqui, também, o paradigma do drama se mostra frutífero. Vários gêneros de discurso normalmente coexistem em uma única peça, que pode incluir tanto momentos de recitativo, em que predomina a narrativa, quanto árias, em que canto e poesia se destacam. A esse respeito vale a pena destacar que alguns livros bíblicos (e.g., os Evangelhos, Jó, Cântico dos Cânticos) se parecem um pouco com roteiros de peças teatrais. Jó, por exemplo, é uma série completa de diálogos com prólogo e epílogo; o livro de Apocalipse também está repleto de cenas e diálogos dramatizados. Até a reflexão monológica tem seu lugar no drama. E, a esse respeito, precisamos reconhecer a presença da reflexão teológica não narrativa nas Escrituras; as epístolas de Paulo, de João, de Pedro e de Tiago já exibem o início do esclarecimento conceitual da estória de Jesus.

Plenitude teológica

Por fim, fazer plena justiça à pluralidade canônica também significa reconhecer a diversidade teológica. É claro que "diversidade" é um termo ambivalente: para alguns, é um lema valorizado, para outros, uma ameaça mortal. Existe, no entanto, uma pressão extrema para discernir a voz monológica que serviria de porta-voz exclusivo de todos os livros bíblicos. Tome-se, por exemplo, a cristologia do Novo Testamento.[26] Os evangelistas dão respostas diferentes à pergunta de Jesus "Mas vós, quem dizeis que eu sou?" (Mt 16.15). Mateus, escrevendo para um público judeu, dá uma resposta; Lucas dá outra, mais apropriada aos gentios. O Evangelho de Marcos omite o nascimento virginal (como fazem Paulo e Hebreus). Apenas o Quarto Evangelho fala da preexistência do Logos. A reação do propositivista é correr para a abstração a fim de aliviar a aparente tensão.

As teologias do Antigo e Novo Testamento da mesma forma se esforçam para descobrir um único centro unificador de todo o conteúdo. Walter Eichrodt e Gerhard von Rad apelam para a "aliança" e a "história da salvação", respectivamente, mas nenhum deles consegue incorporar direito a esses temas a literatura sapiencial. Muitos estudiosos bíblicos desconfiam de tais esforços aglutinadores, acusando-os de impor um sistema teológico ao texto em vez de discernir uma teologia unificada dentro dele.

Há algumas vantagens em dar atenção à diversidade teológica dos textos bíblicos. Reconhecer múltiplos pontos de vista é um antídoto eficaz para o veneno da distorção ideológica. Sistemas teológicos têm sido muitas vezes usados para reprimir ou marginalizar uma vertente da teologia bíblica em favor de outra: "Em vez de procurar provas para afirmar que nossas ideologias confessionais e preocupações sociais particulares sempre foram corretas, podemos procurar novamente os vestígios de Deus para além

---

[25]Cf. Paul Ricoeur, "Toward a hermeneutic of the idea of revelation", in: Lewis S. Mudge, org., *Essays in biblical interpretation* (Philadelphia: Fortress, 1980), p. 73-118.

[26]Agradeço os exemplos seguintes a Robert H. Gundry, "Diversity in New Testament christology", ensaio não publicado.

dessas obsessões ideológicas".[27] Na medida em que promove a humildade no intérprete da Bíblia, a diversidade teológica deve certamente ser bem-vinda. Em contrapartida, quando a ênfase na diversidade torna-se tão radical a ponto de negar a possibilidade de uma perspectiva bíblica sobre qualquer coisa, ela pode se tornar uma desculpa para evitar as reivindicações concretas de textos específicos. Os que sobrevalorizam a unidade do cânon estão sujeitos ao orgulho interpretativo, mas os que superestimam a diversidade do cânon devem tomar cuidado com a preguiça interpretativa.[28]

O caminho a seguir é reconhecer a unidade na diversidade: a rigor, as diversas partes canônicas não se contradizem nem são coesas, pois essas duas ideias pressupõem a presença ou ausência de consistência conceitual. Mas isso seria pressupor que os vários livros do cânon fazem o mesmo tipo de jogo de linguagem. E eles não fazem. Duas noções que ocupam sistemas conceituais diferentes são, porém, *compatíveis* se uma não nega a outra. Todavia, essa descrição ainda assim pode ser muito negativa. É possível ver a diversidade canônica não como um problema a ser resolvido, mas como uma bênção a ser recebida com gratidão. É justamente sua diversidade — chame-se isso de plenitude, de exagero de riquezas, de pluralidade pentecostal — que permite às Escrituras falarem em tantos níveis para tantos tipos diferentes de situações. De fato, é uma vantagem *pastoral* poder recorrer a diferentes vozes teológicas: algumas congregações precisam ouvir a tranquilizadora mensagem paulina a respeito de justificação; outras necessitam do chamado de Tiago, que nos desafia a provar a verdade da fé com as obras.

Uma pluralidade canonicamente circunscrita admite várias, mas não quaisquer, vozes e pontos de vista. Reconhecer a diversidade genuína é uma coisa; aceitar um relativismo vale-tudo é outra completamente distinta. O cânon, como Regra de Adequação da igreja, pode ser pluralista, mas dificilmente é anárquico. Também há unidade: o teodrama é uma *ação inteira e completa*. No entanto, a totalidade do cânon é uma totalidade diferenciada; sua unidade é uma unidade plural; sua integralidade é escatológica (i.e., já mas ainda não).

Podemos extrair algumas conclusões preliminares desse panorama das pluralidades canônicas. Em primeiro lugar, para fazer justiça a esses textos, devemos abordá-los em vários níveis: histórico, literário e teológico. Em segundo lugar, os teólogos devem tomar cuidado para não transformar o diálogo canônico em uma série de declarações sumárias. Declarações monológicas *provisórias* podem de fato ser necessárias, mas a plenitude canônica continua a ser um desafio permanente aos impulsos reducionistas que tentam tornar absoluto o que é provisório.[29] Em terceiro lugar, a pluralidade no nível do cânon pode exigir uma pluralidade equivalente no nível

---

[27]Werner Jeanrond, "After hermeneutics: the relationship between theology and biblical studies", in: Francis Watson, org., *The open text: new directions for biblical studies* (London: SCM, 1993), p. 100.

[28]Para uma discussão mais aprofundada de como os intérpretes bíblicos devem trilhar um caminho intermediário entre o orgulho e a indolência interpretativa, veja, de minha autoria, *Is there a meaning in this text?* (Grand Rapids: Zondervan, 1998), p. 462-3 [edição em português: *Há um significado neste texto?*, tradução de Álvaro Hattnher (São Paulo: Vida, 2005)].

[29]Cf. Dennis T. Olson, "Biblical theology as provisional monologization: a dialogue with Childs, Brueggemann and Bakhtin", *Biblical Interpretation* 6 (1998): 162-80.

das tradições interpretativas. Se nenhum sistema conceitual (leia-se "confessional") sozinho é adequado à plenitude teológica do cânon, então também precisamos de certo volume de polifonia *fora* do cânon para fazer justiça a essa plenitude. A igreja seria um lugar mais pobre se nela não se encontrassem as vozes menonita, luterana ou ortodoxa grega.[30] A ortodoxia evangélica católica não reducionista defendida na presente obra é em si uma tentativa de preservar tanto a diversidade quanto a integridade de um diálogo teológico *já canonizado nas Escrituras*.

Além da revelação propositivista

> Então, quando uma pessoa diz: "Ele quis dizer o que eu estou dizendo", e outro diz: "Não, ele quis dizer o que eu estou dizendo", penso que seria mais espiritual dizer: "Por que não os dois, se ambos são verdadeiros?"[31]

Uma condição importante para o reconhecimento da unidade polifônica possibilitada pelo Espírito que permeia o cânon é que avancemos além do modelo das Escrituras como repositório de verdades reveladas.[32] Uma teologia pós-propositivista defende que as Escrituras contêm mais do que proposições reveladas, mais do que pensamentos divinos separados, mais até do que um sistema de pensamentos divinos. É nesse sentido que a teologia pós-propositivista é *pluralista*.[33] No entanto, convém fazer uma observação imediata, pois o *pós* em *pós-propositivista* não significa *contra*, mas *além de*. No cânon, há *mais* do que revelação propositivista, não menos.

Este não é o lugar para repetir os debates entre aqueles que defendem a doutrina da revelação de viés personalista e os de viés propositivista. Essa discussão foi distorcida pela dissociação equivocada entre "Deus diz" e "Deus faz". No entanto, não há necessidade de escolher uma em vez da outra. Deus é um Deus que fala, e as proposições são ingredientes daquilo que as pessoas *fazem* com palavras; no entanto, passamos a conhecer as pessoas em grande parte por meio de sua ação comunicadora. Em suma, os atos comunicadores de Deus são tanto históricos/pessoais quanto propositivos/verbais.[34] A questão agora é saber se a revelação propositivista continua sendo a melhor descrição de tudo o que Deus diz e faz nas Escrituras.

---

[30]Pelo menos eu me entristeceria se todos pensassem como eu ou lessem a Bíblia exatamente como leio.

[31]Augustine [Agostinho], *Confessions* 12.31.42, sobre o significado literal de Moisés em Gênesis.

[32]Foi justamente a dificuldade de realizar um debate ecumênico sobre a hipótese da revelação propositivista que levou Lindbeck a propor seu modelo alternativo da natureza da doutrina: "Para um propositivista, uma doutrina, uma vez verdadeira, sempre verdadeira, e, uma vez falsa, sempre falsa. [...] Assim, dessa perspectiva, a reconciliação doutrinária sem capitulação é impossível" (*The nature of doctrine* [Philadelphia: Westminster, 1984], p. 16-7).

[33]Não se deve confundir "pluralista" com "pluralismo". O primeiro termo é um qualificador que reconhece as diversas vozes, formas e teologias na Bíblia; o segundo é uma ideologia que enfatiza que nenhuma voz, forma ou teologia é melhor que outra — justamente o que é excluído por uma avaliação *canonicamente delimitada* de pluralidade!

[34]Veja, de minha autoria, "God's mighty speech acts", in: *First theology* (Downers Grove: InterVarsity, 2002, p. 127-58.

Prometer ou ordenar não é de forma alguma a mesma coisa que tornar conhecido o desconhecido (i.e., revelar). A rigor, a revelação ocorre apenas quando a ignorância é dissipada ou quando se dá a conhecer algo antes oculto. Com certeza, prometer e ordenar revelam algo sobre quem fala — pelo menos algo sobre as intenções e a vontade do falante. Wolterstorff, no entanto, enfatiza que "prometer não consiste em revelar alguma coisa".[35] Quando Deus diz: "Não furtarás", o ato ilocucionário é "ordem", não "revelação". A questão é sutil, porém importante.

O ato de prometer pode não ser uma espécie de revelação, mas é uma espécie de comunicação. Alguns, como Wolterstorff, discordam nesse ponto, preferindo definir comunicação como a transmissão de conhecimento de uma pessoa para outra, embora o termo *comunicação* seja muito mais flexível que isso.[36] Ele pode referir-se ao ato, ao conteúdo *ou* ao efeito do discurso de alguém, discurso que pode fazer mais do que simplesmente transmitir informações. Prometer, por exemplo, inclui a transmissão de informações, mas isso não é o que faz uma promessa se tornar promessa. Ao prometer, um agente comunicador firma um tipo de relação especial com outro. A comunicação bem-sucedida envolve mais do que processamento de dados; ela é um modo de interagir a distância para produzir entendimento. Ação comunicadora refere-se a todas as coisas que fazemos com a linguagem em relação aos outros: cumprimentar, questionar, prometer, dar ordens e, sim, afirmar ou revelar.[37]

Muitos dos modelos que os teólogos aplicam às Escrituras, tal como o da revelação propositivista, enquadram-se melhor em certos gêneros que em outros. É contestável a designação de toda a Bíblia como "revelada" ou, nesse sentido, como "inspirada", "testemunha", ou "autoridade". Segundo John Goldingay, até mesmo "palavra de Deus" "não é um termo bíblico para as próprias Escrituras".[38] O caminho a seguir para os que, como este autor, adotam o princípio das Escrituras está em ir além da equação estreita da Bíblia como palavra de Deus com o conceito de revelação propositivista. *Ação comunicadora divina* é a melhor classificação, e há vários motivos para isso: (1) ela supera a dicotomia pessoal/propositivista, visto que ação comunicadora é tanto "dizer"

---

[35]Nicholas Wolterstorff, *Divine discourse* (Cambridge: Cambridge University Press, 1995), p. 19.

[36]Ibid., p. 32-33. Se eu o entendi corretamente, a principal razão de Wolterstorff não classificar como tipos de comunicação atos de fala como prometer e ordenar é que ele vê a comunicação como um ato *perlocucionário*, algo realizado como resultado da fala. Definido dessa maneira, penso que ele está tecnicamente correto.

[37]O que Wolterstorff chama de "discurso", eu chamo de ação comunicadora. No entanto, concordamos que, nas Escrituras, Deus faz mais do que revelar. Dan Stiver critica Wolterstorff por empregar um conceito de revelação muito estreito: "Os teólogos usam o termo *revelação* de forma mais ampla, como a forma em que as Escrituras transmitem a verdade sobre Deus" (*Theology after Ricoeur: new directions in hermeneutical theology* [Louisville: John Knox, 2001], p. 127). Aceito também usar o termo nesse sentido mais amplo, mas penso que *ação comunicadora*, embora desajeitado, é um termo mais eficaz para nos lembrar de que, na palavra de Deus, há mais do que transferência de informações.

[38]John Goldingay, *Models for Scriptures* (Grand Rapids: Eerdmans, 1994), p. 3. A exemplo de Wolterstorff, Goldingay pensa que o modelo de revelação cumpre seu papel quando se dá a conhecer algo que, de outra forma, ficaria desconhecido. Mas isso explica apenas uma parcela do conteúdo das Escrituras.

quanto "fazer"; (2) ela corresponde à descrição bíblica de Deus como agente comunicador que faz muitas coisas com as palavras além de transmitir conhecimento; (3) ela explica melhor a diversidade existente nas próprias Escrituras, isto é, a pluralidade de formas literárias; (4) ela enriquece a noção de autoridade canônica ao enfatizar que a igreja ocupa-se não só do conteúdo propositivista (i.e., as verdades reveladas), mas de todas as coisas que Deus está fazendo pela via da comunicação nas Escrituras para administrar sua aliança; (5) ela nos incentiva a ver a Bíblia como meio pelo qual nos relacionamos pessoalmente com Deus e *temos comunhão* com ele.

Deus se comunica com seu povo, direta e indiretamente, nas Escrituras e por meio delas, mas disso não decorre obrigatoriamente que a comunicação consiste apenas em proposições reveladas. A teologia canônico-linguística reconhece uma pluralidade de práticas comunicadoras nas Escrituras e, por essa razão (e apenas por essa razão), se nega a localizar o que é teologicamente significativo nas Escrituras apenas nas proposições reveladas. No entanto, nada do que dissemos até agora significa que devemos deixar de lado as proposições ou rejeitar a ideia de que as Escrituras de fato têm um conteúdo definido. Sim, nós devemos ir além da revelação propositivista, mas, como veremos na próxima seção, devemos levar as proposições conosco. No que diz respeito às proposições, o lema canônico-linguístico deve ser "além, mas não sem".

UMA TEOLOGIA PÓS-CONSERVADORA

Passemos agora ao segundo aspecto da teologia como *scientia* exegética. Lembremo-nos de que o que torna uma pesquisa em *scientia* é sua disposição de abordar o objeto de estudo de maneira adequada à forma em que ele se apresenta. No caso da exegese das Escrituras, a forma do objeto estudado é a literatura ou, melhor dizendo, uma pluralidade de *formas literárias*. A teologia canônico-linguística é pós-*conservadora* porque subordina a igreja a um texto autorizado que controla sua vida e linguagem. Os cristãos aprendem a falar e a pensar corretamente sobre Deus por meio do aprendizado de práticas canônicas. Ao mesmo tempo, a teologia canônico-linguística é *pós*-conservadora porque considera a linguagem não apenas como principalmente referencial e a teologia como algo que vai além do meramente propositivista. *Uma teologia pós-conservadora reconhece a importância cognitiva de formas literárias que também não sejam declarações assertivas.*

Reabilitando as proposições: a imaginação cognitivo-poética

O instinto da teologia cognitivo-propositivista é sadio. O evangelho *é* informativo: "Ele ressuscitou". Sem um núcleo propositivista, a igreja seria esvaziada de sua razão de ser, restando apenas os programas e as refeições comunitárias. Ao mesmo tempo, reduzir o cânon a um sistema de verdades propositivas é desnecessariamente reducionista e até mesmo prejudicial. Assim, a presente seção tenta reabilitar o lugar das proposições na teologia expandindo nossa compreensão de "cognitivo". A teologia canônico-linguística emprega uma "abordagem cognitivo-poética", na qual a cognição em questão faz pleno uso não só do intelecto, mas também da imaginação. Aliás, o conjunto de gêneros na Bíblia não é nada menos do que a imaginação em plena exposição literária.

Neste ponto, seria bom reexaminar brevemente a descrição da teologia cognitivo-propositivista elaborada por Lindbeck. Segundo essa abordagem, as doutrinas são "proposições informativas ou alegações de verdade sobre realidades objetivas"[39], definição que torna difícil o debate ecumênico e impossível o desenvolvimento doutrinário, na medida em que as formulações doutrinárias captam definitivamente a verdade. De acordo com Lindbeck, a abordagem cognitivo-propositivista procura "preservar a identidade ao reproduzir, da forma mais literalista possível, as palavras e ações do passado".[40] No entanto, não é evidente que as abordagens cognitivistas da doutrina devam, necessariamente, sustentar que as proposições são literal e eternamente verdadeiras. Lindbeck ignora a riqueza da linguagem não literal, como analogias e metáforas, ponto a que retornaremos em breve.[41] Ele também ignora o que é quase universalmente admitido entre os de linha cognitivo-propositivista, ou seja, que as doutrinas "são descrições confiáveis da realidade, ainda que incompletas".[42] Os teólogos medievais, por exemplo, entendiam o dogma como "percepção da verdade divina que *tende* a essa verdade".[43]

O que é mais importante é que Lindbeck traça uma distinção desastrosa entre enunciados performativos e propositivos e atribui aos cognitivistas a crença de que "o significado, a verdade e a falsidade das proposições não dependem das disposições subjetivas daqueles que as enunciam".[44] Ele não reconhece a extensão do *conteúdo propositivo de todos os enunciados performativos*. Todos os atos de fala, além de *fazer* alguma coisa, têm componentes propositivos — sujeitos, objetos, predicados — conceitos ou noções básicas que, como átomos, formam as unidades ou moléculas básicas de comunicação quando reunidas e utilizadas.[45] Cada ato da fala propõe algo para nossa consideração, embora nem tudo o que se propõe seja uma asserção. "Feche a porta" tem conteúdo propositivo (i.e., o objeto "porta" e o predicado "fechar"), mas isso não corresponde a um estado de coisas real (ou então não haveria razão para dizê-lo). Assim, ninguém precisa ser propositivista para aceitar que as proposições têm uma função. *O gesto revelador do propositivista é extrair o conteúdo propositivo da forma e do ambiente específicos de um ato da fala.* No entanto, são justamente sua forma e ambiente que apontam para a força ilocucionária de um ato da fala — para o que um agente comunicador está realmente fazendo em seu discurso (e.g., afirmando, ordenando, prometendo). Tanto propositivistas tradicionais quanto críticos como Lindbeck erram por (1) não enxergar o componente propositivo em toda ação comunicadora e por (2) não perceber que as formas literárias maiores têm significado cognitivo que consiste em algo diferente de transmitir proposições.

---

[39]Lindbeck, *Nature of doctrine*, p. 16.
[40]Ibid., p. 79.
[41]Segundo Alister E. McGrath, *The genesis of doctrine* (Grand Rapids: Eerdmans, 1997), p. 18 [edição em português: *A gênese da doutrina: fundamentos da crítica doutrinária*, tradução de A. G. Mendes (São Paulo: Vida Nova, 2015)]. Este é um dos principais temas de Janet Martin Soskice, *Metaphor and religious language* (Oxford: Clarendon, 1985).
[42]McGrath, *Genesis of doctrine*, p. 17.
[43]Ibid., p. 16 (grifo do autor).
[44]Lindbeck, *Nature of doctrine*, p. 66.
[45]A única exceção seriam atos de fala como "olá".

Lindbeck submete a teologia cognitivo-propositivista a uma crítica atrofiante. Ele de fato faz com que ela fique atrofiada — reduzida a uma casca seca e enrugada do que poderia ser caso ele reconhecesse a contribuição cognitiva da imaginação. A "cognição" diz respeito à nossa capacidade de conceber as coisas ou, de outra maneira, apreendê-las com a mente. Filósofos modernos costumam limitar a cognição confiável a duas fontes: a experiência e a razão. A imaginação e seus produtos — metáforas, histórias — foram destinados à casta filosófica mais baixa: a maquiagem da retórica; ferramentas baratas para sofisticação verbal. Os propositivistas endossam uma espécie de teoria da substituição, segundo a qual qualquer coisa que mereça ser dita pode ser reafirmada com termos não metafóricos (i.e., mais científicos). Thomas Hobbes considerava a metáfora um mau uso da linguagem, que ficava em algum ponto entre o autoengano e a mentira. A maioria dos pensadores modernos, incluindo teólogos, tende a concordar com esse pensamento: as metáforas são meros ornamentos da linguagem, desprovidas de contribuições cognitivas importantes. Figuras de linguagem enfeitam, mas não ensinam. O que mais se poderia esperar de um produto da imaginação, uma faculdade não confiável de fantasias que enxerga coisas que não existem?

É impressionante a afirmação de que tanto teólogos propositivistas quanto seus críticos têm a imaginação em baixa estima, mas essa é a realidade. Felizmente, vários pensadores de diversas disciplinas têm defendido nos últimos tempos que as metáforas são instrumentos cognitivos únicos e indispensáveis em si mesmos.[46] As metáforas nos permitem perceber semelhanças ou vínculos entre coisas que, de outra forma, não seriam observáveis. Muitas descobertas científicas, por exemplo, são resultado de um novo "ver como" (e.g., o fato de Newton ver o mundo *como* uma máquina). Aliás, os modelos científicos não passam de metáforas expandidas. Modelos e metáforas retratam a realidade, embora não de forma "literal".[47] As metáforas, assim, têm a capacidade de sondar e até de explicar completamente. Graças à metáfora, podemos definir o menos conhecido no contexto do mais conhecido, a fim de entendê-lo sob novos aspectos (e.g., a luz é uma onda; a luz é um feixe de partículas). Acima de tudo, as percepções que uma boa metáfora viabiliza são muitas vezes inatingíveis por outros meios; certos avanços científicos dependem mais de uma percepção criativa do que da observação cuidadosa. Ricoeur chega a uma conclusão importante a respeito da natureza indispensável dessas percepções criativas: "As verdadeiras metáforas não são traduzíveis".[48] Com essa percepção fica evidente o caminho que vai além

---

[46]Cf., por exemplo, Paul Avis, *God and the creative imagination: metaphor, symbol, and myth in religion and theology* (New York: Routledge, 1999); Paul Ricoeur, *The rule of metaphor: multi--disciplinary studies of the creation of meaning in language* (London: Routledge/Kegan Paul, 1978); Max Black, *Models and metaphor* (Ithaca: Cornell University Press, 1962); Mary Hesse, *Models and analogies in science* (Notre Dame: University of Notre Dame, 1966); C. S. Lewis, "Bluspels e Flalansferes: a semantic nightmare", in: *Selected literary essays* (Cambridge: Cambridge University Press, 1969), p. 251-65; Soskice, *Metaphor and religious language*; John McIntyre, *Faith, theology and imagination* (Edimburgh: Handsel, 1987).

[47]Cf. Soskice, *Metaphor and religious language*, p. 132.

[48]Paul Ricoeur, *Interpretation theory: discourse and the surplus of meaning* (Fort Worth: Texas Christian University Press, 1976), p. 52 [edição em português: *Teoria da interpretação — o discurso e o excesso de significação* (Lisboa: Edições 70, 2013)].

do propositivista e do pós-liberal: *o "cognitivo" não precisa ser igualado ou reduzido a declarações assertivas propositivas.*

Uma teologia pós-conservadora reconhece que a imaginação, a caçula das faculdades mentais, é singular e indispensável no que diz respeito à cognição. Ela não é mera fantasia, uma faculdade que cria imagens de forma imprevisível e desenfreada e que evoca visões impossíveis. Ela também não é a capacidade de reproduzir imagens de coisas que não existem mais. A imaginação é muito mais maravilhosa do que essas pobres criações. Ela é o poder da visão sinóptica: a capacidade de sintetizar elementos heterogêneos em um todo coeso. *A imaginação é a faculdade cognitiva que nos permite enxergar como conjunto o que pessoas sem imaginação enxergam apenas como peças não relacionadas.* A imaginação é a capacidade de inventar ou descobrir ligações. É isso que as metáforas fazem quando associam dois campos semânticos antes não relacionados: "A igreja é o corpo de Cristo". Essa não é uma afirmação literal, mas, não obstante, algo cognitivo está sendo proposto para nossa consideração, de uma forma que seria difícil de captar totalmente com termos propositivos. Nenhuma paráfrase propositiva é totalmente adequada para expressar a riqueza do que está subentendido na ideia de que a igreja é o corpo de Cristo.

Uma rixa antiga e a volta da forma

Platão falou de "uma antiga rixa" entre poetas e filósofos. Para ele, a poesia — e, por extensão, todos os outros produtos da imaginação — é perigosa porque está dois passos distante da realidade. As obras de arte são imitações de objetos que, por sua vez, são imitações de formas eternas, formas apreendidas apenas pela *theoria* (razão especulativa). A rixa entre poetas e filósofos continua firme desde Platão, e os poetas costumam estar em desvantagem. No entanto, a sorte dos poetas melhorou muito na pós-modernidade, quando ficou mais claro que (1) a razão dificilmente era uma porta automática de entrada para a esfera da verdade eterna, e (2) a forma, ou o *como*, do discurso muitas vezes presta uma contribuição cognitiva essencial para o conteúdo, ou o *quê*, do discurso. A *forma* está de volta; não as formas platônicas eternas, mas as formas históricas e terrenas, incluindo as formas *literárias*.

Forma e conteúdo

A volta da forma na filosofia não é mais evidente do que nas reflexões de Martha Nussbaum sobre a importância da literatura para a ética. A obra de Nussbaum sugere alguns lembretes notáveis também aos teólogos com relação à importância da literatura *bíblica* para a teologia. A peregrinação intelectual da própria Nussbaum é em grande parte uma história de resistência às tentativas na faculdade e na pós-graduação de separar seus interesses em literatura e em filosofia. Sua descrição da prosa filosófica anglo-americana convencional aplica-se igualmente a grande parte da teologia sistemática: "... um estilo correto, científico, abstrato, higienicamente incolor, um estilo que parecia ser considerado uma espécie de solvente multiuso no qual questões filosóficas de qualquer tipo pudessem ser desembaraçadas com eficiência [...]. A possibilidade de existirem outras maneiras de ser exato, outros conceitos de lucidez e completude que fossem considerados mais adequados ao pensamento ético — de modo geral, isso não era afirmado nem negado".[49] O que Nussbaum descobriu, no entanto, foi que o modo como alguns romances alcançam uma compreensão ética de situações particulares é muitas vezes mais apropriado do que qualquer princípio filosófico: "O próprio estilo faz suas alegações, expressa seu próprio senso do que é importante".[50]

A teologia pós-conservadora não nega a importância do conteúdo cognitivo, mas resiste, sim, a privilegiar uma única forma (e.g., o sistema teórico) para expressá-lo. O que diz Nussbaum a respeito de romances e filosofia aplica-se até mais às Escrituras e à teologia: "As próprias qualidades que tornam os romances tão diferentes de tratados dogmáticos abstratos são, para nós, a fonte de seu interesse *filosófico*".[51] Certas concepções são mais bem expressas sob algumas formas do que sob outras. A concepção de quem é Jesus, por exemplo, é mais bem expressa pelos Evangelhos do que pelas conclusões do Seminário Jesus. Gênero literário não diz respeito meramente à embalagem de um conteúdo propositivo separável, mas à prática de *moldar* o próprio conteúdo: "A forma literária não é separável do conteúdo filosófico, mas é, em si, parte do conteúdo — então, uma parte integrante da busca e da declaração da verdade".[52] Ou, como se diz nos estudos de comunicação: "O meio *é* a mensagem".

O meio narrativo ilustra bem a ideia de que a forma, por si mesma, presta uma contribuição cognitiva. As narrativas permitem aos contadores de histórias criar um todo unificado a partir de uma sucessão de eventos. Com certeza, há detratores modernos da narrativa, assim como há os que desprezam a metáfora; alguns veem a narrativa como mera cereja do bolo do discurso histórico. A tentação propositivista é considerar a narrativa simplesmente como uma bela embalagem do conteúdo histórico a ser rasgada e descartada. Mas o propósito da narrativa não é só afirmar "aconteceu isso e depois aconteceu aquilo". As narrativas fazem um tipo de sugestão completamente distinta: "Veja o mundo desta forma". As narrativas vão além da crônica; elas *configuram*. Configuração é o ato de agrupar pessoas e eventos em um todo que faça sentido e, como tal, é ato da imaginação narrativa, uma habilidade da visão sinóptica.

As narrativas explicam por que ocorreu determinado fato, *situando-o em um enredo*, não apresentando leis causais, mas enquadrando-o em uma história passível de ser compreendida. A narrativa é a forma assumida por uma compreensão distintamente histórica: certas coisas relativas à temporalidade e à teleologia humanas podem ser ditas *apenas* na forma de narrativa.[53] Assim como as metáforas, as narrativas não são redutíveis a uma paráfrase propositiva. Seguir uma história exige uma habilidade cognitiva diferente da capacidade de seguir um argumento, mas nem por isso deixa de ser uma postura cognitiva. Aliás, essa inteligibilidade propriamente

---

[49]Martha C. Nussbaum, *Love's knowledge* (New York: Oxford University Press, 1990), p. 19.
[50]Ibid., p. 3.
[51]Ibid., p. 29.
[52]Ibid., p. 3.
[53]Veja, de minha autoria, *Biblical narrative in the philosophy of Paul Ricoeur* (Cambridge: Cambridge University Press, 1990), cap. 5, esp. p. 92-6.

narrativa "tem mais afinidades com a sabedoria prática ou com o juízo moral do que com a razão teórica".[54]

Gêneros canônicos como práticas cognitivas

O que vale para a narrativa também é válido para todas as outras formas literárias na Bíblia. A teologia pós-conservadora difere tanto da sua contraparte conservadora quanto da pós-liberal por recusar-se a privilegiar qualquer uma das formas, seja a propositiva (conservadora), seja a narrativa (pós-liberal), e por evitar a "teoria da substituição" do gênero, que procura reduzir textos inteiros a um conjunto de proposições. *A teologia pós-conservadora recusa-se a diluir os gêneros bíblicos em um caldo propositivista, enfatizando que a luz branca da realidade escatológica do que Deus está fazendo em Jesus Cristo é mediada pelo prisma das Escrituras, criando um espectro de cores canônicas.*

Gêneros são práticas *comunicadoras* formas literárias regidas por regras que os autores empregam para comprometer-se com a realidade e interagir de forma inteligível com outras pessoas.[55] Os intérpretes que não desejam ler apenas suas ideias no texto devem descobrir as convenções que regem uma prática literária específica. As seguintes perguntas de diagnóstico são úteis para descobrir como a forma contribui para o conteúdo: De quem é a voz que se dirige a nós? Qual é seu ponto de vista? O que é ativado no leitor: apenas o intelecto, ou também as emoções, a imaginação, o desejo? Que tipo de exatidão se apresenta no texto? Que tipo de explicação ele oferece? Qual é a qualidade de suas afirmações?[56] No entanto, talvez a principal pergunta que devamos fazer diga respeito ao gênero literário: Que *tipo* de texto é este, e o que ele está *fazendo*? Não é suficiente saber apenas o significado de cada palavra; o exegeta também deve descobrir o que está acontecendo no nível do todo literário. Gêneros ou modos de discurso são mais do que códigos de classificação ou acessórios ornamentais das proposições. Antes, forma e conteúdo costumam ser inseparáveis. Nas palavras de Ricoeur: "Os gêneros literários da Bíblia não constituem uma fachada retórica que poderia ser demolida a fim de revelar algum pensamento indiferente a seu veículo literário".[57]

Certas coisas que os autores fazem são visíveis apenas no nível do gênero literário. À semelhança dos atos de fala, os gêneros literários — atos de fala de uma ordem

---

[54]Ricoeur, "Toward a narrative theology", p. 239.

[55]Como argumentei no cap. 7, gêneros não são formas platônicas. As formas de literatura não são absolutas, mas históricas; convenções literárias desenvolvem-se ao longo do tempo.

[56]Cf. Nussbaum, *Love's knowledge*, p. 33-4.

[57]Ricoeur, "Toward a hermeneutic of the idea of revelation", p. 91. Ricoeur investigou até o fim da vida a importância do testemunho bíblico polifônico em relação a três temas: revelação, tempo e o nome de Deus. Cada um deles é um excelente exemplo da maneira como nosso entendimento é enriquecido pela diversidade de formas literárias que expressam essas ideias. Se tivéssemos apenas o discurso profético, por exemplo, poderíamos pensar que a revelação consiste em uma pessoa falando para outra. No entanto, a narrativa nos mostra que Deus se revela tanto no que faz quanto no que seus porta-vozes dizem. Além disso, o discurso de sabedoria sugere que Deus também se revela fora da história da salvação.

superior — possuem tanto a matéria propositiva quanto a energia ilocucionária. A ilocução *genérica* descreve o que um autor está fazendo no nível do texto inteiro. As narrativas, por exemplo, têm a capacidade excepcional de *revelar a ação humana em um mundo temporal*.[58] Revelar um mundo é a força ilocucionária da narrativa; o mundo revelado, seu conteúdo propositivo. Podemos generalizar nesse ponto: todos os gêneros nas Escrituras, não apenas a narrativa, fazem mais do que transmitir informações; cada um desempenha seu ato (ou atos) ilocucionário característico.[59] O gênero apocalíptico, por exemplo, mostra o *fim* do mundo e, talvez, tanto "exorte" quanto "console". Perde-se essa dimensão quando o texto apocalíptico é lido apenas em função de suas proposições ou como um cronograma do futuro.

As narrativas (continuando com esse exemplo), na verdade, fazem mais do que revelar o mundo. Elas também estabelecem um ponto de vista: a posição do narrador. Bakhtin às vezes refere-se aos participantes de um diálogo como "ideias--vozes", um epíteto que chama a atenção para a ligação entre uma ideia e um ponto de vista distinto que uma pessoa tem do mundo. A ideia não pode ser separada da voz (i.e., do ponto de vista da pessoa) sem que com isso sofra alguma distorção. Algo semelhante acontece no nível das formas literárias — vamos chamá-las de "ideias--gêneros". Então, ao redigir as narrativas e, assim, revelarem um mundo, os autores também comunicam indiretamente uma cosmovisão. O propositivista que lê uma narrativa apenas como um fluxo de dados históricos está alheio a essa outra dimensão cognitiva. As narrativas não relatam simplesmente uma sequência de eventos, mas também sugerem, às vezes de forma explícita e por vezes implicitamente, como se deve *receber* a descrição.[60] Podemos, por exemplo, seguir a sequência de eventos em Jonas, mas se perdermos o ponto de vista satírico sobre a ação, estaremos perdendo algo de grande significado teológico, a saber, a crítica implícita que se faz no livro ao etnocentrismo arrogante de Israel. Inculcando uma cosmovisão, a narrativa é muito mais do que uma forma de transmissão de informações; antes, ela é um processo de *formação*, um aprendizado para que se possa *ver como*.

E não apenas ver. A imaginação narrativa também é portadora de modos de julgar, de experimentar e até de ser. C. S. Lewis afirma que os mitos nos permitem tanto ver quanto *provar como* — experimentar "como concreto algo que de outra forma pode ser compreendido apenas como abstração",[61] de tal modo que o que é transmitido não é simplesmente uma proposição, mas *alguma coisa da própria realidade*. Nussbaum, na mesma linha, afirma que as narrativas nos permitem experimentar emoções, tipos de *sentir como*, "distinguindo respostas intimamente ligadas às crenças sobre como as coisas são e o que é importante".[62] Portanto, os gêneros são complexas estratégias

---

[58]Mary Louise Pratt, *Towards a speech act theory of literary discourse* (Bloomington: Indiana University Press, 1977).
[59]Veja minha discussão ampliada deste ponto em *Is there a meaning in this text?*, p. 340-2.
[60]Cf. Susan Snaider Lanser, *The narrative act point of view in prose fiction* (Princeton: Princeton University Press, 1981).
[61]C. S. Lewis, "Myth became fact", in: *God in the dock* (Grand Rapids: Eerdmans, 1970), p. 66.
[62]Nussbaum, *Love's knowledge*, p. 41.

cognitivas, comunicadoras e afetivas que não apenas transmitem informações, mas as organizam e processam de maneiras distintas. *Cada um desses aspectos tem um lugar no conceito ampliado de cognição que deve estar no centro de uma abordagem pós-conservadora.*

Gêneros não são apenas dispositivos de classificação ou meios para expressar algo que já se sabe, mas ferramentas pedagógicas, meios para aprender algo que talvez não possa ser conhecido de nenhuma outra forma e até mesmo, como veremos, meios de formação espiritual. Gêneros literários são jogos de linguagem de uma ordem superior, formas de pensamento "adaptadas à conceitualização de alguns aspectos da realidade melhor do que outros".[63] Essa percepção tem uma influência decisiva sobre a relação da Bíblia com a teologia cristã. As formas canônicas não apenas transmitem proposições, mas são estratégias de treinamento dos leitores para que *vejam como*, *provem como* e *sintam como*.

Gêneros transmitem suas visões do mundo "não explicando um conjunto de proposições, mas desenvolvendo exemplos concretos".[64] Em vez de nos dizerem em que devemos crer, as formas literárias, como a narrativa e a apocalíptica, possibilitam que os leitores de fato vejam e experimentem o mundo de certa maneira. A teologia pós-conservadora, desse modo, aceita as diversas formas literárias que compõem as Escrituras como várias *visões da palavra* distintas e irredutíveis. Nenhum gênero ou visão da palavra é "fundacional"; *todos* são necessários para exprimir adequadamente o evangelho. Uma teologia cristã sem literatura apocalíptica, sem profecia ou sabedoria, e principalmente sem narrativa, seria impensável. Disso resulta que o intérprete bíblico deve ser versado em mais de uma forma literária, pois são justamente as formas canônicas que fazem para o leitor a mediação da capacidade de ver, provar e sentir *biblicamente*. Certa competência genérica pode ser uma condição necessária para conceituar e participar de vários aspectos da vida de aliança.

O que os gêneros literários comunicam não é simplesmente o conteúdo propositivo, mas formas de processar e organizar o conteúdo em totalidades com significado: formas de pensar, formas de ver, formas de experimentar. Longe de aderir a uma teologia não cognitiva, tal valorização de formas canônicas, na verdade, enriquece a compreensão cognitiva da fé, pois, em uma visão pós-conservadora, os conceitos não são meramente nomes ou imagens das coisas. Para ser mais exato, eles são hábitos de pensamento — formas habituais de ver o mundo ou de compreendê-lo. Conceitos são habilidades cognitivas, hábitos mentais que aprendemos por meio de um aprendizado das várias práticas comunicadoras que compõem o cânon. Uma teologia "bíblica", portanto, não se limita a resumir o conteúdo propositivo das Escrituras. Envolve adquirir habilidades e sensibilidades cognitivas, e, como consequência, *a capacidade de ver, de sentir e de provar o mundo revelado nos diversos textos bíblicos*.

A exegese, portanto, envolve muito mais do que conhecimento lexical, histórico e gramatical, muito mais do que dominar informações sobre o texto. Como *scientia*

---

[63] Morson; Emerson, *Mikhail Bakhtin*, p. 276. Segundo Bakhtin, algumas das maiores descobertas no pensamento humano são desenvolvimentos da forma literária. O exemplo favorito de Bakhtin é Dostoiévsky, que, como Einstein, desenvolveu uma nova forma de pensar sobre o mundo.
[64] Ibid., p. 282.

ou tipo de conhecimento disciplinado, o objetivo da exegese é chegar a conhecer o texto pelo que ele é, por aquilo que diz e pelo que faz; isso, em última análise, não envolve tanto domínio de informações, mas *aprendizagem*.[65] A disciplina exigida pela exegese é, ao mesmo tempo, intelectual, espiritual e imaginativa, pois envolve nada menos do que ensinar os leitores a se submeterem à difícil formação para seguir as Escrituras de modo que as formas literárias venham a se fundir em formas de vida, de modo que *ver como* se traduza em *experimentar como*, e até mesmo, no limite, em *ser como*. É nesse sentido que *scientia* é um pré-requisito do que realmente importa: a capacidade sapiencial de participar do teodrama da maneira adequada.

A adequação da verdade: por um realismo versado

E o que dizer da verdade? Se ela não for propositiva, será meramente perspectiva — uma questão de como olhamos para as coisas —, ou meramente pragmática — uma questão do que achamos útil? Em primeiro lugar, a *verdade* sobre o que Deus fez em Cristo não depende nem dos testemunhos bíblicos nem da recepção deles por parte da igreja, mas o nosso *conhecimento* da verdade depende. Em segundo lugar, como observou Aristóteles, "Ser" pode ser dito de muitas maneiras. Assim também o evangelho, o "ser-em-ato" de Deus. *A verdade única pode ser figurada e configurada de vários modos.* Em terceiro lugar, uma teologia pós-conservadora haverá de enfatizar que *exatamente essas formas literárias* — exatamente essas estratégias de ver, provar, participar — fazem a descrição e a mediação do que a igreja precisa para fazer contato cognitivo (e de aliança) com a realidade, com o único Deus verdadeiro.

A teologia pós-conservadora pode, de fato, afirmar que a verdade doutrinária enquadra-se na categoria *adaequatio intellectus ad rei* (a correspondência entre a mente e a coisa ou objeto), desde que seja permitido definir *adaequatio*. O pensamento teológico e filosófico ocidental sobre a verdade tem sido mais ou menos uma série de notas de rodapé ao pensamento de Aristóteles. Para ele, o conhecimento se dá quando a "parte pensante da alma" é idêntica em caráter a seu objeto, quando o *eidos* da mente, ou a ideia de um objeto, é "adequado" à própria coisa.[66] "Adequado", aqui, significa *equivalente*, uma representação perfeita, um representar da coisa na mente. Esse ideal filosófico foi justamente questionado por pensadores pós-modernos, que negam a capacidade da epistemologia de ter êxito em sua pretensão de propiciar um conhecimento exato e completo do mundo. A verdade nunca está totalmente presente na consciência; ao contrário, nossas palavras e conceitos sempre *diferem* do que existe.

Uma teologia pós-conservadora liberta-se tanto da tendência de tratar conceitos como se fossem retratos quanto do ideal impossível de *adaequatio* como equivalência

---

[65]Conforme já observado, essa concepção de *scientia* harmoniza-se bem com a visão de Tomás de Aquino. Dada a natureza das Escrituras como ação comunicadora divina que serve a um propósito de aliança, o intérprete adquire *scientia* submetendo-se à autoridade das Escrituras. A obediência não se opõe à aquisição da *scientia* exegética, mas é justamente o que lhe é necessário (cf. Jenkins, *Knowledge and faith in Thomas Aquinas*, p. 68).

[66]Aristotle [Aristóteles], *On the soul* 3.4, in: Jonathan Barnes, org., *The complete works of Aristotle* (Princeton: Princeton University Press, 1984), vol. 1.

completa e perfeita entre linguagem e mundo, formulação e fato. Andamos pela fé e não por vista (*eidos*) nem por conhecimento teórico (*episteme*). É tentador, muito tentador, supor com arrogância que nosso sistema de pensamento de fato já alcançou o ideal filosófico de *adaequatio*: que conhecemos a verdade, total e completamente. Isso leva à idolatria. Ao mesmo tempo, a fé pela qual andamos não é não cognitiva nem *inadequada*. Felizmente, podemos remodelar a fórmula *adaequatio intellectus ad rei* segundo o termo *adequado* no sentido de suficiente.[67]

O testemunho pluriforme

As Escrituras são suficientes porque *exatamente esses textos* transmitem/transpõem de modo adequado a realidade de Jesus Cristo. "Transmitir/transpor de modo adequado" é o conceito-chave. Transmitir/transpor — com sua acepção de traduzir — é uma imagem maravilhosamente sugestiva de como a linguagem pode se relacionar com o real. Claro, nem todos os textos bíblicos transmitem a realidade da mesma forma; *transmitir* não é *espelhar*.[68] Assim como existe mais de uma maneira de entrar em contato com alguém — podemos nos encontrar, telefonar, trocar e-mails, receber telegramas, cumprimentar com aperto de mão —, também existem muitas formas pelas quais a linguagem nos conecta com a realidade.

O fato de que a fé cristã foi registrada *exatamente nessas formas textuais* tem real importância, pois há "afinidade entre uma forma de discurso e determinada modalidade da confissão de fé".[69] O cânon é um *complex simplex* — um coro de vozes diferentes que, no entanto, testemunham juntas da mesma realidade multifacetada: o *ato da palavra* de Deus em Jesus Cristo. O roteiro teodramático é um rico diálogo entre diferentes gêneros que às vezes se complementam, outras vezes contrastam uns com os outros, em vez de um monólogo estável e estático que endossa um sistema único de proposições. Cada visão de palavra bíblica abre uma janela diferente para a paisagem canônica. Nenhuma voz canônica ou forma literária sozinha dá plena expressão a essa cosmovisão bíblica. Precisamos da diversidade de gêneros bíblicos em sua totalidade para compreender o teodrama e nosso papel nele, assim como precisamos dos quatro Evangelhos para expressar a verdade de Jesus Cristo.

Cada forma literária no cânon, de um ou outro modo, *refere-se* ao teodrama; cada uma dá um testemunho genuíno da verdade de Jesus Cristo. A teologia canônico- -linguística é pós-conservadora porque reconhece que as diversas formas de discurso bíblico, além do que já fazem, no final das contas também estão *testificando* a verdade do que Deus estava fazendo em Jesus Cristo. "O que Deus está fazendo em Jesus

---

[67]Bruce Benson reconhece que até Derrida diz que podemos ter um conhecimento adequado nesse sentido, em *Graven ideologies: Nietzsche, Derrida and Marion on modern idolatry* (Downers Grove: InterVarsity, 2002), p. 133, 227).

[68]Mantenho o que William Alston chama de "teoria realista minimalista da verdade", a qual, apesar de afirmar que a verdade é uma relação entre linguagem e realidade, não especifica exatamente em que consiste essa relação. Cf. a sua obra *A realist conception of truth* (Ithaca: Cornell University Press, 1996), cap. 1.

[69]Paul Ricoeur, "Philosophy and religious language", *Journal of Religion* 54 (1974): 74.

Cristo para a salvação do mundo" é o conteúdo propositivo máximo das Escrituras, embora elas proponham esse conteúdo para nossa consideração de muitas maneiras e por meio de diversas formas. Observe-se que *testificar* é uma ilocução canônica, algo que vem à luz apenas no nível canônico, quando o dramaturgo divino fala nas diversas vozes autorais humanas e por meio delas.

O conceito de testemunho por certo inclui um elemento assertivo.[70] Damos testemunho *disso e daquilo*: "... o que vimos com nossos olhos, o que contemplamos e nossas mãos apalparam", a vida de Deus manifestada em Cristo (1Jo 1.1). No entanto, o testemunho é mais do que transmitir informações históricas. Ele é uma forma discursiva que encerra envolvimento pessoal em que a testemunha não apenas registra os dados dos sentidos, mas confessa: "Eu creio". Nós, que recebemos o testemunho dos profetas e dos apóstolos, não recebemos simplesmente um conjunto de proposições, mas a confissão de uma pessoa, expressa por várias formas e hábitos de pensar, ver e experimentar *como*. A premissa do cânon é que há algo no evento de Jesus Cristo que faz com que *exatamente essas formas literárias* sejam apropriadas para traduzir sua realidade. Uma vez que forma e conteúdo são inseparáveis, essa é uma alegação muito importante.

A verdade de Jesus Cristo apresenta-se vestida na forma de narrativas, canções, parábolas, profecias cumpridas, epístolas pastorais e literatura apocalíptica, e isso diz algo a respeito da *natureza* dessa verdade, a saber, que ela não deve ser apenas crida, mas *sentida, cumprida* e *amada*. As Escrituras nos ordenam receber o conteúdo propositivo do testemunho em uma variedade de maneiras que correspondem à variedade de suas formas: como algo que deve ser crido por mim, cumprido por mim, esperado por mim. Repetindo, o testemunho nas Escrituras faz mais do que transmitir informações: ele educa nosso pensamento e nossa percepção para entendermos o que Deus está fazendo em Jesus Cristo e nas próprias Escrituras. A teologia é a *scientia* do testemunho bíblico em toda a sua riqueza de gêneros.[71]

A teologia pós-conservadora não aspira ao conhecimento absoluto, mas ao conhecimento adequado. O conhecimento total e completo de Deus (*comprehendit*) está fora de nosso alcance, mas podemos pensar (*cognoscit*) adequadamente a respeito de Deus por meio das estratégias cognitivas que nos estão disponíveis nas Escrituras. O testemunho das Escrituras é suficiente para a fé, i.e., *adequadamente* verdadeiro no sentido de que *exatamente esses textos* são suficientes para conhecer a Deus, não da maneira exaustiva como ele é em si mesmo, mas do modo como ele se dá a conhecer (e a amar e ser obedecido) pela via de sua própria ação comunicadora. Adquirimos

---

[70]Walter Brueggemann fala de testemunho "como asserção que aguarda aprovação, está sujeita a revisão e deve abrir caminho em meio a contra-asserções" (*Theology of the Old Testament* [Minneapolis: Fortress, 1997], xvi).

[71]Curiosamente, Thomas Reid insiste que o testemunho é um ato *social*. Ele não é simplesmente uma afirmação que transmite informações, mas uma afirmação que carrega a garantia de veracidade. Acreditar no que é dito sem ter de confirmá-lo talvez seja o ato social de destaque, pois, sem confiança no testemunho, a sociedade não teria uma condição essencial da sua possibilidade. Cf. Nicholas Wolterstorff, *Thomas Reid and the story of epistemology* (Cambridge: Cambridge University Press, 2004), cap. 7; e C. A. J. Coady, *Testimony: a philosophical study* (Oxford: Clarendon, 1992).

um conhecimento adequado de Deus quando atentamos para *exatamente essas* formas de testemunho, para *exatamente esses* modos canônicos de cognição. *Exatamente esses textos* nos dão conhecimento suficiente — o bastante para participarmos da maneira correta do teodrama, suficiente para *continuarmos*. Aprendemos a fazer juízos teológicos corretos quando aprendemos a "gramática" cognitiva embutida nas práticas canônicas.

Um aspecto importante da verdade se perde quando o testemunho é "objetificado". Preservar somente o conteúdo é pescar apenas metade do peixe sagrado. Perde-se, por exemplo, a maneira e a intensidade com que a pessoa *lida* com aquele conteúdo propositivo. De acordo com Bakhtin, não se pode separar a visão de mundo do ponto de vista particular da pessoa que o expressa sem que ocorram perdas importantes. O que se perde na tentativa de separar o conteúdo do testemunho é justamente a dimensão *interpessoal* do ato comunicador. É claro que essa dimensão não propositiva é relevante para a verdade apenas se esta for mais do que uma questão de retratar linguisticamente situações e conjunturas, só se a verdade for *mais do que impessoal*. Mas a verdade, sobretudo a verdade teológica, *é* mais do que impessoal: é algo para ser tanto *sentido* e *experimentado* (e, como veremos, *cumprido*), assim como também para ser *crido*.

A verdade polifônica

Toda ação comunicadora tem conteúdo propositivo, lida com a realidade e estabelece relações interpessoais. Resta apenas acrescentar que as formas bíblicas de discurso lidam com a realidade de maneiras diferentes. Nenhum dos Evangelhos esmiúça totalmente o evangelho. Precisamos de um testemunho quadrifônico — Mateus, Marcos, Lucas e João — justamente para ver, sentir e experimentar o que Deus estava fazendo em Jesus Cristo. Existe um só "caminho" (Jo 14.6), porém "muitas maneiras" (Hb 1.1) de falar sobre ele.

Uma realidade diferenciada

Uma teologia pós-conservadora aceita uma *pluralidade de pontos de vista normativos nas Escrituras*; cada um é autorizado porque revela um *aspecto* particular da verdade. Formas literárias, como a metáfora, são representações da realidade, ou melhor, traduções da realidade, embora diferentes gêneros traduzam a realidade de formas diferentes. Tanto a história quanto a ficção aspiram à verdade (e à precisão), mas não exatamente da mesma forma. O testemunho bíblico evita ser vítima de um realismo ingênuo em parte porque faz a mediação de sua visão da realidade por meio de várias formas literárias diferentes.

É óbvia a pluralidade de formas literárias na Bíblia, mas sua necessidade, nem tanto. Por que um único cânon inclui tantas formas? A pluralidade de gêneros pode ser explicada, em primeira instância, pelos diferentes *níveis de complexidade* da realidade. É possível descrever a mesma ocorrência — por exemplo, uma pessoa apaixonar-se — em uma variedade de níveis: o bioquímico, o psicológico, o cultural, o sociológico e até mesmo o teológico. O fato é que cada nível transmite algo útil e correto *até certo ponto*. Assim como os objetos que os físicos estudam não são mais reais do que os observados pelos biólogos, assim também o relato que Mateus apresenta da chegada de Jesus ao mundo, que fala do nascimento virginal ("de baixo"), não é mais fiel (nem menos) à realidade apresentada pelo Quarto Evangelho, que fala da encarnação do Logos preexistente ("de cima").

Uma variedade de descrições, vocabulários ou formas literárias também é útil quando se trata de destacar diferentes *aspectos* da realidade. Um realismo *aspectivo* está muito distante de um perspectivismo que sugere que o que vemos não passa de nosso próprio *construto* teórico. O perspectivismo sustenta que o que vemos é resultado de *nada mais* que os sistemas ou teorias com os quais trabalhamos. Com certeza, há maneiras capciosas (e.g., falsas) de olhar para as coisas; algumas teorias são meramente especulativas. No entanto, um realismo aspectivo insiste que a realidade teodramática independe do que dizemos e pensamos sobre ela, ainda que ela seja indescritível e incognoscível quando separada das diversas formas canônicas e só parcialmente acessível a qualquer forma individual.[72]

Defender que determinadas estruturas ou esquemas são indispensáveis ao conhecimento de certos aspectos da realidade é adotar um realismo *moderado*. E sustentar que precisamos de uma pluralidade de formas literárias para entender adequadamente o teodrama é adotar um realismo moderado *versado*. O realista versado defende que, apesar de nosso conhecimento do teodrama ser parcial, ele pode ser verdadeiro: "Precisamos de um pluralismo de vocabulário, a fim de fazer uma descrição adequada de como as coisas se apresentam".[73]

Algumas formas são mais adequadas do que outras para comunicar ou traduzir determinados conteúdos. A ideia de um esquema *canônico* chama a atenção para a integridade da relação entre forma bíblica e conteúdo bíblico. Um esquema canônico — prática comunicadora que ocorre nas Escrituras no nível do todo — não apenas transmite certa quantidade de conteúdo propositivo, mas também uma forma de processá-lo (e.g., pensando, imaginando, sentindo). Uma narrativa bíblica é realista não simplesmente porque cria um consenso no meio da comunidade da fé, mas porque traduz certos aspectos do que Deus realmente estava fazendo em Cristo. Embora não possa haver um único esquema canônico *completamente* adequado, disso não decorre que os esquemas que temos não sejam verdadeiros. O realista aspectivo versado não vê contradição entre, por um lado, crer que "a forma como o teodrama se desenrola" independe das descrições que fazemos dele e, por outro, reconhecer a necessidade de uma série de esquemas canônicos para descrever certos aspectos dele. Precisamos da forma e das convenções da literatura apocalíptica, por exemplo, para trazer à luz a contingência (e a teleologia) final da história.

Certos aspectos do teodrama vêm à luz apenas sob determinados tipos de descrição canônica. Um realismo canônico versado não diz respeito a um realismo metafísico ingênuo

---

[72] O artigo de Paul Ricoeur sobre "Biblical time" [tempo bíblico] (em *Figuring the sacred* [Minneapolis: Fortress, 1995], cap. 9) é um bom exemplo de como se pode prestar atenção ao testemunho plurívoco das Escrituras sem deixar que um discurso em particular se torne um monólogo autorizado.

[73] Frank Farrell, *Subjectivity, realism, and postmodernism: the recovery of the world* (Cambridge: Cambridge University Press, 1994), p. 129.

que normalmente reconhece apenas um nível ou aspecto da realidade. O realismo ingênuo é uma forma nitidamente não imaginativa de realismo que considera real só o que é passível de uma descrição literal (em geral, coisas que podem ser empiricamente verificadas). Um realismo canônico versado, pelo contrário, revela certos aspectos do teodrama habilitando-nos a *ver como, sentir como, experimentar como*, de maneiras específicas. Essas múltiplas perspectivas — as muitas formas de ver, sentir e experimentar o teodrama — dão origem a uma "forma ampliada de pensamento teológico": "Porque a verdade transcende o factual, o realismo é maior que o literalismo".[74]

Uma verdade dialógica

A riqueza da realidade do evento de Jesus Cristo requer uma infinidade de vozes para transmiti-lo de modo adequado. Precisamos de uma pluralidade de perspectivas — formas literárias, visões de palavra, esquemas canônicos — para compreender adequadamente os vários aspectos da sua verdade. No que diz respeito à verdade cristã, sem dúvida é fato que "a peça (isto é, a ação dialógica) é a coisa". A verdade é única, mas sua unidade é pluriforme. A unidade da verdade bíblica não é de um sistema único, mas da conversa pentecostal. Aqui podemos lembrar o que Bakhtin diz sobre o caráter indispensável de várias vozes *individuais* e sobre a tendência que sistemas teóricos têm de reduzir a polifonia ao monólogo: "No ideal [propositivista, teórico] uma consciência individual e uma única boca são absolutamente suficientes para uma cognição plena; não há necessidade de múltiplas consciências".[75]

De todos os diálogos canônicos, talvez o mais importante seja entre o Antigo e o Novo Testamentos. Com razão, Bakhtin nos adverte contra pensar o diálogo como a *fusão* de duas ou mais vozes em uma.[76] Mesclar ou fundir horizontes é reduzir dois pontos de vista distintos a um só, o que significa enxergar *menos*, não mais. Graças ao fato de que ambos os Testamentos, em certo sentido, estão um "fora" do outro, o diálogo entre eles produz potenciais de significado que de outra forma ficariam desconhecidos. Para Bakhtin, não pode haver diálogo caso alguém considere absoluto seu ponto de vista ou relativize a perspectiva do outro. Em um diálogo genuíno, cada voz mantém sua integridade, embora cada uma também seja enriquecida pela outra. A teologia canônico-linguística ocupa-se tanto do diálogo dentro de cada Testamento quanto do diálogo entre eles. A teologia, como uma espécie de dramaturgia, está profundamente envolvida com a verdade dialógica. Sob a ótica da *scientia* exegética, o cânon tanto inclui quanto delimita o número de vozes autorizadas, e os teólogos devem dar ouvidos a *exatamente esse diálogo canonicamente delimitado* como norma de compreensão da fé. Da perspectiva da *sapientia*, no entanto, o diálogo é e deve ser contínuo, embora o cânon continue a ser a Regra de Adequação polifônica.

É hora de reunir as várias linhas dessa discussão e dizer como a teologia pós--conservadora afirma a verdade como *adaequatio intellectus ad rei*. A adequação que é

---

[74]Sue Patterson, *Realist Christian theology in a postmodern age* (Cambridge: Cambridge University Press, 1999), p. 45.
[75]Bakhtin, *Problems of Dostoyevsky's poetics*, p. 81.
[76]A dialética de Hegel é paradigmática de tal fusão.

a medida da verdade não deve ser vista sob a ótica do ideal do filósofo, de equivalência completa, mas sob óticas bem menos formais: *bom o bastante, suficiente*. As Escrituras são suficientes, em primeiro lugar, no sentido das formas: *exatamente essas* formas literárias são adequadas para transmitir a Palavra de Deus. A verdade da palavra de Deus não é meramente, mas *ricamente* propositiva. As Escrituras intimam o intelecto a aceitar suas proposições, mas elas também intimam a imaginação a *vê-las, senti-las* e *experimentá-las*. Objetividade em teologia não é uma "visão a partir de lugar nenhum", como se pudéssemos escapar de pontos de vista particulares. Objetividade é mais bem concebida como a "visão a partir de todos os lugares" — isto é, de todos os lugares no cânon.

Em segundo lugar, a verdade mediada nas Escrituras é adequada no sentido de ser suficiente; ela comunica *o bastante*. O bastante para quê? Essa é a pergunta certa que devemos fazer. *Bastante* não é um termo absoluto, mas relativo: conhecemos a verdade que basta para o propósito à mão. Em termos específicos, nosso intelecto apreende *o bastante* do que Deus está fazendo em Cristo (o objeto, ou substância, do teodrama) para entender o ponto principal da ação; não menos importante, entendemos o bastante do teodrama para dele participar de forma adequada. Não podemos saber tudo o que há para saber a respeito de Deus por meio da leitura das Escrituras, mas podemos saber *o bastante* para reagir — confiar nas promessas, obedecer aos mandamentos, prestar atenção às advertências, cantar as canções, crer nas afirmações e esperar o final. Uma teologia pós-conservadora sustenta que o diálogo canônico transmite apenas o que a igreja precisa saber sobre o teodrama a fim de segui-lo, não só com o *intellectus*, mas também com nossos pés.

UMA TEOLOGIA PÓS-FUNDACIONALISTA

A história que Jesus conta em Mateus 7, a respeito dos construtores sábio e tolo, com sua ênfase na *prática* da palavra ouvida, pode pertencer mais à *sapientia* do que à *scientia*; no entanto, levanta as questões dos fundamentos.[77] Críticos da abordagem canônico-linguística, sem dúvida, procurarão desacreditá-la como um tipo de fundacionalismo canônico. Eles, porém, estariam equivocados. Paulo, em Efésios 2.20, identifica Jesus como a pedra angular sobre a qual a igreja está edificada, mas ele também menciona o "fundamento" dos apóstolos e dos profetas. Todavia, o fundamento não são os apóstolos e profetas, e sim seu testemunho a respeito de Cristo. Por isso, Paulo afirma em outro lugar: "... lancei o alicerce" (1Co 3.10) e "ninguém pode lançar outro alicerce, além do que já está posto, o qual é Jesus Cristo" (1Co 3.11). Então, acompanhando os profetas e os apóstolos, afirmo Jesus Cristo como o único fundamento da igreja. O testemunho bíblico a respeito de Cristo é, da mesma forma, fundamental.

Contudo, o fato de a igreja ter um fundamento não significa que a teologia deva ser fundacionalista. O fundacionalismo é uma epistemologia (teoria do

---

[77] Entendo que Jesus adota aqui um fundacionalismo sapiencial, em que a sabedoria é edificada sobre a fé e sobre a obediência à palavra de Deus. O alicerce a que Jesus se refere, portanto, não é tanto uma crença, mas a ação obediente. Note-se que a imagem do espelho em Tiago 1.23-25 também enfatiza a sabedoria da perspectiva da prática da palavra.

conhecimento), que compara o que sabemos a uma pirâmide baseada em um conjunto de crenças indubitáveis. De acordo com essa teoria, as crenças contam como conhecimento genuíno somente quando podem primeiro estabelecer seu *pedigree* epistemológico, mostrando como se baseiam em crenças fundacionais. A história da epistemologia moderna é em grande parte a história da busca desse santo graal, um conjunto de crenças privilegiadas sobre as quais a casa do conhecimento poderia ser edificada com segurança.[78] Alguns teólogos tratam proposições abstraídas da Bíblia de maneira fundacionalista, como um fundamento certo e seguro sobre o qual os andares superiores da doutrina podem ser edificados pelas vias da indução e dedução a partir de suas bases bíblicas.

Hoje são inúmeras as críticas a tal fundacionalismo "clássico" e a sua cúmplice — a suposição de que a "razão" é neutra e universal.[79] A presente proposta tem suas razões, propriamente teológicas, para se opor ao fundacionalismo clássico. Em particular, a teologia canônico-linguística vê dois problemas com a noção de que as Escrituras são um fundamento indubitável.[80] Primeiro, o fundacionalismo privilegia certo tipo de informação — verdades propositivas abstraídas das Escrituras — em detrimento dos diversos gêneros literários nos quais e por meio dos quais essa informação é canonicamente processada. Segundo, o fundacionalismo privilegia certo tipo de procedimento de geração de conhecimento que também abstrai do processo o *conhecedor*. Para todos os efeitos, os elementos particulares — os tipos particulares de textos, o local e a identidade específicas do exegeta — não desempenham nenhum papel significativo na obtenção de conhecimento. Tudo o que importa são proposições e procedimentos. O fundacionalismo, assim, não percebe o drama real do conhecimento: Será que o exegeta alcançará — fará contato cognitivo com — o significado? Será que o exegeta *vai se relacionar* com a verdade e a colocará em *prática*?

Dois tipos de pós-fundacionalismo

Detalhes são importantes. A *scientia* exegética aqui defendida ocupa-se tanto dos tipos particulares de textos quanto especificamente da pessoa que faz a exegese. A teologia precisa ocupar-se não apenas do *como* e do *quê* do conhecimento, mas também do *quem* e do *porquê*. Conhecedores humanos devem não apenas raciocinar sobre o objeto de suas investigações, mas também relacionar-se com ele de forma apropriada a fim de estabelecer um contato cognitivo correto e, além disso, um contato de aliança igualmente correto. Para a exegese, no fundo se trata de um exercício da

---

[78]A questão controversa diz respeito ao que deve ser incluído nesse conjunto: as verdades necessárias da razão? Os ditames da experiência sensorial? A Bíblia?

[79]Cf., por exemplo, Nancey Murphy, *Beyond liberalism and fundamentalism: how modern and postmodern philosophy set the theological agenda* (Valley Forge: Trinity Press, 1996), esp. cap. 1; e Stanley J. Grenz; John R. Franke, *Beyond foundationalism: shaping theology in a postmodern context* (Louisville: John Knox, 2001), cap. 2.

[80]Nenhum dos problemas deve qualquer coisa à filosofia moderna. Pelo contrário, cada um é especificamente teológico e diz respeito à natureza do objeto distinto do conhecimento teológico, a ação comunicadora de Deus.

"razão santa": "a razão dirigida pela leitura desses textos e para a leitura deles, textos estes que são servos ou auxiliares do pronunciamento que o próprio Deus faz de sua palavra".[81] A teologia como *scientia* é, portanto, uma questão de raciocínio santo sobre as Sagradas Escrituras, com elas e a partir delas. O cânon é um fundamento, mas não do tipo que caracteriza o fundacionalismo clássico.

Ao mesmo tempo, a teologia canônico-linguística duvida das abordagens não fundacionalistas que concebem o conhecimento como uma teia, rede ou mosaico de crenças.[82] Em uma rede de crenças, nenhuma crença é mais importante do que outra. Além disso, as crenças podem ser revistas em virtude da pressão da experiência. Aliás, em muitas descrições não fundacionalistas do conhecimento, o que é considerado "básico" não é um conjunto de crenças, mas a comunidade da fé, na medida em que a teia, ou mosaico de crenças, é conduzida e revisada pelas tradições e comunidades de pesquisa.[83]

A *scientia* teológica localiza-se desconfortavelmente entre o ideal moderno de uma razão autônoma, em que intérpretes transcendem seu lugar na história, classe e cultura por meio de uma exegese "objetiva", e sua inversão pós-moderna, em que a interpretação é simplesmente a projeção desses ou daqueles interesses e tendências da comunidade. Felizmente, o absoluto e o relativo não são as únicas escolhas. O *pós-fundacionalista* procura "agarrar-se aos ideais de verdade, objetividade e racionalidade, que ao mesmo tempo reconhece a natureza falível, contextual e provisória da razão humana".[84] O conhecimento, desse ponto de vista, não é nem imediato nem indubitável; antes, é mediado por plataformas interpretativas. Nenhum conjunto de dados é fundacional porque os dados são sempre filtrados por plataformas interpretativas e carregados de teoria. No entanto, graças ao realismo aspectivo, podemos dizer que alguns filtros permitem a passagem de conhecimento verdadeiro. Dessa forma, o pós-fundacionalismo permite que o leão epistemológico se deite com o cordeiro hermenêutico.

As teologias linguístico-cultural e canônico-linguística representam dois tipos contrastantes de pós-fundacionalismo, mais ou menos equivalentes ao que já distinguimos como interpretação da Encenação I e II. O principal ponto de diferença diz respeito à natureza e condição das plataformas interpretativas e sua relação com as comunidades hermenêuticas. A abordagem linguístico-cultural de Lindbeck liga religião e doutrina não à ciência, como os propositivistas estão acostumados a fazer, nem à arte, como fazem os liberais modernos, mas à linguagem e à cultura. Podemos lembrar que, segundo ele, doutrinas são regras gramaticais que se aprende participando de uma forma de vida. Para Lindbeck, a linguagem e a cultura funcionam *como a teia ou o mosaico de crenças socialmente mediadas* que servem como meio e

---

[81]John Webster, *Holiness* (London: SCM, 2003), p. 18.

[82]A metáfora da teia ou rede origina-se em Willard Quine, e a do mosaico, em Stanley Grenz. Para uma boa discussão de fundacionalismo *versus* não fundacionalismo no método teológico, cf. Murphy, *Beyond liberalism and fundamentalism*.

[83]Segundo Grenz; Franke, *Beyond foundationalism*, p. 47.

[84]F. LeRon Shults, *The postfoundationalist task of theology: Wolfhart Pannenberg and the new theological rationality* (Grand Rapids: Eerdmans, 1999), p. 58.

medida do conhecimento doutrinário.[85] As crenças de uma pessoa juntamente com sua plataforma interpretativa são, nessa concepção, dependentes da comunidade em que a pessoa se encontra. O principal ponto fraco dessa posição é que a autoridade das Escrituras — a ação comunicadora de Deus — fica relegada (rebaixada!) ao papel de uma voz entre muitas. A ênfase na interpretação da Encenação II, como já vimos, recai sobre o uso que a igreja faz das Escrituras, e não sobre o uso autoral inspirado. Aliás, as Escrituras são consideradas mudas a menos que sejam "iluminadas pela tradição, vivificadas na experiência pessoal e confirmadas pela razão".[86] *Esse primeiro tipo de pós-fundacionalismo, então, põe a vida da igreja no lugar do conjunto de crenças indubitáveis.* Embora Lindbeck claramente vá além da ênfase moderna na autonomia individual, pode-se questionar se sua posição não seria uma forma de expressivismo *eclesial* e, portanto, uma forma da posição expressivista-experiencial que ele associa com os liberais modernos.

A teologia canônico-linguística trabalha com um tipo diferente de racionalidade pós-fundacionalista e com uma metáfora diferente de conhecimento. Conhecer não é uma questão de construir fundamentos nem de tecer teias, mas de *seguir mapas*. "Seguir mapas" é uma figura mais adequada, pois reconhece a prioridade do texto canônico e de sua relação com a realidade — *exatamente esses mapas* — acima do uso ou da leitura que se faça dele. Além disso, o drama da doutrina é justamente aquele que usa os mapas bíblicos para ter sucesso na jornada pelo caminho em direção à verdade e à vida. O *mapa* chama a atenção para o fato de que a plataforma interpretativa da igreja é *canônica* antes de ser *comunitária*. Ao mesmo tempo, esses mapas ou plataformas interpretativas servem a vários propósitos da vida real. Aliás, o propósito do mapa não é simplesmente informar, mas ser útil. De maneira semelhante, as Escrituras não são um manual de verdades propositivas que servem como fundação do conhecimento, nem uma narrativa que se baseia em sua posição na teia de crenças da igreja para ter seu significado e verdade. As Escrituras são mais um *atlas* canônico: uma coleção de mapas que, de modo variado, apresentam o caminho, a verdade e a vida.

A racionalidade como cartografia canônica

A teologia posterior ao ocaso da modernidade já não pode se contentar em começar a partir da "experiência humana comum", dos dados sensíveis, ou de fatos supostamente objetivos, sejam estes as verdades necessárias da razão, sejam as verdades acidentais da história. Então, o que os teólogos cristãos podem tomar como "dado" na busca do conhecimento de Deus, se é que há algum dado? Para o tipo wittgensteiniano de teologia defendido por Lindbeck e por sua tribo pós-liberal, os únicos dados reais

---

[85]Lindbeck é apenas um símbolo desse primeiro tipo de pós-fundacionalismo. Entre outros representantes encontram-se Nancey Murphy e Stanley Grenz. Wolfhart Pannenberg representa ainda um terceiro tipo de pós-fundacionalismo que, embora merecedor de atenção, está fora do âmbito do presente estudo.

[86]Essa citação vem da declaração de 1972 da Igreja Metodista Unida do que ficou conhecido como o Quadrilátero Wesleyano (cf. Richard Heyduck, *The recovery of doctrine in the contemporary church* [Waco: Baylor University Press, 2002], p. 16).

são as "formas de vida": padrões eclesiais de discurso, ação e pensamento humanos em que os cristãos já vivem.[87] Os únicos "fundamentos" na teologia pós-liberal são as práticas linguístico-culturais que compõem esta ou aquela tradição. Esse é um tipo de pós-fundacionalismo (podemos chamá-lo de Pós-fundacionalismo II). Para a teologia canônico-linguística, as práticas que constituem a plataforma interpretativa do cristão são as práticas comunicadoras (e, como veremos, cartográficas) do próprio cânon e, em segundo lugar apenas, as práticas da comunidade.

A plataforma interpretativa como mapa: seguindo "o caminho"

Um quadro fiduciário é o princípio do conhecimento. Lesslie Newbigin e Agostinho têm razão: o conhecimento sempre se dá no contexto da crença anterior. Para crescer em conhecimento, deve-se ter pelo menos um compromisso provisório com uma plataforma de pensamento, deve-se aceitar algo como "dado" (algo evidente, um fato estabelecido) na confiança e, em seguida, testá-lo. O "dado" da teologia, como Barth nunca se cansou de enfatizar, é a autodoação do Deus trino e uno: Deus em autoapresentação cristocêntrica (e, poderíamos acrescentar, *canônica*). Só Deus pode fazer Deus conhecido; daí o "dado" da palavra-ato de Deus em Cristo "não poder fazer parte de nenhuma visão de mundo, exceto daquela de que é a base".[88] O conhecimento de Deus começa com a confiança no que nos foi dito a respeito de Deus por ele, e isso significa tomar o cânon como princípio do conhecimento teológico, a plataforma interpretativa para a compreensão de Deus, do mundo e de nós mesmos.

"Roteiro" capta a unidade teodramática das Escrituras, mas "atlas" capta a pluralidade irredutível das Escrituras, isto é, as muitas maneiras em que o teodrama é apresentado. É justamente como uma coleção de mapas que a palavra de Deus é "lâmpada para meus pés e luz para meu caminho" (Sl 119.105). Tanto o roteiro quanto o mapa são textos que dão *direções*: o roteiro, para falar e agir; o mapa, para andar e seguir. O papel da Bíblia na teologia é fazer dos intérpretes participantes ativos do teodrama, seguidores do Caminho. Os diversos mapas bíblicos que compreendem o atlas canônico fornecem diferentes tipos de orientação para o todo. Certos mapas bíblicos são úteis em alguns contextos, ao passo que mapas diferentes são úteis em outros. Aprender a ler e seguir os mapas canônicos ao longo da vida em direção à terra prometida: essa é a imagem da teologia como um tipo de conhecimento (*scientia*) e sabedoria (*sapientia*) que a presente abordagem procura desenvolver.

O mapa é uma metáfora convincente para uma descrição pós-fundacionalista do conhecimento. Mas, primeiro, uma advertência. Às vezes, mapas são vistos como paradigmas para a própria objetividade científica, em grande parte porque a história da cartografia fala de uma progressão gradual que parte de aproximações rudimentares

---

[87]Fergus Kerr argumenta que a busca anterior de fatos atomísticos por Wittgenstein dá lugar em seu trabalho posterior a um foco nos "fatos da vida", as formas de vida em que linguagem, pensamento e ação já estão coordenados. Veja, de sua autoria, *Theology after Wittgenstein* (Oxford: Blackwell, 1986), p. 64.

[88]Lesslie Newbigin, *Proper confidence: faith, doubt and certainty in Christian discipleship* (Grand Rapids: Eerdmans, 1995), p. 4.

para representações sempre mais exatas. No entanto, os mapas não são espelhos da realidade; eles não refletem literalmente a maneira como o mundo é. Só o realista ingênuo considera os mapas representações objetivas.

Um mapa é uma plataforma interpretativa, não um fundamento de fatos básicos. A prova é que não existem mapas universais e de usos múltiplos. Pelo contrário, cada mapa reflete perspectivas específicas e serve a propósitos igualmente específicos.[89] Um atlas rodoviário destaca algumas características do mundo; um mapa político, outras. Alguns mapas retratam a configuração do terreno, com destaque para a topografia de determinada região; outros informam onde encontrar um tesouro enterrado. É interessante observar que os historiadores da cartografia não pensam mais que os cartógrafos estavam interessados principalmente na precisão geográfica. Aliás, mapas são *subjetivos*, visto que refletem os interesses (e muitas vezes os preconceitos) do cartógrafo: "Os mapas corporificam uma perspectiva do que é conhecido e uma percepção do que pode valer a pena conhecer".[90] Diferentemente de uma fotografia, que mostra tudo o que há para ser visto, um mapa é uma representação simbólica e seletiva de aspectos da realidade.[91]

Um mapa é um texto, uma combinação de palavras e imagens, guiada por um conjunto de convenções, que visa comunicar certo senso de posição. Para entender totalmente um mapa é preciso que ele seja usado da forma como foi concebido, o que, por sua vez, significa estar familiarizado com suas convenções. Nesse sentido, interpretar mapas assemelha-se muito a interpretar gêneros literários. Vejamos os diferentes elementos cartográficos: (1) *Título* — o título responde às perguntas "o quê?" "onde?" e "quando?"; (2) *Orientação* — a cartografia ocidental tem por convenção colocar o norte na parte superior dos mapas; (3) *Escala* — cada mapa segue suas próprias regras para determinar distância e proporção; (4) *Código* ou *legenda* — os códigos explicam os vários símbolos utilizados pelo cartógrafo para representar lugares, eventos, rios, montanhas, estradas e assim por diante. A legenda é *uma forma de imaginar o mundo*.[92]

Ao contrário de um edifício, um mapa não tem fundação. Um mapa é um todo imaginado, mas ao contrário da teia de crenças, metáfora bem conhecida de Willard Quine para o conhecimento, um mapa tem certa fixidez textual. Um mapa é uma plataforma interpretativa que se propõe a representar a realidade objetiva, mas faz

---

[89]Mapas planos têm o desafio especial de representar uma realidade tridimensional da perspectiva de duas dimensões. Um discurso humano que tenta representar Deus enfrenta um desafio ainda mais difícil.

[90]John Noble Wilford, extraído de *The map makers*, ed. rev. (New York: Alfred A. Knopf, 2001). Os mapas de Beatus do século décimo, desenhados para acompanhar um comentário medieval sobre o livro de Apocalipse, são orientados de modo que o leste fica no topo.

[91]Cf. J. Brian Harley, "The map and the development of the history of cartography", in: J. B. Harley; David Woodward, orgs., *The history of cartography* (Chicago: University of Chicago Press, 1987), vol. 1: *Cartography in prehistoric, ancient, and medieval Europe and the Mediterranean*, p. 1-42.

[92]Há uma bibliografia considerável sobre teoria cartográfica. Os pós-modernos têm exposto as tendências ideológicas, políticas e religiosas de certos mapas, bem como sua cumplicidade em lutas pelo poder. Veja, por exemplo, Denis Wood, *The power of maps* (New York: Guilford, 1992), e J. Brian Harley, "Maps, knowledge and power", in: Denis Cosgrove; Stephen Daniels, orgs., *The iconography of landscape* (Cambridge: Cambridge University Press, 1989).

isso apenas graças a escolhas subjetivas. Isso é o que faz do mapa uma metáfora tão adequada de uma racionalidade pós-fundacionalista que se esforça por manter o ideal de verdade objetiva enquanto reconhece a natureza provisória e perspectivística da subjetividade humana.[93]

As diversas formas literárias das Escrituras são como diferentes tipos de mapas reunidos em um atlas unificado: a Bíblia. Tal como acontece com os mapas, assim também ocorre com as formas de discurso bíblico: cada uma apresenta a realidade de maneira seletiva, de acordo com sua "escala" e "códigos". As histórias bíblicas, os mandamentos, as promessas, os cânticos, as profecias e o discurso didático, todas essas formas fazem a mediação da ação comunicadora de Deus, mas nem todas do mesmo modo. O que elas têm em comum, no entanto, é a mesma orientação básica. O cânon é uma bússola única que aponta não para o norte, mas para a Estrela Polar da igreja: Jesus Cristo. Esse foi o tema principal da conversa de Jesus com os dois discípulos no caminho de Emaús, em Lucas 24, passagem que é uma espécie de exercício de mapeamento. Comentaristas costumam chamar a atenção para o fato de que o diálogo ocorre em uma estrada — o mesmo termo grego que Lucas usa em Atos 9.2 para falar sobre "o caminho". Andar no caminho cristão é empregar os mapas bíblicos de maneira que eles dirijam a pessoa para Cristo. Note-se que precisamos de uma bússola, porque um mapa pode ser lido e seguido apenas se a pessoa for orientada corretamente. Mapas são inúteis para quem está perdido, se a pessoa não puder determinar onde fica o Norte. Da mesma forma, a exegese bíblica fica desorientada quando perde a capacidade de relacionar o texto à sua bússola canônica, o ato da fala de Deus em Cristo.

Racionalidade exegética e adequação: alcançando a competência canônica

A teologia canônico-linguística deve mostrar competência cartográfica: um conhecimento das diferentes formas de discurso bíblico, das maneiras em que cada uma delas faz sentido em si e por si mesma, e do modo como cada uma se relaciona com a realidade e com as outras formas.[94] A analogia entre plataformas interpretativas e mapas é apropriada sobretudo tendo em vista nosso conceito anterior: "adequação". A teologia como *scientia* exegética consiste na adequação canônica ou cartográfica, adequação que se dá em três sentidos.

---

[93] Cf. a observação de Denis Woods: "O futuro da cartografia reside em transcender a dicotomia entre a utilidade do subjetivo e a autoridade do objetivo" ("The power of maps", *Scientific American* 268/5 [May 1993]: 93). Com "verdade objetiva" refiro-me à ideia realista de que a forma como o mundo é não depende de minha linguagem e pensamento sobre ele — não me refiro à teoria epistemológica do objetivismo, que nega a importância do contexto do conhecedor.

[94] *Competência* é o termo com que Noam Chomsky se refere ao conhecimento implícito que os falantes têm da sua língua nativa. Jonathan Culler amplia essa ideia e fala de "competência literária" para se referir ao conhecimento que alguém possui de convenções e regras literárias (veja, de sua autoria, *Structuralist poetics* [Ithaca: Cornell University Press, 1975]). Segundo Chomsky, todos os seres humanos têm uma competência linguística inata, mas a competência literária e canônica (sem falar na cartográfica) precisa ser aprendida.

Adequação intrassistemática: coerência

Para começar, a *adequação intrassistemática* diz respeito à forma em que cada mapa ou gênero literário faz sentido à sua maneira.[95] Já examinamos gêneros bíblicos como estratégias comunicadoras e cognitivas; resta agora recordar seu caráter controlado por regras. Cada uma dessas práticas canônicas tem uma racionalidade própria, seu jeito de "figurar", seu quociente próprio entre linguagem e mundo. O exegeta competente compreende não apenas o significado das palavras e as regras de sintaxe, mas também esse controle *literário* de ordem superior exercido por regras. A *adequação intrassistemática, portanto, diz respeito ao tipo de coerência dentro de um único tipo de texto-mapa*. A primeira etapa da competência canônica é entender como cada tipo de texto no cânon é composto e como cada um *é coerente* por conta própria.[96]

Adequação extrassistemática: correspondência

Para ser útil, no entanto, um mapa deve mostrar mais do que coerência interna. Só coerência não basta, e isso vale tanto para a cartografia quanto para a racionalidade. Para que os textos bíblicos possam promover algum conhecimento de Deus, do mundo e de nós mesmos, eles precisam se referir a algo além de si mesmos. A teologia canônico-linguística parte da convicção de que o cânon é uma coleção confiável de plataformas interpretativas que permitem navegar não só pela história de Jesus Cristo, mas também por nossa vida cotidiana, justamente porque nos orientam e nos dão uma alavanca para a realidade. O ponto importante da nossa analogia cartográfica, no entanto, é que a forma como um mapa representa ou "corresponde" ao mundo depende do tipo de mapa que ele é (e.g., histórico, topográfico, rodoviário, político).

Nussbaum observa que diferentes esferas da vida têm diferentes "geografias", normas de racionalidade distintas.[97] Isso vale também para as diversas formas literárias das Escrituras. Não há correspondência de um único tipo entre linguagem bíblica e realidade. O realismo aspectivo defendido na presente obra partilha não do senso comum, mas do *senso canônico*. De fato, o que poderíamos chamar de "realismo do senso canônico" revela sensibilidade para as diversas maneiras pelas quais a Bíblia traduz a realidade, cada uma ligada a um gênero independente. A história da cartografia ilustra o mesmo ponto, pois está repleta de exemplos de precisão geográfica de diferentes tipos e graus. Os mapas medievais de Beatus retratam a Terra como palco para atos poderosos de Deus; a precisão geográfica física é uma preocupação apenas secundária. No entanto, os mapas de Beatus têm seu próprio tipo de precisão, sua própria interpretação da verdade divina. De forma semelhante, os diferentes gêneros bíblicos são exatos cada um a seu modo. O segundo estágio de competência canônica é reconhecer que o cânon mostra diferentes tipos de correspondência, diferentes tipos de adequação extrassistemática.

---

[95] A noção paralela em Lindbeck é "intratextualidade".
[96] Esta primeira etapa corresponde ao que Meir Sternberg e outros chamam de poética.
[97] Nussbaum, *Love's knowledge*, p. 20.

Adequação intersistemática: coordenação

A competência canônica exige que o teólogo reconheça um terceiro tipo de adequação, distinto dos outros dois. Para que o cânon sirva como nossa plataforma interpretativa, não basta entender o sentido de textos individuais ou mesmo as maneiras com que eles se referem ao mundo; também temos de lidar com a forma como os vários mapas relacionam-se uns com os outros. Chamemos a isso *adequação intersistemática*. Esse é, de fato, outro tipo de adequação, pois claramente os mapas não correspondem uns aos outros. Eles não são equivalentes, tanto no que dizem quanto na forma como dizem. A rigor, os diferentes mapas das palavras das Escrituras também não são coerentes entre si. E como poderiam ser, sobretudo se não fazem uso do mesmo conjunto de categorias e conceitos (*viz.*, códigos?). Isso não quer dizer que sejam *incoerentes*, mas apenas que a coerência lógica pode não ser a melhor categoria dentro da qual devemos pensar na ligação entre eles. A melhor categoria nesse aspecto é *coordenação*.

Os diversos mapas das Escrituras "adequam-se", no sentido de que cada um é *compatível* com os outros; isso significa, no mínimo (e um pouco negativamente), que um não contradiz o outro. Sob um aspecto mais afirmativo, eles compartilham a mesma *orientação*. Embora as várias formas de discurso bíblico trabalhem com códigos e escalas diferentes, todas transmitem o mesmo kerygma e estão orientadas para Jesus Cristo, sua bússola coordenadora. São coerentes não porque compartilham do mesmo espaço conceitual, mas porque se mantêm unidas em Cristo, por Cristo e para Cristo.

A teologia como *scientia* exegética não deve impor um sistema artificial às Escrituras. O cânon, à semelhança do corpo humano, na verdade é composto de vários "sistemas". Interpretar de modo correto a narrativa, a profecia, a literatura apocalíptica etc. é reconhecer os diferentes sistemas que contribuem para a vida do cânon unificado e o constituem, a exemplo dos sistemas digestório, neurológico e circulatório, que também contribuem para a vida de todo o corpo humano e o constituem. O que temos nas Escrituras, então, é uma variedade de sistemas — coleções de histórias, metáforas, frases, leis e promessas bíblicas autorizadas — que, juntos, contribuem para a vida e a fé da igreja, o corpo de Cristo.[98]

Scientia reconstrutiva: um ministério de expressão conceitual

Uma teologia canônico-linguística é pós-fundacionalista porque aceita o atlas canônico como principal plataforma interpretativa, com a qual dá sentido a tudo o mais. *Por essa perspectiva, uma crença ou ação é racional na medida em que "faz sua adequação" a um ou mais dos mapas bíblicos.* É como se explicássemos criando um enredo, só que agora se trata não só de colocar os eventos em uma trama narrativa, mas de incluir no enredo a *posição* de todos os elementos — crenças, ações, pessoas, eventos — da perspectiva dos mapas bíblicos. Será que disso resulta que a teologia sistemática deve assumir as mesmas formas literárias que vemos na Bíblia, que os teólogos devem se contentar em profetizar, contar histórias e cantar? A tarefa da teologia é interpretar o texto bíblico a fim de orientar a participação adequada da igreja no desenrolar do

---

[98] Podemos até falar de "gêneros" dominantes e recessivos em referência a esta ou aquela situação, à semelhança do que fazemos em relação aos genes dominantes e recessivos.

teodrama, mas a interpretação continua a ser o trabalho com *conceitos*. No entanto, uma interpretação fiel e adequada das Escrituras canônicas não deve procurar dominar o texto impondo-lhe um sistema ou outro de conceitos que lhe sejam estranhos, mas usar conceitos de uma forma *ministerial* adequada.

A interpretação bíblica na teologia canônico-linguística procura fazer mais (nunca menos) do que identificar o conteúdo propositivo de um texto, pois este exerce continuamente um papel no teodrama. Segue-se que sua "voz" — juntamente com sua forma e conteúdo — tem importância contínua. Cada texto bíblico tem não só conteúdo propositivo, mas também se ocupa da realidade e estabelece relações interpessoais. Daí que cada texto bíblico alega implicitamente cumprir as três condições da comunicação válida, a saber, sinceridade, verdade e apropriabilidade.[99] Cada uma das formas do discurso bíblico atende às três condições — ela expressa com fidelidade a intenção de seu autor (a condição de sinceridade); ela traduz de modo fiel a realidade (a condição da verdade); ela estabelece as relações interpessoais e sociais corretas (a condição de apropriabilidade) — *mas nem sempre da mesma maneira*.[100]

Portanto, parte da tarefa da teologia como *scientia* exegética consiste em elucidar e expressar a racionalidade corporificada nas diversas práticas comunicadoras do cânon. Isso significa dar expressão às regras implícitas no ato de descobrir sentido e traduzir a realidade, regras corporificadas e encenadas pelas diferentes formas canônicas. A teologia canônico-linguística, assim, se assemelha ao que Jürgen Habermas chama de "ciência reconstrutiva", cujo objetivo é tornar teoricamente explícito o *know-how* intuitivo e pré-teórico que fundamenta a competência comunicativa ou linguística de um agente discursivo.[101] Para ser mais exato, o que a teologia reconstrói é a competência *canônica*. O objetivo da ciência reconstrutiva é fornecer "uma descrição explícita das regras que um falante competente deve dominar a fim de fazer construções gramaticais e enunciá-las de maneira aceitável".[102] A excelência peculiar da teologia canônico-linguística consiste na capacidade de expressar de forma explícita a racionalidade implícita pressuposta pelas diversas práticas canônicas.[103]

---

[99] Jürgen Habermas enfatiza que esses três princípios são inerentes a toda comunicação "racional" e com isso ele quer dizer discurso orientado no sentido de alcançar compreensão, em vez de manipulação. Veja, de sua autoria, "What is universal pragmatics?", in: *Communication and the evolution of society* (London: Heinemann, 1979), p. 1-68.

[100] No que diz respeito à última condição, é importante notar que, embora leitores contemporâneos não compartilhem do mesmo contexto histórico dos autores bíblicos, eles compartilham de certos contextos literários e do contexto canônico. Acima de tudo, a igreja compartilha do mesmo contexto *teodramático*. A situação da comunidade atual diante do drama da redenção é a mesma situação da igreja primitiva. Essa é a chamada "visão batista", formulada por James McClendon, que vê "a comunidade cristã de hoje como a comunidade primitiva e a comunidade escatológica" (James W. McClendon Jr., *Ethics: systematic theology* [Nashville: Abingdon, 1986], vol. 1, p. 31).

[101] Veja Jürgen Habermas, "Philosophy as stand-in or interpreter", in: Kenneth Baynes; James Bohman; Thomas McCarthy, orgs., *After philosophy: end or transformation?* (Cambridge: MIT Press, 1987), p. 296-315.

[102] Habermas, "What is universal pragmatics?", p. 26.

[103] Estou aqui retificando o que Charles Taylor diz sobre a excelência na filosofia como a "capacidade de expressar, com perspicácia, a realidade pressuposta por nossas práticas" ("Overcoming epistemology", in: Kenneth Baynes; James Bohman; Thomas McCarthy, orgs., *After philosophy*, p. 481.

A tarefa da teologia como *scientia* exegética é tornar *explícito* o *know-how* intuitivo implícito nas Escrituras e não forçar os textos a se moldarem a nossos padrões do que significa ser racional. Isso inclui a expressão visível do pano de fundo implícito (e.g., relativo à escala, clave e orientação), bem como as implicações das crenças e práticas racionais encenadas nas formas do discurso bíblico. Observe-se que os conceitos que o teólogo emprega devem ter um objetivo propriamente *ministerial*, a saber, como aquele que faz nascer o nosso entendimento da ação comunicadora das Escrituras e de sua racionalidade implícita. O propósito de tornar explícita essa racionalidade é nos fazer compreender os hábitos e práticas comunicadoras que compõem o cânon — não para facilitar a explicação completa de seus pensamentos, e sim para facilitar nossa participação nesses pensamentos e para que eles tenham continuidade em nossa linguagem. O uso de conceitos como "expiação" ou "Trindade" não precisa ser hostil à literatura bíblica, mas, em vez disso, pode ser a condição de sua eficácia duradoura.

O conhecimento de Deus na perspectiva teodramática

Adquirir conhecimento é mais parecido com o ato de assinalar nossa localização com um conjunto de mapas do que com o ato de construir uma casa sobre um alicerce ou de pegar peixes com uma rede. A cartografia teológica é um exercício dramático da razão santa. A razão é santa não no sentido em que muitos modernos possam pensar, ou seja, como nossa faculdade mais nobre e sublime, um sacramento da verdade universal — mas no sentido de ser separada e transformada com a finalidade de servir à verdade do evangelho.[104] O drama da razão consiste justamente nisto: Será que a usaremos para servir ao evangelho ou para subvertê-lo? Como conhecedores, será que responderemos à nossa vocação de seguir o argumento, e o testemunho, aonde quer que ele nos leve? Nosso raciocínio será para a glória de Deus? O pensamento teológico presta contas à revelação, apenas às formas de testemunho que Deus assumiu em sua ação comunicadora e que agora constituem o cânon. Não há nada que se relacione mais com o drama do que conhecer a Deus. A pergunta é: Nossa *mente* participará de modo adequado do drama da redenção?

Conhecer a Deus implica mais do que apreensão intelectual, mais do que fazer contato cognitivo. Com a expressão "conhecimento de Deus" não nos referimos apenas à compreensão conceitual de certo conteúdo propositivo. Antes, trata-se de uma questão de fazer contato *de aliança*: Deus entra em contato conosco, iniciando um novo tipo de relacionamento. Conhecemos a Deus em um relacionamento de aliança de ação e reação comunicadoras. Estar em uma relação de aliança com Deus implica mais do que trabalho mental, mais do que correspondência lógica. Uma coisa é ouvir os termos de um acordo, outra bem diferente é cumpri-los. Conhecer a Palavra de Deus é participar da verdade. Aqueles que reagem corretamente ao contato cognitivo e de aliança de Deus alcançam conhecimento pessoal: em suma, comunhão. "Eu serei o vosso Deus; vós sereis o meu povo". Quando fazemos contato de aliança com Deus, nós o conhecemos como Senhor e conhecemos a nós mesmos como servos.

---

[104]Cf. Webster, *Holiness*, p. 10-2.

O conhecimento na perspectiva teodramática, por envolver mais que informações, nunca é estático, nunca é uma posse fixa. Pelo contrário, conhecer a Deus, a nós mesmos e conhecer o mundo é estar em um relacionamento ativo. *Vez após vez devemos provar que sabemos quem somos e onde estamos, dizendo e fazendo o que é adequado à luz do evangelho, de nossos mapas canônicos e da situação contemporânea.* Podemos até nos situar como conhecedores humanos — um pouco abaixo dos anjos, muito abaixo de Deus — graças aos principais atos de nosso roteiro canônico.

Criação: o funcionamento cognitivo correto

A Criação é a primeira palavra teodramática: *haja*. Alvin Plantinga apela para a doutrina da Criação quando fala do "plano para o *design*" da mente humana.[105] Deus criou os seres humanos de maneira que suas faculdades cognitivas produzam crenças verdadeiras, dadas as condições ideais e funcionamento apropriado. Plantinga argumenta que estamos justificados em manter uma crença se ela for produto de confiáveis mecanismos cognitivos formadores de crenças (e.g., percepção, memória).

Essa descrição "confiabilista" do conhecimento remonta à ênfase de Thomas Reid de que não temos alternativa a não ser admitir que nossas faculdades cognitivas são confiáveis: "Nascemos com a necessidade de confiar em nossos poderes de juízo e raciocínio; nem o pior dos céticos pode de fato acreditar por um minuto que esses poderes sejam falaciosos, pois isso seria uma violência à nossa constituição".[106] Junto com a memória e a percepção, uma das fontes de conhecimento mais importantes para Reid é o *testemunho*. Os seres humanos foram criados e projetados para acreditar no que lhes é dito: "Quando alguém me diz P, eu de imediato acredito em P. Acredito *com base no* fato de que alguém me diz P".[107] A doutrina da Criação serve como forte garantia para a afirmação da confiabilidade da cognição humana e da racionalidade do testemunho de fé.

Queda: o funcionamento cognitivo distorcido

No entanto, o confiabilismo não diz tudo o que precisa ser dito sobre a epistemologia, pois há outro evento teodramático a considerar: a Queda. As condições para adquirir conhecimento não são ideais, e nossas faculdades cognitivas não funcionam adequadamente. A doutrina da Queda nos leva a ver o discurso e a ação humana com certa desconfiança, pois o pecado, que é universal, distorce tudo o que dizemos, pensamos e fazemos.[108] Os pecadores acham mais fácil racionalizar do que ser racional, mais fácil suprimir a verdade do que reconhecê-la (Rm 1). O fundamento cognitivo, em suma, está completamente corrompido.

A "razão" nunca é universal, nunca está desprovida de interesses. Raciocinar é algo que as pessoas fazem, e como qualquer instrumento, o raciocínio não é mais confiável

---

[105] Alvin Plantinga, *Warrant and proper function* (New York: Oxford University Press, 1993).
[106] Thomas Reid, citado em Wolterstorff, *Thomas Reid and the story of epistemology*, p. 213.
[107] Ibid., p. 178.
[108] Veja Stephen Moroney, *The noetic effects of sin: an historical and contemporary exploration of how sin affects our thinking* (Lanham: Lexington, 1999).

do que a pessoa que o emprega. A Queda introduz no teodrama um elemento de conflito epistemológico. Personagens doravante usam suas faculdades divinamente projetadas de maneiras que negam a Deus em vez de reconhecê-lo. E eles também usam suas habilidades cognitivas para conquistar poder sobre os outros. O chamado conflito de interpretação é de fato um conflito, muitas vezes político, às vezes violento. Nesse sentido, é importante ver que a epistemologia pós-fundacionalista não deve apenas criticar o individualismo. Os pós-modernos têm razão em apontar a natureza ilusória da autonomia do indivíduo cognoscente, mas não há segurança epistemológica em números. Comunidades interpretativas também podem errar, cair presas de falsas ideologias e sucumbir ao desejo de poder.

É por causa da corrupção epistêmica que precisamos suplementar o confiabilismo com o *falibilismo*. O falibilismo defende que a racionalidade, em vez de ser uma questão de pontos de partida, é na verdade uma questão da disposição que uma pessoa tem de sujeitar as próprias crenças ao teste crítico. No que diz respeito à teologia como *scientia* exegética, isso significa submeter as próprias interpretações a dois testes em particular: (1) o teste canônico: será que a interpretação faz justiça às partes e ao todo das Escrituras? e (2) o teste católico: a interpretação concorda com a tradição cristã?

Redenção: o funcionamento cognitivo restaurado

O falibilismo é um procedimento de racionalidade. No entanto, assim como ferramentas, procedimentos não são melhores do que as pessoas que se utilizam deles, e o falibilismo não lida com o problema dos conhecedores humanos desajustados e desorientados. Quem quer ser criticado, ou admitir o caráter provisório das suas próprias teorias favoritas ou de suas crenças mais caras? É mais fácil endossar o falibilismo como teoria do que colocá-lo em prática. É exatamente por isso que nossa apresentação teológica do conhecimento precisa de um terceiro momento. Mais uma vez, a sugestão vem do teodrama e, em particular, do clímax da ação: a redenção, a renovação de nossa mente (Rm 12.2).

A racionalidade nos obriga a submeter nosso pensamento ao teste crítico. Para praticar a criticabilidade, no entanto, os conhecedores devem tornar-se intelectualmente honestos e demonstrar humildade epistêmica. Honestidade e humildade não são procedimentos metodológicos, mas virtudes pessoais. Por isso, a pessoa racional dever ser, no final das contas, uma pessoa de virtude intelectual.[109] Onde a virtude pode ser encontrada? De acordo com os mapas canônicos, a virtude exige uma renovação não só da mente, mas de todo o ser; exige uma obra de graça transformadora, uma reorientação para a verdade.

Assim como as doutrinas teológicas da Criação e da Queda dão suporte respectivamente às epistemologias confiabilistas e falibilistas, também a doutrina da redenção confirma e aprofunda o insight do que veio a ser conhecido como "epistemologia

---

[109]Veja Jay Wood, *Epistemology: becoming intellectually virtuous* (Downers Grove: InterVarsity, 1998), e sobretudo Linda Trinkhaus Zagzebski, *Virtues of the mind: an inquiry into the nature of virtue and the ethical foundations of knowledge* (Cambridge: Cambridge University Press, 1996).

da virtude". De acordo com esse relato, o conhecimento não é tanto uma questão de seguir procedimentos corretos (e.g., o método científico), mas de se tornar o tipo certo de pessoa, alguém com virtude intelectual. Uma virtude intelectual é uma disposição da mente e do coração que surge da motivação para o conhecimento, um hábito cognitivo que leva à aquisição de crenças verdadeiras. A disposição de reconhecer honestamente nossas preferências e tendências é um desses hábitos que conduzem à verdade; a mente fechada, pelo contrário, não conduz à verdade.[110] Nessa perspectiva, uma crença é justificada quando mantida por uma pessoa de virtude intelectual. O que poderíamos chamar de *drama do conhecimento* diz respeito à luta intelectual em cada um de nós entre a virtude e o vício. Em última análise, o conhecimento da perspectiva teodramática não tem muita relação com tornar-se erudito, mas com tornar-se santo.

Consumação: o funcionamento cognitivo aperfeiçoado

Confiabilismo, falibilismo, virtude intelectual: uma corda epistemológica tripla não se rompe facilmente. Graças a alguns momentos-chave do teodrama, podemos apreciar melhor os méritos de três teorias filosóficas do conhecimento. No entanto, há um momento final no teodrama que qualifica os três anteriores.

O roteiro retrata um final para a história, e para o drama do conhecimento, que ainda não ocorreu: conhecer a Deus como somos conhecidos, face a face (1Co 13.12). Este lado do *eschaton*, porém, conhecemos apenas por alto. Os mapas são dignos de crédito e confiáveis, mas não o *uso* que fazemos deles. Conhecedores estão sempre à beira de um drama faustiano, no qual a cobiça pelo conhecimento absoluto resulta em acordos com o Diabo. Os seres humanos não têm o conhecimento dos anjos; nosso conhecimento é sempre parcial, a nossa virtude, incompleta.

À semelhança da verdade, o conhecimento é filho do tempo, e talvez da eternidade também. Nossa participação no conhecimento de Deus é sempre fragmentária; nossas crenças são *simul justus et peccator*. O resultado líquido, no entanto, não deve ser ceticismo, mas, ao contrário, humildade epistêmica e paciência. No entanto, sabemos *o bastante*, o bastante para saber onde estamos e o que temos de fazer. A paciência e a humildade epistêmicas não devem degenerar em preguiça epistêmica.

Talvez seja melhor chamar tal abordagem pós-fundacional de epistemologia *confessante*. Dizer "eu sei" é dizer "Eu *creio*, racionalmente". Melhor dizendo, "eu sei" é o mesmo que dizer "eu creio com a razão e raciocino com a fé". *Eu creio com a razão*. Como vimos, a razão é um processo cognitivo de formação e crítica de crenças projetado por Deus, uma disciplina que exige hábitos mentais virtuosos. *Eu raciocino com a fé*. Raciocinar — formar crenças, apresentar justificativas, fazer inferências, analisar criticamente — não ocorre no vácuo, mas em sistemas ou plataformas fiduciárias, em estruturas canônicas de fé. As conceitualizações teológicas não devem suplantar o depoimento das testemunhas bíblicas. A teologia não é a rainha das ciências no sentido de que o discurso teológico controla todos os outros. Se a teologia deve

---

[110] Listas de virtudes intelectuais costumam incluir hábitos como cuidado, honestidade e, especialmente, humildade.

ser identificada com alguma peça no tabuleiro de xadrez, que seja com a do bispo (bastante apropriado), que se move na diagonal e pensa lateralmente ao longo das linhas disciplinar e genérica.

Concluindo, a racionalidade na teologia canônico-linguística é uma questão de fé em busca de entendimento-*cum*-adequação: igualmente intratextual, extratextual e intertextual. Uma epistemologia pós-fundacionalista enfatiza que todos utilizam mapas ou plataformas interpretativas para compreender a vida. Nós, cristãos, aceitamos e compreendemos uma crença quando somos capazes de adequá-la e situá-la em nossos mapas canônicos. Confiamos nos mapas canônicos porque confiamos naqueles que os fazem (as testemunhas comissionadas e o Autor da comissão), porque exatamente esses mapas são mais coerentes e inteligíveis do que todos os outros mapas que os seres humanos já projetaram e porque seguir exatamente esses mapas é de fato o caminho para a sabedoria e a prosperidade humana. Esta última afirmação, no entanto, é uma questão de *sapientia* e, como veremos no próximo capítulo, requer ainda outro tipo de adequação: entre os textos bíblicos e a situação contemporânea.

CAPÍTULO 10

A abordagem canônico-linguística (segunda parte)
Sapientia

Apesar de o drama da redenção ser histórico, o propósito da teologia não é tanto dissecar o passado, mas dirigir a igreja ao longo do presente. A doutrina está de fato relacionada ao testemunho bíblico; contudo, descrever a lógica do enredo, em última análise, nos leva a um entendimento apenas abreviado do teodrama. No final das contas, o que a teologia canônico-linguística procura é um entendimento participativo vital que capacite a igreja a se *envolver* corretamente na ação, a falar, pensar e pôr em prática o teodrama: "A teologia no Terceiro Mundo consistirá, como sempre acontece em todos os momentos criativos, em *realizar* coisas".[1] A rigor, as últimas poucas cenas do quarto ato não estão no roteiro, pelo menos não em detalhes. O desafio para a teologia, e para a igreja, é apropriar-se do teodrama bíblico e exemplificá-lo em novos contextos culturais.

A teologia deve, portanto, ser mais que uma *scientia* do texto; ela deve visar a *sapientia* no presente contexto. O objetivo é a sabedoria prática, não um sistema teórico de verdades. Hegel tinha um "sistema", mas, segundo as recorrentes queixas de Kierkegaard, esse sistema não estava relacionado com as realidades concretas da vida. O entendimento que a fé procura é tanto teórico quanto prático: um conhecimento a respeito das *dramatis personae* e do teodrama; um conhecimento *vivido* de como continuar o teodrama *aqui e agora*.

Para servir à igreja, as direções doutrinárias devem ser *normatizadas* pelas Escrituras, mas *dirigidas* a contextos contemporâneos e neles *situadas*. Assim, o local em que se pratica teologia faz diferença. Nem todas as situações requerem o mesmo tipo de resposta ou as mesmas direções: para chegar a Jerusalém, é preciso ir para o norte a partir de Belém, mas para o sul, a partir da Galileia. A teologia sapiencial consiste em saber que caminho tomar de acordo com as Escrituras, ao entrar em novo território, dando continuidade aos "itinerários de significado" indicados pelos textos bíblicos. Seguir o *sens* (termo francês que significa "direção" ou "significado") do texto requer

---

[1] Andrew F. Walls, *The missionary movement in Christian history* (Maryknoll: Orbis, 1996), p. 10.

imaginação: tanto a variedade *textual*, que discerne as relações entre o todo e as partes, quanto a variedade *contextual*, que discerne a forma de uma resposta "adequada".²

Tanto o traçar de um itinerário quanto a preparação de encenações em novos contextos não admitem cálculo científico. Não há nenhum algoritmo universal para saber exatamente como ser fiel às Escrituras em novas situações. Necessita-se de uma sabedoria cultivada pelo Espírito para isso — uma sabedoria cultivada por meio da aprendizagem da sinfonia canônica que apresenta Jesus, a sabedoria de Deus que se fez carne. A teologia requer "sensibilidade ao contexto, uma extraordinária capacidade de ouvir, uma imersão nas Escrituras e a experiência de outras igrejas"³ — exatamente as qualidades do dramaturgista, que tenta compelir novas encenações de textos clássicos que não sacrifiquem nem a fidelidade textual nem a compreensão contemporânea.

A teologia é mais do que uma *technē* exegética e mais que uma *episthēmē* teórica. Cada um desses tipos de razão tem seu momento em uma teologia biblicamente orientada; porém, a maior dessas formas é a *fronesis*: a razão prática. *Fronesis* é razão orientada à ação e, dessa forma, é uma ajuda apropriada para uma teologia sapiencial que procura pôr em prática o conhecimento de Deus. A sabedoria cristã é "a habilidade de ver o mundo como Deus gostaria que o víssemos".⁴ E não apenas ver: à habilidade de ver, podemos acrescentar as habilidades de provar, julgar e agir no mundo como Deus gostaria que provássemos, julgássemos e agíssemos. No final das contas, é isso que o cânon, as Escrituras da igreja e roteiro do cristão, provê: *a habilidade de fazer juízos a respeito do verdadeiro, do bom e do belo adequados "em Cristo"*. A sabedoria teodramática diz respeito à ordenação da vida de acordo com a realidade escatológica do evangelho. É uma questão de *viver bem com os outros no mundo para glória de Deus*.⁵

A teologia é uma forma de raciocínio prático, de saber como adequar-se corretamente — de acordo com o roteiro e com a situação — ao drama da redenção. Não deve ser motivo de surpresa o fato de que a razão prática ocupa um lugar de destaque em uma teologia canônico-linguística, em vista do que já dissemos a respeito da doutrina da perspectiva de direção; a sabedoria consiste em saber como continuar da forma correta. A abordagem canônico-linguística é, portanto, uma proposta sobre como *seguir em frente*, como "representar" o teodrama cristão hoje. Antecipando, a teologia como forma de razão prática canonicamente ordenada é prosaica, fronética e profética.

UMA TEOLOGIA PROSAICA

A teologia, assim como a igreja, deve estar "no" mundo, mas não ser "do" mundo. Sistemas teóricos de crenças que pairam no ar não têm muita relação com a teologia real. Aqueles que desejam participar da nova realidade escatológica devem se envolver na desordem da vida real. A teologia é a matéria da vida, e os sistemas de

---

²Cf. Paul Ricoeur, "The Bible and the imagination", in: *Figuring the sacred* (Minneapolis: Fortress, 1995), p. 144-66, sobre a imaginação bíblica como "produtividade regida por norma".
³Robert J. Schreiter, *Constructing local theologies* (Maryknoll: Orbis, 1985), p. 17-8.
⁴Richard S. Briggs, *Reading the Bible wisely* (Grand Rapids: Baker, 2003), p. 111.
⁵David Ford afirma que sabedoria consiste na "boa formação do entendimento e da vida" (*Theology: a very short introduction* [Oxford: Oxford University Press, 1999], p. 177-8).

teologia são "projetos para o viver".⁶ Enquanto estudiosos bíblicos olham *para* os textos, os cristãos também olham e, acima de tudo, *vivem* junto a eles. Como vimos, não apenas o conteúdo das Escrituras, mas suas formas literárias ajudam a gerar e reger a forma cristã de vida.

A doutrina, assim como a verdade, não é algo a ser apenas definido, mas a ser feito, não como um fim em si mesmo, mas por causa de um fim mais elevado: glorificar o Deus trino e uno e estar em comunhão com ele. É justamente aqui que mais se destaca a natureza da teologia como uma espécie de sabedoria prática; pois a vida cotidiana continua a nos confrontar com a necessidade de tomar decisões penosas sobre casos e problemas novos e difíceis a respeito dos quais, muitas vezes, há pouco ensino bíblico inequívoco. Os cristãos devem recorrer a seu roteiro, mas o roteiro não prescreve planos para o pensamento e a ação. No entanto, o diálogo canônico a respeito do teodrama é uma indicação suficiente de qual forma a boa vida — ou melhor, o reino de Deus — deve assumir em novos contextos.

Toda teologia é prosa?

Talvez a maior contribuição da obra *Nature of doctrine* [A natureza da doutrina], de Lindbeck, seja sua crítica à teologia expressivista-experiencial e sua suposição de que por trás da variedade de tradições religiosas há um núcleo de experiência religiosa universal, do qual as teologias são expressões poéticas.⁷ Não há espaço para nenhum escândalo do particular na teologia expressivista-experiencial, pois particulares em si não possuem nenhuma importância decisiva; são expressões meramente contingentes do que é importante: um encontro nas profundezas religiosas de nosso ser. Lindbeck está certo ao entender que a fé cristã não é uma questão primariamente de experiência lírica ou de transe, mas de vida cotidiana e de práticas diárias — de cultura, a soma dos modos de vida transmitida de geração em geração.⁸ A teologia é mais *prosa* do que poesia. Tampouco a prosa da teologia deve ser rebuscada; a teologia não deve ser identificada com os escritos de uma elite acadêmica. Ela está ligada mais propriamente ao modo como os cristãos devem falar e agir em situações cotidianas para a glória de Deus.

O contato com as coisas do mundo nunca cessa. Ao passo que o monasticismo expressava devoção a Deus por meio do distanciamento deste mundo, as doutrinas nos inserem na ação teodramática que ocorre no palco do mundo, nos níveis local e global. A teologia não está hermeticamente fechada em relação às coisas da vida; o caminho cristão pode ser santificado pelo Espírito, mas não é esterilizado. Os viajantes cristãos devem abrir caminho através dos tempos e lugares do mundo. É importante lembrar que a Palavra se fez carne: Jesus desempenhou seu papel também de forma

---

⁶Colin Gunton, "A rose by any other name? From 'Christian doctrine' to 'systematic theology'", *International Review of Systematic Theology* 1 [1999]: 11.

⁷Foi Aristóteles quem disse que a poesia é mais filosófica e universal do que a história.

⁸Isso não significa que não haja espaço para o mistério na fé e na vida cristã, apenas que a fé cristã consiste no incomum *no* comum, no misterioso *no* trivial. Para os atores do teodrama, a vida cotidiana é uma vida impregnada de escatologia.

prosaica. O episódio do lava-pés em João 13 é corriqueiro em mais de um sentido, mas mesmo assim ele se classifica como uma das cenas mais surpreendentes de todo o drama, pois nele Jesus atribui importância escatológica a uma atividade do dia a dia.

A teologia sapiencial diz respeito à nossa caminhada com outras pessoas diante de Deus. Sendo assim, ela se ocupa tanto da nossa existência cotidiana (as coisas da vida diária) quanto da nossa cultura (a forma da vida diária com outras pessoas). Assim, a teologia sapiencial reconhece a importância do elemento "prosaico": as práticas corriqueiras de linguagem e vida. Todavia, em vez de tentar "aperfeiçoar" a linguagem corriqueira da prosa bíblica remodelando as Escrituras na forma de um sistema conceitual, uma teologia prosaica procura aprender os hábitos de ver, pensar e provar inerentes às diversas formas literárias das Escrituras e lhes dar continuidade em formas de vida igualmente corriqueiras; pois são justamente nossos padrões diários de vida que formam hábitos. Hábitos, por sua vez, formam caráter; e caráter define a pessoa, a personagem; e a personagem, como já sabemos, é o enredo.

Traçar um caminho através da vida cotidiana é uma tarefa teológica. Dizer que a teologia é prosaica é chamar a atenção para a necessidade de concretizar a fé da perspectiva do cotidiano. O que é necessário, por assim dizer, é um toque de Midas ao contrário: a habilidade de transformar o ouro do evangelho nas coisas rotineiras do dia a dia. Minha aposta no que se segue é que as formas bíblicas de linguagem e de literatura corriqueiras preservam certas formas de perceber, experimentar e pensar que, embora exemplificadas em formas culturais do passado (e.g., as formas das Escrituras), podem servir como normas para o que os cristãos dizem e fazem no presente. O que temos na Bíblia é *sabedoria prosaica*: raciocínio prático encarnado em práticas comunicadoras corriqueiras. O desafio da teologia prosaica é mover-se da prosa das Escrituras para a prosa da cultura contemporânea.

Contextualizando o teodrama: o pano de fundo cultural

A analogia com o dramaturgismo sugere que a teologia envolve tanto a exegese do texto (*scientia*) quanto a práxis de encenação em novos contextos (*sapientia*). A vocação da teologia como *sapientia* é examinar todo o texto bíblico e pô-lo em prática em novas situações. Esse desafio, ao mesmo tempo hermenêutico e prático, tem muitos nomes: tradução, aplicação, contextualização, aculturação, para mencionar só uns poucos.[9] Essa preocupação com o conhecimento vivido é compartilhada também pela ética cristã e pelas missões cristãs, embora teologia seja o termo mais abrangente. Enquanto a ética pergunta o que devemos fazer e o estudo das missões (pelo menos tradicionalmente) pergunta o que devemos dizer a respeito do evangelho em novos ambientes culturais, a teologia pergunta: O que devemos, como seguidores de Jesus, *crer, dizer e fazer* para dar continuidade ao teodrama em novos cenários culturais e

---

[9]Cf. Richard B. Hays: "A tarefa hermenêutica é a aplicação cognitiva ou conceitual da mensagem do Novo Testamento à nossa situação, e a tarefa pragmática é a aplicação encenada da mensagem do Novo Testamento à nossa situação" (*The moral vision of the New Testament: a contemporary introduction to New Testament ethics* [San Francisco: HarperCollins, 1996], p. 7).

intelectuais? Embora a teoria diretiva da doutrina não reduza a doutrina à ética, ela de fato afirma uma conexão entre o que cremos e como nos comportamos. *O contato entre doutrina e ética ocorre quando a questão do que os seres humanos devem fazer encontra-se com a proclamação do que Deus tem feito.* Doutrina e ética convergem quando fazemos a pergunta "O que devemos fazer?" *sub specie theo-dramatis.*

Texto e contexto

Significado é uma questão de contexto. Para entender o que as pessoas estão dizendo e fazendo, precisamos saber algo sobre as circunstâncias de sua fala e ação. *Contexto* refere-se a todos aqueles fatores que em dada situação têm influência sobre o que nossas palavras e atos representam. A teologia sapiencial tenta prestar atenção às circunstâncias locais em seu esforço para descobrir o que palavras e gestos representam. Por exemplo, aquilo que representa hospitalidade em uma cultura pode ser considerado grosseria em outra. Tradutores costumam se referir à "equivalência dinâmica", mas o teólogo que assume sua função dramatúrgica está mais preocupado com a *equivalência teodramática.* Tudo o que foi dito até agora sobre doutrina como direção e sobre teologia como sabedoria prática implica que os cristãos, assim como procuram ser textuais, devem também tentar ser devidamente contextuais. Isso porque o testemunho cristão nunca ocorre em um vácuo, mas sempre dentro desta ou daquela cena cultural.

O que não é teologia contextual

Talvez seja mais fácil começar especificando o que *não* queremos dizer quando nos referimos à teologia prosaica como contextual.

1. A teologia contextual não é uma forma de relativismo cultural.

A teologia prosaica não é historicista; ela não considera a distância entre passado e presente, entre texto canônico e contexto cultural, tão grande que não possamos fazer conexões importantes entre eles. Em uma visão historicista extrema, aqueles que vivem no século 21 não seriam capazes de compreender o mundo dos antigos israelitas ou dos primeiros cristãos; seus ritos de sacrifício, relações de gênero e maneiras de falar de Deus seriam todos irrelevantes ou incompreensíveis. Esse relativismo cultural nega efetivamente a possibilidade de pessoas participarem hoje da ação de modo adequado.

É importante não exagerar a distância entre passado e presente. Os primeiros cristãos foram capazes de dar seguimento à trajetória das Escrituras hebraicas apesar de uma distância de vários séculos. E, sob alguns aspectos, a distância entre o século 21 e a igreja primitiva é menor do que a distância entre o judaísmo do segundo Templo e o cristianismo primitivo — não em anos, é claro, mas da perspectiva do enredo teodramático. Pois a distância entre o judaísmo palestino do primeiro século e o cristianismo primitivo é insignificante de uma perspectiva cronológica, mas imensa do ponto de vista cristológico; é a diferença entre o que temos chamado de segundo ato e quarto ato. Os primeiros cristãos tiveram de lidar com a distância entre as duas eras. Os cristãos de hoje podem estar em novos cenários, mas ainda estão, à semelhança da igreja primitiva, no quarto ato. Apesar de nossas situações e contextos históricos poderem ser novos, nossa localização escatológica é a mesma.

2. A teologia contextual não é uma forma de determinismo cultural.

Para Nietzsche e seus seguidores, o próprio contexto sociopolítico assume o papel de um ator, uma força por si mesma determinante. "Contexto", nesse caso, refere-se às condições materiais da vida social, especialmente quando elas dizem respeito ao poder institucional. Alguns pós-modernos utilizam a noção de contexto para fins ideológicos; contexto é a explicação semicausal para o porquê de as coisas acontecerem como acontecem. Algumas formas de teologia contextual são presas do reducionismo, visto que fazem da teologia mero resultado ou fenômeno superficial de "estruturas profundas" de naturezas culturais, sociais e políticas, onde se pensa estar a verdadeira ação. Contextualismo é a visão segundo a qual tudo o que dizemos, pensamos e fazemos é resultado de nosso contexto sociopolítico. Em seu extremo, o contextualismo transforma atores em vítimas passivas.

3. A teologia contextual não é uma forma de absolutismo cultural.

Os teólogos cristãos interessados em criar um diálogo frutífero entre texto e contexto farão bem se evitarem essas duas primeiras opções. Muitos, no entanto, pensam ser a terceira e a quarta opções mais atraentes. A terceira opção, o absolutismo cultural, tem duas variações; o que elas compartilham é a tendência de absolutizar texto ou contexto presente, um em detrimento do outro.

Para o *biblicista*, o conteúdo das Escrituras é tão universal que efetivamente se aplica a todos os tempos e lugares, tornando-se, por assim dizer, uma *cultura atemporal*. A cultura contemporânea tem pouca ou nenhuma importância teológica para o biblicista; aliás, as diversas culturas históricas dos autores bíblicos nem são importantes. Ao negar a importância da cultura, passada e presente, o biblicista corre o risco de ficar com um evangelho gnóstico que existe apenas no campo das ideias. É importante reconhecer que a própria Bíblia apresenta os sinais reveladores de sua condicionalidade. Ela não apenas está escrita em hebraico, grego e aramaico, mas também emprega formas literárias, imaginário e conceitos de sua época.

O *correlacionista*, pelo contrário, privilegia as necessidades, crenças e valores do contexto atual acima daqueles do texto bíblico. Em vez de reaplicar velhas respostas, o correlacionista permite que as preocupações e questões da cultura atual estabeleçam a pauta teológica; a Bíblia é forçada a responder a *elas*, e não o contrário.[10] As teologias correlacionistas desenvolvem-se rapidamente em um "monólogo de posições 'defensivas' modernas, que obriga o texto bíblico a se conformar à ideologia de um grupo de pressão".[11] Como consequência, o correlacionista tende mais a revisar do que a dar continuidade ao teodrama.

4. A teologia contextual não é uma forma de colonialismo cultural.

Não é por acaso que a questão da contextualização veio à tona primeiro em missiologia. No cenário missionário tradicional, um *terceiro* contexto entra em jogo,

---

[10] Paul Tillich apresenta um "método de correlação" em sua *Systematic theology* (Chicago: University of Chicago Press, 1963), 3 vols.

[11] J. Christian Beker, *Suffering and hope* (Grand Rapids: Eerdmans, 1994), p. 35.

somando-se às culturas da Bíblia e à cultura daqueles a quem o missionário vai, a saber, a cultura do missionário. A tentação para o missionário (e não só para ele) é confundir a pregação do evangelho com um *entendimento* culturalmente condicionado do evangelho. Aqui podemos notar que mesmo a versão canônica original do evangelho está incorporada à cultura do judaísmo palestino do primeiro século. Assim, a questão é se missionários impõem um entendimento especificamente *ocidental* da fé a, digamos, alguma cultura não ocidental. A pergunta prioritária, é claro, é se existe essa coisa chamada teologia ocidental. (Existe!)

A teologia é uma atividade humana e, como tal, está sempre situada em contextos culturais específicos. Uma teologia contextual genuína deve fazer mais do que impor categorias da cultura de uma pessoa a outra. A Bíblia pode ser autorizada, mas quais são, caso existam, os limites de autoridade entre a Genebra do século 16, ou, a propósito, a Niceia do século 4, e a Birmânia e a Bolívia do século 21? Perguntando de maneira mais direta, será que hoje os pastores chineses e quenianos precisam estudar a teologia princetoniana de Charles Hodge, do século 19? Muitas categorias de Hodge refletem as perspectivas culturais de sua época, sem mencionar uma visão antiquada do método científico. Claro que perguntas desse tipo podem ser levantadas com respeito a qualquer abordagem teológica, incluindo a apresentada aqui. Voltaremos a essa questão em seu devido tempo. Basta dizer, por hora, que o perigo sempre presente de que a teologia venha a sucumbir ao colonialismo cultural é o motivo de a alegação de ser "canônica" (*viz.*, "segundo as Escrituras") ser moderada pela alegação de ser "católica" ("segundo a tradição").

Teologia contextual como "transcultural"

A contextualização é um conceito missiológico, mas nem por isso menos teológico. A teologia também é missiológica: seu tema, nada menos do que a missão do Deus trino e uno para o mundo; seu objetivo, capacitar cristãos em todo e qualquer tempo ou cultura para participarem adequadamente daquela mesma missão. *A missão e a teologia cristãs igualmente envolvem ministrar o evangelho à cultura em palavras e atos de verdade, amor e justiça que correspondam à missão trina e una anterior, dela participem e a concretizem.* No entanto, é mais fácil falar de missão do que realizá-la. A formulação do problema por Michel de Certeau é pertinente: "O cristianismo implica uma relação com o evento que o inaugurou: Jesus Cristo. Ele já assumiu uma série de formas intelectuais e histórico-sociais que tiveram duas características aparentemente contraditórias: o desejo de ser *fiel* ao evento inaugural e a necessidade de ser *diferente* desses começos".[12]

A melhor maneira de conceber essa repetição não idêntica, como sugerimos anteriormente, é da perspectiva de uma identidade-*ipse* que destaca a *constância* em todas as culturas, em vez de exata *mesmidade*. Para garantir essa constância, a teologia deve estudar o texto ciente de seu próprio condicionamento cultural. Nenhuma afirmação ou doutrina teológica está isenta da cultura. Esse é o primeiro princípio da teologia prosaica. Ao mesmo tempo, uma teologia prosaica afirma a natureza

---

[12]Michel de Certeau, "How is Christianity thinkable today?", in: Graham Ward, org., *The post-modern God* (Oxford: Blackwell, 1997), p. 142.

transcultural das Escrituras canônicas. Este é o segundo grande princípio da teologia prosaica: *a prosa das Escrituras propõe algo de valor transcultural e de interesse universal para nossa consideração*. Duas qualificações tornam-se imediatamente necessárias. Primeira, afirmar as Escrituras como transculturais não equivale a dizer que sejam *aculturais* ou *supraculturais*. A linguagem das Escrituras seria incompreensível sem sua inculturação. "Dizer que a Bíblia é transcultural significa, isso sim, que na verdade é *a própria Bíblia* que se dirige a todas as culturas — não um resumo da Bíblia em forma abstrata, propositiva, supostamente acultural ou supracultural".[13] Segunda, o que tem valor transcultural é o teodrama abrangente, a mensagem do que Deus está realizando em Cristo por causa do mundo todo; o tema das Escrituras é interessante e relevante para pessoas de todas as culturas e, por esse motivo, é transcultural.

A teologia contextual é a tentativa, tão corajosa quanto humilde, de compreender e representar o teodrama da perspectiva de um contexto específico. A contextualização (contrapondo-se ao contextualismo) é "o processo contínuo pelo qual a verdade e a justiça de Deus são aplicadas a situações históricas concretas e dentro delas emergem".[14] *Uma teologia contextual genuína tem responsabilidade tanto para com o teodrama (e, portanto, com os textos canônicos) quanto para com a situação contemporânea (e, portanto, com os contextos culturais particulares).* É importante, porém, reconhecer dois tipos distintos de responsabilidade. A teologia deve se responsabilizar, em primeiro lugar, por levar a sério, mas não de modo servil, as circunstâncias locais, a fim de ministrar a Palavra. No entanto, o que a teologia deve à Palavra, em segundo lugar, é a obediência da fé.

Preceitos, princípios e paradigmas

A teologia é prosaica na medida em que procura demonstrar o entendimento (e a obediência) da fé da perspectiva da vida corriqueira na cultura contemporânea. Ela procura inferir direção para o modo como os cristãos devem falar e agir em contextos atuais a partir de uma análise dos padrões de fala e ação no texto canônico. Todavia, não é tanto a ética explícita do texto bíblico mas seu *ethos* teológico que melhor proporciona direção. Embora uma teologia sapiencial, juntamente com a ética, se preocupe com o modo como o cânon normatiza e molda as práticas da igreja contemporânea, o que mais permeia a prosa cristã é uma visão mais teológica que moral.[15]

Preceitos

Não há exemplo mais simples de contextualização de um texto do que a obediência a um preceito. Aplicamos ou contextualizamos o mandamento "Não matarás", por

---

[13] David K. Clark, *To know and love God: method for theology* (Wheaton: Crossway, 2003), p. 120.
[14] Robert Pazimino, citado em Max L. Stackhouse, *Apologia: contextualizations, globalization, and mission in theological education* (Grand Rapids: Eerdmans, 1988), p. 237.
[15] Daí a pertinência da minha escolha de *Moral vision*, de Hays, como parceiro de diálogo nesta seção. As seguintes ênfases ligam o projeto de Hays ao meu: o papel do juízo imaginativo (criação de metáforas), sua insistência na qualidade dialógica das Escrituras e na importância de observar o gênero literário e suas referências ocasionais à improvisação (e.g., p. 6). Penso que a visão "moral" de Hays é mais bem retratada como "teodramática".

exemplo, abstendo-nos de matar pessoas em nossa vizinhança. Contudo, mesmo esse caso bem simples de contextualização levanta questões hermenêuticas, pois seguir regras é algo muitas vezes complicado que requer tanto *scientia* como *sapientia*. Em primeiro lugar, é preciso determinar o que a regra significa. Será que o mandamento proíbe apenas assassinato, ou todas as formas de matar? Em segundo lugar, deve-se determinar quando e onde determinada regra se aplica. Será que ela se estende, por exemplo, ao campo de batalha? O desenvolvimento de novas tecnologias da Medicina cria situações inéditas: Será que conta como assassinato desligar os aparelhos que mantêm em funcionamento o coração ou o pulmão de uma pessoa em coma?[16] Nem todas as regras são universalizáveis. "Mantenha a direita" funciona bem nos Estados Unidos, mas não no Reino Unido.

A abordagem linguístico-cultural de Lindbeck trata doutrinas como regras gramaticais, não morais, que descrevem os princípios implícitos na prática eclesial. Já mostramos os pontos fracos inerentes a uma posição que declara que a regra para a encenação da comunidade da fé é a encenação da comunidade da fé, em vez de ser o texto bíblico. O problema presente, no entanto, é determinar como passar do texto ao contexto seguindo regras. Enquanto os preceitos permanecem os mesmos, as situações nas quais eles devem ser aplicados podem mudar. A abordagem linguístico-cultural de Lindbeck tem dificuldade para lidar com situações históricas cambiantes: "As regras em si não estabelecem de antemão o que os atores podem fazer; elas simplesmente recapitulam como a prática foi encenada até agora".[17] Para piorar as coisas, não existe uma regra para saber como e quando seguir certa regra! "Nenhum conjunto formalizado ou codificado de regras determina, por si só, o modo de sua aplicação".[18] Fica claro que aprender a participar de modo adequado do teodrama não se resume a seguir regras.

Princípios

A estratégia mais comum para passar do texto bíblico ao contexto contemporâneo é identificar o cerne atemporal por trás da casca cultural. O que tem valor transcultural, nessa perspectiva, são alguns princípios que devem ser abstraídos (exportados) das Escrituras e então aplicados (importados) às novas situações. "Principizar" é, no fundo, descartar a casca culturalmente definida a fim de chegar ao cerne transcultural — o princípio moral ou teológico — subjacente a ela. Tal principização é para muitos o modelo primordial não só para usar a Bíblia para a ética, mas também para a contextualização teológica. No entanto, há inúmeros e sérios problemas com essa abordagem.

Uma importante desvantagem da principização é a suposição de que o que realmente importa é o princípio *por trás* do texto, sem nenhuma consideração pelo

---

[16] Para mais informações sobre esse problema geral, cf. Bo Hanson, *Application of rules in new situations: a hermeneutical study*, Studia Philipiae Religionia 3 (Lund: C. W. K. Gleerup, 1977); Charles Cosgrove, *Appealing to Scripture in moral debate: five hermeneutical rules* (Grand Rapids: Eerdmans, 2002).

[17] Kathryn Tanner, *Theories of culture: a new agenda for theology* (Minneapolis: Fortress, 1997), p. 169.

[18] Ibid., p. 140.

seu gênero; uma estratégia infalível para ofuscar a diversidade de gêneros bíblicos. Tal medida produz a estranha, e indesejável, consequência de tornar os princípios abstratos superiores às próprias Escrituras. Assim, a principização se revela uma repetição do moderno propositivismo. Em segundo lugar, nem sempre é claro qual é o princípio geral a ser extraído de um texto.[19] Em terceiro lugar, os princípios extraídos geralmente são gerais, às vezes ao ponto de serem vazios. Tomemos, por exemplo, o princípio de "amar uns aos outros", o qual, como princípio abstrato, é tão vago quanto cobrir uma multidão de pecados. O significado concreto do amor cristão é antes de tudo resultado da forma em que ele aparece em seu contexto *canônico*: "O conteúdo da palavra 'amor' é transmitido plena e exclusivamente na morte de Jesus na cruz".[20] O quarto problema é que os princípios descobertos são geralmente morais.[21] Seria mesmo o caso de o teodrama ser essencialmente um conto moral? Não. Antes, o teodrama é uma narrativa sobre outro tipo de justiça acerca de uma *justiça* revelada do céu (Rm 1.17,18). Em quinto lugar, não está claro que os princípios são imediatamente apropriados para decidir se (e como) aplicar determinado princípio, pois princípios não podem ser aplicados da mesma forma em todos os tempos, lugares e culturas. Precisamos de um metaprincípio para aplicar princípios.

Também deve-se fazer menção daquela que talvez seja a objeção mais séria à principização, só para o caso de as razões anteriormente mencionadas não serem suficientes. É a seguinte: *Aqueles que principizam pressupõem que o que é contextualizado é um princípio primitivo e isento de cultura, mas o que realmente é importado é um entendimento culturalmente condicionado de um princípio bíblico que eles têm*. Conforme já dissemos repetidas vezes, a teologia é uma atividade humana e, como tal, não existe em uma zona isenta de cultura. Aliás, se a hermenêutica do século 20 nos ensinou alguma coisa é que seres humanos não conseguem reproduzir um ponto de vista supracultural, a perspectiva de Deus, por causa de sua historicidade finita. Mesmo os que se apoiam sobre os ombros de gigantes não conseguem ver além do horizonte. E as obras dos gigantes em questão — Agostinho, Tomás de Aquino, Calvino, Barth —, embora valiosas, também mostram os sinais de seus respectivos tempos.

Paradigmas

A terceira estratégia para passar do texto ao contexto é se concentrar em paradigmas (episódios, narrativas ou personagens) que modelam algo exemplar: o entendimento ou obediência da fé. Quatro dos cinco eticistas que Richard Hays estuda situam a norma transcultural em paradigmas: no exemplo dos santos (e.g., Abraão) e particularmente nas narrativas de Jesus (tanto as histórias que ele conta quanto as narrativas sobre ele). Essa também é a preferência de Hays, principalmente porque ele pensa que devemos conceder autoridade aos textos do Novo Testamento *na maneira em*

---

[19]Cf. os exemplos em Clark, *To know and love God*, p. 92.

[20]Hays, *Moral vision*, p. 202. Note-se que este é um excelente exemplo do modo como temas teológicos são comunicados de formas canonicamente integradas.

[21]Este é particularmente o caso daqueles que tentam pregar com base em narrativas do Antigo Testamento.

que eles falam, e a maior parte das Escrituras é composta de narrativas a respeito de Israel, de Jesus e de seus seguidores.[22]

De acordo com Hays, as Escrituras são normativas em novas situações graças à nossa habilidade de formular "*analogias* imaginativas entre as narrativas apresentadas nos textos e a história vivida pela comunidade em um cenário histórico muito diferente".[23] Ele vê isso como uma questão de criação de metáforas, de situar, de maneira imaginativa, a vida da igreja contemporânea dentro dos mundos expressos pelos textos bíblicos. É graças à imaginação metafórica que somos capazes de descobrir semelhanças morais e teológicas entre aquele tempo e agora, apesar das óbvias dessemelhanças históricas e culturais. O que é digno de nota, na exposição de Hays, é sua recusa em abstrair paradigmas de seu cenário cultural e canônico originais. O paradigma não é uma abstração acultural, mas uma forma de ação culturalmente integrada.

Uma teologia canônico-linguística que enfatiza a importância do elemento prosaico terá mais simpatia por essa terceira abordagem, com uma ressalva importante: ela não considera paradigmáticas apenas as histórias e as personagens descritas na narrativa bíblica, mas a soma total das práticas comunicadoras que compõem o cânon. *Esses* são os modelos de testemunhas fiéis do evento de Jesus Cristo, testemunhas exemplares cujo testemunho é verdadeiro, contextualmente relevante e compreensível da perspectiva cultural. *O que é exemplar e digno de contextualização, em outras palavras, é a práxis comunicadora das próprias Escrituras*. Isso nos leva a considerar mais uma vez o papel da linguagem e a reconsiderar a natureza da tradução.

Um espírito prosaico

É evidente que Jesus previu a necessidade de uma *sapientia* teológica, pois temos em João 16.13 uma indicação de que Jesus previu a história da igreja da perspectiva do evangelho canonicamente roteirizado e dinamizado pelo Espírito. Por essa razão, é mais apropriado examinar os primórdios da atividade missionária transcultural como um possível paradigma de como fazer teologia contextual. Pois o processo da reflexão teológica em qualquer cultura é, no final das contas, um esforço missionário. O que vem à tona quando estudamos esses primeiros passos em teologia contextual é que o caminho da sabedoria na missão cristã resulta da palavra e do Espírito operando juntos para transformar práticas canônicas em novas formas culturais. De fato, a história da tradução da Bíblia é, no final das contas, a história de como o Espírito cria um diálogo católico entre tempos, lugares e culturas, visando a um entendimento ampliado do evangelho.[24]

Propagando a palavra: o espírito de contextualização

A tradição, como já vimos, transmite o evangelho, não por repetição enfadonha, mas por meio de uma *constância* e uma *continuidade* comunicadora que está em uma

---

[22]Hays, *Moral vision*, p. 295.
[23]Ibid., p. 298.
[24]Observe que o processo de tradução não precisa ser uma questão de colonizar outras culturas com as categorias da cultura dominante. Tradução, como veremos, não é uma via de mão única.

relação de identidade-*ipse* com as Escrituras. Esse movimento missionário foi iniciado pela encarnação, a "tradução" da divindade na forma da humanidade de Jesus. Jesus continua a ser a palavra de Deus, embora em uma forma nova, "nativa". O desafio da contextualização, da mesma forma, é "guardar a palavra de Deus" através das culturas. O foco da presente seção é a função do Espírito nas práticas canônicas de contextualização na vida da igreja.

O Espírito é o poder por trás do que Andrew Walls denomina princípios de "indigenização" e do "peregrino".[25] O princípio de indigenização vê cada cultura como cenário potencial para a igreja e assegura a cada uma que Deus pode falar à sua situação. O princípio do peregrino enfatiza que a igreja deve ser mais do que um reflexo da cultura que a hospeda, visto que ela se tornou parte da história mais abrangente do povo de Deus, que começou com Israel: "A adoção em Israel torna-se um fator 'universalizante', que une cristãos de todas as culturas e épocas por meio de uma herança comum".[26] É o Espírito de adoção que enxerta as igrejas locais, juntamente com seus contextos culturais, no único povo de Deus. O Espírito é "o vínculo entre o texto particular, os padrões universalmente aplicáveis nele discerníveis e os múltiplos contextos nos quais esse padrão deve ser vivido".[27]

O Espírito é o portador das práticas comunicadoras canônicas, o portador de uma cultura de aliança, o portador do reino de Deus. Melhor dizendo, *palavra e Espírito juntos, linguagem canônica e o Espírito de vida, são coportadores da cultura singular do reino de Deus, o qual em Jesus Cristo, entrou no mundo.* O que as Escrituras, em última análise, transmitem não é simplesmente cultura *antiga* (embora vestígios dela também estejam presentes), mas cultura *escatológica*. Aqui podemos pensar a respeito de cultura tanto em sentido sociológico quanto biológico: o que o cânon cultiva é uma bactéria benigna, o germe de uma nova vida, juntamente com o ambiente que sustenta seu crescimento. O que temos nas Escrituras é uma atividade missionária conjunta da palavra e do Espírito que cultiva o reino de Deus. Graças ao Espírito, as práticas canônicas nas Escrituras são portadoras da vida *de aliança*. O Espírito é a condição, não apenas de ver o mundo como o texto bíblico o retrata (*ver como*), mas de ser capacitado a concretizar as formas de ser e estar no mundo a que o texto convida (*ser/estar como*).

A propagação do cristianismo deve seu dramático sucesso à capacidade que o evangelho tem de ser traduzido na vida e na língua de contextos culturais particulares por meio da habilidade do Espírito de "situar" (contextualizar) a Palavra. O processo começa no Pentecoste, quando o Espírito capacita aqueles que ele ungiu a proclamarem o evangelho em sua própria língua (At 2.6-8). Ele continua em Antioquia, onde a mensagem de Jesus foi anunciada aos gentios pela primeira vez (At 11.19-26) — um acontecimento de enorme importância, pois significou a independência do evangelho com relação ao judaísmo ou a qualquer cultura específica. Competiu ao apóstolo Paulo elaborar as implicações da concessão do Espírito aos crentes gentios.

---

[25]Walls, *Missionary movement*, p. 7-9.
[26]Ibid., p. 9.
[27]Stackhouse, *Apologia*, p. 32. O comentário é uma descrição da posição de Orlando Costas.

Foi Paulo quem percebeu "que Deus não torna absoluta nenhuma cultura em particular [...] e que todas as culturas têm o sopro do favor de Deus".[28]

O Concílio de Jerusalém (Atos 15) certamente classifica-se como um dos destaques da história da igreja e de contextualização. Os líderes judeus da igreja ali decidiram, de forma radical e sábia, renunciar ao imperialismo cultural e ao poder que o acompanha. Ao recusar-se impor as obrigações judaicas aos crentes gentios, a igreja de Jerusalém resistiu com sucesso à tentação de exercer seu poder e autoridade simplesmente para perpetuar suas tradições: "Categorias tradicionais refletem perspectivas culturais do passado, e isso leva tradicionalistas a aceitar passivamente as limitadas perspectivas culturais do passado".[29] O Concílio de Jerusalém foi, de fato, uma carta de autorização para as igrejas não judaicas elaborarem suas próprias práticas cristãs de acordo com a palavra e o Espírito: "Porque pareceu bem ao Espírito Santo e a nós" (15.28). Aqui está um procedimento de tomada de decisão que a igreja no Ocidente faria bem em imitar, pois, em certa medida, todos nós somos culturalmente imperialistas.

O refrão ao longo da história da igreja é "progresso [e sobrevivência] por meio da comunicação transcultural".[30] São duas as lições advindas da ruptura em Antioquia e no Concílio de Jerusalém: (1) no fundo, a contextualização não é uma questão de seguir certos procedimentos, mas de se tornar o tipo de pessoa que, embora firmemente comprometida com o evangelho, mesmo assim está aberta à contínua orientação do Espírito; (2) a contextualização não é uma questão de preservar esta ou aquela cultura em particular, mas de situar o evangelho em novos contextos e de reformulá-lo em termos prosaicos.

A contextualização como tradução vernacular

A história das missões cristãs contém lições importantes para a teologia, tanto positivas quanto negativas. A lição negativa é que devemos evitar impor a todos os cristãos qualquer língua, vocabulário, sistema conceitual ou cultura em particular. Devemos resistir à tentação de construir o equivalente teológico da torre de Babel. Um estudo da história das missões na África e em outros lugares dá provas cabais de que nenhuma língua ou cultura pode promover-se corretamente como norma exclusiva e universal da igreja. Esse direito é exclusivo do cânon. A lição positiva é que alcançamos um conhecimento maior da fé a cada nova contextualização do evangelho. Podemos ilustrar esses dois pontos ao considerar o que Lamin Sanneh diz a respeito de missão como processo de tradução vernacular.[31]

Ao contrário do Islã, que proíbe a tradução do Alcorão e insiste na uniformidade cultural, o esforço do cristianismo para se aproximar da fala do povo comum é

---

[28]Lamin Sanneh, *Translating the message: the missionary impact on culture* (Maryknoll: Orbis, 1989), p. 47.
[29]Clark, *To know and love God*, p. 121.
[30]Walls, *Missionary movement*, p. 22.
[31]Veja também Walls, *Missionary movement*, cap. 3; Kwame Bediako, *Christianity in Africa* (Maryknoll: Orbis, 1995), cap. 7, "Translatability and the cultural incarnations of the faith".

notável.³² O cristianismo, diz Sanneh, é um "movimento de tradução vernacular".³³ A tradução como metáfora da teologia tem passado por tempos difíceis, em grande parte porque uma falsa noção de tradução nos tem mantido cativos, a saber, a ideia de que traduzir é repetir um conteúdo conceitual atemporal — acultural? — em diferentes línguas.³⁴ O pressuposto-chave desse modelo mais antigo de tradução é que a mensagem essencial do cristianismo é "supracultural", um conjunto de proposições divinamente reveladas abstraídas do texto bíblico.³⁵ Além disso, muitos temem que a tradução seja um instrumento do imperialismo missionário ocidental. O que é interessante é que Sanneh defende justamente o contrário. Embora ele reconheça que as intenções de certos missionários possam ter sido imperialistas, o processo de tradução em si, no fundo, privilegia termos, conceitos e costumes nativos: "Pela firme convicção de que o evangelho é transmissível para a língua-mãe [...] missionários abriram espaço para o idioma local ganhar ascendência sobre declarações de superioridade estrangeira".³⁶ "A adoção do vernáculo pelos missionários [...] foi equivalente à adoção de critérios culturais nativos para a mensagem".³⁷ Como resultado, africanos que tinham as Escrituras em sua própria língua também tinham instrumentos com os quais reconhecer e criticar o grau inaceitável de ocidentalização na igreja (e, em certa medida, também na teologia).³⁸

Traduzir para o vernáculo é, portanto, reconhecer a importância do idioma local, do prosaico. "Na língua do povo encontra-se a pérola de grande valor."³⁹ Missionários tiveram de aprender os hábitos de pensamento — os conceitos — da cultura local

---

³²Cf. Sanneh, *Translating the message*, cap. 7: "Translatability in Islam and Christianity".
³³Ibid., p. 7.
³⁴Para uma discussão geral das deficiências da "tradução" como modelo de teologia contextual, cf. Schreiter, *Constructing local theologies*, p. 6-9. David H. Kelsey levanta sérias objeções à tradução como "imagem-padrão" da relação entre Escrituras e teologia, a saber, que ela pressupõe uma continuidade conceitual entre o que as Escrituras dizem e o que nossas propostas teológicas dizem (cf. *Proving doctrine: the uses of Scripture in recent theology* [Harrisburg: Trinity, 1999], p. 185-92). Kelsey acredita erroneamente, porém, que a adequação de uma tradução é medida por sua capacidade de preservar os "mesmos" conceitos. Claramente, traduções adequadas não precisam preservar a mesmidade *idem*. Além disso, tenho argumentado que o que a teologia procura preservar e continuar não é tanto o mesmo conjunto de conceitos, mas o mesmo drama. Ao passo que Kelsey limita a tradução à busca de conceitos que manifestam "equivalência dinâmica", uma teologia prosaica entende tradução de maneira mais abrangente, isto é, como a busca da "equivalência teodramática". É interessante observar que o próprio Kelsey reconhece (corretamente) que o normativo para a teologia são os "padrões" nas Escrituras, embora ele continue (erroneamente) a fazer distinção entre padrões bíblicos e "conteúdo" das Escrituras (cf. *Proving doctrine*, p. 193).
³⁵Segundo Stephen B. Bevans, *Models of contextual theology* (Maryknoll: Orbis, 1992), p. 33; e Schreiter, *Constructing local theologies*, p. 8.
³⁶Lamin Sanneh, *Encountering the West: Christianity and the global cultural process* (Maryknoll: Orbis, 1993), p. 19.
³⁷Sanneh, *Translating the message*, p. 3.
³⁸Sanneh observa a ironia em identificar o biblicismo de missionários protestantes como catalisador para a crítica africana da cultura ocidental. Mas isso apenas confirma o que eu disse anteriormente a respeito do potencial do *Sola Scriptura* como poderoso instrumento de crítica das ideologias.
³⁹Sanneh, *Encountering the West*, p. 239.

para transmitir o evangelho em termos que pudessem ser compreendidos pelo povo. Do ponto de vista de missões, a tradução do hebraico *dābār Yahweh* ("a palavra do Senhor") por *Logos* no Quarto Evangelho "tornou-se uma ferramenta indispensável para colocar Cristo em contato com a herança grega".[40] O mesmo se pode dizer da decisão tomada por certas testemunhas anônimas entre os gregos de Antioquia, que resolveram se referir a Jesus não como *Messias*, mas como *Kyrios*, termo que pagãos helenísticos atribuíam às suas divindades de culto. Em cada caso, o fator-chave é o que esses primeiros missionários/contextualizadores/teólogos *fizeram* com essas palavras. Embora os termos fossem conhecidos, o uso no meio cristão não era. O Logos se fez carne (isso é novidade!); Kyrios ressurgiu dos mortos (de fato!). Esses termos, emprestados da cultura, foram "santificados", por assim dizer, e passaram a ser usados para servir a Cristo. Uma vez escolhido, porém, "esse entendimento da palavra recebia um conjunto de controles de seu novo quadro bíblico de referência".[41] Os primeiros missionários tiveram de usar os recursos culturais que lhes estavam à mão.

Da mesma forma, o desafio contextual para a teologia é traduzir *logos* e outras noções bíblicas cruciais para uma linguagem contemporânea. Observe-se o Fausto, de Goethe: ele se esforça na tradução de *logos* de uma maneira que reflete mais ou menos a história da teologia recente. Fausto testa "palavra", "pensamento" e "poder" antes de, finalmente, decidir-se por "ação". Seria *logos* linguagem, informação, verdade propositiva? Seria poder? Seria uma experiência libertadora?[42] A história da teologia, assim como a história de missões, é uma estória de tradução vernacular, um esforço quase faustiano para encontrar a linguagem correta (adequada) para a comunicação do evangelho.

A representação mais moderna de tradução aqui defendida distingue-se da mais antiga por deixar de dar tratamento preferencial ao contexto do intérprete (e.g., do missionário ou teólogo ocidental). A teologia prosaica vê a contextualização não como aplicação de um produto acabado (ocidental), mas como a exigência de *fazer teologia aqui e agora*, de falar e agir de modo adequado em uma situação particular, mantendo diálogo com as Escrituras (isto é canônico?) e com a tradição da igreja (isto é católico?).

Uma versão autorizada?

A tradução inglesa da Bíblia, de 1611, promovida pelo rei James I é conhecida como Versão Autorizada. Sua linguagem, bela em muitas passagens, mostra, no entanto, os sinais de seu tempo e lugar de origem. Isso também ocorre com "versões autorizadas" de teologia. Mas será que *existe* uma versão do cristianismo que seja única e autorizada? Se existe, ela é cultural ou alega ser supracultural? A *ortodoxia* é cultural ou supracultural? Essas questões são delicadas, mas importantes. O desafio é encontrar um meio termo entre, por um lado, um relativismo cultural que nega a possibilidade

---

[40]Walls, *Missionary movement*, p. 34.
[41]Ibid., p. 35.
[42]Minha preferência é traduzir *logos* como "ato comunicador", em grande parte porque penso ser esta a melhor maneira de apreender seu significado no contexto contemporâneo.

de continuidade ou tradução transcultural, e, por outro, um absolutismo cultural que insiste na prioridade de um vocabulário e de um conjunto de práticas específicos.

Começando novamente: Será que a tradução é tudo? Não, pois há um original, um ponto de referência que se contrapõe à história das missões e à história da teologia: o testemunho apostólico da história de Jesus Cristo. Sem dúvida, as próprias Escrituras estão arraigadas em culturas específicas. A própria encarnação é um tipo de tradução (de Deus em humanidade) e, por isso, o paradigma máximo da contextualização. O que é notável, porém, é que a encarnação não é supracultural; *antes, a encarnação é a tradução da Palavra de Deus para o contexto "vernacular" da história humana, para a cultura vernacular do ser humano judeu da Palestina do primeiro século.* Jesus Cristo tanto se identifica com um tempo e um lugar culturais específicos quanto os transcende. Jesus estava no mundo, mas, definitivamente, não era dele. Dessa forma, sua vida e obra podem ser vistas como uma série de contextualizações do reino de Deus. Ele não apenas contou histórias a respeito do reino, mas *tudo* o que ele fez serviu para colocar o reino sob uma perspectiva situacional mais clara: o reino de Deus é semelhante a *isto*. A vida de Jesus é a prosa do reino expressa na linguagem cultural de seus dias.[43]

Retornando à questão que nos interessa: Existe uma "versão autorizada" do cristianismo? Da teologia cristã? Se não, segue-se, então, que a doutrina é culturalmente relativa? Em uma resposta preliminar, os seguintes pontos podem ser levantados: primeiro, a suprema autoridade para qualquer versão de cristianismo são as Escrituras, o testemunho divinamente comissionado do que Deus estava fazendo em Jesus Cristo. Chamemos a isso princípio *canônico*. A versão autorizada é, portanto, *canônico-linguística*, não linguístico-cultural. Segundo, nenhuma versão de cristianismo — isto é, nenhuma contextualização — é igual ao original; antes, apreciamos de forma mais plena o significado e a importância do original quando procuramos traduzi-lo para o vernáculo e contextualizá-lo na prosa da vida diária. Também passamos a apreciar mais plenamente o original ao observar outras tentativas de contextualização.[44] Chamemos a isso princípio *católico*. Obedecer a esses dois princípios, o canônico e o católico, é fazer teologia contextual de uma forma que coloca juntos a palavra e o Espírito.

O Espírito usa a dupla de princípios da canonicidade e catolicidade para moldar o discernimento da igreja quanto à forma de contextualizar o evangelho que nos permita andar juntos pelo caminho de Jesus Cristo, aqui e agora, diante de Deus. Esses dois princípios também nos capacitam a julgar o que em dada cultura é compatível com o evangelho e o que não é.[45] Disso decorre que nenhuma tradução cultural pode apresentar-se como a versão autorizada. Pelo contrário, a traduzibilidade do evangelho mostra que "compreendeu-se que Jesus Cristo era universalmente acessível por

---

[43]Vou sugerir no cap. 12 que a melhor forma de tradução vernacular é a vida da igreja, uma "encarnação" social, por assim dizer, do reino de Deus, que era o assunto da pregação de Jesus e que é o télos da missão de Deus para o mundo.

[44]A pluralidade contextual implícita no conceito de catolicidade é a contraparte, na *sapientia*, da pluralidade textual examinada no capítulo anterior em associação com o cânon.

[45]O trabalho árduo do discernimento teológico é justamente determinar o que em dada cultura pode ser renovado pelo evangelho e o que precisa ser rejeitado.

meio de culturas vernaculares específicas, de maneira que a universalidade pudesse propagar o espírito de unidade sem exigir conformidade cultural".[46] *Nossas traduções, se na forma de Escrituras, sistemas de teologia ou projetos de vida, sempre estarão nos termos do vernáculo local.*[47] Isso não é algo a ser lamentado, pois o processo de traduzir o evangelho entre culturas tem se mostrado de grande importância teológica. Quando Paulo e outros missionários traduziram a importância de Cristo para um mundo gentio e helenístico, eles fizeram novas descobertas: "É como se o próprio Cristo verdadeiramente crescesse por meio da obra de missões".[48]

A teologia não deve ouvir as vozes apenas do Ocidente. Nem devem os teólogos prestar atenção apenas às vozes de seu século ou classe social. *Todos* os cenários culturais são igualmente válidos (e igualmente limitados) no drama da redenção. No entanto, a teologia também não deve ser antiocidental. O Ocidente deu início às reflexões sobre como aplicar e contextualizar o evangelho. (O mesmo se pode dizer da ortodoxia oriental.) O ideal é que teólogos de uma cultura dialoguem e aprendam com teólogos de outras culturas: "A grade conceitual de culturas onde o evangelho ainda é recente pode abrir caminhos pelas florestas de hábitos teológicos estabelecidos e renovar leituras das Escrituras onde o evangelho existe há muito tempo".[49] Porque cada teologia procura responder aos problemas e necessidades de seu próprio contexto, não deve ser nenhuma surpresa o fato de que cada teologia tem alguns pontos cegos (sem falar nos pontos surdos e mudos). Embora as novas traduções não devam desafiar a autoridade das próprias Escrituras — como poderiam, já que as Escrituras são aquilo que elas estão tentando transmitir? —, elas podem sim desafiar ou corrigir interpretações anteriores, e até mesmo tradições interpretativas eclesiais inteiras.

A verdade de Jesus Cristo não é *supra*cultural, e sim *trans*cultural. Se ela é universal, isso não se deve ao fato de ela pertencer a alguma esfera do alto isenta de cultura, mas sim por ser capaz de descer e ingressar em muitas culturas. Da mesma forma que a igreja local é a verdadeira igreja, assim também representações locais do teodrama participam verdadeiramente do teodrama único. Se o cânon é o depósito da verdade universal, que não seja no sentido de verdades abstratas, mas de verdades transculturais — universais *concretos* que, embora não presos a uma única cultura, podem ser exemplificados somente da perspectiva de uma ou outra cultura em particular. Melhor ainda, a verdade de Jesus Cristo é a verdade de um *universal católico*: não uma verdade universal que existe sem formas culturais específicas, mas, ao contrário, um universal infinitamente traduzível em todas as formas culturais.

Em suma, contextualizar significa mais do que uma atividade de importação/exportação que comercializa verdades supraculturais e princípios abstratos. Contextualizar é fazer teologia de forma prosaica. A missão do Espírito é promover práticas prosaicas, em que "prosaico" se refere tanto à prosa das Escrituras quanto à prosa da vida diária. A teologia prosaica prefere os gêneros concretos das Escrituras

---

[46]Sanneh, *Translating the message*, p. 205.
[47]Mesmo a teologia ocidental é "local" no sentido de não ser nem oriental nem do sul.
[48]Walls, *Missionary movement*, p. xvii.
[49]Clark, *To know and love God*, p. 118.

a princípios abstratos, particularidades diversas a qualquer representação cultural única e absoluta da igreja. O que une essas práticas ao longo do tempo e das culturas e as qualifica como práticas *cristãs* é que todas seguem uma direção doutrinária. As doutrinas cristãs centrais são centrais não porque sejam patrocinadas por esta ou aquela cultura ou denominação, mas porque são os pré-requisitos para compreender e participar do teodrama.[50] Estamos de volta à ortodoxia: "opinião" que é "correta" porque está de acordo com os princípios canônico e católico.

Há segurança, embora não haja garantia, nos números. A verdade não é definida por consenso, mas o consenso, especialmente do tipo formado pelo Espírito ("pareceu bem ao Espírito Santo *e a nós*"), costuma ser um bom indicativo de onde está a verdade e do que ela é. A ortodoxia, porém, não descreve uma versão autorizada e única de teologia cristã, mas apenas delimita os parâmetros — o espaço, por assim dizer — dentro dos quais discussões sobre formas e traduções particulares podem ocorrer. Agora a pergunta passa a ser: *Por que a doutrina ortodoxa é contextualizada e conceitualizada de tantas maneiras diferentes?* A resposta reside no entendimento da relação entre "opinião correta" e bom discernimento teológico.

UMA TEOLOGIA FRONÉTICA

Determinar o que os cristãos devem dizer e fazer aqui e agora não é apenas uma questão ética, mas uma questão propriamente teológica, que demanda sabedoria, não apenas informação, e o paradigma teodramático, não apenas princípios. Uma teologia orientada para a sabedoria, ou sapiencial, é fé em busca de entendimento teodramático, e entendimento inclui a consciência do que a fé cristã exige de mim em situações particulares. Pôr em prática o teodrama da perspectiva da vida cotidiana exige bom juízo: não apenas senso comum, mas um "senso canônico" que discerne o mundo *sub specie theo-dramatis* e um "senso contextual" que discerne o que determinada situação exige de nós para que possamos dar ao mundo um fiel testemunho a respeito da nova criação "em Cristo".

Juízo é o termo-chave, que combina de fato uma preocupação com princípios (i.e., fidelidade e adequação às Escrituras) e por particulares (i.e., apropriabilidade e adequação a *esta* situação). Juízos não são afirmações de verdades teóricas nem expressões de subjetividade, mas decisões quanto ao que se deve dizer e fazer em situações específicas. Juízo é um tipo de raciocínio prático, uma faculdade cuja herança remonta à noção aristotélica de *fronesis*: o processo de "deliberar bem" na busca do bem. A teologia também é uma espécie de "deliberar bem", não no que diz respeito a algum bem humano em geral, mas no que se refere às boas-novas do evangelho, ao bem que, em última análise, remete apenas a Deus. *A teologia fornece direções para deliberar bem a respeito do que Deus fez em Cristo e de como devemos viver à luz do evangelho a fim de viver bem com os outros diante de Deus.*

---

[50] As doutrinas centrais do cristianismo são aquelas que identificam as *dramatis personae* principais (e.g., Trindade, encarnação) e aquelas que esclarecem os pontos críticos no teodrama (e.g., Criação, Queda, redenção, consumação).

Como deliberação a respeito do que dizer e fazer para traduzir aquilo que é "adequado em Cristo", a teologia presta atenção tanto a seu roteiro quanto à sua situação particular. Não se trata de a situação como tal exercer autoridade sobre a teologia. O Deus trino e uno em ação comunicadora permanece como a suprema autoridade para a vida e o pensamento cristãos. As situações têm autoridade apenas na medida em que ajudam a determinar *como* responder de modo adequado às ordens divinas. A situação não muda nosso roteiro, mas pode afetar a encenação. Então, as situações não possuem autoridade em si, mas certamente exercem influência sobre como se reage ao que é autorizado — a saber, a palavra de Deus — em contextos específicos.

Não se pode reagir a Deus mecanicamente. Uma teoria diretiva da doutrina não tem relação alguma com ser doutrinário, ou seja, aplicar o ensinamento das Escrituras da mesma maneira em todas as circunstâncias. Tal teologia é contextualmente insensível, sem imaginação e, por isso, destituída de sabedoria prática. A teologia sistemática pode tornar-se doutrinária quando busca a *scientia* com exclusão da *sapientia*, mas ela não precisa ser assim quando busca sua dupla de focos: exegese textual e deliberação contextual.

A volta da sabedoria prática

O tipo de entendimento que a teologia canônico-linguística procura — o *know-how* para seguir o roteiro canônico em novos contextos culturais — envolve mais do que a ciência, seja exegética, seja científico-social, pode descobrir por si. A teologia medieval e a teologia moderna no Ocidente geralmente buscavam a *theoria*, o conhecimento teórico, cujo paradigma era a geometria euclidiana, um sistema de verdades que resultavam de certos primeiros princípios autoevidentes. Os estudos bíblicos, ao contrário, tornaram-se uma forma sofisticada de *technē* e exigem que seus adeptos dominem uma variedade de habilidades técnicas. Ao passo que a teologia produziu teorias, os estudos bíblicos produziram crítica. (A produção de séries de comentários críticos é algo que parece não ter fim.) Entretanto, nenhuma das duas abordagens de raciocínio é por si adequada ao entendimento teodramático. Duas concepções de racionalidade nos mantêm cativos já faz muito tempo. Precisamos resgatar uma terceira maneira de raciocínio bíblico que seja distinta tanto da *theoria* (produto da razão especulativa) quanto da *technē* (produto da razão instrumental).

Há uma terceira possibilidade. De acordo com Aristóteles, o pensar pode ser teórico, técnico ou *prático*. A última forma não tem como objeto nem verdades nem coisas, mas *ações*. A razão prática — *fronesis* — preocupa-se com a ação humana correta. A ação, porque fundamenta-se em situações particulares, demanda um tipo de cognição diferente daquele da teoria. O problema com a teoria é que ela não pode pressupor que capta todos os aspectos de relevância prática das situações de ação. O raciocínio prático envolve a formação de juízos a respeito do que fazer em situações para as quais não há nenhuma teoria, método ou técnica garantidos. A *fronesis* — "senso habitual para o que é factível"[51] — segue um caminho médio entre a *theoria* do filósofo e a *technē*

---

[51] Fred Lawrence, "Gadamer, the hermeneutic revolution, and theology", in: Robert J. Dostal, org., *The Cambridge companion to Gadamer* (Cambridge: Cambridge University Press, 2002), p. 179.

do exegeta e provê uma analogia melhor para a teologia como *sapientia*, a qual não é "nem a subordinação de uma regra particular a uma universal, como na ciência, nem meramente a execução de um projeto (método), como na tecnologia".[52]

A teologia não se ocupa apenas da ação humana. Por isso, assim como a noção aristotélica de *fronesis* sofre certas mudanças quando Gadamer transforma em princípio de entendimento em geral aquilo que, em sua origem, era um princípio ético, assim também a inclusão da *fronesis* na teodramaturgia requer certos ajustes. Por isso, agora nos voltamos para a reabilitação da razão prática para a teologia; mas começamos situando a *fronesis* em seu lugar de origem.

Ética

Para Aristóteles, o objetivo da ética é prático: agir corretamente visando ao bem.[53] Ele define *fronesis* como "uma capacidade [...] fundamentada e equilibrada de agir com respeito ao bem humano".[54] A deliberação moral não é uma avaliação teórica; não há nenhum algoritmo que possa computar o que um agente deva fazer em tal e tal situação.[55] Portanto, *fronesis* refere-se não a um procedimento de tomada de decisão moral, mas a um conjunto de disposições habituais — "virtudes" — que, juntas, resultam em um juízo concernente à ação correta. *Fronesis* é a virtude "que nos dispõe a alcançar habitualmente a verdade visando à ação".[56] É possível fazer uma lista das virtudes que uma pessoa com *fronesis* costuma ter (e.g., honestidade, consideração); a ideia, porém, é que essas virtudes não são "regras" que alguém possa simplesmente seguir.

Vários aspectos do entendimento de Aristóteles são dignos de nota. Primeiro, *fronesis* é uma deliberação teleológica a respeito da "boa vida" e de como melhor realizá-la em certas situações.[57] Segundo, *fronesis* é reflexão em situações particulares. O desafio é determinar o que uma situação específica requer da pessoa (e.g., que bem perseguir, que virtude exercitar). Segue-se que particulares, e não universais, desfrutam da primazia na descrição da razão prática: "A sabedoria prática não se ocupa apenas de universais; ela também deve reconhecer particulares, pois é prática,

---

[52]Lawrence K. Schmidt, "Introduction", in: Lawrence K. Schmidt, org., *The specter of relativism: truth, dialogue, and* phronesis *in philosophical hermeneutics* (Evanston: Northwestern University Press, 1995), p. 6.

[53]Aristóteles, *Ética a Nicômaco*, 1101b26.

[54]Ibid., 1140b20.

[55]Ética não é uma ciência de medição, na qual as escolhas entre alternativas sejam determinadas ao se apurar que opção tem "mais" de certo valor que outra. Há uma pluralidade de valores, uma pluralidade de bens possíveis.

[56]Edmund D. Pellegrino; David C. Thomasma, *The virtues in medical practice* (New York: Oxford University Press, 1993), p. 84. Como consequência, a *fronesis* pode ser considerada uma virtude tanto intelectual quanto moral.

[57]Pellegrino e Thomasma argumentam que a *fronesis* é "virtude indispensável na medicina"; é a capacidade de ordenar princípios morais e a situação particular do paciente visando a finalidade da prática médica, a saber, a saúde do indivíduo (*Virtues in medical practice*, cap. 7). Vou argumentar de forma semelhante com respeito a *fronesis* e a finalidade da prática da teologia.

e a prática diz respeito a particulares".[58] Terceiro, Aristóteles reconhece que *fronesis* não é uma ciência exata, como a geometria, e, caso fosse, não poderia fazer justiça às situações particulares. E *fronesis* também não é como *technē*: pretender alcançar o bem não é como planejar fazer uma prateleira, pois o que devo fazer "não pode ser plenamente determinado sem estar subordinado à situação que exige uma ação correta de minha parte".[59]

Hermenêutica

Hans-Georg Gadamer foi o primeiro a ver a *fronesis* de Aristóteles — juízos a respeito de particulares — como um modelo para o que ocorre em hermenêutica: "Entender é [...] um caso especial de aplicação de algo universal a uma situação particular".[60] Para Gadamer, "hermenêutica" não é tanto o nome de uma ciência particular, mas uma descrição da condição humana. Seres humanos não têm o conhecimento dos anjos; estamos sempre localizados em um tempo e lugar (e em uma tradição interpretativa) específicos e, dessa forma, sempre temos de perguntar como uma verdade, princípio ou texto se *aplica* à nossa situação particular. É importante notar que, para Gadamer, a aplicação não vem *depois* do entendimento, como em algumas formas de contextualização, mas faz parte do próprio entendimento. O método — *technē* — não alcança o entendimento; nem a *theoria* é o mesmo que bom juízo. Finalmente, Gadamer alega que nem todos os intérpretes chegam ao mesmo entendimento/aplicação de um texto porque nunca duas situações/aplicações são exatamente iguais.

O direito fornece uma ilustração adequada do problema hermenêutico. Juízes têm de decidir o que certa lei *significa* (e.g., como ela se aplica) em casos particulares. Uma lei não existe, diz Gadamer, "para ser compreendida historicamente, mas para efetivar-se em sua validade legal, ao ser interpretada".[61] Compreender uma lei de modo adequado, portanto, é saber como *encená-la* ou *executá-la* em uma situação concreta.[62] Como cada caso é particular, e às vezes único, Gadamer enfatiza que cada juízo (i.e., decisão judicial) requer um *novo* entendimento (i.e., aplicação): "O intérprete não procura mais do que compreender esse universal, o texto [...] Para compreender [...] ele não deve tentar desconsiderar a si mesmo nem à sua situação

---

[58] Aristóteles, citado em Martha C. Nussbaum, *Love's knowledge: essays on philosophy and literature* (New York: Oxford University Press, 1990), p. 72-3.

[59] Hans-Georg Gadamer, *Truth and method*, 2. ed. rev. (New York: Continuum, 2002), p. 317 [edição em português: *Verdade e método* (Petrópolis/Bragança Paulista: Vozes/Ed. Universitária/São Francisco, 2011/2013), 2 vols.].

[60] Ibid., p. 312. Não é a minha intenção descrever todo o projeto de Gadamer neste pequeno espaço. É suficiente dizer que concordo com aqueles que entendem a *fronesis*, em vez da análise que Heidegger faz do *Dasein* ou do uso que Platão faz do diálogo, como central para a totalidade do seu projeto. Cf. James Risser, *Hermeneutics and the voice of the other* (Albany: SUNY, 1997), p. 2; e Günter Figal, "*Phronesis* as understanding: situating philosophical hermeneutics", in: Schmidt, org., *The specter of relativism*, p. 236-47.

[61] Gadamer, *Truth and method*, p. 309.

[62] Gadamer observa neste contexto que o evangelho não existe para ser compreendido como mero documento histórico, mas deve "ser recebido de tal forma que exerça seu efeito salvífico" (ibid., p. 309).

hermenêutica particular. Ele deve relacionar o texto a essa situação, se quiser alcançar algum grau de compreensão".[63] Assim, "é apenas em todas as suas aplicações que a lei se torna concreta".[64]

Para Gadamer, o entendimento, seja da lei, seja de textos em geral, é uma questão de apreender o conteúdo do que é dito, embora isso fique nítido apenas gradualmente, no decurso de uma série de leituras e aplicações. O que Gadamer quer entender é o tema ou assunto de um texto, não (pelo menos não principalmente) a intenção do autor.[65] Esse tema vem à tona aos poucos, quando intérpretes travam diálogos a respeito do sentido e da importância de um texto. Por exemplo, se "reino de Deus" fosse o tema das Escrituras, Gadamer diria que a verdade a respeito do reino de Deus vem à luz quando a conversa sobre o que ele significa (como ele se aplica) avança. Intérpretes não devem querer conhecer somente as opiniões deste ou daquele autor bíblico sobre o assunto; eles devem querer conhecer o próprio tema (*Sache*). O resultado da conversa não pode ser controlado nem predito, pois não se trata pura e simplesmente de seguir um procedimento técnico. O entendimento que aflora depende das aplicações feitas durante o diálogo, aplicações que, por sua vez, dependerão das situações particulares dos intérpretes. Segue-se que aqueles que se encontram em pontos específicos da conversa (e.g., o norte da África do século quarto, a Genebra do século 16, a Chicago do século 21) teriam experiência com o "mesmo" tema, mas de maneiras diferentes.[66]

Não deixa de ser interessante o fato de que Gadamer faz uma espécie de exceção quando menciona a interpretação teológica das Escrituras. Como leis, as Escrituras devem ser "concretizadas" ou aplicadas a situações particulares — pela pregação, por exemplo. Gadamer, no entanto, chama a atenção para o que ele considera uma "grande diferença" entre a hermenêutica jurídica e a teológica: "Diferentemente de um veredicto judicial, a pregação não é um suplemento criativo para o texto que ela

---

[63]Ibid., p. 324.

[64]Ibid., p. 325. Há um paralelo fascinante entre interpretar a Bíblia na igreja hoje e a interpretação da Constituição pela Suprema Corte dos Estados Unidos, na medida em que, nos dois casos, as pessoas procuram aplicar ao presente um texto historicamente distante. O principal ponto teórico na discussão concerne aos critérios da aplicação correta: os juízes devem submeter-se às intenções dos autores originais da Constituição (admitindo-se, é claro, que seja possível conhecê-las), ou a um precedente legal (tradição), ou a algum valor extratextual, tal como os direitos humanos? Cf. os vários ensaios em Jack N. Rakove, org., *Interpreting the Constitution: the debate over original intent* (Boston: Northeastern University Press, 1990); e Jaroslav Pelikan, *Interpreting the Bible and the Constitution* (New Haven: Yale University Press, 2004).

[65]Dizem que o ponto de vista de Gadamer assemelha-se ao de James Madison, que acreditava que precedentes ajudam a fixar o significado de uma lei [segundo H. Jefferson Powell, "The original understanding of original intent", in: Rakove, org., *Interpreting the Constitution*, p. 83]. A situação é, na verdade, mais complicada, visto que nem todos concordam com essa interpretação do que Madison disse! Para uma perspectiva oposta, veja Charles A. Lofgren, "The original understanding of original intent?", in: Rakove, org., *Interpreting the Constitution*, p. 138.

[66]Para um exame crítico da concepção de entendimento em Gadamer, veja, de minha autoria, "Discourse on matter: hermeneutics and the 'miracle' of understanding", *International Journal of Systematic Theology* 7 (2005): 5-37.

está interpretando. Assim, o evangelho não adquire, ao ser pregado, nenhum conteúdo novo que possa ser comparado ao poder do veredicto do juiz para suplementar a lei".[67] Além disso, Gadamer é inflexível quanto a aplicações arbitrárias feitas pelos intérpretes ("o que isto significa para mim"). Ao contrário, Gadamer compara aplicação a tradução, cuja tarefa é preservar o sentido original em um novo contexto.[68] Parece que uma boa tradução é em si mesma uma obra de *fronesis*.

Em geral, porém, Gadamer argumenta que o entendimento nasce na linguagem apenas quando os intérpretes ficam profundamente envolvidos pelo "jogo" da conversa sobre o assunto do texto. Ele insiste que os intérpretes abordem os textos clássicos como participantes de longas conversas (*viz.*, tradições interpretativas) a respeito de seu significado e importância. O entendimento sempre acontece ao longo da conversa à medida que os intérpretes passam a apreciar e a apreender o *Sache* quando aplicado a contextos particulares. Assim, a hermenêutica gadameriana assemelha-se a um *drama do entendimento*, cujo enredo está centrado na busca da expressão do assunto na conversa — um processo de perguntas e respostas — a respeito do que os textos têm a nos dizer hoje. Em todo caso, a principal contribuição de Gadamer está na reflexão sobre o processo de interpretação textual sob a rubrica da *fronesis*.

Teodramaturgia

A teologia canônico-linguística tanto toma emprestado quanto transforma a noção de *fronesis* empregada respectivamente na ética e na hermenêutica. Enquanto o objetivo da *fronesis* permanece sendo uma deliberação sobre o que dizer e fazer em situações singulares, a teologia teodramática qualifica a ética aristotélica e a hermenêutica gadameriana em três importantes aspectos concernentes (1) ao *Sache* do texto e à concepção do bem humano que ele promove; (2) à natureza da conversa e do "jogo" do entendimento; (3) ao significado e à importância da tradição e da comunidade interpretativa. Vamos tratar desses pontos um por vez.

1. A *fronesis* decide "o que deve ser feito aqui e agora". Sendo mais específico, a *fronesis* apreende *a forma que o bem assume em uma situação particular*. Ela nos ajuda a discernir a resposta para a pergunta implícita que nos acompanha em cada momento da vida: O que devemos fazer, aqui e agora, para viver bem com os outros diante de Deus? Lembremo-nos de que apenas princípios não conseguem nos dizer qual é a ação "adequada" em uma situação particular. Como todas as outras práticas, a teologia pressupõe certas coisas a respeito do bem ou da finalidade de sua prática distinta. Tomás de Aquino, por exemplo, partia do princípio de que o supremo bem para os seres humanos é a união com Deus. Uma ação é boa apenas se ela "concorda" ou está de acordo com o bem em si. Da perspectiva da presente proposta, uma ação será boa apenas se estiver de acordo com o teodrama. A teologia fronética, assim, visa ao

---

[67]Gadamer, *Truth and method*, p. 330. Não está claro para mim se a maioria dos teólogos gadamerianos — aqueles que apelam para a autoridade das tradições interpretativas — reconhece a importância dessa concessão.

[68]Ibid., p. 384.

Sache teodramático — "o novo em Cristo" — e ao falar e agir que possam refletir as boas notícias de que Deus fez novas todas as coisas. Sabedoria teodramática significa decidir bem o que dizer e fazer em novas situações (contextos, cenários culturais) a fim de trazer à luz a importância do que Deus estava realizando em Cristo. *Fronesis*, dessa forma, é a virtude que nos orienta na concretização de bens teodramáticos: a *salus* do indivíduo; o *shalom* da comunidade; a glorificação do *shema*, ou nome de Deus.

2. Gadamer compara o entendimento a um jogo: o próprio jogo joga com os intérpretes, e os intérpretes também jogam com o jogo. Nem autores nem leitores estão no controle do jogo; antes, a força motriz por trás do ato de jogar é o próprio jogo.[69] Exatamente por isso é necessário um tipo de racionalidade diferente da teoria e da tecnologia, a saber, a conversa que visa às deliberações. Gadamer é otimista quanto ao resultado da conversa. A *fronesis* é alimentada quando intérpretes participam da conversa e por ela são afetados, alcançando o que Gadamer chama de "consciência histórica efetiva".

Gadamer está correto ao ligar a problemática do entendimento à finitude histórica dos seres humanos. Finitude, porém, é apenas metade da história; a Queda também afeta nosso juízo. Assim, faz sentido nos perguntarmos se é certo, e sábio, confiar na conversa. A história da igreja, sem falar na história humana em geral, está repleta de exemplos de conversas distorcidas. Habermas critica Gadamer justamente por não fornecer diretrizes suficientes que garantam a *racionalidade* das conversas.[70]

A teologia canônico-linguística assume um ponto de vista distinto com respeito à conversa. Assim como os cristãos têm suas razões para desconfiar da conversa (o pecado), eles também têm suas razões para confiar nela na medida em que reconheçam a obra do Espírito Santo na interpretação das Escrituras feita pela igreja. O "jogo" que controla o processo de entendimento não é a força bruta da "História" (seja lá o que isso signifique), mas o jogo trino do teodrama. Aliás, os profetas e os apóstolos não são tanto autores, mas testemunhas envolvidas pelo jogo do assunto evangélico e da consequente conversa sobre ele.[71] O *Sache* é o jogo do próprio teodrama conduzido pelo Espírito. Segue-se que a *fronesis* não é tanto uma questão de consciência histórica efetiva, mas de consciência *pneumática* efetiva, em que o Espírito torna efetiva a palavra a respeito de Cristo por ele ministrada.

3. Mais do que qualquer outro pensador do século 20, Gadamer reabilitou a autoridade das tradições interpretativas. Além disso, ele vinculou a *fronesis* à autoridade

---

[69]Esta é a proposta de Gadamer para superar a dicotomia sujeito/objeto, característica do projeto epistemológico da modernidade, a saber, a tentativa de alcançar certeza.

[70]A teoria de Habermas, da racionalidade comunicadora, com sua noção de razão intersubjetiva e seus critérios para determinar a verdade pública, tenta compensar o defeito que ele vê em Gadamer. Cf. Jürgen Habermas, *The theory of communicative action*, tradução de Thomas McCarthy (Boston: Beacon, 1984), vol. 1: *Reason and the rationalization of society*.

[71]Isso não significa que a história da recepção das Escrituras pela igreja não inclua distorções ideológicas e erros teológicos; ela inclui. Por essa razão, reluto em igualar a norma da fé cristã ao que os cristãos "normalmente" creem. Penso que isso seria confundir teologia com sociologia. Para um ponto de vista contrário, cf. Michael G. Lawler, "Faith, praxis, and practical theology: at the interface of sociology and theology", *Horizons* 29 (2002): 199-224.

das tradições interpretativas. No curso da presente obra, porém, temos argumentado que apenas o cânon tem autoridade final em teologia (*sola Scriptura*), mesmo quando ele às vezes *se opõe* à tradição de sua interpretação. À primeira vista, então, a *fronesis* pode parecer uma escolha muito estranha para o papel de primeiro princípio teológico canônico-linguístico. O próprio Gadamer dá uma sugestão importante para a solução desse paradoxo, pois, como vimos, quando se trata do evangelho, ele aceita que a pregação (e, podemos presumir, a teologia) aplica o texto, mas não acrescenta nenhum conteúdo. A *fronesis*, todavia, permanece como a melhor forma de descrever a gênese da doutrina a partir das Escrituras.

Gadamer está correto: o cânon *é* uma exceção aos textos que ele estuda, e isso sob dois aspectos. Da perspectiva da forma, o próprio cânon é exemplo de uma extensa conversa a respeito do teodrama, conversa que se estende sobre muitos textos (os livros do Antigo e do Novo Testamentos) e muitos séculos.[72] Do ponto de vista do conteúdo, esses textos são supervisionados pelo Espírito Santo em sua composição e recepção; a *fronesis* bíblica é uma questão de consciência pneumática efetiva. Dessa forma, a principal conversa que leva ao entendimento é a conversa possibilitada pelo Espírito que ocorre *dentro* dos próprios livros canônicos e *entre eles*. Isso é ainda uma questão de *fronesis*, pois o que encontramos nas Escrituras não são tanto princípios ou regras universais quanto padrões de ação comunicadora específica para o contexto.[73] *Bom discernimento teológico é em grande parte, embora não exclusivamente, uma questão de ser aprendiz do cânon, de ter a capacidade de julgar (capacidade que envolve igualmente imaginação, razão, emoção e volição) formada e transformada pelo* ensemble *das práticas canônicas que constituem as Escrituras.*

O diálogo canônico — diálogo nos próprios livros canônicos e entre eles — é tanto catalisador quanto norma para o jogo resultante na história da igreja. Qual é, então, o valor da conversa subsequente da igreja a respeito da importância do cânon? A recepção do cânon pela igreja também é uma espécie de exceção na análise que Gadamer faz da distância histórica em particular. É o problema da distância histórica que torna difícil o entendimento e demanda o que Gadamer chama de "fusão" dos horizontes entre passado e presente. Um abismo separa os leitores atuais dos autores do passado. Quem pode negá-lo? Ao mesmo tempo, apenas a distância não explica a falta de compreensão. Não se pode garantir uma comunicação bem-sucedida só porque duas pessoas ocupam o mesmo espaço e tempo. Como infelizmente provam muitas reuniões de família, pode haver lacunas de comunicação mesmo entre aqueles que durante anos compartilham a mesma situação de espaço e tempo.

Sem dúvida, a distância histórica e cultural entre os autores bíblicos e os habitantes do século 21 é indiscutível. Mas também há certa contemporaneidade entre os autores bíblicos e os cristãos que vieram depois deles. Observem-se os três fatores seguintes: Primeiro, os cristãos partilham de um Espírito comum — um Espírito cuja obra é justamente estimular a união e a comunhão, torná-los *um*. Segundo, os

---

[72] Mais adiante neste capítulo, eu relaciono essa noção ao que Bakhtin chama de "tempo grande".
[73] Claro, há leis declaradas em termos bastante universais — os Dez Mandamentos, por exemplo —, mas até elas estão sujeitas a uma *fronesis* de recontextualização no ensinamento de Jesus.

cristãos que vieram depois compartilham com os autores do Novo Testamento a mesma *situação histórico-redentora (i.e., teodramática)*. Nós, como eles, ainda estamos atuando nas cenas finais do quarto ato, vivendo entre a primeira e a segunda vindas de Cristo. Finalmente, na medida em que reconhecemos o gênero literário de um autor, partilhamos do mesmo *contexto literário*. Apesar da distância histórica, quando compreendemos o gênero literário de um texto, nos tornamos participantes de sua prática comunicadora distinta. A distância histórica não é um obstáculo inevitável para o entendimento se os leitores puderem aprender a sabedoria prática tornando-se aprendizes das práticas comunicadoras das Escrituras.

Por isso, ao ingressar nos mundos que os autores canônicos criam para nós, desenvolvemos a habilidade de interpretar nosso mundo e, mais importante, a habilidade de ver, dizer, julgar e fazer o que tem uma adequação cristodramática à nossa situação. *Fronesis é a habilidade canonicamente nutrida de dizer e fazer o "adequado em Cristo" em contextos relativamente singulares, de modo apropriado a essa relativa singularidade.*[74]

Para completar essa exposição sobre o papel da *fronesis* na teologia canônico--linguística, é necessário fazer mais três declarações: sobre o que realmente é a *fronesis*; sobre o que uma pessoa com sabedoria prática realmente faz; sobre o efeito da noção de sabedoria prática em teologia. É para esses três assuntos que nos voltamos agora. Antecipando, a *fronesis* teodramática *é uma forma de percepção virtuosa e improvisação disciplinada que conduz ao entendimento criativo*.

Percebendo a particularidade: "bem conscientizado e profundamente responsável"

Fronesis não é nem filosofia nem método, nem convicção nem crença. Para ser mais exato, ela designa um conjunto de traços de caráter e qualidades pessoais que moldam os hábitos da pessoa e se expressam em atos que visam ao bem. Ela é sabedoria prática e, por isso, uma virtude propriamente sapiencial.

Apresentando as virtudes sapienciais

Uma virtude é uma excelência adquirida: um traço de caráter, hábito ou disposição que promove o florescimento humano e implica "uma motivação característica para realizar um fim desejado e a confiança de que esse fim será atingido com sucesso".[75] Virtudes morais conduzem à prática do bem; virtudes intelectuais conduzem à descoberta da verdade. Chamemos de *virtude sapiencial* qualquer virtude que conduza à sabedoria. Virtudes sapienciais conduzem ao florescimento humano, a *salus* e *shalom*. Um vício sapiencial, pelo contrário, refere-se a qualquer disposição ou hábito desprovido de sabedoria e, portanto, que conduza a um comportamento tolo — ao hábito de dizer e fazer a coisa errada — e, por fim, à morte e destruição.

---

[74] Esta é uma versão modificada de uma boa definição apresentada por Charles Allen, "The primacy of *phronesis*", *Journal of Religion*, 69 (1989): 359-74, esp. p. 363.

[75] Linda Trinkhaus Zagzebski, *Virtues of the mind* (Cambridge: Cambridge University Press, 1996), p. 137.

O desejo de cultivar as virtudes sapienciais começa com o desejo de obter sabedoria, de dizer e fazer o que é certo em qualquer situação. Certo curso de ação é sábio, não porque seja produto de um procedimento técnico ou científico, mas porque é o ato de uma pessoa provida de virtude sapiencial. O livro de Provérbios expõe as virtudes e os vícios sapienciais ao descrever o que pessoas sábias e tolas normalmente dizem e fazem. A mensagem de modo geral é que sabedoria é uma questão de formação de caráter, e o caráter é formado na prática do "temor do Senhor", isto é, confiando na palavra de Deus como guia seguro no caminho da verdade e da vida.[76] A sabedoria cristã é uma questão de viver bem com os outros diante de Deus.

Este não é o lugar para enumerar todas as virtudes sapienciais. Uma lista completa incluiria virtudes morais e intelectuais como honestidade, cuidado e humildade, bem como as virtudes teologais da fé, esperança e amor. No entanto, duas virtudes em particular merecem menção especial, dado seu papel-chave na *fronesis*: percepção e perspectiva. Juntas, essas virtudes nos permitem agir de modo adequado, capacitando-nos a ter discernimento dos detalhes que se destacam em situações específicas e a manter os olhos voltados para o quadro teodramático mais amplo.

A percepção como virtude sapiencial

Para Aristóteles, *fronesis* é a capacidade de responder "na hora certa, com referência às coisas certas, para as pessoas certas, com o objetivo certo e do modo certo".[77] Sem dúvida, para responder corretamente, é necessário ser sensível aos aspectos particulares da situação. Os aspectos particulares de uma situação — o contexto específico — é simplesmente "um conjunto de coisas que se relacionam". Podemos exercer bom juízo em contextos particulares apenas se nos revelarmos "bem conscientizados e profundamente responsáveis".[78]

Muitos dos ensaios de Martha Nussbaum sobre filosofia moral defendem a primazia da percepção.[79] O tipo de percepção que ela tem em mente implica mais do que sensação física. Implica "insight moral", a habilidade de enxergar as características moralmente relevantes de uma situação e, daí, a habilidade de enxergar o que se deve fazer em um caso particular. Sabedoria prática exige mais do que teoria moral, mais do que regras morais; exige descrições "densas" de situações que permitam que suas características moralmente relevantes venham à tona. De acordo com Nussbaum, o que podemos chamar de *percepção fronética* é "a habilidade de discernir, acentuada e responsivamente, as características que se destacam na situação particular de alguém [...] essa habilidade está no cerne do que constitui a sabedoria prática.[80]

---

[76] Embora eu não possa estender o assunto aqui, acredito que a sabedoria seja cultivada pelo duplo ministério da Palavra e do Espírito. Para uma excelente discussão a respeito da relação de virtude com teologia sapiencial, cf. Daniel J. Treier, "Virtue and the voice of God" (Trinity Evangelical School, 2002, tese de doutorado não publicada).

[77] Aristóteles, *Ética a Nicômaco* 1106b21–23.

[78] Henry James, *The princess Casamassima* (New York: Charles Scribner's Sons, 1908), p. viii.

[79] Quatro ensaios de Nussbaum em *Love's knowledge* (caps. 4-7) exploram a importância dos romances de Henry James para a ética e a filosofia.

[80] Nussbaum. *Love's knowledge*, p. 37.

Nussbaum argumenta que muito de nosso aprendizado ético se dá apenas por meio da experiência. O aprendizado pela via da experiência, porém, "requer o cultivo de percepção e da capacidade de ser responsivo: a habilidade de analisar uma situação, identificando o que é relevante para a ação e o pensamento".[81] Ambos os elementos — consciência e capacidade de ser responsivo — são ingredientes da virtude da percepção. Percepção "é enxergar uma realidade concreta e complexa de forma altamente lúcida e profundamente responsiva; é assimilar com imaginação e sensibilidade".[82] Nussbaum encontra essa fina consciência nos romances de Henry James. A literatura nos dá um gosto pelo que é concreto de uma forma que a teoria não é capaz de fazer.

Vários aspectos da abordagem que Nussbaum faz do papel da literatura e da percepção na teoria moral transferem-se facilmente para a teologia. Os próprios livros do Novo Testamento são escritos ocasionais dirigidos, com fina consciência *teológica* e responsabilidade *pastoral*, a situações concretas: "Os escritos do Novo Testamento nos mostram de maneira exemplar que o evangelho sempre deve ser pregado em circunstâncias específicas, onde encontrará respostas específicas de acordo com as circunstâncias".[83] A história de missões também é contextual: "A teologia emerge de situações concretas, não de amplos princípios gerais".[84] Cultivamos a sabedoria bíblica lendo histórias de como os profetas e apóstolos falaram e agiram em situações concretas. Muitos de nossos princípios morais são simplesmente sumários dos sábios juízos de outras pessoas.

Teólogos bem conscientizados e profundamente responsáveis haverão de estar sintonizados e atentos ao cânon no que diz respeito ao contexto contemporâneo. As práticas comunicadoras no cânon são elas mesmas exemplos de consciência pastoral e de responsabilidade profética. Por isso, estudar as Escrituras prepara--nos para reconhecer as características que se destacam *teologicamente* nas situações complexas. Aprendemos a prestar atenção aos aspectos *teologicamente* relevantes das situações quando atentamos, por exemplo, ao modo como Paulo se dirige aos filipenses em comparação com os coríntios, ou aos efésios em comparação com os tessalonicenses. Como poderemos saber que percebemos uma situação e reagimos a ela de forma satisfatória? Quando não houver mais observações relevantes a serem feitas e nenhuma ação relevante a ser realizada. Assim, uma pessoa perceptiva é aquela para quem nada passa despercebido; *é a pessoa que enxerga e experimenta tudo o que é teologicamente relevante em uma situação*.

A perspectiva como virtude sapiencial

Enquanto a percepção é uma forma de atentar para os detalhes que se destacam em uma situação, a perspectiva é um modo de ver as situações através das lentes grande-angulares da história da palavra como partes de um todo maior. "Colocar

---

[81] Ibid., p. 44.
[82] Ibid., p. 152.
[83] Geoffrey Wainwright, *Doxology: the praise of God in worship, doctrine, and life* (New York: Oxford University Press, 1980), p. 168.
[84] Walls, *Missionary movement*, p. 11.

algo em perspectiva" é alcançar uma compreensão melhor do que é importante em dada situação e por quê. "Ganhar perspectiva" é lembrar-se do que realmente importa. Ter a perspectiva correta é ser capaz de ver uma situação sob a ótica dos valores e compromissos mais importantes. Ter perspectiva é uma virtude sapiencial porque é um meio de dizer e fazer o que é certo em vez de simplesmente reagir às exigências das circunstâncias: "A pessoa com perspectiva, por causa dos padrões que endossa, tem atitudes apropriadas ao objetivo de seus compromissos de valor".[85]

Perspectiva é uma virtude sapiencial, o hábito de ver situações específicas no contexto mais amplo do teodrama.[86] Exercitar a perspectiva teológica é ver situações *sub specie theo-dramatis*. Como tal, a perspectiva é um pré-requisito para dizer e fazer o que é adequado do ponto de vista teodramático, o "adequado em Cristo".

Manter as coisas em perspectiva é útil principalmente para evitar palavras e ações das quais possamos nos arrepender por terem sido reações a circunstâncias do momento. É comum perder a perspectiva quando coisas à quais estamos ligados — dinheiro, poder, saúde, reputação e posicionamentos teológicos — são ameaçadas. Ademais, em uma era de marketing de massa e de utilitarismo, é muito fácil perder de vista as coisas que possuem valor real em vez de valor apenas pragmático.[87] *Ter perspectiva nos capacita a fazer juízos sábios a respeito do que é bom e adequado em certa situação, em virtude do que Deus realizou em Jesus Cristo.*

Perspectiva é o antídoto para a miopia. É a virtude que nos capacita a dizer e fazer o que é adequado em contextos específicos *sem sermos dominados por preocupações contextuais*. Repetindo, a virtude peculiar da perspectiva é que ela nos inclina a olhar para as situações sob a ótica do teodrama mais abrangente. Com certeza, é relevante que a "resposta" ao problema do mal dada por Deus a Jó não seja uma proposição, mas uma litania à grandeza e à beleza da ordem criada. Deus, assim, ensina Jó a ver suas circunstâncias peculiares à luz do contexto mais amplo da aliança e da criação. Aqueles que procuram desenvolver a virtude sapiencial da perspectiva farão bem se seguirem o exemplo de Jó.

A improvisação fiel

O roteiro canônico interpreta o papel principal na preparação dos atores cristãos para que façam bons juízos, ensinando-nos a perceber os detalhes que se destacam em situações específicas e a manter o olhar da perspectiva teodramática mais ampla. Mas a metáfora de encenar um roteiro não lida com o problema de ter de falar e agir

---

[85]Valerie Tiberius, "Perspective: a prudential virtue", *American Philosophical Quarterly* 39 (2002): 311.

[86]Definida dessa forma, alguém poderia dizer que a perspectiva é um tipo de percepção. Nussbaum, porém, associa percepção apenas ao discernimento de detalhes que se destacam em uma situação, não ao quadro maior.

[87]Falar de valores "reais" é atrair a suspeita pós-moderna de que estamos tentando impor nossos valores culturais a todo mundo ao nos referirmos a eles como "naturais" ou "reais". No entanto, teólogos cristãos devem fazer alegações sobre a natureza da realidade para confirmar sua proclamação do evangelho. O realismo resultante, porém, é mais confessional do que metafísico.

de formas adequadas a *novas* situações e a *novos* problemas.[88] Uma teologia fronética prepara o discípulo para que este faça juízos singulares sobre como falar e agir de maneira que as palavras e os feitos sejam adequados tanto ao teodrama quanto ao contexto contemporâneo. É importante observar que a noção de doutrina como direção leva em conta tanto o roteiro quanto a situação contemporânea: *as doutrinas nos ajudam a improvisar juízos sobre as novas coisas que devemos dizer e fazer sem que se perca a coerência com nosso roteiro canônico.*

A *fronesis* como improvisação

A sabedoria prática demanda soluções criativas para problemas novos. Ética e hermenêutica, aplicando sabedoria, princípios e textos a novos contextos, parecem ser um tipo de improvisação no sentido de dizer e fazer algo novo para "melhorar" os textos originais. Nem contextualização nem tradução devem ser apenas uma repetição rígida e enfadonha. O próprio Aristóteles cita medicina e navegação como exemplos de áreas nas quais se deve fazer mais do que "repetir" universais ou princípios.[89] Nussbaum concorda: "Um médico cujo único recurso, ao ser confrontado com uma nova configuração de sintomas, fosse se voltar para o livro-texto, seria um médico medíocre; um navegador que, no meio de uma tempestade de direção e intensidade imprevistas, conduzisse seu navio segundo as regras seria um incompetente".[90] Tais situações clamam por um raciocínio improvisador. Assim ocorre com juízos no campo da lei. Um magistrado improvisa sempre que aplica a lei a uma nova situação. Cada nova aplicação estende e, por isso, "melhora" o significado do texto no sentido de "fazer uso proveitoso" dele.

Se a medicina e a navegação são atividades que exigem juízos improvisadores, quanto mais no caso da teologia. Embora o roteiro da igreja seja suficiente, não basta apenas repetir as falas quando o cenário cultural muda. A pós-modernidade, por exemplo, apresenta uma nova configuração de sintomas, uma nova tempestade no mar da civilização ocidental. Claro, nós temos manuais e mapas do passado; nenhum deles, porém, prevê todos os novos desdobramentos contextuais. Portanto, pessoas com sabedoria prática devem, nas palavras de Tucídides, "procurar improvisar segundo as necessidades".[91] "Tomar uma decisão que implique ação ou crença adequadas parece menos uma questão de aplicação de preceitos explícitos do que de tato e momento

---

[88] Sam Wells menciona quatro desvantagens da noção de que o discipulado cristão é uma "encenação" de roteiro (*Improvisation: the drama of Christian ethics* [Grand Rapids: Brazos, 2004], p. 62-3). O problema básico de Wells é que "encenar roteiros" sugere que há um conjunto de respostas do passado que precisam ser apenas assumidas e repetidas (cf. p. 65). Concordo com a preocupação dele, mas sugiro que o melhor caminho adiante é pensar sobre a encenação cristã como "o ato de improvisar com um roteiro". O próprio Wells reconhece a importância de habilidades narrativas — e, portanto, de uma narrativa anterior — para uma boa improvisação.

[89] Cf. Aristóteles, *Ética a Nicômaco* 1104a: "Agentes devem considerar caso a caso o que é adequado à ocasião, à semelhança do que ocorre na medicina e na navegação".

[90] Nussbaum. *Love's knowledge*, p. 71.

[91] Citado em ibid.

certo [...] Significa empregar algo como tino para o jogo, tato para as possibilidades do viver cristão".[92] Essa observação, embora não pensada como descrição do que ocorre na improvisação, é uma hábil descrição do que os improvisadores com *fronesis* realmente fazem.

O que é improvisação?

Tanto Aristóteles quanto Henry James empregam a metáfora da *improvisação teatral* para descrever as obras da sabedoria prática.[93] À primeira vista, a improvisação dificilmente parece ser uma escolha acertada como figura da sabedoria teológica, sobretudo quando se leva em conta a autoridade que já situamos no roteiro canônico. O que está *fora do roteiro* não é justamente a improvisação? Aliás, uma figura errada do que significa improvisar muitas vezes nos impede de valorizar sua utilidade. Muitos leitores podem ser dissuadidos pela natureza capciosa das definições de dicionário que sugerem que improvisar é fazer algo sem preparo ou sem ensaio. Tal rejeição da improvisação é tanto infeliz quanto autoritária.[94]

Improvisar bem é algo que exige estudo (formação) e discernimento (imaginação). Já tratamos do papel do discernimento sob as rubricas de percepção e perspectiva. Imaginação — a habilidade de "ver simultaneamente o que é e o que pode ser ainda melhor"[95] — integra as virtudes da percepção e da perspectiva. Em consonância com isso, agora nos concentraremos no que está envolvido no preparo de improvisadores para que ajam por instinto, porém com imaginação.

Espontaneidade

É comum pensar que a essência da improvisação é a espontaneidade, e é mesmo, embora a espontaneidade improvisadora seja em si resultado de extenso treinamento e disciplina. O treinamento para improvisação geralmente toma a forma de jogos e exercícios que desenvolvem tanto a percepção quanto a imaginação. O desafio consiste em ajudar os alunos "a compreender e dominar as regras, sem, ao mesmo tempo, permitir que as regras limitem a espontaneidade".[96] O foco de um jogo ou exercício estabelece as regras dentro das quais a espontaneidade deve ser exercitada. Assim como na análise de Gadamer acerca do entendimento como jogo, aqui também o alvo é aprender a participar de modo adequado. Por isso é que o técnico na

---

[92]Tanner, *Theories of culture*, p. 81.

[93]Nussbaum. *Love's knowledge*, p. 37, 94.

[94]Isso também se aplica à improvisação musical, cf. Jeremy Begbie, *Theology, music and time* (Cambridge: Cambridge University Press, 2000); e Bruce Benson, "The improvisation of hermeneutics: some jazz lessons", in: James K. A. Smith; Bruce Benson; Kevin Vanhoozer, orgs., *Hermeneutics at the crossroads* (Indiana University Press, 2006). Entre os principais nomes que me ajudam a entender a improvisação teatral encontram-se (além de Martha Nussbaum) Keith Johnstone, Gary Izzo e Viola Spolin. Sou especialmente grato a Sam Wells por me oferecer uma prévia de sua futura obra: *Improvisation: the drama of Christian ethics*, oferta que "hiperaceitei" com grande alegria.

[95]James Mackey, ed., *Religious imagination* (Edinburgh: Edinburgh University Press, 1986), p. 23.

[96]Gary Izzo, *The art of play: the new genre of interactive theatre* (Portsmouth: Heinemann, 1997), p. 137.

"lateral do campo" costuma lembrar aos improvisadores que "mantenham os olhos na bola".[97] Nussbaum comenta: "Uma atriz que improvisa, se estiver improvisando bem, não sentirá que pode dizer o que bem entender. Ela deve adequar sua escolha ao desenrolar da história, que tem forma e continuidade próprias".[98]

Bons improvisadores são preparados para evitar duas armadilhas comuns. O primeiro obstáculo à espontaneidade é *planejar* — a tentação de pensar cuidadosamente um curso de ação antes de dizer ou fazer qualquer coisa. Alguns aspirantes a improvisadores ficam paralisados pelo medo de serem reprovados ou de serem considerados ridículos, ou simplesmente de não jogarem bem o jogo. Por isso, eles tentam arrebatar o controle do jogo "roteirizando" a peça, manipulando a situação e seus colegas atores de acordo com um mapa mental pré-concebido.[99] A história das missões cristãs e da teologia tem exemplos de roteiristas que tentaram controlar a ação em novas situações. Outros atores seguem roteiros convencionais sem nem mesmo se dar conta disso: "Desde o início de nosso desenvolvimento, estamos tão condicionados por certos modelos de pensamento que a maioria de nós não tem sequer consciência de qualquer outro modo de pensar".[100] Como veremos, a igreja sempre deve estar alerta para o perigo de que seu roteiro do evangelho assimile as convenções sociais e morais da cultura dominante.

No extremo oposto, o segundo obstáculo à espontaneidade é a tentação do *ad-libitum* ou de ser original (aqui podemos recordar a capciosa definição dicionarizada de improvisação como ação sem preparo). O improvisador que tenta ser original geralmente perde o foco, deixa de manter o olho na bola. A improvisação não deve ser confundida com *ad-libitum*. "*Ad-libitum* é engenhosidade individual, não diálogo desenvolvido".[101] O *ad-libitum* é o equivalente teatral da heresia, quando uma pessoa teima em fazer de seu próprio jeito em vez de jogar pelas regras. Verdadeiros improvisadores trabalham juntos; eles são "um corpo" no qual todos contribuem para o resultado da peça: "A verdadeira genialidade da improvisação reside na harmonia criativa conseguida pelos atores".[102]

Aquilo que acontece na atuação *ensemble* também acontece na improvisação do jazz: o intérprete de jazz é responsável tanto pela ideia central da música quanto pelos outros músicos. Aliás, o jazzista é "tão ou até mais responsável do que aquele que lê a partitura pelo desdobrar das continuidades e estruturas da obra".[103] Um pianista que toca jazz comenta que "solistas elaboram em cima do que a estrutura da composição tem a dizer".[104] É claro que o tema e a estrutura da peça cristã é o teodrama. A teologia cristã consiste em uma improvisação fiel de um tema teodramático.

---

[97]Viola Spolin, *Improvisation for the theatre*, 3. ed. (Evanston: Northwestern University Press, 1999), p. 22.
[98]Nussbaum, *Love's knowledge*, p. 94.
[99]Izzo, *Art of play*, p. 157.
[100]Ibid., p. 147.
[101]Spolin, *Improvisation for the theatre*, p. 355.
[102]Izzo, *Art of play*, p. 141.
[103]Nussbaum, *Love's knowledge*, p. 94.
[104]Tommy Flanagan, citado em Benson, "Improvisation of hermeneutics".

A espontaneidade no centro da improvisação genuína, portanto, não tem relação alguma com ação arbitrária ou casual. Espontaneidade, ao contrário, descreve o estado de prontidão de um ator: o preparo para se adaptar a qualquer coisa que comece a acontecer e para com ela colaborar. Tal prontidão, longe de ser um reflexo natural, é, na verdade, resultado de anos de preparação disciplinada. O improvisador está pronto tanto por causa do preparo quanto pelo fato de estar alerta e atento a seu ambiente. Improvisar não é ser extravagante, mas ser *óbvio* — é agir de maneiras que estejam inteiramente de acordo com o desenrolar da ação.

A necessidade de evitar o planejamento leva a interessantes nuanças teológicas: "É essa decisão de não tentar controlar o futuro que permite que os alunos sejam espontâneos".[105] O que fazemos com nossa liberdade em cada momento não é uma fala arbitrária não ensaiada, mas o resultado de quem somos. Nossa espontaneidade revela nossa espiritualidade. Ora, "onde está o Espírito do Senhor, aí há liberdade" (2Co 3.17). O verdadeiro improvisador é aquele cujas ações não parecem roteirizadas nem engenhosamente novas, mas adequadas, até mesmo óbvias. Teólogos cristãos improvisam sempre que atuam de maneiras que parecem óbvias *para quem teme a Deus*, para aquele cujo reflexo (instinto) é a "lei" do Espírito de liberdade. A espontaneidade sapiencial é simultaneamente "roteirizada" e "dinamizada pelo Espírito".

Aceitando "ofertas"

Toda improvisação começa com uma suposição a respeito do jogo que está sendo jogado. Uma suposição é como um bloco usado em construção, e a tarefa de quem improvisa é construir uma torre com os blocos: "Mamãe, cheguei" cria um mundo dentro do qual se desenrola a ação seguinte. "Por que você não está na escola?" leva a ação em uma direção diferente do que "Como foi o trabalho hoje?". Cada frase constrói sobre a suposição anterior, porém de maneira diferente. Desenvolvendo uma cena, os atores confirmam suposições prévias e as estendem: "Cada bloco deve ser assentado sobre os blocos anteriores".[106]

O termo técnico usado na improvisação para descrever esse processo de adicionar ação à suposição é *oferta*. Qualquer coisa que alguém faça é uma oferta. Afirmações, gestos, ações — tudo é um convite para que a resposta estenda a ação e mantenha a peça em andamento. Ofertas podem ser "aceitas" ou "bloqueadas". Aceitar uma oferta é responder de tal maneira que a premissa inicial seja mantida e desenvolvida. Ao aceitar uma oferta, o ator diz sim à suposição básica. Um bloqueio, ao contrário, é "qualquer coisa que impeça o desenvolvimento da ação".[107] O mau improvisador diz não às ofertas, rejeita a premissa do jogo e, assim, interrompe a ação. Pessoas que normalmente dizem sim "são recompensadas com as aventuras que elas têm, e as que dizem 'não' são recompensadas com a segurança que conquistam".[108] Improvisadores são treinados para aceitar ofertas e dizer sim.

---

[105] Keith Johnstone, *Impro: improvisation and the theatre* (New York: Routledge, 1981), p. 32.
[106] Izzo, *Art of play*, p. 158.
[107] Johnstone, *Impro*, p. 97.
[108] Ibid., p. 92.

Da perspectiva do presente argumento, podemos identificar o teodrama como a principal suposição cristã. As ofertas mais importantes que estruturam a peça resultante — "Haja luz"; "Eis o Cordeiro de Deus!"; "Pois fomos feitos por ele, criados em Cristo Jesus para as boas obras" (Ef 2.10) — já foram feitas. O Novo Testamento está repleto de exemplos de pessoas que aceitaram ofertas — que improvisaram — de maneiras que desenvolvessem a ação. O Concílio de Jerusalém, por exemplo, aceitou a "oferta" de que a aliança da graça incluía os gentios. Até mesmo situações podem representar ofertas: "Aqui há água; que me impede de ser batizado?" (At 8.36). Infelizmente, as Escrituras também estão repletas de exemplos de ofertas bloqueadas. "E Pilatos lhes perguntou: 'Quereis que vos solte o rei dos judeus?' [...] Eles, porém, gritavam ainda mais: 'Crucifica-o!'" (Mc 15.9,14).

Habilidades narrativas e reincorporação

Por paradoxal que possa parecer, a memória é mais importante para a improvisação do que a originalidade. O improvisador não é alguém que procura criar novidades, mas responder ao passado (e.g., às várias "ofertas"), pois o futuro é formado *a partir do passado*. O improvisador é como "um homem que caminha para trás", que vê apenas onde ele esteve, não aonde está indo.[109] Assim, improvisadores necessitam de habilidades narrativas: "Improvisadores devem guardar na memória o quadro completo para levar a cena adiante de modo eficaz [...] Os poderes de observação e memorização de um improvisador são vitais para conservar esse conjunto de ideias que está sempre crescendo".[110]

Talvez a maior habilidade narrativa de um improvisador seja a *reincorporação*: "Reincorporação é a repetição de um fragmento de informação ou situação previamente revelado dentro de uma cena. É uma excelente ferramenta para dar forma às cenas que se desenvolvem, e pode fornecer a conclusão".[111] Assim como a improvisação não tem relação com falas não ensaiadas, do mesmo modo a reincorporação não diz respeito à livre associação. Pelo contrário, *a reincorporação consiste em lembrar e recapitular elementos passados na narrativa para tornar a cena uma ação completa e unificada*.[112]

Não basta atuar mecanicamente ou repetir velhas falas vezes sem conta. Improvisadores devem ser "bem conscientes e profundamente responsivos" a tudo o que ocorreu até aquele momento: "A diferença visível entre atuar a partir de um roteiro e improvisar é que é preciso estar muito *mais* intensamente atento ao que é dado pelos outros atores e pela situação".[113] O improvisador está comprometido com a peça, com os outros atores e com o foco da cena. Improvisadores devem ser espontâneos, mas

---

[109]Ibid., p. 116. Esta é uma simpática figura da vida cristã, em que a providência divina é mais bem percebida em retrospectiva.

[110]Izzo, *Art of play*, p. 176.

[111]Ibid., p. 179.

[112]Robert Alter e outros têm chamado a atenção para a repetição de certas "cenas tipológicas" na Bíblia. Um exemplo seria o tema da "mulher junto ao poço", presente em narrativas patriarcais (e.g., Gn 24, 29) e posteriormente reincorporado (com uma diferença) em João 4.

[113]Nussbaum, *Love's knowledge*, p. 94.

não indisciplinados; eles não estão livres para fazer qualquer coisa, mas para estar "responsivamente vivos e comprometidos com os outros atores, com a narrativa em desenvolvimento, com as leis e restrições do gênero e de sua história".[114]

Um último termo técnico assinala a importância da perspectiva para a boa improvisação: *hiperaceitação*: atores não apenas "aceitam" ofertas, mas as "hiperaceitam". A hiperaceitação consiste em incorporar ofertas a uma narrativa mais ampla. A hiperaceitação subjuga os dois medos que costumam paralisar os improvisadores. O medo de aceitar a oferta é o medo de que ela possa atrapalhar nossos planos, ameaçando desse modo nossa identidade. O medo de bloquear a oferta é que quem o faz fique fora da ação e, assim, se torne irrelevante. A hiperaceitação nem aceita ofertas em seus próprios termos nem as bloqueia, antes, as incorpora a uma narrativa mais ampla, permitindo ao ator preservar tanto sua identidade quanto sua relevância.[115] Acontece que improvisadores precisam das virtudes sapienciais da percepção *e* perspectiva. Eles precisam estar informados do que está acontecendo imediatamente à sua volta e ter em mente a coerência integral do teodrama que se desenrola. "Os melhores improvisadores, em certo nível, realmente conhecem a essência de seu trabalho".[116]

Doutrina e improvisação canônica: fazendo bons juízos teológicos

A improvisação, como acabamos de descrever, não é algo novo para a teologia. Como ocorre com a tradução vernacular, há alguma coisa na improvisação que combina profundamente com a fé cristã. *O próprio teodrama desenvolve-se em grande medida por meio da improvisação divina sobre o tema da aliança.* É Deus quem dá início ao jogo, oferecendo-se à humanidade como parceiro da aliança; o jogo continua apesar de diversas tentativas humanas de bloqueio das iniciativas divinas. A "palavra do Senhor" impele a ação para a frente, fazendo mais ofertas — promessas, leis, sabedoria, consolação e assim por diante — a Israel. Às vezes, a palavra é aceita, mas geralmente é bloqueada; apesar de tudo, a improvisação divina continua. Deus hiperaceita até o bloqueio humano, incorporando-o à comédia da aliança mais abrangente. Até mesmo a descrença de Israel é hiperaceita na história, com o resultado — espontâneo, mas não descontínuo — de que os gentios também se tornam parte da ação (Rm 9—11). A maior improvisação divina, é claro, é a encarnação, quando a palavra do Senhor vem em uma forma diferente das palavras anteriores, embora ao mesmo tempo ligada a elas. Aliás, pode-se dizer que a totalidade do Novo Testamento é uma improvisação feita em cima do Antigo. Pois, *o que torna a totalidade da Bíblia um cânon unificado é a ação unificada em seu centro, e o que dá conclusão a essa ação unificada é a recapitulação em Jesus Cristo de tudo o que ocorreu antes.* Todas as pessoas e eventos importantes nas cenas anteriores — Criação, Êxodo, tentação, profetas, sacerdotes, reis, sacrifício, ofertas pelo pecado, milagres, sabedoria — são reincorporados no ato da palavra que é o evangelho de Jesus Cristo.

---

[114]Ibid., p. 155.
[115]Cf. o modo como Wells trata "hiperaceitação" em *Improvisation*, p. 131-40.
[116]Johnstone, *Impro*, p. 142.

O próprio teodrama é uma improvisação na medida em que a graça divina impulsiona a ação de modos alternados, oferecendo-se à resposta humana, hiperaceitando-a e reincorporando-a. O improvisador divino, assim, revela-se ao mesmo tempo fiel ao andamento da peça e criativo com respeito às novas situações.[117] A teologia fronética, justamente por enfatizar o papel do juízo improvisador, procura alinhar seu método a seu tema: a sabedoria de Deus corporificada e encenada no drama da redenção. Desse modo, a teologia é uma questão não apenas de pensar os pensamentos de Deus segundo ele, mas também de improvisar as improvisações de Deus em conformidade com ele. Na realidade, toda tentativa de tornar o cristianismo encenável hoje implica improvisar a ação canônico-linguística em novos contextos linguístico-culturais. Talvez a teologia cristã possa ser responsável pela ação do drama (cujos atos principais agora estão roteirizados) e pela situação atual *somente* se fizer improvisações fiéis.

No capítulo anterior, sugerimos que a teologia se move do texto para o contexto ao prestar atenção a certos paradigmas canônicos que exemplificam padrões de ação comunicadora. Esses padrões subsistem *em* textos específicos com seus contextos históricos e literários, não como abstração deles. Graças ao exame que fizemos da improvisação, agora podemos dizer que o que esses padrões e paradigmas exemplificam são as suposições-chave do jogo teodramático. A teologia fronética começa com casos canônicos particulares e então procura manifestar a mesma sabedoria (*ipse*) em novas situações: "O que completa nosso entendimento do princípio é sua fundamentação em exemplos, não sua mera formulação abstrata".[118] Os particulares "exemplificam" o princípio, mas a tarefa da teologia sapiencial é "principiar", ou seja, detectar o princípio neste ou naquele caso específico.[119] A teologia canônico-linguística é duplamente fronética, pois é necessário que haja bom juízo para discernir o que está teologicamente em jogo (1) em *textos canônicos* específicos e (2) em *contextos contemporâneos* específicos.

Cabe agora apresentar uma ilustração de juízo teológico correto. Em Filipenses 2.6-11, Paulo realiza um ato de improvisação apostólica inspirada ao empregar o nome da aliança que Israel aplicava ao Deus único (YHWH), o criador de tudo, para dar a Jesus o título "Senhor": "O que é tão profundamente estranho em Filipenses

---

[117]A noção de improvisação divina levanta inúmeras questões concernentes à doutrina de Deus (e.g., atributos divinos como onisciência) e doutrinas afins (e.g., predestinação e providência). Essas questões são relevantes, mas estão fora do escopo da presente obra. A improvisação divina, como descrevi aqui, é compatível com uma forma bem tradicional de teísmo porque, antes de tudo, é mais uma descrição da economia da salvação — a concretização histórica da vontade e do caráter de Deus — do que uma descrição do eterno decreto divino ou da Trindade "imanente". Resumindo, improvisação divina é como falar da ação divina *sub specie theo-dramatis* — não *sub specie aeternitatis*. Para um tratamento mais completo da doutrina de Deus, cf., de minha autoria, *Remythologizing theology: divine action, passion and authorship* (Cambridge: Cambridge University Press, 2010).

[118]Cosgrove, *Appealing to Scripture in moral debate*, p. 61.

[119]Devo a Cosgrove (ibid.) o termo *principiar*. Há outras formas de descrever o tipo de reflexão que vai do caso para o princípio. No campo da estética, por exemplo, Kant, em *Critique of judgment*, tradução de S. H. Bernard (New York: Hafner, 1974), distingue juízos "determinativos", que começam com uma regra claramente expressa e depois a aplicam a um caso, de juízos "reflexivos", que começam com casos singulares dos quais precisamos *descobrir* o princípio.

2.10,11 é que essa passagem identifica o profetizado reconhecimento universal da divindade *única* de YHWH com a aclamação cultual universal de 'outro', a saber, Jesus de Nazaré".[120] Paulo não está afirmando dois deuses nem sugerindo que Jesus foi absorvido em Deus; antes, está detectando a identidade de Jesus simultaneamente à identidade do Deus único de Israel. Filipenses 2.6-11 *reincorpora* vários temas monoteístas de Isaías 40—55 e os aplica a Jesus.[121] O hino de Paulo a Cristo reflete a prática da igreja primitiva, a qual, embora firmemente monoteísta, havia começado a invocar o nome de Jesus no culto. O que aquele culto e esse texto exemplificam é o surpreendente juízo de que a redenção de Israel, o novo êxodo profetizado em Isaías 40—55, cumpriu-se em Jesus Cristo. O juízo teológico sobre o qual o cristianismo repousa equivale exatamente a isto: o indivíduo Jesus não apenas *exemplifica* divindade, mas é *identificado* com ela. A nova "oferta" de Paulo agora é obrigatória a todos os que aceitam a premissa de que Jesus é Senhor.

A teologia canônico-linguística tem por objetivo estender ao presente esse mesmo padrão de juízo encenado em Filipenses 2. É exatamente isso que os teólogos antigos fizeram em Niceia. Quando Paulo, em Filipenses 2.6-11, falou da "igualdade" de Jesus "com Deus", o Concílio de Niceia decidiu, em sua sabedoria teológica prática, que ele queria dizer a mesma coisa que Atanásio, quando este falou de Jesus como *homoousios* com Deus. *Homoousios* — literalmente, "da mesma substância" — é uma dupla tradução: do hebraico para o grego e da poesia (ou hino) para a metafísica. *A pergunta é se Atanásio e Paulo estão transmitindo o mesmo juízo canônico — oferecendo direções semelhantes para o entendimento do teodrama — em suas respectivas linguagens e conceitualizações.*

Antes de responder, devemos considerar a situação particular. A igreja do sexto século estava sendo atormentada pelo arianismo com sua perspectiva que negava a igualdade de Jesus com Deus ao declarar: "houve um tempo em que ele [o Filho] não existia". O arianismo sugeria que o Filho, de fato, era uma criatura, embora uma criatura altamente valorizada. Quanto a uma possível "improvisação" do evangelho pelo próprio Ário, devemos concluir que sua proposta não era uma oferta mas um bloqueio. Negar a divindade de Jesus Cristo, o Filho de Deus, é rejeitar a premissa fundadora da peça, sem falar na importância de todo o terceiro ato! Então, o arianismo não é um exemplo de improvisação, mas de roteirização, pois alguém prefere as próprias ideias em vez da suposição básica inerente à ação anterior.

Atanásio, pelo contrário, surge como um improvisador capaz dotado da habilidade de "improvisar por si mesmo segundo exigido pela situação concreta".[122] Ele discerniu não apenas a verdadeira identidade das *dramatis personae* principais, mas também como melhor expressar essa percepção com termos apropriados à sua situação

---

[120]David S. Yeago, "The New Testament and the Nicene Dogma", in: Stephen E. Fowl, org., *The theological interpretation of Scripture: classic and contemporary readings* (Oxford: Blackwell, 1997), p. 91. Devo a Yeago o artigo exemplar sobre esse exemplo, embora eu o desenvolva em meus próprios termos. Para o argumento de que Senhor é de fato o nome divino, cf. Richard Bauckham, *God crucified: monotheism and christology in the New Testament* (Grand Rapids: Eerdmans, 1998), p. 34.

[121]Para mais detalhes, cf. Bauckham, *God crucified*, cap. 3.

[122]Descrição de Temístocles de Atenas, feita por Tucídides e citada em Nussbaum, *Love's knowledge*, p. 98-9.

linguístico-cultural particular: *homoousios*. Sabedoria teológica é a habilidade de indicar o caminho, a verdade e a vida em termos fiéis ao roteiro, mas que improvisam diante de situações linguístico-culturais.

A chave para apreciar o que Niceia realizou está em traçar uma distinção entre os *juízos* e os *termos conceituais* em que esses juízos são expressos: "O *mesmo* juízo pode ser expresso por uma *variedade* de termos conceituais".[123] Começamos a compreender os juízos feitos no texto de Filipenses 2 quando examinamos o que se diz e como se diz — isto é, quando prestamos atenção aos modos particulares nos quais o autor empregou os recursos linguísticos, literários e conceituais disponíveis em sua época. O primeiro passo, então, é esclarecer a natureza e o conteúdo do juízo canônico — determinar o *quem* (i.e., o sujeito lógico do juízo sobre quem predicados são afirmados ou negados) e o *quê* (a natureza e significado dos predicados afirmados ou negados em relação ao sujeito). A *fronesis* não se opõe à *scientia* exegética, mas sobre ela edifica, interpretada como uma forma de percepção ou de cuidadosa atenção aos particulares — os sujeitos e predicados — do texto.

O segundo passo é examinar a situação linguístico-cultural nicena. Só então alguém poderá determinar se Paulo e o Concílio estão dizendo "a mesma coisa". É claro que os sujeitos lógicos de ambos os juízos são idênticos; tanto Paulo quanto Niceia estão se referindo a Jesus de Nazaré e ao Deus de Israel. A verdadeira questão diz respeito à predicação. O conceito de *homoousios* — "de uma só substância" — expressa o *mesmo juízo* que a "igualdade com Deus" de Paulo? Sim, expressa: "Cada texto predica, com referência a esses dois sujeitos, a ligação mais profunda possível, usando os termos mais fortes à disposição da linguagem conceitual de cada um".[124] Finalmente, o propósito teodramático dos dois juízos é substancialmente o mesmo: ambos deixam explícito o que está implícito na pregação e adoração cristãs a fim de dirigir a Jesus Cristo o ouvir correto e o louvor igualmente correto.

Niceia não impôs o conceito de *homoousios* a Filipenses nem o deduziu do texto de Paulo; em vez disso, discerniu um padrão de juízos intrínsecos ao texto — juízos canônicos — e os expressou em termos da linguagem e da conceitualização de seu tempo. Podemos concluir que as afirmações de Filipenses 2.6-11 e o *homoousion* niceno "satisfazem todos os nossos critérios comuns de mesmidade".[125] A única ressalva que podemos acrescentar é que o *tipo* de mesmidade em questão aqui é a identidade-*ipse*: não mesmidade numérica nem repetição literal, mas a identidade narrativa (e.g., mesma história, mesmo eu, mesma ação) ou, da perspectiva do presente argumento, *identidade teodramática*. De qualquer forma, estamos agora em condições de entender que a identidade-*ipse* é improvisadora no melhor sentido: ela é um meio criativo de traduzir para uma nova situação o mesmo juízo feito em uma situação anterior, garantindo, desse modo, *tanto a identidade quanto a relevância* da afirmação que se faz.

A teologia, como uma espécie de *fronesis*, é basicamente uma questão de *juízos* corretos, não de conceitos corretos. Trata-se de prestar atenção a juízos canônicos e

---

[123]Yeago, "New Testament and the Nicene Dogma", p. 93 (grifo do autor).
[124]Ibid., p. 94.
[125]Ibid., p. 95.

de procurar meios de traduzir esses mesmos juízos em novas situações linguístico-
-culturais. O ponto crucial, como acabamos de ver, é que a "mesma" doutrina pode
ser traduzida em uma variedade de termos conceituais.[126] Segue-se que, em última
instância, o que está imbuído de autoridade nos textos bíblicos não são suas conceitualizações e vocabulários, mas seus juízos: juízos canônicos que, no fim, refletem o
correto sentido das palavras divinas.[127]

Graças ao conceito de improvisação fiel, podemos afirmar que Cristo é o mesmo
ontem, hoje e amanhã, mas também que Deus pode realizar coisas novas com o roteiro
canônico. A igreja continua a traduzir e a interpretar as Escrituras — improvisando
com o texto bíblico — para encontrar os termos conceituais corretos e as formas
sociais igualmente corretas para novas situações linguístico-culturais. O privilégio e
a responsabilidade da teologia é aceitar as ofertas que lhe são feitas no que podemos
agora chamar de drama da improvisação doutrinal. Especialmente digno de nota é o
fato de o método da teologia ainda ser apropriado a seu tema. "Improvisar com um
roteiro" não é nenhum oximoro teológico. Encenação fiel e improvisação criativa não
precisam estar em desacordo uma com a outra; o próprio roteiro bíblico é um registro
de improvisações anteriores — da parte de Deus, dos profetas e dos apóstolos — que
demonstram fidelidade criativa. A melhor improvisação, a exemplo da melhor tradução, é justamente aquela que demonstra continuidade narrativa (identidade-*ipse*)
com o que veio antes. O mesmo se pode dizer da teologia.

Universais canônicos e entendimento criativo

A autoridade bíblica é basicamente uma questão não de palavras ou conceitos, mas
de juízos. Contudo, a linguagem e os conceitos específicos usados nas Escrituras *são*
autorizados em um sentido secundário, porque são os meios (divinamente) escolhidos
para demonstrar os juízos. Juízos, assim como princípios, não existem em uma forma
pura, independente da linguagem e, portanto, não podem ser abstraídos de contextos
verbais e contextuais concretos. "Estamos amarrados a esses textos" (Lutero). Todavia,
o que nos amarra não é uma camisa de força. E o laço que nos amarra às Escrituras
não precisa ser algo que nos deixe mudos quando confrontamos problemas contemporâneos. Assim, no final das contas, a questão levantada pela autoridade bíblica diz
respeito ao grau em que a teologia canônico-linguística, por causa de seu compromisso
com a ação comunicadora enraizada nas Escrituras, está presa ao *passado*.

Devemos à hermenêutica do século 20 a ideia de que o entendimento humano
é sempre histórico. Apesar de a verdade de Deus ser eterna, nossas teologias inevitavelmente mostram os sinais do tempo em que foram concebidas. E não apenas do
tempo: o lugar também é de grande importância, já que afeta a língua que a pessoa
fala e os conceitos que compõem seus pensamentos. O conceito de "cronótopo", desenvolvido originariamente por Bakhtin para estudos literários, também é relevante

---

[126] Sobre esse ponto, veja a divergência de Yeago em relação a James D. G. Dunn (ibid.).

[127] Yeago aponta como ponto fraco o movimento da teologia bíblica ter procurado a distinção
da fé bíblica em *conceitos* distintos, e não nas formas distintas em que os conceitos são empregados
ao longo das Escrituras (ibid., p. 99, n. 19).

para a teologia. Cronótopo (literalmente, "tempo-lugar") designa o meio pelo qual aqueles que vivem em um contexto particular veem, pensam e experimentam o tempo e o espaço.[128] O cronótopo dominante no ocidente científico moderno, por exemplo, é caracterizado por uma ênfase no mecânico, no impessoal e no quantitativo: por *chronos* e causalidade.[129] Bakhtin acredita (1) que há diferentes tipos de cronótopos, diferentes formas de pensamento e experiência espaçotemporais; (2) que essas diversas formas podem ser registradas na literatura. O cronótopo da tragédia grega antiga, por exemplo, é completamente distinto do que encontramos em romances ingleses do século 19. Na tragédia grega, destino e acaso tendem a fazer espaço e tempo parecerem opressivos. Heróis trágicos não conseguem dirigir o que acontece no espaço-tempo; eles simplesmente têm de suportá-lo. O sentido do espaço-tempo é completamente diferente em romances como *Middlemarch*, de George Eliot, em que os personagens veem o espaço-tempo como uma arena na qual exercem a liberdade humana.

O conceito de cronótopo, de Bakhtin, é importante e difícil de compreender, principalmente porque, em geral, olhamos *através* dos cronótopos, não para eles. Contudo, é um conceito útil para estudarmos nosso problema, a saber, *como pensar o desenvolvimento da doutrina no decurso do tempo e do espaço de maneira que a autoridade das Escrituras seja corretamente introduzida em novos contextos*. Entretanto, visto que a teologia procura passar adiante *padrões de juízos* e *atos dialógicos*, poderemos precisar modificar Bakhtin e falar do *dramatopo*, um cenário espaçotemporal do discurso e da ação. Dois outros conceitos bakhtinianos — "tempo grande" e "entendimento criativo" — também serão úteis. A questão-chave, novamente, é como dar a devida continuidade ao mesmo teodrama em realidades espaçotemporais contemporâneas, em vez de bíblicas.[130]

As Escrituras e o "tempo grande": um entendimento canônico

O próprio cânon possui recursos importantes para análise da questão de como fazer teologia em novos contextos.

O cânon é cristotópico

O cânon possui muitos cronótopos diferentes. O senso de espaço-tempo nas narrativas patriarcais, ambientadas em um contexto pastoril e orientadas para o cumprimento

---

[128]Kant vê espaço e tempo como as duas formas da experiência humana (*Critique of pure reason*, tradução de Norman Kemp Smith [London: Macmillan, 1933], p. 65-82) [edição em português: *Crítica da razão pura* (Petrópolis: Vozes, 2012)]. Kant considerava espaço e tempo elementos universais, mas Bakhtin tem consciência de que diferentes tipos de literatura comunicam diferentes *tipos* de experiência espaçotemporal (veja "Forms of time and of the chronotope in the novel", *The dialogic imagination* [Austin: University of Texas Press, 1981], p. 84-258). Assim, o conceito de cronótopo, de Bakhtin, combina as duas formas de Kant enquanto multiplica o número de formas específicas que essas formas gerais da experiência humana podem assumir.

[129]Não é por coincidência que aqueles que experimentam espaço e tempo dessa forma caem sob o peso da "ansiedade da falta de sentido" (Paul Tillich, *The courage to be* [New Haven: Yale University Press, 1952] [edição em português: *A coragem de ser* (Rio de Janeiro: Paz e Terra, 1967)], p. 41).

[130]Sou grato a Dan Treier por me enfatizar a questão da importância dos desenvolvimentos doutrinários pós-canônicos para a concepção da tarefa da teologia cristã.

futuro da promessa divina, é muito diferente daquele dos profetas durante a época do exílio, e estes, por sua vez, diferem do senso de *kairos* nos Evangelhos ou do senso de *telos* utópico no livro de Apocalipse.[131] Igualmente impressionante é o modo pelo qual o cânon reincorpora e conecta esses diversos tempos e espaços. O cânon, tomado como um todo, se vale dos vários cronótopos e faz deles um *cristótopo*: o "lugar" onde Cristo se faz "presente".[132]

Os vários livros que compõem o cânon constituem um único diálogo que tem o efeito de nos capacitar a ver, pensar e experimentar a conexão espaço-tempo de uma forma que não seria possível de outra maneira, a saber, sob uma perspectiva cristotópica (cristocêntrica). Falando de forma mais específica, somos capacitados a pensar sobre tempo e espaço como uma realidade que, de algum modo, vem por meio de Cristo (Jo 1.3; Cl 1.16), nele subsiste (Cl 1.17) e nele encontra seu significado, o único que restaura todos os tempos e lugares (Cl 1.20). *O cânon tanto preserva a integridade de particulares em seu contexto cronotópico quanto mostra seu significado máximo colocando-os em um contexto cristotópico, relacionando-os assim a Jesus Cristo, o único em quem consiste toda a plenitude — de espaço, de tempo, de Deus* (Ef 1.10).

O cânon não apenas preserva a integridade de particulares em seus respectivos contextos cronotópicos, mas também se recusa a ver os eventos do evangelho, ou os textos que os recontam, apenas como produtos de seu próprio tempo. Confinar um texto ou evento a seu próprio cronótopo é encerrar a obra dentro de sua época, fazendo assim com que sua importância fique reduzida ao que Bakhtin denomina de "tempo pequeno". Encerrar uma obra em seu tempo é torná-la "meramente" passada e negar sua eficácia no presente. Grandes obras atravessam as fronteiras de seu próprio tempo; elas entram em seu "tempo grande".

De acordo com Bakhtin, "tempo grande" não é uma questão de ser atemporal, mas da perspectiva que se obtém ao longo dos séculos.[133] As palavras e atos de Deus registrados nas Escrituras e na condição de Escrituras *aumentam em significado* ao longo do tempo. *Perspectiva*, que já estudamos como uma virtude sapiencial, é o conceito-chave. O cânon incorpora palavras e ações mais antigas à ação mais ampla, à ação integral, completa e unificada que se encontra no cerne do teodrama. Veja, por exemplo, a promessa de Deus a Abraão: "E farei de ti uma grande nação [...] e todas as famílias da terra serão abençoadas por meio de ti" (Gn 12.2,3). O cânon recusa-se a entender essas palavras de uma perspectiva apenas de "tempo pequeno"; aliás, grande parte do Antigo Testamento narra a história do que essa promessa implicava exatamente. E o significado dessas palavras não se esgota no Antigo Testamento; apenas o Novo Testamento revela a extensão completa do que estava envolvido na promessa abraâmica. Dessa forma, o cânon desencoraja tanto a interpretação de tempo pequeno quanto de mente pequena.

---

[131]Cf. Paul Ricoeur, "Biblical time", in: *Figuring the sacred*, p. 167-80.

[132]Pensar cronótopos e cristologia juntos é considerar novamente o tema da contemporaneidade de Cristo.

[133]Veja Gary Saul Morson; Caryl Emerson, *Mikhail Bakhtin: creation of a prosaics* (Stanford: Stanford University Press, 1990), cap. 9, esp. p. 414.

O que temos no cânon, então, não é um único cronótopo, mas um discurso que participa do tempo grande. De fato, é mais correto falar do diálogo canônico *entre* tempos e contextos que, quando lidos juntos, apontam para o tempo de Jesus Cristo: a nova era *cristotópica*, a *plenitude* dos tempos. O senso de tempo e espaço nas Escrituras, então, é completamente distinto do que encontramos na tragédia grega ou nas modernas histórias de aventuras. O cânon nos oferece uma perspectiva única, multicronotópica: um sentido de que tempo e espaço são igualmente do Senhor, que nosso espaço e tempo são dons de Deus, e por isso somos responsáveis diante dele pelo que dizemos e fazemos no espaço e no tempo.

O cânon é um universal concreto

Há de fato um elemento "universal" na mensagem das Escrituras, embora não se trate muito de uma questão de princípios mas de um cristótopo sem par: o que Deus estava fazendo na história de Jesus Cristo é importante para *todos* os tempos e lugares.[134] A ação nesse lugar e tempo específicos (*viz.*, o espaço-tempo de Jesus Cristo) encerra importância e verdade transculturais. Além disso, a maneira como o cânon relaciona vários cronótopos particulares ao cristótopo, ou autoapresentação de Jesus Cristo, é um caso exemplar de teologia transcultural. No final das contas, todas as palavras e eventos, tempos e lugares bíblicos são vistos pelo que são unicamente em virtude do "tempo grande" de Cristo do qual o cânon dá testemunho.[135] Ademais, o cânon enfatiza que o tempo do leitor — o nosso tempo, todos os tempos — também é abarcado pelo cristótopo. É por isso que a igreja hoje compartilha do mesmo contexto teodramático da igreja da época em que o cânon foi encerrado.

O tempo grande do cânon dá testemunho da importância universal do que Deus fez na história de Israel e de Jesus Cristo. Porém, o que é de importância universal não é um princípio moral nem um sistema de verdades propositivas, mas um dramatopo: *somente essas palavras e atos, apenas nesses tempos e lugares, corporificam os juízos divinos que continuam a ser imbuídos de autoridade e úteis para toda situação espaçotemporal.* É especialmente digno de nota que certos particulares encerram valor universal. O que Wayne Booth diz a respeito das peças de Shakespeare aplica-se ainda mais às Escrituras: "A grande arte pode juntar homens de diferentes convicções ao traduzir, por assim dizer, seus diferentes vocabulários em uma experiência tangível que incorpora o que eles querem dizer".[136] Podemos não ser capazes de extrair um sistema conceitual do cânon de Shakespeare, mas é possível extrair as normas que

---

[134]Para um resumo das possibilidades e armadilhas do termo *universal*, veja Sheldon P. Zitner, "Universal", in: Irena R. Makaryk, org., *Encyclopedia of contemporary literary theory* (Toronto: University of Toronto Press, 1993), p. 649-51.

[135]O cristótopo refere-se ao espaço-tempo de Jesus Cristo. Para Barth, o tempo de Jesus Cristo mais importante foram os quarenta dias após a ressurreição. Em minha opinião, o tempo de Jesus Cristo abrange toda a sua passagem pela terra, bem como o Pentecostes. Aliás, o envio do Espírito por Cristo a seu povo talvez seja a demonstração mais dramática de seu senhorio sobre o espaço-tempo.

[136]Wayne C. Booth, *The rhetoric of fiction* (Chicago: University of Chicago Press, 1961), p. 141.

devemos aceitar "se quisermos compreender peças individuais, e algumas dessas [normas] de fato permeiam suas obras".[137]

C. S. Lewis, de modo semelhante, afirma que no grande mito experimentamos como concreto o que de outra forma seria entendido apenas como abstração. Ao apreciar grandes mitos, diz Lewis, "você não estava conhecendo, mas experimentando; porém, o que você estava experimentando revela-se um princípio universal".[138] Lewis chega a dizer que o que flui para dentro de nós a partir do mito não é verdade (que é sempre uma questão de linguagem e conceitualizações, de revestimento linguístico-cultural), mas *realidade*. Booth e Lewis estão demonstrando algo importante a respeito da relação entre universais e particulares que esclarece como o cânon pode continuar a vigorar como norma em novos contextos culturais.

As Escrituras não controlam a teologia providenciando o campo onde colhemos universais abstratos, mas *corporificando verdades de valor transcultural em contextos particulares*. O que temos no cânon não é um conjunto de universais destacáveis (e.g., abstratos), mas *universais concretos*: universais incorporados a situações particulares, *em palavras e ações espaçotemporais particulares*. Um universal concreto comunica uma verdade transcultural da perspectiva de um contexto linguístico-cultural particular. O mesmo universal pode ser concretizado em diferentes cenários culturais, mas não pode ser completamente abstraído da cultura porque linguagem e ação sempre são específicas de uma cultura, sempre cronotópicas. Daí a seguinte tese: o que deve controlar a encenação da teologia em outros tempos e lugares são os padrões linguístico-culturais das próprias Escrituras *não* porque as culturas antigas sejam dotadas de autoridade, mas porque os juízos que nelas se apresentam em expressão linguístico-cultural específica são dotados de autoridade.

Os diversos testemunhos bíblicos dão conteúdo concreto ao que de outra maneira seriam normas vazias e abstratas (e.g., bem, amor, sabedoria). O cânon, além disso, mostra como se fizeram juízos normativos em diversas situações; desse modo, ele sugere, mas não determina, como aplicar essas normas a qualquer situação concebível. A concretização canônico-linguística de juízos teológicos autorizados influencia, mas não determina de modo exaustivo, como participamos do teodrama hoje. Ainda estamos no campo da *fronesis* — do raciocínio prático adequado sobre como, por que, quando e onde é apropriado falarmos e agirmos como seguidores de Jesus Cristo.

A doutrina e o "tempo grande": um entendimento criativo

Com a noção de cristótopo bem consolidada, podemos agora retornar à nossa primeira pergunta: Como a teologia pode manter a autoridade bíblica em novas situações sem ficar presa em submissão ao passado? É evidente que linguagem e cultura desenvolvem-se; o tempo e a teologia não esperam ninguém. Cada nova situação demanda um juízo teológico correto, um falar e agir de modos que participem adequadamente

---

[137]Ibid. Entre as normas implícitas nas peças de Shakespeare estão as seguintes: é correto honrar o pai; é errado arrancar os olhos de velhos como Gloucester; é bom amar, mas é errado amar egoisticamente.

[138]C. S. Lewis, "Myth become fact", in: *God in the Dock* (Grand Rapids: Eerdmans, 1970), p. 66.

do drama da redenção. Não basta repetir o passado: mesmo quando repetimos certas formulações bíblicas palavra por palavra, nossas palavras não conseguem evitar que novos significados sejam assumidos em novas situações. É claro que a igreja deve improvisar. É justamente neste ponto que a abordagem canônico-linguística apresentada nesta obra faz uma proposta construtiva, a saber, *deixar o "tempo grande" representado no cânon gerar e dirigir o "tempo grande" da história da igreja e da tradição cristã*.

Doutrina e história da igreja

O cânon não é simplesmente matéria-prima a ser trabalhada dessa ou daquela forma, mas roteiro que propicia uma perspectiva única e indispensável da ação teodramática em andamento. Com certeza, teólogos às vezes revelam "um espírito inventivo de artífice no modo como trabalham com uma variedade de dados [e.g., linguísticos, conceituais, simbólicos] que não ditam por si mesmos o que os teólogos devem fazer com eles".[139] Exige-se certo grau de improvisação, embora improvisação com habilidades narrativas e um profundo conhecimento do roteiro canônico. Como consequência, o diálogo do qual a doutrina é derivada inclui não apenas vozes canônicas, mas vozes oriundas de toda a história da igreja.

Estamos presos aos textos canônicos, mas não ao passado. O Espírito continua a dirigir a igreja a toda verdade. É importante reconhecer isso; do contrário, correremos o risco de restringir o cânon ao "tempo curto" (i.e., sua situação histórica original). O teólogo, como dramaturgista da igreja, tem a responsabilidade tanto de conhecer o roteiro quanto de saber o que os cristãos disseram e fizeram com ele em diferentes tempos e lugares. Conhecer essa "história da encenação" é mais uma forma de aprendizagem; embora os teólogos sejam antes de tudo aprendizes do texto canônico, eles também devem ser aprendizes da história da igreja. A questão à mão, porém, diz respeito ao valor dos juízos improvisadores da igreja. A sabedoria prática da igreja pertence ao *presente* ou ao *passado*?

Neste ponto, podemos recordar a insistência de Gadamer no entendimento como participação na conversa sobre um texto. "O fato de que o entendimento não é uma ação subjetiva, mas o ingresso — uma participação — em um evento de transmissão talvez seja o pensamento central da hermenêutica filosófica de Gadamer."[140] O entendimento ocorre quando os horizontes do passado e do presente se *fundem*. Gadamer expressa a ideia desta forma: "Apenas a encenação revela tudo o que está na peça".[141] Por exemplo, Alfred Brendel fez várias gravações do Concerto para Piano número 3, de Beethoven, mas ele continua a encontrar novas coisas na música. Por qual outro motivo ouvintes que já possuem suas gravações continuam a frequentar seus concertos se não para ouvir e aprender mais? Gadamer observa sobre a encenação: "É essencial que ela seja casual: a ocasião da encenação a faz falar e revelar o que nela há".[142]

---

[139]Tanner, *Theories of culture*, p. 87.
[140]Risser, *Hermeneutics and the voice of the other*, p. 74.
[141]Gadamer, *Truth and method*, p. 147.
[142]Ibid.

Buscamos encenações que interpretem o roteiro com fidelidade criativa (já denominamos isso de Encenação I). A vocação do teólogo como dramaturgista é servir tanto ao texto quanto à sua encenação contemporânea traduzindo os mesmos juízos teológicos encenados no texto em novos contextos. Isso "muda" o teodrama, com certeza, não na essência, mas apenas no aspecto exterior. Ajo de modo diferente com meus alunos do que ajo com meus colegas, mas permaneço a mesma (*ipse*) pessoa. Relacionamentos diferentes põem esta ou aquela característica em destaque, mas, no fundo, minha identidade é única. O mesmo vale para o roteiro canônico. Ele permanece o mesmo, mas o modo como se relaciona com diversas situações difere de acordo com contexto e circunstâncias específicas.[143] Sendo assim, a forma como alguém dá continuidade à ação teodramática varia de situação para situação. Mas, longe de ser um obstáculo ao nosso entendimento, *a habilidade de dar continuidade ao mesmo teodrama de diferentes maneiras, de acordo com diferentes tempos e lugares, é na verdade a condição do que podemos chamar de "grande entendimento"*.

Neste ponto, vale a pena uma palavra de cautela. Para evitar que as encenações improvisadoras das Escrituras pela igreja sucumbam às tentações do que anteriormente chamamos de interpretação da Encenação II, devemos fazer todo esforço para encenar o texto, e não meramente nossas ideias a respeito do que pensamos que o texto diz. Em última análise, o que conta não é apenas a conversa humana a respeito dos textos bíblicos, mas o jogo da palavra e do Espírito que gera e dirige a conversa canônica. O desenvolvimento da doutrina dá continuidade ao mesmo teodrama apenas se o princípio de identidade for aquele de o Espírito *mantendo sua mesma* (ipse) *palavra em diferentes formas e formulações e por meio delas*.

Doutrina e entendimento criativo

Perguntamos acima se a sabedoria prática da igreja, expressa na doutrina e normatizada pelo cânon, pertence ao presente ou ao passado. Uma resposta satisfatória deve evitar os dois lados dessa escolha do tipo "isto ou aquilo", bem como a conciliação gadameriana (*viz*., a fusão de horizontes passado e presente). Esta seção apresenta a noção de Bakhtin de entendimento criativo como o construtivo caminho à frente, capacitando-nos tanto a preservar a autoridade bíblica quanto a formular uma descrição positiva dos desenvolvimentos doutrinários, tais como a improvisação conceitual de Atanásio.

O cânon é a norma da teologia, mas disso não decorre necessariamente que o entendimento teológico está confinado ao passado. Devemos resistir à tentação histórico-crítica de enclausurar as Escrituras dentro de sua época, excluindo nossos contextos espaçotemporais. A tentação historicista (e biblicista) é transportar-se para a posição do leitor original, como se um intervalo de dois mil anos de história não contasse. É engano pensar que alguém obtém entendimento "mais puro" ao esquecer-se

---

[143] A maior parte do próprio Novo Testamento é literatura "circunstancial", derivada não de questões abstratas, mas de preocupações concretas. Todavia, como C. H. Dodd e outros argumentam, todos os livros do Novo Testamento transmitem o mesmo querigma apostólico.

de sua cultura para mergulhar em uma cultura do passado. Assim como Shakespeare não pode ser confinado à Inglaterra elisabetana, também as Escrituras não podem ser confinadas à antiga Palestina. Com certeza, a crítica histórica faz parte do processo de entendimento, mas, como Bakhtin observa, "se esse fosse o único aspecto de tal entendimento, ele seria meramente duplicação e não traria nenhuma coisa nova ou enriquecedora".[144] Uma coisa é repetir ou duplicar entendimentos passados, outra bem diferente é oferecer direção para uma participação adequada no teodrama hoje.

Doutrinas não devem e não podem ser repetições exatas de entendimentos passados. Mesmo se fosse desejável meramente duplicar o que os autores bíblicos disseram e fizeram, isso não seria possível. A própria tradução é um ato interpretativo, e até de improvisação. Não podemos simplesmente renunciar ao nosso próprio contexto espaçotemporal ou fingir que ele não existe. Ao mesmo tempo, a interpretação da encenação não deve distorcer o texto de maneira que ele se torne simplesmente uma projeção de interesses atuais, uma imagem do intérprete ou de sua comunidade. Formas contemporâneas de interpretação ideológica são propensas a exageros nessa direção. O problema com a leitura ideológica contemporânea, por mais irônico que seja, é que ela também encerra o texto dentro de uma única época: o *presente*. Cada uma dessas opções patológicas — suprimir o horizonte do presente, suprimir o horizonte do passado — comete o erro de procurar encerrar o texto dentro de uma única época.[145] É importante dizer que o próprio cânon evita ambos os erros. Ele não confina os textos mais antigos às suas épocas nem distorce o que eles queriam dizer. Pelo contrário, textos bíblicos posteriores reincorporam as informações anteriores. Eles traduzem; eles usam de tipologias; eles improvisam. Em resumo, textos canônicos posteriores compreendem textos mais antigos *de modo criativo*.

O termo *criativo*, a exemplo da improvisação, pode ser um obstáculo para alguns leitores. Criatividade sugere inovação, complemento ou reinvenção. Todavia, não estamos nos referindo a criação *ex nihilo*. Lembre-se do que dissemos anteriormente a respeito de improvisação. O improvisador não se esquece de nada. Pelo contrário, tudo o que aconteceu até o presente momento é condição necessária para o que podemos chamar de "criatividade controlada" do improvisador. O entendimento criativo, da mesma forma, não tem relação alguma com capricho ou inventividade (aí mora o perigo); ele é antes uma questão de *aproveitamento dos recursos do passado para suprir as necessidades do presente*.

Para compreender um texto ou algo *criativamente*, deve-se fazer mais do que retomar seu sentido original. Para Bakhtin, entendimento criativo é uma questão de compreender as coisas em novos contextos. Todavia (e este é o ponto crucial), o entendimento criativo *não se esquece dos dois horizontes* — o contexto passado do texto e o contexto presente do leitor — *nem os funde*: "O *entendimento criativo* não renuncia a si mesmo, a seu lugar no tempo, a sua cultura; e não se esquece de nada".[146]

---

[144]Mikhail Bakhtin, "Response to a question from the *Novy Mir* editorial staff", in: *Speech genres and other late essays* (Austin: University of Texas Press, 1986), p. 7.
[145]Nos termos de Bakhtin, cada uma é culpada de uma forma de consciência monológica.
[146]Bakhtin, "Response to a question", p. 7.

A celebrada "fusão de horizontes" gadameriana não alcança o entendimento criativo nem o verdadeiro diálogo, porque em vez de preservar a particularidade de cada um dos dois horizontes, ela os reduz a um. A fusão de horizontes é, na verdade, *monológica*; porém, em um diálogo genuíno, nenhum interlocutor é absorvido no outro: "Tal encontro dialógico de duas culturas não resulta em fusão ou mistura. Cada uma retém sua própria unidade [...] mas se enriquecem mutuamente".[147]

Para alcançar o entendimento criativo, deve-se preservar o que Bakhtin chama de "exterioridade": "Para compreender é imensamente importante que a pessoa esteja *localizada fora* do objeto de seu entendimento criativo — no tempo, espaço, cultura".[148] A exterioridade — distância histórica e cultural — não é obstáculo para o entendimento, mas condição de um entendimento mais profundo e genuíno, um entendimento *criativo*: "É apenas aos olhos de *outra* cultura que uma cultura estrangeira se revela plena e profundamente".[149] Exterioridade é, dessa forma, condição para diálogo e, daí, para entendimento, pois só o diálogo pode compreender o pleno potencial de significado de um texto.

Potencial de significado é o conceito-chave. Em primeiro lugar, a noção de potencial de significado nos permite afirmar tanto a suprema autoridade do cânon e de seu significado quanto a necessidade de encená-lo em novos contextos (explorar seu pleno potencial). Segundo, sem a noção de significado *potencial*, seríamos incapazes de distinguir entre, por um lado, aplicar a autoridade *bíblica* a novas situações de novas maneiras (interpretação da Encenação I) e, por outro, transferir a autoridade para a comunidade que interpreta (interpretação da Encenação II). Graças ao conceito de potencial de significado, porém, podemos agora identificar o entendimento criativo com a interpretação da Encenação I e, assim, formular a tese canônico-linguística central: *doutrina cristã é a realização do potencial do cânon*.

A autoridade, no final, permanece com o texto canônico. Bakhtin reluta em dizer que intérpretes contemporâneos, ao sugerir novas encenações, necessariamente atribuem às obras de Shakespeare alguma coisa que originariamente não estava lá. Pelo contrário, uma boa encenação *descobre* o potencial de significado que realmente está no texto, embora anteriormente oculto. Em vez de historicizar e confinar um texto à sua própria época ("tempo pequeno"), ou modernizar e distorcer um texto interpretando-o à luz de interesses atuais ("tempo pequeno" novamente), a interpretação da Encenação I desenvolve os potenciais implícitos no texto. O que Bakhtin diz das obras de Shakespeare aplica-se igualmente às obras dos autores bíblicos: "Modernização e distorção, claro, sempre existiram e continuarão a existir. Mas essa não é a razão pela qual Shakespeare cresceu. Ele cresceu por causa daquilo que verdadeiramente foi e continua a ser encontrado em suas obras, mas que nem ele próprio nem seus contemporâneos tinham condições de perceber e avaliar no contexto da cultura de sua época".[150] É graças à "presença real" do potencial de significado de um texto que

---

[147]Ibid.
[148]Ibid.
[149]Ibid.
[150]Ibid., p. 4.

ele tem significação ou valor transcultural; não importa o grau de plenitude em que esses textos sejam interpretados, sempre há algo mais que pode ser dito graças às novas perspectivas privilegiadas que lhe são "exteriores".[151]

Assim como o potencial do Antigo Testamento é realizado ao longo do "tempo grande" do cânon, assim também o potencial do cânon é realizado ao longo do "tempo grande" da história da igreja. "Fenômenos semânticos podem existir de forma oculta, potencialmente, e ser revelados apenas em contextos culturais semânticos de outras épocas favoráveis a tal revelação".[152] O cânon revela o potencial oculto na Lei e nos Profetas, a saber, Jesus Cristo: a justiça de Deus revelada por meio da fé, para a fé (Rm 1.17). De modo semelhante, a teologia procura um conhecimento mais profundo do significado potencial do evangelho, implícito no cânon como um todo. *Assim, o entendimento criativo insiste na normatividade do cânon e na necessidade de exterioridade para atingir as profundezas de seu significado.* Interpretar o texto em novos contextos torna-se, então, "uma ocasião para explorar o potencial da obra de uma forma não disponível a seus autores e primeiros leitores".[153] Resumindo, compreendemos ainda mais a sabedoria da direção doutrinária colhida nas Escrituras quando procuramos dar continuidade ao teodrama em novos cenários e situações.

Desenvolver a doutrina é, assim, *improvisar com um roteiro canônico*. O cânon apresenta a suposição inicial, uma oferta de graça — o juízo que Deus pronunciou e executou em Israel e de modo supremo em Cristo para salvar o mundo — em uma variedade de formas literárias e conceituais. A teologia é a peça de improvisação da palavra e do Espírito em novos contextos, pela qual a igreja procura transmitir e responder aos mesmos juízos preservados no discurso canônico, em novas situações contextuais e com novas formas conceituais. Vale a pena repetir que essa mesmidade não é a identidade-*idem* da réplica, mas a identidade-*ipse* que caracteriza a continuidade de uma narrativa, de um drama, de um eu. Mas doutrina é exatamente isto: a continuação das missões da Palavra e do Espírito em novos contextos, missões que constituem a própria identidade das *dramatis personae* divinas.

Doutrinas são o meio que o Espírito usa para transmitir padrões de juízos bons (i.e., canônicos, orientados pela Palavra) e, assim, o meio pelo qual educa a igreja na justiça. Como vimos, diferentes formulações linguísticas, conceituais e doutrinárias podem revelar o mesmo juízo canônico. Portanto, é igualmente correto falar tanto de "identidade-*ipse* (narrativa)" da doutrina quanto de "desenvolvimento" da doutrina: "Aqui a identidade-*ipse*, de constância pessoal ao longo do tempo e não de exata mesmidade, está ligada não apenas à ação comunicadora de Deus no cânon bíblico, mas à nossa ação comunicadora na doutrina".[154] Resumindo: o Espírito ministra a mesma

---

[151]O potencial de significado das Escrituras é determinado, mas assim mesmo inexaurível. Isso se deve ao fato de a Bíblia ser mais que mero discurso humano e porque seu tema — o Jesus crucificado e ressurreto — é simplesmente a inesgotável sabedoria de Deus.

[152]Bakhtin, "Response to a question", p. 5.

[153]Morson; Emerson, *Mikhail Bakhtin*, p. 429.

[154]Treier, "Canonical unity and commensurable language: on divine action and doctrine", in: Dennis L. Ockholm; Vincent E. Bacote; Laura C. Miguélez, *Evangelicals and Scripture: tradition, authority, hermeneutics* (Downers Grove: InterVarsity, 2004), p. 223.

palavra em diferentes contextos graças a diferentes formulações linguísticas e conceituais que, embora variem em ênfase e foco, acabam por transmitir os mesmos juízos canônicos.

A teologia, como uma boa improvisação, jamais se esquece; a doutrina deve nos capacitar a participar da *mesma* ação teodramática da qual as Escrituras dão testemunho, ou, do contrário, ela bloqueará a oferta divina. Todavia, a forma de nossa participação não é ditada pelo passado. Em vez disso, o diálogo a respeito de como continuar a peça em novos cenários leva a uma apreciação mais profunda do potencial da peça, às formas nas quais seu significado pode ser estendido a novas situações e, consequentemente, ao entendimento *criativo*. *A teologia é fé em busca de entendimento criativo.*

UMA TEOLOGIA PROFÉTICA

O processo de deliberação no cerne da sabedoria prática resulta em um ato de juízo — em *ação*. Deliberação sem fim acaba em mera indecisão. A *fronesis* deve ser seguida de um momento profético, um momento no qual a convicção resulta em palavra e ação. Pois se alguém acredita sinceramente que certo caminho leva à vida autêntica e que outros caminhos levam à falsidade, à ausência de sentido e à morte, ele deve se pronunciar. Ai de nós se não proclamarmos o evangelho de maneira adequada e eficaz: "A boa contextualização ofende".[155]

O material da teologia canônico-linguística não se limita a uma nova linguagem e a novas conceitualizações; ele inclui também modelos de imaginação, juízo e ação. Ele não está interessado apenas em sistemas de pensamento, mas em projetos de vida (o elemento prosaico), especialmente em orientar os cristãos a viverem bem com os outros *sub specie theo-dramatis*. Exercer um bom juízo cristão não é apenas proclamar, mas *praticar* a justiça de Deus. O último elemento característico da teologia canônico-linguística, o profético, é necessário para que possamos preservar a vantagem do testemunho cristão, tanto para a cultura contemporânea quanto para a própria família da fé. Na vida cotidiana, os cristãos devem dar testemunho da vida verdadeira ou do propósito da vida. A doutrina ajuda a nos inteirarmos da realidade de Jesus Cristo e do Espírito, da realidade das formas verdadeiras de ser humano. A doutrina nunca é mais profética do que quando nos confronta com a realidade: o real "em Cristo".

Os profetas do Antigo Testamento eram "promotores da aliança", cuja tarefa era lembrar a Israel os privilégios e responsabilidades da aliança. A teologia cristã também é profética quando faz a igreja se lembrar de seus privilégios e responsabilidades *teodramáticos*. Profetas falam por Deus e a respeito dele. Expressa sob a ótica do drama, a profecia ocupa-se de sermos atores comunicadores — agentes discursivos e morais — em nome de Deus. O propósito da profecia é nos lembrar da perspectiva de Deus sobre as coisas. Ela nos lembra especificamente da importância de Deus guardar sua palavra (a graça da aliança) e de nós guardarmos a palavra de Deus (a fidelidade da aliança). A teologia exerce um ministério profético à medida que insiste

---

[155]Darrell Whiteman, "Contextualization: the theory, the gap, the challenge", *International Bulletin of Missionary Research* 21 (1997): 2.

que palavras — as nossas e sobretudo as de Deus — sejam *guardadas*; tanto a justiça quanto a integridade dependem de que se mantenha a palavra. A teologia profética não se ocupa de predizer o futuro, mas da importância de guardar, lembrar, obedecer e testemunhar — em suma, *encenar* — a palavra de Deus. A igreja tem um ministério profético de anunciar, mostrar e pôr em prática o evangelho, projetando desse modo o mundo do texto bíblico na esfera pública e no palco da história mundial.

Portanto, a teologia é profética quando confronta situações particulares com a palavra de Deus. Pois onde a palavra de Deus reina, aí está o reino de Deus. Mas quais palavras exatamente? Nenhuma teologia pode aplicar a totalidade das Escrituras a toda e qualquer situação. Assim, parece que seria indicado algum processo de seleção, um processo que combinasse partes específicas da Bíblia com situações particulares atuais. A escolha, assim, é entre a teologia sensível à situação e a teologia sistemática.[156] Apesar de ser verdade que certos textos representam "uma palavra oportuna" para contextos específicos, a teologia canônico-linguística insiste que o juízo cristão seja instruído em toda a extensão do teodrama, justamente para que nos tornemos pessoas que façam o que é correto a despeito da situação. Pessoas dotadas de virtude sapiencial — que atentam para os detalhes particulares sem perder a perspectiva teodramática mais abrangente — julgarão com acerto quais ênfases e temas bíblicos são corretos e adequados em determinada situação.[157] O objetivo é dizer e fazer o que é necessário para manter a ação teodramática nos trilhos e fazê-la avançar. Independentemente da opção que escolhermos, a tarefa de aplicar as Escrituras a situações contemporâneas sempre incluirá um elemento de confronto. E como poderia ser diferente, se o evangelho é algo que não tem origem na sabedoria mundana nem pode ser contido por ela?

Protesto: entre evangelho e cultura

Aqueles que dão testemunho de uma sabedoria que não é deste mundo inevitavelmente entram em choque com visões e formas de vida que seguem outros caminhos que não o de Jesus Cristo. Proclamar e praticar o evangelho é necessariamente destacar tanto continuidades quanto descontinuidades em relação à cultura predominante: uma "igreja que não possui pelo menos alguns traços de 'seita' não pode atuar como agente de transformação".[158] A igreja é um público que segue a "vocação fundamental de *não* se adaptar".[159]

Para seguir sua vocação de não se adaptar aos poderes e principados deste mundo, uma teologia profética deve ser "protestante" (*pro* + *testare*: "testemunhar em favor

---

[156]Estou seguindo a exposição da questão feita por Robert H. Gundry em *Jesus, the Word according to John the sectarian* (Grand Rapids: Eerdmans, 2001), p. 95.

[157]Esta não é uma resposta do tipo "tanto isto quanto aquilo" à pergunta que Gundry faz quanto ao teólogo ser sistemático ou sensível à situação, mas é uma estratégia do tipo "isto, mas não sem aquilo". Acredito sermos mais capazes de fazer juízos sensíveis à situação justamente quando temos um domínio sistemático do conteúdo teodramático.

[158]Rowan Williams, *On Christian theology* (Oxford: Blackwell, 2000), p. 233.

[159]Ibid., p. 228.

de"). Embora a ideia central de ser protestante seja positiva, de dar testemunho, a preocupação com a integridade do testemunho do evangelho dado pela igreja requer um momento de teste crítico. Discernir corretamente o drama divino em meio à história é uma tarefa difícil, mas necessária: "Teologia é avaliar suas ações pelas Escrituras".[160] A possibilidade de falsos profetas e falsos mestres complica ainda mais a questão, e é por isso que profetas também tiveram de pronunciar palavras negativas com tanta frequência: "Eu detesto e desprezo as vossas festas" (Am 5.21). O Senhor deseja misericórdia sincera, não apenas gestos rituais.

O "princípio protestante" está amarrado ao "princípio das Escrituras": o "falar do Espírito nas Escrituras" fornece o poder crítico indispensável para a tarefa profética da teologia de chamar a fala e a ação da igreja de volta à conformidade com sua constituição de aliança. O ministério profético da teologia implica especificamente a avaliação de modelos de discurso e ação para ver se eles se conformam às práticas canônicas que encarnam o Cristo das Escrituras. Formas de vida devem ser examinadas criticamente para que se determine se de fato podem ser consideradas casos de "observância da palavra de Deus" e de "continuidade à ação teodramática". Nesse aspecto, o teólogo assemelha-se ao crítico de teatro, que avalia a qualidade da encenação do grupo teatral. Esse ministério crítico de teologia é dirigido antes de tudo aos que pertencem à família da fé. Testemunhar do evangelho, então, requer o exercício de juízo *crítico*: "isto, mas não aquilo".

A teologia profética trata a cultura contemporânea com a máxima seriedade, embora não lhe conceda autoridade final. A fé procura contextualização, mas já argumentamos que isso não significa dobrar os joelhos diante de estruturas de plausibilidade (e popularidade). Embora a teologia empregue os recursos linguísticos e conceituais disponíveis, ela não os deixa inalterados. O Quarto Evangelho emprega o termo *logos* para dizer algo muito diferente do que os estoicos queriam dizer quando o empregavam; leitores inteligentes reconhecem tanto sua continuidade quanto a descontinuidade com o significado cultural predominante.[161] Nas palavras de Lesslie Newbigin: "A verdadeira contextualização concede ao evangelho sua justa primazia, o poder de permear toda cultura e de falar a partir de cada cultura, em sua própria linguagem e símbolos, a palavra que é Não e Sim, juízo e graça".[162]

A teologia canônico-linguística é, desse modo, propensa tanto a ser contracultural quanto contextual — tudo para dizer e fazer o que o evangelho requer em situações particulares. Ser contracultural significa estar em desacordo com os poderes dominantes — intelectuais, políticos, sociais ou culturais — sempre que eles agirem contra o teodrama, e não em favor dele.[163] Uma teologia adequadamente profética às

---

[160] Walls, *Missionary movement*, p. 10.

[161] Os estoicos acreditavam que o *logos* era o princípio ou lei racional impessoal por trás do universo. O Quarto Evangelho faz a proclamação surpreendente e contracultural de que esse princípio cosmológico impessoal é pessoal e se fez carne!

[162] Lesslie Newbigin, *Gospel in a pluralist society* (Grand Rapids: Eerdmans, 1989), p. 152.

[163] Cf. Bevans, *Models of contextual theology*, cap. 9: "The Countercultural Model", p. 117-37. O interessante é que Bevans comenta que esse modelo está comprometido com um "proclamar" profético e, desse modo, pode ser chamado de modelo "profético" (p. 119).

vezes terá de protestar contra a assimilação ou acomodação da igreja à cultura, pois a contextualização jamais deve chegar ao ponto de virar capitulação.[164]

Atestação: voltar-se para a ressurreição

A teologia profética é protestante no sentido da disposição de também dar um testemunho positivo: anunciando, mostrando, fazendo. A teologia nos chama a praticar o que pregamos, em particular representar, aqui e agora, o reinado de Deus. No fundo, o que a teologia procura encarnar não é nada menos que o reino de Deus: um modo de estar no mundo sem ser do mundo. A tarefa positiva da teologia profética, portanto, é promover formas de vida que compartilhem da nova ordem inaugurada por Cristo. Para ser mais exato: *a teologia profética tem por objetivo formar atores que participem de forma adequada do teodrama justamente sendo testemunhas da ressurreição.*

Os primeiros cristãos mostravam estar voltados para a ressurreição quando se comportavam "como se, em alguns aspectos importantes, já estivessem vivendo na nova criação de Deus".[165] Nos próximos capítulos examinaremos as práticas da ressurreição como perdão e martírio. Outra prática que mostra uma postura voltada para a ressurreição é a comunhão multirracial. Aliás, ser testemunha da ressurreição diz respeito tanto à política — a forma concreta de nossa vida em comunidade — quanto à espiritualidade: "A visão de mundo dos primeiros cristãos, moldada pela ressurreição, deu forte impulso para a formação de comunidades que atravessavam barreiras tradicionais".[166] Estar voltado para a ressurreição não é simplesmente o desejo de estar junto com o Jesus "que foi para o céu", mas de participar da glória futura aqui e agora, no presente.

A teologia profética não é utópica ("notícias de lugar nenhum"), mas escatológica ("notícias de outro lugar"). A teologia é profética quando dá testemunho da sabedoria escatológica, da "economia" da ressurreição e do Pentecostes. Como veremos no último capítulo, a igreja é o sinal e o agente, a palavra e o ato, do reinado de Deus. Como encarnação do reino de Deus neste mundo, a igreja se torna um cristótopo culturalmente específico: uma manifestação espaçotemporal da nova ordem "em Cristo". Além disso, graças ao ministério da Palavra e do Espírito, todo o mundo está se tornando um cristótopo, o lugar em que os propósitos criativos e redentores do Deus trino e uno estão se concretizando. O projeto de construção de uma casa, que é o objetivo do teodrama, na verdade, é um exercício de construção de uma cidade: a vida em comunidade na nova Jerusalém será caracterizada pelo *shalom*.

Atestar a verdade do fim do mundo, porém, não é a mesma coisa que experimentá-la ou possuí-la; aqueles que tomam o manto profético não devem supor que conhecem tanto quanto Deus. A teologia não é desculpa para um povo criar seus próprios feudos; ela é o chamado para testemunhar da realidade do reino de Deus

---

[164]Cf. George R. Hunsberger; Craig Van Gelder, orgs., *The church between gospel and culture: the emerging mission in North America* (Grand Rapids: Eerdmans, 1996).

[165]N. T. Wright, *Christian origins and the question of God* (Minneapolis: Fortress, 2003), vol. 3: *The Resurrection of the Son of God*, p. 578.

[166]Ibid., p. 582.

que raiou em Cristo e está sendo criado pelo Espírito. Anunciar e mostrar não é alegar certeza das crenças que se tem, mas ter coragem de ter convicções, coragem de entrar na esfera pública não como um sabe-tudo, mas como testemunha. Os cristãos devem fazer somente as alegações de verdade que estejam dispostos a sustentar com a vida, mesmo diante da incerteza (objetiva).

No fundo, ser uma testemunha da ressurreição não é um bônus nem uma questão de exercer poder, mas uma responsabilidade e uma questão de permanecer humilde, de nos recusarmos a dar prioridade a nós mesmos e às nossas preocupações, e não ao assunto do qual temos de testemunhar. Logo, a atestação tem conotações de compromisso e vulnerabilidade pessoais que faltam à noção de plena convicção. Nosso lema deve ser "A verificação é minha, diz o Senhor". Testemunhas vivem no campo da *fronesis*, não da *theoria*.

O objetivo da teologia é formar discípulos que participem de forma adequada do teodrama justamente como testemunhas persuasivas da ressurreição. Fazer uma alegação de verdade em favor da ressurreição é, no fundo, envolver-se não só com argumentos, mas com um modo de vida. A correspondência entre nossa doutrina e a realidade envolve mais do que uma relação entre linguagem e mundo. Em última instância, a teologia como forma de *sapiência* envolve pessoas e práticas, não só proposições e procedimentos; transformação, não só informação. Uma teologia profética procura corresponder à realidade da ressurreição em palavras *e* atos, proposição *e* prática.

Por meio de seu ministério profético, os cristãos esperam participar de modo adequado da obra profética do próprio Cristo, aquele ministério contínuo da palavra e do Espírito que faz novas todas as coisas. Como membros de seu corpo, que levam seu nome, os cristãos são chamados a ser "Cristos" para o próximo de maneiras fiéis às Escrituras e adequadas à situação. O desafio profético consiste "em se conformar à [forma de Cristo] no tempo e no lugar determinados e ali descobrir a resposta adequada; isto é, determinar se a ação conformadora é de 'encarnação' (afirmação e cooperação), 'crucificação' (juízo e rejeição) ou 'ressurreição' (criatividade e novidade arrojadas)".[167] É justamente fazendo esses juízos sábios que a teologia demonstra o entendimento da fé.

Balthasar sugere que os santos (i.e., cristãos exemplares, talvez até alguns teólogos!) costumam ser modelos de bom juízo. Santos sabem o que e como dizer e fazer aquilo que é adequado, como "representar Cristo". Portanto, os santos "são os autênticos intérpretes do teodrama. Seu conhecimento, vivido na existência dramática, deve ser considerado definidor de um padrão de interpretação não apenas para o drama da vida de indivíduos, mas, em última instância, para a 'história de liberdade' de todas as nações e de toda a humanidade".[168] Os santos, podemos dizer, são exemplos de sabedoria cristã de natureza prática, justamente por serem aprendizes inteligentes das Escrituras. Tal é o objetivo da teologia canônico-linguística: capacitar o discípulo em toda e qualquer situação *a discernir e praticar Cristo*, a sabedoria prática de Deus. Com esse objetivo em mente, passamos agora a considerar o papel da doutrina na preparação do ator-discípulo para o desempenho de seu papel.

---

[167]Larry Rasmussen, *Dietrich Bonhoeffer: reality and resistance* (Nashville: Abingdon, 1972), p. 43.
[168]Hans Urs von Balthasar, *Theo-drama: theological dramatic theory* (San Francisco: Ignatius, 1990), vol. 2: *Dramatis personae: man in God*, p. 14.

QUARTA PARTE

A ENCENAÇÃO

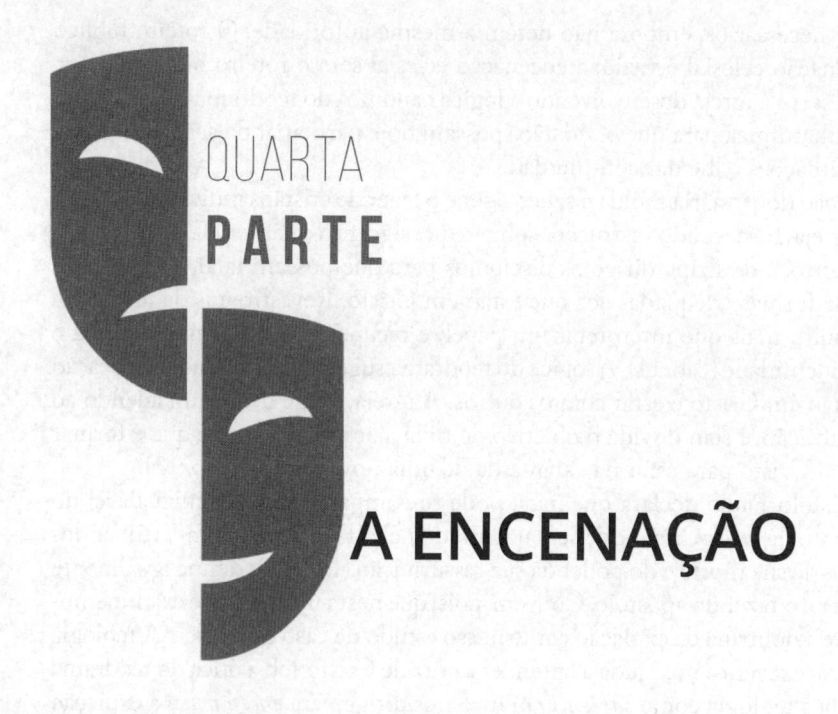

Os capítulos anteriores examinaram a natureza do teodrama (a substância do evangelho) e do roteiro (a forma autorizada do evangelho). A terceira parte apresentou uma nova metáfora (dramaturgismo) com a qual conceber o trabalho de uma teologia atenta ao mesmo tempo ao cânone e ao contexto contemporâneo em seus esforços para dirigir os crentes no caminho de Jesus Cristo. O compromisso da quarta parte é aplicar à vida cristã tudo o que dissemos sobre as Escrituras e sobre teologia, examinando o resultado dessa dogmática dramatúrgica: a vida vivida para a glória de Deus, vida empenhada em *encenar as Escrituras* que dão testemunho da aliança e de seu clímax, a pessoa e obra de Jesus Cristo. "Encenação" dá a entender que não estamos no âmbito apenas das proposições, mas também da ação. E falar de ação é enfatizar o papel do ator: "Mesmo no teatro, não falamos que o cenário ou o figurino atuaram bem".[1]

Uma das questões mais debatidas na teoria contemporânea do drama é se a essência de uma peça teatral está no *roteiro* ou em sua *encenação*. O século 19 se preocupou com uma questão semelhante a respeito da essência do cristianismo: Será que ela reside em um sistema de verdades ou na vida da igreja? A teoria diretiva da doutrina exposta na presente obra fornece uma espécie de *via media*: roteiro e encenação são

---

[1]Marvin Carlson, *Performance: a critical introduction* (London: Routledge, 1996), p. 3.

igualmente necessários, embora não detêm a mesma autoridade. O roteiro bíblico sem a encenação eclesial é vazio; a encenação eclesial sem o roteiro bíblico é cega. A doutrina serve à igreja desenvolvendo a lógica canônica do teodrama e oferecendo direção dramatúrgica para que os cristãos possam hoje participar da ação evangélica em novas situações e lhe dar continuidade.

A direção doutrinária molda o saber, o ser e o fazer de cristãos individualmente e de toda a igreja, fornecendo instruções sobre o que significa estar "em Cristo". Sendo mais específico, a doutrina dirige os discípulos para que possam falar, agir, sentir e imaginar de formas adequadas aos que estão em Cristo. Revestir-nos da justiça de Cristo é muito mais que interpretar um papel; é recuperar nossa mais profunda e verdadeira identidade (cap. 11). A lógica do teodrama sugere que a verdadeira vocação dos que estão em Cristo é estar com os outros. A igreja, longe de ser um adendo ao plano da salvação, é sem dúvida o objetivo de toda a ação trina e una, que é formar um povo em Cristo para estar na vanguarda de uma nova criação (cap. 12).

O apóstolo Paulo declara que nada pode se comparar ao valor inigualável do conhecimento de Jesus Cristo e de ser encontrado nele (Fp 3.7-9). Compartilhar dos sofrimentos de sua morte e do poder da sua ressurreição (Fp 3.10) define igualmente o saber, o ser e o fazer do apóstolo. Convém, pois, que nesta última parte examinemos duplamente a doutrina da expiação como nosso estudo de caso específico. A teologia como *scientia* exegética nos ajuda a entender a cruz de Cristo sob a ótica do teodrama mais amplo; a teologia como *sapientia* prática nos dirige para *encenarmos* a expiação apropriando-nos de nossa identidade em Cristo e envolvendo-nos em práticas que participam de modo adequado da obra salvífica de Jesus. A morte de Jesus e suas consequências são o ponto alto do teodrama. Esse é também o momento definidor no ser, saber e fazer humanos. Portanto, atores que desejam participar de modo adequado do teodrama devem aprender o que seu papel "em Cristo" implica não apenas na teoria, mas também na prática. Pois representar a doutrina da expiação é comprometer-se com um teatro do martírio — um espetáculo sapiencial de fé e amor, vida e morte. A igreja participa de forma adequada do teodrama quando se torna um teatro da reconciliação, uma exposição do perdão divino e humano, um espetáculo do amor de Deus pelo mundo.

CAPÍTULO 11

Doutrina, papel, vocação
◆ *Os atores se preparam*

A máscara que um ator veste é capaz de tornar-se seu rosto.
— Platão, *República*

Não se deve dizer que o papel é um pretexto para o ator, nem que o ator é um pretexto para o papel.
—Jerzy Grotowski[1]

Na oração, este eu real se esforça por falar, uma vez que seja, a partir de seu ser real, e por dirigir-se, uma vez que seja, não aos outros atores, mas ao — como devo chamá-lo? Autor, pois nos inventou a todos? Produtor, pois a tudo controla? Ou Público, pois assiste à encenação e a julgará?
— C. S. Lewis[2]

A doutrina nos dirige em uma participação adequada no drama da redenção, mas não oferecendo esquemas detalhados de comportamento. Novas situações e novos problemas exigem improvisação, não uma memorização mecânica. A direção fornecida pela doutrina muitas vezes é indireta. Como um exercício de fé em busca de sabedoria teodramática, a doutrina cultiva um senso do que Deus está fazendo no mundo e de como devemos agir em resposta a isso.

---

[1]Jerzy Grotowski, in: Toby Cole; Helen Krich Chinoy, orgs., *Actors on acting: the theories, techniques, and practices of the world's great actors, told in their own words* (New York: Three Rivers, 1970), p. 533.
[2]C. S. Lewis, *Letters to Malcolm: chiefly on prayer* (New York: Harcourt, Brace & World, 1964), p. 83 [edição em português: *Oração: cartas a Malcolm* (São Paulo: Vida, 2009)].

Quando interpretamos o roteiro de acordo com a direção da doutrina, fazemos o que faria uma pessoa sábia com virtudes sapienciais formadas pelo cânon. Assim, a doutrina nos dirige para uma participação adequada (1) ajudando-nos a entender a ação teodramática e (2) ajudando-nos a aprender nosso papel. O segundo ponto é o foco especial do presente capítulo.

Um "papel", sob uma outra designação teria igual melodia. Talvez. No entanto, o termo teologicamente correto para o papel ou participação que os cristãos interpretam é *chamado* ou *vocação*. A doutrina nos ajuda a representar a sabedoria cristã, ajudando-nos a compreender melhor o nosso papel. A doutrina nos ajuda em nossa adequação a nossos novos papéis, auxiliando na renovação de nossa mente (Rm 12.2). A doutrina é um recurso necessário ao aprendizado de nosso papel e, portanto, um meio de formação de personagem e caráter. A doutrina, então, tem uma função formativa, até mesmo pastoral; o desenvolvimento humano — a boa vida — torna-se possível apenas graças à renovação da mente e imaginação pela palavra e pelo Espírito teodramáticos. Ellen Charry tem razão ao enfatizar que conhecer a Deus é salutar.[3] No entanto, a função dramática da doutrina ao preparar os crentes para seus papéis é ainda mais radical, visto que envolve não só saber, mas *ser* e *fazer* e, como veremos, *ser conhecido* e *ser feito para*. Em suma, a suprema função dramática da doutrina é tirar nossas máscaras socialmente construídas e nos mostrar quem realmente somos "em Cristo".

TEATRO DE IDENTIDADE: SELEÇÃO DE ELENCO, REPRESENTAÇÃO, SER VOCÊ MESMO

"Escreva sobre o que você conhece"; "Conhece a ti mesmo". Dada a definição tradicional de teologia como "o estudo de Deus, da humanidade e da relação entre eles", pode-se perdoar muitos teólogos modernos por darem início às suas teologias com a experiência humana. Afinal, a humanidade é o que melhor conhecemos. Mas conhecemos *mesmo*? A ilusão moderna de autotransparência foi completamente destruída pela dissolução pós-moderna do sujeito e pela "morte do homem"[4]. Nem autônomo nem soberano, o eu é agora considerado codependente e fragmentário, produto instável dos múltiplos códigos e convenções que o constituem: "O eu é multiplicidade, heterogeneidade, diferença e incessante devir, desprovido de origem e propósito".[5] O eu, longe de ser o que conhecemos melhor, tem se tornado, pelo contrário, terreno da luta ideológica, um conflito de interpretações sobre o que significa ser humano.

A questão da identidade pessoal tornou-se um assunto completamente político, uma questão de "política de identidade". Pós-modernos definem a identidade pessoal não em termos individuais, mas sociais: uma indicação de raça, etnia, gênero, cultura e classe. A pergunta "quem?" foi substituída por perguntas mais convenientes e de viés

---

[3]Veja Ellen Charry, *By the renewing of your minds* (Oxford: Oxford University Press, 1997).
[4]Michel Foucault, *The order of things: an archaeology of human sciences* (London: Tavistock, 1970).
[5]Calvin O. Schrag, *The self after postmodernity* (New Haven: Yale University Press, 1997), p. 8. Este é o resumo do "manifesto da pós-modernidade", de Schrag.

político como "onde?", "a quem interessa?". A individualidade, dizem-nos, resulta da contextualização sociopolítica. Dentro desse cenário, a ideia de que as pessoas têm natureza em vez de papéis socialmente ensinados, ou que há um papel "próprio" que os cristãos devem desempenhar, tornou-se extremamente difícil de defender. Em um cenário como esse, fica mais fácil suspeitar de que a concepção da doutrina cristã como direção é um meio de doutrinação social, uma estratégia para convencer as pessoas a assumir papéis sociais ideologicamente tendenciosos. Os teólogos cristãos precisam enfrentar essas suspeitas diretamente e responder a duas possíveis objeções: primeira, que a doutrina dá direção meramente para uma encenação; segunda, que a identidade pessoal é uma questão de escolha e construção dos papéis arbitrários que assumimos — que tudo se resume aos "papéis".

Encenação: o problema da hipocrisia

Ser ou simplesmente *fingir* ser — eis a questão, tanto para o ator quanto para o aspirante a discípulo. A objeção óbvia à metáfora teatral e à definição da doutrina como direção apresentada na presente obra é que ela prepara os discípulos para executarem apenas movimentos externos, e não para experimentar as emoções interiores das quais brota a ação. Uma coisa é imitar a fé, outra bem diferente é vivê-la de fato. Realmente existe o risco de que a metáfora de "encenação" das Escrituras fique reduzida à "simulação", se com isso queremos dizer "assumir um papel em vez de ser transformado em uma pessoa diferente".[6] O perigo é real. Infelizmente, é possível simular a vida cristã. Aliás, os autores do Novo Testamento têm um termo especial para esse fenômeno: *hipocrisia*.

Jesus destaca os hipócritas com uma crítica especial: "Ai de vós, escribas e fariseus, hipócritas! Porque dais o dízimo da hortelã, do endro e do cominho, e omitis o que há de mais importante na Lei: a justiça, a misericórdia e a fidelidade" (Mt 23.23). Como sepulcros caiados, bonitos por fora, mas por dentro cheios do fedor da morte, assim também o hipócrita é justo por fora, mas interiormente ímpio. Daí, a percepção comum de um hipócrita como aquele que finge ser algo que não é.

No grego clássico, o verbo que traduzia a ideia de *fazer o papel de hipócrita* significava, em sua origem, "representar, interpretar", e o substantivo *hipócrita* significava simplesmente "ator". Quando mais tarde os termos foram usados metaforicamente para comparar a vida humana no mundo com a atuação do ator no palco, apenas o contexto determinava se a comparação tinha conotação positiva, neutra ou negativa. Há uma discussão sobre o grau de teatralidade encerrado pelo termo *hipócrita* quando usado nas Escrituras.[7] Jesus não acusou os hipócritas por serem atores ruins, mas

---

[6]Stephen C. Barton, "New Testament interpretation as performance", *Scottish Journal of Theology* 52/2 (1999): 189.

[7]Em antigas versões gregas do Antigo Testamento, o termo *hypokritēs* traduz um termo hebraico correspondente a infiel ou "impiedade". A maior parte dos usos do Novo Testamento segue a LXX e atribui às palavras uma conotação negativa. Para um tratamento mais completo das evidências linguísticas, veja R. H. Smith, "Hypocrite", in: Joel B. Green; Scot McKnight; I. Howard Marshall, orgs., *Dictionary of Jesus and the Gospels* (Downers Grove: InterVarsity, 1992), p. 351-3.

porque eram interiormente ímpios. Ao mesmo tempo, passagens como Mateus 6.5 — "E, quando orardes, não sejais como os hipócritas; pois gostam de orar em pé nas sinagogas e nas esquinas das ruas, para serem vistos pelos homens" — de fato parecem conotar a ideia de simular ou de fazer uma encenação pública.[8] E em Lucas 20.20, a palavra "hipócritas" no grego deve de fato ser traduzida por "que se fingiam de justos". "Hipocrisia" indica, portanto, uma dicotomia entre a aparência exterior de alguém, ou sua ação, e sua realidade interior, ou "coração". O Evangelho de Mateus, em particular, está atento para a incoerência fatal entre ouvir a palavra e praticá-la, entre fingir adorar ou obedecer e realmente fazê-lo.

Tornar-se um eu integral é um objetivo tanto ético quanto teológico. Somos responsáveis por aquilo que fazemos e dizemos: não há "álibi para ser"[9]. A hipocrisia, ao contrário, indica uma desarmonia, uma incoerência entre a pessoa interior e a exterior, e, portanto, uma falta fundamental de integridade.[10] Um hipócrita, então, é *aquele que deixa de alcançar a identidade*, um "impostor" que evita o projeto — o privilégio e a responsabilidade — de alcançar a individualidade integral. Então, a hipocrisia é errada não só porque engana os outros, mas também *porque prejudica o próprio hipócrita*.

Contudo, a hipocrisia é uma possibilidade real se a direção doutrinária não for acompanhada de formação espiritual. *No entanto, a solução não está em abandonar a metáfora teatral, mas em levá-la profundamente a sério.* Como bons atores, temos de aprender não só a desempenhar um papel, mas a *nos tornarmos o papel que desempenhamos*. O drama da doutrina não tem relação alguma com fingimento, mas sim com participação na missão definitiva de Jesus Cristo e do Espírito Santo. Tal participação não é nem simulação nem uma questão de ontologia platônica. A participação cristã é, em vez disso, *pneumática*: aqueles que participam das missões teodramáticas o fazem por meio da união com Cristo, uma união operada pelo Espírito, embora realizada na história por nós.

O drama da doutrina, o processo de aprendermos nosso papel como novas criaturas em Cristo, diz respeito ao momentoso no momento, aqueles momentos definidores que revelam quem realmente somos. Ao mesmo tempo, as decisões que definem nosso discipulado são decisões sobre o que dizer e fazer em situações cotidianas. A *doutrina não nos diz como fingir ser algo que não somos, mas, sim, quem realmente*

---

[8]Veja R. A. Batey, "Jesus and the theatre", *New Testament Studies* 30 (1984): 563-74, para a tese de que Jesus tinha conhecimento sobre teatro e sobre vocabulário teatral.

[9]Mikhail Bakhtin, *Toward a philosophy of the act* (Austin: University of Texas Press, 1993), p. 42. Bakhtin constrói a identidade pessoal da perspectiva da encenação: "Pois minha vida inteira pode ser considerada um único ato ou feito complexo que realizo: eu atuo, i.e., enceno atos, com minha vida inteira, e cada ato particular e experiência vivida é um momento constituinte de minha vida" (p. 3).

[10]Curiosamente, Jay Wesley Richards argumenta que a noção de doutrina de Lindbeck torna difícil ser um hipócrita ("Truth and meaning in George Lindbeck's *The nature of doctrine*", p. 43-4). Na visão de Lindbeck, o próprio significado daquilo que dizemos, como "Cristo é o Senhor", está ligado à ação que o acompanha. O cruzado que racha o crânio de um infiel enquanto clama "Jesus é Senhor" não é um hipócrita, pois sua ação não contradiz sua declaração, mas revela seu significado (uma vez que o significado é determinado pelo uso do ator). Em contrapartida, do meu ponto de vista canônico-linguístico, o significado de "Jesus é Senhor" é estabelecido canonicamente, e o cruzado *é* um hipócrita, pois sua ação contradiz o significado da declaração.

somos: novas criaturas em Cristo. Longe de levar à hipocrisia, então, a doutrina revela como hipócritas todas as outras tentativas de definir nossa identidade, como meras pretensões, na medida em que negam a realidade da qual de fato somos constituídos, a saber, "nós em Cristo" e "Cristo em nós".

Pessoa ou *persona*? O eu na perspectiva teodramática

Isso nos leva à segunda objeção: a identidade pessoal é algo que escolhemos e construímos, e tudo se resume a "papéis". O termo grego *persona* surgiu primeiramente no contexto do teatro, onde denotava "máscara". Dizer que tudo se resume a papéis é ver a pessoa como nada além de uma *persona*, como a soma dos papéis que ela representa, as máscaras que veste.

A doutrina da eleição é uma resposta adequada à suspeita de que a identidade humana é uma determinação individual ou social arbitrária. Eleição é a seleção decisiva do elenco: quando ainda estávamos no útero, Deus nos escolheu para o papel de criaturas e de seus filhos. Assim, não se trata tanto de escolhermos um papel, mas de atuarmos no papel para o qual fomos *selecionados* (Heidegger diria "jogados"). Neste ponto, a linguagem do teatro e da teologia se complementam. Uma persona é uma imagem individual que tem continuidade ao longo de uma história. A pessoa *sob* a máscara é a pessoa conhecida e chamada por Deus. O teatro destaca a pessoa como ator e agente do discurso; a teologia vê os atos comunicadores do ator naquilo que, em última análise, é um contexto de aliança, em que tais atos assumem a natureza de respostas a uma comunicação anterior.[11] Ser uma pessoa humana é, em última instância, responder ao chamado de Deus e de outros.[12]

Pessoas iniciam uma ação e se relacionam com outras pessoas, em grande parte, por meio de seus atos da palavra. A pessoa é um agente identificável cuja identidade resulta de seus padrões característicos de ação comunicadora. O eu é um agente discursivo — um ator! — cuja identidade é moldada tanto pelas iniciativas de comunicação da própria pessoa quanto por suas respostas na comunicação com os outros. Embora haja momentos de discurso isolado ("Penso, logo existo"), o eu não é tanto o sujeito de um monólogo autossuficiente mas um participante da ação dialógica. *Nessa perspectiva dramática, ser uma pessoa é ser um agente comunicador que pode firmar relações dialógicas com outros.*[13]

---

[11]Veja Bruce Wilshire, *Role playing and identity: the limits of theatre as metaphor* (Bloomington: University of Indiana Press,1982).

[12]Para uma discussão mais completa desses temas, veja "Human being, individual and social", in: Colin Gunton, org., *The Cambridge companion to Christian doctrine* (Cambridge: Cambridge University Press, 1997), p. 158-88, esp. p. 175-84.

[13]Isso não implica que fetos, pessoas com deficiência mental ou pacientes em coma não sejam pessoas, pois os que têm potencial para ação comunicadora também devem ser considerados pessoas. Ao passo que fetos têm potencial para se tornarem seres humanos na história, os indivíduos com deficiência mental e os que estão em coma têm potencial *escatológico* para ser e se tornar agentes comunicadores diante de Deus. Devo esse último pensamento à interação com médicos e profissionais de enfermagem em meu curso *Foundations of Cultural Engagement* (Fundamentos do envolvimento cultural) em Teologia e Bioética (verão de 2003).

A identidade pessoal ao longo do tempo não é tanto resultado de nossa biologia (e.g., nossa unidade depende de pele e esqueleto), mas de nossa história, sobretudo do padrão de nossa ação comunicadora (e.g., cumprimos ou quebramos nossas promessas?): "Identidade pessoal refere-se à forma comunicativa (a postura na relação; a forma assumida no chamado e na resposta) que uma pessoa costuma assumir".[14] Podemos nos referir a esse padrão de ação comunicadora como o "espírito" de uma pessoa. O espírito humano não remete a algum substrato idêntico (*idem*) do corpo, mas à maneira como aquilo que se encontra no âmago de nosso ser se expressa em uma forma habitual de ação e resposta comunicadoras. "Espírito" é o aspecto da identidade (*ipse*) pessoal exercido livremente no palco histórico em palavras e atos.

Embora a identidade de uma pessoa seja moldada por suas palavras e atos, em última análise, a identidade pessoal não é resultado apenas de uma construção solitária e soberana da parte da pessoa. É Deus quem toma as iniciativas comunicadoras decisivas ao chamar-nos à existência e eleger-nos para comunhão em aliança. *Precisamos das categorias teológicas da "eleição" e "vocação" tanto para ratificar quanto para corrigir a noção teatral de "papel"*. Portanto, nossa identidade como pessoas não é simplesmente uma questão dos papéis que escolhemos interpretar, mas de como respondemos à nossa divina seleção para o elenco e interpretamos os papéis que nos foram dados. *Pessoalidade e identidade, no final, não se referem somente a papéis sociais, mas a vocações teológicas*.

Do ponto de vista do teodrama, a identidade pessoal é estabelecida pelo padrão de resposta ao chamado característico de cada um — ou, para usar um termo relacionado à improvisação, *ofertas* — de Deus e dos outros. A primeira verdade sobre o ser humano é que não somos autônomos, mas *evocados: ser uma pessoa é ser chamado do nada para a comunhão dialógica com Deus e com os outros*. Nossa vocação geral como seres humanos é responder aos chamados divinos para sermos as criaturas que o Criador pretendia que fôssemos.[15] A doutrina da Criação nos dirige a desempenhar corretamente nossos papéis como criaturas de Deus, com todos os privilégios e responsabilidades que acompanham essa condição.

A identidade pessoal não é tanto uma questão de alguma substância subjacente mas do estilo característico de nossos relacionamentos com os outros, o estilo de nossa receptividade aos apelos dos outros, sobretudo ao chamado de Deus. Ser humano é ser jogado, com os outros, no palco. Os trajes externos (e.g., gênero, etnia) podem parecer diferentes, e alguns podem ter mais adereços que outros.[16] Todavia, quem somos não depende tanto desses fatores externos mas de como respondemos às outras pessoas e nos envolvemos com elas. Não temos nenhuma influência na decisão

---

[14]Alistair I. McFayden, *The call to personhood: a Christian theory of the individual in social relationships* (Cambridge: Cambridge University Press, 1990), p. 27.

[15]Em "Human being, individual and social", faço distinção entre vocação geral (ser humano) e vocação especial (ser cristão).

[16]Isso não significa que gênero e etnia não sejam fatores importantes na identidade pessoal (eles são); no entanto, isso sugere que, no nível mais profundo da descrição teológica, "não há judeu nem grego, não há escravo nem livre, não há homem nem mulher, porque todos vós sois um em Cristo Jesus" (Gl 3.28).

sobre onde ou em que situação somos jogados ou selecionados para o elenco; nossa liberdade e responsabilidade limitam-se a determinar qual forma será assumida por nosso consequente padrão de resposta — nossa espiritualidade.

Justamente porque a identidade pessoal não é um papel arbitrário que construímos é que essas doutrinas — direções para o entendimento e a interpretação de nossos papéis — também não são arbitrárias. Pelo contrário, a doutrina nos diz o que precisamos saber a fim de aprender nossos papéis, tanto o papel de criatura humana que todos temos de interpretar quanto o papel de discípulo. Realizar ou desempenhar nossa verdadeira identidade — como pessoas criadas e recriadas em Cristo — é a elevada e santa vocação do ator/discípulo, o objetivo da formação espiritual.

Podemos agora voltar à objeção de que uma teoria da doutrina como direção é uma receita para a produção de hipócritas. Para evitar a hipocrisia, deve haver integridade na resposta comunicadora ao chamado de Deus e dos outros: as inclinações do coração, as palavras da boca, o comportamento externo do corpo devem todos estar igualmente alinhados. As doutrinas nos dirigem a dar respostas *apropriadas*, respostas condizentes com nossa condição de criaturas portadoras da imagem de Deus. Segue-se que a doutrina dá direção para a "humanidade correta" e a "espiritualidade correta": direção para a ação comunicadora adequada para com Deus e os outros. Mas será que não há ainda uma lacuna entre quem sou e o papel que estou interpretando quando sigo as direções doutrinárias?

Sem dúvida, até mesmo os cristãos deixam de praticar o que pregam. Hipocrisia acontece — mas *não* porque seguimos as direções da doutrina. Pois, ao dirigir-me para desempenhar meu papel como criatura à imagem de Deus em um mundo povoado por criaturas semelhantes, a doutrina me define em meu ser mais profundo. A falta de coincidência entre quem sou e o papel que interpreto não é culpa da doutrina, mas do pecado. A lacuna que ameaça a identidade e a integridade pessoal começa com a mentira do pecado que diz que sou algo que de fato não sou. O pecado nos leva a negar nossa verdadeira identidade e a preferir imagens mais brilhantes, ainda que vazias. O pecado é a hipocrisia de fingir ser autônomo negando o Criador, quando, em algum nível, sabe-se que isso não é verdade (cf. Rm 1). Enquanto o pecado incentiva a hipocrisia, a doutrina promove a autenticidade. A finalidade da doutrina é dar certeza de nosso chamado e vocação e, portanto, de nossa verdadeira identidade, a fim de que nos tornemos quem realmente somos.

O "MÉTODO": DA PERSONAGEM À FORMAÇÃO ESPIRITUAL

O grande ator, diretor e professor Constantin Stanislavski desenvolveu um famoso sistema para aprender a atuar. Hoje, isso é conhecido como o Método.[17] O Método de Stanislavski é surpreendentemente relevante também para aqueles que desejam aprender a doutrina; tanto o Método quanto a doutrina cristã se propõem a ajudar os atores a aprenderem seus papéis e representá-los fielmente. Stanislavski, é

---

[17]Para um breve mas útil panorama, veja Sonia Moore, *The Stanislavski system: the professional training of an actor*, 2. ed. rev. (New York: Penguin, 1984).

claro, não vai além da formação da personagem; mesmo assim, em certo sentido o Método estabelece um paralelo com o processo de santificação, em que o discípulo se desenvolve no papel de "santo". Há "método" na teologia também; a doutrina dirige-nos definindo nosso papel e disciplinando a imaginação, de modo que não só experimentemos as emoções, mas realmente vivamos o teodrama.

A formação da personagem: Stanislavski

Os cristãos podem conhecer suas falas e ter o conhecimento propositivo correto, mas a mera aceitação mental da informação, por si só, não chega a ter um impacto decisivo em nossa vida. Não basta repetir nossas falas; temos de *viver nossos papéis*. É justamente isso que Stanislavski ensina: como assumir e interpretar de forma genuína e convincente os papéis que recebemos. Para que nossas falas possam nos transformar, precisamos realmente acreditar nelas. Não podemos simplesmente desempenhar um papel; devemos *nos tornar os papéis que desempenhamos*.

Hipocrisia como atuação mecânica

O próprio Stanislavski fez parte da reação "realista" contra um teatralismo artificial em que as personagens proferiam seus discursos em poses convencionais e estilo exagerado. Antes de Stanislavski, as escolas de teatro ensinavam os atores a encenar os movimentos externos — retórica, dança, dicção, e assim por diante —, mas não ensinavam a comunicar a alma de uma pessoa. O Método rejeita excessos na encenação, clichês, maneirismos e todas as outras formas semelhantes de *atuação mecânica*. O grande ator cria as experiências internas de sua personagem, as incorpora e comunica ao público. O bispo Ambrósio disse algo semelhante no quarto século: "o movimento do corpo é um indicador da alma".[18] O ator é sua própria tela, usando a ação física para expressar o psicológico, talvez estabelecendo o equivalente teatral da afirmação de que a fé sem obras é morta.

O Método gira em torno de como evitar a encenação mecânica. Nas palavras de Stanislavski: "Nunca se permita retratar externamente algo que você não tenha experimentado interiormente, ou que nem sequer seja interessante para você"[19] — sábio conselho também para os aspirantes a discípulos. O ator mecânico reproduz expressões exteriores sem realmente sentir o que elas procuram expressar. A atuação mecânica sofre da falta de correspondência entre o homem interior e o exterior e, portanto, é o equivalente teatral da hipocrisia. Stanislavski também adverte seus alunos contra o uso de um espelho: "Ele ensina um ator a ver o lado de fora, e não o interior de sua alma, tanto em si mesmo quanto em seu papel"[20]. Ele é igualmente severo com aqueles que "exageram na atuação" e lamenta o fato de que "nossa arte costuma ser explorada para fins pessoais"[21], como fama e dinheiro — estabelecendo mais um triste paralelo entre o

---

[18] *De officiis ministrorum* 1.18.

[19] Constantin Stanislavski, *An actor prepares* (New York: Routledge, 1964), p. 31 [edição em português: *A preparação do ator*, tradução de Pontes de Paula Lima (Rio de Janeiro: Civilização Brasileira, 2008)].

[20] Ibid., p. 21.

[21] Ibid., p. 32.

teatro e a igreja. Atores que exploram o teatro são "os piores inimigos da arte"[22], assim como aqueles que exploram a igreja são os piores inimigos da fé.

O mágico "se"

O Método de Stanislavski consiste em "uma dedicação total — de corpo, mente e alma — ao papel".[23] O objetivo do ator é corporificar o papel, "concretizar" sua verdade.[24] Isso significa reviver o papel a cada vez que é encenado: "Cada vez que é recriado, ele deve ser vivido de novo e novamente encarnado"[25]. Dar graças antes das refeições, por exemplo, nunca deve virar uma rotina.

Talvez a parte do sistema de Stanislavski mais conhecida seja sua insistência para que os atores aprendam não apenas as falas que têm a dizer, mas tudo sobre a personagem que interpretam. A chave para alguém realmente "estar dentro de" seu papel não é maquiagem ou figurino, mas preparação *interior*[26]. Os atores devem se esforçar para responder à pergunta sobre o que fariam *se* fossem determinada personagem: "Toda ação no teatro deve ter uma justificativa interior, ser lógica, coerente e real".[27] Stanislavski incentivava seus atores a explorar o pano de fundo de suas personagens, até a inventar detalhes se necessário, com o objetivo de ter a ideia mais completa possível do papel: "Se você diz qualquer fala, ou faz qualquer coisa de forma mecânica, sem compreender plenamente quem você é, de onde veio, por que, o que você quer, aonde está indo e o que vai fazer quando chegar lá, você estará atuando sem imaginação".[28]

Os atores podem evitar a atuação mecânica, perguntando, por exemplo: "O que eu faria *se* estivesse no lugar de Otelo e *se* as circunstâncias de Otelo fossem também as minhas?" O "se" transforma os objetivos da personagem nos objetivos do ator, como se por mágica — daí o "se" mágico de Stanislavski. O que importa para o ator que está aprendendo um papel não é a encenação externa, mas "a realidade da vida interior de um espírito humano em um papel e uma crença nessa realidade"[29]. Temos de acreditar que, *dadas* essas circunstâncias, é assim que agiria uma pessoa com tal e tal personalidade. Stanislavski expressa essa ideia de forma ainda mais provocativa: "Tudo deve ser real na vida imaginária do ator".[30] Alcançamos a verdade no palco quando temos fé em nossos papéis, quando acreditamos com sinceridade no que estamos fazendo, quando sabemos quem somos.

Linhas diretas de ação e superobjetivos

Tudo o que um ator diz e faz no palco deve ter um motivo. Quando ele simplesmente executa os movimentos ou apenas exibe técnica, a verdade se dissipa em

---

[22] Ibid., p. 33.
[23] Hans Urs von Balthasar, *Theo-drama* (San Francisco: Ignatius, 1988), vol. 1: *Prolegomena*, p. 288.
[24] Balthasar vê algo de "sacramental" no método de Stanislavski (ibid., p. 289).
[25] Stanislavski, *An actor prepares*, p. 20.
[26] Ibid., p. 285.
[27] Ibid., p. 49, tudo em itálico.
[28] Ibid., p. 77.
[29] Ibid., p. 141.
[30] Ibid., p. 171, tudo em itálico.

convenções teatrais. Stanislavski incentivava os atores a pensar na "linha direta" de ações: "Atuar com autenticidade significa ser apropriado, lógico, coerente, e pensar, esforçar-se, sentir e agir em uníssono com seu papel"[31]. Atores devem aprender a usar sua imaginação a fim de preencher as circunstâncias que fazem suas palavras e ações parecerem verdadeiras.

Stanislavski acreditava que ao ator é dada não só a "tarefa" do papel, mas também a "supertarefa" de entrar no horizonte de sentido que engloba o papel; é esse último o objetivo final do autor. *Tudo* o que acontece no palco deve estar relacionado com a ideia principal da peça: "O tema principal deve estar firme na mente do ator durante toda a encenação"[32]. O objetivo último de uma encenação é comunicar o que Stanislavski chama de ideia principal da peça, ou "superobjetivo". Portanto, aprender um papel é aprender "a encarnação consecutiva do superobjetivo na ação cênica"[33]. *O supremo objetivo do ator, então, não é simplesmente interpretar um papel, mas projetar a ideia principal da peça.*

A encarnação inspirada

Embora não se possa ensinar atores a atuar de forma "inspirada", é possível tentar e criar certas condições favoráveis à inspiração.[34] Encenações inspiradas começam com um estudo atento da peça: "Pense em seu superobjetivo e na linha direta de ação que leva a ele. Em suma, tenha em mente tudo o que pode ser controlado de maneira consciente".[35] Não deixa de ser interessante que a principal condição para atuações inspiradas seja uma *imaginação rica*. Atores devem imaginar sinceramente o que fariam se estivessem em circunstâncias semelhantes: "Quando um ator se entrega sem reservas a algum objetivo profundamente emocionante, de tal forma que joga todo seu ser na consecução desse objetivo, ele atinge um estado que chamamos *inspiração*".[36] A atuação inspirada é uma questão de improvisação coerente com o papel que o autor tanto procurou aprender. Note bem: o "sistema" de Stanislavski é um método para preparar o ator para encarnar e improvisar um papel que, ao mesmo tempo, é disciplinado pela ideia principal da peça. A doutrina, de modo semelhante, é resultado do trabalho de dramaturgismo e ajuda os discípulos a se lembrarem da linha direta de ação e da ideia principal do teodrama.

O trabalho do ator não se limita a representar a vida externa de determinada personagem: "Ele deve ajustar suas próprias qualidades humanas à vida dessa outra pessoa, e nela projetar toda sua alma".[37] Através de uma espécie de encarnação por

---

[31] Ibid., p. 15.
[32] Ibid., p. 295.
[33] Moore, *Stanislavski system*, p. 50. Curiosamente, Stanislavski se recusa a usar superobjetivos que, embora interessantes e relevantes, não faziam parte da intenção do autor.
[34] Neste ponto, o termo inspiração é usado no sentido não teológico para falar da força criativa que motiva artistas e atores a atuarem no auge de sua habilidade.
[35] Stanislavski, *An actor prepares*, p. 314.
[36] Ibid., p. 334.
[37] Ibid., p. 15. Gabriel Marcel percebe um valor religioso no altruísmo dos atores que se dedicam para representar seu papel.

kenosis, o ator se projeta a fim de humildemente servir ao papel. Stanislavski refere-se a "você no papel e [...] o papel em você".[38] Essa frase marcante lembra o que já dissemos sobre o papel e a identidade do discípulo: "Você em Cristo [...] Cristo em você". Talvez seja por isso que não há uma maneira correta de encenar um papel. Lawrence Olivier e Kenneth Branaugh estudaram igualmente o texto de *Hamlet*, de Shakespeare, mas também se projetaram no papel, tanto que seus Hamlets não eram iguais. Nenhum dos dois estava tentando se tornar outra pessoa, mas agir como se *eles mesmos* estivessem na situação de Hamlet. Cada um conferiu um "entendimento criativo" ao papel.[39] Os atores no teodrama não devem fazer menos que isso.

De Stanislavski à santificação

Não precisamos continuar descrevendo o Método de Stanislavski. Já dissemos o bastante para permitir várias analogias frutíferas entre a forma como um ator se prepara para interpretar um papel e a maneira como os discípulos se preparam para falar e agir como cristãos no mundo.

Ao passo que o veículo dos poetas são palavras, o veículo dos atores (e discípulos) são discurso e ação, voz e corpo. A qualidade da encenação de um ator não depende só da criação da vida interior do papel, mas também da corporificação física que o ator faz do papel. Atores constroem as personagens a partir de uma sequência de discursos e ações físicas que corporificam o espírito humano. Tudo depende, portanto, da escolha das ações, e essa escolha deve ser baseada no papel e na ideia principal da peça. No entanto, o processo para os discípulos é, ao mesmo tempo, semelhante e diferente, pois é o Espírito quem cria um novo "papel" (personagem/caráter, "espírito") em nós mediante o processo de santificação. O objetivo do dramaturgismo teológico, o télos do ator/discípulo, é a comunicação espiritual: representar *Cristo* no poder do Espírito, falando e agindo como uma *persona* "em Cristo" deve falar e agir.

Não basta saber o que fazer; devemos nos tornar o tipo de pessoa para quem esse fazer venha *naturalmente*.[40] A doutrina auxilia no processo de se tornar uma pessoa integrada cuja personagem coincide com seu papel.[41] *A doutrina não apenas indica o que devemos fazer para participar adequadamente do drama da redenção, mas de fato ajuda os discípulos a se tornarem espiritualmente adequados*. Ela faz isso expondo nossa atuação mecânica e tirando nossas falsas máscaras que requerem tanto tempo e energia para serem mantidas. No lugar dessas falsas máscaras, a doutrina revela

---

[38]Ibid., p. 329.

[39]É importante nesse contexto relembrar que Stanislavski faz seus atores corresponderem às intenções do dramaturgo: "O que precisamos é de um *superobjetivo que esteja em harmonia com as intenções do dramaturgo e ao mesmo tempo suscite resposta na alma dos atores*" (ibid., p. 324).

[40]Isso está relacionado à improvisação: "Improvisação consiste [...] em confiar em si mesmo para fazer e dizer o óbvio" (Samuel Wells, *Improvisation: the drama of Christian ethics* [Grand Rapids: Brazos, 2004], p. 12). Note que a improvisação cristã é resultado da santificação, pois é o Espírito que nos prepara para agirmos de maneira óbvia ou "com naturalidade", isto é, de acordo com nossa *segunda* natureza como pessoas recriadas em Cristo.

[41]Veja Hans Urs von Balthasar, "On the concept of person", *Communio* 13/1 (1986): 20.

nossa verdadeira identidade, convocando-nos a nos tornar quem somos: pessoas chamadas, conhecidas e amadas por Deus. A doutrina não cria novas máscaras, mas desvela nosso verdadeiro rosto, o rosto que reflete a glória de Deus vista na face de Jesus Cristo (2Co 3.18; 4.6).

A doutrina é um ingrediente vital como ajuda para os discípulos aprenderem seu papel. Pense de novo em algumas das principais ideias de Stanislavski. A doutrina serve ao mágico "se", que transforma o objetivo da personagem no objetivo do ator, alimentando nossa imaginação. Os cristãos precisam de uma imaginação rica e saudável para serem capazes de discernir a palavra e a ação de Deus em meio ao clamor e à desordem do nosso mundo. No entanto, em vez de um mágico "se", os cristãos devem pensar da perspectiva de um escatológico "*é*": não "*se* todo o mundo fosse o palco para o vindouro reino de Deus", mas "*visto que* o mundo já é mas ainda não o palco para o vindouro reino de Deus...". A doutrina nos ajuda a imaginar — ver, pensar, experimentar — o mundo não da perspectiva da causalidade impessoal apenas, mas da perspectiva da criação e providência significativas, da perspectiva da criação no processo de *reconstrução*.

A doutrina também nos ajuda com o que Stanislavski chama de "linha direta" da ação e "superobjetivo". De fato, todo o propósito da teologia como dramaturgismo é nos ajudar a entender a ideia principal da peça e da linha direta da criação e redenção. A doutrina nos ajuda a reconhecer o superobjetivo da peça, ou seja, o projeto escatológico de formação de um novo mundo, uma nova criação, uma nova "casa" de Deus com Jesus Cristo como pedra fundamental (Ef 2.20). A linha direta da ação cristã deve manifestar esse objetivo. Os discípulos nunca devem esquecer o objetivo principal do teodrama, enquanto desempenham seu papel. Como Paulo diz em Colossenses: "E tudo quanto fizerdes, quer por palavras, quer por ações, fazei em nome do Senhor Jesus" (3.17).

Por fim, assim como diferentes atores podem projetar-se no mesmo papel (por exemplo, Hamlet), mas interpretá-lo de formas distintas, também os cristãos se preparam para o mesmo papel: discípulo. O discípulo é um seguidor de Jesus Cristo, mas nem todos precisam segui-lo exatamente da mesma (*idem*) forma. Tanto Pedro quanto João foram discípulos exemplares, mas cada um projetou *a si mesmo* no papel e, assim, o desempenhou de formas distintas. Os melhores atores são aqueles que realmente vivem um papel sem se perder. Quando atores encenam seu papel com fidelidade, a plateia testemunha o "nascimento de um novo ser — a pessoa na peça"[42]. É o Espírito que nos capacita a viver o mesmo papel — discípulo — de diferentes formas, de modo que cada um de nós acrescenta algo único ao papel, assim contribuindo para a riqueza da peça.

Uma dieta de doutrina: entrando em forma espiritualmente

Na realidade, aos discípulos cristãos foram atribuídos papéis que nenhuma quantidade de atuação mecânica pode reproduzir; os cristãos receberam o papel de *santos*,

---

[42] Stanislavski, *Actor prepares*, p. 336.

um papel que exige mais que a execução de movimentos. O ator/discípulo deve se preparar para sua peça por uma imersão cada vez maior em seu papel, e isso significa cultivar hábitos santos (*viz.*, santificados). Preparar-se para seu papel como santo requer mais cultivo espiritual do que aptidão física, embora o paralelo com a dieta, outra forma de disciplina e preparação física, possa nos ajudar a entender. À semelhança do Método de Stanislavski, a dieta fornece outro modelo interessante do que significa entrar em forma e como fazê-lo.

A obra de Richard Watson, *The Philosopher's Diet: How to Lose Weight and Change the World*, distingue-se de outros livros sobre dieta. Watson sabe que perder peso não é tanto uma questão de seguir certos procedimentos, mas de tornar-se certo tipo de pessoa. Talvez nenhuma outra área da vida, exceto a fé, seja mais propensa à hipocrisia do que fazer dieta. Nem modismos nem procedimentos científicos trazem proveito a menos que haja uma mudança de coração e uma transformação de caráter: "Perder nove quilos ou mais e manter esse peso mais baixo é mudar sua vida".[43] Para representar uma pessoa em forma, é necessário *ficar* em forma.

A dieta do discípulo

Duas coisas nos atrapalham quando tentamos ficar física ou espiritualmente em forma: a falta de conhecimento (ou o conhecimento anulado pelo autoengano) e os maus hábitos. Watson começa sua exposição com a verdade sobre a gordura. A primeira verdade da dieta é simplesmente esta: "Perder peso significa reduzir a quantidade de alimento que você ingere".[44] Sem dúvida, milhares de falsos profetas proclamam maneiras de perder peso sem a disciplina do apetite. Watson não aceita nada disso: para perder meio quilo de gordura, a pessoa tem de queimar umas 3.500 calorias a mais do que consome. A maioria das pessoas sabe disso, embora prefira negá-lo, pelo menos na prática. Ao conhecimento sólido devemos adicionar boas práticas e, para Watson, isso significa transformar nossos hábitos.[45] A dieta do filósofo exige nada menos que um estilo de vida contracultural.

Fazer dieta é um tipo de formação *física*, em vez de espiritual. No entanto, há vários paralelos instrutivos entre os dois processos. O termo *dieta* deriva do grego *diaita*: "modo de vida; regrar a si mesmo; série de atividades que compõem a principal preocupação de alguém, geralmente com um propósito; trajetória de vida". Uma dieta é uma forma regrada ou disciplinada de viver e pensar. Fazer dieta requer uma filosofia de vida, pois envolve reflexão sobre um bem específico que deve ser buscado: a boa forma física. Saber o que é bom para a boa forma pessoal, no entanto, é apenas uma parte da história; o verdadeiro poder para mudar a vida vem de dentro. Watson cita o conselho de Descartes: não importa se você se torna um professor

---

[43]Richard Watson, *The philosopher's diet: how to lose weight and change de world*, ed. rev. (Boston: Nonpareil, 1998), p. 10.

[44]Ibid., p. 8.

[45]A maior parte dos norte-americanos, por exemplo, é demasiado dependente de alimentos processados, que contêm enormes quantidades de sal e açúcar.

ou um físico, mas, para se tornar um ou outro, você deve escolher um e perseverar. Essa declaração é o equivalente secular mais próximo daquilo que os cristãos querem dizer com formação espiritual. De acordo com o filósofo Watson, cabe a *nós* moldar nosso corpo e nosso espírito. A dieta da filosofia — a busca de significado e da boa vida — é uma questão de *desejarmos* a nós mesmos na forma do bem.

Watson, por fim, revela que "gordura", em seu livro, é na verdade uma metáfora da "banalidade irritante [...] e da inevitabilidade da realidade comum que nos separa do que pensamos que queremos ser".[46] Gordura, podemos dizer, representa todos aqueles obstáculos que contribuem para nossa falta de boa forma. Assim também, o que impede nossa boa forma espiritual, nossa capacidade de interpretar o papel de discípulos cristãos, é a gordura espiritual: o falso conhecimento, os maus hábitos.

O apóstolo Paulo une os temas falso conhecimento (idolatria) e maus hábitos (comer demais) em uma crítica apostólica dirigida àqueles cujo "deus é o estômago" (Fp 3.19). A gula — hábito física e espiritualmente ruim — é um dos sete "pecados mortais" justamente porque nos deixa "fora de forma" para praticar a verdadeira religião. Em contrapartida, os discípulos de Jesus seguem a dieta *dominical*: "A minha comida é fazer a vontade daquele que me enviou" (Jo 4.34). A dieta, nesse caso, é uma espécie de gesto de obediência. Sozinha, a força de vontade não é suficiente para nos manter nesse regime: a pessoa precisa do Espírito habitando nela. Aliás, palavra e Espírito são igualmente obrigatórios na dieta do discípulo. O mesmo se pode dizer da doutrina. Ela é justamente um exercício que envolve mente, coração, alma e força — um exercício espiritual que põe os discípulos espiritualmente em forma para representar seu papel. O objetivo tanto da doutrina quanto da formação espiritual é nos conformar à imagem do Filho, "colocar-nos em forma em Cristo".

Doutrina como hábitos dos espiritualmente em forma

A dieta da doutrina satisfaz às duas necessidades: verdadeiro conhecimento e bons hábitos. Uma direção sábia — objetivo da teologia canônico-linguística — integra teoria e prática. A doutrina contribui para a boa forma espiritual pela formação de nosso pensamento e espírito, aqueles padrões habituais de ação comunicadora que definem nosso caráter para que possamos nos conformar a Cristo e estar harmonizados com o evangelho teodramático. Acima de tudo, a doutrina contribui para a boa forma espiritual ao cultivar bons hábitos, a saber, *disposição para ver, julgar e agir de acordo com os padrões e práticas canônicos*. Em suma: a dieta da doutrina leva à boa forma espiritual incentivando hábitos e padrões de pensamento sadios (canônicos), que, por sua vez, dão origem a hábitos e padrões de vida sadios (contextuais).

Doutrina como hábitos teodramáticos

A teologia promove a sabedoria cultivando certos hábitos da mente, imaginação e ação. "Hábitos" são disposições ou tendências a certos tipos ou padrões de pensamento

---
[46] Watson, *Philosopher's diet*, p. 102.

e comportamento.⁴⁷ Eles estão relacionados às virtudes, aqueles traços ou disposições do caráter particularmente duradouros. A sabedoria também está relacionada com a virtude e, portanto, com certos hábitos. Por conseguinte, a dieta da doutrina, uma forma de cultivar hábitos canônicos, também cumpre um papel vital na formação do discípulo em sabedoria, virtude e espiritualidade. Podemos lembrar neste ponto que "espírito" se refere ao padrão de resposta de uma pessoa às iniciativas de comunicação de outros e de Deus. Podemos ampliar essa definição de espírito para incluir padrões habituais ou característicos daquilo que vemos e pensamos.

Doutrina envolve acima de tudo certos hábitos *cognitivos*, maneiras de pensar que incluem não só o intelecto, mas também a imaginação. Talvez o hábito mental mais conhecido seja o conceito. Um conceito — de um cão, um triângulo equilátero, justiça — não é alguma vaga imagem mental de uma coisa; conceitos são hábitos mentais (atos do pensamento) que associam certas imagens e ideias.⁴⁸ O conceito de cão, por exemplo, associa alguns dos seguintes elementos: animal, quadrúpede, animal doméstico, pode ser adestrado, de muitas raças. Outras associações habituais — inteligente, burro — dependem da experiência pessoal de cada um. A doutrina cristã incentiva certos hábitos mentais em vez de outros, quando se pensa acerca de Deus (e.g., único, perfeito, amoroso, justo, criador de todas as coisas). *O que torna teológicos certos conceitos é sua utilização habitual quando nosso pensamento sobre coisas, pessoas e eventos é relacionado à ação teodramática.* É importante não esquecer, porém, que, por baixo da utilização de conceitos particulares, há hábitos mais profundos de juízo canônico.

Os gêneros literários da Bíblia são igualmente formadores de hábito, só que em maior escala. Como vimos, os gêneros são modos de cognição e experiência que tornam possível não só ter experiências, mas *processá-las*. Os vários livros da Bíblia educam o leitor em certos "hábitos" de ver, sentir e, mais importante, julgar. A esse respeito, o hábito mais importante que a doutrina forma não é nem linguístico nem conceitual, mas *imaginativo*. É em virtude de certos hábitos da imaginação que podemos pensar da perspectiva de um teodrama unificado e, assim, estabelecer uma *rede* de conceitos. De modo mais específico, a doutrina cristã educa os discípulos

---

⁴⁷O conceito de "hábito" tem uma longa história a partir de Aristóteles. David Hume inclinava-se a reduzir a ideia de hábito a "costume", uma mera regularidade observada, mas Jonathan Edwards entendia o hábito como algo real em si mesmo, uma força ativa. Embora eu não possa expor meus argumentos aqui, estou inclinado a concordar com Edwards contra Hume. Veja Sang Hyun Lee, *The philosophical theology of Jonathan Edwards*, ed. ampl. (Princeton: Princeton University Press, 2000), cap. 2.

⁴⁸Devo as informações deste parágrafo ao excelente tratamento do assunto feito por Kathleen Callow em *Man and message: a guide to meaning-based text analysis* (Lanham: University Press of America, 1998), cap. 5. À sua maneira, Callow concorda com James Barr que é uma falácia pressupor que toda palavra tem um conceito correspondente. Callow também indica que, assim como é errado pressupor que todos os usos de uma palavra cobrem todos os seus possíveis significados, também é errado pressupor que os conceitos funcionam na base do tudo ou nada: "O núcleo firme de um conceito [...] consiste em uma enorme quantidade de detalhes, mas não temos consciência de todos os detalhes simultaneamente" (p. 57). Assim, parece que os conceitos, à semelhança das palavras, podem ter fronteiras indefinidas.

nos hábitos imaginativos da mente que lhes permitem discernir um todo com significado — o teodrama — nas Escrituras e no mundo. Por exemplo, discernimos o sentido último das coisas quando as vemos em sua relação com Deus e com seu reino — colocando-as no contexto teodramático. Daí o principal objetivo da teologia canônico-linguística: de tal forma educar a imaginação cristã, que aprendamos a ver, sentir, pensar e agir no mundo de maneiras semelhantes às dos autores bíblicos, as testemunhas comissionadas do evento de Jesus Cristo. *Doutrinas são hábitos intelectuais que se baseiam no poder de síntese da imaginação para nos capacitar a ver esse mundo da perspectiva sobrenatural — isto é, escatológica.*

Em última instância, o drama da doutrina, então, não é uma questão de métodos e procedimentos, mas de *hábitos*: tendências para ver, pensar e julgar de formas imaginativas específicas aprendidas mediante um aprendizado de práticas canônicas. No final das contas, são esses hábitos intelectuais, mais que qualquer outra coisa, que determinam a boa forma espiritual de cada um — "a saúde ou a deterioração da forma que uma pessoa entende, sente e age".[49] O drama da doutrina, portanto, não se limita ao aprendizado da *linguagem* a ser falada na comunidade da igreja. Ele envolve uma *imaginação* correta: "É de acordo com o que imaginamos que haveremos de perceber, compreender, amar e agir".[50] *A doutrina serve à formação espiritual cultivando os hábitos intelectuais corretos: os hábitos da imaginação teodramática.*[51]

Hábitos doutrinários: um breve apanhado

É chegado o momento de examinar alguns exemplos concretos de como o Espírito usa a doutrina para fazer discípulos com boa forma espiritual, transmitindo-lhes hábitos intelectuais e imaginativos íntegros. A ideia básica é que as *doutrinas são hábitos imaginativos indispensáveis ao entendimento do significado do teodrama e ao preparo para o desempenho do nosso papel*. É nesse sentido que a *doutrina fornece direção para ver, julgar, sentir e agir de maneiras que revelem boa forma espiritual e adequação teodramática.*

Começamos, como convém, com a doutrina da Criação. Essa doutrina não é uma simples proposição sobre a origem do cosmos, nem é primariamente uma tese sobre a idade da Terra. Ela é mais que informação, até mais que uma expressão de nosso sentimento de absoluta dependência de um poder superior.[52] A doutrina da criação é antes uma *direção*; não tanto uma proposição a ser afirmada quanto um hábito da mente (e do coração) a ser praticado. A doutrina da Criação dirige os discípulos para que creiam, vejam, sintam e julguem tudo o que existe como obra de um Deus pessoal, amoroso e sábio. Seguir a direção dessa doutrina é pensar da perspectiva de significado e propósito; é admitir a pergunta "Por quê?" em nossa

---

[49]Lee, *Philosophical theology of Jonathan Edwards*, p. 132.
[50]Ibid., p. 133.
[51]As virtudes teologais (e.g., fé, esperança e amor) também são hábitos teodramáticos que se manifestam em padrões de falar, crer e fazer.
[52]Este é o entendimento "expressivista-experiencial" que Friedrich Schleiermacher tem da doutrina da Criação refletido em *The Christian faith*, edição de H. R. Mackintosh; J. S. Stewart (Edinburgh: T. & T. Clark, 1928).

consciência e deixá-la reverberar ali. A doutrina da Criação nos educa para que nos imaginemos como de fato somos: dependentes de Deus, não os autores, mas os receptores de nossa natureza e de nosso destino. Naturalmente, esse hábito conduzirá à sabedoria apenas se o que estamos imaginando for verdadeiro: Deus *é* realmente a força e inteligência originais e autorais por trás de tudo o que existe. Mas afirmar essa verdade indicativa e propositiva não é a suprema razão de ser da doutrina. Pois a doutrina visa a promover o entendimento da fé, e isso fica mais bem demonstrado não por um recital de proposições, mas pela participação adequada no teodrama — pela representação fiel do papel de cada um como criatura de Deus.

A doutrina da Criação nos dirige para que associemos tudo o que existe, incluindo a nós mesmos, às noções de contingência, finitude, mas também bondade. Como consequência, ela promove certos hábitos, como confessar que toda a segurança que temos deriva da confiabilidade da Palavra que sustenta o universo. A doutrina da Criação incentiva, assim, uma prática diária — uma dieta diária — de oração, um hábito que expressa nossa total dependência de Deus. Essa doutrina forma outros hábitos práticos também. Aqueles que foram educados por ela para ver, sentir e julgar a natureza como dimensão da ordem criada de Deus serão, por exemplo, menos propensos a explorá-la, desperdiçá-la ou destruí-la.[53] A boa administração deve ser ainda mais acentuada no caso da vida humana, em virtude de sua representação canônica como o ponto alto da criação (Sl 8.5,6). Pessoas formadas pela doutrina da Criação compreendem seu papel como seres humanos de forma diferente daqueles formados por outras doutrinas (e.g., o naturalismo).[54]

A segunda doutrina é decorrência da primeira. A doutrina de que os seres humanos foram criados na *imago Dei* dirige-nos para que associemos as noções de humanidade e divindade sem confundi-las. Isso demanda certa sofisticação, bem como disciplina, da imaginação. A doutrina da Criação nos educa para traçarmos uma *distinção* entre Deus e a humanidade, mas a doutrina da *imago Dei* nos educa para estabelecermos um vínculo entre Deus e a humanidade. Também esse hábito mental — ver os seres humanos, tanto os membros da família, quanto o vizinho irritante, como criados à semelhança de Deus — inspira padrões de ação diferenciados. A prática da hospitalidade, por exemplo, segue-se naturalmente da doutrina da *imago Dei*, pois, ao estender a hospitalidade a estrangeiros, "mesmo sem saber, alguns hospedaram anjos" (Hb 13.2). Em contrapartida, se tivermos o hábito de pensar que os seres humanos são meros meios para os fins que desejamos, seremos hospitaleiros apenas para aqueles que têm condições de fazer algo por nós.

---

[53] É claro que não é preciso ser cristão para respeitar o meio ambiente. No entanto, embora os cristãos possam e devam cooperar com outros que também procuram cuidar da natureza, a motivação dos cristãos é diferente.

[54] Uma "relação de dependência" tem conotações negativas na sociedade moderna, pois dá a entender que seres humanos não são independentes e soberanos. O projeto do Iluminismo segue um roteiro diferente de acordo com o qual os seres humanos são heróis de sua própria história. O teodrama cristão contesta a sabedoria de tais juízos.

Esses dois exemplos breves dão alguma indicação de como as doutrinas, como formas habituais de imaginação teodramática, dão origem a hábitos de vida. E que dizer das doutrinas que parecem completamente distantes da prática, como, por exemplo, a doutrina da impecabilidade de Jesus? É muito difícil entender como uma associação das ideias "Jesus" e "sem pecado" pode gerar algo que não seja um hábito *puramente* mental, uma abstração. Em resposta a essa possível objeção, talvez seja bom invocar o Método de Stanislavski pela última vez. Lembremo-nos de que o Método incentiva os atores a se prepararem para seu papel preenchendo com a imaginação os detalhes da vida de sua personagem e as circunstâncias que dão colorido à sua ação. Stanislavski acreditava que, para atuar com fidelidade, é preciso imaginar todo o quadro. Um ator não pode nem mesmo entrar com autenticidade em um aposento "enquanto você não souber quem você é, de onde veio, em que aposento está entrando, quem mora na casa, e uma variedade de outras circunstâncias disponíveis que devem influenciar sua ação".[55]

A doutrina da impecabilidade de Jesus é uma daquelas coisas que precisamos conhecer para entrar no aposento — ou melhor, entrar no teodrama — com autenticidade. Mesmo quando uma doutrina não proporciona direção inequívoca, ela quase sempre proporciona ajuda na determinação da resposta atitudinal para com as outras personagens ou para com a ação em geral. Declarações doutrinárias orientam nossa ação ou nos ajudam a encontrar a atitude certa. A doutrina da impecabilidade de Jesus, então, é um importante elemento tanto para entendermos a importância do clímax teodramático (ou seja, a cruz) quanto para o entendimento da identidade de uma das *dramatis personae* centrais. Aliás, ter a atitude correta em relação a Jesus é um componente essencial da ação correta: a adoração de Jesus pelos cristãos não seria apropriada se ele fosse menos do que perfeito.

Cabe agora um último exemplo. A doutrina da expiação é uma escolha indicada para um estudo de caso mais extenso, e isso por várias razões. Em primeiro lugar, ela se relaciona com o clímax do teodrama e procura expressar o que Deus estava fazendo em Cristo. Em segundo lugar, ela ajuda a expressar o superobjetivo escatológico que impulsiona e guia o teodrama. Em terceiro lugar, ela prepara os discípulos para desempenharem seu papel, revelando-lhes quem eles realmente são. Em quarto lugar, ela nos capacita a dizer o que é distintivo no cristianismo, tanto sob a ótica da doutrina de Deus quanto da perspectiva da vida cristã. Por fim, a doutrina da expiação nos dirige pelo caminho da sabedoria espiritual.

DA DOUTRINA À IDENTIDADE: EXPIAÇÃO E UNIÃO COM CRISTO

Os cristãos não são apenas o "povo do livro", mas o "povo da cruz"[56]. O espaço impede uma exposição detalhada da importância da morte de Jesus, mas podemos dar algumas

---

[55]Stanislavski, *Actor prepares*, p. 327.
[56]Segundo Charles B. Cousar, *A theology of the cross: the death of Jesus in the Pauline letters* (Minneapolis: Fortress, 1990), p. 18.

indicações sobre como a doutrina da expiação pode ser elaborada da perspectiva de uma teoria diretiva da doutrina. Este capítulo se concentra nos três aspectos da *scientia* exegética e tem como objetivo esclarecer como a doutrina da expiação nos ajuda a compreender tanto a lógica da ação teodramática que culmina na morte de Jesus Cristo quanto nosso papel como seus beneficiários. O próximo capítulo continua e completa esse estudo de caso concentrando-se na dimensão sapiencial e pergunta como hoje podemos participar da doutrina da expiação ou "encená-la".

O clímax teodramático: "Quebrado, ensanguentado, carregado... por você"

Muitas tragédias gregas e shakespearianas acabam com sangue no palco. O sangue derramado figura com destaque também nas Escrituras (e.g., "sem derramamento de sangue não há perdão" [Hb 9.22]), mas apenas como um penúltimo elemento naquilo que, em última análise, é uma comédia divino-humana que termina com reconciliação: "O perdão de pecados pelo derramamento do sangue de Jesus"[57]. O objetivo da doutrina da expiação é compreender esse sangue derramado "por nós".

Teologia da expiação: o problema contemporâneo

"Eu sou de Anselmo"; "eu sou de Abelardo"; "eu sou de Aulén" — e ainda estamos na letra "A"! Em uma triste ironia, o maior gesto de reconciliação, a morte de Jesus na cruz, acabou se tornando objeto de muito ressentimento teológico, de sangue derramado (na maior parte, metafórico, felizmente) nos corredores da academia e nas páginas de periódicos acadêmicos. O discórdia gira em torno da resposta que se deve dar para as perguntas acerca da morte de Jesus: Ela era necessária? Por quê? O que ela trouxe como resultado? Em que sentido ela é "por nós"? Devemos dizer que a cruz afeta somente a Deus (satisfazendo sua honra), ou a humanidade (solicitando nosso amor), ou o mal (derrotando o poder satânico)? A doutrina da expiação deve apresentar uma única explicação teórica? Um breve esboço das principais linhas divisórias na discussão atual pode ser conveniente antes de descrever a contribuição da abordagem canônico-linguística. Antecipando, nenhuma explicação monológica (teórica) pode tomar o lugar do testemunho canônico sobre o valor teodramático da morte de Jesus.[58]

Substituição penal: uma distorção medieval/moderna?

Os reformadores ficam a meio caminho entre os mundos medieval e moderno, e assim também a teoria da substituição penal que eles propõem, pelo menos aos olhos de seus críticos. Os críticos da teoria da substituição penal a consideram

---

[57] Stephen Sykes, *The story of atonement* (London: Darton, Longman, and Todd, 1997), p. 2.
[58] Veja também, de minha autoria, "The atonement in postmodernity: guilt, goats and gifts", in: Charles Hill; Frank James, *The glory of the atonement: essays in honor of Roger Nicole* (Downers Grove: InterVarsity, 2004), p. 367-404.

visivelmente *moderna* em sua tendência antropocêntrica de ver a importância da morte de Jesus como uma realidade limitada aos seres humanos; em sua tendência individualista de ver a morte de Jesus beneficiando pessoas isoladamente; e em sua tendência moralista de ver a morte de Jesus como castigo pelos atos de indivíduos pecadores.[59]

Dois temas são destacados pela crítica. O primeiro é a ideia de Calvino de que a cruz é uma "troca maravilhosa". Calvino oferece a seguinte paráfrase do relato paulino sobre a morte de Cristo como preço de nossa redenção: "É como se ele estivesse dizendo: 'Somos justificados ou absolvidos diante de Deus, porque aquele sangue corresponde à satisfação em nosso favor'".[60] Segundo essa perspectiva, a morte de Jesus satisfaz a justiça de Deus como execução da pena da lei. No entanto, a teoria da substituição penal sugere a seus críticos que o perdão divino é comprado com o sangue de um inocente. Será que a disposição de Deus para perdoar depende de fato do pagamento de uma penalidade? Dizer que a morte de Jesus paga a pena pela culpa de outra pessoa parece a muitos não uma troca maravilhosa, e sim *estranha*, uma transação comercial que não cabe na economia divina da salvação.

Em segundo lugar, interpretar o valor salvífico da morte de Jesus por meio de uma economia de troca (ou seja, a morte pela vida) parece, aos críticos do conceito de substituição penal, tolerância à violência: punir "é perpetuar a violência"[61]. Deus faria realmente parte de um ciclo violento de retaliação e vingança? Algumas teólogas feministas consideram a noção de que o Pai puniu o Filho pelos pecados do mundo tragicamente equivocada por dois motivos: ela faz de Deus uma divindade vingativa (autora de "abuso infantil divino")[62] e incentiva os seres humanos a pensar que o sofrimento é "redentor". Em suma: seus críticos acusam a visão da substituição penal de furtivamente legitimar a violência em nome da justiça.

Restauração relacional: uma distorção pós-moderna?

"Pois está escrito: 'A vingança é minha; eu retribuirei, diz o Senhor'" (Rm 12.19). Apesar desses testemunhos bíblicos, a noção de ira divina não faz mais parte da estrutura de plausibilidade em grandes segmentos da teologia contemporânea, em especial no Ocidente. Aliás, alguns teólogos indicam que a cruz põe fim ao próprio princípio de retribuição e, portanto, a toda a economia da Lei.[63] No entanto, a seguinte questão continua em aberto: Será que esse "viés relacional" característico das teorias da expiação mais recentes faz com que elas sejam menos derivadas das tendências

---

[59]Joel B. Green; Mark D. Baker, *Recovering the scandal of the cross: atonement in New Testament and contemporary contexts* (Downers Grove: InterVarsity, 2000), p. 25-9.

[60]Calvino, *Institutas*, 2.17.5.

[61]Paul Ricoeur, "Interpretation of the myth of punishment", in: *The conflict of interpretations: essays in hermeneutics* (Evanston: Northwestern University Press, 1974), p. 363 [edição em português: *O conflito das interpretações* (Rio de Janeiro: Imago, 1978)].

[62]Assim Joanne Carlson Brown, "Divine child abuse", *Daughters of Sarah* 18 (1992): 28.

[63]William C. Placher, "Christ takes our place: rethinking atonement", *Interpretation* 53 (1999): 15.

culturais dominantes do que suas antecessoras da Reforma?[64] Chamemos essa abordagem pós-moderna, que enfatiza o elemento relacional e a justiça restaurativa, de abordagem da *restauração relacional*.

A ideia principal dessa abordagem mais recente é que a retribuição por si só não é transformadora: a morte de Jesus não resulta em uma transação impessoal, mas em uma transformação pessoal. Por isso, o significado de "levar nossos pecados" não tem tanta relação com punição ou pagamento, mas com remoção do pecado e de seus efeitos nocivos, a fim de restaurar a saúde. A visão da substituição penal oferece pouca ajuda se o problema for vergonha, em vez de culpa. A restauração não pode ser obtida pelo mero "cumprimento de uma pena" ou pelo pagamento de uma dívida com a sociedade". Somente a aceitação amorosa pode restaurar o infrator de volta à comunidade: "Deus perdoa sem exigir satisfação e pagamento em troca".[65]

Por que, então, a cruz? Na visão de restauração relacional, a morte de Jesus mostra que Deus continua a amar mesmo quando sua iniciativa graciosa encontra violenta rejeição: "Jesus *tinha* de morrer, porque só assim o ser humano poderia transferir seu ódio contra Deus para o Filho de Deus e seu ódio contra outros seres humanos para o Filho do Homem".[66] A troca maravilhosa não consiste no fato de Deus punir Jesus em nosso lugar, mas de Deus *não reagir com violência* à violência contra seu Filho; até mesmo a rejeição cheia de ira não fica fora do alcance da graciosa acolhida divina que cura relacionamentos[67]. Assim, a finalidade da cruz não é simplesmente equilibrar a contabilidade moral de acordo com a lógica da troca, mas promover a restauração da comunhão: "O evangelho ocupa-se de relações; Cristo se expõe para a falta do elemento relacional em nós e cria novas relações".[68]

Dentro dessa perspectiva, não há espaço para castigo divino. Deus deseja misericórdia, não sacrifício violento, e isso também se aplica à expiação. Por exemplo, de acordo com Rene Girard, a morte de Jesus não foi um sacrifício, mas um meio de expor a mentira e a violência por trás de todos os mecanismos de sacrifício de bodes expiatórios: "Para nos livrarmos da violência, devemos rejeitar a ilusão da existência de uma violência legítima e segura, a violência da justa retribuição"[69]. A cruz de Cristo, ao mostrar que Deus responde ao mal com o perdão, afasta da humanidade a ilusão da necessidade de retribuição. Portanto, no fundo, a natureza da expiação não é forense, mas *terapêutica*.

---

[64]Veja mais sobre o "viés relacional" em F. LeRon Shults; Steven J. Sandage, *The faces of forgiveness* (Grand Rapids: Baker, 2003), p. 148-56; e F. LeRon Shults, *Reforming theological anthropology: after the philosophical turn to relationality* (Grand Rapids: Eerdmans, 2003).
[65]Raymund Schwager, *Must there be scapegoats? Violence and redemption in the Bible* (San Francisco: Harper & Row, 1989), p. 206.
[66]Ibid., p. 242, n. 28.
[67]Segundo Shults, in: Shults; Sandage, *Faces of forgiveness*, p. 138.
[68]Ibid., p. 159.
[69]Gerard Loughlin, "Girard: introduction", in: Graham Ward, org., *The postmodern God* (Oxford: Blackwell, 1997), p. 102.

A doutrina desdramatizada

As teorias da expiação são culpadas de desdramatização na medida em que não conseguem explicar a "linha direta" de ação. Nesse aspecto, é importante o fato de o próprio Jesus ter enfatizado diversas vezes que lhe era *necessário* sofrer e morrer (Lc 9.22; 17.25; 18.31-34), e morrer exatamente da maneira que ele morreu: uma vítima inocente executada como um criminoso. Por fim, a doutrina da expiação deve explicar por que nossa experiência do amor e do perdão de Deus depende justamente desse clímax cruciforme para a ação divina.

Balthasar enfatiza que, para fazer justiça ao relato bíblico da morte de Jesus na cruz, devemos levar em conta cinco temas: (1) o Filho *entrega a si mesmo* "por nós"; (2) o Filho entrega a si mesmo "por nós" *trocando de lugar conosco*; (3) o Filho *nos salva de* algo (liberta-nos); (4) o Filho *nos salva para* algo (i.e., para participarmos da vida de Deus); (5) o Filho faz tudo isso por obediência ao Pai, que dá partida a todo o processo por causa do seu amor. Segundo Balthasar, embora nenhuma teoria capte a riqueza dramática resumida nesse enredo pentadimensional da cruz, a ideia de que Cristo cumpre as exigências da justiça divina sofrendo em nosso lugar pelo menos tem o mérito de explicar a *necessidade* da cruz. Falando da teoria da satisfação proposta por Tomás de Aquino, Balthasar escreve que a cruz "é mais que um sinal sacramental de que Deus *está* reconciliado com o mundo [...] é, na verdade, o evento *pelo qual* a ira de Deus foi desviada do pecador".[70]

Como a tese da restauração relacional se sai na explicação do clímax teodramático? De acordo com essa tese, Cristo carrega nossos pecados na cruz não no sentido de sofrer uma penalidade, mas "proporcionando uma forma de pessoas feridas serem libertas de seus relacionamentos dolorosos".[71] Mas como? Que forma é essa? Que ligação existe entre derramamento de sangue e vitória sobre o pecado "abraçando-se o pecador de uma forma que cure os relacionamentos rompidos"?[72] Várias teorias que ficaram conhecidas como teorias "não violentas" da expiação foram influenciadas pela ideia de Girard de que a cruz expõe o mecanismo violento do bode expiatório que está no cerne de toda cultura e religião. A ideia geral parece ser que a cruz de Cristo atua, de modo sacramental, como sinal finito de uma graça infinita: a amorosa aceitação por Deus dos seres humanos pecadores, mesmo quando estes o rejeitam. O perdão divino é a "vitória" não violenta de Jesus sobre os poderes que dividem, alienam e oprimem.[73]

A prova de fogo para a teologia da expiação é explicar a necessidade e a eficácia da morte de Jesus como auge da linha direta da ação de Deus na aliança. Vamos abordar essas duas questões uma por vez. Em primeiro lugar, a necessidade da cruz.[74] Se a

---

[70] Hans Urs von Balthasar, *Theo-drama* (San Francisco: Ignatius, 1994), vol. 4: *The action*, p. 265.
[71] Shults; Sandage, *Faces of forgiveness*, p. 198.
[72] Ibid., p. 175.
[73] Veja J. Denny Weaver, *The non-violent atonement* (Grand Rapids: Eerdmans, 2001).
[74] A necessidade em pauta é a "necessidade consequente" da cruz; isto é, dada a decisão de Deus de salvar, por que *então* a morte de Jesus é uma condição necessária para nossa salvação? De forma alguma estou sugerindo que a cruz foi absolutamente necessária a ponto de comprometer a liberdade generosa de Deus ao providenciar nossa salvação.

cruz salva apenas pela revelação de alguma verdade universal — "Deus está do lado das vítimas"; "Deus nos perdoa, aconteça o que acontecer" —, então isso realmente não *muda* nada, a não ser nossa ignorância do princípio. Essa posição tem dois pontos fracos. Primeiro, ela leva ao eclipse de Jesus; pois, uma vez compreendido o *princípio*, a história específica e os eventos a que ela se refere são dispensáveis.[75] Segundo, a pregação da cruz se torna uma afirmação tranquilizadora ("Deus está OK, você está OK"), e não uma transformação radical.

Há dificuldades semelhantes no que diz respeito à eficácia da morte de Jesus. Como ela se dá? O que Deus está *fazendo* para nos salvar na morte de Jesus, com ela e por meio dela? Balthasar considera a tese de Girard bem deficiente como exposição do ponto alto da ação teodramática: "Por que a cruz, se Deus perdoa de qualquer forma"?[76] Essa indagação expõe a principal fraqueza também em outras teorias terapêuticas da expiação. Será mesmo que Deus perdoa sem exigir *nada* em troca? Se a paixão de Cristo — a temida "hora" e o "cálice" que ele pedia em oração que fossem evitados (Mc 14.35,36) — não é a resposta a uma demanda divina, então o que é? E como devemos entender a expulsão do Éden e o Exílio da Terra Prometida, se eles não são castigos divinos (mesmo que apenas tipológicos e provisórios)? O ponto de vista da restauração relacional tem dificuldade para explicar a linha direta da ação teodramática.

O principal problema tanto com a tese da substituição penal quanto com a da restauração relacional é que *cada uma, em maior ou menor grau, separa do drama mais amplo da redenção aquilo que Deus está fazendo na Paixão de Cristo*. O Deus do teodrama bíblico não é nem moralista nem terapeuta; pelo contrário, ele é o Senhor da aliança. Para Girard, no entanto, Deus muda da divindade violenta e colérica do Antigo Testamento para o Deus impotente e não violento do Novo Testamento.[77] No entanto, errar neste ponto, no que diz respeito à identidade-*ipse* de Deus e à identidade-*ipse* da ação teodramática, é errar em todos os lugares. Precisamos de uma maneira de ver o amor e a justiça de Deus atuando um em paralelo com o outro ao longo de todo o drama da redenção e culminando na cruz de Cristo.[78]

A fé canônico-linguística em busca de entendimento teodramático

O desafio na formulação da doutrina da expiação é fazer justiça à linha direta da ação divina, em vez de reduzir a riqueza da ação a um tema ou metáfora. Uma abordagem canônico-linguística se esforça por oferecer um entendimento mais amplo do valor salvífico da morte de Jesus, mais alinhado com o teodrama bíblico em si. Para isso, voltamos às três características da teologia canônico-linguística como uma forma de *scientia* exegética.

---

[75]David S. Yeago, "Crucified also for us under Pontius Pilate", in: Christopher Seitz, org., *Nicene Christianity* (Grand Rapids: Brazos, 2001), p. 90.
[76]Balthasar, *Theo-drama*, 4:312.
[77]Ibid.
[78]Balthasar observa que Girard mistura justiça divina com poder e com a "violência" da retribuição. Mas a "justiça revelada do céu" é justamente a justiça *amorosa* de Deus.

Uma doutrina pós-propositivista

As teorias da expiação costumam privilegiar um conjunto de metáforas, uma ideia complexa, um esquema conceitual (e.g., a punição judicial inspirada em figuras do tribunal; a "vitória" inspirada em figuras do campo de batalha; a "reconciliação" inspirada em figuras de relacionamento pessoal).[79] A teologia canônico-linguística é pós-propositivista tanto no reconhecimento de que as visões da substituição penal e da restauração relacional (sem mencionar várias outras) apoiam-se em determinadas metáforas bíblicas quanto na relutância em reduzir a variedade das metáforas bíblicas a um só esquema conceitual.[80]

Uma abordagem pós-propositivista deleita-se na plenitude pentecostal canonicamente delimitada das figuras portadoras do significado salvífico da cruz. Ela procura estender, em vez de relaxar, a tensão criada pelo diálogo canônico. Uma abordagem canônico-linguística tenta fazer justiça a cada um dos campos metafóricos acionados, em vez de limitar nosso entendimento da ação a apenas uma linha temática.[81] Aliás, uma abordagem pós-propositivista está aberta à possibilidade de que a variedade de teorias da expiação possa ser resultado de um entendimento criativo. Se o contexto do antigo direito romano permitiu que se revelasse certo significado latente da morte de Jesus, talvez nosso próprio contexto terapêutico tenha feito algo semelhante no século 21. Então, não se trata de a visão da restauração relacional substituir a visão da substituição penal, e sim da primeira representar outro passo no entendimento criativo da cruz.

Uma doutrina pós-conservadora

A teologia canônico-linguística é pós-conservadora na valorização do conteúdo cognitivo de metáforas e formas literárias e na busca de entendimento por meio de uma aprendizagem desses modos particulares de produção de sentido. As grandes metáforas de expiação, e as teorias a que deram origem, possibilitaram certos modos de pensar e experimentar a morte de Jesus "por nós". As metáforas bíblicas descrevem, ainda que de forma indireta e incompleta, algo que está realmente acontecendo na morte de Jesus e por meio dela. Chamar Jesus de "Cordeiro de Deus" é, sem dúvida, falar em sentido figurado, mas o uso canônico da figura invoca certas associações (e.g., o sacrifício) e não outras (e.g., lã). Cada uma das metáforas da morte de Jesus ajuda a expressar a ideia principal: Deus de fato agiu na morte de Jesus para mudar alguma coisa, *para salvar*.

A teologia canônico-linguística reconhece a necessidade de uma pluralidade de vocabulários e até de esquemas conceituais para fazer justiça à realidade complexa e

---

[79] Green e Baker propõem cinco constelações de figuras: o tribunal de justiça (justificação), o mundo do comércio (redenção), relacionamentos pessoais (reconciliação), adoração (sacrifício) e o campo de batalha (vitória) (*Recovering the scandal*, p. 23). Henri Blocher também vê cinco grupos de metáforas: sacrifício, punição, resgate, vitória e Páscoa ("The sacrifice of Jesus Christ: the current theological situation", *European Journal of Theology* 8 [1999]: 30).

[80] John McIntyre examina treze modelos de expiação em *The shape of soteriology* (Edinburgh: T. & T. Clark, 1992), p. 44-8.

[81] Isso não impede que se dê mais peso àquelas metáforas aparentemente mais centrais que outras.

multidimensional da morte de Jesus. No entanto, nem toda metáfora ou forma literária — ou, nesse caso, nem toda teoria da expiação — funciona da mesma forma nem no mesmo nível. Jesus morreu de fato — fisicamente — e essa é uma condição necessária, mas não suficiente, para que a cruz seja o clímax da ação. As narrativas bíblicas apresentam a morte de Jesus como uma boa notícia apenas no contexto do drama mais amplo da interação de Deus com Israel: "A cruz de Jesus redime o mundo justamente ao cumprir a vocação específica de Israel"[82]. Assim, parte do que Jesus está realizando na cruz está cumprindo a vocação messiânica de Israel de ser um povo da aliança fiel e obediente, um reino de profetas e sacerdotes (Êx 19.6), uma luz para as nações.

A teologia canônico-linguística reluta em permitir que alguma voz canônica domine as outras. Logo, ela vai além da ênfase de Girard, que reduz a cruz a uma renúncia ao mecanismo do bode expiatório. Essa explicação da morte de Jesus não nos leva mais longe do que o nível político-cultural. Apenas uma grande atenção ao testemunho das Escrituras nos permite ir além dos níveis físico e político, penetrando assim no significado teológico da morte de Jesus. A cruz foi mais do que um acontecimento físico, histórico ou político: ela foi um evento redentor, até mesmo *trinitário*. No nível de sua descrição canônica mais densa, o foco se dirige para a cruz como dádiva que Deus faz de si mesmo: o Pai concorda em entregar o Filho por amor ao mundo; o Filho se entrega pela mesma razão.[83]

Uma doutrina pós-fundacionalista

Um modelo fiduciário (o cânon) é o princípio do conhecimento teológico, seja sobre a morte de Jesus, seja sobre qualquer outra coisa. Uma imaginação canonicamente guiada reúne as várias metáforas em um todo portador de sentido, sem reduzi-las a uma verdade propositiva única. Por quê? Porque diferentes aspectos da realidade vêm à luz apenas sob certas descrições. "Sacrifício" transmite uma ideia; "vitória" e "resgate" transmitem outra ideia. O desafio para a teologia canônico-linguística é evitar a redução das muitas imagens a um único conceito. Dito de forma positiva, a teologia canônico-linguística enfoca o sistema teodramático no qual as muitas metáforas são preservadas e coordenadas[84]. Embora as diversas conceitualizações defendidas pelas várias teorias da expiação, a rigor, não sejam coerentes umas com as outras, elas são, apesar disso, *compatíveis* graças à estrutura integradora da aliança — uma realidade complexa e de vários níveis que combina os aspectos judicial e relacional da morte de Jesus "por nós" em uma peça de roupa tão sem costura como aquela sobre a qual os soldados lançaram sortes. *A morte de Jesus aparece como realmente é apenas no contexto canônico-linguístico, em que ela é o clímax de um drama de aliança em que a substituição penal e a restauração relacional são igualmente importantes e igualmente finais.* É para o desenvolvimento dessa afirmação que nos voltamos agora.

---

[82]Segundo Yeago, "Crucified also for us", p. 94.
[83]A terceira pessoa da divindade também está envolvida. O Espírito é "entregue" na cruz e "distribuído" no Pentecoste. A cruz é, assim, o evento de autodoação do Deus trino e uno.
[84]Já me referi a isso como "adequação intersistemática".

A expiação na perspectiva teodramática: uma maravilhosa troca de improvisações

O ponto forte da perspectiva da restauração relacional está em sua firme compreensão do superobjetivo do teodrama, a saber, a comunhão entre Deus e a humanidade: o "perdão de Deus não visa só anistia, mas também aliança e comunhão".[85] "Assim vós sereis o meu povo, e eu serei o vosso Deus" (Jr 11.4). O ponto forte da perspectiva da substituição penal está em sua firme compreensão da linha direta da ação divina, que C. H. Dodd chama de "ritmo de dois tempos" da história da salvação do Éden até o apocalipse, de Gênesis a Apocalipse: julgamento e restauração; maldição da aliança e bênção da aliança.

A cruz é a condição necessária de uma imensa bênção da aliança: a vida com Deus. A complicação e, portanto, a fonte da tensão teodramática, é o pecado — a disposição humana para negar o Criador. Aqueles que se separam da lei e do amor de Deus rejeitam exatamente a premissa e a promessa da vida abundante; pecado é o supremo "bloqueio" para a comunhão com Deus. O ponto forte da chamada teoria dramática da expiação, de Gustaf Aulén, está em sua ênfase na vitória de Cristo sobre o pecado, considerado não tanto como penalidade, mas como poder pessoal, até mesmo cósmico, que oprime a humanidade e se opõe a Deus. A expiação, para Aulén, sinaliza a vitória de Cristo sobre todos os obstáculos que bloqueiam o objetivo da peça: a comunhão com Deus.[86]

Aulén está certo ao se concentrar no tema do drama, mas errado ao fazer da vitória o tema primordial com a exclusão de outros[87]. A exemplo de Ireneu, ele está certo ao pensar na expiação da perspectiva da *recapitulatio* — Cristo restaurando e aperfeiçoando a criação — mas errado ao pensar em recapitulação principalmente como vitória sobre os poderes hostis.[88] Antes, *a história de Jesus Cristo, que culmina na morte e ressurreição, recapitula — aperfeiçoa e completa — todo o teodrama*. Em particular, Jesus recapitula — repete de forma diferente — a história de Adão e a história de Israel. É essa recapitulação dos eventos centrais no drama da redenção — o Êxodo, o Exílio, a entrada na terra prometida — que, no fim das contas, fornece uma plataforma para o entendimento do significado salvífico da morte de Jesus da perspectiva de uma "troca maravilhosa" superior ao que se imaginava até então.

A forma da troca: improvisadora

Nesse momento, podemos vincular o que Aulén diz sobre a *recapitulação* de Cristo ao que dissemos no capítulo anterior sobre o papel da *reincorporação* na improvisação. Lembremo-nos de que reincorporação é o que improvisadores fazem quando

---

[85]Yeago, "Crucified also for us", p. 99. Ricoeur observa corretamente que "o sistema de conceitos jurídicos nunca esgotou o significado da aliança" (*Conflict of interpretations*, p. 369).

[86]Veja Gustaf Aulén, *Christus Victor: an historical study of the three main types of the idea of the atonement* (New York: Macmillan, 1969).

[87]A alegação de Aulén de que o tema da vitória é a "ideia dominante" da expiação durante a história da igreja primitiva e no próprio Novo Testamento (ibid., p. 6) não obteve aceitação geral.

[88]Ibid., p. 22.

incorporam elementos anteriores na peça a fim de fazer de uma cena uma ação completa e unificada. Agora podemos dizer que Deus estava em Cristo *reincorporando* (com uma diferença) a história de Adão e a história de Israel, *improvisando com um roteiro canônico*. A morte de Jesus foi "segundo as Escrituras" (1Co 15.3), embora de maneira totalmente inesperada. Dizer que Deus estava improvisando a expiação não significa que a morte de Jesus pegou Deus de surpresa, mas sim que *a cruz foi a resposta criativa de Deus a uma situação nova (a rejeição do Messias por Israel), que ao mesmo tempo estava inteiramente em harmonia com o que havia acontecido antes (a aliança com Israel).*

A cruz, como toda boa improvisação, reincorpora a ação anterior: Adão; o Êxodo; sacrifícios de sangue e ofertas pelo pecado; o Exílio; a ceia da Páscoa; os ofícios de profeta, sacerdote e rei; a destruição do Templo — todos são retomados, "recapitulados", na morte de Jesus. Nesse sentido, de especial interesse é a referência de Jesus à sua morte como sua "partida" (*exodon*) de Jerusalém (Lc 9.31). O êxodo de Jesus, assim como o grande acontecimento salvífico do Antigo Testamento, que é seu homônimo, também leva a uma nova entrada, a saber, a entrada do Espírito Santo. Nas palavras de Jesus: "... é para o vosso benefício que eu vou. Se eu não for, o Consolador não virá a vós" (Jo 16.7). O êxodo de Jesus é a condição da possibilidade de uma nova entrada na nova "terra prometida" do Espírito Santo: uma entrada no reino, e na vida, de Deus.

Assim como a cruz "improvisa" sobre o que a precedeu, as metáforas sacerdotais e sacrificiais podem reivindicar uma condição privilegiada, pois, de acordo com o livro de Hebreus, o sistema levítico para lidar com o pecado era *tipo* de uma realidade futura maior. No entanto, a ideia de sanção da aliança é tão importante quanto a noção de sacrifício. Os profetas várias vezes advertiram Israel de que a desobediência à palavra de Deus resultaria em julgamento. Não se rompe uma aliança sem consequências. Infringir a lei de Deus é mais que um fenômeno jurídico; é também a ruptura de um relacionamento pessoal. Por causa de nossa rejeição de Deus, diz Barth, merecemos ser punidos "de uma forma que implica nossa total destruição"[89]. A única alternativa é Deus tomar nosso lugar: "Isso é o que custa para Deus ser justo sem nos aniquilar"[90]. Deus vence nossa oposição ao suportá-la. O Filho de Deus toma sobre si a maldição da aliança — um "exílio" da presença de Deus. O juízo, parte do compasso de dois tempos da história da redenção, cai direta e decisivamente sobre *ele*.

O que mais surpreende é a maneira pela qual Deus justifica os pecadores enquanto permanece fiel a si mesmo e à sua palavra: ele cumpre sua promessa ao ímpio sem tornar-se ímpio ele mesmo. A morte de Jesus na cruz é tanto uma incrível surpresa quanto, ao mesmo tempo, está inteiramente de acordo com o caráter gracioso de Deus. Todavia, é importante não esquecer que no drama da redenção estão presentes as maldições por causa de desobediência; Deus permanece fiel a *essas* palavras também. Negar a justiça e o julgamento de Deus é cair em uma dicotomia "gnóstica" entre o Deus do Antigo Testamento e o Deus do Novo.

A morte de Jesus salva porque é o meio pelo qual Deus "hiperaceita" o pecado, tomando sobre si mesmo a culpa, a vergonha e o poder do pecado, a fim de superá-lo.

---

[89] Karl Barth, *Church dogmatics*, II/1:399.
[90] Ibid.

Lembremo-nos de que hiperaceitação é a reação de um improvisador ao incorporar em uma narrativa mais ampla o que outro ator diz ou faz, em vez de aceitá-lo em seus próprios termos ou bloqueá-lo. A lógica de aliança da "ação direta" de Deus extrapola a equivalência econômica do "olho por olho" com uma hipereconomia de excesso de amor: "muito *mais*..." (Rm 5.17). Pois aquilo a que Deus renuncia — seu único Filho — é *mais* do que o necessário. A troca que cumpre as Escrituras e a aliança não é só econômica, mas *excessiva* — nem previsível nem calculável, mas totalmente misteriosa e extremamente generosa. No final das contas, a "troca maravilhosa" é menos econômica do que escatológica: Jesus dá seu corpo e sangue por nós, e, em troca, recebemos seu Espírito e vida. Essa transação não é comercial, mas de aliança.[91] *A cruz, então, é o desenrolar histórico de uma improvisação eterna pela qual o Deus trino e uno ama o ímpio de forma criativa enquanto continua sendo ele mesmo.*

A substância da troca: obediência

Será que a cruz legitima a violência ou incentiva a vitimização? De modo nenhum. A cruz não tolera nenhuma das duas. A mensagem da cruz não é simplesmente que Deus está do lado das vítimas inocentes, pois, como o apóstolo Paulo nos lembra, não há justo, nem um sequer (Rm 3.10). A vitimização como tal não é salvífica, e tampouco o sofrimento. O *único* sofrimento, e morte, que salva o mundo é o de Cristo: "Essa morte em particular com seu sujeito único, Jesus de Nazaré, em seu lugar ímpar dentro de um contexto narrativo específico, e justamente em sua particularidade, é a redenção do mundo".[92] A substância dessa troca excessiva — o "conteúdo" da cruz que salva o mundo — é a obediência filial de Jesus, tanto "ativa" quanto "passiva": sua ação em troca de nossa inação; sua paixão em troca de nossa ação (pecaminosa).

Calvino está alerta para o sentido da cena em que a morte de Jesus é representada. Ele afirma não ser coincidência, mas ironia dramática da mais alta ordem, o fato de que Jesus, um homem justo, tenha sido condenado à morte como criminoso em um tribunal de justiça. Não poderia haver imagem mais clara de Jesus morrendo "no lugar do pecador".[93] Calvino passa a notar que "mesmo na morte em si, o que importa é sua obediência espontânea",[94] porque, caso contrário, sua morte não seria uma troca voluntária. Nas palavras de Jesus: "ninguém a tira [a minha vida] de mim" (Jo 10.18). A obediência do Filho, em última análise, significa que Deus Filho cumpre a palavra do próprio Deus: não apenas as estipulações da Lei, mas, acima de tudo, a promessa a Abraão de abençoar todo o mundo por meio de sua semente. A obediência de Jesus é nossa salvação porque ele *é* "o Deus que cumpre sua palavra".

Jesus demonstra uma obediência ativa não só em sua vida e ao morrer, mas também em *estar morto*. A contribuição original de Balthasar para a teologia da expiação

---

[91]Para um tratamento mais completo desse tema, veja, de minha autoria, "Atonement in postmodernity", esp. p. 396-401.

[92]Yeago, "Crucified also for us", p. 97.

[93]Calvino, *Institutas* 2.16.5. Calvino também detecta ironia na declaração de Pilatos de que Jesus é justo (Jo 18.38), assim pressagiando o veredicto de Deus Pai encenado pela ressurreição.

[94]Ibid.

está em sua ênfase de que a missão salvífica de Jesus também envolvia coisas que não podiam ser cumpridas em sua vida terrena. Jesus não teve só de assumir a humanidade e morrer fisicamente, mas teve de assumir a *morte* propriamente dita, ser eliminado da presença de Deus. Jesus não só morreu em nosso lugar; ele *esteve morto* em nosso lugar.[95] O ato de salvação não foi apenas um "êxodo" (*viz.*, partir, morrer) mas um "exílio" (*viz.*, morte, separação de Deus). Jesus assumiu não só nosso castigo, mas a própria *condição* do pecado: morte *e condenação*. Calvino diz (quase) isso quando destaca que, se a morte de Cristo fosse apenas física, ela teria sido ineficaz.[96] A "descida ao inferno", para Calvino, é a expressão do tormento espiritual que Cristo sofreu em nosso favor.[97] Como tal, ela é o ponto alto/baixo do teodrama, não necessariamente como um evento posterior ao "foi sepultado", mas justamente como expressão do comprimento, da largura e da profundidade do sofrimento redentor de Cristo.

O resultado da troca: edificação

A morte de Jesus salva porque é a condição necessária e suficiente para a restauração das "justas relações de aliança" entre Deus e a humanidade.[98] "Justas" preserva a percepção básica da visão da substituição penal; "relações" mantém a perspectiva da restauração relacional. E "de aliança" qualifica as duas. A morte de Jesus salva porque alcança a *justiça da aliança* (não apenas da lei) e o *relacionamento de aliança* (não apenas interpessoal). É fundamental não exagerar na separação entre o "legal" e o "relacional". Ambos são aspectos válidos da aliança, mas não se pode reduzir a aliança a um ou outro apenas. O judicial e o interpessoal são igualmente definitivos, porque a cruz cumpre ambos os lados da aliança — Lei e promessa, justiça e amor —, embora a iniciativa pertença exclusivamente ao amor de Deus. A metáfora do casamento, tão favorecida por Oseias para descrever a relação de Deus e Israel, transmite admiravelmente os dois aspectos: "Não há nada mais pessoal do que as relações conjugais".[99] No casamento, os cônjuges fazem um ao outro uma promessa irrevogável, criando um relacionamento de aliança que inclui tanto a dádiva (a promessa, a oferta de si mesmo) quanto a lei (o caráter irrevogável do compromisso).

A cruz recapitula a linha direta da ação de aliança de Deus e, como tal, é dirigida ao superobjetivo do teodrama, ou seja, a finalização e a perfeição da imagem de Deus na humanidade, a criação de um povo com quem Deus possa ter comunhão e desfrutar de um relacionamento justo. Aqui, também, podemos falar de uma troca maravilhosa, ao mesmo tempo edificante e escatológica: *uma troca de corpos*. Jesus

---

[95]Veja Edward T. Oakes, *Pattern of redemption* (New York: Continuum, 1994), p. 237. É dessa forma que Balthasar interpreta a afirmação do credo de que Jesus "desceu ao inferno".
[96]Calvino, *Institutas* 2.16.10.
[97]É interessante observar que Calvino sugere que, ao passar pela "morte", e não apenas pelo "morrer", Cristo teve de "lutar corpo a corpo com os exércitos do inferno e com o pavor da morte eterna" (*Institutas* 2.16.10), abraçando assim a ênfase de Aulén na "vitória" dentro de uma visão da expiação como satisfação da aliança.
[98]A rigor, as justas relações de aliança existem entre Deus e a humanidade *em Cristo*.
[99]Blocher, "Sacrifice of Jesus", p. 32.

entrega seu corpo e sangue por nós, e, em troca, recebemos seu Espírito, a energia vital ou "sangue", por assim dizer, de um novo corpo: a igreja.

Êxodo 24 oferece um cenário especialmente intrigante para o entendimento da relação da morte de Jesus com o superobjetivo do teodrama. Moisés, Arão e setenta anciãos de Israel são convidados a subir o monte Sinai e fazer uma refeição na presença de Deus. Antes disso, eles realizam uma cerimônia de ratificação da aliança que inclui a leitura do livro da aliança para o povo e o derramamento de sangue sobre o altar e sobre o povo: "Este é o sangue da aliança que o Senhor fez convosco a respeito de todas estas coisas" (Êx 24.8). Apenas então, Moisés e os anciãos comem e bebem diante de Deus (24.11). Mais tarde na história de Israel, a presença de Deus, bem como o processo de purificação para o encontro com Deus, está situada no templo e com ele identificada. Os dois temas — presença e purificação — estão unidos; os seres humanos podem ter comunhão com o Deus santíssimo somente se tiverem sido purificados do pecado e da injustiça. A presença de Deus é amorosa, com certeza, mas também é terrível: "Não poderás ver a minha face, porque homem nenhum pode ver a minha face e viver" (Êx 33.20).

Na época de Jesus, o primeiro templo havia sido destruído, e o templo restaurado havia se tornado um lugar de comércio. Após purificar o templo — uma ação altamente controversa e um dos pontos críticos do terceiro ato —, Jesus afirmou ser a substituição definitiva do templo: o novo local da presença de Deus e o novo meio de purificação.[100] Tal simbologia do templo também evoca indiretamente a simbologia da ratificação da aliança de Êxodo 24. A reincorporação que Jesus faz de temas e eventos anteriores no teodrama nos dá motivo para entender sua morte como a *ratificação definitiva da aliança*: a palavra de aliança definitiva; a purificação definitiva com o sangue da aliança. Assim como os anciãos em Êxodo 24 comeram e beberam depois de feita a ratificação da aliança com sangue, também os discípulos de Jesus comem e bebem a ceia do Senhor.

Já descrevemos o final do teodrama da perspectiva de um projeto de construção.[101] Deus está construindo uma casa em que ele possa habitar. A obra do templo realizada por Jesus, em que ele desempenhou tanto o papel de sacerdote quanto de cordeiro, representa mais uma improvisação no projeto de construção de Deus. A "casa" ou templo em que Deus agora habita para estar com seu povo não é mais uma estrutura física, mas social: o povo de Deus, do qual Cristo Jesus é a pedra angular (Ef 2.20,21). O Espírito também está envolvido nesse projeto de construção divino (Ef 2.22). O mesmo Espírito que pairava sobre as águas e que desceu sobre Jesus também desce sobre o povo de Deus. O Espírito criativo, o Espírito da vida, nos une com a fonte da vida (Deus Pai) e forma a vida de Cristo (Deus Filho) em nós. A igreja é uma casa espiritual, onde ser "espiritual" significa ter a palavra e as ações motivadas pelo Espírito Santo e conformadas à imagem cruciforme de Cristo.

---

[100]Veja Bruce Chilton, *The temple of Jesus: his sacrificial program within a cultural history of sacrifice* (University Park: Pennsylvania State University Press, 1992).

[101]Veja o cap. 1.

A identidade teodramática: estar "em Cristo"

O objetivo da doutrina da expiação, assim como de outras doutrinas, é ajudar-nos a entender o teodrama, esclarecer nosso papel nele e nos dirigir para representarmos bem nosso papel. A ênfase do presente capítulo está nas duas primeiras tarefas, entender a ação e esclarecer nosso papel. Em particular, enfatizamos como a doutrina da expiação decorre da teologia canônico-linguística como uma forma de *scientia* exegética. A doutrina da expiação, argumentamos, é um hábito da imaginação teodramática canonicamente normatizado que nos ajuda a entender o significado da morte de Jesus sob a ótica do teodrama mais amplo.

O presente capítulo também enfatiza a importância da doutrina para estabelecer a identidade cristã. A identidade cristã é teodramática: no final, quem somos é algo definido da perspectiva da pessoa e da obra de Jesus. Como tal, a identidade cristã é dom e tarefa. A doutrina esclarece a natureza do dom (a união com Cristo) e nos prepara para a tarefa (tornarmo-nos como Cristo). A esse respeito, a doutrina da expiação nos prepara para pensar, imaginar e até *sentir* que aquilo que somos resulta do fato de termos morrido e ressuscitado com Cristo. Graças à morte de Cristo, temos *união com ele* e, portanto, reconciliação com Deus. *A doutrina da expiação nos dirige para imaginarmos (porque isso não pode ser empiricamente observado) que Deus nos aceita "em Cristo", e disso resulta nossa união com Cristo.*

A expiação não é simplesmente um evento histórico com o qual estamos relacionados de longe, mas o evento constitutivo de nossa nova humanidade. A identidade cristã é impensável longe desse clímax teodramático. O apóstolo Paulo, por exemplo, situa sua identidade na morte de Jesus: "Já estou crucificado com Cristo" (Gl 2.19). Além disso, o "eu" que vive em Paulo não é mais o ego de Paulo, mas *de Cristo*, ou, como poderíamos também dizer, o *Espírito* de Cristo: "Portanto, não sou mais eu quem vive, mas é Cristo quem vive em mim" (Gl 2.20). Paulo considera sua narrativa tão entrelaçada com a de Jesus, que até sua identidade é inseparável da identidade de Cristo.

Calvino também percebeu que "enquanto Cristo está fora de nós [...] tudo o que ele sofreu e fez para a salvação da raça humana permanece inútil e sem nenhum valor para nós".[102] A morte de Jesus Cristo é eficaz apenas se de alguma forma estivermos conectados a ela. Calvino refere-se a isso como "união mística" e apresenta o Espírito como o elo, o laço que nos liga, pela fé, a Cristo, permitindo-nos desfrutar dos benefícios tanto da justificação ("nós em Cristo") quanto da santificação ("Cristo em nós"). O que o Espírito comunica a quem está em Cristo não é sua natureza essencial, mas seu *caráter*, isto é, seu modo característico de atividade — seu *espírito*. Os cristãos não têm apenas o espírito humano, mas o "Espírito de Cristo", que neles habita (Rm 8.9; 1Pe 1.11). Esse "místico *é*", não o "mágico *se*" de Stanislavski, é o que, por fim, esclarece a identidade do discípulo: uma pessoa "em Cristo".

---

[102] Calvino, *Institutas* 3.1.1.

Estar "em" Cristo é uma figura cativante que se refere não tanto a *onde* estamos, mas ao *que somos* e a *quem* somos. Estar "em Cristo" é estar sob o senhorio de Cristo.[103] Estar em Cristo é fazer parte da vanguarda de uma nova criação dotada de vida pelo Espírito de Cristo. Estar em Cristo é compartilhar ou participar da morte e ressurreição de Jesus, de modo que os eventos que aconteceram com ele agora se tornam parte da narrativa de nossa própria vida. Assim, a doutrina faz mais do que nos conferir um papel; a doutrina descreve o mais profundo eu de uma pessoa, sua mais verdadeira identidade, sua vida "escondida com Cristo em Deus" (Cl 3.3). A doutrina nos prepara para uma participação adequada no drama da redenção dizendo-nos quem realmente somos.

A questão da identidade pessoal tornou-se hoje tão politizada, que a caracterização de um indivíduo — segundo raça, gênero, classe — desorganiza todas as generalizações sobre o que significa ser humano. Mas estar em Cristo não é nenhuma generalização; pelo contrário, estar em Cristo diz respeito à forma concreta da vida histórica de Jesus. Identificar-se "em Cristo" talvez seja a descrição mais radical possível no sentido de que nenhuma outra descrição expressa com tanta profundidade a "base de nosso ser". De acordo com Gálatas 3.28, a identidade de uma pessoa em Cristo é mais radical ou fundamental que raça, gênero ou classe, tanto que "[n]ão há judeu nem grego, não há escravo nem livre, não há homem nem mulher, porque todos vós sois um em Cristo Jesus". Para nosso ser, então, ser cristão não é incidental como ser americano, branco ou canhoto. Pelo contrário, longe de ser um mero acidente ou complemento a algo já substancial, nossa união com Cristo define nosso próprio ser.

A VOCAÇÃO DO DISCÍPULO: SER REAL

A doutrina pode ser dramática, mas está longe de ser fictícia. A teologia não tem relação alguma com ilusão ou com fingir ser algo que não se é. Pelo contrário, a teologia exorta os fiéis *a se tornarem algo que já são* — a participar da realidade escatológica do reino vindouro de Deus. Infelizmente, há cristãos nominais que, na realidade, fingem durante toda a vida; como já vimos, a hipocrisia é um perigo sempre presente. A igreja não precisa de mais atores mecânicos; nem precisa de super-homens que mantenham em segredo a verdadeira identidade. Pelo contrário, os discípulos cristãos devem crescer em sua nova identidade e desempenhar seu papel em público com paixão e verdade. Eles devem crescer e se tornar adultos em Cristo (Ef 4.15).

A doutrina nos ajuda a manter os pés no chão e a sermos nós mesmos. Ela faz isso em parte pela desmitologização de nossas fantasias e pela desconstrução de nossos mitos engenhosamente concebidos. C. S. Lewis observa que aquilo que costumamos chamar de nosso eu é, em grande parte, uma construção dramática, a exemplo do palco que chamamos de "mundo real". O teodrama, longe de ser uma fantasia, é na verdade um vislumbre e uma amostra da realidade. Mas é somente através da oração

---

[103] Veja M. A. Seifrid, "In Christ", in: *Dictionary of Paul and his letters* (Downers Grave: Inter Varsity, 1993), p. 433-6 [edição em português: *Dicionário de Paulo e suas cartas* (São Paulo: Vida Nova/Paulus/Loyola, 2008)].

que ganhamos consciência de nosso verdadeiro ser por trás da máscara que chamo de "eu": "Agora, o momento de oração é para mim [...] a consciência, a consciência redespertada, de que esse 'mundo real' e o 'eu real' estão muito longe de ser realidades basilares".[104] A oração, a exemplo da própria doutrina, é um poderoso tônico de realidade que expõe nossas construções artificiais psicológicas e sociais como nada mais que imagens brilhantes, um teatro de sombras.

Orar "Pai Nosso..." é começar a deixar que uma nova imaginação molde nosso senso de ego. Chamar a Deus de "Pai Nosso", diz Lewis, é *disfarçar-se de Cristo*. Mas esse disfarçar-se não é fingimento, nem tem relação alguma com hipocrisia. Pois a doutrina nos dirige para participarmos do teodrama justamente revestindo-nos do "novo eu" (Cl 3.10) e do Senhor Jesus Cristo (Rm 13.14). Tal imaginação não é fictícia; é, pelo contrário, uma percepção da realidade de uma perspectiva escatológica. Como Lewis comenta: "Muitas vezes, a única maneira de conseguir uma qualidade na realidade é começar a se comportar como se você já a tivesse".[105]

Adequando-se ao papel: a identidade como tarefa

Nossa identidade "em Cristo" é tanto um dom quanto uma tarefa. Discutimos o aspecto de nossa identidade como dom sob a rubrica da eleição, a escolha divina de elenco que nos confere o papel de "filhos de Deus". Os escolhidos em Cristo têm o privilégio e a responsabilidade de aprender seu novo papel, ou melhor, de se adequar a esse novo papel como pessoas refeitas à imagem de Jesus Cristo (Rm 8.28). Embora o chamado divino seja decisivo, pois determina nossa identidade, nossa resposta ao chamado também é importante. A maneira como respondemos determina se vamos abraçar nossa identidade dada por Deus ou se vamos procurar (como tolos) forjar a nossa, se aceitamos nossa hiperaceitação da parte de Deus ou, na tentativa de nos tornarmos sábios aos nossos olhos, nos tornamos hipócritas. Realizar a própria identidade "em Cristo" é, portanto, uma tarefa do discípulo, tarefa que requer sabedoria prática e, assim, a dieta da doutrina.

Pessoalidade, já estudamos, não é, em última instância, uma questão dos papéis sociais que desempenhamos, mas de nossa vocação teológica; segue-se que a doutrina é salutar para a realização da individualidade genuína. Somente em Jesus Cristo a identidade pessoal e o papel coincidem com perfeição: "só no drama do Deus-homem encontramos identidade entre o ator sublime e o papel que ele tem de desempenhar".[106] Em todos os outros, há certo abismo ou tensão entre identidade (quem somos, nossa pessoalidade) e papel (o que dizemos e fazemos, nossa *persona*), entre o que somos chamados a ser em Cristo e o que somos realmente capazes de concretizar de nosso destino nesta vida. A tensão em questão é dramática, ou melhor, escatológica, e gera a necessidade de *nos tornarmos* na realidade o que *somos* em Cristo.

---

[104]Lewis, *Letters to Malcolm*, p. 81.

[105]C. S. Lewis, *Mere christianity* (Glasgow: Collins, 1995), p. 158 [edição em português: *Cristianismo puro e simples* (São Paulo: Martins Fontes, 2008)].

[106]Balthasar, *Theo-drama*, 1:646.

A doutrina auxilia nesse processo de nos tornarmos quem realmente somos, ajudando-nos a experimentar, ver e imaginar a realidade escatológica que nos define como filhos de Deus. Balthasar, comentando nosso morrer e ressuscitar com Cristo (Rm 6.3ss.), diz: "O 'indicativo' desse evento está sempre se expressando como um 'imperativo': *devemos permitir que aquilo que é verdadeiro em si mesmo seja verdadeiro em nós e por nós*".[107] O drama da identidade pessoal diz respeito ao processo pelo qual avançamos para a individualidade autêntica, um processo que nos leva da representação de vários papéis na sociedade até o abraçar de nossa vocação "em Cristo". A doutrina nos ajuda a nos adequarmos a nosso papel, e o papel a se adequar a nós. Um crítico de teatro refere-se ao processo pelo qual aprendemos nosso papel como o "milagre da encarnação". O que ele diz sobre a personagem de Hamlet se aplica ainda mais à nossa crescente conformidade a Jesus Cristo: "Você se torna o anfitrião dele. Você o convida para si. Empresta-lhe seu corpo, sua voz, seus nervos; mas é a voz de Hamlet que fala".[108] *A doutrina dá direção para a integração do papel do indivíduo com sua identidade por meio da fé em Jesus Cristo.*

Adequar-nos ao nosso papel é outra maneira de falar da formação espiritual, o processo pelo qual o Espírito Santo forma a vida de Cristo em nós. A doutrina é um ingrediente vital na formação espiritual, visto que o Espírito nos transforma pela renovação de nossa mente (Rm 12.2). Apenas o Espírito Santo "pode fechar o trágico abismo entre pessoa e papel na missão".[109] O Espírito é a realização na consciência humana do veredicto do Pai no Filho: "Consciência é a presença para mim do reflexo do efeito moral de minha nova identidade criada em Cristo por meio do Espírito Santo".[110] A consciência é escatológica; ela dá testemunho do que já sou em Cristo e do que também estou me tornando pelo poder do Espírito Santo: "a consciência é meu ouvir do chamado de meu eu aperfeiçoado".[111]

A formação espiritual começa com o reconhecimento do que Deus fez por mim e por todo o povo de Deus: "Eu sou *chamado* (pelo Pai), estou *crucificado* (com o Filho), sou *conformado* (à imagem do Filho pelo Espírito)". A formação espiritual está enraizada na realidade, a realidade que a doutrina nos ajuda a entender e viver. *A doutrina ajuda na formação espiritual educando-nos para, em nosso falar, pensar e agir, corresponder à realidade do que Deus está fazendo em Cristo por meio do Espírito.* Esse é o objetivo, por exemplo, da doutrina da expiação: descrever o que Deus fez para nos tornar novas criaturas em Cristo. *Assim, atingimos verdadeiro autoconhecimento não pela introspecção, mas conhecendo o que Deus estava fazendo em Cristo.* Então, passando a conhecer a Deus, passamos a conhecer a nós mesmos como pessoas renovadas e refeitas à imagem de Deus: "Eu sou aquilo que me torno em Cristo, por meio do Espírito".[112]

---

[107] Balthasar, *Theo-drama*, 4:242, grifo do autor.
[108] Robert Edmond Jones, *The dramatic imagination* (New York: Theatre Art Books, 1969), p. 33.
[109] Balthasar, *Theo-drama*, 1:646.
[110] John Webster, *Word and church* (Edinburgh: T. & T. Clark, 2001), p. 258-9.
[111] Ibid., p. 259.
[112] Ibid., p. 265.

Em suma, a doutrina serve ao projeto de formação espiritual ajudando-nos a compreender melhor tanto a ação quanto o ator nos quais descobrimos nossa verdadeira identidade. Os cristãos são pessoas "em Cristo", pessoas que o Espírito une a Cristo e nas quais o Espírito forma Cristo. Em comparação com essa descrição teológica de quem somos, a política de identidade dominante em nosso tempo parece afirmativamente idólatra, visto que atribui o mais elevado grau àquilo que ocupa apenas o penúltimo lugar em importância. Então, em vez de reforçar marcadores de identidade secundária, como gênero, raça e classe, a teologia deve concentrar-se na formação espiritual: a formação da vida de Cristo em seus discípulos por meio do ministério da Palavra e do Espírito. A doutrina fornece direção para viver de formas consistentes com a verdadeira identidade da pessoa como discípulo e, ao fazer isso, alicerça a identidade do discípulo na identidade de Jesus Cristo.

Testemunhar de Cristo: a vocação se torna identidade

A doutrina situa a identidade cristã "em Cristo", mas não confunde o discípulo com seu Senhor. A pessoa e a obra de Jesus são exclusivas; os cristãos não são idênticos a Cristo. No entanto, a identidade cristã está inseparavelmente ligada à de Cristo, pois ser cristão é tanto estar em Cristo quanto ser seu seguidor. Como vimos, a pessoa de Jesus está totalmente ligada à sua obra, tanto que ele é o que ele faz: o "mediador", a paz de Deus. Aliás, Calvino diz que, por ter se dedicado tão completamente a nos salvar, Cristo "de certa forma esqueceu-se de si mesmo".[113] Assim também, a vocação do discípulo é concentrar-se tanto em seu chamado, que venha a "esquecer-se de si mesmo".

A identidade e o papel de Jesus se uniram em sua missão singular; de modo semelhante, nossa identidade e papel também se fundem na noção de testemunha. Pois discípulos participam da missão de seu Senhor atestando o poder e o caráter decisivo dessa missão em tudo o que dizemos e fazemos. Somos imitadores de Cristo não porque precisemos completar sua missão, mas para dar testemunho de sua natureza *definitiva*. O propósito da doutrina é nos conformar à verdade, verdade à qual nos conformamos dando o verdadeiro testemunho do que Deus fez e está fazendo em Cristo pelo Espírito. Damos verdadeiro testemunho falando e corporificando a verdade em amor. Corporificar a verdade do evangelho é viver de tal maneira que palavras e atos sejam testemunhos do amor e conhecimento de Deus manifestados "em Cristo". A vocação do discípulo cristão é, portanto, participar — dizer, fazer e *ser* — do amor de Deus que se fez carne em Jesus Cristo. Nossa vocação torna-se assim nossa identidade: atingimos a genuína individualidade justamente como testemunhas de Jesus Cristo, da verdade do evangelho acerca de Deus e da humanidade.

Assim, a vocação do discípulo é viver "em Cristo" e, portanto, *ser real*. Em outras palavras, discípulos são testemunhas da realidade escatológica, da nova criação inaugurada pelo Cristo ressurreto. No entanto, eles não são réplicas idênticas. Embora nosso papel seja dar testemunho de Cristo, o modo como o desempenhamos cabe a nós, pelo menos em parte. Pois devemos *nos* colocar no papel, e este em *nós*. Agostinho,

---
[113] Calvino, *Institutas* 2.17.6.

em uma discussão sobre como encarnar os resultados da exegese bíblica, exorta seus leitores a uma "retórica da vida". Nosso padrão de comportamento pode ser uma espécie de "discurso", um sermão vivido.[114] Há até espaço para improvisar o papel de discípulo, desde que improvisemos com um roteiro e atuemos espontaneamente de acordo com nossa nova natureza. É o Espírito que leva os atores humanos a transformar sua vida em "modelos legíveis" de Jesus Cristo. O papel do Espírito é personalizar e contextualizar a vida de Jesus em nós (e.g., o papel em nós) para que ela se ajuste de modo adequado às novas situações culturais. É assim que seguimos o drama da vida de Cristo: não por meio de uma repetição uniforme, mas repetindo-a para dar continuidade à linha direta da ação comunicadora da Palavra a fim de encarnar a mesma "ideia" (i.e., o conhecimento de Deus) e ação (i.e., o amor de Deus) básicas em diferentes situações.

Concluindo, a vocação do discípulo não é fingir, mas retirar as máscaras que obstruem sua verdadeira identidade em Cristo. Aqueles que representam bem seu papel são testemunhas da realidade, da palavra da promessa e da verdade cumprida em Jesus Cristo. Para interpretar bem nosso papel, no entanto, precisamos atuar com outras pessoas. Nosso chamado em Cristo é, em última análise, uma vocação *corporativa*: "O palco montado diante dos olhos do mundo, para o qual [o cristão] é enviado como ator, está sempre ocupado por um *ensemble* de colegas atores; o cristão está inserido no *ensemble*".[115] Portanto, o drama da doutrina atinge uma conclusão adequada apenas quando é encenado por toda a igreja.

---

[114]Agostinho, *Da doutrina cristã* 4.29.61.
[115]Balthasar, *Theo-drama*, 1:647.

CAPÍTULO 12

A doutrina e a igreja
◆ *A companhia teatral do evangelho*

Doutrina cristã é o que a igreja acredita, ensina e confessa enquanto ora e sofre, serve e obedece, celebra e aguarda a vinda do reino de Deus.
— Jaroslav Pelikan[1]

O que importa não é que Deus seja um espectador e participante de nossa vida hoje, mas que sejamos ouvintes atentos e participantes da ação de Deus na história sagrada, a história de Cristo na terra.
— Dietrich Bonhoeffer[2]

O Púlpito dita a Regra; o Palco, o Exemplo.
— Anônimo, século 17

A doutrina possibilita que os indivíduos participem de modo adequado do teodrama ajudando-os a entender como seu papel coincide com sua verdadeira identidade como pessoas novas "em Cristo". No entanto, os cristãos, em última instância, têm uma vocação coletiva, em vez de meramente individual: participamos de modo adequado como indivíduos recriados em Cristo só quando nos tornamos parte do corpo maior "de Cristo". O clímax do teodrama é um ato obediente que de muitos faz *um*; por meio da cruz e da ressurreição, Deus está formando um novo povo da aliança para

---

[1]Jaroslav Pelikan, *Development of Christian doctrine: some historical prolegomena* (New Haven: Yale University Press, 1969), p. 143.
[2]Dietrich Bonhoeffer, *Life together* (Minneapolis: Fortress, 1996), p. 62 [edição em português: *Vida em comunhão*, tradução de Ilson Kayser (São Leopoldo: Sinodal, 2009)].

comunhão com ele e uns com os outros. Portanto, convém concluir este estudo do papel da doutrina *na* igreja examinando a doutrina *da* igreja.

Porque o cânon é a carta magna e constituição da nova aliança, segue-se que a igreja, o povo da nova aliança, deve ser também o povo do cânon. A "igreja" é a companhia do evangelho, que se reúne para ser dirigida justamente por esses textos e por suas práticas canônicas concomitantes. É o texto canônico que dirige a comunidade de leitores, e não o inverso. A teologia não é tanto uma questão de *in*doutrinação mas de *ex*doutrinação: a prática do ensino cristão. Além disso, a prática do cânon resulta na edificação da igreja. "Nenhuma sistematização sem edificação" seria adequada como lema canônico-linguístico. *Edificar a igreja é habilitá-la a apresentar o drama da redenção em sua vida coletiva.*

Os cristãos vão à igreja para edificar e para serem edificados em Cristo. Nós vamos à igreja para ensaiar, para celebrar e para compreender melhor o drama da redenção. E saímos da igreja para servir ao mundo, para encenar nosso papel no drama da redenção. A igreja é, portanto, o teatro no qual o mundo vê o amor de Deus encenado vez após vez: "[A] igreja é o testemunho que o Espírito dá [...] o sinal [...] que o Espírito apresenta perante as nações".[3] A igreja celebra o "Deus conosco", comunica a realidade do "Deus conosco" e confronta as crenças e práticas que *enganosamente* reivindicam "Deus conosco".

Embora a relação entre igreja e teatro tenha sido de antagonismo na maior parte da história, em certo sentido, os destinos da igreja e do teatro estão unidos. Os reformadores condenaram a celebração da missa como "mero teatro", dando assim uma conotação negativa a ambos, Eucaristia e teatro. O problema, como os reformadores viram, era a falta de participação da congregação, que havia se tornado mera espectadora. No entanto, em muitas igrejas protestantes, as congregações se tornaram meras ouvintes da palavra proclamada, satisfeitas em deixar o pastor dirigir e ser o show. De fato, há um aspecto de teatro na igreja, embora ela seja muito mais que um mero show. Calvino normalmente refere-se, nas *Institutas* e em outras obras, ao céu e à terra como "teatro" (*theatrum*) da glória de Deus. A igreja, da mesma forma, deve ser um *teatro do evangelho* encenado nos diversos palcos culturais em todo o mundo: "Uma característica especial do teatro é que tudo no palco é um signo ou sinal".[4] Assim como o corpo do ator é o principal veículo da semiose teatral, também o corpo de Cristo, a igreja, é o principal portador do signo do amor de Deus pelo mundo.

Este capítulo trata da natureza da participação da igreja no drama da redenção. Qualquer descrição da igreja que seja densa o bastante deve incluir algo sobre a igreja não só como povo de Deus, mas como a *presença* de Deus no mundo. Há quem tenha afirmado que a igreja, como signo/presença peculiar do Deus trino e uno, é em si mesma um sacramento. No teatro sacramental, palavras e ações eclesiais fazem a mediação da graça de Deus. Essa é uma das possíveis interpretações de como a igreja

---

[3] David S. Yeago, "The Bible", in: James J. Buckley; David S. Yeago, orgs., *Knowing the triune God* (Grand Rapids: Eerdmans, 2001), p. 63, ordem levemente alterada.

[4] Sarah Beckwith, *Signifying God: social relation and symbolic act in the York Corpus Christi plays* (Chicago: University of Chicago Press, 2001), p. 62.

participa do drama da redenção: mediando a graça de forma sacramental. O presente capítulo assume uma posição diferente, a saber, que a igreja não é tanto um sacramento mas um meio de *significar* a graça divina derramada em Cristo através do Espírito.

"Sede imitadores de Deus" (Ef 5.1). Nenhuma outra admoestação no Novo Testamento é tão ambiciosa quanto essa, a primeira após o grande capítulo 4 de Efésios sobre a igreja, a poderosa ode à unidade cristã que convoca a igreja a colocar em prática o que ela conhece de Jesus Cristo. Curiosamente, o termo grego traduzido por "imitadores" (*mimētēs*) tem relação com o termo que Aristóteles usou para descrever o relacionamento do teatro com a vida: *mimēsis* ("imitação"). A forma de participação adequada da igreja no drama da redenção é justamente a *mimēsis*: uma imitação de Paulo, de Deus, de Cristo.[5] Certamente, a igreja não reproduz literalmente a obra de Cristo. *Mimēsis* não consiste em fazer cópias exatas.[6] A pessoa e a obra de Jesus são singulares, únicas e, portanto, não são reproduzíveis. A vocação cristã é, antes, de *imitação criativa*, de participação não idêntica nas missões do Filho e do Espírito. A obra redentora de Cristo está completa em si mesma; não há nada que a igreja possa acrescentar, embora ela aponte para essa obra e dela participe pelo louvor, pela proclamação e, como veremos, pela *encenação*. A igreja é uma *mimēsis* do evangelho, a imitação criativa e festiva de uma companhia de atores, uma comunidade com um alegre testemunho coletivo.[7] A doutrina serve, assim, ao propósito pastoralmente útil de dar direção para a *mimēsis* teodramática da igreja.

A IGREJA COMO TEATRO: O ESPAÇO VAZIO

A eclesiologia — a doutrina da igreja — trata da natureza (identidade) e missão (papel) da igreja, do que ela *é* e do que ela *faz*. A doutrina dirige a participação adequada da igreja no drama da redenção. Da perspectiva do teodrama, *a igreja é a companhia do evangelho, cuja natureza e tarefa dizem respeito à encenação da palavra no poder do Espírito.*

Richard Baxter certa vez se queixou de que o Diabo "de modo grotesco, tem feito desses [teatros] suas igrejas".[8] Invertendo a figura, podemos dizer que Cristo tem feito das igrejas seus teatros. *Theologia non est habitus demonstrativus, sed exhibitivus* (Teologia não é um hábito a ser provado, mas manifestado). A medida completa

---

[5]Paulo incentiva seus leitores a imitá-lo ou a imitarem Cristo em inúmeras passagens. Cf. S. E. Fowl, "Imitation of Paul/of Christ", in: *Dictionary of Paul and his letters* (Downers Grove: InterVarsity, 1993), p. 428-31 [edição em português: *Dicionário de Paulo e suas cartas* (São Paulo: Vida Nova / Paulus / Loyola, 2008)]. Fowl observa que não devemos ser cópias espelhadas dos originais, mas incorporar à nossa vida certos aspectos da vida deles.

[6]E também não é mimetismo, que diz respeito somente à imitação exterior. Aí está a hipocrisia.

[7]Cf. Gene Outka, "Following at a distance: ethics and the identity of Jesus", in: Garrett Green, org., *Scriptural authority and narrative interpretation* (Philadelphia: Fortress, 1987), p. 144-60. W. Michaelis interpreta os usos de *mimēsis* no Novo Testamento como "seguir" e "obediência" (*mimeomai*) em *Theological dictionary of the New Testament* (Grand Rapids: Eerdmans, 1964-1976), 4:659-74.

[8]Citado em Jeffrey Knapp, *Shakespeare's tribe: church, nation, and theater in Renaissance England* (Chicago: University of Chicago Press, 2002), p. 5,6.

do evangelho e da fé salvadora — "Cristo em nós" e "nós em Cristo" —, em última análise, pode ser *manifestada* apenas na comunidade e pela comunidade. A igreja, então, é um *teatro do evangelho*. Essa declaração preliminar pressupõe uma série de perguntas importantes como: Quem são os atores e quem é o público? Entre outras perguntas relevantes estão o objetivo da produção e o papel do diretor. Um ponto requer esclarecimento imediato: a encenação da igreja e seu roteiro canônico andam juntos, pois o último é realizado ou cumprido somente pelo primeiro. O drama da doutrina não pode ser reduzido nem ao texto nem à encenação; pelo contrário, *o drama da doutrina diz respeito às encenações formadas e informadas, embora não totalmente determinadas, pelo texto*. Como vimos, o objetivo da teologia sapiencial é ajudar a igreja a encarnar as práticas canônicas em novos contextos.

A hipótese de trabalho deste capítulo sobre eclesiologia é que a *analogia dramatis* continua teologicamente frutífera: é tanto adequada ao conteúdo da teologia cristã quanto conduz à solução de certas dicotomias antigas (e.g., palavra *versus* ato, teoria *versus* vida) que levaram a igreja a desvalorizar, ou até mesmo a negligenciar, sua rica herança doutrinal. A metáfora teatral ilumina tanto o que acontece na igreja quanto a relação entre a igreja e o mundo. Por exemplo, uma das questões recorrentes desde a Grécia antiga até o presente é se o teatro diz respeito principalmente à instrução moral ou à diversão, se é uma arena para a política ou uma vitrine para a estética. A igreja enfrenta questões semelhantes à medida que reflete sobre sua natureza e função: Deve ela centrar-se no prazer (adoração) ou envolver-se com os poderes do mundo (política)? Na verdade, a pergunta central para a eclesiologia é exatamente esta: *O que a igreja tem a dizer e fazer que nenhuma outra instituição tem condições de dizer e fazer?*[9]

A obra de Peter Brook de 1968, *The empty space*, é um ensaio profundo sobre o teatro, seu lugar na cultura e sua contribuição para o entendimento e a melhoria da condição humana.[10] Muitas de suas reflexões são igualmente relevantes para a igreja. Veja, por exemplo, como Brook descreve as condições mínimas necessárias para o teatro: "Um homem anda por [um] espaço vazio, enquanto outro o observa, e somente isso é necessário para dar início a um ato teatral".[11] De acordo com John Webster, a igreja também é "um espaço vazio onde aquilo que é mediado fica livre para ser e agir".[12]

Andar pelo palco não é tão simples quanto parece. Ficar parado também não é. Stanislavski costumava dar para jovens atores um exercício interessante: sentar-se no palco e continuar sentado até que a cortina descesse. Um aluno de artes cênicas descreve a experiência: "Eu não conseguia pensar no que fazer. Depois, os outros me disseram que a cada momento eu parecia de um jeito: burro, engraçado, constrangido,

---

[9]Essa pergunta forma o subtítulo e o tema recorrente do livro de John H. Leith, *The Reformed imperative: what the church has to say that no one else can say* (Philadelphia: Westminster, 1988).
[10]Peter Brook, *The empty space* (New York: Atheneum, 1968) [edição em português: *O espaço vazio*, tradução de Roberto Leal Ferreira (Rio de Janeiro: Apicuri, 2015)].
[11]Ibid., p. 9.
[12]John Webster, *Word and church* (Edinburgh: T. & T. Clark, 2001), p. 226.

culpado, arrependido".[13] Já faz dois milênios que a igreja está no palco do mundo; muitas vezes, no centro do palco. Como corpo de Cristo, como deve a igreja postar-se, sentar-se e andar? *O drama da doutrina consiste inteiramente no que acontece nesse espaço vazio.* O teodrama de fato começa com um espaço vazio ou, para ser mais exato, um túmulo vazio. *A doutrina dirige a igreja para que ela preencha o espaço vazio com uma fala redentora e uma ação igualmente redentora.* A rigor, a igreja não redime, mas indica e atesta a realidade da redenção em Cristo. Então, o que a igreja tem a comunicar e a fazer com seu corpo que nenhum outro corpo tem condições de fazer? Ser um *corpo ressuscitado*. Mas isso é apenas uma primeira aproximação de uma resposta. Vamos examinar essa questão segundo a análise que Peter Brook faz dos tipos de teatro.

O teatro moribundo

É a negligência do dogma que resulta em tédio. (Dorothy Sayers)[14]

O "teatro moribundo", primeira categoria de Brook, é mortalmente entediante. É o teatro da repetição: de cenários, clichês e efeitos tolos. Na tradição da Comédie-Française, por exemplo, "gestos e expressões vocais podiam permanecer fixos por séculos".[15] Algo semelhante ocorre na igreja quando a vida e a liturgia se atrofiam em vãs repetições. É de fato tentador simplesmente continuar dizendo e fazendo a mesma coisa na igreja: a mesma mensagem, a mesma música, os mesmos movimentos. E por que não, se de fato não há "nenhum outro evangelho"? No entanto, como vimos na terceira parte, repetir a mesma palavra em um novo contexto não significa necessariamente dizer a mesma coisa. A repetição rígida não é o equivalente da consistência teodramática. O desafio é dizer e fazer coisas na igreja que permitam que o público — a congregação, o mundo — reaja e se conecte.

É um pecado inconcebível, se não imperdoável, tirar o drama da história bíblica da redenção. A desdramatização acontece em uma de duas maneiras: ou a ação fica reduzida a uma lição moral ou mensagem (e.g., por principização) ou deixa-se de atrair o público para a ação. Certamente, o conteúdo é ouro puro, embora a igreja, muitas vezes, consiga transformar o drama da redenção em escória cultural. A igreja se torna um teatro moribundo quando perde sua contundência profética ou quando seus membros se tornam espectadores passivos que não se sentem chamados a participar. A igreja deve santificar o nome de Deus, não esvaziá-lo.

Como um teórico do teatro nos lembra: "Nenhum aspecto do teatro é mais controverso hoje do que a produção de roteiros clássicos".[16] O teatro moribundo é resultado de uma postura diante dos clássicos que diz que "alguém, em algum lugar,

---

[13]Constantin Stanislavski, *An actor prepares* (New York: Routledge, 1964) [edição em português: *A preparação do ator*, tradução de Pontes de Paula Lima (Rio de Janeiro: Civilização Brasileira, 2008)], p. 36.
[14]Dorothy L. Sayers, *Creed or chaos?* (New York: Harcourt, Brace, and Co., 1949), p. 3.
[15]Richard Hornby, *Script into performance* (Austin: University of Texas Press, 1977), p. 3.
[16]Ibid.

descobriu e definiu como se deve encenar a peça".[17] Esse é o equivalente teatral do que já chamamos de teologia épica. A pergunta que precisa ser feita nesse momento é: "Por que, afinal de contas, precisamos do teatro (ou da teologia), se já temos a interpretação definitiva para todos os tempos e lugares?". Há diferença entre tradição — o processo dramático de transmitir o evangelho de um para outro lugar ou geração — e tradicionalismo moribundo.

O teatro moribundo preso à tradição é facilmente cooptado como ferramenta ideológica. Nesse sentido, é interessante notar que, mais ou menos na mesma época em que a Teologia da Libertação na América Latina estava se iniciando, ocorria uma revolução semelhante no teatro latino-americano. Augusto Boal, do teatro popular do Brasil, desenvolveu um "teatro do oprimido", que visa destruir a barreira criada pelas classes dominantes entre atores e espectadores.[18] Segundo Boal, o opressor revela-se como Aristóteles, o inventor do "sistema coercivo da tragédia". Entender a queixa de Boal é compreender por que o teatro pode se tornar moribundo.

Para Aristóteles, a arte é a imitação da natureza, e "imitação" significa mostrar as coisas "como elas devem ser".[19] O propósito do teatro aristotélico é provocar uma catarse, a purificação de algum elemento que ameaça o bem da sociedade. Na leitura de Boal, o objetivo do teatro aristotélico é livrar a sociedade de seus elementos indesejáveis. O teatro convencional é, portanto, visto como instrumento ideológico de condicionamento social: "Aristóteles propõe uma poética na qual o espectador delega poder à personagem dramática, de modo que ela pode agir e pensar por ele".[20] O teatro convencional mantém o público cativo impondo visões "acabadas" do mundo e purgando os espectadores de seu trágico "defeito", a saber, a capacidade de mudar a sociedade. O que é purgado na catarse teatral, diz Boal, é o impulso revolucionário do povo.[21] A resposta de Boal ao teatro ideológico está na libertação do espectador, na libertação dos cativos — o público cativo.

Há um elemento teologicamente correto na tentativa de Boal de fazer que os espectadores participem da ação. A rigor, não há espectadores passivos do teodrama. Nem o pastor nem o magistério devem poder tornar-se a única voz ou único ator na igreja. Pelo contrário, *todo o povo de Deus é responsável por participar da ação e por dar continuidade a ela*. Apenas um público ativo, em vez de passivo, pode transformar o teatro moribundo em "um ensaio de revolução".[22] Em sua melhor forma, a igreja, como o teatro do evangelho, *é* revolucionária e derruba igualmente ídolos e ideologias, enquanto manifesta os primeiros frutos da realidade escatológica.

---

[17]Brook, *Empty space*, p. 14.

[18]Cf. Augusto Boal, *Theater of the oppressed* (New York: Theater Communications Group, 1985), originariamente publicado em português: *O teatro do oprimido e outras poéticas políticas* (Rio de Janeiro: Civilização Brasileira, 1975).

[19]O que é imitado não é a realidade da coisa, mas sua forma, isso é, sua tendência intrínseca de realizar sua natureza essencial. Assim pensa Boal, *Theater of the oppressed*, p. 9.

[20]Ibid., p. 122.

[21]Ibid., p. 155.

[22]Ibid.

O teatro sagrado

O segundo tipo de teatro de Brook é uma reação ao tédio do teatro moribundo. O "teatro sagrado" procura recuperar as origens do teatro em rituais "que deram corpo ao invisível".[23] Isso se torna problemático em nossa era de pós-modernidade secular, na qual esses rituais perderam muito de seu significado e poder. A igreja também tornou-se para muitos um espaço vazio, uma forma convencional desprovida de significado superior, não mais capaz de desempenhar um papel eficaz na sociedade. Hoje, afirma Brook, "não sabemos como celebrar, porque não sabemos o que celebrar".[24]

O francês Antonin Artaud, estudioso de teatro, acreditava que somente o teatro pode nos libertar das formas convencionais em que vivemos nossa vida do dia a dia. À semelhança de Boal, Artaud vê o teatro como instrumento de revolução, embora ele transforme a existência humana não de uma perspectiva social, mas psicológica, liberando os desejos primitivos mais íntimos do indivíduo. O teatro desmitologiza todos os enfeites da sociedade ocidental — sua moralidade, suas estruturas sociais — ao expô-los como máscaras. Ao fazer isso, o teatro torna-se um lugar sagrado no qual a sociedade redescobre a cruel verdade de que o que é mais real é a vontade de poder. O chamado "teatro da crueldade" de Artaud procura libertar o teatro de sua subserviência a palavras e ao "texto" confrontando o público com cenas de ação física que o afetam em um nível intuitivo: "A única e verdadeira tarefa do teatro é revelar o coração da escuridão na própria vida".[25] Esse teatro não é entediante, com certeza; mas, contrariando Artaud, esse tipo de teatro também não é solo sagrado, pois nele nada se encontra que seja digno de nosso amor e devoção.

O segundo exemplo de teatro sagrado de acordo com Brook se sai melhor como analogia de igreja e palco. O diretor polonês Jerzy Grotowski tenta restaurar a "pureza ritual" primitiva do teatro voltando-se para imagens arquetípicas corporificadas nos atores, a fim de responder à pergunta fundamental: "Como se deve viver?". O importante é não se esconder atrás de papéis sociais. Aliás, o objetivo do teatro deve ser destruir os papéis sociais de modo que ator e espectador possam igualmente alcançar a verdadeira autorrealização. Grotowski evita o que poderíamos chamar de "teatro da glória", com seus adereços, iluminação e figurinos requintados, em favor do "teatro pobre", no qual o que importa é somente a relação entre ator e público.

No teatro de Grotowski, o ator "tem a si mesmo como campo de trabalho".[26] Ensaiar um papel consiste não tanto em aprender a fingir ser outra pessoa mas em explorar a si mesmo de forma criativa. Não se trata tanto de aprender as falas mas de aprender a expressar, física e emocionalmente, imagens arquetípicas tiradas do inconsciente coletivo.[27] Os papéis realmente notáveis são aqueles que permitem crescimento da autocompreensão. A encenação do ator é, nessa perspectiva, uma dádiva

---

[23]Brook, *Empty space*, p. 45.
[24]Ibid., p. 47.
[25]Marvin Carlson, *Theories of the theater: a historical and critical survey*, ed. ampl. (Ithaca: Cornell University Press, 1993), p. 395.
[26]Brook, *Empty space*, p. 59.
[27]É evidente em Grotowski a influência de Freud e da hermenêutica da suspeita.

de autossacrifício, pois atuar exige o abrir-se. Arrancar máscaras enrijecidas é um processo doloroso. No entanto, é justamente esse despojar de nossas máscaras que nos leva de volta à esfera do sagrado. O ator desempenha uma função semelhante à função sacerdotal, sacrificando-se — isto é, experimentando a dor de morrer para o velho eu socialmente roteirizado — em favor de outros. Grotowski descreve o processo como uma "expiação" pela qual se alcança uma "santidade secular".[28] O objetivo do ator é inspirar o espectador a acreditar na possibilidade de mudança, a "ir e fazer o mesmo".[29]

Para Grotowski, a encenação de um ator é "salvífica" no sentido de que capacita o espectador a desbloquear seu eu interior. Na visão de Brook, o teatro de Grotowski supre uma necessidade que a igreja já não pode atender. Seja como for, o "teatro pobre" fica aquém do teodrama; em última análise, ele não vai além de outros teatros de imanência que exibem formas de santidade deste mundo (secular). No entanto, se Agostinho estiver certo e a humanidade tiver sido feita para algo maior que ela mesma, então é uma traição oferecer aos seres humanos apenas o meramente humano. Ao mesmo tempo, a visão e a disciplina da companhia de teatro de Grotowski inspiram a devoção sincera de fazer com que os corpos dos atores sejam "sacrifícios vivos", por assim dizer, "em nosso favor", o público do teatro.

O teatro vital

A preferência do próprio Brook é por um teatro "vital" ou "imediato". O teatro vital luta por encenações que unam os atores e os espectadores em uma experiência comum que deixe uma impressão duradoura. Richard Schechner, antigo editor do periódico *Drama Review*, está igualmente interessado em romper a barreira que separa teatro e vida. Para isso, Schechner explora formas de recuperar as raízes rituais do teatro comuns a todas as culturas. Numa variação da virada para a prática, ele sugere a transformação da "encenação" no denominador comum de uma série de atividades públicas (e.g., jogos, esportes, rituais).[30]

Mais recentemente, Brook tem defendido um teatro "internacional", cujo objetivo é "expressar uma arte universal que transcende o nacionalismo estreito em sua tentativa

---

[28] Jerzy Grotowski, *Towards a poor theater* (New York: Simon and Schuster, 1968) [edição em português: *Em busca de um teatro pobre*, tradução de Aldomar Conrado (Rio de Janeiro: Civilização Brasileira, 1987)], p. 21.

[29] Curiosamente, Grotowski garante a participação do público ao escolher peças que exigem o ato de testemunhar como aspecto da trama. Como testemunhas, os espectadores "não poderiam 'encenar' os 'papéis' atribuídos a eles sem serem postos em uma situação em que se veem levados a fazer parte da encenação" (Shomit Mitter, *Systems of rehearsal: Stanislavski, Brecht, Grotowski, and Brook* [New York: Routledge, 1992], p. 101). Acredito que as Escrituras produzem efeito semelhante em relação a seu "público".

[30] Cf. Richard Schechner, *Essays on performance theory 1970-1976* (New York: Drama Book, 1977). O objetivo de Schechner não é nada menos do que uma "teoria do campo unificado" do comportamento humano. Schechner define encenação como "comportamento ritualizado condicionado pela peça" ("Drama, script, theater and performance", in: *Essays on performance theory*, p. 52). Animais também revelam comportamento ritual, mas por instinto, não por escolha (i.e., não como "peça").

de alcançar a essência humana".[31] A esperança é por um tipo de encenação, mais básica que a linguagem, que atinja a verdadeira comunidade além dos limites culturais: um evento de comunhão. Mais uma vez, Brook acredita que o teatro, não a igreja, é a instituição que tem as melhores condições de viabilizar essas experiências comunais, vitais e internacionais. A despeito do "acontecimento" do Pentecoste, formador de comunidade, deve-se admitir que a igreja nem sempre tem sido vital ou internacional. No entanto, em oposição a Brook, a teologia canônico-linguística alega que *tais experiências são, na verdade, o próprio tema do drama da doutrina*. Como teatro do evangelho, a igreja deve ser formada por palavra e Espírito para ser o lugar, e o povo, em que sejam publicamente exibidos um discurso e uma ação não apenas vitais, mas também vivificantes.

UM TEATRO DE PALAVRA E SACRAMENTO: ENCENANDO O *CORPUS CHRISTI*

"Não sabemos como celebrar, porque não sabemos o que celebrar." A observação de Brook, se aplicável à igreja, seria de fato uma terrível acusação. No entanto, pela graça de Deus, ela não é uma verdade universal. Ao mesmo tempo, é mais verdadeira do que os cristãos do Ocidente gostariam de admitir. Nossas igrejas entediadas e culturalmente saturadas muitas vezes se esquecem do que celebrar e de como celebrar. A igreja entediada encena os movimentos litúrgicos de forma mecânica, sem paixão. A igreja entediada deve perguntar-se: "Por que, afinal, existe teatro/igreja?". Em contrapartida, agora existem megaigrejas que, embora longe de estar entediadas, não têm muita clareza quanto ao que está sendo celebrado. Algumas celebram as instalações físicas; outras, a música; e ainda outras, este ou aquele programa terapêutico. Mas o brado de celebração cristã não é "Eureca, eu encontrei", mas "*Eucharisto*, ele nos encontrou!". A igreja, como teatro do evangelho, celebra a boa notícia de que Deus está conosco e é por nós. A companhia do evangelho celebra o corpo de Cristo entregue por nós — celebra *sendo* o corpo de Cristo.

Esta seção lida com a vida formal da igreja expressa na linguagem de ações simbólicas na adoração, na liturgia e nos sacramentos. A igreja pratica e celebra sua fé especialmente pelo partir do pão, ação que remonta a Jesus como o pão da vida e à sua morte na cruz ("partido em favor de vós").[32] A celebração da igreja é "coletiva" em dois sentidos: os cristãos celebram estar "em Cristo" partilhando o corpo de Cristo *como* o corpo de Cristo. A teologia serve à igreja ajudando a preservar o objeto bem como a integridade de sua celebração. Um importante propósito da doutrina da igreja é ajudar a igreja a se tornar novamente um teatro sagrado e vital. A igreja não é um espaço vazio, mas a caixa de ressonância da palavra e o palco do Espírito.

Um teatro sacramental?

O teatro envolve tanto palavras quanto ações corporais. A igreja, de modo similar, ministra por meio de palavra e sacramento. Já tratamos da maneira pela qual a

---

[31] Citado em Carlson, *Theories of the theatre*, p. 517.
[32] Segundo Louis-Marie Chauvet, *The sacraments* (Collegeville: Liturgical, 2001), p. xii.

tradição da igreja dá continuidade ao roteiro; a questão agora diz respeito à natureza corporal da ação sacramental da igreja. O papel da igreja no drama da redenção é *apresentar o corpo de Cristo*. A natureza da presença de Cristo está no cerne de um entendimento tanto dos sacramentos quanto da igreja. Uma teologia completa da igreja e dos sacramentos está bem além do escopo da presente obra. A preocupação imediata, no entanto, é determinar a natureza do papel da igreja como corpo de Cristo. O teatro, a igreja e o corpo de Cristo se juntam de forma notável nas peças *Corpus Christi* de York, do século 14, e é para elas que nos voltamos agora.

As peças *Corpus Christi* de York representam "a mais exuberante, duradoura e complexa forma de empreendimento teatral coletivo na história do teatro inglês".[33] As peças foram encenadas anualmente de 1376 a 1569 por um décimo da população total de York em vários locais por toda a cidade. Alguns entendem essas peças como "teatro sacramental": um modo de concretizar a presença de Cristo estando presentes uns para os outros. A suposição implícita é que, ao encenar a vida de Cristo, as pessoas tornam-se o corpo de Cristo.

Os puritanos proibiram a encenação das peças *Corpus Christi* na época da Reforma inglesa, apesar de seu conteúdo explicitamente cristão. A mentalidade antiteatral dos puritanos foi sem dúvida influenciada pela crítica anterior dos reformadores de que a missa havia se tornado mero teatro: "Todos os historiadores da missa enfatizam como ela havia se tornado uma celebração clerical observada por espectadores, na qual a consagração, não a comunhão, era entendida como o momento mais importante".[34] O sucesso da crítica da Reforma ao sacramento como teatro coloca um grande obstáculo à valorização dos aspectos sacramentais do teatro pela igreja. A tendência funesta na modernidade de separar o espírito interior da ação exterior pode muito bem remontar a um antigo viés antiteatral.[35]

Se o teatro é "uma linguagem de ações"[36], o corpo do ator é o principal meio de sinalização. O significado do drama não se situa em algum conjunto de asserções, mas, sim, no que é produzido por meio da prática social, isto é, *corporal*: "Por ser encenada liturgicamente, a igreja é uma série de encenações dramáticas e não um estado de ser".[37] No teodrama, *o Espírito é o "ator" cujo corpo (a igreja) deve representar Cristo*.

A vida da igreja pode consistir em palavras-feitos e ações simbólicas, mas seria a igreja um sacramento? A teoria diretiva da doutrina apresentada na presente obra favorece a prática do teatro medieval ou o protesto da teologia da Reforma? Qualquer resposta a essas perguntas depende de nossa concepção dos sacramentos, de nossa teoria do teatro e, sobretudo, de nossa concepção da presença de Cristo na igreja.

---

[33]Beckwith, *Signifying God*, p. xv.

[34]Ibid., p. 61.

[35]Fergus Kerr argumenta que a contribuição mais importante de Wittgenstein para a teologia foi justamente a superação da dicotomia entre mente (e.g., subjetividade, ideia, indivíduo) e corpo (e.g., intersubjetividade, prática, comunidade). Cf. Fergus Kerr, *Theology after Wittgenstein* (Oxford: Blackwell, 1986).

[36]Brook, *Empty space*, p. 49.

[37]William Cavanaugh, *Torture and Eucharist: theology, politics and the body of Christ* (Oxford: Blackwell, 1998), p. 269.

Primeiramente, a natureza da presença de Cristo na igreja: no fundo, ela é um mistério, e nós fraudamos esse mistério se reduzimos a presença de Cristo à encenação social da igreja. A presença de Cristo não depende da encenação da igreja, mas sim o contrário. Ao mesmo tempo, não devemos esvaziar tanto a encenação da igreja da presença de Cristo que a ação da igreja acabe se tornando apenas um memorial do que aconteceu. Entre uma encenação que representa a coisa em si e um memorial que é mero sinal da coisa, encontra-se uma terceira possibilidade dramática: a igreja como *mimēsis* ativa do corpo de Cristo.

Um teatro da celebração: a adoração litúrgica

A igreja, como teatro do evangelho, celebra a pessoa e a obra de Cristo: Deus conosco e Deus por nós. Como celebração, a igreja não é uma reprodução literal do corpo de Cristo, nem um sacramento, nem um memorial vazio, mas uma *mimēsis* ativa. Isso fica mais claro se pensarmos na liturgia, o exemplo mais nítido da imaginação teodramática colocado em ação eclesial. A liturgia não é um espaço vazio, mas um espaço (e tempo) cheio, em que ações arquetípicas se juntam com palavras para confrontar o espectador com o mistério da salvação em um nível imaginativo e espiritual profundo.

O termo grego correspondente a liturgia é composto por dois outros termos, *leit* (público) e *ergon* (trabalho), e refere-se ao culto público que segue uma forma prescrita. A liturgia é uma versão ritual condensada e convincente do drama da redenção. Como tal, não deve ser colocada em oposição às Escrituras, das quais ela é a encenação. Na verdade, assim como o credo, a liturgia é mais bem entendida como um resumo das Escrituras que assume a forma de ações simbólicas e não de proposições: "A liturgia é realmente a economia cristã encenada e realizada simbolicamente".[38] Por meio de gestos e genuflexões, salmos e orações, a liturgia é uma encenação ritualizada do evangelho voltada tanto para a memória quanto para a esperança.

Sem dúvida, a liturgia, a exemplo de outras ações rituais, pode degenerar em um teatro moribundo. O antídoto para o veneno do ritualismo, em que o indivíduo encena apenas movimentos externos, é adoração "em espírito e em verdade" (Jo 4.23). Adorar em espírito e em verdade é prestar uma adoração dirigida pelo Espírito Santo e pela palavra de Deus. Juntos, a palavra e o Espírito moldam a imaginação litúrgica de tal forma que nossa adoração de fato corresponda ao real "em Cristo". *Aqueles que adoram em espírito e em verdade tornam-se participantes — comungantes e celebrantes — do drama da redenção.*

Assim, a adoração litúrgica dá expressão formal à celebração do evangelho pela igreja. A liturgia também conecta a vida de Jesus à vida cotidiana do cristão. O calendário litúrgico, por exemplo, nos insere na época de Jesus Cristo; todo o ano eclesiástico é moldado segundo a trajetória da vida de Jesus. Por sua vez, a vida de Jesus celebrada na liturgia forma-se naqueles que adoram em espírito e em verdade. Dessa maneira, a liturgia, a exemplo da teologia, conduz à espiritualidade: ao reconhecimento da verdade do "que há" em Jesus Cristo. Em termos específicos, a adoração litúrgica

---

[38] Susan K. Wood, "The liturgy", in: Buckley; Yeago, orgs., *Knowing the triune God*, p. 98.

viabiliza um conhecimento participativo dessa verdade por meio de sua encenação ritual do evangelho.[39]

Aristóteles acreditava que a tragédia produz no espectador uma liberação de sentimentos que ele chamou de *catarse*. O tipo de efeito proporcionado pela catarse é uma questão discutida. Alguns entendem a catarse como metáfora médica de purgação ou limpeza; outros a interpretam como referência a uma purificação moral, e outros ainda, como um esclarecimento intelectual. A igreja como teatro de celebração visa, por meio de sua adoração, alcançar um tipo de catarse bem específico. Dado o tema do teodrama — não uma tragédia catastrófica, mas o evangelho, uma *eucatástrofe* — a catarse adequada é a *eucaristia*: ação de graças. A resposta adequada ao reconhecimento da graça de Deus (*charis*) é a gratidão (*eucharistia*). Se os seres humanos são essencialmente "animais eucarísticos"[40], então a adoração efetua uma catarse que nos permite entender nossa verdadeira natureza.

Portanto, assim como a doutrina, a adoração litúrgica facilita nosso envolvimento no teodrama, e não somente no culto de adoração formal. *Lex orandi, lex credendi, lex agendi*. A nossa forma de orar afeta o que cremos e *aquilo que fazemos*. Há um relacionamento mutuamente edificante entre adoração e teologia: a adoração é teologia ritualizada; a teologia é adoração refletiva. A qualidade de nossa adoração é, portanto, um indicador da qualidade de nossa teologia (e vice-versa). A prioridade, no entanto, encontra-se na adoração. A dogmática tanto começa com a doxologia quanto conduz a ela. O drama da doutrina leva-nos a adorar e glorificar a Deus em tudo o que fazemos: "O entendimento de que toda a vida pode ser interpretada como um ato de louvor, tanto em silêncio quanto falado, foi reconhecido por São Paulo ('Alegrai-vos sempre. Orai sem cessar. Sede gratos por todas as coisas, pois essa é a vontade de Deus em Cristo Jesus para convosco', 1Ts 5.16-18)".[41]

A igreja é um teatro de celebração que, por meio de sua liturgia e vida, insere seus membros no drama da redenção. Esse drama está *de fato presente* na vida da igreja, e a liturgia nos ajuda a entendê-lo, experimentá-lo, imaginá-lo e *vivê-lo*. *No fundo, o que a igreja celebra na liturgia é a realidade histórica e escatológica: a realidade da presença de Jesus Cristo já mas ainda não em nosso meio.* Isso é teatro, porém não como Aristóteles o concebia, como uma imitação da natureza. Pelo contrário, a *mimēsis* litúrgica da igreja opera uma *imitação da graça* — a graça derramada em Jesus Cristo.

Ministrando o teodrama em palavra e sacramento

O que palavra e sacramento comunicam não é outro senão Jesus Cristo, a plena medida da graça e da verdade (Jo 1.14). É um equívoco pensar em palavra e sacramento como realidades que competem uma com a outra: é melhor pensar da perspectiva

---

[39] Esse é o principal pensamento de Wood, "The liturgy".
[40] O termo é de Kallistos Ware. Cf. *The orthodox way* (St. Vladimir's Seminary Press, 1995), ed. rev., p. 53-4.
[41] Stephen Sykes, *The story of atonement* (London: Darton, Longman, and Todd, 1997), p. 157.

de um *único* ministério com duas formas de ação comunicadora.[42] Tanto a pregação quanto o sacramento inserem os membros da igreja no drama da história redentora ao recordar as palavras e os atos de Deus. O ministério da palavra e do sacramento não é nada menos do que a ministração ou transmissão do caminho, da verdade e da vida.

O ministério da palavra coloca aspirantes a seguidores no caminho certo e, em seguida, os faz avançar. Os sacramentos são auxílios externos — acessórios sagrados — que nutrem e fortalecem a fé. Tal como acontece com o ouvir da palavra, é o Espírito Santo que, pela fé, lhes dá eficácia: "Se falta o Espírito, os sacramentos não podem fazer em nossa mente nada além do que o esplendor do sol faz sobre olhos cegos".[43] Calvino chega bem perto de reconhecer a dimensão teatral dos sacramentos quando diz que eles são a apresentação mais clara das promessas de Deus: "Eles têm essa característica para além da palavra porque a representam para nós como se fosse pintada em um retrato da vida".[44] P. T. Forsyth tem razão quando observa que "simbólicos não são tanto os elementos, mas as ações".[45] O batismo, por exemplo, é uma ação simbólica que encena ritualmente a morte do velho homem e o nascimento do novo. O batismo de adultos por imersão é uma *mimēsis* particularmente vívida da morte e ressurreição de Jesus Cristo: o submergir na água (muitas vezes um símbolo de julgamento nas Escrituras) e o emergir da água (símbolo de libertação).

Em comparação com o batismo, que não tem correspondente secular, a ceia do Senhor parece positivamente cotidiana. Não há nada de teatral em jantar com amigos. No entanto, Jesus investiu a refeição de um profundo valor simbólico, fazendo-a remontar à Páscoa e à renovação da aliança (Êx 24.11) e apontando para uma refeição de aliança de alcance cósmico: as bodas do Cordeiro (Ap 19). O que de outra forma seria uma refeição corriqueira é transformado, em virtude da imaginação teodramática de Jesus, em um convincente ato simbólico, descrito por Karl Barth como a "ação das ações".[46]

A relação entre o participar desse rito central e a necessidade do autoexame é especialmente marcante. "Examine, pois, o homem a si mesmo, e dessa forma coma do pão e beba do cálice" (1Co 11.28). O que se exige é a *participação adequada*. A doutrina é necessária justamente por causa da constante possibilidade de encenação *imprópria*. Paulo adverte contra "comer de forma mecânica", contra comer e beber da refeição da aliança "sem ter consciência do corpo" (1Co 11.29), isto é, sem discernir o significado da ação simbólica. O significado teodramático da ceia é duplo: Cristo está realmente presente, e os participantes do corpo de Cristo estão unidos não só a ele, mas também a cada um de seus outros membros. "Sem ter consciência do corpo" significa deixar de discernir a presença de Cristo e, portanto, a unidade que temos

---

[42]Observe que a Eucaristia tem uma qualidade de palavra: "Porque todas as vezes que comerdes deste pão e beberdes do cálice proclamais a morte do Senhor, até que ele venha" (1Co 11.26). Invertendo a perspectiva, palavras *fazem* coisas.

[43]Calvino, *Institutas* 4.14.9.

[44]Ibid., 4.14.5.

[45]P. T. Forsyth, *The church and the sacraments*, 2. ed. (London: Independent, 1947), p. 234.

[46]Karl Barth, *Church dogmatics*, II/2:640.

uns com os outros como povo de Deus em Cristo. Não se trata de uma negligência teórica, mas de uma falha teodramática debilitante que não percebe uma verdade com implicações práticas vitais.

É importante não deixar passar em branco as origens dos dois sacramentos da igreja. Assim como Jesus abriu o precedente para uma leitura figurada do Antigo Testamento (Lc 24), também nós podemos remontar o batismo e a eucaristia às palavras e feitos do próprio Jesus. Ele foi batizado e, mais tarde, comissionou seus discípulos a continuar a prática (Mt 28.19). E também instituiu a prática da comunhão à mesa da nova aliança: "*Fazei isto* em memória de mim" (Lc 22.19). Ao observar os sacramentos, estamos participando da imaginação teodramática do próprio Senhor, que é justamente o propósito do drama da doutrina: cultivar em nós a mente de Cristo.

O ministério da palavra e do sacramento é nossa porta de entrada no teodrama. Os sacramentos em particular tanto solicitam quanto sinalizam nossa participação no teodrama de forma intensa e instrutiva. Participar de modo adequado dos sacramentos é ser envolvido, literal e simbolicamente, no drama da redenção. A palavra e os sacramentos nos inserem no fluxo da realidade teodramática, relembrando a linha direta da ação salvífica e dirigindo nossa atenção para Jesus Cristo. Os sacramentos, em particular, nos ajudam a reviver as cenas apoteóticas que nos relembram de forma extremamente viva o que Deus fez em Cristo e, assim, nos lembram de quem somos: "Esses sacramentos expressam pelo ritual o fato de que a igreja histórica está definitivamente no caminho que nos leva a glorificar e gozar a Deus com perfeição, que é o propósito de Deus para a humanidade".[47] Os sacramentos são "as principais [...] realizações da nova criação do fim dos tempos no meio do povo de Deus, das quais a comunidade obtém sua orientação para a vida comunitária e sua missão".[48]

A igreja é teatro vital, e isso significa que os sacramentos fazem mais do que apenas apontar para o passado. Os sacramentos são encenações teodramáticas ritualizadas, reencenações de um evento passado e ensaios para um evento futuro, mas reencenações e ensaios que acontecem no presente. Para Calvino, os sacramentos são ações simbólicas que, apesar disso, "exibem" a "coisa em si": a promessa divina, a presença divina. Para Barth, no entanto, o batismo e a ceia do Senhor são ações humanas, respostas ao que Deus fez e, portanto, não são sacramentos de forma alguma: "Tudo o que podemos fazer é dar testemunho de como Deus fala. Testemunho, no entanto, é resposta, toda a vida da igreja, de alto a baixo, não é nada menos que resposta à Palavra de Deus".[49] A teologia teodramática é, assim, confrontada com a escolha entre mediação e memorial. Também nesse caso o caminho a seguir é pensar da perspectiva da *mímēsis*, uma *mímēsis* de um tipo especial, viabilizada por meio da palavra e do Espírito.

---

[47]Geoffrey Wainwright, *Doxology: the praise of God in worship, doctrine and life* (New York: Oxford University Press, 1980), p. 121; cf. James McClendon: "a comunidade cristã do presente é a comunidade primitiva e a comunidade escatológica" (*Systematic theology* [Nashville: Abingdon, 1986], vol. 1: *Ethics*, p. 31).

[48]Douglas Harink, "Taking the university to church", *Christian Scholars Review* 28 (1999): 397.

[49]Citado em John Webster, *Barth's ethics of reconciliation*, p. 166.

Os sacramentos, a exemplo da palavra proclamada, são "apresentações reais" do evangelho de Jesus Cristo. Aqueles que participam dos sacramentos com fé *realmente participam* do que as ações simbólicas significam. Participamos da realidade ("da coisa exibida"), mas não como pensava Platão: a celebração dos sacramentos não é um evento ontológico por meio do qual obtemos acesso a um nível mais elevado de realidade, a uma graça "acima" da natureza. Pelo contrário, os sacramentos facilitam *uma participação teodramática na ação escatológica* pela atestação da fé em relação à obra do Filho e do Espírito. Por meio do batismo e da ceia do Senhor, Cristo *apresenta-se* a si mesmo aos crentes comungantes mediante a *apresentação real* dos eventos apoteóticos da história redentora. Ao encenar as palavras bíblicas e as ações sacramentais, somos *realmente* envolvidos pelo Espírito na ação teodramática em curso.

Barth está correto em enfatizar o aspecto de testemunho e resposta. Os sacramentos são uma intensificação de nossa participação cotidiana no que, em última análise, é um drama *divino*. São a palavra e a ação de Deus que nos unem à morte e ressurreição de Jesus e uns aos outros em Cristo. No entanto, Calvino tem razão ao enfatizar que somos testemunhas não de algo ausente, mas sim presente: Deus em ação teodramática; Deus falando e animando a igreja com firmeza.

UMA COMUNIDADE DE "INTÉRPRETES DE ÉPOCA": O TEATRO INTERATIVO COMO *COMMUNIO*

Eucaristia (gratidão) é a resposta adequada ao *euangelion* (evangelho). A igreja celebra o que nenhuma outra instituição pode celebrar: comunhão com Deus e comunhão com os outros. A ceia do Senhor é um ato comunitário de solene porém alegre gratidão. O pão e o vinho compartilhados recordam o clímax do teodrama e ensaiam a conclusão da peça. Trata-se de uma cena-chave para o significado do todo, e deve afetar a nossa interpretação de todas as outras cenas. Contudo, a ceia não pode ser encenada individualmente por atores, não importa o quão talentosos sejam; ela exige uma *companhia*. Uma companhia é, em primeiro lugar, um agrupamento. A igreja é aquele agrupamento singular que está em companhia do evangelho e de uns com os outros, partindo juntos o pão (*com* + *panis* = "com pão"). Mas a igreja é uma companhia, em segundo lugar, no sentido teatral: uma trupe de oradores, cantores e atores. É a companhia dos perdoados, e é por isso que a companhia transmite, de fato irradia, alegria.

O teólogo deve ser "um intérprete competente da tradição na linguagem de seu tempo e lugar".[50] A igreja, uma *comunidade* de intérpretes, é tanto um dado teológico quanto uma tarefa teológica. Vestida com uma nova natureza pelo Espírito-camareiro, a igreja é uma comunidade de intérpretes *de época*, uma comunidade da aliança cujo privilégio e responsabilidade é encenar as Escrituras. Vestida com a justiça de Cristo, a igreja corporifica com exatidão o significado do evangelho. Ao vestir-se do novo homem, a igreja se torna a silhueta de Jesus Cristo em seu corpo vivo.

---

[50]Leith, *Reformed imperative*, p. 15.

A igreja é o teatro do evangelho; os seus membros, a companhia de atores. É apenas como companhia que o povo de Deus pode desempenhar sua função de "hermenêutica do evangelho": "A interpretação pode estar tão institucionalizada nas escolas e ser feita por homens e mulheres tão eruditos, que fica superidentificada com ideias e comentários escritos. [...] A mais autêntica interpretação bíblica cristã são encenações humanas da vida inspirada por Deus. [...] A interpretação, portanto, em sua forma final, é uma prática humana formada por Deus. O que fazemos enquanto povo de Deus é nossa interpretação da Bíblia".[51] O teatro do evangelho demanda não apenas um sacerdócio de todos os crentes, mas também todos os crentes como atores, em um grupo em que cada membro da igreja interpreta um papel importante.

O teatro interativo: "Tudo para com todos"

Pensar na igreja da perspectiva de todos os crentes como *atores* é pensar da perspectiva de um teatro interativo, uma figura feliz pelo fato de destacar (1) o papel de todo o povo de Deus, e não apenas dos ministros oficiais da igreja; (2) a vida da igreja em geral, e não apenas o que acontece durante o culto de adoração; (3) a relação da igreja com o mundo.

Interação apostólica: Paulo e seu talento artístico adaptável

E um só homem em seu tempo interpreta muitos papéis.
(Shakespeare, *Como gostais*)

As epístolas de Paulo são ricas em teologia, mas poucos hoje associariam o apóstolo ao teatro. Aliás, Paulo parece se esforçar para ficar longe dos oradores que usam a maquiagem da retórica a fim de tornar o evangelho mais atraente (1Co 1,2). Seus críticos de Corinto confirmam que nem a voz de Paulo nem sua aparência física davam-lhe muita "presença de palco" (2Co 10.10). Paulo, no entanto, faz uma importante declaração sobre a igreja vista como teatro interativo: "Tornei-me tudo para com todos, para de todos os meios vir a salvar alguns" (1Co 9.22).

Esse princípio paulino foi muitas vezes invocado por pensadores do século 16 que se preocupavam em adaptar os ensinamentos da igreja igualmente a cultos e iletrados. Erasmo, por exemplo, acreditava que tal "acomodação" era parte necessária do trabalho do catequista.[52] A tradução de Tyndale de 1Coríntios 9.22 — "Em todas as coisas me ajustei a todos os homens" — harmoniza-se com a sugestão de Erasmo de que há um elemento teatral no princípio de adaptabilidade de Paulo. Até mesmo o comentário de Calvino sobre esse versículo, que Paulo está disposto a "assumir sobre si diversas pessoas" (*personas [...] induere*), reconhece o apóstolo como ator.

---

[51]David Scott, "Speaking to form: trinitarian-performative Scripture reading", *Anglican Theological Review* 77 (1995): 144-5. A expressão "hermenêutica do evangelho" é de Newbigin.

[52]Devo grande parte das informações deste parágrafo ao fascinante estudo de Knapp, *Shakespeare's tribe*, esp. p. 32-7.

É por causa do evangelho que Paulo está disposto a representar tantos papéis. Embora em Cristo ele esteja livre da lei, ele está disposto a tornar-se judeu para ganhar judeus para Cristo (1Co 9.20) e gentio para ganhar gentios (9.21). Paulo não está defendendo a hipocrisia; pelo contrário, ele está dizendo que está disposto a abrir mão de certos direitos e privilégios a fim de comunicar o evangelho. Nisso, ele está apenas seguindo o exemplo de seu Senhor (Fp 2.5-11). Quando Paulo diz "em tudo eu também procuro agradar a todos", ele não está fingindo para bajular ou para evitar perseguição. Pelo contrário, ele não está visando ao benefício próprio, mas ao benefício de outros, a saber, a salvação deles (1Co 10.33). A conclusão da linha de pensamento de Paulo — "Sede meus imitadores, como também eu sou de Cristo" (11.1) — sublinha a importância da preparação para interpretar vários papéis. É justamente porque a igreja deve reagir à transformação das carências da sociedade e do mundo que, ao tentar ser "tudo para com todos", ela deve ser um teatro *interativo*.

Interação *ensemble*: a peça da igreja e do mundo

A "interpretação de época" é um fenômeno bem conhecido. Nos chamados museus vivos como o Old World, em Wisconsin, e o Colonial Williamsburg, voluntários em trajes de época representam a vida do Meio-Oeste americano durante a década de 1860 e na Virgínia do século 18, respectivamente. Os intérpretes mais eficazes são aqueles que têm paixão por seu tema, pesquisaram a fundo suas personagens e realmente gostam de comunicar a realidade do passado a um público atual. Alguns podem considerar a figura da igreja como museu — até mesmo um museu vivo — claramente inútil. Museus, à semelhança das tradições, preservam o que há de mais valioso no passado. No entanto, a igreja é uma companhia de intérpretes de época dedicados a apresentar não um "velho mundo", mas sim o que Barth chamou de "o estranho mundo *novo* da Bíblia".[53] Para trazer *esse* mundo à vida, precisamos estar vestidos não como palestinos do primeiro século, mas como aqueles que se revestiram do "novo homem" (Cl 3.10), da justiça de Jesus Cristo.

O teatro interativo vai além da interpretação de época; é a apresentação dramática da vida em outro tempo ou lugar de maneiras que envolvem públicos contemporâneos. Vejamos, por exemplo, a Bristol Renaissance Faire, que acontece anualmente em Wisconsin. A premissa desse evento é que as pessoas estão indo para Bristol, na Inglaterra, em um dia de 1564, na verdade, o mesmo dia em que a rainha Elizabeth I chega para visitar a cidade. Um elenco de cerca de oitenta atores assume diversos papéis históricos, desde membros da corte da rainha a membros do clero, militares, mercadores e população em geral. Esses atores de época misturam-se e interagem com o público por toda aquela área de uma maneira que se assemelha à forma como a igreja se mistura e interage com o mundo. Os cristãos, é claro, estão esperando a volta não de uma rainha, mas do Rei.

Gary Izzo, um dos primeiros diretores a experimentar o teatro interativo, começou a trabalhar em um festival da Renascença desse tipo. O teatro interativo, ele

---

[53] Cf., de Karl Barth, *The word of God and the word of man* (Gloucester: Peter Smith, 1978), p. 28-50.

escreve, é a *arte de encenar*.⁵⁴ Encenar é uma atividade que se revela (1) intensamente cativante, (2) favorável à formação de agrupamentos sociais, (3) um fim em si mesma.⁵⁵ A encenação ocorre em um espaço, ou *temenos* — um "espaço sagrado" onde vigoram as regras do jogo —, e dentro dessa experiência de encenação os "atores criam um vínculo, um senso compartilhado de 'estarem separados' enquanto juntos".⁵⁶ A igreja é esse *temenos*, a encenação da companhia de santos que estão "separados" mas juntos com o propósito específico de dar continuidade ao drama da redenção.

O teatro interativo, diferente das encenações de palco, é em grande parte uma questão de "improvisação *ensemble*". Um *ensemble*, diz Izzo, "é um grupo que compartilha três coisas mutuamente e em abundância: confiança, ação e alegria".⁵⁷ A companhia do evangelho deve, do mesmo modo, exibir essas coisas em abundância. Pois o que o *ensemble* eclesial desfruta é a criação de um mundo novo e escatológico no meio do velho, uma criação que requer encenação imaginativa, mostra confiança perdoadora e evidencia alegria evangélica. Lembremo-nos de que a imaginação não é simplesmente "o poder de formar imagens mentais do que não está de fato presente". A imaginação teodramática que estimula a encenação cristã é completamente outra: é a capacidade de formar imagens mentais do que *de fato* está presente — o reino de Deus —, embora ele não possa ser percebido empiricamente pelos sentidos. Ver a igreja e o mundo da perspectiva teodramática é exercitar uma imaginação propriamente escatológica capaz de discernir o que ainda não está total ou plenamente presente. O reino de Deus está presente, mas não do mesmo modo que um shopping center ou uma tempestade.

Os sacramentos, podemos lembrar, são recursos vitais e visuais para a imaginação teodramática. No entanto, o que torna o teatro interativo único é seu objetivo de incluir na encenação também aqueles que estão *fora* da companhia. Izzo não gosta do termo *plateia*, que subentende um grupo afastado da ação. Ouvintes e espectadores não são exatamente atores. Portanto, seu termo preferido é *convidados*: "De que outra forma você chamaria alguém que você convida para seu espaço privado?".⁵⁸ Entretanto, no teatro interativo do evangelho, *todo* o mundo é um palco, e *todos* são convidados em potencial.

Geralmente, não há roteiro no teatro interativo, embora haja um tema ou assunto (e.g., a renascença inglesa). No caso do teatro interativo da igreja/mundo, o assunto é o reino de Deus, e a "renascença" cristã, ou novo nascimento, associada à fé em Cristo. O teatro interativo não é linear; não há um enredo dominante que os atores devem seguir, apenas uma série de "cenas flutuantes" enquanto os convidados perambulam

---

⁵⁴Gary Izzo, *The art of play* (Portsmouth: Heinemann, 1997). Note que "encenação" também é a força que Gadamer vê como motivação da história da recepção de um texto.

⁵⁵Izzo, neste caso, reconhece sua dívida com *Homo ludens*, de Johan Huizinga (Boston: Beacon, 1995), p. 13.

⁵⁶Izzo, *Art of play*, p. 13.

⁵⁷Ibid., p. 136. Note que o maior obstáculo ao formar confiança entre os atores é "medo de julgamento" (p. 145). Retornarei a esse ponto adiante em nossa discussão sobre "encenação da expiação".

⁵⁸Ibid., p. 16.

pelo festival: "Não é tanto uma história contada, mas uma realidade explorada".[59] Repetindo: no caso da igreja, a realidade explorada é a "vida com Deus e com os outros". Sem dúvida, a igreja tem uma história para contar, mas, como no teatro interativo, "em sua forma mais pura, ela revela seu assunto ou tema por intermédio das personagens que o vivem".[60] Com isso em mente, retornamos ao intérprete de época.

A chave para o teatro interativo eficaz é de fato o intérprete de época. Os atores não apenas personificam o tema; eles também atraem os "convidados" para a peça: "Criar relacionamentos com os convidados, envolvendo-os assim na história, é o foco principal do gênero interativo".[61] Em relação a seu público, o teatro interativo é tanto *inclusivo* quanto *reativo*. Os intérpretes de época arcam com o privilégio e a responsabilidade primários de encenar de tal forma que os outros queiram participar. A doutrina pode ajudar. Como vimos no capítulo anterior, a doutrina habilita os atores a compreender a ação e aprender seu papel. Aliás, as doutrinas definem nosso papel, embora esse papel não esteja exaustivamente roteirizado. *Portanto, os melhores intérpretes de época não são os que decoram falas prontas, mas aqueles cuja fala e ação se revelam apropriadas ao tema ou que encenam ao mesmo tempo que interagem com o público.*

A qualidade mais importante de um intérprete de época é a capacidade de fascinar os convidados: "A personagem deve ser extraordinária [...] O teatro é um santuário para a exibição do extraordinário".[62] Aqueles que seguem Cristo serão, de fato, extraordinários: *neste* mundo, mas não *deste* mundo. Eles são extraordinários não por causa de alguma coisa em si mesmos, mas por causa do papel para o qual foram chamados e preparados para encenar. Intérpretes de época destacam-se do público, mesmo em aspectos secundários, como, por exemplo, ao adotar um "ritmo" diferente enquanto se movimentam ao longo de seu espaço no palco. Não é exagero dizer que o discípulo de Cristo caminha segundo o ritmo de um baterista diferente. O calendário litúrgico, por exemplo, é apenas um exemplo de ritmo contracultural.

É bom que o intérprete de época se lembre da importância do desejo: "Encenar é comportamento, e todo comportamento é motivado por desejo".[63] Stanislavski observa que o objetivo do ator é sempre um desejo ou vontade que se expressa na forma "Eu quero...". O objetivo de um cavaleiro elisabetano, por exemplo, pode ser a nobreza, a dignidade: "Eu quero me portar de maneira honrada". Porém, muito antes do teatro interativo, Agostinho compreendeu a ligação entre desejo ou amor, por um lado, e ação e vida, por outro. A igreja manifesta seu objetivo coletivo na primeira pessoa do plural: *"Nós queremos conhecer, amar e servir a Deus; nós queremos viver para Cristo"*. Então, à medida que os cristãos interagem com os outros no teatro do mundo, eles devem procurar de forma sistemática atuar por amor a Deus e aos outros.

Por fim, o intérprete de época precisa saber como tornar sua personagem acessível, de modo que ela não afaste os convidados. Os cristãos desenvolvem sua personagem

---

[59] Ibid., p. 34.
[60] Ibid., p. 36.
[61] Ibid., p. 188.
[62] Ibid., p. 61-2.
[63] Ibid., p. 88.

e se preparam para o teatro interativo mediante um processo de catequese e formação espiritual. Com isso em mente, voltamos à disposição de Paulo de tornar-se "tudo para com todos". Izzo observa que "[o] principal suporte da acessibilidade é a vulnerabilidade",[64] exatamente a característica que tanto se evidencia em Jesus e Paulo. Como veremos, a doutrina da expiação se destaca dirigindo discípulos na prática da humildade. E é assim com outras doutrinas também; cada uma serve à igreja preparando os intérpretes de época para aprenderem e representarem seu papel para a glória de Deus.

Uma representação coletiva: a prática da verdade

"Que entregarei ao SENHOR por toda a sua generosidade para comigo?", pergunta o salmista (Sl 116.12, RSV). A teologia sapiencial procura responder a essa pergunta urgente. "Entregar" é o conceito-chave. A igreja cumpre sua vocação respondendo ao chamado de Jesus para entregar "a César o que é de César, e a Deus o que é de Deus" (Mt 22.21).[65] A vocação da igreja é entregar — representar, traduzir, devolver — a realidade do evangelho em sua forma de vida coletiva. A igreja como companhia do evangelho participa daquela encenação trina e una cujo tema é o reino de Deus; ela pratica a verdade quando traduz ou representa o reino de Deus. A representação do drama no cânon tem prioridade porque ele é a "regra para a representação". Contudo, as representações da igreja são vitais, visto que, juntas, tornam realidade o pleno potencial de significado do cânon em contextos particulares.

A igreja como "corpo" do texto: uma interpretação teológica das Escrituras

A essência do drama não está nem no roteiro, nem na encenação somente, mas nos dois juntos. Em outras palavras, o teodrama está por trás do texto canônico, mas também está nele e à frente dele. Ao passo que o núcleo do teodrama consiste no que Deus fez e está fazendo em Cristo, as Escrituras, como testemunho desse ato, fazem parte dele e tornam-se um meio de Deus edificar sua igreja em Cristo mediante o poder do Espírito: "O Espírito dá testemunho, e *a igreja é o testemunho que o Espírito dá*".[66] Justamente ao ser chamada para testemunhar do evangelho, a igreja é levada para a ação, a ação *comunicadora* (e, como veremos, reconciliadora). A igreja é uma representação coletiva da Palavra de Deus no poder do Espírito. A tarefa específica da igreja é dar testemunho, em palavra e ato, da verdade de Cristo e de seu reino. "Tome seu roteiro e fale!"

---

[64]Ibid., p. 68.

[65]Observe que o verbo traduzido por "dar" é *apodidōmi*, "devolver". O contexto das declarações de Jesus diz respeito ao pagamento de impostos. Visto que as moedas romanas tinham a imagem de César, elas lhe pertenciam. Os seres humanos, no entanto, têm a imagem de Deus. Segue-se que a vida humana deve ser entregue a Deus. Isso se aplica principalmente à igreja, pois o propósito do drama da redenção é criar um povo para ser "conforme à imagem de seu Filho" (Rm 8.29) e, assim, ser um parceiro de aliança adequado.

[66]Yeago, "The Bible", p. 61.

Gerhard Ebeling fez a famosa declaração de que a história da igreja, em sua essência, é a história da interpretação bíblica. É verdade que muitos momentos decisivos da história eclesiástica estiveram relacionados a interpretações conflitantes sobre o significado de textos específicos e sobre os métodos de interpretação bíblica. Contudo, o comentário de Ebeling é passível de outra leitura também. A história da igreja, em sua essência, é a história de como a igreja interpreta as Escrituras "corporalmente", pela forma de sua vida comunitária. A história da igreja é, portanto, a história da *encenação* bíblica. A igreja, como encenação da palavra no poder do Espírito, é um comentário vivo do evangelho. A vida da igreja *é* exatamente sua interpretação teológica das Escrituras, um indicador de seu entendimento do teodrama e do Deus que o põe em movimento.

Os cristãos têm sido chamados de "povo do livro"; eles são, na verdade, o povo do teodrama do qual o livro é o roteiro autorizado. A igreja, como corpo de Cristo, é chamada a corporificar os atos teodramáticos centrais que constituem o evangelho: obediência, arrependimento, perdão, adoração. É dessa maneira que a igreja se torna uma representação coletiva da palavra de Deus. A igreja exemplifica a interpretação da Encenação I, para a qual o objetivo não é repetição literal (teatro moribundo), mas sim *uma sequência criativa de direções textuais*. Seguir "o modelo das sãs palavras" (2Tm 1.13) abrangido pelo roteiro do evangelho exige a ação obediente de uma comunidade. Note-se também que as "sãs palavras", elogiadas nas Epístolas Pastorais, referem-se ao conhecimento prático (sapiencial) de como corporificar o ensinamento paulino; pois o *oposto* da sã doutrina inclui, entre outras coisas, práticas profanas, assassinatos, mentiras e imoralidade (1Tm 1.9,10). O comentário de Frances Young sobre as Pastorais é pertinente: "O ensino é corporificado nas pessoas".[67] Talvez seja essa a melhor descrição do drama da doutrina.

A prática da verdade: a representação teodramática

O drama da doutrina significa *praticar* a verdade — corresponder ativamente ao caminho e à vida corporificados na vida, morte e ressurreição de Jesus Cristo (Gl 5.7; 1Jo 1.6). A verdade é *dramática*: é algo a ser praticado e, como veremos, algo a ser sofrido. A modernidade, no entanto, tem de modo geral desdramatizado a verdade, tornando-a apenas uma questão de teoria. A declinação canônico-linguística da verdade é muito mais rica.

A doutrina traduz a verdade de Jesus Cristo não por mera correspondência ou coerência teórica, mas por *correspondência teodramática* e *coerência teodramática*.[68] Pois aquilo a que a doutrina cristã deve corresponder é essencialmente teodramático: o que Deus estava fazendo em Cristo.[69] A doutrina fornece direção para a *prática da verdade* de Jesus Cristo. Segue-se que representamos a verdade do evangelho não

---

[67]Frances Young, *Theology of Pastoral Epistles* (Cambridge: Cambridge University Press, 1994), p. 160.
[68]As teorias da correspondência e da coerência são dois modelos filosóficos de explicação da verdade.
[69]Interpreto "o que Deus estava fazendo em Cristo" como referência não apenas ao evento da cruz, mas a toda a ação teodramática desde a Criação até a consumação, embora, é claro, a vida, morte, ressurreição e ascensão de Cristo estejam no clímax da ação.

em sistemas teóricos, mas principalmente em padrões de discurso e ação: no modo como os cristãos vivem entre si e com os outros. De modo semelhante, com relação à coerência, o ponto de referência não é a unidade teórica, mas teodramática, a saber, a unidade de uma ação divina integral e completa, resumida novamente em Cristo, em quem todas as coisas subsistem (Cl 1.15) e por meio de quem Deus reconcilia todas as coisas consigo mesmo (Cl 1.20).

As Escrituras são úteis para "a instrução na justiça" (2Tm 3.16), e a doutrina é útil para educar na correspondência teodramática. A correspondência teodramática transmite a verdade não tanto fazendo alegações de verdades propositivas (embora haja lugar para elas no entendimento da fé), mas fazendo das próprias pessoas e comunidades eclesiais "portadoras da verdade". A doutrina é uma direção teodramática que gera representações tanto conceituais quanto comunitárias do caminho, da verdade e da vida encarnados em Jesus Cristo. A direção doutrinária é uma ajuda indispensável para a igreja que procura "dar forma convincente à verdade do discipulado em uma época específica".[70]

O drama da doutrina diz respeito a direções para representação da verdade, isto é, da *realidade*, na fala e na ação. A igreja é "a corporificação comunitária da busca do testemunho e discipulado verdadeiros".[71] A igreja, como comunidade comprometida com a encenação da verdade de Jesus Cristo, tenta "corporalmente" corresponder ao caminho e à verdade que ele corporificou. A doutrina é dramática porque transforma a história da igreja em um contínuo julgamento da verdade, de modo que se devem fazer juízos perspicazes sobre como encenar o roteiro. Embora, a rigor, a teologia não seja propositivista, ela procura apresentar o que, por falta de um termo melhor, pode ser chamado de proposição, a saber, o "estranho mundo novo" da Bíblia por ela proposto.[72] A doutrina dá direção à igreja para que ela apresente essa proposição — o estranho mundo novo escatológico que está sendo criado pelo Espírito — em sua vida e discurso coletivos. O primeiro requisito para essa apresentação, evidentemente, é entrar na peça teodramática. Participar do teodrama requer a suspensão não da crença, mas da *descrença*; pois, no fundo, o que a igreja procura tornar crível em sua encenação não é uma ilusão ou satisfação de um desejo, mas a *realidade* teodramática.

Obviamente, uma maneira de apresentar a verdade do evangelho é *dizer a verdade*. No entanto, isso não é tão simples como parece à primeira vista, como Bonhoeffer aponta em seu ensaio inacabado "O que significa 'falar a verdade'?".[73]

---

[70]Klauss Berger, "Exegesis and systematic theology — the exegete's perspective", *Concilium* (1994-1996): 83-7.

[71]Nicholas M. Healy, *Church, world and the Christian life: practical-prophetic ecclesiology* (Cambridge: Cambridge University Press, 2000), p. 108.

[72]Neste ponto estou me baseando em Paul Ricoeur, que diz que aquilo de que os textos "tratam", sua referência, é um mundo proposto "na frente" do texto. No caso das Escrituras, o "mundo do texto" é uma proposição *escatológica*, que é tanto "já" quanto "ainda não" (*Hermeneutics and the human sciences: essays on language, action and interpretation* [Cambridge: Cambridge University Press, 1981], p. 192).

[73]Dietrich Bonhoeffer, *Ethics* (New York: Touchstone, 1995) [edição em português: *Ética*, tradução de Helberto Michel (São Leopoldo: Sinodal, 1988)], p. 358-67.

Falar de forma verdadeira é dar expressão verbal ao que é real, com palavras e frases. No entanto, porque o significado é sempre uma questão de contexto, "dizer a verdade" também é uma noção relativa ao contexto: "Nossa fala deve ser verdadeira, não em princípio, mas concretamente".[74] Dizer a verdade não é simplesmente fazer declarações absolutamente precisas (o que quer que isso signifique!), mas levar em conta as particularidades da situação concreta em que se está tentando dizer a verdade: "É uma questão de conhecer a palavra certa para cada ocasião".[75] Assim, é impossível dizer a verdade sem levar em conta o próprio público. Portanto, mesmo como falantes da verdade, temos de ser "tudo para com todos". A doutrina nos dá direção para falar de maneira verdadeira em situações particulares à luz do todo teodramático.

E não apenas falar. A verdade também deve ser *praticada*. Por conseguinte, a verdade doutrinária deve ser apresentada na prática prosaica, fronética e profética. Para começar, a doutrina dá direção à igreja para expressar a verdade do evangelho da perspectiva das práticas *cotidianas* (e.g., hospitalidade, cuidado de viúvas e órfãos e, como veremos, o *perdão*). Em segundo lugar, assim como é preciso sabedoria para falar a verdade, também a *fronesis* é necessária para a prática da verdade. Para ser portador da verdade, o povo de Deus precisa cultivar virtudes que conduzem à verdade, como honestidade, humildade e paciência. Por fim, *praticar* a verdade é essencialmente profético, pois a verdade do evangelho, em última análise, não é deste mundo. Além disso, justamente porque ela não é deste mundo, aqueles que falam e portam a verdade, muitas vezes, terão também de *sofrer* por causa da verdade.[76]

O verdadeiro testemunho da realidade de Deus é inseparável das formas de vida autênticas. Mas por quê? Porque o significado do que dizemos está ligado às práticas que conferem à linguagem seu sentido particular. Há uma forte ligação entre dizer a verdade e viver de maneira fiel. A verdade não é simplesmente um aspecto das frases: a verdade "é algo de que se dá testemunho com a própria vida".[77] Isso não significa dizer que a forma pela qual testemunhamos *torna* nossas declarações verdadeiras. A verdade do evangelho independe das tentativas da igreja de apresentá-la. No entanto, a vocação especial da igreja é ser uma comunidade na qual a verdade não é apenas proclamada, mas praticada e personificada. Os cristãos devem pôr em prática a verdade de suas convicções "em padrões de ação e sofrimento, louvor e resistência".[78] *Assim, a doutrina apresenta a verdade dirigindo-nos para falar e agir de formas que alcançam a correspondência teodramática com o que Deus estava fazendo em Jesus Cristo como normativamente especificado nas Escrituras.*

---

[74]Ibid., p. 359.

[75]Ibid., p. 360. Neste ponto, podemos relembrar o que já dissemos sobre a importância da percepção e da perspectiva na formação de juízos corretos. Embora ele não empregue o termo de modo explícito, acredito que Bonhoeffer veja a verdade como uma questão de *sapientia*, não apenas *scientia*.

[76]Cf., de minha autoria, "The trials of truth", in: *First theology* (Downers Grove: InterVarsity, 2002), cap. 12.

[77]James Fodor, *Christian hermeneutics* (Oxford: Clarendon, 1995), p. 338. Fodor acrescenta que "dar um testemunho fiel *é* referir de modo confiável" (p. 338).

[78]Nicholas Lash, "Ideology, metaphor and analogy", in: Stanley Hauerwas; L. Gregory Jones, orgs., *Why narrative?* (Grand Rapids: Eerdmans, 1989), p. 135.

Uma ruptura coletiva? Heresia, ecumenismo e excomunhão

A doutrina divide. Essa, pelo menos, tem sido uma objeção frequente à teologia. No entanto, ela é completamente superficial. Embora algumas divisões denominacionais sejam de fato desnecessárias, certas distinções, como entre verdade e falsidade, são necessárias para preservar a integridade da igreja. Como teatro interativo da verdade, a igreja deve exercer sabedoria ao discernir o que pertence ou não à sua apresentação da verdade. E também deve exercer sabedoria ao lidar com o que, ou quem, ela por fim decide não pertencer.

A doutrina une, mas não de forma indiscriminada. Essa, pelo menos, é a tese da presente seção. O teatro interativo nunca é mais difícil do que quando a igreja precisa lidar com aqueles que não parecem estar plenamente na igreja nem claramente fora dela. No entanto, devem ser feitos juízos difíceis, juízos que podem distinguir entre continuidade e descontinuidade teodramática. Em particular, a igreja deve detectar a diferença entre o ortodoxo e o heterodoxo, entre participação adequada e inadequada no drama da redenção: "Uma igreja que não pode ter a experiência da heresia provavelmente não tem compromissos, nem identidade, nem caráter. A possibilidade de heresia é simplesmente a expressão negativa de uma igreja que tem uma confissão de fé".[79] Mesmo assim, a finalidade da doutrina não é dividir, mas *curar* o corpo de Cristo. Por isso, é importante entender que o *falso* ensino — a heresia — é a doença debilitante, o câncer no corpo de Cristo.

O corpo ferido: entre ecumenismo e polemismo

Nem todas as divisões na igreja são fatais. Ao longo dos séculos, o corpo de Cristo tem suportado algumas feridas na carne, algumas delas bem profundas, e todas deixaram cicatrizes. Pensemos, por exemplo, nas divisões entre as igrejas grega e latina em 1054, ou nas múltiplas divisões dentro do protestantismo. Foram essas divisões denominacionais que levaram alguns a culpar a doutrina por separar o que Deus uniu. A questão costuma ser colocada da perspectiva da seguinte dicotomia: ecumenismo (diálogos pacíficos que visam à unidade) ou controvérsia (discussões polêmicas que visam à verdade). Essa é mais uma daquelas dicotomias infelizes — à semelhança de palavra *versus* Espírito, teoria *versus* prática, unidade *versus* verdade — que seria melhor evitar. As práticas da igreja (para não falar de estilos de adoração e tipos de governo eclesiástico) podem dividir também. Dificilmente a doutrina é a única culpada; se ferido, o corpo de Cristo não será curado simplesmente abandonando-se a teologia!

A unidade da igreja é mais que um objetivo pragmático; é um imperativo doutrinário. Praticar a verdade implica que cada igreja deve se esforçar para tornar visível a unidade que Cristo já alcançou. Aliás, o objetivo da unidade eclesial — "que todos sejam um" (Jo 17.11,21-23) — é propriamente teodramático: mostrar para o mundo "qual é", de uma perspectiva escatológica (já mas ainda não), o argumento em Cristo. Nenhuma verdade demanda uma apresentação coletiva mais do que a

---

[79] Timothy Lull, "Is heresy possible? Yes, unfortunately", *Word and World* 8 (1988): 109.

verdade de nossa unicidade em Cristo. Veja bem, a unidade não deve ser perseguida em detrimento da verdade doutrinária, mas justamente por causa dela.

A verdade liberta: liberta de erros; liberta para relações corretas com Deus, com o mundo e com os outros. Seria ingênuo, porém, não reconhecer que a doutrina pode ser posta a serviço desta ou daquela plataforma ideológica. Apesar de a verdade teológica não ser uma arma ideológica, as alegações de *posse* da verdade podem ser. Nada do que foi dito na presente obra implica que qualquer igreja tenha o monopólio da interpretação correta do cânon, ou que qualquer igreja ou denominação possa apresentar sozinha a verdade do evangelho da forma adequada. Pelo contrário, temos argumentado que o cânon se realiza devidamente apenas mediante uma pluralidade de tradições interpretativas, uma pluralidade de encenações da igreja. Nenhuma igreja deve impor suas declarações confessionais ou encenações às de outras igrejas. Embora tradições confessionais sejam valiosas e necessárias, isso não se dá porque a verdade que elas contêm seja universal, mas porque elas representam tentativas espaçotemporais específicas de contextualizar o teodrama e de falar e praticar a verdade em situações concretas. Confissões de fé são importantes, até mesmo vitais; no entanto, é um erro pensar que aqueles que *confessam* a verdade necessariamente a *detêm*. Confissões de fé podem ter características doutrinárias próprias, mas também devem se esforçar para ser evangélicas e ortodoxas, isto é, devem se esforçar para obedecer ao princípio canônico e ao princípio católico.[80]

Até onde sabemos, o Espírito Santo não ratificou nenhuma confissão de fé nem estabeleceu denominação alguma. O Espírito é mais "católico" do que isso. Aliás, sugeriu-se recentemente que o movimento ecumênico é obra do Espírito, uma obra de cura aplicada ao corpo ferido.[81] Todas as verdadeiras igrejas devem se esforçar para apresentar a verdade do "um só corpo e um só Espírito" (Ef 4.4). Mas há uma dificuldade; devemos testar não só os espíritos, mas as *igrejas*, para ver "se [...] vêm de Deus" (1Jo 4.1). Pois o mesmo Espírito que une igrejas no único corpo de Cristo é também o Espírito da verdade. *Essa* divisão — entre igrejas verdadeiras e falsas — deve ser estabelecida para o bem da integridade de nosso testemunho coletivo. Porém, ela não é uma linha a ser traçada com arrogância. Em última instância, o que está em jogo é a integridade do ministério do evangelho por parte da igreja.[82]

Heresia: "nenhum outro drama"

O Novo Testamento está repleto de advertências contra falsos mestres e falsos ensinos. O desenvolvimento da ortodoxia não foi tanto um exercício da vontade coletiva de poder mas da vontade coletiva *de verdade*.[83] É claro que Deus pode ser usado para fins políticos. Isso precisa ser reconhecido e ser motivo de arrependimento. No entanto,

---

[80]Na conclusão retornarei ao valor das confissões de fé em relação à ortodoxia e à igreja local.

[81]James Buckley, "The wounded body", in: Buckley; Jones, orgs., *Knowing the triune God*, p. 205-30.

[82]De acordo com Calvino, uma igreja é falsa se seu ministério da Palavra e do sacramento está corrompido (*Institutas* 4.2.1).

[83]Em contraposição a Walter Bauer, *Orthodoxy and heresy in earliest Christianity* (Philadelphia: Fortress, 1971).

esta obra defende que o único objetivo ao qual a doutrina deve servir é o objetivo divino, a saber, o objetivo trinitário de permitir que um povo participe de modo adequado da vida de Deus. O falso ensino é perigoso justamente porque subverte a participação do indivíduo nas missões trinitárias e leva a pessoa a andar por um caminho que não é o de Jesus Cristo.

A heresia, estirpe particularmente virulenta de falso ensino, é pior do que um eventual erro teológico. Afinal de contas, é praticamente impossível que conhecedores humanos finitos, até mesmo os santos, não estejam errados sobre algumas coisas. A heresia não é um simples caso de imprecisão ou ignorância; ela é bem mais destrutiva, tanto com relação à verdade quanto com relação aos seus efeitos sobre os que a defendem. O termo grego *hairesis* literalmente significa "escolha" ou "coisa escolhida". Os hereges deliberada e teimosamente insistem em preferir suas ideias em vez das ideias da comunidade de fé, seus caminhos em vez do caminho de Jesus Cristo. O herege é aquele que teima em seguir "outro evangelho, que de fato não é outro evangelho" (Gl 1.6,7). A heresia é a suprema *desorientação*, é confundir completamente o drama da redenção com outro drama.

Dessa perspectiva, a heresia é o pior tipo possível de improvisação, um exemplo de *ad-libitum* inteligente que quase não dá atenção ao que os outros atores estão dizendo e fazendo. A heresia é perigosa não porque é criativa, mas porque é uma *novidade*: teologia é fé em busca de entendimento criativo, mas heresia é orgulho em busca de uma boa *atuação exibicionista*. A heresia desenvolve-se não simplesmente empregando novos conceitos, mas fazendo *juízos* que vão contra a natureza do cânon. As heresias costumam errar na identificação das *dramatis personae* divinas ou na compreensão da ação teodramática. Em virtude dessas falhas, a heresia desvia nossa atenção do que Deus estava fazendo em Cristo. Ela é perigosa porque propõe uma economia de salvação alternativa — ainda que isso não exista. *Portanto, uma heresia é um erro fatal que compromete a integridade do teodrama, seja identificando mal as dramatis personae divinas, entendendo errado a ação, seja oferecendo uma direção que afasta da participação adequada na ação dramática contínua.*[84] Divergências e divisões doutrinárias podem ferir o corpo de Cristo; todavia, há momentos em que elas são absolutamente essenciais para o bem-estar da igreja. A doutrina é o anticorpo que neutraliza os antígenos heréticos que ameaçam a saúde do corpo de Cristo.

Excomunhão: o drama da disciplina

Dissemos que uma das maneiras pelas quais a igreja apresenta a verdade do evangelho é mostrando unidade "em Cristo". Entretanto, para que a igreja possa corresponder a essa verdade em sua vida coletiva, ela precisa exercer alguma medida de autodisciplina. Pois nem todas as palavras e atos que supostamente correspondem à verdade de fato o fazem: "Senhor, Senhor, nós não profetizamos em teu nome? Em teu nome

---

[84]Healy considera a igreja orientada no Espírito para o Pai por meio de Jesus Cristo (*Church, world and Christian life*, p. 18). Em minha opinião, alcançar a orientação correta é o propósito da teologia e da doutrina.

não expulsamos demônios? Em teu nome não fizemos muitos milagres? Então lhes direi claramente: Nunca vos conheci; afastai-vos de mim, vós que praticais o mal" (Mt 7.22,23; cf. 25.41-43). Precisamos fazer distinção entre as igrejas essencialmente orientadas para a verdade, mesmo que cometam falhas, e as igrejas (falsamente assim chamadas) orientadas para outra coisa que não a verdade do evangelho. Pois confessar e praticar a verdade, ou, pelo menos, ter o objetivo de fazê-lo no poder do Espírito, é um pré-requisito da genuína *communio*. Por outro lado, haverá "ira e indignação [...] aos que obedecem ao pecado em vez de obedecer à verdade" (Rm 2.8). Como deve a igreja "corresponder" a *essa* ação teodramática?

Exercer disciplina na igreja é um assunto muito delicado. No fundo, só Deus pode julgar o coração humano. Ao mesmo tempo, a igreja recebeu uma comissão dominical e apostólica de preservar a verdade e buscar a santidade. Exercer disciplina na igreja, no entanto, não tem relação alguma com uma repetição literal da ira divina. No Novo Testamento, não há precedente para o uso de violência contra aqueles que discordam de nós. Há diversas passagens, no entanto, sobre a necessidade de romper a comunhão com aqueles que teimosamente persistem em professar e praticar coisas contrárias à sã doutrina. Através da história, a igreja tem respondido à heresia não com "ira e fúria" literais, mas com o que talvez seja o equivalente teológico e eclesiológico: anátema e excomunhão.

Provavelmente, nada na história da igreja é tão dramático, ou tão controverso, quanto a ruptura de comunhão, ou, em outras palavras, a excomunhão. Excomungar é excluir alguém da comunhão e da participação nos sacramentos. É, portanto, excluir alguém do drama da redenção, ou pelo menos da companhia dos atores, se não da própria peça. Há várias coisas a dizer acerca de uma prática que pode parecer, em nossa era de tolerância, um exemplo de "punição cruel e incomum". Em primeiro lugar, a igreja nunca deve agir com negligência ao pronunciar um anátema. Determinar que uma crença ou prática contradiz o evangelho é algo que demanda temor e tremor, para não mencionar oração e jejum. Declarar como "herético" este ou aquele movimento deve ser sempre um ato de última instância, não um reflexo de conveniência; não é uma responsabilidade que a igreja cumpre com alegria e maldade, mas com pesar sincero. Acima de tudo, as práticas disciplinares que a igreja exerce visam à restauração, não punição. As igrejas que se preocupam com a verdade, e com a prática da verdade, devem procurar imitar o exemplo de Paulo. Tanto heresia quanto imoralidade grosseira exigem disciplina, mas Paulo aconselha que as igrejas primeiro confrontem o erro doutrinário ou moral com admoestação gentil (Gl 6.1; 2Tm 2.25). Aqueles que persistem no pecado devem ser submetidos à repreensão pública (1Tm 5.20). Somente aqueles que não respondem às admoestações e repreensões públicas devem ser evitados (Rm 16.17).

Paulo instrui a igreja de Corinto a tirar de seu meio um homem que estava vivendo com a mulher de seu pai, um relacionamento proibido pela lei (Lv 18.7,8). A igreja deve entregar "esse homem a Satanás para destruição da carne" (1Co 5.5). Ela entendia o reino de Satanás como realidade presente em toda parte que estivesse fora da comunhão dos crentes; por isso, é provável que Paulo esteja aqui recomendando que a pessoa seja expulsa da comunidade (i.e., a excomunhão).[85] Paulo acrescenta que os coríntios não devem "com esse homem [...] nem sequer comer" (1Co 5.11.), uma rejeição realmente dramática, dada a importância da comunhão à mesa.

Apresentar a verdade da *koinonia* em Cristo implica excluir aqueles cujas crenças e ações *dividem* o corpo de Cristo. A comunhão é quebrada quando indivíduos insistem em contrariar as verdades fundamentais necessárias para manter a integridade do teodrama e a integridade da encenação da igreja. A excomunhão, além de excluir pessoas da comunhão, confirma o fato de que *elas mesmas se excluíram* da *communio* "em Cristo". De acordo com Tito 3.10, uma pessoa *hairetikos* é sectária, semeadora de discórdia e condena a si própria. Aqueles que não são da verdade excluem a si mesmos do jogo recusando-se a jogar pelas regras (*viz.*, as Escrituras, a Regra de Fé). O herege escolhe jogar sozinho em vez da *communio*. Excomungar, então, é admitir formalmente que uma pessoa retirou-se da peça da ação comunicadora divina. Ao excluir uma pessoa da comunhão, a igreja confirma que o discurso e a ação herética não estão em conformidade com o "modelo das sãs palavras". Repetindo: aqueles que encenam "algum outro drama" retiram a si mesmos da ação redentora. A excomunhão é, portanto, um reconhecimento exterior ou formal de uma realidade interior, a saber, o fato de que o herege não está mais voltado para o caminho, a verdade e a vida.

A excomunhão é uma ação simbólica dramática que exprime a falta de comunhão de uma pessoa com Deus. Porque a ceia do Senhor é a encenação da verdade da *communio*, os hereges são excluídos da participação nela. Ainda assim, reconhecer e excluir a falsidade e a imoralidade são, em última análise, atos de afirmação da vida, pois todo o propósito da sã doutrina é levar as pessoas à comunhão com Deus e umas com as outras. Portanto, o objetivo final da disciplina é positivo e serve igualmente à verdade e à unidade. É de grande importância o fato de que Paulo mantém a esperança de salvação para o homem com quem os coríntios não devem nem mesmo comer (1Co 5.5). O que vale para a doutrina vale também para a disciplina eclesiástica: o propósito por trás delas é restaurar as pessoas à comunhão, à *communio* da família de Deus.

ENCENANDO A EXPIAÇÃO: UM TEATRO DE MARTÍRIO

A igreja, longe de ser local de separação entre doutrina e vida, deve ser a principal exibição da doutrina. Paulo, em 1Coríntios 4.9, diz que ele e os apóstolos eram "apresentados" por Deus como "um espetáculo [*theatron*] para o mundo". Em outro lugar, Paulo afirma que o objetivo de seu ministério apostólico é "*mostrar* a todos" os homens o plano de salvação, o mistério de Cristo, de modo que "a multiforme sabedoria de Deus seja manifestada, por meio da igreja, aos principados e poderios nas regiões celestiais" (Ef 3.10). Calvino refere-se ao mundo como teatro da glória de Deus, com os seres humanos como espectadores dos céus e da terra, e Paulo aqui se refere à igreja como a exposição que faz com que a sabedoria de Deus seja conhecida

---

[85] A "destruição da carne" provavelmente é uma referência à doença como julgamento pela desobediência; cf. 1Co 11.29,30.

nos céus. A criação testemunha da glória de Deus, mas a igreja, como "teatro do evangelho", testemunha do amor e da sabedoria de Deus manifestados em Jesus Cristo.

Com isso em mente, podemos agora voltar à doutrina da expiação. No capítulo anterior, vimos como a teologia canônico-linguística, como forma tríplice de *scientia* exegética, possibilita nosso entendimento do teodrama esclarecendo a lógica do que Deus estava fazendo em Cristo e especificando nosso papel no teodrama à luz de nossa identidade "em Cristo". A tarefa agora é explorar como a teologia canônico-linguística, como forma tríplice de *sapientia*, nos dirige para participarmos do clímax do teodrama: Como a igreja deve *encenar* a doutrina da expiação hoje? Quais práticas eclesiais resultam de nosso estar "em Cristo"? O que guia a discussão nesse ponto ainda é a adequação, não só ao texto bíblico, mas também ao *contexto* contemporâneo. Assim, o que vem para o primeiro plano é o que podemos caracterizar como "prática" *profética*, *prosaica* e *fronética* da cruz de Cristo por parte da igreja. Vamos defender que a igreja é uma forma de teatro de reconciliação: um teatro de fé, esperança e amor. É justamente porque a igreja encena o evangelho, em vez de qualquer outro roteiro, que ela também é um teatro *revolucionário*, e é com essa noção que começamos.

Um teatro revolucionário: a companhia da cruz

O alemão Bertolt Brecht, influente dramaturgo e diretor, não costuma ser mencionado em associação com a eclesiologia. Brecht é mais conhecido pela forma como sua obra no teatro confrontou o capitalismo e a sociedade burguesa, e por ser influenciado por Karl Marx: "Eu quis seguir o princípio de que não se tratava apenas de uma questão de interpretar o mundo, mas de transformá-lo, e aplicar isso ao teatro".[86] O teatro pode e deve intervir na história a fim de libertar o imaginário social de seu cativeiro a interesses poderosos. O teatro "burguês" apresenta os eventos como universais e inalteráveis: "A classe dominante, para sua própria proteção, incentiva um drama de fatalismo".[87] O teatro burguês descreve como natural a forma como as coisas são e, assim, incentiva o público a fechar os olhos para o condicionamento cultural da vida cotidiana. Brecht acreditava que o teatro tinha potencial revolucionário como meio eficaz de enfrentar os poderes sociais.

O propósito do teatro de Brecht é tornar estranho aquilo que nos é familiar: "fazer o espectador assumir uma atitude inquisitiva e crítica em relação aos eventos".[88] Em particular, Brecht queria que seu teatro expusesse as contradições ocultas em uma sociedade, que "alienasse" ou fizesse se destacar certa relação ou estrutura social. O efeito de tal alienação (o "efeito-A") consiste em capacitar os espectadores a atingir uma distância crítica de seu condicionamento social e político, para perceber a realidade de sua situação e, assim, agir sobre ela. O teatro brechtiano assume um papel profético,

---

[86] Bertolt Brecht, *Brecht on theater* (London: Methuen, 1964) [edição em português: *Bertolt Brecht: teatro* (Rio de Janeiro: Civilização Brasileira, 1976)], p. 248.

[87] Carlson, *Theories of the theater*, p. 414.

[88] Citado em Toby Cole; Helen Krich Chinoy, orgs., *Actors on acting: the theories, techniques and practices of the world's greatest actors, told in their own words* (New York: Three Rivers, 1970), p. 308.

relembrando a sociedade de que suas estruturas e práticas não são nem determinadas nem inevitáveis. Em uma de suas últimas afirmações, Brecht declarou que queria representar um mundo "capaz de transformação".[89] O teatro brechtiano é revolucionário e procura inculcar a dissidência. Nesse sentido, o teatro de Brecht é "protestante".

Embora o próprio Brecht estivesse interessado mais em transformação política do que religiosa, outros procuraram levar o teatro de volta a uma relação de trabalho harmoniosa com a religião ortodoxa. Ugo Betti, por exemplo, reconheceu a necessidade de o teatro sério lidar com questões essencialmente espirituais como o desejo de sentido, confiança, perdão e, acima de tudo, amor — até mesmo nas almas mais egoístas. O dramatista contemporâneo deve entrar no deserto espiritual onde muitos vivem e "provar novamente certas coisas para todo mundo".[90] O dramaturgo espanhol Alfonso Sastre propôs que o tema do drama contemporâneo deve ser "a tragédia de um mundo sem Cristo, a tragédia de um mundo de costas para a verdade".[91]

A igreja não tem de realizar encenações revolucionárias; ela *é* um teatro revolucionário. Pois tudo o que a igreja diz e faz em sua liturgia e em sua vida coletiva dá continuidade ao teodrama e, portanto, subverte os poderes e as estruturas meramente mundanas. No entanto, o que mais nos interessa nesta seção é a encenação da cruz de Cristo pela igreja. Pois aqui, como talvez em nenhum outro lugar, a igreja alcança seu "efeito-A" singular: nada é mais revolucionário, ou alienante, do que o escândalo da cruz, pedra de tropeço "para os judeus e absurdo para os gentios" (1Co 1.23). Seguir a direção da doutrina da expiação habilita a encenação da igreja a apresentar ao mundo uma oportunidade de pensar criticamente sobre os poderes que o escravizam. Os efeitos-A específicos das encenações cruciformes da igreja são dois: martírio e reconciliação. A igreja nunca é tão brechtiana como quando proclama e encena a cruz, como quando fala a verdade em amor e representa o amor em verdade. A igreja não é nada menos que uma *revolução permanente* no meio do mundo; assim, sempre que dois ou três estiverem reunidos em nome de Jesus, o mundo *deve* dizer: "Esses homens que têm agitado o mundo chegaram também aqui" (At 17.6).

Um teatro profético de martírio: espetáculos de fé e esperança

É impressionante que a admoestação de Paulo — "sejais meus imitadores" (1Co 4.16) — esteja concluindo uma passagem na qual ele se descreve como fraco, ofendido, perseguido e difamado — "o lixo do mundo" (4.13). Impressionante, talvez, mas não surpreendente, porque Paulo costuma fazer uso da linguagem de imitação em estreita associação com a cruz: "Paulo parece entender que apenas através da *imitação*

---

[89] Citado em John Russell Brown, *The Oxford illustrated history of the theater* (Oxford: Oxford University Press, 1995), p. 403.

[90] Ugo Betti, "Religions and the theatre", *Tulane Drama Review* 5 (1960): 4-12, citado em Carlson, *Theories of the theatre*, p. 417.

[91] Alfonso Sastre, "Teologia del drama", *Correo literario* 85 (1953): 10, citado em Carlson, *Theories of the theatre*, p. 418.

de alguém que já havia procurado corporificar — com algum grau de sucesso — a vida cruciforme de um discípulo é que novos discípulos poderiam ter a esperança de corporificar a cruz nos diversos contextos em que se encontravam".[92] A teologia canônico-linguística é sapiencial em seu objetivo de dirigir a igreja a falar, agir, viver — e, como veremos, sofrer — de maneiras que correspondem e são coerentes com a cruz de Cristo, o clímax do teodrama.

Quando a igreja abraça e corporifica o evangelho, ela exibe a cruz. Nada é mais alienante para o mundo do que a cruz. Por conseguinte, ao incorporar a cruz, a igreja coloca em discussão pressuposições cotidianas de pessoas comuns sobre o sentido da vida e do bem humano. Assim, encenar a doutrina da expiação produz um efeito-A único e distintamente profético: virar o mundo de cabeça para baixo ao praticar o que o mundo considera loucura. É claro que se trata de uma questão de virar o mundo de cabeça para cima, pois a encenação da igreja corresponde ao que, em última análise, é real e confronta o mundo com a afirmação e a provocação da realidade revelada "em Cristo". A igreja é sal e luz justamente como exposição da realidade e do poder do evangelho — uma exposição de "conhecimento teodramático vivido".

Uma *mimēsis* dos mártires

A doutrina da expiação dirige a igreja para participar de modo adequado da morte de Cristo, em primeiro lugar, por meio de atos de uma *mimēsis* martirológica. Esse é o momento propriamente profético da teologia canônico-linguística. Lembremo-nos neste ponto do tema dominante em *A Imitação de Cristo*, de Tomás de Kempis, a saber, que o martírio é simplesmente a demonstração mais espetacular da vida cristã cotidiana marcada pela humildade e pela resistência ao sofrimento. Todos conhecemos cenas de morte extremamente exageradas interpretadas por atores inferiores que desejam causar uma grande impressão. Morrer bem, quer no palco, quer na vida real, talvez seja o desafio supremo para o ator. A doutrina da expiação fornece uma direção essencial para que a igreja possa morrer bem *diariamente. Encenar a doutrina da expiação significa viver bem e morrer bem pela verdade em uma imitação criativa de Cristo.*

O termo *mártir* vem do grego *martys*, "testemunha". O termo é usado em Atos 1.8 para se referir aos apóstolos que deram testemunho da vida, morte e ressurreição de Cristo. Mais tarde, ele passou a ser identificado com aqueles que eram perseguidos por causa de seu testemunho. O que começa com testemunho termina com julgamento. Tanto no cristianismo primitivo quanto nos dias da Reforma, milhares de cristãos foram mortos por causa de suas crenças. O mártir é alguém disposto a morrer pela doutrina verdadeira. O martírio é a forma perfeita da ação profética.

O número de precedentes bíblicos é alto — alto demais! No Antigo Testamento, profetas como Elias foram perseguidos por proclamar a verdade. Paulo testemunhou o apedrejamento de Estêvão (At 7.58,59) e, mais tarde, disse à igreja em Filipos que "vos foi concedido não somente crer nele, mas também sofrer por ele" (Fp 1.29). Por causa de Cristo, Paulo sofreu a perda de todas as coisas "para conhecer Cristo [...] e a

---
[92] S. E. Fowl, "Imitation of Paul/of Christ", p. 431.

participação nos seus sofrimentos" (Fp 3.10). Da mesma forma, o autor de Hebreus pede que os leitores se lembrem de que haviam suportado sofrimentos, incluindo serem "expostos publicamente [*theatrizo*] a ofensas e perseguições" (Hb 10.32,33). Suportar sofrimento por causa da verdade resulta em um show — um *espetáculo* — de fé. Os discípulos, assim, interpretam em novos contextos cenas da humilhação sofrida por Jesus.

O principal mártir não é outro senão Jesus Cristo. "Cristo também sofreu por vós, deixando-vos exemplo, para que sigais os seus passos" (1Pe 2.21). Jesus não é apenas o servo sofredor, mas o *sinal* sofredor, pois é a exata *mimēsis*, ou representação, do próprio ser de Deus (Hb 1.3). Quem ele é e o que faz (Jo 10.25), incluindo a morte que ele sofre, fazem de Jesus a sublime "testemunha fiel e verdadeira" (Ap 3.14). Jesus alerta seus discípulos de que também vão sofrer perseguição por causa de seu testemunho, pois um "discípulo não está acima do seu mestre" (Mt 10.24). No entanto, eles não devem temer os que matam o corpo (Mt 10.28), porque "todo aquele que me confessar diante dos homens, eu também o confessarei diante de meu Pai" (Mt 10.32). Sofrer por Cristo não é apenas um meio de testemunhar, mas um meio de ser conformado à imagem de Cristo. *O martírio, assim, qualifica-se como uma sublime prática cristológica e canônica.*[93]

O martírio também é uma prática *tradicional*.[94] Agostinho olhava para os mártires da igreja primitiva como heróis, embora não concordasse com os donatistas, que diziam que o martírio literal era o modelo de cristianismo autêntico. Ele também não achava que simplesmente morrer pelas próprias crenças transformava alguém em um verdadeiro mártir. Mártires autênticos "confessam e morrem pela verdadeira fé na unidade da caridade".[95] O texto de 1Coríntios 13.3 impressionou profundamente Agostinho: "[se eu] entregasse meu corpo para ser queimado, mas não tivesse amor, nada disso me traria benefício algum". Para Agostinho, apenas o sofrimento pela verdade e por amor da unidade do corpo de Cristo contam como genuíno martírio.

Os mártires do século 16 proporcionaram inúmeros espetáculos de fé: "Centenas, às vezes milhares, se reuniam para testemunhar espetáculos públicos de morte pela fogueira, decapitação, afogamento, ou enforcamento, desmembramento e esquartejamento".[96] Graças a seu conhecimento bíblico e imaginação teodramática, esses mártires da Reforma perceberam claras semelhanças entre sua situação e a dos profetas e apóstolos bíblicos. Na verdade, os cristãos do século 16 eram encorajados a identificar-se com mártires bíblicos específicos de acordo com a forma da execução

---

[93]Como Bruce Marshall argumentou, há um sentido propriamente teológico de verdade como correspondência pela qual as pessoas são conformadas à imagem de Cristo (cf. *Trinity and truth* [Cambridge: Cambridge University Press, 2000], p. 266.

[94]Cf. Donald Kelly, que fala de martírio como conformidade a um antigo padrão: ele era "uma forma de mimese — *imitatio Christi* com toda a força" ("Martyrs, myths, and the massacre: the background of St. Bartholomew", *American Historical Review* 77 [1972]: 1328).

[95]Citado em Carole Straw, "Martyrdom", in: Allen D. Fitzgerald, org., *Augustine through the ages: an encyclopedia* (Grand Rapids: Eerdmans, 1999), p. 539.

[96]Brad S. Gregory, *Salvation at stake: Christian martyrdom in early modern Europe* (Cambridge: Harvard University Press, 1999), p. 1.

(e.g., afogamento era associado com Jonas; apedrejamento, com Estêvão; decapitação, com João Batista; e morte na fogueira, com os três amigos de Daniel).[97]

Nada é mais dramático do que morrer como testemunha da verdade: "De forma mais dramática do que sermões, catecismos ou adoração comum, o martírio proclamava o que estava em jogo em disputas sobre o conteúdo e a prática do verdadeiro cristianismo".[98] Os mártires protestantes "levaram os ensinamentos da Reforma para além de publicações e púlpitos, para a esfera da ação dramática em público".[99] Para John Foxe, autor do conhecido *O livro dos mártires*, "os maiores eventos e os mais importantes períodos da história eclesiástica são como atos e cenas em um teatro"[100] — um verdadeiro drama da doutrina! Invertendo a perspectiva, Artaud escreveu que os atores devem ser "como mártires queimados vivos, que da estaca ainda sinalizam para nós".[101]

Um martírio da vida

Mimēsis não precisa significar repetição literal. É por isso que os membros da igreja não precisam procurar oportunidades de morrer pela fé. Quer morrer pela fé seja uma possibilidade real, quer não, *o discipulado mimético, em última instância, assume a forma de martírio*. "Sua morte confirmou que sua doutrina era verdadeira";[102] todos os cristãos pacientes na adversidade podem "verdadeiramente ser chamados de mártires".[103] Se o primeiro pensamento exagera no valor do martírio, este último o valoriza muito pouco. Sinceridade e sofrimento sozinhos não bastam. Pelo contrário: *o martírio como fim adequado da doutrina implica sofrimento por causa do testemunho da verdade*.

O que significa martírio?

No mundo de hoje, o martírio muitas vezes carrega conotações negativas de fanatismo e atentados suicidas. O teatro do martírio de que falo, no entanto, não tem relação alguma com extremismo político ou violência. Homens-bomba não são mártires. Agostinho considerava o suicídio um autoassassinato e, portanto, um pecado.[104] Além disso, morrer pela própria honra (ou, poderíamos acrescentar, por uma causa política) é uma ideia pagã, e não cristã: "o que define um mártir não é a punição, mas a causa".[105] Morrer pela glória deste mundo ou, nesse sentido, por recompensas do outro mundo, não tem nenhuma relação com morrer por causa de um testemunho fiel. Agostinho também desconfia daqueles que parecem querer sofrer e morrer por suas crenças. Não se deve confundir *querer morrer* com estar *disposto a morrer*. Onde está o mérito de morrer se esse é o desejo de nosso coração? Não, a morte continua a

---

[97]Ibid., p. 121.
[98]Ibid., p. 176.
[99]Ibid., p. 145.
[100]V. Norskov Olsen, citado em ibid., p. 432, n. 224.
[101]Mitter, *Systems of rehearsal*, p. 81.
[102]Henry Walpole, citado em Gregory, *Salvation at stake*, p. 294.
[103]François Solier, citado em ibid., p. 313.
[104] Agostinho, *Cidade de Deus* 1.23.
[105]Citado em Gregory, *Salvation at stake*, p. 87.

ser um mal, e é justamente porque os mártires não querem sofrer que seu testemunho tem força para convencer.

Participar dos sofrimentos de Cristo é envolver-se em uma *mimēsis* do martírio. Reiterando, isso não precisa significar uma repetição literal; não devemos repetir a narrativa da Paixão toda Sexta-Feira Santa, como fazem os chamados *penitentes*, encenando rituais de crucificação. Na verdade, fazer isso é compreender mal o caráter definitivo do ato de Cristo e, portanto, *negar* o teodrama, em vez de lhe dar continuidade. Apenas a morte de Cristo é redentora. Como observou Agostinho, os mártires derramaram o próprio sangue por amor à verdade e a seus irmãos, não para a remissão de pecados. Portanto, dar testemunho da verdade da cruz pode não exigir que morramos de fato, mas exige de nós o "morrer diariamente", que para Agostinho significava praticar obras de caridade. No fim da Idade Média, quando não havia inimigos da igreja, o martírio foi transformado — entendido de maneira criativa — em vez de abandonado; o martírio "espiritual" era uma questão de autonegação e de aceitação fiel de sofrimentos de todo tipo.

Pregadores anabatistas do século 17 preocupavam-se com a possibilidade de que os membros da igreja esfriassem na fé uma vez que a ameaça de perseguição terminasse. Esses ministros consideravam a tolerância "mais perigosa do que a perseguição para o bem-estar espiritual".[106] A nova e mais mortal ameaça era a assimilação cultural e a prosperidade: "Os bens se multiplicam, mas a alma está empobrecida; as roupas ficaram caras, mas a beleza interior se foi".[107] Preocupação semelhante poderia ser expressa no que diz respeito à igreja de hoje nos Estados Unidos. Há algo a ser dito em favor do entendimento anabatista do martírio "como o resultado previsível do compromisso com o discipulado cristão".[108]

À semelhança do que acontece com a disciplina da igreja, é provável que os leitores de hoje também tropecem neste ponto: Será que de fato é melhor que as polêmicas do século 16, em que a doutrina muitas vezes era literalmente uma questão de vida ou morte, tenham ficado para trás? Certos historiadores hoje rejeitam os mártires da Reforma como se tivessem sido fanáticos e explicam seu comportamento com teorias psicológicas sobre "desejos de morte" e coisas do gênero. No entanto, por trás de tais explicações há suposições implícitas "que consideram a autopreservação e o prolongamento da própria vida como o maior de todos os valores".[109] Entretanto, de onde vem essa suposição, e qual doutrina *ela* corporifica? Será que não entendemos os mártires em nossa era pós-moderna porque não conseguimos compreender o que significa estar convencido de uma verdade e comprometido com ela? Os próprios mártires teriam resistido a toda insinuação de que eles eram loucos; pelo contrário, em face de seus compromissos e da cosmovisão que tinham, morrer pela verdade era um ato de fidelidade e *racional*. Portanto, o martírio não deve ser entendido "como fanatismo de extremistas, *mas como ação exemplar*".[110]

---

[106]Ibid., p. 246.
[107]Citado em ibid., p. 244.
[108]Ibid., p. 249.
[109]Ibid., p. 100.
[110]Ibid., p. 8, grifo do autor.

Uma comunidade de mártires

Kierkegaard considerava a Paixão de Cristo o padrão normativo do testemunho cristão. A paixão pela verdade cristã inevitavelmente assume a forma da Paixão de Cristo; a verdade tem de sofrer porque o mundo inevitavelmente procura reprimi-la (Rm 1). Assim, Kierkegaard refere-se ao "sofrimento pela verdade" e ao "sofrimento pela doutrina". Lutero, de forma semelhante, acreditava que há sete marcas distintivas pelas quais é possível identificar a verdadeira igreja, e a sétima marca é o martírio: o testemunho no sofrimento.

O testemunho no sofrimento pode assumir diversas formas. De acordo com Dietrich Bonhoeffer, mártir do século 20 e ator das Escrituras e da doutrina, encenamos nossa identidade em Cristo e assim "irrompemos para a cruz" ao confessar nossos pecados uns aos outros (Tg 5.16). A prática de confessar os pecados é uma maneira de reconhecer a inadequação dessas "imagens brilhantes" e máscaras por trás das quais nos escondemos. Confessar os próprios pecados é confessar-se pecador, e com essa confissão pregamos nosso orgulho na cruz: "Confissão na presença de um irmão é o tipo mais profundo de humilhação".[111] O propósito de tal confissão não é humilhar, mas cultivar a humildade. Dessa forma, uma maneira de encenar a doutrina da expiação é condenar à morte aquelas imagens orgulhosas do eu que tendem a substituir Deus. Nas palavras de Bonhoeffer: "Não podemos encontrar a cruz de Jesus se evitamos ir ao lugar onde ela deve ser encontrada, ou seja, na morte pública do pecador".[112]

Não há nada especialmente cristão em sofrer como indivíduo; mas sofrer como "um Cristo pelos outros", sofrer a fim de participar dos sofrimentos de Cristo e assim tornar a realidade de Cristo visível para os outros — isso *é* nitidamente cristão. Ao mesmo tempo, os cristãos não participam da cruz de Cristo apenas, mas também de sua ressurreição e até de sua encarnação. Por exemplo, participamos da encarnação de Cristo quando afirmamos que a criação de Deus é boa. Então, uma *mimēsis* martirológica deve saber quando e como imitar Cristo. Apesar de o discipulado ser uma questão de atuar de tal modo que correspondamos de uma perspectiva teodramática à forma de Cristo, precisamos exercer a *fronesis* — percepção e perspectiva — a fim de determinar "se a ação conformadora é de 'encarnação' (afirmação e cooperação), 'crucificação' (juízo e rejeição) ou 'ressurreição' (criatividade e novidade ousadas)".[113]

O drama da doutrina, em última análise, requer não que apenas alguns indivíduos heroicos sejam testemunhas, mas que toda a comunidade cristã se torne um teatro do martírio. Os cristãos no Ocidente não são mais condenados à morte por causa da fé, mas há outras maneiras pelas quais a verdade do evangelho pode ser testemunhada no sofrimento. E há tentações e oportunidades em abundância para comprometer a integridade de nosso testemunho cristão. Os cristãos participam de uma espécie de martírio — que podemos chamar de martírio da vida — quando sofremos a dor

---

[111]Bonhoeffer, *Life together*, p. 114.
[112]Ibid. Cf. também Stanley Hauerwas, *Performing the faith: Bonhoeffer and the practice of nonviolence* (Grand Rapids: Brazos, 2004).
[113]Larry Rasmussen, *Dietrich Bonhoeffer: reality and resistance* (Nashville: Abingdon, 1972), p. 43.

do ostracismo social ou da zombaria por causa de nossa vida cruciforme vista como culturalmente fora de moda.

A igreja deixa de viver à altura de sua vocação quando é apenas um teatro da moralidade. O evangelho não é nem moralismo nem socialismo, mas "o anúncio da realidade escatológica de Deus e de seu governo salvífico sobre todas as coisas".[114] *A igreja participa da doutrina da expiação e a encena quando mostra o que Deus estava fazendo pelo mundo em Cristo e, assim, o que temos de fazer agora se o mundo é o que o evangelho declara que é.* A igreja, como comunidade de mártires, é chamada a testemunhar "em Cristo" daquilo que o mundo é. A teologia da igreja é profética quando a doutrina dirige a igreja em maneiras que atestam o voltar-se para a cruz e o voltar-se para a ressurreição.

O que a igreja deve oferecer a quem bondosamente deu sua vida por nós? Agostinho responde que devemos oferecer a Deus sua própria imagem, ou seja, *nós mesmos*.[115] Para representar a doutrina da expiação e a verdade da cruz, precisamos estar dispostos a *renunciar* a tudo o mais, derramando nossa vida por causa do caminho, da verdade e da vida. Uma comunidade de mártires é um sinal de fé e esperança, uma demonstração viva de confiança na Palavra de Deus, a confiança específica de que "não importando o que pudessem sofrer, Deus cumpriria suas promessas, assim como havia ressuscitado Cristo para a glória".[116] Falar e praticar a verdade são formas de dar testemunho profético e, portanto, ingredientes vitais do martírio da vida.

A doutrina cristã nos dirige para contarmos e praticarmos a verdade, e, no final das contas, para sofrermos por causa da verdade que mostramos e contamos. Participar do drama da redenção é, no fundo, um ato martirológico ao qual nos entregamos para dar testemunho da verdade de Deus em Jesus Cristo. O que, em última instância, é apresentado no teatro do martírio é fé e amor, fé em Cristo e amor a Deus, fé e amor que se dispõem a suportar qualquer coisa — duras provações, sofrimento, zombaria e até a morte. Esse é o martírio da vida cristã, um espetáculo tanto de fé quanto de racionalidade da fé.

Um teatro prosaico de reconciliação: espetáculos de amor

A igreja participa da cruz de Cristo por meio de seu testemunho martirológico do que Deus estava fazendo na cruz. No entanto, a doutrina da expiação fornece direção ainda mais específica para a igreja, pois, na cruz, Deus estava "reconciliando consigo mesmo o mundo" (2Co 5.19). A teologia canônico-linguística é prosaica quando dirige a igreja em projetos para a vida. Dessa forma, dar testemunho da cruz ou encená-la implica sua transposição para o contexto da vida cotidiana. Essa é a forma pela qual participamos do que Deus estava fazendo na cruz e da missão trina e una para o mundo. Então, o que Deus estava fazendo? Em suma, Deus estava *perdoando*: "ao ter Cristo morrido por nós quando ainda éramos pecadores" (Rm 5.8). Como apresentamos

---

[114]John Webster, "The church as witnessing community", *Scottish Bulletin of Evangelical Theory*, 21 (2003): 22.
[115]Veja Straw, "Martyrdom", p. 538.
[116]Gregory, *Salvation at stake*, p. 127.

essa verdade de forma convincente e concreta no mundo de hoje, um mundo em que filósofos como Derrida conseguem falar de perdão apenas acrescentando a frase "se é que isso existe"? Criando práticas de reconciliação e comunidades reconciliadas.

Mostrando a reconciliação: a finalidade do drama

Em sua vida coletiva, a igreja dá testemunho do ato redentor e do propósito de Deus, não apenas do que Deus estava fazendo em Cristo, *mas do que aquela ação ocasionou*. É claro que parte do que foi causado pela cruz (e pela ressurreição e pelo Pentecoste) foi a própria igreja. Em um sentido importante, a própria igreja é o fim ou objetivo do teodrama: o cumprimento da promessa da aliança divina de fazer um povo para si e de ser o Deus desse povo. Isto é, a própria existência da igreja é testemunho da reconciliação de Deus com a humanidade. A reconciliação é fato já consumado, realizado pela morte e ressurreição de Jesus Cristo. Paulo indica que "todas essas coisas" — as coisas novas que surgem da reconciliação — "procedem de Deus" (2Co 5.18). Portanto, a igreja cumpre um papel como simples coadjuvante, embora seja um papel importante.

Mas há outras coisas. A igreja também deve dar testemunho da reconciliação que a cruz viabilizou entre os seres humanos. O que o mundo precisa agora é reconciliação, conforme todas as coisas infelizmente atestam com fartura de exemplos, desde as dinâmicas familiares disfuncionais até a geopolítica igualmente disfuncional. Reconciliar é alcançar a comunhão entre os que antes eram inimigos. A igreja recebeu o "ministério da reconciliação" (2Co 5.18). Portanto, o ministério da reconciliação confiado à igreja não é causa da reconciliação — somente Deus pode fazer isso — mas trata da prática de testemunhar da reconciliação já obtida em Cristo e por meio de Cristo: "A palavra apostólica *indica*, e essa indicação é o primeiro grande ato da ética de reconciliação".[117] Como teatro da reconciliação, a igreja tanto proclama o que Deus fez em Cristo quanto pratica o que prega. *A igreja não tem de conseguir a reconciliação, mas sim mostrar e exibir a reconciliação já alcançada por meio da morte de Cristo.*

É na condição de companhia do evangelho e de teatro da reconciliação que a igreja mostra a nova realidade "em Cristo", corporificando modos corretos de sermos humanos: "A verdadeira ação humana é a ação que está em conformidade com a realidade estabelecida na ressurreição de Jesus dentre os mortos".[118] A igreja deve ser um agente de *shalom*, trabalhando não apenas para a cessação das hostilidades, mas na direção de uma restauração das relações amigáveis que culmina na comunhão à mesa. Por exemplo, a igreja se esforça para dar forma a uma reconciliação social, étnica e racial não principalmente porque a sociedade considera isso moral, mas a fim de corresponder ao perfil da nova criação. Em uma interessante coincidência, a

---

[117]Webster, *Word and church*, p. 222. Cf. Miroslav Volf: "A recepção da humanidade hostil por parte de Deus para a comunhão divina é um modelo de como os seres humanos devem se relacionar uns com os outros" (*Exclusion and embrace: a theological exploration of identity, otherness, and reconciliation* [Nashville: Abingdon, 1996], p. 100).

[118]Webster, *Word and church*, p. 224.

descrição que John Webster faz do ministério de reconciliação da igreja contém a mesma expressão usada por Peter Brook como título de seu livro sobre o teatro. A igreja, diz Webster, "não substitui, nem corporifica, nem mesmo 'representa' aquilo que é mediado, mas é comparável a *um espaço vazio* onde aquilo que é mediado tem liberdade para ser e agir".[119] A igreja é o espaço vazio preenchido com o Espírito Santo e transformado no formato concreto de Jesus Cristo.

A igreja, como teatro da reconciliação, é de fato um teatro da *realidade* — mas não simplesmente da "existência objetiva", porque a realidade, segundo definida pelo evangelho, inclui o "ainda não" escatológico. Então, como espetáculo de fé, a igreja é a lente através da qual vemos o mundo *como ele realmente é "em Cristo"*. Assim, *quando a igreja participa de modo adequado do drama da redenção, ela assume o papel de testemunha coletiva da realidade da nova criação formada pelo Pai em Cristo por meio do Espírito*. Portanto, no final das contas, o que a igreja, como teatro da reconciliação, indica e imita é a ação teodramática total e completa do Deus trino e uno, que tem a comunhão como devido fim.[120]

A prática do perdão: tema recorrente do drama

Como vimos no capítulo anterior, a doutrina da expiação nos ajuda a compreender a identidade cristã da perspectiva da união com Cristo. Assim, uma forma de encenar ativamente nossa expiação é nos envolver na ação simbólica do batismo; pois o batismo, como já vimos, é a maneira prescrita de participar da morte de Cristo. Também nesse caso, a doutrina da expiação nos dirige para o envolvimento em práticas distintas, mas prosaicas. Temos de "exercitar" nosso batismo a cada dia, morrendo para nosso velho eu e vivendo na promessa de uma nova vida (Rm 6.1-11). Aliás, o batismo é "a prática de exercitar o ato de morrer".[121] Ele é também a prática de exercitar o perdão, que, a exemplo da graça, é outra prática decorrente da encenação da cruz de Cristo. Como Bonhoeffer corretamente entendeu, o perdão é em si mesmo uma forma de sofrimento, um tipo de *morte para o eu*.[122] *É justamente perdoando aos outros que damos um testemunho sofrido do amor de Deus manifestado na cruz de Cristo.*

Pregado à cruz, o próprio Cristo orou: "Pai, perdoa-lhes" (Lc 23.34). Na verdade, o perdão "resume muito do significado da cruz".[123] Para alguns, trata-se de um discurso difícil, tão difícil quanto é para o rico o discurso que ordena vender tudo o que se tem e dar aos pobres. Pois, à semelhança do arrependimento, perdoar aos

---

[119]Ibid., p. 226, grifo do autor.

[120]Webster está certo ao enfatizar a natureza secundária da atividade da igreja. O que mantém a comunidade unida não é uma atividade moral comum "mas a atenção ao evangelho no qual a reconciliação existente é estabelecida diante de nós como realidade — chocante, revolucionária, que não pode ser possuída —, e também como tarefa" (*Word and church*, p. 229).

[121]L. Gregory Jones, *Embodying forgiveness: a theological analysis* (Grand Rapids: Eerdmans, 1995), p. 4.

[122]Dietrich Bonhoeffer, *The cost of discipleship* (New York: Macmillan, 1963) [edição em português: *Discipulado*, tradução de Ilson Kayser (São Leopoldo: Sinodal, 2008)], p. 100.

[123]Volf, *Exclusion and embrace*, p. 125.

inimigos não figura no repertório normal das possibilidades humanas, mas se trata de um dom de Deus. A companhia da cruz, no entanto, recebeu esse dom. Assim, realizar nossa vocação como batizados no corpo de Cristo é entrar em um curso sobre a morte, no qual um elemento importante para o currículo implica aprender a prática do perdão. A doutrina da expiação na perspectiva canônico-linguística nos dirige para perdoarmos aos outros como nós mesmos fomos perdoados. *A igreja encena a cruz na medida em que corporifica o perdão como prática coletiva prosaica.*

Nada é mais propício ao efeito de alienação de Brecht do que perdoar aos próprios inimigos. O perdão não entra no violento cálculo mundano de ataque e retaliação. Para muitos, o ciclo vicioso de vingança tornou-se, na prática, uma forma de vida. Inspirados por textos de Darwin e Nietzsche, muitos acreditam que a verdade última sobre o mundo é conflito, luta e violência — a sobrevivência do mais apto. O forte leva o infrator à justiça; apenas o fraco perdoa. O perdão é um ultraje "à moralidade correta e cumpridora de seus deveres".[124] Assim, o perdão é uma resposta incomum à experiência (muito) comum de injustiça e violação.

O perdão cristão não faz vistas grossas ao pecado. Pelo contrário, a cruz revela o preço do perdão divino, preço que o Deus trino e uno se dispôs a pagar no caminho para a reconciliação. O ministério de reconciliação da igreja exige que ela também se envolva em práticas que permitam uma *mimēsis* desse custoso perdão. A igreja deve *corporificar* o perdão cultivando certos hábitos e práticas que dão a seu martírio uma forma distinta e específica.[125] Aprendendo a perdoar aos outros, a igreja não apenas encena a doutrina da expiação, mas participa concretamente, como testemunha e como sinal, da vida trina e una de Deus como amor que se dá pelos outros.

Aqueles que compõem a companhia do evangelho não podem manter comunhão com o crucificado por muito tempo "sem transpor o inimigo da esfera da desumanidade monstruosa para a esfera da humanidade compartilhada".[126] Perdoar aos outros deve tornar-se um hábito teodramático — uma daquelas inclinações a ver, pensar e julgar de formas imaginativas particulares — que define o ator cristão no teatro do evangelho. A doutrina da expiação molda nossa imaginação para nos ajudar a ver também os outros no corpo de Cristo como perdoados. Pode ser um exagero dizer que o principal objetivo de Deus seja perdoar, mas não é exagero entender que a vocação do cristão é ser um pacificador, e é só perdoando que se faz a paz com nossos inimigos. É preciso uma imaginação teodramática robusta para vislumbrar o deleite da comunhão à mesa com aqueles que infligiram dor e ferimentos. No entanto, orar pelos inimigos e praticar o perdão depende justamente desse exercício de imaginação teodramática.

Para realmente entender a expiação, a igreja não deve recorrer apenas a teorias e explicações. *O entendimento é demonstrado pela participação adequada, ou seja, pelo envolvimento nas práticas teodramáticas corretas.* Perdoar é justamente uma dessas práticas corretas: para ser exato, perdoar aos outros é uma prática canonicamente roteirizada, doutrinariamente obrigatória e viabilizada pelo Espírito. O Espírito nos

---

[124]Lewis Smedes, citado em ibid., p. 120.
[125]Essa é a tese principal de Jones, *Embodying forgiveness*.
[126]Volf, *Exclusion and embrace*, p. 124.

ajuda a entender e a nos adequar a nossos novos papéis como um povo perdoado e perdoador. Pois saber-se perdoado é um estímulo para estender o perdão aos outros. Esse é todo o propósito da parábola do credor sem compaixão (Mt 18.23-35), que, ao se recusar a perdoar a dívida de um de seus colegas, revela uma espetacular falta de imaginação teodramática não expressando seu próprio perdão.[127]

Aqueles que conhecem a Deus, ou melhor, que foram conhecidos e perdoados por Deus, *sabem* que existe algo assim (perdão). E esse conhecimento envolve mais do que apreensão intelectual. "Aquele que não ama não conhece a Deus" (1Jo 4.8). De modo semelhante, aquele que não *perdoa* não conhece a Deus, pois o Deus que se deu a conhecer em Cristo e no cânon é o Deus que perdoa aos que se voltam para ele em arrependimento. A doutrina nos ajuda a conhecer a Deus e a nós mesmos e nos dirige para colocarmos em prática esse conhecimento como comunidade. Em última análise, conhecer a Deus é compartilhar dos sofrimentos de Cristo, o *preço* do perdão, e participar do poder da cruz e da ressurreição de Cristo, o *poder* sobre-humano para perdoar nossos inimigos. É praticando o perdão que a igreja dá testemunho de seu conhecimento de Deus e de seu perdão. O drama da doutrina da expiação resulta do fato de que ela dirige a igreja na demonstração de seu entendimento da cruz de Cristo pelo envolvimento na prática teodramática do perdão. Uma igreja que sabe como encenar a doutrina da expiação torna-se um teatro interativo de reconciliação.

Um teatro fronético de loucura santa: espetáculos de sabedoria cruciforme

A igreja, em vez de criar espetáculos de fé, esperança e amor, torna-se muitas vezes um espetáculo, motivo de zombaria por parte do mundo. Isso acontece principalmente quando suas ações não se distinguem das ações do mundo ou da cultura ao redor — quando manchetes alardeiam notícias de padres e pastores envolvidos em escândalos sexuais e financeiros, ou quando congregações brigam por causa de programas de construção ou são vistas como não hospitaleiras para minorias raciais. Ao longo de sua história, a igreja vacilou em seu caminho, tropeçou e fez de si mesma um espetáculo, particularmente quando se envolve em política e parte para a guerra santa. Nesses momentos, a igreja revela-se teologicamente subnutrida, carente de imaginação teodramática e de direção doutrinária. Sempre que ela esquece seu roteiro ou não segue seu Senhor, a igreja se torna um triste espetáculo.

Tornar-se motivo de zombaria quando se está seguindo a direção da doutrina é uma coisa completamente diferente. A igreja alcança o tipo certo de "efeito-A", o tipo certo de escândalo, quando encena a sabedoria da cruz: "Pois a palavra da cruz é insensatez para os que estão perecendo" (1Co 1.18). Da perspectiva do mundo, amar

---

[127]Jones observa que aqueles que se recusam a se arrepender de suas transgressões — do racismo, da mentira, da violência física contra cônjuge ou filhos — excluem a si mesmos do âmbito do corpo de Cristo, da comunidade dos perdoados, e, assim, *não podem* ser perdoados (*Embodying forgiveness*, p. 194). Isso está de acordo com o que dissemos acerca da necessidade de disciplina e, talvez, até de excomunhão como último recurso.

os inimigos e estender-lhes o perdão vai contra o bom senso, é uma ofensa à razão. O mesmo vale para o sofrimento advindo de crenças que dizem respeito a pessoas imateriais e suas obras. Encenar a doutrina da expiação resulta em uma *Realpolitik* deficiente. Em contrapartida, a sabedoria do mundo é loucura aos olhos de Deus. A tentativa de indivíduos autônomos de dar significado à sua existência e de torná-la segura evidencia uma óbvia falta de adequação ao superobjetivo teodramático (*viz.*, comunhão com Deus).

O drama da doutrina aceita a premissa paulina de que Deus fez de Jesus Cristo, juntamente com sua cruz, nossa sabedoria (1Co 1.30). A morte de Jesus na cruz garante que Jesus é mais do que um sábio; ele é o Salvador. No entanto, a sabedoria da cruz diz respeito justamente ao que é *bom* para nós. A loucura da cruz é sua mensagem de que o bem-estar humano — a vida boa — é, em última instância, uma questão de morrer para o eu "em Cristo": "A cruz se torna o ponto de partida para uma revolução epistemológica, uma *conversão da imaginação*".[128] A igreja é um teatro revolucionário, um teatro do martírio e um teatro da reconciliação apenas na medida em que é um teatro da cruz: uma demonstração coletiva da sabedoria de Deus.[129]

"Se alguém dentre vós se considera sábio nesta era, torne-se tolo para vir a ser sábio" (1Co 3.18). Participar corretamente do teodrama é tornar-se um tolo sábio. Há uma longa tradição do "tolo sábio" na literatura e no teatro ocidentais. Por exemplo, o tolo em *Rei Lear*, de Shakespeare, fala mais verdadeiramente e com mais sabedoria do que todos os outros. Contudo, a influência que o tolo exerce não tem relação alguma com o poder político. O tolo não é rei, mas profeta, um profeta com uma função crítica: questionar as convenções sociais e ideologias políticas gerando efeitos-A. O tolo subverte a sabedoria do mundo invocando uma lógica diferente, "virando o mundo de cabeça para baixo", indiretamente declarando a verdade em uma razão rimada. O poder do tolo é um poder na fraqueza; o tolo é um mártir que sofre a verdade com alegria.

Os membros da companhia do evangelho são tolos sábios e santos: "tolos por Cristo". A igreja corporifica uma santa tolice à medida que corporifica a sabedoria da cruz — a tolice do próprio Deus, a tolice de perdoar pagando um alto preço. A igreja é um teatro da sabedoria divina, uma encenação participativa da doutrina da expiação, justamente quando é um teatro da "santa tolice".

Uma teologia sapiencial profética, prosaica e fronética deve ser capaz de dar direção concreta para a igreja. Chamar a igreja para ser o que ela é — um teatro da reconciliação — é bom mas não é o bastante, pois o que realmente significa encenar a doutrina da expiação no contexto atual? O que a igreja pode especificamente dizer e fazer a fim de participar aqui e agora do teodrama, a fim de demonstrar seu entendimento da cruz de Cristo? Em outras palavras, na prática, o que pode ser

---

[128]Cf. Richard B. Hays: "A composição social da igreja deve ser um sinal de que Deus escolhe o tolo, o fraco, o pequeno e o desprezado" ("Wisdom according to Paul", in: Stephen C. Barton, org., *Where shall wisdom be found? Wisdom in the Bible, the church and the contemporary world* [Edinburgh: T. & T. Clark, 1999], p. 113.

[129]Ibid., p. 123.

um "entendimento criativo" do significado da cruz? Uma resposta completa a essas perguntas está fora do escopo deste capítulo, mas é importante fornecer algumas indicações de como o drama da doutrina da expiação deve ser incorporado à vida da igreja hoje. Assim, concluímos esta seção sugerindo que o correto entendimento da expiação deve levar a novas práticas de reconciliação racial na igreja.

É uma trágica ironia que a igreja, que deve ser um teatro da reconciliação, seja também o teatro da "hora de maior segregação nos Estados Unidos" — o culto de louvor e adoração das 11h de domingo. Não faltam explicações sociológicas para essa "segregação congregacional".[130] No mercado da religião, é "normal" que as pessoas em busca de sentido de integração e identidade se congreguem com outras como elas. Aliás, C. Peter Wagner apela em seu livro *Our kind of people* [Nosso tipo de gente] para o "princípio de unidades homogêneas" como uma importante chave para o crescimento da igreja.[131] Tal pragmatismo é claro e simples, mas resulta em um modelo de vida como igreja reunida que, em última análise, é subevangélico e subprotestante, visto que dá testemunho (*pro* + *testare*) de algo inferior à verdade do evangelho (*euangelion*), a saber, que fomos feitos um só povo "em Cristo".

Não se engane: a doutrina da expiação realmente está relacionada à questão da reconciliação racial. Pense, por exemplo, em outra cena crítica do teodrama, o Concílio de Jerusalém (At 15). Foi nessa ocasião que os cristãos judeus (1) reconheceram que os gentios também haviam recebido o Espírito Santo e (2) os desobrigaram da exigência da circuncisão e da observância dos aspectos rituais e cerimoniais da lei mosaica. No entanto, esse foi apenas o começo da reconciliação cristã entre judeus e gentios. Em Colossenses 3.11 e Gálatas 3.28, Paulo elimina a distinção entre inúmeras "unidades homogêneas": "Não há judeu nem grego, não há escravo nem livre, não há homem nem mulher; porque todos vós sois um em Cristo Jesus". Essa "unicidade em Cristo Jesus" é uma demonstração da verdade da cruz de Cristo e do significado da expiação. O apóstolo diz que aqueles que uma vez estavam longe foram aproximados no sangue de Cristo: "Pois ele é a nossa paz. De ambos os povos fez um só e, derrubando a parede de separação, em seu corpo desfez a inimizade" (Ef 2.14). A morte de Jesus habilita-o "para em si mesmo criar dos dois [i.e., judeus e gentios] um novo homem" e "pela cruz reconciliar ambos com Deus em um só corpo" (Ef 2.15,16).

Uma teologia sapiencial que procura compreender a cruz de modo criativo procurará dirigir a igreja a corporificar em novos contextos culturais a verdade transcultural da reconciliação que temos em Cristo. A sabedoria de Deus demonstrada na cruz exige sabedoria para que seu significado e verdade sejam hoje demonstrados. A teologia fronética prepara a igreja para improvisar novas cenas de reconciliação pela reincorporação da paz alcançada por Jesus Cristo às práticas de sua vida cotidiana. Encenar a doutrina da expiação, portanto, significa realizar os mesmos juízos revelados em Atos 15 e Efésios 2 sob novas formas contextuais. *A igreja demonstra seu entendimento da expiação ao demolir as paredes divisórias de hostilidade racial e étnica.*

---

[130]Expressão de Michael O. Emerson; Christian Smith, *Divided by faith: Evangelical religion and the problem of race in America* (Oxford: Oxford University Press, 2000), p. 133.

[131]C. Peter Wagner, *Our kind of people: the ethical dimensions of church growth in America* (Atlanta: John Knox, 1979).

A doutrina dirige a igreja em seu "ministério da reconciliação" (2Co 5.18). Para que a igreja seja verdadeiramente um teatro da reconciliação no presente contexto, ela precisa se guiar pela doutrina da expiação e procurar colocar em prática sua identidade como o único corpo de Jesus Cristo. A doutrina da expiação dirige a igreja especificamente para corporificar um entendimento criativo da cruz pela superação de barreiras sociais e culturais. Embora existam muitas maneiras de fazer isso, um modo concreto de viver a doutrina como drama é trabalhar pelo estabelecimento de igrejas multiétnicas. Em um mundo dilacerado por conflitos étnicos, talvez não haja exibição mais dramática da paz conquistada por Jesus Cristo do que a vida de congregações multirraciais, multiétnicas e heterogêneas de modo geral. No capítulo anterior, vimos como a teologia canônico-linguística, como forma de *scientia* exegética, nos habilita a melhor compreender o papel da cruz no teodrama e na identidade cristã "em Cristo". O presente capítulo concentrou-se na maneira pela qual a doutrina da expiação, e nossa concomitante identidade em Cristo, exige uma encenação. Resumindo, uma abordagem canônico-linguística da doutrina da expiação nos ajuda a compreender melhor as três dimensões sapienciais da teologia canônico-linguística:

1. Ela é *prosaica*. Encenar a doutrina da expiação é participar corretamente da paz criada por Jesus Cristo, e isso significa envolver-se em práticas cotidianas que demonstram e promovem reconciliação social, racial e étnica, sobretudo na igreja.
2. Ela é *profética*. Quando a igreja revela reconciliação racial, ela se envolve em uma espécie de martírio, um sofrimento que acompanha a proclamação e a prática da nova criação em Cristo. Pois a verdadeira reconciliação pode, muitas vezes, exigir sacrifícios financeiros e culturais, sem mencionar o abandono da zona de conforto.
3. Ela é *fronética*. A sabedoria da cruz é mais poderosa do que a sabedoria dos homens. Até o momento, a sociedade tem sido incapaz de romper as barreiras de hostilidade que separam um grupo racial ou social de outro. Seguir a direção da doutrina da expiação e formar congregações multiétnicas pode parecer loucura para um mundo com viés pragmático, mas são exatamente essas comunidades de santa loucura que constituem a esperança do mundo.

POR UMA TEOLOGIA AMADORA: ATUAÇÃO EM PARÁBOLAS

A doutrina habilita a igreja a entender sua vocação como teatro sagrado e vital que apresenta Cristo, sabedoria e reconciliação de Deus. Vocação é o conceito-chave; pertencer ao corpo de Cristo não é carreira nem profissão, mas privilégio e paixão.

Por puro amor

Embora a modernidade nos leve a pensar sob a ótica da especialização e profissionalização, "fazer igreja" é um assunto estritamente para amadores. A igreja é teatro amador, não profissional. Pior para a igreja, alguém poderia dizer. Pelo contrário, amador é a pessoa que faz algo *por puro amor*.[132]

For the love of it [Por puro amor], de Wayne Booth, é um relato autobiográfico da paixão do autor por violoncelo, instrumento que ele aprendeu a tocar apenas na velhice. O livro de Booth é uma reflexão fascinante sobre o mérito de ser amador em uma era de especialização. Amador é alguém que se joga no trabalho não por dinheiro, nem mesmo pela esperança de alcançar a perfeição, mas apenas pelo amor à atividade em si.[133] Amadores não precisam ser "amadorísticos" no sentido de não qualificados e inexperientes. O que define alguém como amador é o fazer alguma coisa *por puro amor*. Normalmente, os que têm amor ou paixão por algo são aqueles que praticam com mais diligência. Ser amador, então, é uma questão de *praticar a própria arte com amor*, uma questão de *prática amorosa*.

A igreja, como teatro amador, encena por puro amor. Mas amor a quê, exatamente? Não à encenação em si. A igreja encena por amor à Palavra de Deus, por amor ao evangelho, por amor à verdade, sabedoria e justiça, e por amor ao mundo como boa criação de Deus. A igreja fala e age *por amor ao amor de Deus demonstrado em Jesus Cristo*. Isto é o que a igreja, como teatro amador, pratica de forma amorosa: *Jesus Cristo, o amor de Deus*. O que a igreja ama fazer é comemorar, celebrar e comunicar Cristo. É o amor de Deus que impulsiona o drama, e é nosso amor por Deus que nos motiva a participar dele. A doutrina nos dirige para a única coisa digna de nossa atenção amorosa — o amor de Deus verbalizado e corporificado — assim como também dirige nossa participação adequada nele. A companhia do evangelho é uma companhia de teólogos amadores — pessoas que colocam em prática seu conhecimento de Deus por puro amor, ou melhor, por amor a Deus. *Toda doutrina cristã, em última análise, nos dirige para o amor de Deus e nos dirige em formas de amor corretamente ordenadas.*[134]

O amor, como Agostinho poderia ter dito se tivesse lido Stanislavski, é o superobjetivo do teodrama, a linha direta da ação divina, a chave para as improvisações que fazemos com nosso roteiro autorizado. O amor de Deus definido pela cruz de Cristo *é* nossa direção, nossa ordem para prosseguir no caminho da verdade e da vida. Devemos amar os outros como Deus nos amou, com amor altruísta e sofredor: "Amai-vos uns aos outros, assim como eu vos amei" (Jo 15.12). Amar uns aos outros é praticar *communio* e perdão, pois amor é o desejo e a vontade de ser um com o objeto do amor.

O objetivo das Escrituras e da doutrina é nos dirigir no caminho do amor de Deus. Como uma companhia de amadores, a igreja age por seu amor a Deus justamente amando os outros portadores da imagem divina. Agostinho observa que, embora o amor a Deus venha em primeiro lugar na ordem dos mandamentos, o amor ao próximo vem em primeiro lugar na ordem das ações. Passamos a conhecer o Deus que é amor participando de seu amor por outros. Caso contrário, conforme Agostinho observa com astúcia, podemos enganar a nós mesmos pensando que

---

[132]O étimo do termo *amador* é *amator*, "aquele que ama".

[133]Wayne C. Booth, *For the love of it: amateuring and its rivals* (Chicago: University of Chicago Press, 1999), p. 10.

[134]Lembremo-nos neste ponto de que Agostinho acreditava que toda virtude é uma forma de amor.

amamos a Deus sem, contudo, nenhuma ação prática. Amar os outros, porém, exige ações concretas. A sã doutrina tanto procede do teodrama quanto conduz a ele: *à prática da verdade por amor a Deus*.

Deus é amor; participamos do amor de Deus quando amamos os outros. Podemos ir além: participamos do amor do Pai pelo Filho quando amamos os outros. Como Jesus disse: "Sempre que o fizestes a um destes meus irmãos [...] a mim o fizestes" (Mt 25.40). O amor da igreja é, portanto, mimético: amamos os outros como Deus nos ama. Não há testemunho mais poderoso da verdade do evangelho do que a igreja em sua imitação criativa do amor sofredor de Deus pelo mundo. À medida que a igreja participa do amor de Deus, ela faz gestos evangélicos e encena o corpo de Cristo.

Ensaiando o reino

Como teatro teológico amador e como companhia que pratica o amor de Deus por puro amor, a igreja é vivificada pelo Espírito, que derrama o amor de Deus em nosso coração (Rm 5.5). É esse amor derramado profusamente pelo Espírito em nosso coração que alimenta nossa expectativa da vinda do reino de Deus, no qual o amor divino será tudo em todos. Entretanto, enquanto não chega esse momento da consumação, a igreja deve se contentar em anunciar — e, acima de tudo, *ensaiar* — esse final.

Ensaiar a vinda do reino de Deus é alegre privilégio e solene responsabilidade da igreja. *Apenas a igreja pode ensaiar o reino de Deus; isto: o reino de Deus, é o que a igreja tem a dizer e fazer que nenhuma outra instituição tem condições de dizer e fazer*. A igreja não é um lugar vazio nem escuro. Antes, é o teatro onde a abundante graça de Deus se revela de maneira mais plena. A igreja é uma companhia de atores evangélicos, membros de uma trupe de peregrinos dedicados a cantar e encenar a palavra de Deus e o corpo de Cristo no poder do Espírito de Cristo. A doutrina e a teologia canônico-linguística procuram formar ministros e menestréis da Palavra — atores que podem interpretar o texto corretamente em diversas situações, atores que podem encenar o evangelho a qualquer hora, em qualquer lugar. Isso é o que significa a igreja ser uma companhia do evangelho: cantores, locutores, atores e sofredores que encenam o teatro da reconciliação não só na igreja, mas nas casas, nos bairros e no local de trabalho. Aliás, o evangelho é material perfeito para o teatro de rua.

Jesus falava por parábolas — ponto óbvio e também pacífico. Ressaltando a natureza do drama: Jesus *era* uma parábola. Seu ser e identidade eram um ser em ato, ou seja, no ato comunicador de trazer o reino de Deus para o discurso e a ação. A igreja, como teatro vital, também é uma parábola encenada. A igreja é uma trupe amadora de menestréis ministradores que contam histórias e, acima de tudo, *mostram* o reino de Deus.[135] A missão da igreja é "representar o reino de Deus".[136] Em tudo o que diz e faz, a igreja deve ser um sinal dramático de que o reino de Deus chegou em Cristo por meio de seu Espírito.

---

[135] Considero a igreja um teatro sagrado e vital dentro da categoria de parábola, não de sacramento.
[136] George Hunsberger, "The Newbigin Gauntlet", in: George R. Hunsberger; Craig Van Gelder, orgs., *The church between Gospel and culture* (Grand Rapids: Eerdmans, 1996), p. 15.

As parábolas de Jesus eram narrativas subversivas que derrubavam os pressupostos da sabedoria do mundo. De modo semelhante, a igreja de hoje deve ser um teatro revolucionário e subversivo que procura "virar o mundo de cabeça para baixo". Ao encenar o roteiro com a direção da doutrina, a igreja subverte todos os roteiros não canônicos que controlam os reinos deste mundo. A igreja é uma demonstração de algo *novo* para o mundo: nova criação, nova aliança, nova vida — o novo "em Cristo". *Portanto, a vocação da igreja é ser uma parábola do reino*, uma imagem em movimento do "incomum no comum", a exemplificação de uma economia de amor que supera as economias mundanas de dar e receber.

A igreja não é nada menos do que a encenação de uma *ordem*, a resposta coletiva ao grande mandamento de amar a Deus e aos outros como a si mesmo (cf. Mt 22.37-39). O fato de a igreja se reunir não tem relação alguma com satisfação de um desejo coletivo; isso é da alçada da cultura *secular*. Não, a igreja como parábola do reino não é o material de que são feitos os sonhos, mas sim um vislumbre, e um gosto, da verdade. A igreja é a "sociedade de Jesus" comprometida com uma peça da ressurreição que resulta em encenações locais do reino de Deus. Em um mundo que está morrendo, a vocação especial do povo de Deus é viver de tal maneira que mostre que ele está em contato com a realidade, com a plenitude escatológica do real "em Cristo". Quando comprometida com o drama da doutrina, a igreja torna-se um teatro sagrado e vital que encena parábolas do reino de Deus sempre que dois ou três estão reunidos no nome de Jesus.

CONCLUSÃO

Credos, confissões e o pastor/diretor
Doutrina e teologia no teatro da ação congregacional

> *Cristãos, e congregações locais em particular, não podem interpretar e corporificar as Escrituras como se fossem os primeiros e únicos cristãos que já fizeram isso.*[1]

"A igreja é. A igreja faz o que ela é. A igreja organiza o que faz."[2] A igreja *é* uma companhia de amadores que se reúnem para *fazer* teatro sagrado e vital: do evangelho; de palavra e sacramento; de martírio; de reconciliação; de santa loucura. Mas como é possível *organizar* uma produção desse tipo? Concluímos o presente estudo com uma breve reflexão sobre o que um pastor faz pela congregação e o que a teologia pode fazer pela congregação e pelo pastor. Nosso objetivo é restabelecer na igreja um senso de prioridade e urgência em relação à morte da doutrina no cristianismo norte-americano.

Junto com os motivos que Alan Wolfe apresenta (e.g., individualismo, pragmatismo) para o desaparecimento da doutrina mencionado no início de nosso estudo está o fator de múltiplos sistemas teológicos. Em um clima pós-moderno é muito mais difícil fingir que alguma formulação preferida da fé cristã seja imune ao condicionamento cultural. Essa tomada de consciência contribui, pelo menos indiretamente, para um *ethos* de consumismo congregacional e, no fundo, para a desvalorização da doutrina.[3] Então, o mais apropriado é concluirmos nossa apologia da doutrina cristã abordando o problema do pluralismo doutrinário — *qual sistema? confissão de quem?* — e seu efeito na vida da igreja.

---

[1] Stephen E. Fowl, *Engaging Scripture* (Oxford: Blackwell, 1998), p. 205.
[2] Craig Van Gelder, *The essence of the church: a community created by the Spirit* (Grand Rapids: Baker, 2000), p. 37.
[3] Veja Alan Wolfe, *The transformation of American religion* (New York: Free Press, 2003).

Invocar credos e confissões é levantar mais uma vez a questão da tradição, só que desta vez não como autoridade rival do roteiro da igreja, mas como auxílio para a direção da encenação roteirizada da igreja. Robert Schreiter, baseando-se na teoria da linguagem de Noam Chomsky, compara a tradição a regras gramaticais que descrevem como geramos frases bem formadas ("performance") a partir de nossa capacidade linguística inata ("competência").[4] Antes de Chomsky, a maioria dos linguistas partia do pressuposto de que a gramática vinha antes da performance; a "competência" era negligenciada. Chomsky afirma que a competência é inata e que regras gramaticais são descritivas em vez de normativas.[5] Competência vem primeiro, depois performance, e finalmente as regras gramaticais, que descrevem o uso "normal" ou "adequado". Na visão de Schreiter, a fé é análoga à competência linguística, a tradição da igreja é análoga à performance linguística, e os critérios de ortodoxia — Escrituras, credos, confissões — são análogos a uma gramática. Não deixa de ser interessante o fato de que o uso que Schreiter faz de Chomsky harmoniza-se com a abordagem linguístico-cultural de Lindbeck.

A abordagem *canônico-linguística* aqui defendida analisaria Chomsky de modo um tanto diferente. A competência é de fato o ponto de partida, mas é um erro colocar competência e fé em pé de igualdade. A fé não é uma competência inata, muito menos uma competência incorrigível.[6] É melhor falar de competência *canônica*, encenação *eclesial* e direção *doutrinária*. Mas o que dizer de tradição e normatividade? A igreja deve seguir *direções de quem*? E será que existe algum conjunto de direções que forneça orientação confiável para a igreja em toda e qualquer situação cultural? Fazer essas perguntas é enfatizar o problema que levou Karl Barth de volta à dogmática da igreja, a saber, o que o pastor deve dizer e fazer? E o que a igreja deve dizer e fazer hoje para corresponder ao que Deus nos falou por seu Filho (Hb 1.2)?

DIRIGINDO A COMPANHIA: A TEOLOGIA PASTORAL

Nem todas as encenações são iguais — daí a necessidade de críticos e diretores.[7] O apóstolo Paulo criticou a maneira como a igreja em Corinto observava a ceia do

---

[4]Veja Robert Schreiter, *Constructing local theologies* (Maryknoll: Orbis, 1985), p. 113-6. Para um breve resumo da posição de Chomsky, veja Maria-Luisa Rivero, "Noam Chomsky", in: *Encyclopedia of contemporary literary theory* (Toronto: University of Toronto Press, 1993), p. 271-3.

[5]Esta é a chamada hipótese do inatismo.

[6]A analogia de Schreiter torna a ortodoxia (incluindo as Escrituras) dependente da fé e suas obras (encenações). Assim, "os *loci* da ortodoxia, como a gramática, sofrem transformação quando textos de encenação (textos de teologia local) mudam. Desse modo, condenações de heresias podem ser revogadas ou esquecidas quando mudam as circunstâncias" (*Constructing local theologies*, p. 116). Do meu ponto de vista, uma fé inata sem nenhuma formulação normativa é muito vaga para ser fonte da competência teológica. Se encenação/prática cristã pode transformar a gramática (já que esta é apenas descritiva), então as Escrituras e os credos poderiam ser revistos à luz da encenação contemporânea. Schreiter atribui erradamente autoridade à interpretação da Encenação II, em vez de atribuí-la à encenação trinitária realizada definitivamente em Cristo e no cânon.

[7]De acordo com Francis Hodge, o diretor é o crítico principal no teatro: "A função da crítica é interpretar e iluminar uma obra — uma descrição perfeita da tarefa do diretor" (*Play directing: analysis, communication and style* [Englewood Cliffs: Prentice-Hall, 1971], p. 285).

Senhor, declarando-a "indigna" (1Co 11.27), chegando ao ponto de insinuar que os coríntios não estavam encenando o evangelho, mas fazendo alguma outra encenação: "Quando vos reunis no mesmo lugar, não é para comer a ceia do Senhor" (1Co 11.20). Infelizmente, igrejas podem se tornar inadequadas, e às vezes isso de fato acontece. Algumas igrejas chamadas independentes (e não apenas elas) negam o princípio da catolicidade ao seguir seu próprio caminho, por exemplo, rejeitando a doutrina da Trindade, como se isso fizesse parte da escória da tradição humana. Tais igrejas erram ao pensar que podem simplesmente escolher sozinhas, como fazem os hereges, em que acreditar e como viver. Tais igrejas indisciplinadas tornam-se presas fáceis dos falsos roteiros e dos lobos ideológicos do momento.

Até aqui não falamos muito sobre como a igreja organiza o que faz e quem deve conduzir a organização. Seriam os pastores artistas, terapeutas, ativistas políticos ou administradores?[8] A questão prioritária, é claro, diz respeito ao tipo de organização que a igreja é e ao que ela quer realizar. Temos argumentado que a igreja é uma companhia teatral do evangelho que se reúne para celebrar e antecipar o teodrama e seu fim, para adorar as *dramatis personae* divinas e para encenar o roteiro que revela a autocomunicação de Deus. Embora todos os fiéis sejam atores na companhia, a companhia teatral do evangelho precisa de disciplina e direção, a fim de encenar com fidelidade as Escrituras e manifestar o reino de Deus. Com certeza, a doutrina dá direção, mas quem instrui a igreja na doutrina? A igreja precisa de líderes que exerçam um ministério de supervisão; o papel dos presbíteros, pastores e bispos é assegurar a integridade do testemunho do evangelho dado pela igreja.[9]

É provável que muitos pastores (e congregações) se identifiquem com a experiência de Richard Lischer, doutor em teologia recentemente diplomado, cuja primeira igreja estava na cidade economicamente pobre de New Cana, no sul do estado de Illinois, local que se revelou uma grande decepção: "Claro que eu sabia que a cristandade precisava de pequenas igrejas sem grande importância como essa, mas eu estava profundamente magoado com os burocratas que haviam direcionado meus dons para o lugar errado".[10] Logo ficou claro que a teologia que ele havia aprendido no seminário não ajudava muito em seu trabalho como pastor: "A partir da Bíblia formulávamos axiomas dogmáticos em latim. Poderíamos muito bem ter apanhado o Todo-Poderoso em uma rede e fixado suas asas para exibição. Nossa taxonomia da fé incluía os atributos de Deus, a álgebra da Trindade, vários tipos de pecado, as duas naturezas de Cristo, os três modos de sua presença e muitas outras fórmulas".[11] Não é nem um pouco óbvio como alguém, partindo desse tipo de teologia, consegue

---

[8]Essa lista de figuras baseia-se em William H. Willimon, *Pastor: the theology and practice of ordained ministry* (Nashville: Abingdon, 2002), p. 56-69.

[9]Os termos bispo (*episkopos*) e presbítero (*presbyteros*) são usados alternadamente no Novo Testamento (cf. At 20.17,28; Tt 1.5-7). Seja qual for o modo como os chamemos, a igreja deve reconhecer o papel de seus servos-líderes como aqueles que dirigem a congregação em suas encenações de amor e de verdade.

[10]Richard Lischer, *Open secrets: a spiritual journey through a country church* (New York: Doubleday, 2001), p. 11.

[11]Ibid., p. 26.

transformar uma companhia heterogênea de pessoas excêntricas, rixosas, fofoqueiras e imperfeitas em uma parábola do reino.

A teologia canônico-linguística defendida nestas páginas tem como objetivo produzir direção prática, não fórmulas abstratas. A doutrina é uma forma condensada de sabedoria cristã, radicada nas Escrituras e acumulada ao longo dos séculos, que ensina a participar corretamente do drama da redenção, isto é, da vida do Deus trino e uno. Recapitulando, o Pai é o dramaturgo e produtor da ação; o Filho é o clímax e a síntese da ação. O Espírito, sendo aquele que nos une a Cristo, é o camareiro que nos veste com a justiça de Cristo, o ponto que nos ajuda a lembrar de nossa fala bíblica e o contrarregra que concede dons (acessórios) para todos os membros da igreja, dando-nos os recursos necessários para encenarmos nosso papel.

O Espírito Santo é o grande diretor que supervisiona a produção global, mas o pastor é aquele cuja responsabilidade principal é supervisionar as encenações locais. O pastor é no máximo um diretor assistente, por sua vez assistido pelo teólogo como dramaturgista. O ideal é que o pastor também seja teólogo. Em todo caso, ele também é um ator no drama que dirige, seja dando exemplo, seja instruindo. O diretor é o mediador entre o roteiro e os atores: "A encenação requer que ele proponha uma visão unificada que envolva tanto o drama (com a plena colaboração criativa do autor) quanto a arte dos atores (com seus talentos criativos bem diferentes)".[12] O primeiro mandamento do diretor é obediência ao texto; daí a importância do dramaturgista: "A análise da peça é de suma importância no processo de direção".[13] A tarefa do diretor é principalmente comunicação: com os atores, a respeito do significado do roteiro, e, em seguida, indiretamente por meio dos atores, com a plateia, sobre o significado da peça. *A igreja comunica o significado da peça por meio de sua ação como corpo.*

O diretor também é responsável pela preparação dos atores e por levá-los a trabalhar uns com os outros. Catecismo e estudos bíblicos podem ser meios eficazes para a compreensão da ação teodramática básica. Todavia, informação e conhecimento levam a congregação apenas até certo ponto. O que o pastor/diretor realmente precisa fazer é tornar a imaginação da congregação cativa das Escrituras de modo que o teodrama se torne a estrutura determinante do discurso e da ação da comunidade (2Co 10.5). O pastor/diretor precisa incutir na congregação a confiança de que encenar *este* roteiro é o caminho para a verdade e a vida abundante. Essa direção é transmitida em grande parte por meio da pregação, uma obediente "escuta do texto em favor da igreja".[14] A imagem que Herman Melville nos apresenta do púlpito como à proa de um navio que nos guia por águas desconhecidas é extremamente adequada: "O púlpito guia o mundo".[15]

Dirigir não é dar ordens. Diretores não devem manipular ou microadministrar as ações de seus atores ("repita comigo..."; "fique ali; não, mais para a direita..."). Pelo contrário, a principal tarefa do diretor, depois de ajudar as pessoas a entenderem

---

[12] Hans Urs von Balthasar, *Theo-drama* (San Francisco: Ignatius, 1988), vol. 1: *Prolegomena*, p. 298.
[13] Hodge, *Play directing*, p. 8.
[14] Willimon, *Pastor*, p. 146.
[15] De *Moby Dick*, citado em ibid., p. 148.

a peça, é ajudar cada ator a se adequar a seu papel. Isso em grande parte significa capacitar os atores a verem sua identidade "em Cristo" e talvez criticar uma atuação mecânica. O pastor ajuda os membros da congregação a se tornarem melhores atores quando os ajuda a aprender o roteiro e a entender como ele deve ser representado no cenário cultural de seus dias.

TEATRO DE OBRA-PRIMA: A TEOLOGIA DOS CREDOS

O que teologia pode fazer pelo pastor/diretor? Longe de ser um obstáculo para o ministério pastoral (como erroneamente se pensa), a teologia é, na verdade, sua serva. Embora a tarefa do pastor seja de fato assustadora, poder recorrer à teologia significa que não é necessário começar do zero. Aliás, existe uma história anterior de encenação, uma história das "grandes encenações". Infelizmente, muitos cristãos de hoje não conhecem nem o roteiro nem essas grandes encenações. William Willimon faz o seguinte prognóstico: "Como uma grande parcela de nosso povo não foi bem formada na fé, os pastores agora precisam enfatizar a doutrina, os textos clássicos de nossa fé. [...] A cultura já não é um suporte para a igreja. Para fazer cristãos, precisamos de uma nova determinação de inculcar a fé".[16] O que aconteceria na igreja se mais pastores levassem a sério a teologia do credo? A resposta curta é que *o teatro amador poderia tornar-se teatro de obra-prima*.

A doutrina pode realmente ajudar pastores a dirigirem pessoas para "o bem" em contraste com as imagens do bem condicionadas pela cultura e, por isso, parciais? Os pós-modernos não nos ensinaram que todas as percepções e interpretações são, na melhor das hipóteses, apenas fragmentárias? Será que a igreja pode ir além do conhecimento "local" (*viz.*, parcial e socialmente determinado), ou a doutrina é sempre e apenas uma expressão de teologia *tribal*? É justamente aqui que a teologia do credo proporciona aos pastores os meios para obterem muito mais do que conhecimento local.

Um credo (i.e., uma confissão de fé) é um resumo adequado e autorizado tanto do testemunho bíblico quanto da pregação e dos ensinamentos da igreja universal. Como tal, um credo é "um guia para uma leitura correta das Escrituras e para uma expressão adequada de fé e identidade".[17] Como vimos, a principal motivação dos primeiros credos era identificar as *dramatis personae* divinas. Apenas ao expressar corretamente a relação entre o Deus de Israel e o Pai de Jesus Cristo e entre Pai, Filho e Espírito pôde a igreja afirmar a unidade das Escrituras e explicar a inteligibilidade da ação teodramática.

Há uma diferença importante entre "credo" e "confissão". Os credos estão associados aos sete concílios ecumênicos da igreja antiga. As crenças expostas nesses

---

[16] Ibid., p. 71. Willimon segue comparando nosso tempo com o da Reforma, quando a igreja também foi confrontada "com um grande número de leigos e clérigos com pouca escolaridade, desinformados e sem formação" (p. 71).

[17] Philip Turner, "Introduction", in: Christopher R. Seitz, org., *Nicene Christianity: the future for a new ecumenism* (Grand Rapids: Brazos, 2001), p. 11.

credos foram "adotadas oficialmente como obrigatórias para a igreja universal e não meramente para a igreja local ou regional".[18] Jaroslav Pelikan comenta que, ao analisar os textos dos credos, a forte impressão de qualquer novo leitor "é certamente de sua absoluta natureza repetitiva".[19] O sentido não é que os credos sejam direções para um teatro moribundo, mas que, acima de tudo, eles procuravam dar explicações do evangelho que fossem obrigatórias e unificadoras. Portanto, a teologia dos credos é católica ("católico" = kata + holos, "segundo o todo"), uma confissão de *toda* a igreja.

O pastor/diretor torna-se um aprendiz do equivalente teológico do teatro de obra-prima ao tornar-se um aprendiz da teologia dos credos e de seu produto, a doutrina ortodoxa. Ortodoxia é uma cristalização do conhecimento unificado e universal da igreja acerca de Deus e do evangelho, "aquilo que é crido em todos os lugares, por todos, em todos os tempos".[20] Endossar a doutrina ortodoxa é enxertar a igreja local na vida da igreja universal. *O propósito da teologia dos credos, então, é dirigir a igreja local no caminho das Escrituras e remetê-la às grandes encenações do passado.* A teologia dos credos faz a mediação entre o conhecimento local e o universal e, portanto, serve como ponte entre a igreja local e a católica.

Nenhuma viagem é tão instrutiva quanto uma viagem para outras esferas, incluindo o passado. Envolver-se no drama da doutrina é tornar-se um ministro "itinerante", um peregrino participante da "Grande Tradição" da teologia.[21] O estudo da teologia histórica, sobretudo das grandes encenações de Agostinho, Tomás de Aquino, Lutero, Calvino e Barth, entre outros, é um excelente remédio para o paroquialismo doutrinário. A teologia dos credos, assim, resume o ensino das Escrituras "de modo que se evitem tanto uma estreiteza opressiva quanto uma pluralidade disforme".[22] Nenhuma igreja local é o primeiro grupo a procurar fazer encenações criativas e fiéis de seu roteiro sagrado. *Participar do drama da doutrina é envolver-se em um debate de séculos sobre o sentido das Escrituras e sobre a melhor forma de corporificá-lo.* A teologia dos credos proporciona uma "direção católica": direção para compreender o teodrama e dele participar, mas uma direção aceita por "toda" a igreja.

TEATRO REGIONAL: A TEOLOGIA CONFESSIONAL

Há um só Senhor, uma só fé, um só batismo — um só Credo Apostólico, porém muitas confissões e ainda mais denominações. Participar do drama da doutrina é, infelizmente, ser apanhado no fogo cruzado de direções *conflitantes*. Com esse

---

[18]Jaroslav Pelikan, *Credo: historical and theological guide to creeds and confessions of faith in the Christian tradition* (New Haven: Yale University Press, 2003), p. 9.

[19]Ibid., p. 7.

[20]Essa frase, conhecida como o Cânon Vicentino, é extraída do cap. 4 de *Commonitorium*, de Vicente de Lérins.

[21]Veja Alister McGrath, "Engaging the great tradition: Evangelical theology and the role of tradition", in: John G. Stackhouse Jr., org., *Evangelical futures: a conversation on theological method* (Grand Rapids: Baker, 2000), p. 139-59.

[22]Colin Gunton, "Dogma, the church, and the task of theology", in: Victor Pfitzner; Hilary Regan, orgs., *The task of theology today* (Grand Rapids: Eerdmans, 1999), p. 14.

pensamento, voltamos à objeção de que a doutrina é intrinsecamente divisiva e, portanto, inimiga da unidade da igreja. Argumentou-se recentemente que ninguém menos do que William Shakespeare, vivendo no meio do acirrado conflito entre protestantes e católicos romanos, minimizou de propósito o papel das diferenças regionais e doutrinárias em favor da unidade cristã. Deveria o pastor fazer menos que isso?

A questão das convicções cristãs de Shakespeare é um enigma literário bem conhecido. Em face do predomínio de guerras religiosas e controvérsias na época de Shakespeare, como teria ele mantido suas posições religiosas longe dos olhos do público e por quê? Um estudioso sugeriu recentemente que a relutância de Shakespeare em pregar a doutrina cristã deriva não de seu secularismo, como muitas vezes se pensa, mas de sua preocupação em evitar divisões.[23] Embora muitas peças inglesas da Renascença fossem abertamente nacionalistas, as peças de Shakespeare sugerem que a identidade cristã transcende as fronteiras paroquiais e até mesmo nacionais. Muitas de suas peças históricas, por exemplo, associam uma Inglaterra dividida com a devastação da guerra.[24]

Shakespeare parecia acreditar, séculos antes de Peter Brook, que o teatro poderia promover uma espécie de comunhão "congregacional" incentivando a participação imaginativa da plateia.[25] O teatro pode ser um meio poderoso de unir uma plateia, pelo menos durante algum tempo, fornecendo uma experiência imaginativa compartilhada: "Assim como ele procurava representar a verdadeira fé cristã como maior do que qualquer facção, Shakespeare também se esforçava por dramatizar a verdadeira comunhão cristã como maior do que qualquer nação".[26] Sendo assim, Shakespeare "professou" sua religião justamente recusando-se a professá-la em público. Ele acreditava em moderação e, por isso, valorizava mais "a caridade e a comunhão do que a precisão doutrinária".[27]

Muitos pastores/diretores de hoje sem dúvida se identificam com o dilema de Shakespeare. É melhor evitar falar de doutrina por causa da comunhão cristã do que tomar partido e causar divisão. Melhor ainda é evitar ter de escolher entre verdade e amor! Shakespeare tinha razão em querer enfatizar o caráter transnacional da comunhão cristã e tinha razão quanto aos efeitos unificadores da participação imaginativa da plateia no drama, mas estava errado em pensar que a doutrina vai contra essas duas aspirações. Moderação em todas as coisas é um bom conselho quando se trata de bebida, mas não necessariamente de doutrina. A moderação agrada os grandes públicos, mas o martírio — sofrer pelo testemunho da verdade doutrinária — é parte importante de nossa herança cristã.

A única coisa que a doutrina deve separar é a verdade da falsidade, o caminho da sabedoria, que conduz a Cristo, do caminho da loucura, que leva a outro lugar.

---

[23] Jeffrey Knapp, *Shakespeare's tribe: church, nation and theatre in Renaissance England* (Chicago: University of Chicago Press, 1992), p. 51.

[24] Knapp observa que as histórias de Shakespeare muitas vezes revelam um tipo de internacionalidade dentro da ilha inglesa; por exemplo, a linhagem francesa de reis da Inglaterra (ibid., p. 17).

[25] Ibid.

[26] Ibid., p. 55.

[27] Ibid., p. 171.

As doutrinas da igreja, a exemplo de sua vida, *devem* distingui-la do mundo. Assim, no que diz respeito à relação entre igreja e mundo, a doutrina deve não apenas separar, mas deixar clara a *antítese* entre a fé cristã e outras crenças, sejam elas religiosas ou não. *Dentro* da igreja, porém, a doutrina não deve dividir, caso isso signifique a incapacidade coletiva de adorar e desfrutar da comunhão à mesa. A divisão entre cristãos contradiz o superobjetivo do teodrama, o movimento de amor divino em direção à união e comunhão com *um* povo reunido dentre todas as nações (At 2.5; Ap 5.9). *Dentro* da igreja, a doutrina não deve ser usada com o propósito de dividir, nem para fins de racismo, nacionalismo ou qualquer outra ideologia, incluindo denominacionalismo.[28]

Voltando à nossa pergunta: Como a teologia confessional pode ajudar o pastor? Justamente *fazendo a mediação* entre o universal (católico) e o particular (local). Pelikan observa que a confissão, "com a Reforma no século 16, conquistou seu espaço como realidade teológica e literária distinta do credo".[29] Por quê? Porque naquela época havia falta de consenso sobre como resolver debates teológicos. Ao contrário dos concílios ecumênicos da igreja antiga, os concílios católicos romanos e protestantes dos séculos 16 e 17 não foram capazes de assegurar o consenso de toda a igreja; assim, faltava-lhes autoridade. É digno de nota que muitas confissões do século 16 trazem títulos nacionais ou regionais.[30] Isso se deve ao fato de que elas tratavam de problemas que afetavam seu tempo e espaço — daí a analogia entre teologia confessional e teatro *regional*.

Com certeza, há um sentido em que a teologia confessional pode ser local *demais*, muito enraizada no tempo e no espaço, um cronótopo. Horácio Bonar queixou-se de que algumas confissões protestantes do século 17, "ao conferir precisão jurídica a cada afirmação, transmitiam ao novo um aspecto local e temporal que não pertencia aos padrões mais antigos".[31] Entretanto, no que elas têm de melhor, as confissões são mais do que encenações efêmeras, mais até do que "uma série de teologias locais".[32] Teologias confessionais, ao contrário, são "grandes encenações" — respostas a seus contextos históricos, que trazem lições também para o restante da igreja.

Tanto credos quanto confissões são expressões oficiais do compromisso da igreja com o evangelho. Ambos são meios de estabilidade doutrinária, embora as confissões sejam um pouco menos católicas do que os credos. É por isso que a melhor analogia para a teologia confessional não é o teatro de obra-prima, mas o teatro regional. As tradições confessionais são tradições de encenação, portadoras de racionalidade teodramática que combinam elementos de estabilização com elementos de inovação. Embora elas sempre afirmem os credos antigos, também respondem a outras

---

[28]Cf. o comentário de John Webster: "Não é tarefa da dogmática subscrever as práticas da igreja, mas submetê-las a julgamento", em "The self-organizing power of the Gospel of Christ: episcopacy and community formation", *International Journal of Systematic Theology* 3 (2001): 71.

[29]Pelikan, *Credo*, p. 458.

[30]Por exemplo: *A Confissão Boêmia* (1535), *A Primeira Confissão Helvética* (1536), *A Confissão Escocesa* (1560), *A Confissão Belga* (1561) e, claro, *A Confissão de Westminster* (1647).

[31]Citado em Pelikan, *Credo*, p. 481.

[32]Segundo Schreiter, *Constructing local theologies*, p. 93. Para Schreiter, a tradição da igreja é simplesmente uma série de encenações *locais*.

dificuldades e perguntas sobre a melhor maneira de compreender o teodrama em contextos culturais e intelectuais específicos. Talvez a melhor maneira de conceber as teologias confessionais seja como encenações locais com força de permanência e, desse modo, *úteis não apenas na esfera local*.

Nenhuma denominação, nenhuma confissão, nenhum modo de corporificar o evangelho explica inteiramente a verdade e a vida. As teologias confessionais, por mais que estejam comprometidas com as Escrituras, sempre revelam os sinais dos tempos em que foram concebidas. Na pior das hipóteses, elas podem se tornar idioletos congelados que dificultam o diálogo entre denominações. Talvez a melhor maneira de olhar para as teologias confessionais seja como tradições dramatúrgicas que preservam insights preciosos no roteiro canônico, tradições que dirigem gerações de teatro regional. A igreja precisa de uma variedade de teatros regionais a fim de formular a concepção mais adequada do todo: "Pode-se argumentar que há um ganho global em riqueza a partir da formulação das confissões que visa atender a circunstâncias e demandas históricas específicas".[33] Essa unidade-na-diversidade eclesial não é uma fraqueza, mas um ponto forte, não só porque essa é a condição em que a teologia é capaz de lidar com diferentes tipos de situação, mas também porque é a condição que viabiliza o entendimento teológico criativo.[34]

TEATRO LOCAL: A TEOLOGIA CONGREGACIONAL

Ser uma congregação é reunir-se com outros para se envolver "na missão de olhar para nosso mundo de uma forma especial a partir da perspectiva de Deus".[35] A igreja local congrega-se "para discernir o que está acontecendo com ela e com o mundo hoje, e para ouvir para onde Deus os está conduzindo".[36] A teologia não é apenas útil, mas necessária quando congregações procuram compreender a si mesmas e determinar o que devem fazer por Deus, umas pelas outras e pelo mundo. Cabe sobretudo ao pastor instruir a congregação nos caminhos do teodrama e lembrá-la de que "ela não é a totalidade dos que creem em Deus, mas faz parte de algo maior".[37] Para ser exato, as igrejas locais fazem parte da mesma tradição de encenação inaugurada pela igreja do primeiro século em Jerusalém: "E eles perseveravam no ensino dos apóstolos e na comunhão, no partir do pão e nas orações" (At 2.42).[38]

---

[33] Colin E. Gunton, *A brief theology of revelation* (Edinburgh: T. & T. Clark, 1995), p. 16.

[34] Disso não decorre necessariamente que membros de uma tradição confessional específica devam ser menos comprometidos com ela. É possível alguém endossar com entusiasmo a teologia reformada, por exemplo, porque está convencido de que a voz dessa tradição precisa ser ouvida e tem algo de importante e diferenciado para dizer à igreja católica, mas, ao mesmo tempo, reconhecer que a teologia reformada é uma confissão, não uma posse, da verdade de Jesus Cristo. Devo esse esclarecimento a uma pergunta feita pelo meu colega Doug Sweeney.

[35] Robert J. Schreiter, "Theology in the congregation: discovering and doing", in: Nancy T. Ammerman et al., orgs., *Studying congregations: a new handbook* (Nashville: Abingdon, 1998), p. 23.

[36] Ibid.

[37] Ibid., p. 30.

[38] Pelikan comenta que a lista em Atos 2.42 abrange os quatro critérios de "apostolicidade" da igreja (veja Pelikan, *Credo*, p. 102).

Alguns podem levantar a objeção de que a igreja local tem nas Escrituras e no Espírito tudo que necessita para ser igreja e para cumprir sua missão. A tradição é meramente humana e não tem autoridade divina. Embora seja verdade que a igreja local é integralmente a igreja, ela também faz parte de um todo maior. Além disso, os dons do Espírito são dados à igreja universal, não necessariamente para cada igreja. Como vimos na segunda parte e novamente nesta conclusão, tradições interpretativas (e.g., luteranismo, wesleyanismo) podem de fato desfrutar de autoridade *ministerial*. Todavia, *cada igreja local concreta tem a responsabilidade de representar em seu espaço e tempo a igreja como um todo*. Aliás, a igreja local talvez seja mais bem definida como encenação contextualizada da igreja católica: a igreja universal que se torna particular, visível e concreta.

A igreja católica não é uma igreja "geral", no sentido de grupo genérico e indefinido, mas de igreja "integral" e "completa" que se estendeu através do tempo e do espaço e se disseminou entre as culturas. Em contrapartida, a igreja local é uma entidade linguístico-cultural distinta. O antropólogo Clifford Geertz não acredita que a "essência" de uma sociedade possa ser descoberta em uma única localidade. A variação de formas culturais fornece à antropologia tanto seu maior recurso quanto seu constante dilema teórico: "Como essa variação deve ser conciliada com a unidade biológica da espécie humana?".[39] As eclesiologias precisam responder a uma pergunta semelhante: *Como essa variação entre igrejas deve ser conciliada com a unidade cristológica do povo de Deus?* No entanto, o que é um dilema para o antropólogo é coisa antiga para a teologia cristã, pois a relação entre a igreja local e a universal tem sido assunto de séculos de reflexão cristã.

Assim como na exegese é importante fazer uma relação entre passagens "locais" e o todo canônico, também é importante relacionar com o todo eclesial aquilo que a igreja local diz e faz. *A teologia canônico-linguística emprega os princípios canônico e católico como uma dupla de controles das encenações locais*. Pastores/diretores são responsáveis por garantir algum tipo de diálogo entre a igreja local, a igreja regional e a igreja católica. Há uma espécie de "círculo hermenêutico" entre a totalidade (*viz*., a igreja católica) concebida por meio das partes (*viz*., igrejas locais) que a concretizam e as partes concebidas através das totalidades — tanto as totalidades confessionais "regionais" menores quanto a totalidade católica maior — que as guiam.

Pastores que negligenciam as Escrituras ficam desorientados e se perdem no caminho do evangelho. Pastores que negligenciam a teologia confessional e dos credos deserdam a si mesmos e se privam, juntamente com suas congregações, da riqueza dramatúrgica acumulada pela igreja. David F. Wright está certo ao se preocupar com os efeitos debilitantes que acompanham o "*ethos* profundamente não confessional de grande parte da vida da igreja atual".[40] Ser não confessional geralmente significa ser não doutrinário, e quando a doutrina é desvalorizada, "a própria identidade da igreja, e do cristianismo, é colocada em perigo".[41] Sem lealdade à teologia confessional e à

---

[39]Clifford Geertz, *Interpretation of cultures* (New York: Basic Books, 1973), p. 22.
[40]David F. Wright, "Preface", in: Lynn Quigley, org., *Reformed theology in contemporary perspective: Westminster — yesterday, today, and tomorrow?* (Carlisle: Paternoster, 2005).
[41]Ibid.

teologia dos credos, a igreja local terá dificuldades para participar de modo adequado do teodrama e se verá falando e agindo como as outras instituições (e.g., clubes, organizações políticas, centros de entretenimento e conglomerados empresariais) que agora ocupam o centro do palco cultural.

No entanto, como não há outro evangelho, as igrejas locais devem se comprometer profundamente com as doutrinas que estão no centro do teodrama, mantendo-se sempre atenciosas com relação às doutrinas que se encontram na periferia. Claro, o centro para uma pessoa é margem para outra. Mas é exatamente por isso que todas as produções locais devem estar em contato com o teatro regional da igreja de uma confissão em particular e também com o teatro de obra-prima da igreja católica. Nas peças de Shakespeare, os prelados da igreja oficial e os puritanos sectários são geralmente personagens que causam divisões, incentivam o partidarismo e envolvem-se em maquinações políticas. A doutrina é de fato divisiva quando se torna um peão nas lutas políticas e guerras santas. No entanto, Shakespeare retrata frades humildes sob uma luz mais favorável; "a *itinerância* deles, Shakespeare parece acreditar, ajuda a libertá-los do paroquialismo".[42] O pastor, de igual modo, deve ser um pregador itinerante, capaz de transitar entre o local, o regional e o universal (católico).

Igrejas locais podem aspirar ao teatro de obra-prima quando participam de uma teologia ao mesmo tempo evangélica e católica. Precisamos olhar para nossas igrejas (e para nossas teologias) como exemplificações ou contextualizações locais entre outras exemplificações locais do evangelho bíblico e da ortodoxia católica. Um contemporâneo de Shakespeare, *Sir* John Harrington, expressou assim essa ideia: "Cristão é meu nome; católico é meu sobrenome"[43]; e podemos acrescentar: "Canônico é meu nome do meio!" Harrington também pediu o fim do pensamento sectário: "Que nenhum homem imagine enxergar todas as coisas, mas, sim, que talvez outro tenha encontrado algo de que ele não tenha ouvido falar".[44] Uma teologia canônico-linguística endossa esse sentimento, não como receita para o relativismo, e muito menos como desculpa para a indiferença, mas como um entendimento teológico enriquecido e enriquecedor (isto é, criativo).

A teologia local pode ser, aliás deve ser, ao mesmo tempo criativa e dos credos/confessional. Pois o pastor/diretor precisa ajudar a companhia a compreender tanto o roteiro teodramático quanto os novos cenários culturais em que a ação é agora representada. Encenações congregacionais, como a teologia, devem ser prosaicas, fronéticas e proféticas. Isso significa compreender amplas tendências culturais e novas ideologias bem como lidar com questões e problemas de importância mais local. Observe bem: essas tendências e preocupações são apenas o cenário de segundo plano, não o centro da ação. O roteiro não muda, apenas o cenário em que ele é representado. Todavia, a fim de encenar o teodrama de modo convincente, o pastor/diretor precisará de tempos em tempos ajudar a companhia a aprender a dar continuidade à mesma ação — compartilhar o amor de Deus — *de uma forma diferente*. Instruído por grandes

---

[42] Knapp, *Shakespeare's tribe*, p. 53, grifo do autor.
[43] Citado em ibid., p. 52.
[44] Ibid.

encenações do passado, em que a igreja demonstrou entendimento criativo, o pastor/diretor improvisa com um roteiro, "sempre criando espontaneamente o que parece apropriado e honesto em determinada circunstância".[45] A teologia local diz respeito à improvisação congregacional, pela qual o povo de Deus age "com naturalidade" como cidadãos legítimos da cidade de Deus enquanto interpretam novas cenas do único e contínuo teodrama.

O sermão, não alguma filosofia de liderança ou sistema de administração, continua a ser o principal meio de direção pastoral e, por isso, a responsabilidade suprema do pastor. O bom sermão contém tanto análise de roteiro quanto análise de situação. É no sermão que o pastor entrelaça verdade teodramática com conhecimento local. O sermão é o melhor ataque frontal às imaginações cativas de histórias seculares que prometem outros caminhos para a vida boa. O mais importante é que o sermão divisa maneiras de a congregação local se tornar uma parábola do reino de Deus. *A vocação do pastor/diretor é ajudar as congregações a ouvirem (entenderem) e praticarem (encenarem) a palavra de Deus no presente e para o presente.*

A doutrina provê direção para o que, em última análise, é um projeto *pastoral*, a saber, ajudar congregações a criarem estilos cruciformes de vida em comunidade que sejam conduzidos de maneira prática em contextos particulares. A teologia doutrinária serve ao ministério da Palavra — a pregação, a encenação — providenciando para o pastor "anotações do programa" para entendimento do roteiro teatral, das *dramatis personae*, da linha direta de ação e do superobjetivo da peça. Solicitando à igreja que participe do teodrama, o pastor traduz e amplia práticas canônicas, transformando-as em práticas congregacionais. Não se trata de a teologia começar como conhecimento local, mas para produzir sabedoria bíblica vivida, *ela procura se tornar* um tipo de conhecimento local: "uma prática ou habilidade para ser aprendida pelos que procuram viver bem".[46]

Encenações locais do drama da redenção aspiram tanto à adequação regional (i.e., relevância para os problemas específicos de um tempo e lugar) quanto à fidelidade católica (i.e., lealdade ao roteiro bíblico). A encenação local de hoje pode ser o teatro de obra-prima de amanhã. No entanto, falar da perspectiva de "obra-prima" não significa escorregar para o profissionalismo pela porta de entrada do palco. O poder de encenação da igreja não tem relação alguma com produções tecnicamente sofisticadas. Aliás, essas produções tendem a ser "teatrais" no pior sentido: vistosas, artificiais, afetadas — conteúdo mais adequado às eclesiologias da glória do que da cruz. Nem os adereços cênicos nem os efeitos especiais devem levar a plateia a desviar sua atenção da ação evangélica. A igreja local se tornará teatro de obra-prima apenas quando se concentrar em viver o drama da redenção e ensaiar o reino de Deus, que é sua razão de ser. A igreja não é uma vitrine nem para moralismo, nem para a religião civil, muito menos para tecnologia ou para personalidades, mas um teatro do

---

[45] Hodge, *Play directing*, p. 10.
[46] Richard Hays, "Wisdom according to Paul", in: Stephen C. Barton, org., *Where shall wisdom be found? Wisdom in the Bible, the church and the contemporary world* (Edinburgh: T. & T. Clark, 1999), p. 111.

estranho mundo novo do evangelho — um teatro não de ética ou entretenimento, mas de edificação e escatologia.

Uma obra-prima é "uma excelente obra de arte ou de artesanato; a melhor obra de uma pessoa". A igreja é a melhor obra de *três* pessoas: Pai, Filho e Espírito. É uma obra-prima trina e una, uma excelente obra de arte criativa: "Pois fomos feitos por ele, criados em Cristo Jesus para as boas obras" (Ef 2.10). Pastores não precisam se preocupar com a conclusão do drama, mas apenas com as encenações do penúltimo ato. O drama da redenção termina, como é comum em comédias, com todos no palco em um banquete de casamento (Ap 19.7; 21.2). A última palavra teodramática é *plenitude* e *cumprimento*. A plenitude de Deus e o cumprimento de todas as coisas se darão em Cristo (Cl 1.19). Este, por sua vez, enche a igreja, e a igreja comunica essa plenitude para o resto do mundo: para as nações, para as universidades, para as diferentes sociedades e culturas.

Até aquele último momento, o pastor/diretor trabalha para manter a visão vibrante. Formada pela palavra e pelo Espírito como exemplo localizado de teatro de obra-prima de Deus, inspirada por grandes encenações do passado e de outras partes do mundo e guiada por tradições dramatúrgicas confessionais, a igreja local envolve-se no drama da doutrina, a fim de se tornar um teatro do evangelho sagrado e vital. A igreja local é um teatro interativo onde uma visão distinta do mundo — um mundo criado para a comunhão com o Deus trino e uno — é lembrada, estudada, cultivada e celebrada em uma encenação coletiva. O papel do pastor é supervisionar, por meio de uma sábia direção doutrinária, essas produções dramáticas locais. Não consigo imaginar um desafio mais emocionante ou urgente que esse.

Bibliografia

ABRAHAM, William J. *Canon and criterion in Christian theology from the fathers to feminism* (Oxford: Clarendon, 1998).

AICHELE, George. *The control of biblical meaning: canon as semiotic mechanism* (Harrisburg: Trinity Press International, 2001).

ALLEN, Charles. "The primacy of phronesis". *Journal of Religion* 69 (1989): 359-74.

ALSTON, William. *Illocutionary acts and sentence meaning* (Ithaca: Cornell University Press, 2000).

ALVAREZ, Daniel Raul. "On the impossibility of an Evangelical theology". *Theology Today* 55 (1998): 175-94.

AUERBACH, Erich. *Mimesis: the representation of reality in Western literature* (Princeton: Princeton University Press, 1968).

―――――. *Mimesis: a representação da realidade na literatura ocidental*. Tradução de Jacob Guinsburg (São Paulo: Perspectiva, 2009). Tradução de: Mimesis: the representation of reality in Western literature.

AUSTIN, J. L. *How to do things with words* (Oxford: Oxford University Press, 1962).

―――――. *Quando dizer é fazer: palavras e ação* (Porto Alegre: Artes Médicas, 1990). Tradução de: How to do things with words.

BAILLIE, John. *The idea of revelation in recent thought* (New York: Columbia University Press, 1956).

BAKHTIN, M. M. *Problems of Dostoyevsky's poetics*. Edição de Caryl Emerson (Minneapolis: University of Minnesota Press, 1984).

―――――. *Problemas da poética de Dostoievsky*. Tradução de Paulo Bezerra (São Paulo: Forense Universitária, 2008). Tradução de: Problems of Dostoyevsky's poetics.

―――――. *Speech genres and other late essays* (Austin: University of Texas Press, 1986).

BALTHASAR, Hans Urs von. *Theo-drama: theological dramatic theory* (San Francisco: Ignatius, 1988). vol. 1: *Prolegomena*.

_____. *Theo-drama: theological dramatic theory* (San Francisco: Ignatius Press, 1990). vol. 2: *Dramatis personae: man in God*.

_____. *Theo-drama: theological dramatic theory* (San Francisco: Ignatius, 1992). vol. 3: *Dramatis personae: persons in Christ*.

_____. *Theo-drama: theological dramatic theory* (San Francisco: Ignatius, 1994). vol. 4: *The action*.

BARNES, Annette. "Whose play is it? Does it matter?". In: KRAUSZ, Michael, org. *Is there a single right interpretation?* (University Park: Pennsylvania State University Press, 2002), p. 345-59.

BARR, James. *The Bible in the modern world* (London: SCM, 1973).

BARTH, Karl. *Evangelical theology: an introduction* (Grand Rapids: Eerdmans, 1963).

_____. *Introdução à teologia evangélica* (São Leopoldo: Sinodal, 2003). Tradução de: Evangelical theology: an introduction.

_____. *Church dogmatics*. I/1. Tradução para o inglês de Geoffrey Bromiley (Edinburgh: T. & T. Clark, 1975).

_____. *Word of God and the word of man* (Gloucester: Peter Smith, 1978).

_____. *Palavra de Deus e palavra do homem* (São Paulo: Novo Século, 2004). Tradução de: Word of God and the word of man.

BARTON, Stephen C. "New Testament interpretation as performance". *Scottish Journal of Theology* 52/2 (1999): 179-208.

_____, org. *Where shall wisdom be found? Wisdom in the Bible, the church and the contemporary world* (Edinburgh: T. & T. Clark, 1999).

BAUCKHAM, Richard. *God crucified: monotheism and christology in the New Testament* (Grand Rapids: Eerdmans, 1998).

BAUERSCHMIDT, Frederick Christian. "The Word made speculative? John Milbank's christological poetics". *Modern Theology* 15 (1999): 417-32.

BAYNES, Kenneth; BOHMAN, James; MCCARTHY, Thomas, orgs. *After philosophy: end or transformation?* (Cambridge: MIT, 1987).

BECKWITH, Sarah. *Signifying God: social relation and symbolic act in the York Corpus Christi plays* (Chicago: University of Chicago Press, 2001).

BENNETT, Susan. *Theatre audiences: a theory of production and reception*. 2. ed. (London/New York: Routledge, 1997).

BEVANS, Stephen B. *Models of contextual theology* (Maryknoll: Orbis, 1992).

BLOCHER, Henri. "The sacrifice of Jesus Christ: the current theological situation". *European Journal of Theology* 8 (1999): 30.

BLOESCH, Donald G. *Holy Scripture: revelation, inspiration, and interpretation* (Downers Grove: InterVarsity, 1994).

BLOWERS, Paul M. "The Regulae Fidei and the narrative character of early Christian faith". *Pro Ecclesia* 6 (1999): 199-228.

BOAL, Augusto. *Theatre of the oppressed* (New York: Theatre Communications Group, 1985).

---. *Teatro do oprimido e outras poéticas políticas*. (Rio de Janeiro: Civilização Brasileira, 1975).

BONHOEFFER, Dietrich. *The cost of discipleship* (New York: Macmillan, 1963).

---. *Discipulado*. Tradução de Ilson Kayser (São Leopoldo: Sinodal, 2008). Tradução de: The cost of discipleship.

---. *Life together* (Minneapolis: Fortress, 1996).

---. *Vida em comunhão*. Tradução de Ilson Kayser. (São Leopoldo: Sinodal, 2009). Tradução de: Life together.

BOOTH, Wayne C. *The rhetoric of fiction* (Chicago: University of Chicago Press, 1961).

---. *For the love of it: amateuring and its rivals* (Chicago: University of Chicago Press, 1999).

BRIGGS, Richard S. *Words in action: speech act theory and biblical interpretation* (Edinburgh: T. & T. Clark, 2001).

---. *Reading the Bible wisely* (Grand Rapids: Baker, 2003).

BROOK, Peter. *The empty space* (New York: Atheneum, 1968).

---. *O espaço vazio*. Tradução de Roberto Leal Ferreira (Rio de Janeiro: Apicuri, 2015). Tradução de: The empty space.

BROWN, Charles Brockden. *Wieland* (New York: Penguin, 1991).

BROWN, Delwin; DAVANEY, Sheila Greeve; TANNER, Kathryn, orgs. *Converging on culture: theologians in dialogue with cultural analysis and criticism* (Oxford: Oxford University Press, 2001).

BRUEGGEMANN, Walter. *Theology of the Old Testament: testimony, dispute, advocacy* (Minneapolis: Fortress, 1997).

---. *Teologia do Antigo Testamento: testemunho, disputa e defesa*. Tradução de Jonathan Luis Hack (São Paulo/Santo André: Paulus/Academia Cristã, 2014). Tradução de: Theology of the Old Testament: testimony, dispute, advocacy.

BUCKLEY, James J.; YEAGO, David S., orgs. *Knowing the triune God: the work of the Spirit in the practices of the church* (Grand Rapids: Eerdmans, 2001).

BURGESS, John. *Why Scripture matters: reading the Bible in a time of church conflict* (Louisville: Westminster John Knox Press, 1998).

CAIRD, George B. *Paul's letters from prison*. New Clarendon Bible (Oxford: Oxford University Press, 1976).

CALLOW, Katherine. *Man and message: a guide to meaning-based text analysis* (Lanham: University Press of America, 1998).

CARDULLO, Bert, org. *What is dramaturgy?* (New York/Frankfurt: Peter Lang, 1995).

CARLSON, Marvin. *Theories of the theatre: a historical and critical survey*. ed. ampl. (Ithaca: Cornell University, 1993).

---. *Teorias do teatro* (São Paulo: Unesp, 1997). Tradução de: Theories of the theatre: a historical and critical survey.

---. *Performance: a critical introduction* (London: Routledge, 1996).

_____. *Performance — uma introdução crítica* (UFMG, 2010). Tradução de: Performance: a critical introduction.

Certeau, Michel de. "How is Christianity thinkable today?". In: Ward, Graham, org. *The postmodern God: a theological reader* (Oxford: Blackwell, 1997). p. 142-55.

Charry, Ellen. *By the renewing of your minds: the pastoral function of Christian doctrine* (Oxford: Oxford University Press, 1997).

Chemnitz, Martin. *Examination of the Council of Trent.* Tradução para o inglês de Fred Kramer (St. Louis: Concordia, 1971).

Childs, Brevard S. "Response to reviewers of *Introduction to the Old Testament as Scripture*". *Journal for the Study of the Old Testament* 16 (1980): 52-60.

_____. *Biblical theology of the Old and New Testaments* (Minneapolis: Fortress, 1992).

Chilton, Bruce. *The temple of Jesus: his sacrificial program within a cultural history of sacrifice* (University Park: Pennsylvania State University Press, 1992).

Clark, David K. *To know and love God: method for theology* (Wheaton: Crossway, 2003).

Coggins, R. J.; Houlden, J. L., orgs. *A dictionary of biblical interpretation* (Philadelphia: Trinity Press International, 1990).

Cosgrove, Charles. *Appealing to Scripture in moral debate: five hermeneutical rules* (Grand Rapids: Eerdmans, 2002).

Craigo-Snell, Shannon. "Command performance: rethinking performance interpretation in the context of *divine discourse*". *Modern Theology* 16 (2000): 475-94.

Cupitt, Don. *The long-legged fly: a theology of language and desire* (London: SCM, 1987).

Davies, Rupert E. *The problem of authority in the continental reformers: a study in Luther, Zwingli, and Calvin* (Westport: Hyperion, 1979).

Dodd, C. H. *According to the Scriptures* (London: James Nisbet, 1952).

_____. *Segundo as Escrituras: estrutura fundamental do Novo Testamento.* Tradução de José Raimundo Vidigal (São Paulo: Paulinas, 1979). Tradução de: According to the Scriptures.

Dostal, Robert J., org. *The Cambridge companion to Gadamer* (Cambridge: Cambridge University Press, 2002).

Dunn, James D. G. *The living word* (Philadelphia: Fortress, 1987).

Elam, Keir. "Much ado about doing things with words (and other means): some problems in the pragmatics of theatre and drama". In: Issacharoff, Michael; Jones, Rodin F., orgs. *Performing texts* (Philadelphia: University of Pennsylvania Press, 1988). p. 39-58.

Erickson, Millard J. *Christian theology*. 2. ed. (Grand Rapids: Baker, 1998).

_____. *Teologia sistemática.* Tradução de Robinson Malkomes, Valdemar Kroker e Tiago Abdalla Teixeira Neto (São Paulo: Vida Nova, 2015). Tradução de: Christian theology.

Farrell, Frank. *Subjectivity, realism, and postmodernism: the recovery of the world* (Cambridge: Cambridge University Press, 1994).

Fiddes, Paul. *Participating in God: a pastoral doctrine of the Trinity* (Louisville: Westminster John Knox Press, 2000).

FISH, Stanley. *Is there a text in this class? The authority of interpretative communities* (Cambridge: Harvard University Press, 1980).

FITZGERALD, Allan D., org. *Augustine through the Ages: an Encyclopedia* (Grand Rapids: Eerdmans, 1999).

FODOR, James. *Christian hermeneutics: Paul Ricoeur and the refiguring of theology* (Oxford: Clarendon, 1995).

FORD, David F. *Theology: a very short introduction* (Oxford: Oxford University Press, 1999).

FOWL, Stephen E. *Engaging Scripture: a model for theological interpretation* (Oxford: Blackwell, 1998).

———, org. *The theological interpretation of Scripture: classic and contemporary readings* (Oxford: Blackwell, 1997).

FREI, Hans. *The eclipse of Biblical narrative* (New Haven: Yale University Press, 1974).

———. *The identity of Jesus Christ: the hermeneutical bases of dogmatic theology* (New Haven: Yale University Press, 1974).

———. *Types of Christian theology* (New Haven: Yale University Press, 1992).

———. "The 'literal reading' of Biblical narrative in the Christian tradition: does it stretch or will it break?". In: MCCONNELL, Frank, org. *The Bible and the narrative tradition* (New York: Oxford University Press, 1986). p. 36-77.

FRETHEIM, Terrence. "The God who acts". *Theology Today* 54 (1997): 6-18.

GADAMER, Hans-Georg. *Truth and method*. 2. ed. rev. (New York: Continuum, 2002).

———. *Verdade e método I: traços fundamentais de uma hermenêutica filosófica*. 13. ed. Tradução de Flávio Paulo Meurer. Nova revisão da tradução por Enio Paulo Giachini (Petrópolis/Bragança Paulista: Vozes/Editora Universitária São Francisco, 2013). Tradução de: Wahrheit und Methode.

———. *Verdade e método II: complementos e índice*. 6. ed. Tradução de Enio Paulo Giachini. Revisão da tradução de Marcia Sá Cavalcante-Schuback (Petrópolis/Bragança Paulista: Vozes/Editora Universitária São Francisco, 2011). Tradução de: Wahrheit und Methode II.

GEISELMANN, Josef Rupert. *The meaning of tradition* (New York: Herder and Herder, 1966).

GILLINGHAM, S. E. *One Bible, many voices: different approaches to biblical studies* (London: SPCK, 1998).

GOLDINGAY, John. *Models for Scripture* (Grand Rapids: Eerdmans, 1994).

GREEN, Garrett. *Theology, hermeneutics, and imagination: the crisis of interpretation at the end of modernity* (Cambridge: Cambridge University Press, 2000).

———, org. *Scriptural authority and narrative interpretation* (Philadelphia: Fortress, 1987).

GREEN, Joel B.; BAKER, Mark D. *Recovering the scandal of the cross: atonement in New Testament and contemporary contexts* (Downers Grove: InterVarsity, 2000).

GREEN, Joel B.; TURNER Max, orgs. *Between two horizons: spanning New Testament studies and systematic theology* (Grand Rapids: Eerdmans, 2000).

GREEN, Joel B., MCKNIGHT, Scot; MARSHALL, I. Howard, orgs. *Dictionary of Jesus and the Gospels* (Downers Grove: InterVarsity, 1992).

GREENE-MCCREIGHT, Kathryn E. *Ad litteram: how Augustine, Calvin, and Barth read the "plain sense" of Genesis 1–3* (New York: Peter Lang, 1999).

GREGORY, Brad S. *Salvation at stake: Christian martyrdom in early modern Europe* (Cambridge: Harvard University Press, 1999).

GRENZ, Stanley J.; FRANKE, John R. *Beyond foundationalism: shaping theology in a postmodern context* (Louisville: Westminster John Knox Press, 2001).

GUNDRY, Robert H. *Jesus the Word according to John the sectarian: a paleofundamentalist manifesto for contemporary Evangelicalism, especially its elites, in North America* (Grand Rapids: Eerdmans, 2001).

GUNTON, Colin. *A brief theology of revelation* (Edinburgh: T. & T. Clark, 1995).

_____. "A Rose by any other name? From 'Christian doctrine' to 'systematic theology'". *International Review of Systematic Theology* 1 (1999): 4-23.

_____, org. *The Cambridge companion to Christian doctrine* (Cambridge: Cambridge University Press, 1997).

HABERMAS, Jürgen. "What is universal pragmatics?". In: *Communication and the evolution of society* (London: Heinemann, 1979). p. 1-68.

_____. *The theory of communicative action*. Tradução para o inglês de Thomas McCarthy. (Boston: Beacon, 1984). vol. 1: *Reason and the racionalization os society*.

_____. *Teoria do agir comunicativo*. Tradução de Paulo Astor Soethe (São Paulo: Martins Fontes, 2012). 2 vols. Tradução de: Theorie des kommunikativen Handelns.

_____. "Philosophy as stand-in or interpreter". In: BAYNES, Kenneth; BOHMAN, James; MCCARTHY, Thomas, orgs., *After philosophy: end or transformation?* (Cambridge: MIT, 1987). p. 296-315.

HARRIS, Max. *Theatre and incarnation* (London: Macmillan, 1990).

HART, Trevor. *Faith thinking: the dynamics of Christian theology* (London: SPCK, 1995).

HAUERWAS, Stanley. *Unleashing the Scriptures: freeing the Bible from captivity to America* (Nashville: Abingdon, 1993).

_____. *Sanctify them in the truth: holiness exemplified* (Nashville: Abingdon, 1998).

_____. *Performing the faith: Bonhoeffer and the practice of nonviolence* (Grand Rapids: Brazos, 2004).

_____; JONES, L. Gregory, orgs. *Why narrative? Readings in narrative theology* (Grand Rapids: Eerdmans, 1989).

HAY, Peter. "American dramaturgy: a critical re-appraisal". In: CARDULLO, Bert, org. *What is dramaturgy?* (New York/Frankfurt: Peter Lang, 1995), p. 67-87.

HAYS, Richard B. *The moral vision of the New Testament: a contemporary introduction to New Testament ethics* (San Francisco: HarperCollins, 1996).

HEALY, Nicholas M. *Church, world and the Christian life: practical-prophetic ecclesiology* (Cambridge: Cambridge University Press, 2000).

HENDRY, George S. *The Westminster confession for today* (Richmond: John Knox, 1960).

HENRY, Carl F. H. *God, revelation, and authority* (Waco: Word, 1976-1983). 6 vols.

HEYDUCK, Richard. *The recovery of doctrine in the contemporary church: an essay in philosophical ecclesiology* (Waco: Baylor University Press, 2002).

HINLICKY, Paul R. "The lutheran dilemma". *Pro Ecclesia* 8 (1998): 391-422.

HODGE, Charles. *Systematic theology* (Grand Rapids: Eerdmans, 1979). vol. 1.

_____. *Teologia sistemática*. Tradução de Valter Martins (São Paulo: Hagnos, 2001). Tradução de: Systematic theology.

HODGE, Francis. *Play directing: analysis, communication, and style* (Englewood Cliffs: Prentice-Hall, 1971).

HORNBY, Richard. *Script into performance: a structuralist view of play production* (Austin: University of Texas Press, 1977).

HORTON, Michael S. *Covenant and eschatology: the divine drama* (Louisville: Westminster John Knox Press, 2002).

HUNSBERGER, George R.; GELDER, Craig Van, orgs. *The church between gospel and culture: the emerging mission in North America* (Grand Rapids: Eerdmans, 1996).

HUNSINGER, George. *Disruptive grace: studies in the theology of Karl Barth* (Grand Rapids: Eerdmans, 2000).

HÜTTER, Reinhard. *Suffering divine things: theology as church practice* (Grand Rapids: Eerdmans, 2000).

_____. "The church". In: BUCKLEY, James J.; YEAGO, David S., orgs. *Knowing the triune God: the work of the Spirit in the practices of the church* (Grand Rapids: Eerdmans, 2001). p. 23-47.

ISSACHAROFF, Michael; JONES, Robin F., orgs. *Performing texts* (Philadelphia: University of Pennsylvania Press, 1988).

IZZO, Gary. *The art of play: the new genre of interactive theatre* (Portsmouth: Heinemann, 1997).

JENKINS, John I. *Knowledge and faith in Thomas Aquinas* (Cambridge: Cambridge University Press, 1997).

JENSON, Robert W. *Systematic theology* (Oxford: Oxford University Press, 1997). vol. 1: *The triune God*.

JERSILD, Paul. *Spirit ethics: Scripture and the moral life* (Minneapolis: Fortress, 2000).

JOHNSTONE, Keith. *Impro: improvisation and the theatre* (New York: Routledge, 1981).

JONES, L. Gregory. *Embodying forgiveness: a theological analysis* (Grand Rapids: Eerdmans, 1995).

_____. "Baptism: a dramatic journey into God's dazzling light: baptismal catechesis and the shaping of Christian practical wisdom". In: BUCKLEY, James J.; YEAGO, David S., orgs. *Knowing the triune God: the work of the Spirit in the practices of the church* (Grand Rapids: Eerdmans, 2001). p. 177-77.

JONES, Serene. *Calvin and the rhetoric of piety* (Louisville: Westminster John Knox Press, 1995).

_____. *Feminist theory and Christian theology: cartographies of grace* (Minneapolis: Fortress, 2000).

KALLENBERG, Brad. "Unstuck from Yale: theological method after Lindbeck". *Scottish Journal of Theology* 50 (1997): 191-218.

KASPER, Walter. *The God of Jesus Christ* (New York: Crossroad, 1984).

KATZ, Leon. "The compleat dramaturg". In: CARDULLO, Bert, org. *What is dramaturgy?* (New York/Frankfurt: Peter Lang, 1995).

KELSEY, David H. *To understand God truly: what's theological about a theological school* (Louisville: Westminster John Knox Press, 1992).

_____. *Proving doctrine: the uses of Scripture in recent theology* (Harrisburg: Trinity Press International, 1999).

KERR, Fergus. *Theology after Wittgenstein* (Oxford: Blackwell, 1986).

KLINE, Meredith G. *The structure of biblical authority*. 2. ed. (Grand Rapids: Eerdmans, 1972).

KNAPP, Jeffrey. *Shakespeare's tribe: church, nation, and theatre in Renaissance England* (Chicago: University of Chicago Press, 2002).

LANE, A. N. S. "Scripture, tradition, and church: an historical survey". *Vox Evangelica* 9 (1975): 37-55.

_____. "Sola Scriptura? Making sense of a post-Reformation slogan". In: WRIGHT, D. F.; SATTERTHWAITE, Philip, orgs. *A pathway into the Holy Scripture* (Grand Rapids: Eerdmans, 1994). p. 297-327.

LANSER, Susan Snaider. *The narrative act: point of view in prose fiction* (Princeton: Princeton University Press, 1981).

LASH, Nicholas. *Theology on the way to Emmaus* (London: SCM, 1986).

_____. *The beginning and end of religion* (Cambridge: Cambridge University Press, 1996).

LEE, Sang Hyun. *The philosophical theology of Jonathan Edwards* (Princeton: Princeton University Press, 2000).

LEITH, John H. *The Reformed imperative: what the church has to say that no one else can say* (Philadelphia: Westminster, 1988).

LEWIS, C. S. *Mere christianity* (Glasgow: Collins, 1955).

_____. *Cristianismo puro e simples*. Tradução de Álvaro Oppermann e Marcelo Brandão Cipolla (São Paulo: Martins Fontes, 2008). Tradução de: Mere Christianity.

_____. *Letters to Malcolm: chiefly on prayer* (New York: Harcourt, Brace, & World, 1964).

_____. *Oração — cartas a Malcolm* (São Paulo: Vida, 2009). Tradução de: Letters to Malcolm: chiefly on prayer.

_____. *Screwtape proposes a toast and other pieces* (London: Collins, 1965).

_____. "Fitafuso propõe um drinque". In: *Cartas de um diabo a seu aprendiz* (São Paulo: Martins Fontes, 2009).

_____. *God in the dock: essays on theology and ethics* (Grand Rapids: Eerdmans, 1970).

LIENHARD, Joseph. *The Bible, the church, and authority: the canon of the Christian Bible in history and theology* (Collegeville: Liturgical, 1995).

LINCOLN, Andrew C. *Truth on trial: the lawsuit motif in the fourth Gospel* (Peabody: Hendrickson, 2000).

LINDBECK, George. *The nature of doctrine: religion and theology in a postliberal age* (Philadelphia: Westminster, 1984).

——————. "Postcritical canonical interpretation: three modes of retrieval". In: SEITZ, Christopher R.; GREENE-MCCREIGHT, Kathryn, orgs. *Theological exegesis: essays in honor of Brevard S. Childs* (Grand Rapids: Eerdmans, 1999). p. 26-51.

LISCHER, Richard. *Open secrets: a spiritual journey through a country church* (New York: Doubleday, 2001).

LOTZ, David W. "Sola Scriptura: Luther on biblical authority". *Interpretation* 35 (1981): 258-73.

LOUGHLIN, Gerard. *Telling God's story: Bible, church and narrative theology* (Cambridge: Cambridge University Press, 1996).

——————. "The basis and authority of doctrine". In: GUNTON, Colin, org. *The Cambridge companion to Christian doctrine* (Cambridge: Cambridge University Press, 1997).

LUNDIN, Roger; THISELTON, Anthony; WALHOUT, Clarence. *The promise of hermeneutics* (Grand Rapids: Eerdmans, 1999).

MACINTYRE, Alasdair. *After virtue: a study in moral theory* (Notre Dame: University of Notre Dame, 1981).

——————. *Whose justice? Which rationality?* (London: Duckworth, 1988).

——————. *Justiça de quem? Qual racionalidade?* Tradução de Marcelo Pimenta Marques (São Paulo: Loyola, 1991). Tradução de: Whose justice? Which rationality?

——————. *Three rival versions of moral enquiry: encyclopaedia, genealogy, and tradition* (Notre Dame: University of Notre Dame, 1990).

MARSHALL, Bruce D. *Trinity and truth* (Cambridge: Cambridge University Press, 2000).

——————, org. *Theology and dialogue: essays in conversation with George Lindbeck* (Notre Dame: University of Notre Dame, 1990).

MARSHALL, I. Howard. *Beyond the Bible: moving from Scripture to theology* (Grand Rapids: Baker, 2004).

MATHISON, Keith A. *The shape of Sola Scriptura* (Moscow, Estados Unidos: Canon, 2001).

MAVRODES, George. *Revelation in religious belief* (Philadelphia: Temple University Press, 1988).

MCCLENDON, James W., Jr. *Ethics: systematic theology* (Nashville: Abingdon, 1986). vol. 1.

MCCORMACK, Bruce L. "The being of Holy Scripture is in becoming: Karl Barth in conversation with American Evangelical criticism". In: BACOTE, Vincent; MIGUÉLEZ, Laura; OKHOLM, Dennis L., orgs. *Evangelicals and Scripture: tradition, authority, and hermeneutics* (Downers Grove: InterVarsity, 2004). p. 55-75.

MCFAYDEN, Alistair I. *The call to personhood: a Christian theory of the individual in social relationships* (Cambridge: Cambridge University Press, 1990).

McGlasson, Paul C. "The significance of context in theology: a canonical approach". In: Seitz, Christopher R.; Greene-McCreight, Kathryn, org. *Theological exegesis: essays in honor of Brevard S. Childs* (Grand Rapids: Eerdmans, 1999). p. 52-72.

McGrath, Alister E. *The genesis of doctrine: a study in the foundation of doctrinal criticism* (Grand Rapids: Eerdmans, 1997).

_____. *A gênese da doutrina: Fundamentos da crítica doutrinária*. Tradução de A. G. Mendes (São Paulo: Vida Nova, 2015). Tradução de: The genesis of doctrine: a study in the foundation of doctrinal criticism.

_____. *A scientific theology* (Grand Rapids: Eerdmans, 2002). vol. 2: *Reality*.

McKenzie, Steven L. *Convenant* (St. Louis: Chalice, 2000).

Milbank, John. *The word made strange: theology, language, culture* (Oxford: Blackwell, 1997).

Miller, Carolyn R. "Genre as social action". *Quarterly Journal of Speech* 70 (1984): 151-67.

Mitter, Shomit. *Systems of rehearsal: Stanislavki, Brecht, Grotowski, and Brook* (New York: Routledge, 1992).

Moberly, R. W. L. *The Bible, theology, and faith* (Cambridge: Cambridge University Press, 2000).

Moore, Sonia. *The Stanislavski system: the professional training of an actor*. 2. ed. rev. (New York: Penguin, 1984).

Morson, Gary Saul; Emerson, Caryl. *Mikhail Bakhtin: creation of a prosaics* (Stanford: Stanford University Press, 1990).

Muller, Richard. *Post-Reformation dogmatics* (Grand Rapids: Baker, 1987, 1993). vols. 1 e 2.

Murphy, Francesca. *The comedy of revelation: paradise lost and regained in biblical narrative* (Edinburgh: T. & T. Clark, 2000).

Murphy, Nancey. *Beyond liberalism and fundamentalism: how modern and postmodern philosophy set the theological agenda* (Valley Forge: Trinity Press International, 1996).

Newbigin, Lesslie. *Proper confidence: faith, doubt and certainty in Christian discipleship* (Grand Rapids: Eerdmans, 1995).

Noble, Paul R. *The canonical approach: a critical reconstruction of the hermeneutics of Brevard S. Childs* (Leiden: E. J. Brill, 1995).

Nussbaum, Martha C. *Love's knowledge: essays on philosophy and literature* (New York: Oxford University Press, 1990).

Oakes, Edward T. *Pattern of redemption: the theology of Hans Urs von Balthasar* (New York: Continuum, 1994).

Obermann, Heiko. *Forerunners of the Reformation: the shape of late medieval thought* (London: Lutterworth, 1967).

Olson, Dennis T. "Biblical theology as provisional monologization: a dialogue with Childs, Brueggemann, and Bakhtin". *Biblical Interpretation* 6 (1998): 162-80.

Ottati, Douglas. *Hopeful realism: reclaiming the poetry of theology* (Cleveland: Pilgrim, 1999).

Pavis, Patrice. "From text to performance". In: Issacharoff, Michael; Jones, Robin F., orgs. *Performing texts* (Philadelphia: University of Pennsylvania Press, 1988). p. 86-100.

Pelikan, Jaroslav. *The Christian tradition* (Chicago: University of Chicago Press, 1971). vol. 1: *The emergence of the Catholic tradition (100-600)*.

_____. *Tradição cristã: uma história do desenvolvimento da doutrina — o surgimento da tradição católica* (São Paulo: Shedd, 2014). Tradução de: The Christian tradition. vol. 1.

_____. *Credo: historical and theological guide to creeds and confessions of faith in the Christian tradition* (New Haven: Yale University Press, 2003).

Placher, William C. "Postliberal theology". In: Ford, David, org. *The modern theologians: an introduction to Christian theology in the twentieth century*. 2. ed. (Oxford: Blackwell, 1997). p. 343-56.

_____. "Christ takes our place: rethinking atonement". *Interpretation* 53 (1999): 5-20.

Pratt, Mary Louise. *Towards a speech act theory of literary discourse* (Bloomington: Indiana University Press, 1977).

Quash, J. B. "'Between the brutally given, and the brutally, banally free': von Balthasar's theology of drama in dialogue with Hegel". *Modern Theology* 13 (1997): 293-318.

Rakove, Jack N., org. *Interpreting the Constitution: the debate over original intent* (Boston: Northeastern University Press, 1990).

Ramm, Bernard. *The pattern of religious authority* (Grand Rapids: Eerdmans, 1957).

_____. *The witness of the Spirit: an essay on the contemporary relevance of the internal witness of the Holy Spirit* (Grand Rapids: Eerdmans, 1959).

Ricoeur, Paul. *The conflict of interpretations: essays in hermeneutics* (Evanston: Northwestern University Press, 1974).

_____. *O conflito das interpretações* (Rio de Janeiro: Imago, 1978).

_____. *Interpretation theory: discourse and the surplus of meaning* (Fort Worth: Texas Christian University Press, 1976).

_____. *Teoria da interpretação — o discurso e o excesso de significação* (Lisboa: Edições 70, 2013). Tradução de: Interpretation theory: discourse and the surplus of meaning.

_____. *Oneself as another*. Tradução para o inglês de Kathleen Blamey (Chicago: University of Chicago Press, 1992).

_____. *O si-mesmo como outro*. Tradução de Ivone C. Benedetti (São Paulo: Martins Fontes, 2014). Tradução de: Soi-meme comme un autre.

_____. *Figuring the sacred* (Minneapolis: Fortress, 1995).

Ridderbos, Herman N. *Redemptive history and the New Testament Scriptures*. ed. rev. (Phillipsburg: Presbyterian and Reformed, 1988).

Risser, James. *Hermeneutics and the voice of the other: re-reading Gadamer's philosophical hermeneutics* (Albany: SUNY, 1997).

Sanneh, Lamin. *Translating the message: the missionary impact on culture* (Maryknoll: Orbis, 1989).

_____. *Encountering the West: Christianity and the global cultural process* (Maryknoll: Orbis, 1993).

SAYERS, Dorothy. *Creed or chaos?* (New York: Harcourt, Brace, and Co., 1949).

SCALISE, Charles J. *Hermeneutics as theological prolegomena: a canonical approach* (Macon: Mercer University Press, 1994).

SCHECHNER, Richard. "Performance and the social sciences". *Drama Review* 17 (1973): 5-36.

——————. *Essays on performance theory 1970-1976* (New York: Drama Book Specialists, 1977).

SCHLEIERMACHER, Friedrich. *The Christian faith*. Edição de H. R. Mackintosh; J. S. Stewart (Edinburgh: T. & T. Clark, 1928).

SCHMIDT, Lawrence K., org. *The specter of relativism: truth, dialogue, and* phronesis *in philosophical hermeneutics* (Evanston: Northwestern University Press, 1995).

SCHRAG, Calvin O. *The self after postmodernity* (New Haven: Yale University Press, 1997).

SCHREITER, Robert J. *Constructing local theologies* (Maryknoll: Orbis, 1985).

SEARLE, John. *Speech acts: an essay in the philosophy of language* (Cambridge: Cambridge University Press, 1969).

——————. *Os actos de fala: um ensaio de filosofia da linguagem* (Lisboa: Livraria Almedina, 1984). Tradução de: Speech acts: an essay in the philosophy of language.

SEITZ, Christopher R. *Word without end: the Old Testament as abiding theological witness* (Grand Rapids: Eerdmans, 1998).

——————, org. *Nicene Christianity: the future for a new ecumenism* (Grand Rapids: Brazos, 2001).

SEITZ, Christopher R.; MC-CREIGHT, Kathryn, orgs. *Theological exegesis: essays in honor of Brevard S. Childs* (Grand Rapids: Eerdmans, 1999).

SHULTS, F. LeRon. *The postfoundationalist task of theology: Wolfhart Pannenberg and the new theological rationality* (Grand Rapids: Eerdmans, 1999).

SHULTS, F. LeRon; SANDAGE, Steven J. *The faces of forgiveness* (Grand Rapids: Baker, 2003).

——————. *Faces do perdão* (Rio de Janeiro: CPAD, 2014). Tradução de: The faces of forgiveness.

SOSKICE, Janet Martin. *Metaphor and religious language* (Oxford: Clarendon, 1985).

SPOLIN, Viola. *Improvisation for the theatre*. 3. ed. (Evanston: Northwestern University Press, 1999).

——————. *Improvisação para o teatro* (São Paulo: Perspectiva, 1978). Tradução de: Improvisation for the theatre.

STACKHOUSE, Max L. *Apologia: contextualization, globalization, and mission in theological education* (Grand Rapids: Eerdmans, 1988).

STANISLAVSKI, Constantin. *An actor prepares* (New York: Routledge, 1964).

——————. *A preparação do ator*. Tradução de Pontes de Paula Lima (Rio de Janeiro: Civilização Brasileira, 2008). Tradução de: An actor prepares.

STERNBERG, Meir. *The poetics of biblical narrative: ideological literature and the drama of reading* (Bloomington: Indiana University Press, 1985).

STIVER, Dan R. *Theology after Ricoeur: new directions in hermeneutical theology* (Louisville: Westminster John Knox Press, 2001).

SYKES, Stephen. *The story of atonement* (London: Darton, Longman, and Todd, 1997).

TANNER, Kathryn. *Theories of culture: a new agenda for theology* (Minneapolis: Fortress, 1997).

TAVARD, George H. *Holy writ or holy church: the crisis of the Protestant Reformation* (New York: Harper and Brothers, 1959).

THIEL, John E. *Senses of tradition: continuity and development in Catholic faith* (Oxford: Oxford University Press, 2000).

THIEMANN, Ronald F. *Revelation and theology: the gospel as narrated promise* (Notre Dame: University of Notre Dame, 1985).

THISELTON, Anthony C. *Interpreting God and the postmodern self: on meaning, manipulation, and promise* (Edinburgh: T&T Clark, 1995).

TILLY, Terrence. "Incommensurability, intratextuality, and fideism". *Modern Theology* 5 (1989): 87-111.

TRACY, David. "Literary theory and the return of the forms for taming and thinking God in theology". *Journal of Religion* 74 (1994): 302-19.

VANHOOZER, Kevin J. *Biblical narrative in the philosophy of Paul Ricoeur: a study in hermeneutics and theology* (Cambridge: Cambridge University Press, 1990).

⸻. "Human being, individual and social". In: GUNTON, Colin, org. *The Cambridge companion to Christian doctrine* (Cambridge: Cambridge University Press, 1997), p. 158-88.

⸻. *Is there a meaning in this text? The Bible, the reader, and the morality of literary knowledge* (Grand Rapids: Zondervan, 1998).

⸻. *Há um significado neste texto?* Tradução de Álvaro Hattnher (São Paulo: Vida, 2005). Tradução de: Is there a meaning in this text?

⸻. *First theology: God, Scripture, and hermeneutics* (Downers Grove: InterVarsity, 2002).

⸻. "The atonement in postmodernity: guilt, goats, and gifts". In: HILL, Charles; JAMES, Frank, orgs. *The glory of the atonement* (Downers Grove: InterVarsity, 2004). p. 367-404.

⸻. "Pilgrim's digress: Christian thinking on and about the post/modern way". In: PENNER, Myron, org. *Christianity and the postmodern turn* (Grand Rapids: Brazos, 2005).

⸻, org. *The Cambridge companion to postmodern theology* (Cambridge: Cambridge University Press, 2003).

⸻, org. *Dictionary for theological interpretation of Scripture* (Grand Rapids: Baker, 2005).

VOLF, Miroslav. *Exclusion and embrace: a theological exploration of identity, otherness, and reconciliation* (Nashville: Abingdon, 1996).

WAINWRIGHT, Geoffrey. *Doxology: the praise of God in worship, doctrine, and life* (New York: Oxford University Press, 1980).

WALL, Robert W. "Reading the Bible from within our traditions: a pentecostal hermeneutic as test case". In: Joel B. Green; Max Turner, orgs. *Between two horizons: spanning New Testament studies and systematic theology* (Grand Rapids: Eerdmans, 2000). p. 108-22.

WALLS, Andrew F. *The missionary movement in Christian history: studies in the transmission of faith* (Maryknoll: Orbis, 1996).

WARD, Graham, org. *The postmodern God: a theological reader* (Oxford: Blackwell, 1997).

WARD, Timothy. *Word and supplement: speech acts, biblical texts, and the sufficiency of Scripture* (Oxford: Oxford University Press, 2002).

WATSON, Richard. *The philosopher's diet: how to lose weight and change the world* (Boston: Nonpareil, 1998).

_____. *A dieta do filósofo*. Tradução de Maria Theresa de Rezende Costa (São Paulo: Brasiliense, 1992). Tradução de: The philosopher's diet.

WEBSTER, John. "The self-organizing power of the gospel of Christ: episcopacy and community formation". *International Journal of Systematic Theology* 3 (2001): 69-82.

_____. *Word and church: essays in Christian dogmatics* (Edinburgh: T. & T. Clark, 2001).

_____. "The church as witnessing community". *Scottish Bulletin of Evangelical Theology* 21 (2003): 21-33.

_____. *Holiness* (London: SCM, 2003).

WELLS, Samuel. *Improvisation: the drama of Christian ethics* (Grand Rapids: Brazos, 2004).

WILLIAMS, A. N. "Contemplation: knowledge of God in Augustine's *De Trinitate*". In: BUCKLEY, James J.; YEAGO, David S., orgs. *Knowing the triune God: the work of the Spirit in the practices of the church* (Grand Rapids: Eerdmans, 2000). p. 121-46.

WILLIAMS, D. H. *Retrieving the tradition and renewing Evangelicalism: a primer for suspicious protestants* (Grand Rapids: Eerdmans, 1999).

WILLIAMS, Rowan. *On Christian theology* (Oxford: Blackwell, 2000).

WILLIMON, Willliam H. *Pastor: the theology and practice of ordained ministry* (Nashville: Abingdon, 2002).

WITTGENSTEIN, Ludwig. *Philosophical investigations*. 3. ed. Tradução para o inglês de G. E. M. Anscombe (Oxford: Blackwell, 1958).

_____. *Investigações filosóficas*. Tradução de Marcos G. Montagnoli (Petrópolis: Vozes, 1994). Tradução de: Philosophical investigations.

WOLFE, Alan. *The transformation of American religion: how we actually live our faith* (New York: Free Press, 2003).

WOLTERSTORFF, Nicholas. *Art in action: toward a Christian aesthetic* (Grand Rapids: Eerdmans, 1980).

_____. *Divine discourse: philosophical reflections on the claim that God speaks* (Cambridge: Cambridge University Press, 1995).

_____. *Thomas Reid and the story of epistemology* (Cambridge: Cambridge University Press, 2000).

Wood, Susan K. *Spiritual exegesis and the church in the theology of Henri de Lubac* (Grand Rapids: Eerdmans, 1998).

_____. "The liturgy: participatory knowledge of God in the liturgy". In: Buckley, James J.; Yeago, David S., orgs. *Knowing the triune God: the work of the Spirit in the practices of the church* (Grand Rapids: Eerdmans, 2001). p. 95-118.

Wright, G. Ernest. *God who acts* (London: SCM, 1952).

_____. *O Deus que age* (São Paulo: ASTE, 1967). Tradução de: God who acts.

Wright, N. T. "How can the Bible be authoritative?". *Vox Evangelica* 21 (1991): 7-32.

_____. *Jesus and the victory of God* (Minneapolis: Fortress, 1996). vol. 2: *Christian origins and the question of God*.

_____. *The resurrection of the Son of God* (Minneapolis: Fortress, 2003). vol. 3: *Christian origins and the question of God*.

_____. *A ressurreição do Filho de Deus* (Santo André: Academia Cristã, 2013). Tradução de: The resurrection of the Son of God.

Yeago, David S. "The New Testament and the Nicene Dogma: a contribution to the recovery of theological exegesis". In: Fowl, Stephen, org. *The theological interpretation of Scripture: classic and contemporary readings* (Oxford: Blackwell, 1997).

_____. "The Bible". In: Buckley, James J.; Yeago, David S., orgs. *Knowing the triune God: the work of the Spirit in the practices of the church* (Grand Rapids: Eerdmans, 2001).

_____. "Crucified also for us under Pontius Pilate". In: Reitz, Christopher R., org. *Nicene Christianity: the future for a new ecumenism* (Grand Rapids: Brazos, 2001). p. 87-106.

Young, Frances. *The art of performance: towards a theology of Holy Scripture* (London: Darton, Longman, and Todd, 1990).

Zagzebski, Linda Trinkhaus. *Virtues of the mind: an inquiry into the nature of virtue and the ethical foundations of knowledge* (Cambridge: Cambridge University Press, 1996).

Índice onomástico

Abraham, William, 101, 109, 160
Adler, Mortimer, 116
Agostinho, 31, 124, 138, 179, 191, 194, 221, 222, 267, 291, 311, 331, 411, 420, 431, 444, 445, 446, 448, 456, 464
Aichele, George, 159
Albee, Edward, 275
Allen, Charles, 347
Alston, William, 208, 302
Alter, Robert, 355
Alvarez, Daniel Raul, 45, 139
Ambrósio, 384
Anselmo, 46, 66, 104, 194, 395
Ário, 358
Aristóteles, 32, 261, 262, 263, 273, 277, 282, 301, 324, 340, 341, 342, 348, 351, 352, 391, 415, 418, 424
Aristóteles, 32
Artaud, Antonin, 419
Atanásio, 98, 138, 143, 144, 159, 358, 366
Auerbach, Erich, 35
Aulén, Gustaf, 402

Badcock, Gary, 14
Baillie, John, 61
Bakhtin, Mikhail, 230, 284, 285, 300, 362, 367, 369, 380
Balthasar, Hans Urs von, 34, 54, 59, 65, 66, 75, 122, 259, 374, 385, 387, 462
Barnes, Annette, 199
Barr, James, 77, 262, 285, 391

Barth, Karl, 21, 33, 34, 61, 73, 81, 99, 151, 263, 264, 403, 425, 429, 460
Barton, Stephen C., 182, 379, 453, 470
Bauckham, Richard, 135, 251, 358
Bauerschmidt, Frederick Christian, 208
Baxter, Richard, 415
Beckett, Samuel, 275
Beckwith, Sarah, 414
Bediako, Kwame, 88, 334
Begbie, Jeremy, 167, 352
Bennett, Susan, 53, 175
Benson, Bruce, 302, 352
Berger, Klauss, 434
Betti, Ugo, 442
Bevans, Stephen B., 335
Blocher, Henri, 400
Bloesch, Donald, 101, 132
Blowers, Paul, 220
Boal, Augusto, 418, 419
Bonar, Horácio, 466
Bonhoeffer, Dietrich, 26, 131, 374, 413, 434, 447, 450
Booth, Wayne, 363, 456
Bosch, David J., 86
Brecht, Bertolt, 441
Briggs, Richard S., 164, 323
Brook, Peter, 416, 417, 450, 465
Brown, Charles Brockden, 138, 139
Brown, Dan, 159
Brown, David, 178
Brueggemann, Walter, 111, 152, 303

Buckley, James J., 19, 94, 96, 113, 134, 173, 187, 204, 206, 214, 238, 241, 267, 271, 274, 414, 423, 437
Bultmann, Rudolf, 46, 71, 101, 107, 127, 173, 210, 219, 284
Burgess, John, 29
Burke, Kenneth, 266
Burnett, Richard E., 263, 264

Caird, George, 45, 47, 88, 126, 287
Callow, Kathleen, 104, 105, 106, 122, 391
Calvino, João, 11, 57, 62, 76, 94, 107, 113, 115, 118, 134, 140, 164, 166, 176, 179, 194, 210, 211, 214, 217, 223, 224, 225, 246, 248, 250, 331, 396, 404, 405, 407, 411, 414, 425, 426, 427, 428, 437, 440, 464
Cardullo, Bert, 260, 261, 262, 265
Carlson, Marvin, 150, 175, 184, 186, 196, 375, 396, 419, 421, 441, 442
Cavanaugh, William, 422
Charry, Ellen, 30, 87, 378
Chauvet, Louis-Marie, 421
Chemnitz, Martin, 170, 179, 181, 226, 248
Childs, Brevard, 138, 151, 187, 191, 195, 233, 234, 290
Chilton, Bruce, 70, 406
Chomsky, Noam, 313, 460
Coady, C. A. J., 303
Conquergood, Dwight, 186
Corpus Christi de York, 422
Cosgrove, Charles, 330
Cousar, Charles B., 394
Craigo-Snell, Shannon, 184, 189, 201, 202
Cunningham, David, 14, 113
Cupitt, Don, 107

Darwin, Charles, 451
Davies, Philip, 36, 138, 139
de Certeau, Michel, 141, 328
Derrida, Jacques, 146, 149, 150, 151, 185, 284, 302, 449
Dodd, C. H., 165, 211, 366, 402
Dostoievski, Fiodor, 284, 285, 287
Dulles, Avery, 108, 171
Dunn, James D. G., 233, 241, 242, 360

Ebeling, Gerhard, 251, 433
Edwards, Jonathan, 273, 391, 392
Eichrodt, Walter, 289
Elam, Keir, 65, 196, 198, 199
Emerson, Michael O., 454

Erasmo, 428
Evans, G. R., 218, 237

Farrell, Frank, 305
Farrow, Douglas, 58
Feuerbach, Ludwig, 76, 191
Fiddes, Paul, 123
Figal, Günter, 342
Filipe, 132, 133, 134, 135, 136, 195, 211, 226, 236
Fiorenza, Elisabeth Sch ssler, 107
Fish, Stanley, 60, 77, 174, 175, 185, 186, 234
Fodor, James, 189, 435
Ford, David, 18, 119, 323
Forsyth, P. T., 425
Foucault, Michel, 378
Fowl, Stephen, 37, 96, 192, 193, 206, 358, 415, 443, 459
Foxe, John, 445
Francis Bacon, 180
Frei, Hans, 27, 28, 35, 45, 109, 110, 182, 183, 187, 188, 189, 190, 191, 192, 200, 220, 237, 238, 288
Fretheim, Terence E., 56, 67, 110

Gadamer, Hans-Georg, 164, 173, 174, 176, 218, 251, 252, 268, 269, 340, 341, 342, 343, 344, 345, 346, 352, 365, 430
Gaybba, Brian, 85, 213
Geertz, Clifford, 26, 468
Gillingham, S. E., 160, 287
Girard, Rene, 397, 398, 399, 401
Goldingay, John, 292
Green, Garrett, 28, 183, 252
Green, Joel B., 221, 237, 379, 396
Green-McCreight, Kathryn, 138, 165, 177, 183, 204, 220, 221, 222, 234
Grenz, Stanley, 101, 199, 283, 308, 309, 310
Grimm, Jacob, 149
Grotowski, Jerzy, 377, 419, 420
Gundry, Robert H., 43, 60, 209, 289, 371
Gunton, Colin, 14, 24, 103, 106, 109, 188, 191, 217, 243, 274, 324, 381, 464, 467

Habermas, Jürgen, 316, 345
Hamlet, 5, 387, 388, 410
Harley, J. Brian, 312
Harnack, Adolf von, 24, 25, 26, 33, 45, 139, 161
Harrington, Sir John, 469
Hauerwas, Stanley, 30, 108, 109, 175, 252, 288, 435, 447

ÍNDICE ONOMÁSTICO   491

Hay, Peter, 261
Healy, Nicholas M., 39, 101, 181, 434, 438
Hegel, G. W. F., 67, 99, 100, 102, 106, 115, 285, 306, 322
Heidegger, Martin, 17, 342, 381
Henry, Carl F. H., 61, 102, 110, 282, 283
Heyduck, Richard, 92, 111, 112, 122, 310
Hilário de Poitiers, 132, 134, 211, 247
Hinlicky, Paul R., 248
Hobbes, Thomas, 180, 295
Hodge, Charles, 101, 102, 262, 280, 282, 328
Hodge, Francis, 460
Hornby, Richard, 256, 261, 268, 417
Horton, Michael S., 151
Hütter, Reinhard, 24, 25, 26, 48, 113, 114, 176, 204, 207, 222, 245, 246
Hunsberger, George R., 373, 457
Hunsinger, George, 28, 99, 108, 110, 187, 189

Ireneu, 77, 153, 172, 204, 220, 222, 402
Issacharoff, Michael, 65, 80, 185, 190, 196
Izzo, Gary, 352, 353, 354, 355, 429, 430, 432

James, Henry, 59, 348, 349, 352
Jeanrond, Werner, 290
Jenkins, John I., 263, 264, 281, 282, 301
Jenson, Robert W., 57, 59, 113
Jersild, Paul, 205
Jerônimo, 197
J. L. Austin, 60, 79, 80
Johnson, Luke T., 206
Johnson, Robert, 248
Johnstone, Keith, 352, 354, 356
Jones, L. Gregory, 108, 271, 288, 435, 450
Jones, Serene, 35, 113, 157
Jowett, Benjamin, 24

Kallenberg, Brad, 15, 115, 194
Kant, Immanuel, 22, 143, 173, 182, 357, 361
Katz, Leon, 260
Kelsey, David H., 23, 28, 46, 47, 48, 78, 119, 133, 146, 169, 170, 192, 236, 286, 335
Kerr, Fergus, 229, 311, 422
Kierkegaard, S̄ren, 20
Kirk, J. Andrew, 89
Kline, Meredith, 56, 57, 72, 153, 154, 156, 157
Knapp, Jeffrey, 415, 428, 465, 469

Lane, A. N. S., 172, 249, 250
Lanser, Susan Snaider, 299
Lash, Nicholas, 15, 37, 42, 109, 116, 117, 203, 435

Lawrence, Fred, 340
Lee, Sang Hyun, 391
Leith, John H., 19, 75, 416, 427
Lessing, Gotthold, 29, 260
Lévinas, Emmanuel, 283, 284
Lewis, C. S., 54, 95, 197, 246, 270, 289, 295, 299, 364, 377, 408, 409, 451
Lienhard, Joseph, 193, 223
Lincoln, Andrew, 41, 215
Lindbeck, George, 13, 21, 23, 26, 45, 46, 65, 92, 98, 99, 101, 103, 104, 106, 108, 110, 111, 112, 113, 114, 115, 123, 125, 137, 138, 149, 182, 183, 186, 187, 188, 189, 190, 191, 192, 194, 200, 201, 204, 207, 220, 222, 229, 231, 232, 262, 278, 291, 294, 295, 309, 310, 314, 324, 330, 380, 460
Lischer, Richard, 461
Lotz, David, 140, 213
Loughlin, Gerard, 24, 34, 109, 188, 205, 397
Lull, Timothy, 436
Lutero, Martinho, 11, 25, 107, 139, 140, 152, 191, 213, 247, 248, 263, 360, 447, 464
Lyotard, Jean-François, 100

Machen, J. Gresham, 132
MacIntyre, Alasdair, 27, 32, 174, 229, 230
Marcio, 97, 110
Marion, Jean-Luc, 263, 302
Marshall, Bruce D., 45, 444
Marshall, I. Howard, 237, 268, 379
Marx, Karl, 441
Mathison, Keith A., 170, 172, 173, 225
McClendon, James, 166, 316, 426
McFague, Sallie, 262, 277
McFayden, Alistair I., 382
McGrath, Alister, 46, 103, 108, 109, 110, 143, 145, 170, 172, 190, 264, 286, 294, 464
McIntyre, John, 295, 400
Melville, Herman, 462
Milbank, John, 19, 23, 123, 208
Miller, Carolyn R., 230, 231
Moroney, Stephen, 318
Morse, Christopher, 145
Muller, Richard, 249, 282, 283
Murphy, Francesca, 57, 85
Murphy, Nancey, 15, 308, 310

Newbigin, Lesslie, 311, 372, 428, 457
Nietzsche, Friedrich, 302, 451
Noble, Paul, 195, 234, 312

Nussbaum, Martha C., 36, 296, 297, 298, 299, 314, 342, 348, 349, 350, 351, 352, 353, 355, 358

Oakes, Edward T., 66, 405
Obermann, Heiko, 166, 170, 172
Ohmann, Richard, 80
Olson, Dennis T., 290
Ottati, Douglas, 45

Pannenberg, Wolfhart, 46, 127, 309, 310
Pascal, Blaise, 120
Patterson, Sue, 306
Paulo, 88, 131, 165, 172, 212, 235, 407, 415
Pavis, Patrice, 190
Pedro, 58, 72, 165, 278, 289, 388
Pelikan, Jaroslav, 20, 203, 211, 220, 222, 343, 413, 464, 466, 467
Pellegrino, Edmund D., 341
Percy, Walker, 17
Peterson, Erik, 24, 25, 26, 45, 139
Peterson, Eugene, 242
Placher, William, 28, 119, 189, 396
Plantinga, Alvin, 318
Platão, 194, 296, 342, 377, 427
Polanyi, Michael, 94
Pratt, Mary Louise, 199, 299

Quash, J. B., 67, 99
Quine, Willard, 146, 309, 312

Radner, Ephraim, 180
Rakove, Jack N., 343
Ramm, Bernard, 55, 84, 214, 215, 217, 219, 243
Rasmussen, Larry, 374, 447
Reid, Thomas, 303, 318
Richards, Wesley Jay, 380
Ricoeur, Paul, 37, 38, 47, 99, 102, 108, 143, 144, 189, 232, 263, 267, 277, 288, 289, 292, 295, 297, 298, 302, 305, 323, 362, 396, 402, 434
Ridderbos, Herman N., 163, 172, 212
Risser, James, 173, 342, 365
Rogers, Eugene F., 263
Rorty, Richard, 26
Rowan, Williams, 18, 77, 97, 125, 371

Sache teodramático, 345
Sanneh, Lamin, 334, 335, 338
Sastre, Alfonso, 442

Sayers, Dorothy, 55, 95, 164, 417
Schechner, Richard, 53, 168, 186, 420
Schleiermacher, Friedrich, 22, 106, 112, 183, 191, 392
Schmidt, Lawrence K., 341, 342
Schrag, Calvin O., 378
Schreiter, Robert, 323, 335, 460, 466, 467
Schwager, Raymund, 397
Schwöbel, Christoph, 34, 217
Scobie, Charles, 153
Scott, David, 428
Scotus, Duns, 119
Searle, John, 60, 80, 82, 233
Seitz, Christopher, 107, 138, 156, 165, 177, 180, 183, 204, 223, 234, 399, 463
Shakespeare, William, 5, 60, 67, 116, 185, 268, 269, 363, 364, 367, 368, 387, 415, 428, 453, 465, 469
Shults, F. LeRon, 309, 396, 397, 398
Smith, Christian, 454
Smith, Wilfred Cantwell, 243
Soskice, Janet Martin, 103, 294, 295
Spolin, Viola, 352, 353
Stanislavski, Constantin, 383, 384, 385, 386, 387, 388, 389, 394, 407, 416, 417, 420, 431, 456
Steiner, George, 146, 197
Sternberg, Meir, 35, 37, 235, 314
Styan, J. L., 92, 95
Sykes, Stephen, 395, 424

Tanner, Kathryn, 23, 28, 45, 137, 178, 191, 330, 352, 365
Tatwort, 63, 255
Taylor, Charles, 228, 316
Tertuliano, 60, 77, 78, 84, 172, 220, 221, 223
Thiel, John E., 141, 142, 206, 216
Thiemann, Ronald, 80
Thiselton, Anthony, 89, 152, 157, 178
Tiberius, Valerie, 350
Tilley, Terrence, 191
Tillich, Paul, 18, 127, 284, 327, 361
Tolkien, J. R. R., 54
Tolstoy, Leo, 177
Tomás, 263
Tomás de Aquino, 58, 72, 177, 191, 204, 222, 263, 264, 266, 272, 280, 281, 282, 301, 331, 344, 398, 464
Tomás de Kempis, 443
Tracy, David, 100, 284, 288
Treier, Daniel J., 14, 135, 348, 361, 369

Trevor-Roper, Hugh, 179
Turner, Philip, 463
Tyndale, William, 152, 428

Van Gelder, Craig, 373, 457, 459
Venema, Henry, 178
Vicente de Lérins, 464
Volf, Miroslav, 449, 450, 451
von Rad, Gerhard, 289

Wagner, C. Peter, 454
Wainwright, Geoffrey, 349, 426
Wallace, Mark, 191
Wall, Robert W., 221
Walls, Andrew F., 145, 146, 147, 148, 251, 322, 333, 334, 336, 338, 349, 372
Ward, Timothy, 168
Ware, Kallistos, 424
Warfield, B. B., 46, 286
Watson, Francis, 14, 223, 290
Watson, Richard, 389
Watts, Rikki, 69
Weaver, J. Denny, 398
Webster, John, 14, 33, 34, 35, 38, 54, 119, 163, 166, 192, 194, 212, 217, 219, 223, 224, 240, 243, 244, 245, 246, 252, 265, 309, 317, 410, 416, 426, 448, 449, 450, 466
Weinandy, Thomas, 115

Wells, Samuel, 14, 19, 65, 95, 110, 117, 144, 351, 352, 356, 387
Wilford, John Noble, 312
Williams, D. H., 44, 205, 248
Willimon, William H., 228, 461, 462, 463
Wittgenstein, Ludwig, 26, 102, 105, 111, 169, 228, 229, 230, 233, 235, 239, 248, 273, 274, 311, 422
Wolfe, Alan, 11, 12, 271, 459
Wolterstorff, Nicholas, 27, 28, 61, 63, 64, 142, 159, 182, 183, 187, 188, 189, 190, 191, 193, 195, 197, 200, 201, 237, 247, 273, 276, 277, 292, 303, 318
Wood, Denis, 312
Wood, Jay, 319
Wood, Susan, 94, 241
Work, Telfor, 62
Worthen, W. B., 168, 175, 185
Wright, David F., 468
Wright, N. T., 19, 35, 68, 91, 373

Yeago, David S., 37, 94, 96, 107, 113, 134, 173, 194, 204, 206, 214, 218, 238, 241, 242, 245, 247, 251, 267, 271, 274, 358, 359, 360, 399, 401, 402, 404, 414, 423, 432
Young, Frances, 117, 221, 433

Zachman, Randall C., 134
Zagzebski, Linda Trinkhaus, 319, 347

Índice remissivo

A
ação
    como objeto da razão prática, 340
    conteúdo propositivo da, 119
    critério para o bem, 344
    imprevisível, 352, 353
    linha direta da, 386
ação comunicadora, 51, 61, 63, 64, 69, 71, 73, 74, 76, 78-85, 87, 89-91, 104, 106, 107, 112, 113, 115, 116, 118, 121-125, 127, 128, 130, 140, 147, 149, 155-157, 162, 163, 165, 178, 182, 193, 198, 202, 208, 212, 213, 215, 218, 224, 227, 229-232, 235, 239, 244, 246, 263, 264, 273, 276, 277, 284, 291, 292, 294, 301, 303, 304, 308, 310, 313, 317, 340, 346, 357, 360, 369, 381-383, 390, 412, 425, 432, 440
ação comunicadora divina, 84, 196
    cânon como, 196
    como ponto de partida da teologia, 78
    cruz como, 81
    definida, 193
    economia da, 63, 81, 194, 213
    natureza missionária da, 87
    trina e una, 194
adequação, 125, 279, 315
adequação teodramática, 125, 278, 279, 392
    cartográfica, 315
    como critério de bondade, beleza e verdade, 272
    como elo entre teologia e dramaturgia, 273
    definição, 272
    dramática, 273
adoração, 424
    e teologia, 424
agência
    comunicadora, 81, 83, 116, 210
    da tradição, 216
    de Deus, 41, 244
    discursiva, 115, 212
    do Espírito, 133
    dupla, 163
    finita e infinita, 67
    humana, 244
    interpretativa, 133
    pessoal, 212
aliança, 176, 406
    cânon e, 155
    profetas e, 370
analogia
    communicatio, 90, 91
    dramatis, 67, 259, 416
    missio, 86, 88, 89
aprendizado
    das Escrituras, 300
    e práticas canônicas, 267
atestação, 374
ato de fala, 79
    conteúdo propositivo do, 104
    e temporalidade, 127
    tipos de, 230
    trinitário, 81
autoridade
    da igreja, 224

da Palavra e do Espírito, 250
das comunidades interpretativas, 77
das constituições, 150
da tradição, 176
da tradição comunitária, 27
divina, 138, 167, 180, 208
do cânon, 154, 223
dos juízos, 360
eclesial, 219
ministerial, 223
na teologia, 209
na teoria do drama, 168
sola Scriptura e, 247
autoridade bíblica, 25, 28, 33, 46, 76, 95, 108, 118, 174, 196, 243, 249, 276, 360, 364, 366, 368

B
batismo
    como cena-chave do teodrama, 91
    como participação na morte de Cristo, 450
    e a iniciação no drama da redenção, 118, 210
beleza, 270
    critérios de, 272
Bíblia
    autoridade da, 28, 84
    como coleção de mapas, 310
    como roteiro canônico, 39
    inspiração da, 81, 242
    papel na economia trina e una da ação comunicadora divina, 244
biblicismo, 25, 26, 242, 335

C
caminho, 18, 29
    indicado por diversos mapas canônicos, 321
cânon, 149
    como atlas autorizado, 310
    como campo de ação dialógica, 245
    como *complex simplex*, 302
    como conversa sobre o teodrama, 346
    como critério de catolicidade, 166
    como critério epistêmico, 161
    como critério sapiencial, 162, 249
    como discurso divino, 194
    como documento da aliança, 151
    como plataforma fiduciária, 275
    como plataforma interpretativa, 315
    como universal concreto, 363
    como especificação normativa do evangelho, 46
    como norma de aliança, 235
    como plataforma interpretativa, 165
    como roteiro teodramático, 149, 234
    como testemunho comissionado de Cristo, 210
    cronótopos no, 361
    definido, 162
    e a relação com a Regra de Fé, 223
    e *Childs*, 233
    e o ofício profético de Cristo, 209
    formação do, 158
    ontologia do, 194
catarse, 32, 418, 424
ceia do Senhor, 427
    como ação das ações, 425
    como ato comunicador, 91
    exclusão da, 440
    observada de forma indigna, 461
cognição, 301
competência, 275, 300, 313, 316, 460
    canônica, 145, 198, 313-316, 460
    teológica, 18, 460
comunicação, 18, 37, 54, 60, 61, 63, 64, 68, 74, 81-87, 90, 102, 105, 106, 139, 149, 193, 212, 215, 223, 242, 292-294, 297, 316, 334, 336, 346, 381, 387, 391, 462
comunidade interpretativa, 174
    autoridade da, 78, 344, 345
    falibilidade da, 319
conceitos
    como hábitos mentais, 391
    teoria da imagem mental dos, 104
conhecimento, 265, 321
    de Deus, 20, 113
    descrição confiabilista do, 318
    drama do, 320
    e a metáfora do mapa, 313
    filho do tempo, 320
    na perspectiva teodramática, 321
consciência canônica, 135, 158
contexto canônico, 58, 83, 84, 134, 201, 225, 232, 233, 242, 265, 267, 288, 316, 331, 401
contextualização, 339
    como esforço missionário, 339
    como tradução vernacular, 336
    encarnação como, 145
    paradigmas, 332

ÍNDICE REMISSIVO   497

preceitos, 330
princípios, 331
continuidade teodramática, 141, 171
credos, 9, 25, 98, 207, 220, 223, 460, 463, 464, 466, 468, 469
    versus confissões, 463
criação, 318
    doutrina da, 382, 394
cristianismo
    essência do, 375
    propagação do, 334
    sistema de crenças, 30
cristodrama, 274
    definição, 272
cristologia, 135, 143, 166, 205, 208, 210, 212, 213, 217, 218, 245, 289, 362
cristótopo, 363, 373
crítica bíblica, 133, 174
    como forma de *technē*, 340
cronótopo, 363
cultura, 136, 186, 339
    como cenário para a teologia, 145, 147, 333, 372
    definição, 325
    e evangelho, 373

D

declarações confessionais, 93
dependência epistêmica, tese da, 56
desconstrução, 37, 137, 149, 150, 189, 269, 408
desdramatização, 102, 287, 397, 417
Deus
    ação profética como metáfora de, 67
    agente de comunicação divino, 63, 83, 264
    amor de, 456
    autoapresentação de, 245
    autor do cânon bíblico, 163
    celebra a aliança, 155
    como dramaturgo divino, 193, 265, 288
    como improvisador, 356, 357
    como membro da comunidade linguística, 115
    conhecimento de, 321
    discurso de, 163
    entradas de, 56
    identidade de, 40, 59
    importância de identificá-lo, 40
    liberdade infinita de, 65
    promessas de, 153
    reino de, 458
    tolice de, 453
Deus, fala de, 60, 115
    autorizada, 340
    como atos poderosos, 62
    muitas vezes indireta, 287
    nas promessas, 152
    vivificante, 236
diálogo, 307
    entre AT e NT, 306
disciplina na igreja, 439
discurso autoral, 27, 28, 142, 182, 183, 189, 199, 200, 201, 221, 234
doutrina, 128, 378, 394, 411
    como direção, 47, 118, 327, 377, 435, 470
    como hábito da imaginação teodramática, 394
    como ponto, 122
    como realização do potencial do cânon, 368
    como regra gramatical, 110, 189, 309
    como regra para a prática historiada, 109
    definição, 20, 118
    desenvolvimento da, 124, 128, 370
    divisiva, 466
    e ética, 326
    e formação espiritual, 390
    e improvisação, 360
    e narrativa, 109, 189
    e o conteúdo da pregação cristã, 74
    e os hábitos cognitivos, 391
    exegese e, 37
    função catequética da, 118
    função pastoral da, 125, 415
    identidade-*ipse* da, 369
    mais do que verdades teóricas, 32, 323
    muitos sistemas de, 459
    propositiva, 106, 294
    quatro funções da, 109, 119
    verdade da, 307
drama, 116
    ação dialógica como essência do, 285
    clímax do, 57
    como exercício de bom juízo, 125
    como interpretação, 36
    definição, 53
    de tribunal, 37, 250
    ilocuções no, 195, 199
    incompleto sem a encenação, 268
    Jesus como centro do, 274

perlocucionário, 199
  unidade do, 262
  versus épico e lírico, 108
drama da redenção, 93, 274
  cinco atos do, 73
  composto de palavras e atos, 55
  conflito entre soberania divina e liberdade humana, 66
  papel da doutrina no, 118
  participação de nossa mente no, 308
  Regra de Fé como resumo do, 222
dramatis personae, 59, 93
  centralidade nos credos, 463
  identificação correta de, 98, 358
dramaturgia, 263
dramaturgista, 262, 462
  como consciência artística do teatro, 262
  teólogo como, 49, 260, 265

E

economia
  da ação comunicadora, 84
  da redenção, 163
  do discurso divino, 209
  do evangelho, 59
  trina e una, 83
efeito-A, 441-443, 452
eleição, doutrina da, 382
encarnação, 333, 337
encenação, 170, 202, 351, 466
  como metáfora da relação entre texto e interpretação, 95, 116, 187, 375
  como modelo pós-moderno fundamental, 175
  e antropologia cultural, 186
  oposta à repetição literal, 277
  trina e una, 196
entendimento, 344
  canônico, 361
  como fusão de horizontes, 365
  criativo, 170, 361, 368
  culturalmente condicionado, 328
  drama do, 344
  e práticas teodramáticas corretas, 451
  participativo, 322
  segundo Gadamer, 343
  teodramático, 123
epistemologia, 310
  e a doutrina cristã, 321
  pós-fundacionalista, 321

equivalência teodramática, 326, 335
escatologia, 374
  notícias de outro lugar, 373
Escrituras, 62, 252
  autoridade das, 140
  como argumento canonicamente corporificado, 48
  como discurso divino, 151, 194
  como práticas dinamizadas pelo Espírito, 114
  como roteiro, 168, 251
  diversidade teológica das, 289
  e *analogia missio*, 86
  e tradição apostólica, 155
  interpretação *versus* uso das, 171
  interpretação teológica das, 266
  missão das, 87
  ontologia das, 243
  polifônicas, 287
  propósito perlocucionário das, 199
  "sagradas", 87
  suficiência das, 172, 307
  unidade das, 194
Espírito Santo, 226, 247, 334, 339, 412, 457, 462
  autoridade do, 210
  como camareiro e contrarregra, 462
  como diretor, 118, 122, 260, 462
  como ponto, 244
  cria novos papéis mediante a santificação, 387
  discernindo o, 219
  edifica a casa de Deus, 406
  eficácia da Palavra e do Sacramento, 427
  e inspiração, 247
  identidade do, 216
  "*kenosis*" do, 213
  mantém sua palavra, 366
  ministro da Palavra, 117, 345
  missão do, 86
  não pertence a nenhuma denominação, 437
  obra do, nas práticas da igreja, 114, 207
  poiesis do, 246
  testamenteiro da Palavra, 219
ética
  aristotélica, 340
  e doutrina, 326
euangelion, 42, 54, 55, 427, 454
Eucaristia, 427
  qualidade de palavra da, 425

eucatástrofe, 54, 95, 424
evangelho, 47, 457
    capacidade de ser traduzido, 333
    como declaração das "missões", 75, 85
    como discurso ativo de Cristo, 224
    conteúdo do, 104
    conteúdo do, 293
    conteúdo propositivo do, 303
    contexto do termo em Isaías, 135
    critério de mesmidade do, 141
    economia do, 51, 62
    e cultura, 373
    igreja como teatro interativo do, 430
    liturgia como, 91
    não é moralismo, 448
    teodramático, 48
    testemunho quadrifônico do, 304
evangélico, 44
    qualificado como católico, 44, 47
    versus ecumênico, 46
evangelização, 89, 90
excomunhão, 438
exegese, 267, 300
    e adequação canônica, 315
    e teologia, 37
    importância dos gêneros literários
        na, 298
    positivista, 286
    teodramática, 265
Exílio, 40
experiência, 22, 24, 36
expiação
    abordagem canônico-linguística, 399
    encenação da, 453
    entendimento teodramático da, 399
    ratificação da aliança, 406
    teoria da restauração relacional, 396
    teoria da substituição penal, 395
    teoria dramática, 402

F
filosofia
    e literatura, 296
formação espiritual, 383
    como adequação a nosso papel, 410
    dieta da, 390
formas literárias
    função cognitiva das, 293
fosso horrendo
    entre teoria e prática, 29
fronesis, 273, 360

como improvisação teodramática, 360
    definição, 323, 347
    em Aristóteles, 342
    em Gadamer, 344
fundacionalismo, 21
    canônico, 307
    clássico, 308
    sapiencial, 307
fusão de horizontes, 366, 368

G
gêneros literários, 300
    como visões da palavra, 300
    dominantes e recessivos, 315
    e adequação intrassistemática, 314
    pluralidade dos, nas Escrituras, 289

H
hábitos
    cognitivos, 391
    definição, 390
    doutrinários, 394
    importância deles na dieta, 390
habitus, de Jesus, 271
heresia, 96, 438
    ad-libitum como equivalente
        teatral da, 353
    ariana, 97
    etimologia da palavra, 438
hermenêutica
    do século 20, 360
    e *fronesis*, 344
    e improvisação, 352
hiperaceitação, 356, 403, 409
hipocrisia, 381
    como atuação mecânica, 384
homoousios, 81, 143, 225, 358, 359

I
idem, 143
identidade
    como dom e tarefa, 407
    construção social e, 157
    cristã, 412
    narrativa, 109
    teodramática, 406, 455
idolatria, 239
igreja
    autoridade ministerial da, 223
    católica, 44, 468

como celebração do evangelho, 423
como companhia de tolos sábios, 453
como companhia do evangelho, 449
como comunidade de mártires, 448
como "criatura da Palavra", 217
como cristótopo, 373
como encenação do Espírito, 209
como objetivo do teodrama, 449
como teatro amador, 457
como teatro da cruz, 453
como teatro da reconciliação, 449, 450, 457
como teatro de obra-prima da Trindade, 471
como teatro do evangelho, 415
como teatro do martírio, 447
como teatro interativo, 432, 471
como teatro moribundo, 418
como teatro revolucionário, 442
disciplina, 440
e a relação com a cultura, 334
e o Concílio de Jerusalém, 334
e os concílios, 225
e tradição, 176
o Espírito como hipóstase da, 204
pathos da, 246
verdadeira *versus* falsa, 439
vocação da, 458

ilocução
canônica, 196
conteúdo propositivo da, 294
definição, 79
divina, 196
do cruzado, 278
e gêneros literários, 298
e perlocuções, 84, 199
narrativa, 299
no drama, 195
perlocuções, 218

iluminação, 242

imaginação, 301, 352, 430
atuando com, 386
como ferramenta cognitiva, 29
cruz como conversão da, 453
escatológica, 430
produtiva *versus* reprodutiva, 143
teodramática, 95

imago Dei, doutrina da, 393

improvisação, 145, 360, 402
aceitar e bloquear ofertas na, 355, 382
como *fronesis*, 351, 357

definição, 95
ensemble, 430
musical, 352
reincorporação na, 356, 402

indigenização, princípios de, 333

interpretação, 133, 187, 344, 429
comparada ao julgamento em um tribunal, 37
da lei, 351
figurada, 135

interpretação bíblica, 35
e a hermenêutica de Gadamer, 342
e a história da igreja, 433
ideológica, 367
testes canônico e católico da, 319

interpretação da Encenação II, 183, 187, 192, 197, 366, 460
e a Regra de Fé, 219, 221
fundamento pneumatológico para a, 206
pós-fundacionalismo como, 310

interpretação imaginativa, 169

interpretação teológica das Escrituras, 37, 188, 192, 193, 221, 343, 432, 433

intratextualidade, 188, 200

ipse, 143, 147, 156, 202, 218, 225, 239, 328, 357
como mesmidade teodramática, 359
e a identidade de Deus, 399

J

Jesus Cristo, 213
amor de Deus, 456
apóstolo do Deus trino e uno, 218
chave hermenêutica do cânon, 239
como bússola canônica, 315
como mestre da igreja, 225
como Palavra, 60, 209
como recapitulação do teodrama, 402
como segundo Adão, 238
cruz de, 406
descida ao inferno, 405
"descrições densas" de, 62
ensina sobre a hipocrisia, 379
e o Antigo Testamento, 155
e o templo, 406
evento de, 20
identidade de, 41, 165
impecabilidade de, 394
lava-pés, 325
mente de, 267
missão de, 85

ofício profético, 210
ofício profético de, 236
ora a *Abba*, 240
participação nos sofrimentos de, 446
práticas canônicas de, 242
ressurreição de, 57, 58
tríplice ofício de, 210
jogos de linguagem, 169, 228, 229
juízo, 361
    hermenêutico, 344
    teológico, 346
julgamento
    definição, 125

L

leitura figurada, 240
linguagem, 33
    como meio de ação, 64
    cria um "mundo", 90
    e muitas formas de relação com a realidade, 302
literatura
    e conhecimento teórico, 302
liturgia, 424
    como imitação da graça, 424

M

mapas
    de Beatus, 314
martírio, 448
    como marca da verdadeira igreja, 447
    da morte, 445
    da vida, 446
    discipulado como, 445
metafísica, 100
metáfora, 103
    da atuação, 95
    da encenação, 186
    da morte de Jesus, 400
    do jogo, 228
    do ponto, 245
    etimologia do termo, 277
    e tradução, 335
    excedente de cognição da, 103
    teatral, 416
missões
    como processo de tradução vernacular, 334
    e teodrama, 85
    história da igreja e, 148
    teologia e, 328

mito
    como modo de conhecimento, 95
    como modo de ver e provar, 299
modernidade, 94
    projeto da, 24
Movimento da Teologia Bíblica, 62
mundo
    como espaço vazio, 416
    como teatro de ação, 75
mythos
    definição, 261
    e unidade do cânon, 274

N

narrativa, 298, 356
    definição, 108
    versus drama, 64

O

oração, 408
    como prática canônica, 242
ortodoxia, 47, 336
    como vontade coletiva de verdade, 437
    cultural *versus* supracultural, 336
    hiperaceitação, 356

P

palavra de Deus, 60, 63, 76
    cânon como, 166
    dimensões ilocucionária e perlocucionária da, 86
    identidade e manutenção da, 145
Palavra e Espírito, 369
    e a imaginação litúrgica, 423
    e o círculo sapiencial, 272
papel, 388
    como construção social arbitrária, 381
    como vocação, 382
parábolas, 9, 68, 109, 164, 288, 303, 457, 458
participação, 123
    em Cristo, 380
    escatológica, 427
pastor
    como diretor assistente, 462
    como teólogo, 260, 262
pecado, 383
    como bloqueio das ofertas divinas, 402
pensamento grego, 284
perdão, 452
    como hábito teodramático, 451

como morte para o eu, 450
prática do, 451
persona, 59, 116, 381, 387, 409
plateia, 32, 53, 54, 94, 126, 195, 198, 231, 260, 261, 388, 430, 462, 465, 470
pluralidade
    canônica, 291
    versus pluralismo, 291
ponto, Espírito como, 243
positivismo, 286
prática
    cristã, 339
    e os particulares, 341
pregação, 88, 328
presunção de igualdade
    entre a interpretação e a Palavra de Deus, 249
    entre as Escrituras e a tradição, 172
    entre o Espírito e a igreja, 204, 224
princípio canônico, 195, 337, 437
princípio das Escrituras, 76, 292
    e a economia da ação comunicadora trina e una, 83
    revisão teodramática do, 83, 86, 251
principização, críticas à, 330
produção, conceito de, 265
profecia, 370
profetas, 60, 67, 372, 403
proposições, 61, 93, 101, 105, 110, 293
    bíblicas, 21, 23, 61, 284
    desdramatizadas, 284
    versus frases, 103
prosaico
    elemento, 325
prática
    dicotomia teoria/prática, 29
    historiada, 108
prática canônica, 228, 247
    como obra do Espírito, 247
    definição, 232
    de Jesus Cristo, 242
    leitura figurada como, 135
    na aliança, 232
    quatro níveis da, 233
prática comunicadora
    gêneros literários como, 229
    na aliança, 232

R
racionalidade, 317

baseada na tradição, 174
como conversa, 345
como função da adequação canônica, 315
e o, falibilismo, 319
realidade, 306, 364
    em Cristo, 370, 449
    escatológica, 408, 409, 448
    evangelicamente definida, 118
    teodramática, 434
realismo
    aspectivo, 305
    de senso canônico, 314
    teodramático, 265
    tipológico, 239
recapitulação e reincorporação, 356
reconciliação
    como encenação da expiação, 452
    étnica e racial, 455
Regra de Fé, 78, 181, 219
    atribuída a Cristo por Tertuliano, 223
    como resumo do teodrama, 223
reino de Deus, 49
relação entre as Escrituras e a tradição, 202
    da perspectiva teodramática, 219
repetição criativa, 121
ressurreição, 373
revelação
    como autocomunicação de Deus, 54
    conceito expansionista da, 64
    e Barth, 82
    e redenção, 163
    lócus da, 22
revelação
    propositiva, 284

S
sabedoria, 30
    como adequação cristodramática, 273
    cruciforme, 452
    da cruz, 453
    definição, 270
    e formação de caráter, 348
    e improvisação teatral, 352
    prosaica, 325
Sache teodramático, 345
sacramentos, 90, 91, 259, 421, 422, 425-427, 430, 439
santificação, 390
    e a improvisação, 387
santos, 374

sapientia, 30, 263, 350
    versus scientia, 267
scientia, 30, 256
    e o testemunho bíblico, 304
    e proposições bíblicas, 285
    teologia como, 309
semelhança transmodal, 276, 277
sensus divinitatis, 76-78
sensus fidelium, 77, 78, 177
sentido canônico, 200
sentido literal, 76
    e sua recepção na igreja, 183
sermão, 470
significado, potencial de, 368
sola gratia, 39, 119, 248
sola Scriptura, 25
    como prática da igreja, 24, 28, 36, 130
    e a tradição, 250
    e o *solus Christus*, 213
    versus "solo" *Scriptura*, 170
suserania, tratados de, 153

T

teatro
    burguês, 441
    interativo, 431
    metáfora da teologia, 32
    moribundo, 418
    participativo, 94
    revolucionário, 442
    sacramental, 414
    sagrado, 420
    vital, 420, 421
tempo
    grande, 346, 361-365, 369
    pequeno, 362, 368
teodrama, 47, 53, 73, 305
    ação trina e una no, 438
    a ceia do Senhor no, 425
    continuidade do, 238
    em Balthasar, 47
    e oração, 241
    e o Templo, 70
    escatológico, 126
    Escrituras como especificação normativa do, 243
teologia, 129
    autoridade na, 138
    católica, 464
    como dramaturgismo, 388
    como etnografia, 191
    como exdoutrinação, 414
    como explicação da prática cristã, 22
    como fé em busca de entendimento criativo, 370
    como fé em busca de entendimento teodramático, 253
    como *fronesis*, 360
    como *sapientia*, 261, 325, 341
    como *scientia*, 256, 257, 267, 313
    contextual, 325
    e imaginação, 95
    e o caminho, a verdade e a vida, 34
    e os sermões, 470
    épica, 101, 108
    expressivista-experiencial, 99
    fundacionalista, 307
    intratextual, 187
    lírica, 106
    mais prosaica do que poética, 324
    narrativa, 46, 288
    objetividade na, 307
    pós-liberal, 311
    profética, 370
    propositiva, 102
    propositivo-cognitiva, 105
    prosaica, 323
    protestante, 25
    pós-liberal, 110
    sistemática, 284, 296, 315, 340
    tarefa da, 30, 60, 119, 132, 250, 315, 357
teologia canônico-linguística, 256
    centralidade dos princípios canônico e católico na, 468
    como *fronesis*, 347, 360
    como pós-conservadora, 307
    como pós-fundacionalista, 321
    como pós-propositivista, 293
    como profética, 374
    como prosaica, 339
    como *sapientia* teodramática, 272
    como *scientia* teodramática, 264, 265
    comparada à linguístico-cultural, 309, 460
    e a exegese, 265
    e proposições, 296
    e transposição, 278
    excelência peculiar da, 316
    objetivo da, 256, 374, 390
    seis características da, 255
teologia canônico-linguística, 204, 209, 227
    base teológica da, 213

comparada ≠ linguístico-cultural, 33, 162, 229
 e a autoridade de Jesus Cristo, 209
 e a interpretação da Encenação I, 183, 199
 papel do Espírito Santo na, 219
 poético-cognitiva, 104
 tema do julgamento na, 40
teologia contextual, 144, 326-329, 332, 335, 337
teologia linguístico-cultural, 310, 330
 versus canônico-linguística, 309
teologia linguístico-cultural, 114, 137, 190
 como interpretação da Encenação II, 183, 190
 déficit pneumatológico da, 113, 204
 e antropologia, 187
 versus canônico-linguística, 65
testemunho, 303, 318
 apostólico, 62
 e martírio, 445
 martirológico, 448
 no sofrimento, 447
textos usados como prova, 286
theoria, 296
tipologia
 como prática narrativa, 238
 como prática protocanônica, 135
tradição, 181
 apostólica, 133, 136, 249
 como meio externo da graça, 250
 como obra do Espírito, 209
 definição, 90
 e identidade, 141
Tradição 0, 172
Tradição I, 172
Tradição II, 170
tradição
 de encenação, 467
 e tradicionalismo, 418
 papel na hermenêutica de Gadamer, 342
tradução
 como meio de continuar o teodrama, 145
 e a propagação do cristianismo, 333
 vernacular, 334
transposição, 268, 269, 270, 276, 277, 278, 448
Trindade
 e modalismo, 59
 imanente, 59
 "missões" da, 76
Trindade econômica, 58

U
unidades homogêneas, princípio de, 454

V
verdade, 31, 301
 dialógica, 306
 do evangelho, encarnada, 411
 e as três condições da comunicação, 316
 e consenso, 339
 polifônica, 304
 transcultural, 338
virada linguístico-cultural, 7, 22, 26-29, 33, 43, 45, 158, 162, 171, 175, 227
 declaração hermenêutica da, 27
 pneumatologicamente motivada, 27
virada para a prática, 420
virtude
 epistemologia da, 320
 fronesis como, 341
 intelectual, 320
 percepção como, 348
 perspectiva como, 349
 sapiencial, 347
virtudes
 teologais, 348
vocação, 408
vontade divina de promessa, 151

Índice de passagens bíblicas

ANTIGO TESTAMENTO
Gênesis
1.3 *60, 241*
4.9 *63*
9.15 *151*
12.2 *63*
12.2,3 *40, 80, 362*
15 *152*
17.1 *152*
17.6,7 *152*
17.10 *152*
22.2 *63*

Êxodo
6.7 *152*
13.9 *40*
19.6 *401*
19.18,19 *287*
20.2 *57*
20.3 *278*
24 405
24.8 *406*
24.11 *406*
33.20 *406*
34.6,7 *110*
34.29 *56n16*
40.34-38 *32*
40.38 *70*

Levítico
18.7,8 *439*

Deuteronômio
1.6—3.29 *154*
4.2 *154*
4.44—5.21 *153*
8.10 *240n44*
10.1-5 *154*
12—26 *154*
12.32 *154*
20.22—23.33 *153*
28 *154*
31.9-13 *154*
31.24-39 *154*

Josué
8.30ss. *154*

1Samuel
3 *287*
12 *154*

2Samuel
7 *154*
7.13 *70, 152*

1Reis
18 *40*
18.26 *278*
19.12,13 *287*

2Reis
22—23 *154*
22.2 *31*

2Crônicas
15.8ss. *154*
21.6 *31*

Esdras
9—10 *154*

Neemias
9—10 *154*

Jó
11.7 *20*
23.1-7 *40*

Salmos
1 *31*
8.5,6 *393*
40.3 *217*
107.20 *60*
116.12 *432*
119.105 *311*

Isaías
5.5 *152*
20.2-4 *67*
40—55 *135, 358*
40.9 *135*
41—45 *40*
43.19 *217*
53 *134*
53.7,8 *226*
55.11 *76, 81*

Jeremias
1.4-10 *159*
11.4 *402*
27 *67*
30.18 *152*

Ezequiel
4—5 *67*
18.31 *217*

Oseias
1.1 *60*
4.1 *40*
11.8,9 *60*

Joel
1.1 *60*

Amós
5.21 *372*
9.11 *69*

Novo Testamento

Mateus
5.44 *241*
6.5 *380*
6.5-13 *241*
6.24 *247*
7 *307*
7.22,23 *439*
10.24 *444*
10.28 *444*
10.32 *444*
10.40 *212*
12.41 *238*
16.15 *289*
17.1-13 *56n16*
17.2 *56n16*
17.3 *56n16*
17.5 *224*
18.23-35 *452*
22.21 *432*
22.37-39 *458*
23.23 *379*
24.11 *250*
25.40 *457*
25.41-43 *439*
26.28 *217*
26.52 *278*
28.18-20 *212*
28.19 *87, 426*

Marcos
1.11 *60, 287*
2.7 *71*
7.8 *172*
9.2-13 *56n16*
11.12-25 *71*
14.35 *399*
14.36 *240*
14.47 *278*
15.9 *355*
15.14 *355*

Lucas
9.22 *398*
9.28-36 *56n16*
9.31 *57*
12.50 *57n20*
17.25 *398*

ÍNDICE DE PASSAGENS BÍBLICAS **507**

18.31-34 *398*
20.20 *380*
22.19 *426*
22.49 *278*
22.51 *279*
23.34 *450*
24 *426*
24.27 *136, 211, 236*
24.34 *57*
24.44-46 *58*
24.45 *212*

João
1.1 *56, 63*
1.3 *63, 362*
1.14 *56, 60, 61, 70, 81n27, 147, 424*
1.14-18 *61*
1.18 *37*
1.29 *70*
4.14 *70*
4.23 *423*
4.25 *210*
4.34 *390*
5.36,37 *41*
5.39 *21, 166*
8.12 *70*
10.18 *404*
10.25 *444*
10.30 *144*
13 *325*
13.34 *217*
14.6 *29, 31, 304*
14.9 *31*
14.23 *212*
14.26 *214, 244*
15.12 *456*
15.16 *69*
15.26 *214, 244*
15.27 *245*
16.7 *58, 403*
16.13 *83, 121, 122, 214, 215, 224, 245, 259, 332*
17.8 *75*
17.11 *436*
17.18 *75*
17.21-23 *436*
18.11 *278*
18.12-23 *41*
18.24-27 *41*
18.28—19.16 *41*
18.36 *279*
20.21 *87*

Atos
1.8 *443*
2.5 *466*
2.6-8 *333*
2.22-32 *58*
2.33 *72*
2.42 *467, 467n38*
4.31 *61*
7.38,39 *85*
7.58,59 *443*
8 *133, 134*
8.26-39 *132, 133*
8.29 *133*
8.30,31 *132*
8.35 *133, 134, 136, 226*
8.36 *355*
8.39 *133*
9.2 *237, 313*
10.19,20 *133*
11.19-26 *333*
15 *206, 334, 454*
15.26 *85*
15.28 *334*
16.6,7 *133*
17.6 *442*
17.11 *21*
17.18 *85*
18.37 *85*
19.9 *31n44*
19.23 *31n44*
19.31 *34*
20.17 *461n9*
20.28 *461n9*
20.29,30 *250*
21.8 *226*
22.4 *31n44*
22.16 *91*
24.14 *31n44*
24.22 *31n44*

Romanos
1 *318, 383, 447*
1.7 *241*
1.17 *369*
1.17,18 *331*
2.8 *439*
3.2 *79*
3.10 *404*
5.5 *457*
5.8 *448*
5.17 *404*

6.1-11 *450*
6.3ss. *409*
8.9 *213, 407*
8.15 *241*
8.22 *68*
8.28 *409*
8.29 *432n65*
9—11 *356*
10.17 *104, 246*
12.2 *161, 319, 378, 410*
12.19 *396*
13.14 *409*
15.18 *88*
15.18,19 *88*
16.17 *439*

1Coríntios
1—2 *428*
1.3 *241*
1.18 *452*
1.23 *442*
1.30 *453*
3.18 *453*
4.9 *440*
4.13 *442*
4.16 *442*
5.5 *439, 440*
5.11 *440*
9.16 *74*
9.20 *429*
9.21 *429*
9.22 *428*
10.1ss. *57*
10.11 *195*
10.33 *429*
11.1 *429*
11.20 *461*
11.26 *425*
11.27 *461*
11.28 *425*
11.29 *425*
13.3 *444*
13.12 *320*
15.3 *402*
15.3,4 *58, 156*
15.3-5 *171*
15.45 *213*

2Coríntios
2.15,16 *81*
3.2,3 *116*
3.17 *213, 354*

3.18 *388*
4.6 *388*
5.17 *217*
5.18 *216, 449, 455*
5.19 *54, 63, 448*
10.5 *462*
10.10 *428*

Gálatas
1.3 *241*
1.6 *140, 438*
1.7 *55*
1.15,16 *88*
2.19 *238, 407*
2.20 *407*
3.28 *382n16, 408, 454*
4.6 *213, 241*
5.7 *433*
5.16 *31*
6.1 *439*

Efésios
1.10 *58, 86, 362*
2 *454*
2.10 *217, 355, 471*
2.14 *454*
2.15,16 *454*
2.19 *72*
2.20 *213, 388*
2.20,21 *406*
2.22 *406*
3.9 *58*
3.10 *440*
3.18 *47*
4.4 *437*
4.15 *408*
5.1 *415*
5.2 *31*
6.12 *126*

Filipenses
1.2 *241*
1.19 *213*
1.29 *425*
2 *358*
2.5-11 *213n41, 222, 429*
2.6-11 *357, 358, 359*
2.11 *149*
3.7-9 *376*
3.8 *264*
3.10 *96, 376, 444*
3.19 *390*

Colossenses
1.15 *434*
1.16 *63, 217, 362*
1.17 *362*
1.19 *471*
1.20 *362, 434*
1.24,25 *88*
2.3 *274*
2.8 *172*
2.15 *71*
3.3 *408*
3.10 *409, 429*
3.11 *307*
3.17 *354*
4.5 *31*

1Tessalonicenses
1.1 *241*
2.13 *159*
5.16-18 *424*

2Tessalonicenses
2.15 *171*
3.6 *172*
3.6-15 *97*

1Timóteo
1.9,10 *433*
5.20 *439*

2Timóteo
1.13 *120, 433*
2.2 *90*
2.18 *97*
2.25 *439*
3.16 *61, 156, 161, 164, 434*
4.3 *250*

Tito
1.5-7 *461n9*
3.10 *440*

Hebreus
1.1 *228, 288, 304*
1.1,2 *63*
1.2 *127, 194, 209, 460*
1.3 *31, 444*
4.12 *60*
9.22 *395*

10.32,33 *444*
13.2 *393*

Tiago
2.19 *75*
2.23 *65*
3.5-10 *63*
5.16 *447*

1Pedro
1.11 *407*
1.14-20 *57*
2.5 *72, 156*
2.9 *149*
2.21 *444*

2Pedro
2.1 *250*
3.16 *79*

1João
1.1 *303*
1.1,2 *266*
1.1-3 *20*
1.3 *34*
1.6 *433*
1.7 *31*
2.6 *31*
4.1 *248n77, 437*
4.2 *97n17*
4.8 *452*

2João
4 *31*
6 *31*
7 *97n17*

Apocalipse
3.12 *217*
3.14 *444*
5.9 *466*
19 *425*
19.7 *471*
20.11 *70n73*
21 *69, 70n73*
21.1 *217*
21.2 *471*
21.3 *70n73*
22.18,19 *155*

Esta obra foi composta em Adobe Caslon Pro,
capa em cartão 250 g/m², miolo em papel off-set 63 g/m²,
impressa pela Imprensa da Fé em março de 2016.